L'AMOUR FORT COMME LA MORT

ANDRÉ CHOURAQUI

L'AMOUR FORT COMME LA MORT

une autobiographie

ÉDITIONS ROBERT LAFFONT

ISBN 2-266-06482-7

Mets-moi comme un sceau sur ton cœur,
Comme un sceau sur ton bras :
Oui, inexorable comme la mort, l'amour,
Dure comme le Shé'ol, l'ardeur...

Cant. des cant. 8.6.

Prologue

Mourir de joie

Réalité et attributs d'un nom.
Reflux et flux de la vie.

Toute vie commence au seuil d'une tombe.

Ma tombe, je l'espère, se situera sur le mont des Oliviers, non loin de la maison que j'habite de l'autre côté de la vallée de la Géhenne. Ce mont est habité depuis des millénaires par des myriades d'habitants de Jérusalem qui ont, eux aussi, pris le parti des pierres. Là, se sont-ils enfin réconciliés ? Ils sont silencieux, maïs non muets : leurs tombes, dans la sobriété des rocs, parlent. Seront-elles un jour ombragées par la forêt d'oliviers qui les recouvrait jadis ? Pour l'instant, le soleil y déverse ses feux, donnant aux rochers, avec leurs couleurs changeantes, leur flamboyante chaleur. Les squelettes qu'ils cachent appartiennent à plus de prophètes et d'apôtres que n'en comptent les Écritures. Leurs voisins acceptent-ils enfin de les écouter sous terre comme au ciel ? Le lieu est paisible. Il surplombe la vallée du Cédron où, selon les certitudes locales, les morts du monde entier se réuniront à l'heure toujours prochaine de leur résurrection. Maintes tombes l'affirment : ceux qui y reposent n'en sont que de très provisoires locataires. Leurs squelettes se revêtiront de muscles et de chair. Ézéchiel l'a dit, et l'Élohim, créateur des ciels et de la terre, lui qui les a créés de rien, les ressuscitera à partir de l'irrécusable présence de leurs ossements rhabillés de lumière. L'esprit convoqué des quatre coins de l'univers déferlera sur eux en souffle de vie. Certains Hébreux, dans l'attente de cette heure solennelle, Rabbi Méir, par exemple, se sont fait enterrer debout pour se relever et courir après le Messie, qui sera le premier de nos ressuscités. Comme l'herbe desséchée de nos hivers revit en nos printemps, nos corps sortiront de nos tombes revêtus de lumière : IHVH[adonaï] Élohim, créateur de l'univers, sera le roi d'un royaume délivré de la mort et réconcilié dans la justice et l'amour du Vivant.

La Géhenne, cet horrible lieu de tous les supplices, en son confluent avec le Cédron, renoncera elle-même à ses cadavres. L'Élohim de la vie aura expulsé la mort de son univers désormais voué à l'éternité de vie. La Géhenne abolie, les cimetières du monde entier seront enfin fermés pour cause de décès. Les morts de tous les pays et de tous les siècles pourront-ils concrètement tenir autour du mont des Oliviers ? A coup sûr ! On a fait le calcul qu'ils tiendraient tous dans les milliards de mètres cubes des eaux du lac Léman. Cela étant, nous serons plus qu'à l'aise dans nos collines qui s'étendent sans fin du côté des grands déserts asiatiques...

Un monde nouveau, des ciels neufs, une terre et un homme aussi différents de nous que le jour l'est de la nuit répondront à l'appel du Créateur.

Quand nous nous réveillerons, nous les découvrirons de nos yeux émerveillés. Notre nuit souterraine nous semblera n'avoir duré qu'un jour ou qu'une heure... En cela, Muhammad – dans son Coran – est bien d'accord avec les rabbis d'Israël comme avec les porte-parole du Christ...

Avec mes ossements qui seront demain les vestiges souterrains de ma personne, ma tombe portera la date de ma naissance et celle de ma mort. Alors, mon nom ne sera pas mutilé de sa composante hébraïque. Non pas André, mais Natân André Chouraqui.

Le Sémite né sur les rives de la Méditerranée que je

suis le sait : le Nom est plus réel que la personne ou l'objet qu'il désigne. La table sur laquelle j'écris n'a pas toujours eu l'apparence de ce que je vois. Un microscope m'enseignerait, sur sa réalité éphémère, ce que mes yeux ne savent pas déceler. Elle était un ensemble de planches et antérieurement un chêne qui devait étaler ses frondaisons sur quelque sommet de Castille. Demain, elle pourra brûler et devenir un petit tas de cendres. Demeure le nom qu'elle porte : une table.

Ainsi en est-il de tout homme. Du jour de ma naissance à celui de ma mort, un même nom désigne la multitude des êtres humains qui m'habitent : un bébé vagissant ; un enfant aux yeux de lynx et au front têtu ; un infirme paralysé sur son lit par une attaque foudroyante de poliomyélite ; un élève du Talmud Tora de sa ville natale appliqué à déchiffrer les textes de la Bible – en hébreu, bien entendu ; et encore un pensionnaire au lycée d'Oran devenu, par la grâce de l'enseignement laïque et républicain, un authentique descendant de Vercingétorix... Mais pourquoi anticiper ? De jour en jour, un même nom, Natân André Chouraqui, désignait une personne différente, ô combien !

La mutation, à y voir de plus près, était plus réelle encore d'heure en heure : l'hébreu ignore *le* visage de l'homme pour ne relever que *ses* faces. Le mot *panim* qui les désigne s'emploie toujours au pluriel. Car en vérité je n'ai pas un seul, mais de multiples visages, celui du vieil homme que je suis devenu et celui du nourrisson que j'étais, celui de mes rires, de mes colères, de mes peurs, de mes tristesses et de mes joies, de mes souffrances et de mes allégresses, de mes nuits et de mes jours... mille et mille faces de mon être – toutes éphémères et, pour les désigner, un seul nom : Natân André Chouraqui, l'Africain, le Français, l'Asiatique, et demain l'habitant provisoire d'une tombe dans un cimetière de Jérusalem.

Les orientalistes le savent : pour l'Hébreu – mais pas seulement pour lui –, le nom est essentiel par rapport à la réalité qu'il désigne. Nous vivons non pas dans un monde illusoire d'objets éphémères, mais dans la réalité autrement plus vraie des Noms : le Verbe, la Parole, est la seule vraie puissance créatrice. En tête était le *Dabar,* le *Logos,* la *Kalimat,* le Verbe, la Parole. Dans la Bible, Élohim lui-même l'utilise pour créer les ciels et la terre : « *Élohim dit : La lumière sera. Et la lumière est.* » Rien ne fut, rien n'est et rien ne sera sinon par les pouvoirs de la Parole, Nom et Verbe tout à la fois.

Mon nom, qui résume avec tant de précision les itinéraires de ma vie, a une histoire. Je parlerai chemin faisant de celle des Chouraqui. Mes deux prénoms Natân André m'accompagnent en raison d'une antique pratique des Juifs de la Diaspora : depuis l'époque de leur premier exil à Babylone, en 586 avant notre ère, chaque Hébreu a deux prénoms, un hébraïque à l'usage de la tribu, du clan, de la famille, et un autre pris dans les usages des nations où les remous de notre histoire nous avaient rejetés.

Mon prénom français, ou supposé tel puisque, en fait, il dérive du grec, serait donc André, selon le choix de mes sœurs aînées, déjà adolescentes à l'époque de ma naissance. J'étais le neuvième enfant de ma mère et nous avions déjà dans la famille un Albert dont le prénom hébraïque était Abraham et un Charles, par consonance avec le Chaloum qu'il était en hébreu. Ce serait donc André que s'appellerait, au regard des nations, le fils qui venait de naître.

Beaucoup plus révélateur était le choix de ma mère, car c'est elle qui avait décidé que je m'appellerais, en Israël, Natân. Son choix lui avait été dicté par deux rêves. Elle se savait enceinte depuis deux mois, mais, comme toute femme juive, elle gardait la nouvelle secrète, même pour son mari. Avant le quatrième mois, une fausse couche est toujours possible. Pourquoi, alors, risquer d'attirer le « mauvais œil » sur ce frêle espoir de vie encore invisible sous les vastes jupons dont les femmes s'habillaient alors ? Un matin, l'une des tantes de maman, Sol Chouraqui, se présenta à l'aube sur le seuil de cette maison que son père, alors mobilisé sur le front, venait d'acheter :

– Meléha, tu es enceinte !

– Comment peux-tu le savoir ?Je ne l'ai dit à personne, pas même à Isaac : je ne suis qu'à mon deuxième mois !

– Personne ne m'en a parlé, sauf Ba Natân qui m'est apparu cette nuit en songe. Dans ta chambre, assis sur un trône d'or, près de ton lit, il m'a dit : « Meléha est enceinte. Elle aura un fils. Annonce-lui cette nouvelle. Dis-lui aussi de l'appeler de mon nom : Natân. »

Ba Natân Meyer était le grand-père de maman : un géant aux immenses yeux bleus, connu pour sa vaste culture arabe et hébraïque. Il connaissait sa Bible à fond, et, par cœur, ses livres principaux, notamment la totalité du Pentateuque et des Psaumes. Comme tout lettré, il savait aussi l'araméen pour lire le Talmud, dont il connaissait les six Traités, et la Cabbale. Il avait une réputation de si grande sainteté que lorsqu'il mourut en 1894, à l'âge de quatre-vingt-douze ans, son corps, avant de prendre le chemin du cimetière où il est enterré, fut conduit en procession accompagné par des musiciens et des chanteurs à la synagogue où un office exceptionnel fut célébré : des hommes comme Ba Natân vont directement de la terre aux ciels où ils doivent certainement siéger à la droite du Père éternel. Leur lumière intérieure efface la frontière qui nous sépare de la mort, elle-même transformée en puissance de vie. Il était si grand que six hommes pouvaient soulever avec peine son cercueil. Mais lorsque le chant célébrant le Seigneur de l'Univers – *Adon'Olam* – s'éleva, le cercueil devint léger comme une plume.

La nouvelle s'ébruita : Isaac allait avoir son neuvième enfant de Meléha, le sixième qui demeurera en vie. Si le rêve de Sol s'avérait exact, cela ferait une belle famille : trois filles aînées suivies de trois garçons. Et le compte n'était pas clos...

L'apparition de Ba Nâtan s'adressant à la tante Sol ne fut pas la seule. Quelques jours avant ma naissance, ma mère, une forte femme bien enracinée dans les réalités de la vie, eut une vision qu'elle me raconta souvent : Ba Natân lui apparut, assis sur son trône d'or, tenant sur ses genoux un bel enfant de sexe masculin. Il était auprès de deux de ses filles, nos tantes Simha et Shabka : « Voilà ton fils, Meléha ! » lui dit-il en me présentant. Il ajouta une bénédiction quasi rituelle, mais qui résonna très fort dans la conscience de ma mère : « Le petit que voici deviendra grand. Donne-lui mon nom : Natân. »

C'est ainsi que je fus inscrit à l'état civil français de la ville d'Aïn-Témouchent en Algérie ; cet acte est actuellement conservé en France, à Nantes : Natân André Chouraqui, né le 11 août 1917 à midi, un nom qui demeurera inchangé au long de mes pérégrinations et de mes mutations physiques, géographiques et spirituelles. Un nom qui constitue une phrase, un programme et à lui seul, me semble-t-il, un saisissant raccourci de ma vie : il réunit, pour le nom d'une seule personne, trois langues, trois cultures : l'hébraïque, la grecque et l'arabe, en une phrase portant sens. Natân – prononcez Natane – est un nom hébraïque qui apparaît dans la Bible en quarante-deux occurrences : sept fois il désigne Natân, le prophète attaché à la personne du roi David qu'il rappelle à l'ordre quand la passion l'égarait. Ce prénom prophétique est aussi porté par quelque huit autres personnages du temps de David et de Salomon puis, cinq siècles plus tard, d'Ezra. Depuis, il s'est répandu dans les communautés juives : innombrables ont été, de siècle en siècle, les fils d'Israël nommés Nâthan ou Nethanël, ou encore Natanyah ou enfin Nethanyahou. Le nom plaît à cause de son origine biblique et prophétique, certes, mais davantage encore à cause de son sens : *Dieu a donné ;* Netanyah a le même sens que Netanël, selon les deux noms de ce Dieu, Yah et El. Les cabalistes font remarquer que les valeurs numériques de ces trois lettres donnent un total de 50 + 400 + 50 = 500, cent fois le chiffre parfait 5. Par surcroît, le nom se lit indifféremment de droite à gauche ou de gauche à droite : Natân demeure invariablement celui qui donne et qui est donné.

André était donc mon prénom destiné à l'usage des nations : ce que Dieu avait donné, c'était André, un homme, en grec, et cet homme était un Chouraqui, un homme venu de l'Orient, puisque mon nom de famille dérive, en arabe, d'une racine qui désigne le Levant, *al-Charq* : al-Charqi'in sont les Orientaux. Ce nom est passé dans les langues occidentales par permutation du *Ch* en *S* dans les langues dépourvues de chuintantes : en latin, il est devenu *Sarracinus* et en français Sarrasins.

Sur cette terre, au regard du Ciel qui voit et sait tout, Élohim avait fait à ma famille le don d'un homme venu de l'Orient et né pendant la Grande Guerre, en Algérie française, au carrefour de trois cultures, l'hébraïque de mes plus profondes racines, la gréco-latine de ma formation française, l'arabe, enfin, du pays de ma naissance, langue que mes ancêtres parlaient probablement depuis plus d'un millénaire.

Mais revenons auprès de ma tombe.

« Fou êtes-vous de nous parler de la résurrection. En voilà des idées ! A l'heure du progrès, nous rebattre les oreilles avec vos vieilles sornettes, avec vos racontars de primitifs ! »

Oui, fou suis-je de ne pas croire à la mort, et, plus qu'à la résurrection, de penser que dans l'adorable liturgie de la création, la mort – ou ce que l'on entend communément par ce terme –, à vrai dire, n'existe pas. Ce qu'il est donné d'observer est le perpétuel reflux et flux de la vie prodigieusement imprévisible. Car on commence toujours par mourir avant de naître. Dès que l'on existe, on ne sort d'un état que pour en revêtir un autre. Dans le Coran, Allah est justement défini comme Celui qui fait mourir et qui fait naître : en fait, on meurt toujours d'abord, en chaque instant, à celui que l'on était, pour renaître en celui que l'on devient. Je suis mort au spermatozoïde et à l'ovule qu'il fécondait pour naître au fœtus que je devenais, et, mort à celui-ci, pour naître à l'enfant qui lui-même se mourait chaque jour à lui-même pour ressusciter sans fin et finalement transformer ce Natân André Chouraqui en ce squelette qui engraissera de ses chairs les rocs du mont des Oliviers, depuis longtemps privés de morts à digérer dans le mystère de leur vie souterraine. Car toujours imprévisible est le devenir de l'être : qui dans la matrice de nos mères pouvait prévoir à quel univers nous étions destinés, deviner nos métamorphoses incessantes du premier au dernier jour de notre vie ?

Il me paraît absurde de croire que l'arrêt de mon cœur, que la fin de ma pensée consciente ou de ma mouvance effaceront l'être qui vit en moi. Hébreux, chrétiens, musulmans sont unanimes en cela : l'Élohim de la Bible est le Dieu Vivant, *El Haï*, au regard duquel la mort n'existe pas : il est aussi l'Élohim des Vivants, de tous les Vivants. C'est en vivant que je serai demain déposé dans ma tombe. L'hébreu appelle tout cimetière la Maison des Vivants : *Beit Ha-Haïm*. Que l'on ne voie pas là un euphémisme. Ceux qui ont fait l'expérience de la mort d'un être cher savent que, mort, il est souvent plus présent que vivant. Nos morts nous habitent, ils vivent en nous comme les habite l'essence de notre être et de notre pensée.

« La vie est un couloir qui aboutit à un palais : prépare-toi dans le couloir pour être en état de pénétrer dans le palais », disait jadis un de nos ancêtres. Ainsi en a-t-il été de ma première naissance, le 11 août 1917. Ainsi en sera-t-il en ce jour de joie où je pénétrerai vivant dans l'énigme de ma mort. Je suis assuré de faire bon ménage avec mon squelette qui m'a si bien servi pendant les longues décennies de ma vie terrestre, et même avec le fourmillement d'insectes et de plantes qui se nourriront de mon sang, de ma chair. La joie de ma vie, je le promets, ne cessera jamais de m'habiter, de siècle en siècle, fût-ce dans ma tombe.

Sa source ? L'inextinguible passion d'amour qui n'a cessé de m'animer, et qui, à mesure que le but approche, devient chaque jour plus pure, plus profonde, plus violente, plus irréductible. Lumière, élan, fusion de tout l'être dans la totalité de l'être créateur et créé, l'amour m'habite avec tant d'intense vérité que la mort elle-même ne saurait, ne pourrait en épuiser ni anéantir le chant : j'aime.

Et pour nourrir cette passion d'amour, j'ai eu le privilège unique d'avoir le regard ouvert sur l'univers entier et d'épouser ses splendeurs, ses ciels, ses terres, ses mers, ses fleuves, ses hommes et ses femmes, tous, toutes, ses langues, ses cultures et ce fleuve de feu où je n'ai cessé de m'immerger, buisson ardent qui brûlait sans se consumer, aux échos infinis, en moi, de la Tora, des Évangiles, du Coran et de maints autres chants...

Une tombe, c'est un nom, deux dates et souvent une épitaphe. Si j'avais à rédiger la mienne, elle n'aurait que trois mots :

Natân André Chouraqui
[1917-]
MORT de JOIE

Mais le passant, qui ne connaîtra rien de l'homme endormi sous cette dalle de granit, ne sera-t-il pas choqué par l'impertinence de ces termes ?

J'y ajouterai donc, pour me tenir dans les limites de la componction de rigueur en ces lieux témoins de tant de déchirements, un verset du Psautier Ps. 4-8 :

« Tu as donné de la joie à mon coeur
plus qu'au temps
où leur froment et leur moût surabondent. »

Première partie

EN ALGÉRIE,
DANS LA TOURMENTE

1.

Un enfant vient de naître

Sous le signe du Lion. Une circoncision. D'un nom et d'une vocation. Un bain de sang. Le défi hébraïque. L'évidence d'un soleil. Le hammam sabbatique. L'homme de l'Amen.

L'histoire de ma tombe, du squelette et des cendres qu'elle recèlera dans les rocs d'une colline de Judée commence le 11 août 1917, à trois mille kilomètres de là, près de la côte méditerranéenne, à Aïn-Témouchent, à soixante-dix kilomètres au sud-ouest d'Oran, en Algérie. Ce jour-là, sous le signe du Lion, naquit d'Isaac Chouraqui et de Meléha Meyer, un enfant mâle prénommé Natân André. A notre heure hébraïque, nous étions le samedi 23 Ab, de l'an 5677 de la création du monde.

Pour ma famille, c'était un signe du ciel que cette naissance ait lieu un shabbat à midi.

Autre signe non moins significatif aux regards de nos Hébreux rassemblés autour de mon berceau, c'était bien le garçon annoncé à deux reprises en rêve par Ba Natân qui venait de naître. Il n'était même pas besoin d'attendre le jour de la circoncision, comme la coutume le voulait, pour annoncer le prénom que je porterais : cet arrière-petit-fils de Natân Bèn Meir serait, lui aussi, un Natân. Le jour de ma circoncision sur le trône d'Élie le prophète, mon oncle, Natân Meyer, me porterait dans ses bras quand j'entrerais dans l'alliance d'Abraham.

Toute naissance fait problème, éveille les curiosités,

intrigue : rien n'est dû au hasard, surtout pas l'arrivée d'un neuvième enfant chez les Chouraqui. On était, en pleine canicule, le 23 du mois d'Ab, au comput hébraïque, lune vouée à toutes les calamités et promise à toutes les salvations d'Israël.

Le shabbat, tout nouveau-né a vocation de recevoir un supplément d'âme, sa *nefesh ietéra,* et mon père, en sa prière, redoublait de ferveur. Après son premier-né, Saadyah, mort en bas âge, il avait eu trois filles, Miriam-Marie, Esther-Lucie et Rachel-Alice, puis deux garçons, Abraham-Albert et Chaloum-Charles. Un autre garçon comblerait tous ses espoirs. Le vendredi soir, tandis que la communauté chantait le Cantique des cantiques, et plus encore le samedi matin, il rythmait ses chants d'une triple branche de myrte odorante aux effets bénéfiques : oui, chantait-il, l'amour est fort comme la mort.

Ma mère savait qu'un enfant ne se porte pas seulement dans un ventre, mais encore dans une prière matricielle. Comme toutes les femmes d'Israël, elle couvait sa grossesse dans une prière de tous les instants. Les fausses couches étaient fréquentes, et plus douloureusement ressentis les décès infantiles alors si fréquents. Aurait-elle vraiment cet enfant irradié de lumière qu'elle avait vu de ses yeux sur les genoux de Ba Natân assis sur son trône ruisselant de splendeur ? L'important était que vive, hors de sa chair, cet enfant qu'elle portait avec tant de ferveur dans sa matrice.

Dans toutes nos maisons, les chambres d'une femme en couches sont recouvertes de talismans cabalistiques écrits en araméen. L'univers magique des Hébreux – plus spécialement en Afrique du Nord – surabonde de talismans destinés à mettre en fuite tous les diables de la Géhenne. Que ce monde ténébreux de démons, de démones et de djinns aille se chercher ailleurs la proie, qu'il ne trouvera certes pas sous un toit bien gardé des Hébreux. Mais, ayant survécu aux dangers qui étaient censés me menacer avant ma circoncision, je faillis bien périr de celle-ci.

Le samedi suivant, le 30 Ab 5677, un 18 août 1917, fut le jour de ma circoncision. La fête qui se préparait serait belle, mais la joie ne serait pas parfaite : mon père, mobilisé avec cinq autres de mes oncles sur le front, où la guerre franco-allemande faisait rage, n'était ici qu'en permission.

Cependant, la naissance d'un enfant et son entrée dans l'alliance d'Abraham, selon le rite de la circoncision, n'est-elle pas la plus belle fête du monde, même en temps de guerre ? Lilith, la reine des démones, acharnée à s'emparer des nouveau-nés, semblait vaincue et désarmée puisque l'enfant vivait, dévorant tout de ses yeux aux reflets d'or et de jais. « Le regard de Baba, son grand-père », annonçaient les tantes et les cousines rassemblées en grappes papillonnantes autour de ma mère allongée dans son lit. Sol ne manquait pas de souligner une fois de plus qu'elle avait été la première à recevoir l'annonciation de cette naissance, et de la bouche même du grand homme de la famille : « L'éclat des yeux, peut-être, mais les yeux sont sûrement ceux de Ba Natân, tel qu'il m'est apparu le jour où il m'annonça la naissance de ce garçon, à moi, la première », dit-elle en se rengorgeant. Et de fait, il paraît qu'à ma naissance, on pensait que je serais, sinon roux comme mon père, du moins blond aux yeux bleus, comme Ba Natân et comme le frère cadet de ma mère, Natân Meyer, mon parrain. Justement, ce dernier venait d'entrer dans la chambre où ma circoncision avait lieu. Natân était un bel homme, le plus grand, le plus svelte, le plus sagace des fils Meyer. Sa mise était particulièrement soignée ce jour-là où il devait me tenir dans ses bras quand Rabbi Shelomo Amar lèverait son rasoir sur mon pénis et d'un coup infaillible en trancherait le prépuce.

Le « trône » se trouvait déjà là, transporté dès la veille, par Doudani, sur sa petite charrette branlante, traînée par un âne efflanqué, son fidèle et unique associé dans l'affaire de transport en commun qui lui permettait, tant bien que mal, de vivre et de faire vivre sa nombreuse progéniture. Ce « trône », un siège de bois, haut sur pieds pour dominer l'assistance, était peint en rouge-brun et orné de motifs décoratifs dorés. On l'appelait « le trône d'Élie le prophète », parce que, dans les traditions de nos tribus, Élie est le prophète christophore par excellence : c'est lui qui annoncera au monde la naissance du Messie d'Israël. Déjà les Évangiles, pour ne pas parler des traditions plus anciennes de la Bible ou de celles postérieures du Zohar, le présentaient dans ce rôle. Comme tout enfant d'Israël a la vocation d'être le Messie, Élie le prophète doit être présent lors de chaque circoncision : le rôle du parrain, le *sandak,* est d'incarner sa présence auprès de tout nouveau-né, chacun d'entre eux pouvant être le Messie.

Dans son coin, Rabbi Shelomo affilait son rasoir sur la pierre rituellement consacrée à cet effet. Scribe émérite, rabbi formé à la connaissance de toutes les sciences traditionnelles, il priait pour cet enfant qu'il allait circoncire et devant lequel sa main ne devait pas trembler : la Géhenne serait sûrement son asile s'il commettait la moindre faute dans la célébration du rite le plus antique et le plus sacré d'Israël. Il songeait : « Oui, chaque fils d'Israël a vocation de devenir le Messie, puisqu'ils sont tous destinés à goûter de l'Arbre de Vie, identique à la Tora, qui est la Parole d'Élohim. Dans le Livre du Zohar, Élie, s'adressant à Rabbi Shim'ôn bar Yohaï, le dit : "L'homme est un arbre des champs... S'il est bien arrosé aux sources de toute sacralité, l'arbre grandit, devient si grand qu'il atteint les ciels où sa frondaison ploie de fruits nombreux. Ses branches accueillent les oiseaux et toute chair se nourrit de lui... " »

Sous sa houppelande bleue ceinturée d'or et son caftan rouge, il poursuit sa méditation sabbatique inspirée du Deutéronome dont il venait de scander une section au cours de l'office synagogal.

« Des chrétiens, songe-t-il, pensent qu'il n'y a qu'un seul Messie et que celui-ci est le Fils unique de Dieu. Mais si Dieu n'avait qu'un seul Fils, un Fils unique selon la définition du dogme, de qui sont-ils les fils, les autres hommes ? Du diable ? Ou de personne ? » En cela Rabbi Shelomo était bien d'accord avec les musulmans : le Coran le répète à maintes reprises : Allah n'a pas besoin de se prendre des fils ou des filles puisqu'il est le père de l'humanité, le père de tous les univers. Le Deutéronome le disait déjà : « Vous êtes tous les fils de votre Élohim... » Cela, Jésus lui-même le savait et l'enseignait : nous sommes tous les fils d'Élohim. Et chaque fils d'Élohim a pour vocation d'être le Messie ou du moins d'accomplir son œuvre qui est *de rapprocher les lointains,* de faire œuvre d'amour et de justice. L'Élohim de la Bible n'est pas un Dieu procréateur comme les dieux grecs, mais bien le créateur des ciels et de la terre, d'Adam et de toute l'humanité, de chaque brin d'herbe et de chaque homme. « Le débat entre Israël et certains théologiens de l'Église se situe aussi en cela », pense rêveusement Rabbi Shelomo. En cela, il se sentait plus proche de l'unique pasteur protestant de notre région. Avec celui-là, il était du moins possible de parler de Bible, mais rarement, puisqu'il n'habitait pas à Aïn-Témouchent où les catholiques étaient peu soucieux de voir s'ouvrir un temple protestant concurrent de leur église. Le pasteur avait trouvé refuge avec ses ouailles, à quatre kilomètres de notre ville, au village de Trois-Marabouts fondé au XIXe siècle par les seules familles protestantes de notre région.

Rabbi Shelomo rajuste son caftan, redresse son turban : il avance vers moi tandis que la foule entonne les Psaumes et les chants qui accompagnent le rite. Je suis sur les genoux de Natân Meyer, mon parrain, assis sur sa haute chaise, celle d'Élie le prophète. De ses mains, il écarte mes cuisses pour mieux présenter mon pénis aux doigts experts du *mohel.* D'un geste preste, celui-ci glisse mon prépuce dans une mince pince d'argent et, d'un seul coup de rasoir, il me circoncit. J'éclate en pleurs tandis que les alléluias de l'assistance couvrent mes cris : un homme, un Hébreu, un fils d'Israël vient d'entrer dans l'alliance d'Abraham.

A cet instant, le traumatisme est profond, mon cœur en débandade le prouve, témoin d'une angoisse panique. Mais ce choc ne fait-il pas partie intégrante de la personnalité du fils d'Israël, telle que la Bible la sculpte ? Avec mon angoisse et mon rapport spécifique avec tout ce qui a couleur, odeur ou gluance de sang ? Pour l'instant, l'allégresse générale n'est troublée que par la stridence de mes cris...

Rabbi Shelomo Amar avait pratiqué cette opération des centaines de fois et l'on peut être assuré qu'il l'avait faite dans les règles de l'art. Il avait cautérisé ma blessure en y insufflant de sa bouche édentée un fort jet d'une drogue appropriée. Celle-ci devait favoriser la cicatrisation de ma plaie. Mais, en l'occurrence, elle n'empêcha pas une hémorragie qui eût pu m'être fatale, sans la vigilance d'une de mes sœurs, affolée de découvrir que les draps de mon berceau étaient rouges de sang. C'était l'heure de la sieste. Toute la maisonnée, gavée de nourritures et de boissons, dormait. Ce bain de sang dans ce berceau où j'allais m'éteindre fut, à vrai dire, mon véritable baptême, celui qui marqua mon entrée dans le monde. Cette première leçon de religion m'était administrée en vertu du chapitre 17 du livre de la Genèse. Comme j'étais de toute évidence un fils d'Israël, rien ne pouvait me dispenser de ce rite – au risque de ma vie. Rabbi Shelomo avait reproduit les actes du patriarche Abraham circoncisant Isaac trente-huit siècles auparavant. A l'autre bout de la planète, je devenais l'enfant qu'une alliance de sang unissait au Créateur des ciels et de la terre... J'appris ainsi, à mon corps défendant, ce qu'était un témoignage qui se signe de son sang... C'était là notre manière de relever le défi hébraïque.

Le milieu où je venais de naître était d'une telle complexité qu'une vie entière à son écoute ne m'a pas permis d'en faire le tour, ni d'en percer le mystère. Nous vivions dans un monde à part, vrai défi porté à la géographie aussi bien qu'à l'histoire. Le jour de ma circoncision, j'étais en fait le contemporain d'un patriarche qui nomadisait dans les déserts asiatiques de Mésopotamie et africains de l'Égypte, quelque quatre millénaires avant ma naissance. L'histoire d'Abraham était si contraignante pour nous qu'elle incitait nos parents à nous mutiler, au risque de nos vies, dès notre naissance.

Nous ne nous appartenions plus, mais à l'alliance de sang qui faisait de nous des fils d Israël, assujettis à l'ordre de la Tora. En temps réel, nous vivions à l'heure de la révélation biblique. La première langue dont nous apprenions l'alphabet était l'hébreu de la Bible, une langue à peu près morte avec notre royaume judéen depuis des millénaires : elle ne survivait que dans nos mémoires et là seulement. De la naissance à la mort, nous ne voyions le réel qu'à travers ce prisme biblique qui faisait de nous des hommes d'ailleurs. Nous avions perdu notre pays, la Judée, depuis deux millénaires, mais, dans nos exils, nous continuions d'y vivre en notre mémoire avec une intensité telle qu'elle frisait l'obsession hallucinatoire. Dans les montagnes de l'Atlas, par exemple, les Juifs accrochés depuis des siècles sur leurs pics africains appelaient les tribus berbères de leur voisinage par les noms de Cananéens, de Philistins, de Jébuséens, d'Amoréens ou des autres tribus de l'entourage de leurs ancêtres.

Notre calendrier datait notre temps du premier jour de la Création du monde. Il nous situait d'emblée au VIe millénaire : nous avions un passé bien plus épais que celui de nos voisins chrétiens ou musulmans, qui dataient les événements à partir de la naissance du Christ ou de l'Hégire du Prophète.

Notre lieu, dans notre imaginaire mystique, se situait ainsi à des milliers de kilomètres de notre établissement géographique réel, et notre chronologie à des millénaires de notre calendrier local. Cette folie n'était pas une question de principe, un vague rappel d'une histoire abolie. Notre temps, notre lieu, comme les actes quotidiens que nous faisions, étaient régentés par la Bible. De notre lever à notre coucher, chaque jour, en chaque instant nous subordonnions nos pensées et nos gestes à l'ordre de la Tora, qui était voulu par Adonaï Élohim, le Créateur des ciels et de la terre, dont nous étions devenus les alliés depuis la vocation d'Abraham, et plus étroitement encore depuis le découvrement de la Tora au Sinaï. Celle-ci nous ordonnait de croître et de multiplier : « Un homme sans enfant est une ombre sans vie... », disaient nos rabbis. Si bien que, tout petit encore, quand on me demandait ce que je prévoyais de faire plus tard, je répondais sans hésiter : « Douze enfants... »

L'ordre d'Élohim commandait souverainement, à Aïn-Témouchent, la vie de notre petite communauté et celle de chacun de ses membres. La population juive y était passée de cent vingt-trois personnes à l'époque où mes grands-parents y arrivèrent de Tlemcen, au milieu du siècle dernier, à mille deux cent quatre-vingt-neuf membres quand je naquis. Cette augmentation était due à l'essor économique de la colonie française forte de vingt mille personnes dont l'influence n'avait pas encore entamé l'intégrité des transmissions traditionnelles chez les Hébreux.

Les commandements de la Bible nous enserraient dans un tissu d'actes positifs – « fais ceci... » – et négatifs – « ne fais pas cela... » – auquel il était impossible d'échapper, fût-ce par effraction. Personne d'ailleurs, à cette époque, ne songeait à l'apostasie. Juifs nous étions nés, et Juifs nous mourions, de génération en génération et de siècle en siècle jusqu'au jour où le Messie viendrait nous délivrer de nos exils.

Nos jours étaient ainsi autant d'étapes d'un voyage qui devait nous ramener à notre point de départ, la Judée, notre patrie, depuis tant de siècles asservie à des jougs étrangers. Les temps forts de cet interminable exode jalonnaient notre existence : ils armaient notre courage et nourrissaient notre patience en encourageant notre indéfectible espérance.

Rabbi Shelomo m'enseignait que la Bible était

l'œuvre d'Élohim et que de ce fait elle était sacrée, et qu'Élohim avait sur nous toute autorité, puisque, de sa première à sa dernière ligne, la Bible la proclamait. Ces admirables certitudes, personne ne songeait à les mettre en doute, personne n'ayant encore lu Voltaire. Nous étions ainsi engagés dans un dialogue sans fin avec un Être omnipotent et omniprésent dont le seul témoignage palpable se trouve dans l'Écrit dont il est l'unique inspirateur, et où son Nom imprononçable revient en six mille six cent quarante-cinq occurrences. Ce livre était le premier et souvent l'unique qui se trouvât dans les bibliothèques de nos parents ou dans nos synagogues. Là, nous apprenions à lire, à compter, à chanter, à penser. Dans une langue qui n'était parlée par personne autour de nous et qui commençait à peine à ressusciter dans les lointaines collines de Judée.

Le paradoxe voulait que personne ne mît en cause l'existence même de ce maître absolu de nos destins. Pourrait-on douter de l'évidence d'un soleil ? Adonaï Élohim, dans nos ghettos et nos mellahs, brillait de plus de feux que mille soleils – par lesquels il illuminait et, tout à la fois, consumait nos vies. Nous avions un nombre infini de rencontres avec lui. Tout Hébreu digne de ce nom, en ouvrant les yeux, chérissait le Créateur des ciels et de la terre. Chacun de nous égrenait ses louanges en chacun de ses gestes ; manger un fruit ou une bouchée de pain, boire une gorgée d'eau ou de vin, nous endormir ou nous réveiller, faire nos besoins nous inspiraient de remercier Celui qui avait créé nos corps avec d'admirables orifices qui permettaient en nous le mystère de la manducation et de la procréation. Que je marche ou m'arrête, que je m'assoie ou me couche, que je meure ou naisse, Il était là, en moi et moi en Lui, présent à mes yeux en chaque homme, chaque créature, chaque brin d'herbe.

En notre ascèse, aussi contraignante que celle du plus rigoureux des ordres religieux, nous étions soutenus par la vie communautaire, elle-même commandée par les immuables commandements de la Bible. Chaque jour, les deux synagogues locales accueillaient les fidèles à l'aube, dans le courant de l'après-midi, puis au crépuscule. Pour les célébrations matinales, les bedeaux passaient de maison en maison réveiller les orants : il ne fallait pas que le sommeil triomphât de leur vigilance, entravant l'heureux fonctionnement d'une prière dont dépendaient le salut d'Israël et la rédemption de l'univers.

La semaine débouchait sur le shabbat, jour de repos du Créateur des ciels et de la terre : à son exemple, nous, ses alliés, nous devions cesser nos occupations profanes pour nous consacrer corps et âme à la célébration d'Adonaï Élohim et de son œuvre en nous, ses créatures, ses fils.

Le shabbat commençait dès le vendredi. Chacun et chacune allait alors faire ses ablutions au bain maure. Abraham Meyer, mon grand-père, possédait un *hammam* dans sa vaste demeure du boulevard de la Révolution. Nos maisons étaient alors aussi propres, dans leurs moindres recoins, que nos corps le seraient en sortant du bain de vapeur et du massage expert dont par avance nous nous faisions une fête.

Mon masseur noir, Bouali, avait la réputation d'être le meilleur de la ville. Son art perpétuait des traditions millénaires qui avaient culminé à l'époque où les thermes romains jalonnaient les établissements méditerranéens de l'Empire, de Jérusalem aux rives atlantiques du Maghreb. Bouali, dès qu'il jugeait que ma peau avait assez transpiré pour libérer chacun de ses pores, me jetait à même le sol brûlant, arrosé à grande eau bouillante et me lavait de mon abondante sueur. De ses doigts experts il malaxait alors chacun de mes muscles, chacune de mes articulations, chacun de mes os. Pas un millimètre de ma peau n'échappait à cette desquamation : il enlevait des rouleaux de crasse de ma peau rutilante, les jetant à terre d'un air réprobateur, sous mes yeux étonnés. L'élongation des muscles transformait mes bras et mes jambes en anses où j'étais suspendu en des postures les plus saugrenues. Mais progressivement mon corps semblait reprendre sous ses mains une souplesse de caoutchouc. Bouali ne lâchait prise qu'après m'avoir savonné de la tête aux pieds et des pieds à la tête à l'aide d'une touffe rugueuse d'alfa jaune. Dans la pénombre du bain envahi de vapeurs brûlantes, il déversait sur ma tête des baquets d'eau froide. « Un fer rougi ne trouve sa force qu'après avoir été plongé dans une eau glacée », expliquait-il, sentencieux.

Le bain finissait par une triple immersion dans une piscine rituelle. Adultes et enfants mêlés – les hommes le matin, les femmes l'après-midi –, nous pouvions nous allonger sur les nattes de la salle de repos et déguster le café turc qui nous aidait à reprendre souffle.

Mon enfance baigna dans l'univers du merveilleux biblique, enrichi encore par les apports de trois millénaires de vie recluse dans cette planète, hors de notre temps, où vivaient les fils d'Israël en leurs exils.

Les professeurs distinguent, dans l'univers, le sacré du profane. Nos docteurs sans rien connaître de la sociologie religieuse nous enseignaient ce même principe : par exemple, le shabbat, les fêtes que nous célébrions appartiennent au *qadosh,* au sacré, tandis que le reste du temps était voué au *hol,* au profane. « Qu'est-ce que le sacré, qu'est-ce que le profane ? » ne cessais-je de me demander. Il sautait aux yeux que le profane était fait pour gagner sa vie : nos Juifs travaillaient dur derrière leurs échoppes d'artisans, leurs comptoirs de commerçants, ou leurs étalages de colporteurs qu'ils trimbalaient, de tribu en tribu, à seule fin de nourrir leurs familles, généralement nombreuses. Mais le profane, pour tous, était lui-même baigné de sacré. Le plus simple, le plus ignorant d'entre nous se levait aux aurores, revêtu de son châle de prière et des lanières de cuir de ses phylactères, face au soleil levant, puisque Jérusalem se situait dans cette direction, pour, une heure avant, réciter les prières de la liturgie synagogale. Avant de nous endormir, nous récitions encore, sur notre couche, une prière si longue qu'enfants nous nous endormions souvent avant de la terminer, reposant ainsi, littéralement, sur le sein d'Adonaï Élohim, d'instant en instant, de jour en jour, de semaine en semaine, d'année en année...

Un catéchisme a valeur efficace dans la mesure ou ses témoins sont prêts à donner leur vie pour leur foi. « Croire !... », « avoir foi !... », des mots qui font rêver ! Pour l'homme d'ailleurs que je suis, pour cet ancêtre de l'âge du Bronze qui respire en moi, croire n'est pas seulement « tenir une chose pour véritable », comme l'enseigne le Robert, ou « être persuadé qu'une chose est vraie, réelle », selon la définition de Littré. Situer la croyance au niveau des choses me stupéfie. Et quel profit y a-t-il à tenir une chose pour véritable ? Une chose est ou n'est pas, indépendamment de ce que je pense d'elle. Pour moi, croire ne consiste pas en une démarche intellectuelle disjointe des réalités de la vie, de ma vie. En hébreu, la foi se dit *émouna,* d'une racine qui a donné au français le mot amen : ce mot exprime l'état d'être de celui qui adhère, qui acquiesce à ce qu'il entend ou à ce qu'il voit. La foi est ici acte d'adhésion, d'acquiescement, à une personne ou à une idée qui s'incarne dans l'homme en état d'amen, en état de dire amen. Il s'agit de beaucoup plus que de « tenir une chose pour véritable » ou d'en « être persuadé ». La foi, qui est adhésion et adhérence, engage non seulement le jugement, mais l'être tout entier de l'homme, sa chair, sa pensée, son action. Cette foi-là, les hommes parmi lesquels je suis né l'avaient à coup sûr : ils ne voulaient que refléter la lumière d'Élohim.

Notre première vocation est donc de refléter cette lumière en sa source, Adonaï Élohim, et pour cela nous dépouiller de nos opacités. C'est ce que nous tentions de faire en toute instance de nos prières. Si bien que la distinction traditionnelle entre le sacré et le profane me paraissait bien extérieure par rapport aux significations profondes de ces mots. Iéshoua', notre cordonnier rompu à toutes les prières de notre synagogue, et qui les chantait le visage extasié, comme s'il appartenait déjà au chœur céleste où il doit se trouver aujourd'hui, n'avait rien de profane en quelque jour de la semaine que ce fût. Certes, le shabbat, il n'avait pas de souliers à recoudre ou à clouter, mais, en cela même, cuirs et clous étaient des créatures de lumière et plus encore les pieds qui devaient les porter : lumineux, Iéshoua' l'était autant en semaine que les jours de fête.

Shabtaï, par contre, le riche usurier de notre voisinage, nous paraissait être aussi opaque le samedi qu'il l'était les autres jours ; mais, après tout, personne ne pouvait être sûr de rien, Adonaï Élohim étant le seul à pouvoir sonder les cœurs et les reins.

Nous vivions dans un univers surnaturel, sans plus nous en rendre compte que le poisson ne sait qu'il vit dans l'eau. Cette transcendance de notre vie pouvait difficilement être perçue par nous du fait de notre isolement spirituel. Nous pouvions coexister avec des chrétiens ou des musulmans, mais nous ignorions tout de leur univers religieux, comme ils ignoraient tout du nôtre ou des vraies perspectives de notre histoire : ils n'y voyaient rien d'autre que ce qu'ils appelaient notre obstination, notre endurcissement en face du Christ ou du Prophète de l'Islam.

L'étude de la Tora – le *Talmud Tora* – nous entraînait à cet exploit d'être et de ne pas être présents au monde, vivant la globalité de notre histoire comme un fait contemporain.

2.

La profondeur des racines

Aux confins de l'Occident. Fils de l'Orient.
Paysages de mon enfance. Un lieu de mémoire.
Folie de la foi.
Une synagogue pour Aïn-Témouchent.
Le pain des anges. Le parfum de ma mère.

Le monde c'était d'abord la famille, pour moi, celle des Chouraqui et des Meyer, puis le clan et enfin la tribu. Au-delà, c'était l'inconnu. Il se manifestait à nous, le plus souvent, de manière redoutable : contre cela, notre refuge se situait dans les certitudes du royaume des ciels, où des nuées d'anges et d'archanges étaient préposées à notre sauvegarde.

J'étais, ai-je dit, le neuvième né de ma mère qui devait avoir encore après moi un dixième enfant, Clairette, une blonde fillette qui périt en bas âge avec trois autres de nos frères et sœurs. Je devins ainsi le petit dernier de la famille. A cette époque, maman souffrait de calculs de la vésicule biliaire : mes trois sœurs aînées, Marie, Lucie et Alice, dont la plus âgée avait dix-sept ans et la plus jeune dix ans de plus que moi, s'étaient emparées de ma personne devenue entre leurs bras une poupée vivante et le réceptacle tout désigné de leur affectivité. Avoir grandi dans cette serre chaude n'a pas manqué de marquer ma sensibilité.

Si le poète est par essence androgyne, dans ce milieu si viril où je venais de naître mes sœurs, ma mère, mes tantes et mes cousines se chargèrent, de jour et de nuit, d'imprimer au plus profond de mon être l'être même de la femme.

La famille ne s'arrêtait pas au seuil de la maison que nous habitions. Elle était ouverte à tout notre clan qui était nombreux et actif. De mes quatre grands-parents Saadyah et Esther Chouraqui et, du côté maternel, Abraham et Myriam Meyer, étaient nés des dizaines d'enfants et de petits-enfants qui grandissaient tous ensemble comme frères et sœurs. Mes grands-parents Chouraqui étaient morts avant que je naisse, de sorte que le pôle d'attraction de mon enfance se trouvait tout au bout du boulevard de la Révolution dans la demeure d'Abraham Meyer, que nous appelions familièrement Baba. Mes quatre grands-parents étaient nés à Tlemcen, « la perle du Maghreb » ou encore « la Jérusalem d'Occident », comme nous le disions, non sans fierté ni raison : Tlemcen, perchée sur ses collines de même altitude, à quelque huit cents mètres, n'est pas sans rappeler Jérusalem : même paysage de cyprès et d'oliviers, même climat, même flore et même faune, même lumière aux éblouissements de mon enfance.

Historiquement aussi, Tlemcen était depuis des siècles un centre de hautes études hébraïques. Mes ancêtres, fuyant les premières persécutions décidées par les rois d'Espagne, en 1392, étaient arrivés en Afrique du Nord vers cette époque.

L'histoire des Chouraqui peut s'écrire non pas à l'aide d'incertaines traditions familiales, mais à partir de documents sûrs que j'ai recherchés avec passion et trouvés en Algérie, au Maroc, en Israël aussi bien qu'en Angleterre et aux États-Unis. Ces *Oulad Chraka,* ces *Fils de l'Orient,* comme mon père appelait ses ancêtres comme ses descendants, étaient originaires des montagnes de Judée ou de Galilée. Ils avaient été rejetés par les remous de l'histoire sur quelque côte méditerranéenne, aux Baléares ou en Espagne où l'on trouve des noms de lieu de même étymologie. Là, contre vents et marées, ils avaient maintenu et transmis, de génération en génération, leur patrimoine. Celui-ci se recevait de père en fils en deux langues, l'hébreu et l'araméen, et, pour l'essentiel, en trois livres : la Bible, le Talmud et la Cabbale, notamment le Livre du Zohar... Ces œuvres étaient les matrices de notre culture et la source de nos traditions, rites, coutumes et parfois superstitions. Comme l'a bien dit un poète du XIIe siècle, Juda Halévy, notre cœur était en Orient alors que nous habitions aux confins de l'Occident, en ce Maghreb où je venais de naître.

Les Chouraqui laissent des traces dans l'histoire dès le XVe siècle : un Éphraïm Chouraqui préside le tribunal rabbinique de Tlemcen où la famille est déjà établie. A l'époque, on signalait un autre rabbi du nom de Moshé Chouraqui dont la jurisprudence faisait autorité à Gibraltar.

Mieux connus sont au XVIe et au XVIIe siècle Élie et son fils Saadia Chouraqui dont nous possédons les poèmes et les écrits : le premier était appelé par ses contemporains *le Grand Tamaris* et le second *la Mer de Sagesse.*

Quelques-uns de leurs poèmes ont été publiés dès 1856. Mais l'essentiel de leurs œuvres, spécialement celles de Saadia, demeure encore en manuscrits.

Cet auteur incarne à Tlemcen, où on ne s'attendrait pas à le trouver, un type parfait d'humaniste hébraïque qui marie en lui un poète, un exégète et un mathématicien. Poète, en plus de ses poèmes chantés dans nos synagogues et déjà publiés dans un recueil de *Louanges d'Élohim,* son œuvre compte un long poème inédit, *Le Cantique des danses,* et un vaste commentaire théologique et mystique du Psaume 119. Si je me reconnais dans ces œuvres, ma surprise fut de lire un manuscrit que j'eus le privilège d'exhumer des archives du Jews College de Londres : il s'agissait d'un *Traité de mathématiques* écrit en hébreu. Ce manuscrit donnait la preuve que l'hébreu, loin d'avoir ressuscité au début du XXe siècle en tant que langue parlée, était suffisamment vivant à Tlemcen, au XVIe siècle, pour qu'un auteur, Saadia Chouraqui, écrivît un traité d'enseignement des mathématiques destiné à un cercle d'étudiants assez nombreux pour justifier la rédaction d'une telle œuvre. Celle-ci fut imprimée en 1973 en Israël : en 1691, il n'y avait pas une seule presse à imprimer en Afrique du Nord où l'imprimerie arriva avec les Français, après 1830. Les étudiants de Saadia Chouraqui devaient donc, suivant l'usage, recopier l'œuvre du maître dont ils suivaient les cours en hébreu, dans un pays dont la langue était l'arabe. Ce document sur la vie intellectuelle des Hébreux en Afrique du Nord constitue une intéressante contribution à l'histoire générale des mathématiques et plus particulièrement de la langue et de la culture hébraïques. L'hébreu écrit et parlé voici trois siècles à Tlemcen est d'une surprenante clarté, souvent plus lisible que ne le sera, au début du XXe siècle, celui des pionniers de notre résurrection linguistique. Et suffisamment articulé pour expliquer la théorie des quatre opérations mathématiques fondamentales, telles qu'elles étaient inscrites au programme des universités européennes de l'époque, celle de Heidelberg par exemple, dont Descartes affirmait qu'elle était la plus avancée dans ce domaine.

Des Chouraqui, des Sherki, des Chriqui quittant les collines de Judée ou de Galilée aux heures sombres de leur histoire, se retrouvent aussi en Orient, au Kurdistan, en Irak et en Syrie, comme en Espagne, probablement dans la région de Valladolid où l'une des dernières étapes du pèlerinage de Saint-Jacques-de-Compostelle s'appelle Suraka, ou encore près de Gibraltar, à Sharqia, « L'Orientale ».

Mais notre famille s'est déployée vers l'Occident aussi, où certains Chouraqui, après avoir émigré à Londres, firent carrière sous ce nom qu'ils traduisent bientôt de l'arabe en espagnol : *De Levante,* ceux du Levant... qu'on retrouve en Jamaïque ou aux États-Unis, où ils comptèrent parmi les fondateurs de la communauté juive de Saint-Louis.

A partir du XVIIe siècle, nous voyons les Chouraqui essaimer dans les principales villes d'Afrique du Nord.

Isaac, le maître de Shlomo Yedidyah Seror, publie à Oran un livre de jurisprudence, tandis que Messaoud Chouraqui enseigne à Médéah. Ce dernier était connu pour sa science autant que pour la violence de son caractère.

Dans cette galerie de mes ancêtres, une place à part doit être faite à Mardochée qui fut le petit-fils d'Élie ou de Saadia. Il émigra au Maroc et s'illustra sous le surnom de Hazan Pacha. Mardochée fut le familier du sultan du Maroc Sidi Muhammad ben Abdallah auquel il inspira, dit-on, une politique libérale et des réformes favorables à la prospérité du royaume. A cette époque, le Maroc signa des traités commerciaux avec le Danemark, l'Angleterre, la Suède, la France, Venise... Mais au bon roi Muhammad succéda son fils Moulay Yazid qui avait tenté à plusieurs reprises de s'emparer du trône paternel. Après la mort du père, le 9 avril 1790, le fils fut saisi d'une fureur de vengeance, saccageant, pillant, rançonnant et tuant tout ce qui faisait obstacle à son pouvoir. Il s'en prit particulièrement à des Juifs de l'entourage de son père, comme Rabbi Messaoud Benzécri. Les chroniques nous disent qu'il les fit pendre par les pieds à la porte de la ville de Meknès où, pendant une dizaine de jours, la foule put contempler leur agonie puis leurs cadavres. Moulay Yazid fut moins expéditif avec Hazan Pacha ; il en voulait à sa personne autant qu'à son or. L'arrêtant à Meknès, il lui promit la vie sauve s'il apostasiait et se convertissait à l'islam. Mardochée refusa et mourut en martyr sur un bûcher. Moulay Yazid fut assassiné peu après dans la région de Rabat, en février 1792.

La gravité de nos vies était faite de notre solitude. J'ai passionnément aimé mon Algérie natale, Aïn-Témouchent, son ciel de feu, ses vignobles, sa terre rouge, épaisse, fertile, ses cactus et son azur, ses oliviers et le cri de ses chacals, la nuit, sa mer toute proche, ma Méditerranée, infiniment présente, nourricière. Des heures entières je nageais dans ses eaux ou m'offrais sur ses plages aux brûlures de son soleil. Ses rives, ses genêts, la variété de sa flore et de sa faune, ses aurores et ses crépuscules n'ont cessé d'inspirer et d'exalter mon adolescence. Je ne me suis jamais lassé de ses paysages comme de sa culture et de ses traditions, celles des peuples qui l'occupèrent dont je lisais l'histoire sur les pierres de nos campagnes.

Je haïssais le racisme de ceux qui ne surent jamais voir dans les Algériens que des « bicots», aveugles devant la noblesse de leurs traditions vivantes. La grande misère des masses n'effaça jamais une profondeur spirituelle que je ne me lassai pas de découvrir et d'admirer sur mes routes, dans mes conversations jamais décevantes avec ces hommes forts et humbles, vrais et douloureux témoins des réalités transcendantes de l'homme. Oui, davantage que de la haine, j'éprouvais du mépris devant le levantinisme mercantile d'une certaine bourgeoisie algérienne, celle que je côtoyais. Elle étalait sans pudeur ses vices, ses tares, ses grossièretés et par-dessus tout son culte immodéré, souvent exclusif, de l'argent et du sexe. Mon Algérie à moi était différente de celle des Arabes et plus encore de celle des colons. Elle se situait dans un au-delà sans âge, sans rapport profond avec le milieu où elle était plaquée, un peu comme une île où l'argent et l'économie seraient relégués plus bas : l'essentiel se situait dans la vie de l'esprit, présent et palpable dans les parchemins de notre Bible.

Le paysage de mon enfance baigna ainsi dans le merveilleux biblique, mais aussi dans la conscience horrifiée des réalités de l'histoire : les *Hallelou-Yah* de nos chants synagogaux recouvraient le plus souvent le râle des agonies de nos pères. Nous vivions le massacre des premiers-nés d'Égypte ou nos déportations, du temps des Assyriens, des Babyloniens, ou des Romains, comme si nous étions nous-mêmes enchaînés dans les longues théories d'Hébreux asservis sous le joug des nations. Pour nous, l'histoire était imprimée dans notre mémoire et elle était vécue, de la création de l'univers à la fin du monde, comme si ses tourments et ses joies avaient pour théâtre unique notre vie actuelle. Dans nos rites, dans nos prières, dans notre espérance même nous

nous instituions en témoins et en responsables de l'histoire universelle, vécue tout entière comme si nous en étions, en tous ses siècles et tous ses états, les contemporains.

Ce poids pesait sur nous de façon réelle, concrète. Le rituel synagogal auquel grands et petits, riches et pauvres, savants et ignares participaient trois fois par jour, matin, midi et soir, du début à la fin de l'année en était le lieu de mémoire le plus incontesté.

Nos prières quotidiennes, les Dix-Huit Bénédictions, décrivaient le voyage que nous faisions de la création à la fin du monde. Sous la direction des rabbins Amar ou Kalifa, après avoir chanté maints Psaumes et lu à en perdre haleine la mosaïque de textes bibliques qui nous introduisaient au silence intérieur, réunis dans notre synagogue, nous nous levions d'un seul mouvement et, le visage tourné vers Jérusalem, debout, nous récitions le texte central de nos prières millénaires. Sous des formes variées selon les circonstances de la semaine ou du shabbat et des jours de fête, ayant toujours pour centre immuable de notre méditation IHVH[adonaï] Élohim, « notre Père et notre Roi », elle nous faisait partir des origines de notre histoire, en Abraham lui qui le premier servit Élohim, unique Créateur des ciels et de la terre.

Une bénédiction répétée sans fin concernait le retour des bannis d'Israël. Notre gratitude s'adressait prophétiquement à Élohim pour un retour et un rassemblement de nos exils. L'itinéraire de notre histoire à venir était esquissé avec une extraordinaire précision : Élohim restaurera parmi nous les vertus de justice et de jugement sans lesquelles le retour ne saurait avoir lieu ; Il sera le recours et le refuge des justes, Il restaurera Jérusalem et rebâtira la Maison de David, roi d'Israël, en son royaume de Judée. Et nous bénissions Dieu, seul vrai constructeur de Jérusalem. A ces mots, notre jubilation touchait à l'extase, bien que pas un seul d'entre nous n'eût jamais visité Jérusalem ou n'eût été en mesure de dire avec précision où se trouvait cette ville et quelle était son histoire. Mais nous savions tous d'instinct que l'essentiel se situait là : hier nos racines, demain notre salut.

Nous étions certains d'être entendus, demain ou dans mille ans, par Élohim puisque, par essence, il est l'Écouteur de la prière. Il nous ramènera donc à Sion, il restaurera le royaume de David, il rebâtira le Temple de Jérusalem et comme jadis il y habitera lui, lui seul, le Créateur tout-puissant des ciels et de la terre. Nous le bénissions parce que nous étions certains du retour de sa présence et de sa gloire à Sion. A ces mots, nous faisions encore la plus profonde des prosternations devant Celui qui était digne de toutes les louanges. Nous faisions ainsi ce voyage qui nous pénétrait jusqu'à l'ivresse : nous bondissions de la création à la fin du monde, intégrant à notre prière les besoins spirituels et matériels de l'univers, ainsi que les aspirations d'Israël exilé, dans l'attente du Messie, le sauveur, le libérateur. Nous espérions tous sa venue dans l'invincible certitude que notre folle prière deviendrait un jour une triomphante réalité.

Tout étranger eût considéré notre univers mental comme une folie digne d'être traitée cliniquement : nous étions suspendus à un monde aboli depuis des millénaires et dont, hors de nous, il ne subsistait que de rares vestiges archéologiques. Nous vivions plus chimériquement encore dans l'attente d'événements improbables : quel homme sain d'esprit pouvait s'attendre à la résurrection des morts ou tout aussi follement à la restauration d'un royaume disparu dans la nuit des temps ? Qui pouvait croire sérieusement que ce ramassis de Juifs des ghettos et des mellahs, voués à toutes les persécutions et à tous les mépris, pourrait un jour recouvrer sa souveraineté sur une terre depuis toujours convoitée par de puissants Empires ?

Dès l'an 586 avant l'ère chrétienne, notre pays avait subi des dominations successives, celle de Babylone, de la Perse, de la Grèce, de Rome, des Arabes et, depuis quatre cents ans, il était gouverné par l'Empire ottoman. La Grande Guerre avait changé les équilibres, remplaçant une puissance par une autre, la Turquie par la Grande-Bretagne, mais qui s'en souciait à Aïn-Témouchent ? Vingt-deux jours après ma naissance, le 2 septembre 1917, la déclaration Balfour promettait aux Juifs l'établissement d'un « Foyer national » en Palestine alors sous mandat britannique, mais cette nouvelle n'avait probablement pas encore pénétré dans nos mellahs, où l'on ne se souciait que de la sainte et toute-puissante volonté d'Élohim. Contre elle que pourraient faire quelques politiciens ridiculement fringués dans leurs inconfortables redingotes et coiffés de gibus, dont un Hébreu digne de ce nom ne voudrait même pas pour se déguiser un jour de Pourim ! Qu'ils fassent ce qu'ils entendent, qu'ils nous tuent comme Pharaon ou bien nous rassemblent comme lord Balfour le souhaitait, rien n'adviendra que par l'invincible vouloir d'Adonaï Élohim : notre retour à Sion, notre salut et la rédemption universelle surviendront sûrement, quoique personne – vous m'entendez bien, personne – ne la mérite. Cela sera uniquement parce que c'était écrit dans la Bible, expliqué sans fin dans le Talmud et la Cabbale, et de plus garanti par nos pères et nos prophètes. Ainsi, dans nos synagogues comme dans nos vies, nous ne faisions jamais rien qui vaille, sinon prier pour la réalisation de ce programme divin. En cela nous étions les fidèles alliés de notre Élohim, soutenus par l'armée d'archanges et d'anges préposés à son service. Bercés par tant de rêves et tant de certitudes, malgré la misère des temps, la joie ne cessait d'habiter nos cœurs.

Mon enfance était éclairée par les femmes et les hommes qui m'ont porté dans leurs bras, leur affection, leur amitié ou leur prière. Les descendants de mes quatre grands-parents se comptaient par dizaines, ai-je dit. Aux huit enfants que Baba avait eus de ma grand-mère, morte à quarante ans, s'ajoutèrent les trois garçons qui lui naquirent d'un deuxième lit. Mon grand-père paternel, Saadia Chouraqui, avait eu de son côté six fils et trois filles. A compter les gendres, les belles-filles, les enfants, petits-enfants et arrière-petits-enfants, nous arrivions, à l'âge où j'avais pris goût aux statistiques, à un total qui approchait du millier dont environ quatre cents servirent dans l'armée française pendant la Deuxième Guerre mondiale.

Le vendredi soir aussitôt après le hammam, nous nous réunissions à la synagogue. De nos peaux neuves, de nos muscles détendus, les prières sortaient de nos gorges avec plus de ferveur. Personne, pas même les plus ignorants, pas même les plus réfractaires à la discipline que nos rites faisaient peser sur nous, personne n'eût pensé manquer l'office solennel dont le but était d'accueillir dans notre sainte communauté notre Fiancée céleste qui venait passer le shabbat parmi nous.

Et comme le plus beau chant d'amour est le Cantique des cantiques, nous le chantions sur nos musiques orientales héritées des liturgies du Temple de Jérusalem. Chacun voyait dans ce poème une description mystique des relations d'amour entre Israël et son Élohim. Je n'ai jamais entendu personne avancer quelque interprétation érotique ou grivoise de ce texte, le plus sacré d'entre toutes nos Écritures.

Chaque jour, mon père faisait sa prière au sein de la communauté dont il était le président. En semaine, dès qu'il avait déposé son châle de prière et ses lanières de cuir, il se précipitait au marché de la ville, non loin de chez nous, rue Pasteur. Il n'aurait donné à personne le soin d'approvisionner la maison en viandes, poissons, légumes et fruits sortis des pâturages, des champs ou de la mer proches.

Mais le samedi, après la prière, nos maisons, grouillantes de monde, sentaient bon le fumet du couscous, des viandes rôties, des salades de poivrons grillés, des farces relevées de toutes les épices de l'Orient.

Dès le matin, nous étions réunis dans la synagogue pour nos longs offices, immuables depuis des siècles. Parfois, mon père se levait pour s'adresser à sa communauté et l'informer des problèmes de l'heure. Il parlait de sa voix grave avec clarté et sobriété. En dehors des interventions où il traitait de problèmes administratifs, je me souviens des efforts qu'il dut faire pour doter Aïn-Témouchent d'une synagogue qui, sur le modèle du temple d'Oran, est sans doute l'une des plus harmonieuses qui soit sur le pourtour de la Méditerranée. Ou encore, en ce dur été de 1934 où des émeutes à Constantine avaient causé la mort de plusieurs Juifs, la question se posa de pouvoir se défendre si des manifestants s'avisaient de nous attaquer le jour de Kippur, lorsque nous serions réunis dans la synagogue. Dans cette éventualité, autorisé par les rabbis, mon père annonça que les fidèles seraient habilités à porter une arme défensive, ce jour sacré du Grand Pardon. La nouvelle fut connue, et la journée de prière, vécue par nous avec plus de ferveur, se déroula sans incident.

A la synagogue, je reçus mes premières leçons d'hébreu, et c'est là que, pour la première fois, je pris conscience des dimensions de la Bible, comme des lacunes de ses traductions. Assis auprès de mon père, je suivais l'office que dirigeait Rabbi David Kalifa. Cet homme de stature imposante était doué d'une voix puissante, fort belle : elle faisait trembler les vitraux de notre synagogue, sans doute pour mieux s'élever vers le ciel...

Son père avait fait de lui un forgeron : il était devenu le meilleur mécanicien de la ville, capable de fabriquer des pas de vis de toutes dimensions en s'aidant de deux tours ! A la mort de son père, sa mère décida qu'il serait rabbin. Il le devint à force de travail. C'est lui qui dirigea la communauté d'Ain-Témouchent jusqu'à sa disparition, en 1962. Il habitait dans l'immeuble de Baba un appartement où je reçus de lui d'excellentes leçons d'hébreu. Nous habitions alors des maisons voisines. Nous sommes encore des voisins à Jérusalem où il s'est installé, publiant deux livres d'exégèse biblique et talmudique. Sa femme était la fille d'un grand rabbin d'Oran, le Rabbi David

Ha-Cohen, qui transmit toute sa science traditionnelle au rabbin Kalifa.

Le shabbat était aussi la journée de nos mères et de nos soeurs. A vrai dire, la semaine avec ses travaux et ses peines semblait n'avoir qu'un but : donner assez de temps aux ménagères pour préparer du mieux possible la fête du shabbat. Nos maisons, de la plus modeste à la plus riche, rutilaient de propreté, tous ornements mis en valeur. Elles sentaient bon les fleurs et les fruits épars et plus encore les mets et les gâteaux préparés pour ce jour-là, avec amour.

Ma mère n'aurait donné à personne la charge de pétrir le pain du shabbat. Celui-ci était préparé dans chacun de nos foyers dès l'aube du vendredi. Mon père n'était pas sorti de la maison pour aller de la synagogue au marché que le pétrin était prêt à recevoir la farine, le levain et le sel qui lèveraient sous de chaudes couvertures de laine.

De ses bras puissants, maman pétrissait sous nos yeux le pain que nos voisins chrétiens ou musulmans appelaient « le pain juif». Sur des planches de bois, les enfants et les domestiques le portaient au four. Il y en avait pour toute la famille, mais aussi pour les pauvres. Le bedeau de la communauté passera en fin de matinée dans nos maisons recueillir, chez les riches et les moins riches, le pain des pauvres. Il sera distribué, avec la même célérité et la même discrétion, dans les humbles foyers qui pourront célébrer le shabbat en dégustant aussi ce pain des anges.

Maman avait un prénom typiquement arabe, Meléha, qui veut dire « affable, aimable, vertueuse, bonne ». Elle était l'aîné des enfants d'Abraham. Dès qu'elle put tenir sur ses jambes, elle eut pour vocation d'aider sa mère, Lalla-Myriam à élever ses huit enfants. Quand Lalla-Myriam, épuisée par tant de maternités, mourut, Meléha, qui assistait déjà son père, dut tenir son foyer avec l'énergie dont elle ne se départit jamais, fût-ce sur son lit de mort, à Paris, en 1968, à l'âge de quatre-vingt-dix ans.

A la fin du siècle dernier, des religieuses enseignantes cherchaient une maison où installer leur école de Témouchent. Elles n'avaient rien trouvé de convenable chez les chrétiens de la ville. Il fallut qu'Abraham Meyer leur donnât un de ses immeubles. C'est là que maman, née en 1878, fit ses premières écoles. Les religieuses trouvèrent que le prénom arabe de ma mère était moins convenable que celui dont elles la dotèrent : Meléha devint Lila, prénom qu'elle porta sa vie entière. Nos bonnes sœurs, probablement des trinitaires, savaient-elles que *Lila* était un mot d'origine arabo-persane ? Maman avait du lilas la délicatesse et la fraîcheur. Vraie grappe de lilas, elle avait toujours suspendus à ses jupes ses sept frères et sœurs, puis, sans transition, ses propres enfants dont six survécurent, des dix qui naquirent de sa matrice.

Sœur Ubaldine, alors toute jeune, fut l'une des premières éducatrices de maman dans ce jardin d'enfants où je reçus moi aussi, près d'un demi-siècle plus tard, mes premières leçons de cette sœur encore alerte.

Personne dans notre petite ville ne trouva jamais anormal qu'Abraham Meyer et plus tard Isaac Chouraqui, dirigeants de la communauté juive, puissent placer leurs enfants dans une école catholique. Ce faisant, mon grand-père et mon père étaient animés par le désir de nous donner la meilleure éducation possible. De cela personne ne doutait : le jardin d'enfants des sœurs de la rue Pasteur était sans conteste le meilleur de la ville. Mais nos parents étaient désireux aussi de surmonter la ségrégation de communautés religieuses et de créer des ponts entre les Juifs que nous étions et les chrétiens ou les musulmans parmi lesquels nous vivions.

Maman avait hérité l'énergie et le regard de feu de Baba, son père. Récemment, une de mes amies religieuses voyant une de ses photos, jeune femme, ne put s'empêcher de murmurer : « La Sainte Vierge devait lui ressembler. » Elle aimait à s'habiller de couleurs lilas ou mauve, et, dans le jardin de la maison où je suis né, mon père avait fait planter un lilas, d'une taille exceptionnellement grande pour une oléacée qui vit encore dans ma mémoire. L'arbuste ornemental devint non seulement le prénom de maman, mais encore le parfum et l'emblème préféré de la famille.

3.

Abraham parmi nous

Sur le roc de nos exils. Être d'ailleurs. Lire la Tora.
Le miracle de la tombe. Baba le juste.
Écrire une Tora. Cinq langues pour un épistolier.
Mort de Baba. Un crapaud dans une cave.
Visages de mon Algérie.
Notre milieu familial. Mes racines espagnoles.

Le roc sur lequel nous étions établis en nos exils, dans le désert des nations, était à coup sûr pour nous tous, en toutes nos diasporas et toutes nos heures, la Bible ou, comme nous disions, la Tora, les Prophètes et les Hagiographes dont nous étions les enfants.

Maman était ignorante du contenu précis de ces Livres qui se trouvaient dans nos bibliothèques, mais elle réglait strictement sa vie selon leurs ordres. Mon père savait les lire et en connaissait par cœur, comme la plupart de nos hommes, de nombreux chapitres. Mais seuls en possédaient la clé nos rabbis ou ceux parmi nous qui, sans exercer des fonctions rabbiniques, en avaient le savoir. Baba était de ceux-là et c'est lui qui faisait rayonner sur nous cette lumière dont nous étions pétris.

Cours donc ma plume pour décrire cet univers aboli où toute une civilisation convergeait en un même espoir que je lisais dans le regard de ma mère quand elle me disait : « N'oublie pas, mon enfant, ta prière. »

Car la prière était notre vie même, non pas à côté, non pas en marge de ce que nous étions, mais bien dans l'être de nos êtres. La prière nous expliquait mieux à nous-mêmes que nous-mêmes. Elle nous exprimait aussi pleinement que nous la chantions, vrai miroir de notre histoire et de nos espérances, même si nous n'avions pas toujours conscience de ce qu'il y avait en nous et en elle d'unique, d'irremplaçable.

Nous ignorions que nous étions des survivants d'époques abolies, espèces de dinosaures qui survivaient, dans nos ghettos et nos mellahs, par quelque miracle historique dont nous étions à la fois les bénéficiaires et les victimes. Cet Abraham, notre patriarche, au nom duquel Rabbi Shelomo m'avait circoncis ce samedi 30 Ab de l'an 5677, nous eussions été bien embarrassés si l'on nous eût demandé : « Quand vivait-il ? » Nous ignorions souvent qu'il était sorti de Mésopotamie probablement au milieu du XVIIIe siècle avant notre ère. « Voici trente-huit siècles au moins – et davantage encore si on en croit certains historiens ! » Mais cela, ma mère, mon père et plus encore nos lettrés qui gardaient les clés du mystère que nous incarnions en ce bas monde n'en avaient cure.

« Ancien, Abraham ? »

Non, il était vivant parmi nous ! A preuve les actes que nous faisions, les récits que nous proclamions, les rites dont nous vivions. Aucune chronologie attestée ou niée par quelque historien que ce fût ne pouvait rien contre cette évidence : Abraham n'était pas une ombre engloutie dans quelque désert asiatique. Non, il vivait en nous et autour de nous. Nous en racontions l'histoire comme si nous en étions les témoins, nous connaissions ses gestes, ses sentiments, ses paroles, cette manière bien à lui qu'il avait d'écouter Élohim et de lui parler, et même d'amuser son épouse Sarah, sous sa tente de nomade... En fait, nous savions plus de choses sur lui que sur bien de nos contemporains ou même sur certains membres de notre propre famille – ou sur nous-mêmes !

Oui, les héros de la Bible étaient davantage nous-mêmes que nous-mêmes. Nous nous efforcions de les imiter et d'être aussi attentifs à Élohim qu'ils l'étaient eux-mêmes.

Car, derrière nos rites d'un autre âge – ou mieux

d'au-delà de tous les âges –, c'était la voix même d'Adonaï Élohim que nous entendions et les gestes que nous faisions pour nous conformer aux us et coutumes de la tribu, c'était pour lui plaire à lui seul, lui source – et seul digne – de tout amour, de toute vie, de tout bien et de tout être.

Ce cœur de nous, c'était lui qui l'animait et c'est pour lui qu'il battait. Il n'y avait place en cela pour aucun doute, pour aucune remise en question. Les mots étaient créés, non pour douter de lui, mais au contraire pour le glorifier, le louanger, l'exalter, le célébrer, comme le faisaient le chant des oiseaux, le parfum des fleurs, les splendeurs de nos aubes et de nos crépuscules et par-dessus tout l'admirable réalité du corps humain, celui de l'homme et celui de la femme dont le couple était source de vie et de bonheur, lui qui assurait la permanence de l'espèce.

La preuve que les mots étaient faits pour le louanger, et non pour le contester, se trouvait dans la Bible. Personne parmi nous, les fils d'Israël, ne se serait aventuré à mettre en doute l'existence du Créateur sans risquer en prononçant cette énormité d'être foudroyé sur-le-champ. Sauf peut-être en avançant des plaisanteries de ce genre : si Élohim n'existe pas, il est néanmoins sûr qu'il nous a choisis. Douter eût été plus fatal, pour l'impudent, que de toucher une ligne électrique sous haute tension, de celles dont nos campagnes commençaient à être dotées. Dans nos nuits, nos aubes ou dans les travaux de nos jours, nul ne se serait jamais aventuré à inventer de telles insanités.

Dès mon plus jeune âge, lorsque mes yeux commencèrent à s'ouvrir sur le monde, je voyais bien que nous étions d'ailleurs. D'un autre lieu : cette Jérusalem qui occupait nos pensées se trouvait fort loin d'Aïn-Témouchent, puisque nous tournions nos regards vers le Levant en disant nos prières. Aussi loin que nous regardions, nous ne réussissions pas à l'apercevoir. Parmi nous, jamais personne n'avait même pensé à visiter cette ville dont on disait qu'elle avait eu le privilège d'abriter la Maison d'Adonaï Élohim et que, lui absent, elle demeurait Sa ville.

Du pays de nos ancêtres nous ne savions à peu près rien sinon qu'il nous serait rendu un jour que nous espérions prochain depuis deux millénaires : nulle épreuve ne sut jamais décourager notre longue patience.

Car cet *ailleurs* d'où nous venions était encore plus éloigné de nous dans le temps que dans l'espace. En ce premier quart du xxe siècle, nous étions au fait, par grâce biblique, les contemporains d'un monde aboli qui peuplait ainsi nos jours et nos nuits, imprégnait nos pensées, formait notre sensibilité beaucoup plus sûrement que le milieu où nous vivions, dont notre condition de Juifs nous séparait

Être juif, géographiquement et chronologiquement, c'était *être d'ailleurs.* Notre lieu n'était ni un pays ni un temps déterminés, mais plus gravement un Livre que nous étions à peu près les seuls au monde à savoir lire dans la langue où il fut écrit : l'hébreu et, pour quelques-uns de ses versets, l'araméen. Cette langue, aucun de nos voisins arabes ou chrétiens n'était en mesure d'en comprendre un mot. Nous, c'était avec elle que nous apprenions à lire.

Je revois Rabbi Yahya Malka me donnant, dès l'âge de trois ans, mes premières leçons. Il avait des petites tablettes de bois sur lesquelles étaient collés des textes hébreux. Armé d'un roseau dont la pointe indiquait la lettre et le mot que nous devions prononcer, Rabbi Yahya nous faisait répéter notre texte jusqu'à ce qu'il soit parfaitement gravé dans nos mémoires. Il importait peu que nous comprenions ou non ce que nous disions : l'essentiel était de nous le mettre dans la tête. Le reste viendrait par surcroît.

Notre maître était assis dans la salle de la petite synagogue de la rue Pasteur. Sur ses genoux, il tenait nos tablettes de lecture : nous étions à peine assez hauts pour réussir à y lire sans avoir à nous hisser sur la pointe des pieds. Rabbi Malka était un bon géant : il n'abusait guère des châtiments corporels qui faisaient partie des méthodes pédagogiques de l'époque : chaque faute nous valait un coup de bâton sur le bout des doigts. La force et le nombre de coups étaient proportionnés à la gravité des fautes. Dans les cas les plus graves sévissait la *tahmela :* une dégelée de coups de baguette s'abattait sur la plante des pieds nus du coupable. Rien ne s'avérait plus efficace pour lui faire entendre raison... Ainsi l'hébreu biblique commençait-il à pénétrer dans nos têtes : ce que nous en apprenions, nous le savions par cœur. Ainsi cette langue assassinée, ou presque, voici vingt siècles et plus, put-elle survivre jusqu'à l'heure de sa résurrection, de nos jours.

La culture qui nous était transmise par cet enseignement prenait racine en nous d'autant plus impérieusement que tout était prévu pour l'implanter dans nos esprits : l'enseignement des maîtres d'école et des rabbins, celui de nos mères, de nos pères, de nos parents proches ou lointains, de nos amis enfin, tous juifs et formés selon les mêmes disciplines, tout concordait et tout nous convainquait de la vérité de ce qui nous était enseigné.

Enfants, nos mères nous préparaient des gâteaux pétris en forme de lettres hébraïques. Trempés dans du miel, ils présageaient les délices que nous connaîtrions en ingurgitant la Tora. Nous étions ainsi préparés concrètement à ce que Jousse appellera *la manducation de la Parole :* de même que ces gâteaux se transformaient en chair et en sang dans nos jeunes corps, la Tora de nos ancêtres devenait en nous source de toute connaissance, de toute vérité. Dans certaines communautés, notamment au Maroc, on célébrait les noces mystiques de jeunes enfants, filles et garçons symboliquement mariés ensemble et avec la Tora.

Le premier but de notre enseignement était de nous mettre en mesure de lire la Tora, les Prophètes et surtout nos prières afin de nous faire participer au plus tôt au culte synagogal. Notre liturgie est faite d'une mosaïque des plus beaux versets, des plus belles idées de la Bible : elle constitue l'un des chefs-d'œuvre d'une culture qui, dans la Bible, en compte tant.

Une fois initiés à la liturgie et capables de la chanter,

le reste viendrait de soi. Trois fois par semaine, les lundis, jeudis et plus longuement les samedis et les jours de fête, nous proclamions de longues sections de la Tora et des Prophètes, tandis que le Psautier et la plupart des livres de la Bible constituaient la toile de fond sur laquelle se tissaient nos nuits et nos jours.

Assis auprès de mon père ou, quand la synagogue était trop pleine, debout entre ses genoux, je m'efforçais de suivre le déroulement de l'office : les fidèles étaient des artisans, des commerçants ou des ouvriers qu'une rude journée de travail attendait. Nos rabbis le savaient, et, pour répondre aux nécessités, leur récitation atteignait une célérité qui dépassait ce que nous pouvions en capter. Nous étions toujours à la traîne d'un verset ou d'une génuflexion. Non que les rabbis avalassent les textes qu'ils avaient pour mission de faire monter au plus haut des ciels. Une lettre, une inflexion de voix oubliées, un mot ou une syllabe insuffisamment prononcés et tout l'édifice liturgique serait mis par terre : il faudrait recommencer ou pire avoir des comptes à rendre à l'Élohim qui est l'Auditeur privilégié des liturgies de son peuple. Pas un rabbi, pas un fidèle n'oserait prendre un tel risque. Car la paix du monde et la sécurité de chacun des Fils d'Israël dépendent du bon fonctionnement de l'Alliance qui nous unit à Élohim, or celle-ci repose tout entière sur les pouvoirs de la prière.

Notre responsabilité n'était pas moindre, la nôtre à nous, les petits.

Juridiquement, nous étions astreints aux commandements dès l'âge de treize ans, mais en fait nous étions poussés à les pratiquer plus jeunes encore. Nous mettions un point d'honneur à être comptés parmi les grands et, dès l'âge de six ans, parfois moins, nous arrivions à bien suivre tout ou partie d'un office ou encore, pour les plus forts, à jeûner rituellement, sans boire et sans manger, d'un coucher de soleil à l'autre, le jour du Grand Pardon, au jeûne d'Esther à Pourim ou pour le 9 Ab : nos exploits faisaient la fierté de nos parents.

Dès que je connus assez de français, je m'évertuais à mieux pénétrer le sens de nos prières, en m'aidant des traductions existantes de notre rituel ou de nos Bibles. C'est sans doute auprès du deuxième pilier marbré de notre synagogue, sur le côté gauche, en regardant l'Arche où reposaient les rouleaux de la Tora, que je pris conscience pour la première fois des problèmes que pose la traduction de la Bible. Ce que je lisais en français correspondait rarement à l'hébreu que l'on prétendait traduire. « Est-ce donc si difficile de traduire ? » me demandais-je, enfant.

Une vie entière, nous le verrons, ne me suffira pas pour répondre à cette question.

Baba s'était levé ce samedi comme chaque matin à l'aube et avait chanté ses prières avec plus de ferveur. Depuis son plus jeune âge, il était habillé à la mode ancienne, celle de nos ancêtres espagnols. Jusqu'à sa mort il ne renonça jamais à son ample *sarrawal* – un pantalon bouffant sur lequel s'ajustait un boléro richement brodé de dentelles hispano-mauresques. Sa coiffure était de type turc : dans notre ville, alors que presque tous les notables juifs avaient opté pour la veste et le pantalon occidental, il manifestait son attachement à nos traditions par sa fidélité aux vêtements de nos pères.

C'était l'effet d'un vœu de ma mère. Enfin, il avait été frappé de paralysie alors que sa famille habitait encore Tlemcen où il est né. Un serviteur de Ba Natân, son père, le portait chaque matin prendre le soleil, auprès de la tombe du saint Rabbi Éphraïm Enkaoua. De toute l'Afrique du Nord, les Juifs venaient pèleriner là, dans l'espoir de quelque miracle.

Et Ba Natân attendait du saint un miracle qui remît sur pied son enfant chéri, son aîné, Abraham. Le tombeau du saint domine, sur la route de Tlemcen à Bréa, un paysage de cyprès et d'oliviers dans la lumière des collines sur lesquelles la ville est construite. Ba Natân accompagnait souvent l'enfant que le serviteur portait et qu'il déposait aussi près que possible du sépulcre blanchi à la chaux auprès duquel, dans une niche, brûlaient des cierges.

Un matin, le serviteur avait déposé l'enfant paralysé à même la dalle de pierre du tombeau, puis il s'était absenté. Au bout de quelques instants, Abraham endormi s'éveille, s'étonne de se voir seul sur cette tombe. Mais que voit-il ? Sortant du tombeau du saint, un serpent pointe sa tête et se dirige, menaçant, vers lui. Il crie. Personne ne lui répond. Alors, de terreur, Abraham se redresse, se met sur ses jambes, qui le portent pour la première fois, et s'enfuit...

Le miracle du Rabbi Enkaoua fut dignement célébré : Baba, grâce à lui, cessait d'être ingambe. Il avait bien un genou ankylosé et un raccourcissement de cinq centimètres de sa jambe gauche. Mais malgré ce handicap, il vécut une existence normale, éleva onze enfants, planta sur des terres vierges mille six cents hectares de vignes qu'il exploita jusqu'à sa mort. Il construisit boulevard de la Révolution sa première cave où, chaque année, il fabriquait cinq mille hectolitres d'un vin si bon qu'au début du siècle il fut primé à la Foire internationale de Marseille. Sur ses traces, ses enfants bâtirent près de la route du Cimetière une autre cave Meyer d'une contenance de soixante-dix mille hectolitres.

Mais pour lui le shabbat était consacré à la méditation de la Tora qu'il connaissait en grand lettré. Appuyé sur sa canne, entouré de ses enfants et de ses principaux collaborateurs, il attendait chaque semaine la joie sabbatique de sa contemplative rencontre de l'Élohim d'Israël.

Baba incarnait à mes yeux toute la truculence et toute la sagesse de ce Maghreb dont j'ai naguère écrit l'histoire. Lui aussi était le descendant d'une famille qui avait quitté l'Espagne plus tard que mes tumultueux Chouraqui, sans doute peu après l'expulsion de 1492 et probablement en compagnie du rabbin miraculeux de Tlemcen, Rabbi Ephraïm Enkaoua.

Marié à trente ans avec une jeune fille de quinze ans, Baba eut huit enfants d'un premier lit et, devenu veuf, trois enfants d'un deuxième lit. Il avait soixante et onze ans lorsque lui naquirent Edmond et Edmée, des jumeaux. Il avait alors de grands fils et des gendres qui trouvaient excessif son zèle reproducteur. Le vieux était riche, mais enfin onze parts c'était beaucoup pour un seul héritage. Et à soixante et onze ans Baba, ayant eu vent de ces murmures, réunit sa famille, fit un discours bien senti qu'il termina par un avertissement : « Vous voulez donc me châtrer ! La prochaine fois, tenez-le pour dit, j'en ferai trois d'un coup ! » Et, dès l'année suivante, sa deuxième femme, de trente et un ans sa cadette, eut une nouvelle grossesse : à sa déception, au lieu des triplés attendus, il n'eut qu'un seul enfant, qui d'ailleurs ne devait pas survivre.

Il débordait de vitalité, constamment à cheval sur les routes et à travers ses propriétés : pionnier, il achetait des champs en friches qu'il plantait de vignes. Il avait la passion de la terre : il dirigeait lui-même ses ouvriers agricoles. Aux vendanges, il écrasait de ses pieds, dans la cuve, ses plus belles grappes pour produire les vins Meyer, sa fierté.

Dire qu'Abraham Meyer était un homme de foi, c'est encore ne rien exprimer de son adhésion massive, lucide, sans faille et sans détour de tout son cœur, de tout son être, de toute son intensité, à l'Élohim de ses pères. Il était un homme de prière : chaque matin, avant ses dévotions, il improvisait en judéo-arabe des chants de louange en s'accompagnant de sa mandoline. Il aimait la musique : ses chants d'amour s'inspiraient des *cantos* et des *malagueñas* de son Espagne originelle dont il perpétuait et illustrait les traditions.

Le monde où nous vivions était peuplé de présences ineffables dont nous étions les seuls à connaître le secret. C'est ainsi qu'Élie le prophète était sérieusement attendu à chaque repas de Pâques, dans chaque foyer. On lui mettait chaise et couvert. N'était-il pas l'annonciateur du Messie qui devait arracher Israël à la servitude de ses exils ?

Plus près de nous, il y avait deux intercesseurs dévoués que chacun ne cessait d'invoquer en toute occasion faste ou néfaste. Rabbi Méir, le faiseur de miracles, et Rabbi Shimon bar Yokhaï faisaient partie de notre vie familiale : enfant, je voyais en eux des cousins puissants auxquels on faisait appel à la moindre difficulté, quand un enfant tombait ou était malade, quand on partait en voyage, quand une affaire grave était engagée ou un risque pris. Il suffisait de s'ouvrir à eux pour être exaucé : de mémoire de Juif, ils n'avaient jamais déçu personne. Plus tard, j'ai su que ces deux admirables protecteurs étaient des rabbis miraculeux, les ancêtres de la Cabbale : ils vivaient en Galilée voici dix-neuf siècles. Baba leur vouait une dévotion sans bornes : il quêtait en leurs noms à chaque occasion et offrait des sommes qu'il envoyait régulièrement aux fondations de Tibériade où Rabbi Méir, le maître du miracle, est enseveli.

Nous vivions dans un miracle permanent où tout ce qui advenait avait raison et sens puisque tout naissait du vouloir d'Élohim. D'où la place centrale que tenait dans nos vies la Bible présente en chacune de nos pensées, en chacun de nos gestes. Pendant la guerre de 1914 à 1918, Baba vit partir ses quatre fils et ses deux gendres sur le front qui faisait alors une grande consommation de vies humaines. A qui confier leur précieuse existence sinon au protecteur de la famille, Rabbi Méir, le maître du miracle ? La technique d'assurance, d'un genre un peu particulier, était simple : Baba mettait dans une cagnotte qu'il envoyait régulièrement à Tibériade dix-huit sous-or par jour et par conscrit assuré. Lorsque l'un d'eux devait traverser la Méditerranée, infestée de sous-marins allemands, pour prendre un congé, tandis que « la réalité du froid recouvrait le monde entier », Baba lui conseillait la pratique suivante : au départ, il devait prendre trois assurances, une pour le bateau, une pour les passagers et enfin une pour lui-même et à cette fin mettre de côté, dès l'embarquement, trois sommes toujours calculées en multiples de 18, ce chiffre étant en hébreu celui de la vie et des vivants. Au débarquement, Baba serait là pour encaisser ces primes et les envoyer, séance tenante, à la fondation pieuse de Tibériade.

Jamais, on doit le dire, système d'assurances ne fut plus efficace. Nos six héros, après une guerre très dure, revinrent tous dans leur foyer sains et saufs, sans une égratignure.

Baba se dépensait sans compter en bonnes œuvres. Dans ses affaires, nul n'exigeait de lui de signature : sa parole était la meilleure, la plus sûre des garanties. Les Arabes de la région l'honoraient comme un saint, lui demandaient des conseils pour leurs affaires et leurs problèmes de famille. Les jours de marché, chaque jeudi, ils déposaient dans ses coffres les sommes souvent importantes dont ils étaient les porteurs : personne ne comptait jamais les liasses de billets déposées ou retirées chez lui et nulle contestation ne s'éleva jamais.

Voici comment il décrit lui-même le mariage d'une orpheline dans une lettre à l'un de ses soldats :

« Mercredi 14 mars 1917, Esther, la fille de Hadâne, se mariera avec un jeune homme de Bou Hadjar. Il y a longtemps, j'avais promis de lui offrir un matelas de laine. Malgré la pénurie actuelle, j'ai réussi à m'en procurer 50 kilos au prix de 200 francs-or le quintal. Rachel et sa mère m'ont demandé de l'accompagner à la mairie. Elle n'a pas de père : c'est donc moi qui en tiendrai lieu. Bien que mon esprit soit préoccupé, j'ai décidé de la conduire à la mairie dans mon auto tandis que sa mère arrivera avec le marié dans celle de Siboni. Nous les bénirons ensuite à la synagogue. J'accomplirai ce commandement d'Élohim puisqu'elle est orpheline. Élohim est le père des orphelins. J'accomplis ce commandement d'Élohim pour que vous soyez sauvés, toi et tes frères. Oui, vous reviendrez à la maison indemnes, intacts, en tout bien, et je me réjouirai de votre mariage... Remets tout entre les mains d'Élohim, béni soit-il. Lui-même te frayera la route. Il te sauvera par les mérites de l'Enseigneur, notre Rabbi Méir, le maître du miracle : son mérite est notre bouclier. Amen. Lui, il sera toujours avec toi. Amen, ainsi soit-il. »

L'assurance faite auprès de Rabbi Méir, le maître du miracle, est beaucoup plus efficace qu'on ne pourrait l'imaginer. En voici un témoignage daté du 16 février 1917.

« Dimanche, je ne t'ai rien écrit à propos du train de marchandises qui a déraillé dans la nuit du vendredi 8 février. Il venait d'Oran vers Témouchent avec 26 wagons de marchandises. A hauteur du pont de Rio-Salado, dans un virage, il a déraillé à 19 h 35. 23 wagons se sont fracassés les uns sur les autres. Il y avait 20 voyageurs : 16 sont morts et 4 ont été blessés. Benattar a perdu 25 moutons tués dans l'accident. On a estimé les dégâts à un million de francs-or... »

Là se greffent le « miracle » du train et le « miracle » du sucre.

Baba avait réussi à trouver, en période de grande pénurie, vingt-cinq quintaux de sucre en poudre qu'il destinait à sa clientèle. Mais écoutons-le plutôt :

« Jeudi, avant le déraillement du train, on m'avait annoncé que mon sucre avait été chargé sur ce train et samedi c'en était fait : la gare d'Oran m'annonçait officiellement qu'il était perdu dans l'accident. »

Baba précise que, lorsqu'il avait acheté ce sucre, il avait contracté pour lui une assurance auprès de Rabbi Méir, le maître du miracle, afin qu'il le lui amène en bon état à Témouchent. Cette fois, l'assurance semblait n'avoir pas marché, ou pas totalement, mais c'était voir les choses superficiellement. En effet, deux des survivants de l'accident du vendredi avaient pu alerter à temps un train qui venait en sens inverse de Témouchent et sauver de justesse la vie de quatre cents permissionnaires. De quoi vous consoler de la perte de vingt-cinq quintaux de sucre en poudre et vous rendre toute confiance dans les pouvoirs miraculeux de Rabbi Méir. Malgré le sucre perdu, l'assurance avait été payante. Mais ce serait mal connaître la parfaite efficacité du saint que d'admettre de sa part la moindre négligence dans ses services. Tandis que Baba jubile en racontant à son fils Makhlouf le miracle des quatre cents permissionnaires, il reçoit un nouvel avis du chef de gare d'Oran l'avertissant que, par erreur, son sucre n'avait pas été chargé sur le train accidenté et qu'il lui arriverait, en bon état, dès le lendemain : l'assurance mystique lui avait ainsi épargné une perte de cinq mille cinq cents francs-or. « Tu vois bien, concluait Baba, qu'Élohim, béni soit-Il, et Rabbi Méir, le maître du miracle, sont avec nous. Implore-les, et ne crains rien, ô mon fils. »

Cette foi massive, cette adhésion sans réserve en cet Élohim matriciel qui lui donnaient, à lui, aux siens et à l'univers entier la juste part de ce qu'il lui fallait, il ne s'en départait jamais. Elle était l'essence même de son être. Il adorait un Élohim vivant, l'Élohim de la vie qui était aussi pour lui l'Élohim de l'amour. Au début de janvier 1917, il perdit son douzième enfant, le petit Charles, et c'est en ces termes qu'il annonçait la nouvelle à son fils Makhlouf sur le front au nord de la France :

« A l'ami de mon âme, mon souffle, mon chéri, la lumière de mes yeux, le señor Makhlouf Meyer, que son Roc le garde et le vivifie, de ma part à moi, soussigné.

« Je te salue fort. La raison de ces lignes est que je n'ai pu t'écrire il y a deux semaines pour t'annoncer le malheur qui nous a frappés. Mon chéri, Charles, est décédé d'une pleurésie. Je ne voulais pas t'annoncer cette mauvaise nouvelle. Lorsque Joseph ton frère m'a dit qu'il te l'avait écrite, je ne lui ai épargné aucun reproche. Voilà, c'est cela qu'Élohim, béni soit-il, nous a donné. Charles a grandi jusqu'à l'âge de quatre ans : nous l'habillions et jouions si bien avec lui ! Il avait appris à parler le français en plus de l'arabe. Il était merveilleux. Toute la journée, il montrait ses habits à tous ceux qui entraient dans la maison et il disait : " A présent, je suis un homme ! " Mais Élohim, béni soit-Il, ne l'a pas voulu. Nous avons accepté le décret d'Élohim, béni soit-Il. Nous avions fait notre possible, et plus que notre possible, pour le sauver. Mais Élohim, béni soit-Il, qui lui avait donné la vie l'a reprise. Élohim l'a donné, Élohim l'a pris. Que le nom d'Élohim soit béni maintenant et à jamais. Voilà ce qu'il nous a donné, Élohim, béni soit-Il. Ainsi, mon fils, prends garde à toi. Ne sois pas triste. Tout cela vient d'Élohim. »

Quand ses quatre fils et ses deux gendres revinrent du front et que sa troisième fille, Diamantée, se fut mariée, il décida de faire une solennelle offrande à l'Élohim des ciels et de la terre. Quoi donc ? Mais la Bible, les rouleaux de la Tora, bien sûr. Cette Tora de Moshé, c'était la lettre venue du ciel qui nous apprenait à connaître, aimer, servir le Créateur de toute vie. Lui, Abraham Meyer, entretiendrait le plus expert des scribes pour calligraphier le livre d'Élohim sur le plus beau des parchemins et il serait gardé et lu à jamais dans la synagogue qu'il avait fondée à l'étage d'un de ses immeubles d'Aïn-Témouchent.

Il éleva spécialement, dans une de ses fermes, un troupeau de moutons, nourri avec soin pour fournir le parchemin des Écritures : n'était-ce pas pour ses bêtes un aussi grand privilège que jadis de monter vers le ciel, dans la fumée des holocaustes, sur l'autel du Temple ? Rabbi Shelomo Amar, celui qui m'avait circoncis, fut choisi pour être le scribe au stylet agile qui calligraphierait son chef-d'œuvre. Il s'installa dans la demeure de mon grand-père dont les ailes s'étendaient sur le boulevard de la Révolution et ses deux rues adjacentes. Rabbi Shelomo occupa une chambre située juste au-dessus du bain maure de la famille puisqu'il devait faire ses ablutions dans la piscine rituelle chaque fois qu'il devait écrire le Nom d'Élohim, le Tétragramme ineffable, le mantra sacré d'Israël : I[adonaï]HVH. Rabbi Shelomo était logé, nourri, payé, honoré à la mesure de sa mission, la plus haute à laquelle puisse accéder un fils de l'homme : écrire une Tora, la parole d'Élohim. Chaque lettre était le support des mystères de la foi et la moindre erreur risquait de déclencher les pires catastrophes non seulement à Aïn-Témouchent mais, peut-être, dans l'univers entier, parce que celui-ci avait été créé à l'image de la Tora : le destin du monde était directement lié à la calligraphie des lettres de la Bible.

Rabbi Shelomo ne mit pas moins de trois ans pour terminer son chef-d'œuvre. Chacun pouvait le voir : les caractères hébraïques scintillaient au noir de l'encre sur le parchemin d'une blancheur immaculée, souple comme un velours. On n'avait jamais vu un plus beau livre. Sa consécration donna lieu à une fête dont on parla longtemps dans tout le département. Toute la région y avait été invitée : on pria, on chanta, on mangea trois jours et trois nuits pendant lesquels la cérémonie centrale, avant l'introduction du parchemin sacré dans son arche, à la synagogue, était celle-ci : Rabbi Shelomo, à la fin du livre, avait laissé des centaines de lettres légèrement dessinées qu'il fallait religieusement remplir de cette encre indélébile dont la recette se transmettait de père en fils, dans nos exils, depuis des millénaires. Le but était d'offrir au plus grand nombre possible de Fils d'Israël le privilège d'avoir écrit une Tora. Ils venaient de toutes parts, les artisans et les paysans, les riches et les mendiants, pour s'acquérir au ciel et sur la terre ce mérite insigne Dernier-né des descendants d'Abraham Meyer, la meilleure part me fut réservée, les dernières lettres du Deutéronome. Âgé de six ans, je m'appliquai à bien former les lettres hébraïques : telle fut la première Bible à la rédaction de laquelle je contribuais efficacement.

D'Abraham Meyer au regard de feu, à l'énergie indomptable, il nous reste un témoignage irrécusable, les quatre-vingt-une lettres qu'il écrivit à son fils préféré Makhlouf, alors qu'il se battait pour l'Alsace et la Lorraine dans les tranchées de l'Argonne. Pour correspondre avec son fils, il écrivait ses lettres d'une écriture héritée du Moyen Âge dans les caractères de la cursive hébraïque, dite écriture Rachi. Sa langue constitue à elle seule un document littéraire unique : c'est de l'arabe mêlé de mots hébreux et araméens. Baba maîtrisait ces trois langues. Mais, pour être sûr d'être bien compris de son fils élevé dans les écoles françaises, et côtoyant quotidiennement les Espagnols de l'Oranais, il truffait ses missives de mots, parfois de phrases en français et en espagnol. Cinq langues pour un seul épistolier dont l'écriture surgit de l'âge du Bronze : qui dit mieux ? Le contenu de ses lettres est une constante profession de foi, non pas celle d'un catéchisme, mais le cri d'un père qui tremble pour la vie de ses enfants. Je publierai un jour ce document vécu, précieux aussi pour les renseignements qu'il donne sur la vie en Algérie pendant la Première Guerre mondiale. Baba a le verbe précis, il sait voir et bien raconter. Sa pensée religieuse a plus de fermeté que celle de bien des théologiens. Témoin ces quelques lignes extraites d'une lettre du 7 décembre 1916 :

« Sois large d'esprit et calme : cette guerre vient d'Élohim, elle est universelle. L'âge s'est insurgé et Élohim rétribue ses serviteurs. Vois la Roumanie : elle se tenait tranquille, puis tout d'un coup elle est entrée dans la danse en se moquant du monde entier. Elle a été dévastée et ses habitants sont jetés sur les routes depuis un mois et demi.

« Pour cela je te conseille instamment d'implorer Élohim sans répit. Il est notre Élohim à nous, les Juifs : il te répondra. Certes, il nous a punis, il est en train de nous punir à cause de nos actes. Mais il a pitié de qui l'implore. Élohim nous a appelés, dans la Bible, ses fils et les nations du monde ses serviteurs. En voici la raison : un fils ne renie jamais son père même s'il est le plus méchant du monde et toujours un père a de l'amour pour ses enfants, même s'ils agissent mal envers lui.

« Si le fils implore son père, le père pardonne et défend son fils jusqu'à la fin. Il renonce à sa vie et à tout ce qu'il possède pour ses enfants. Nous sommes ainsi en face d'Élohim, nous, les Fils d'Israël. C'est Lui qui de sa bouche même nous appelle ses fils. Il nous l'a dit : " Vous êtes des fils, vous, pour le Seigneur, votre Élohim " (" *Banîm atêm l'Adonaï Elohekhèm* ").

« Je te fais ce discours parce que je veux que tu implores toujours Élohim. C'est lui ton vrai Père. Moi, je ne suis que ton père suppléant et je prie pour vous, nuit et jour, Élohim, mon véritable Père. Je connais le monde et sa nature, oui, Élohim se doit de m'écouter : vous serez sauvés. Vous reviendrez intacts, sains et saufs. Vous retournerez indemnes à la maison, avec l'aide d'Élohim, notre Père. »

Pour lui, implorer Élohim, c'était aussi faire sa volonté et aider les autres à la faire. Il suppliait ses fils de respecter les coutumes d'Israël sur le front. Il leur envoyait des pains azymes pour Pâques, à eux et à leurs amis, des kilogrammes de nourritures rituelles, les suppliant de ne se priver de rien, de dépenser largement, « d'être sans égards envers lui en ce qui concernait l'argent ». Baba était au sens fort du mot un homme de la Bible. Il la connaissait par cœur en hébreu et pouvait lire en araméen et en hébreu ses plus pénétrants commentaires. Il était un homme de la Bible par l'intégrité massive de sa foi : vivre, c'était pour lui se situer sous le regard d'Élohim et de ses saints. L'existence du mal et de la mort ne faisait pas de problème pour lui, ni celle des tracasseries de l'administration coloniale dont il se croyait parfois la victime. Pas un mot de révolte non plus contre ses fils qui, au retour de la guerre, risquèrent de le conduire à la ruine par des spéculations boursières hasardeuses ou par des dépenses excessives. Il était un patriarche serein, joyeux, incroyablement vivant jusque sur son lit de mort. Sa femme le disait avec ingénuité : « A quatre-vingts ans, Baba est aussi fort que le jour de nos noces. » Nous n'avions pas, nous, ses petits-enfants, de meilleur compagnon de jeu Il nous émerveillait par ses histoires, ses tours de passe-passe, ses farces et plus encore par l'épopée de notre peuple qu'il ne se lassait pas de nous raconter en s'accompagnant souvent de son inséparable mandoline. Il avait parfois des accents prophétiques, par exemple dans sa lettre du 15 septembre 1918, l'une des dernières qu'il ait écrite à son fils :

« Soyez scellés dans le Livre de la Vie et du Bien, pour de longues années, avec l'aide d'Élohim. Amen. Ainsi soit-il.

« A l'ami de mon âme, mon souffle, mon fils, mon chéri, la lumière de mes yeux, le señor Makhlouf Meyer, que son Roc le garde et le vivifie, de ma part à moi, le soussigné. Je te salue fort. La raison de ces lignes :

« ... Aujourd'hui, dimanche, c'est la veille de Kippur. Nous regrettons ton absence et celle de tes frères. L'an prochain sera meilleur que cette année. La paix sera rétablie dans le monde entier. Tu reviendras indemne, intact dans ton corps et tout ton être. Tu seras accompagné par ton épouse avec l'aide d'Élohim. Tes frères reviendront intacts, indemnes dans leur corps et tout leur être. Vous serez chez vous, dans vos maisons, tous réunis autour de moi. Et moi je serai vivant, intact, indemne, vigoureux : je serai à vos côtés et vous serez réunis autour de moi, avec l'aide d'Élohim, par les mérites de mes ancêtres, les saints Abraham, Isaac et Jacob, Moshé et Aaron, David et Salomon ; par les mérites de l'Enseigneur, notre saint Rabbi Juda, par les mérites des saints Rabbis maghrébins Rashbas, Ribash, Ephraïm Enkaoua, par les mérites des Sages de la Bible, par les mérites des Prophètes, des Enseigneurs, des Prédicateurs, des Justes, des Adorateurs, des Intègres, des Rabbis qui ont transité par le monde, par le mérite enfin de l'Enseigneur, notre saint Rabbi Méir, le faiseur de miracle, lui dont le mérite est notre bouclier, lui chez qui vous êtes assurés, toi et tes frères. Il intercédera pour vous auprès d'Élohim : inscrits dans le Livre de la vie, vous serez sauvés. Ainsi soit-il. » Et ainsi fut-il.

Abraham Meyer était d'un autre monde et d'un autre temps. Son « ailleurs », sa voie étaient clairement définis ! Mais le monde s'était insurgé : Élohim rétribuait ses serviteurs, les nations du monde, et contre l'espérance de Baba « il ne laisserait plus refroidir ce brasier ». Les hommes de la génération montante étaient sortis de la montagne magique où brûlait, fût-ce sous les cendres, le feu de Jérusalem. Ils avaient fait la guerre dans les rangs de l'armée française. Ils étudiaient dans les écoles et les universités de France. Pour eux, c'était le temps des déracinements dont je dirai les déchirements. Baba, un incident le prouve, allait en souffrir en ses enfants mêmes. Les plus jeunes ne comprenaient plus ni sa personne, ni la profondeur de sa pensée ni même sa langue. Avec sa claudication, ses jambes arquées, son habit qui, quoique somptueux, avait l'air d'un déguisement en milieu occidental, il paraissait caricatural à des yeux de modernes. Il n'avait d'ailleurs du génie que lorsqu'il s'exprimait en arabe ou en hébreu, langues oubliées par les jeunes, voués désormais au seul langage de Voltaire.

Le 31 janvier 1917, trois semaines après la mort de Charles, son plus jeune fils, Baba mentionne dans une lettre les faits suivants : le dimanche précédent, son fils Mardochée lui avait téléphoné à onze heures pour lui demander, d'Alger où il était, cent cinquante francs-or ; dès le lendemain, prétendait-il, il devait partir pour la France. Baba reproche à Mardochée de l'avertir si tardivement : il aurait eu tant de plaisir à aller lui-même lui apporter cet argent pour la joie de l'embrasser avant le départ. En fait, Mardochée, nous apprend la lettre, voulait bien de l'argent (il soutira ce mois-là huit cents francs-or de la caisse paternelle), mais non de ce vieux père claudicant dans ses vêtements du XIIIe siècle espagnol, auquel il préférait les jolies filles qui furent, sa vie durant, sa plus constante passion. Beau garçon, parleur séduisant, plein de prestige et d'assurance, il avait définitivement coupé les ponts avec ce que son père représentait de vraie noblesse, d'authenticité. Et Baba d'écrire le fait en en masquant la vraie cause :

« J'ai passé une nuit pénible. Oui, si Mardochée m'avait dit que son départ était fixé à mercredi, j'aurais pu partir dimanche soir et être à Alger lundi soir. J'aurais eu la joie de passer avec lui toute la journée de mardi. Mais lui, mon chéri, il m'a menti pour ne pas me déranger, car chez nous il fait mauvais. »

C'est ainsi qu'il est parti vers la France, ton Mardochée, et avec lui tout le monde sorti de tes reins, héroïque et dérisoire Baba, planté là dans ta planète chimérique, balayée désormais nuit et jour par la tempête des temps nouveaux qui finira par la détruire jusqu'en ses fondements mêmes. Il fallait patienter. Il patientera donc jusqu'à sa mort. Il patientera jusqu'au jugement dernier et jusqu'à la résurrection des morts, témoin d'une espérance que rien ne pourra jamais éteindre

Le déracinement du départ, c'est Élohim qui l'a imposé à des millions de personnes : Élohim seul pourra donc permettre le retour, les ultimes réconciliations, le salut promis à Israël et aux nations de la terre entière. Vite. Amen. Ainsi soit-il, puisque la mort rôde et que le monde brûle.

L'offrande du livre de la Tora fut l'ultime grande fête offerte par Baba. Les lendemains de la guerre furent difficiles en Algérie, battue par la crise et l'inflation galopante. Les affaires n'étaient plus ce qu'elles étaient quand le franc-or constituait une valeur sûre. Par surcroît, Baba vieillissant, déléguait l'essentiel de ses pouvoirs à ses fils. Il passait la main, ce qui n'était pas toujours facile – ni sans problèmes – pour un homme de sa trempe. Malgré tout, il gardait sa joie de vivre, la finesse de son ouïe, la vivacité de son regard et de son esprit jusqu'à ses derniers jours et jusque sur son lit de mort. Sa dernière maladie ne dura que quelques jours : jusqu'à son dernier soupir, à l'âge de quatre-vingt quatre ans, il conserva toute sa lucidité.

Dès l'aube du 17 février 1929, voyant sa demeure envahie par ses enfants, ses petits et arrière-petits-enfants, il comprit que sa dernière heure arrivait. Il ne se préoccupa que de savoir si Rahmouna, sa femme, avait préparé suffisamment de nourriture pour les deux ou trois cents personnes massées dans la maison et jusque sur le boulevard de la Révolution.

J'avais onze ans et demi : sur un coup de téléphone, j'avais été rappelé du lycée d'Oran où j'étais pensionnaire depuis le mois d'octobre précédent. Dans la chambre où repose Baba encore vivant, les miroirs sont déjà recouverts de grands draps blancs, en signe de deuil. Je m'approche de lui en fendant la foule. Près de son lit, je vois qu'il me reconnaît. Mettant ses doigts déjà froids sur ma tête, il me donne, en hébreu, son ultime bénédiction sacerdotale, reprise des lèvres de Moshé et d'Aaron et tant de fois répétée par les siennes.

« I[adonaï]HVH te bénit et te garde.

I[adonaï]HVH illumine ses faces vers toi et te gracie.
I[adonaï]HVH lève ses faces vers toi et met sur toi la paix. »

Cette bénédiction, cette garde, cette illumination et cette paix, Baba les avait reçues par ses ancêtres, des mains de Moshé et d'Aaron. D'où la réalité du don qu'il nous en fit sur son lit de mort.

Sur un baiser d'Élohim, il s'en fut allègrement vers son éternité. Sa tombe de marbre blanc complétait au cimetière d'Aïn-Témouchent un carré où il repose côte à côte avec sa première femme Myriam et mes deux grands-parents paternels, Esther et Saâdia Chouraqui, dont je naquis.

Un long deuil s'ensuivit dans la famille : le principe de son unité, la source de son allégresse et de sa sagesse venaient de disparaître. Finis les chants de sa mandoline, les farces et les jeux où nous l'avions pour infatigable partenaire, le pittoresque de sa personne, de ses vêtements, de sa coiffure, le sautillement de sa démarche, comme une danse autour de l'inséparable bâton qui lui servait de canne, muets son langage et les langues qu'il utilisait pour s'exprimer oralement ou par écrit en un subtil mélange de grammaires, de syntaxes et de vocabulaires, ses éclats de rire et ses colères subites motivées parfois par des faits vieux de plusieurs semaines, sa désarmante familiarité avec l'Élohim dont il était l'intrépide, l'infatigable serviteur, cet incessant dialogue où il avait pour interlocuteur le Créateur des ciels et de la terre dont, vrai fils d'Israël, il se savait le fils... tout cela venait d'être englouti avec un bruit sourd dans sa tombe où disparaissait avec lui un âge de l'histoire de son peuple.

Je grandissais auprès de la maman de mon enfance, élevé en fait par mes grandes sœurs, à l'ombre du lilas de notre jardin qui sentait bon ses floraisons. Je rôdais du côté de la cuisine d'où s'élevait quotidiennement la plus agréable des senteurs à mes narines d'enfant gourmand, celle de nos couscous, de nos tafinas, de nos mérous à la sauce rouge, des boulettes et des farces rehaussées d'ail et de poivrons – et plus encore des multitudes de gâteaux aux amandes et au miel, de nougats aux noisettes ou aux cacahuètes, et de ce pain délicieux pétri des mains de ma mère. Il était fait pour le shabbat, mais nous nous ingéniions à le faire durer le plus longtemps dans la semaine jusqu'au lundi ou au mardi. Rassis, il nous semblait encore meilleur que frais. Et, quand il disparaissait, il ne nous restait plus qu'à patienter le mercredi et le jeudi avant d'assister au rite du pétrissage, du levage et de la cuisson du pain dont bientôt les chauds effluves nous introduiraient aux ravissements sabbatiques.

Dans la cuisine, face aux fourneaux, se trouvait la trappe qui conduisait à notre cave par un escalier de bois. J'y descendais souvent : remplie de bouteilles de nos meilleurs vins, en été elle était le lieu le plus frais de la maison. Dans son ombre mûrissaient les vins de la famille, ceux que Baba fabriquait dans ses chais du boulevard de la Révolution ou qui provenaient du boulevard Jean-Jaurès, où mes frères eurent plus tard leur propre industrie. Les araignées appréciaient ce lieu autant que moi. Pour s'en défendre, il y avait toujours là un crapaud qui me paraissait de taille géante. Quand j'arrivais dans la pénombre de la cave, il se réfugiait dans le coin opposé à celui que j'occupais et nous rêvions tous deux aux mystères de l'existence. Le milieu où je grandissais en était rempli avec tant de densité, il me posait tant de questions, sollicitait tant d'élucidations, qu'à coup sûr toute ma vie, même en ne faisant que cela, ne serait pas suffisante pour me donner des réponses satisfaisantes.

Dans son coin, le crapaud, avec son regard glauque, était-il insensible ou indifférent à la lumière ? Dès que je faisais le moindre mouvement, il bondissait sur l'épaule gauche de quelque invisible sorcière : les cornes minuscules posées sur son front me paraissaient alors être celles du Diable. Il était temps de resurgir dans la lumière et d'accompagner mon père à la synagogue pour chanter avec lui une musique de la pensée pure, celle de la Tora.

Aveugles aux paradoxes de notre survie, la gravité de nos vies naissait de notre solitude. Plongés dans notre univers de pleine signification, nous étions si bien mariés aux réalités dont nous étions les porteurs que nous nous rendions à peine compte du scandale que nous incarnions aux regards de nos voisins d'Aïn-Témouchent, chrétiens et musulmans. Nous vivions ensemble dans une même petite ville, mais la ségrégation entre nos communautés était à peu près totale, comme totale était notre ignorance de l'épaisseur historique du lieu que nous habitions. Les Arabes étaient relégués en ce que nous appelions le Village Nègre, situé à la sortie de la ville sur la route d'Oran : nous voyions de loin les abris de torchis qui leur tenaient lieu d'habitation. Leurs maçons les bâtissaient en prenant la terre grasse argileuse qui faisait la fortune de la région : ils la malaxaient avec de la paille hachée : séchées, ces briques rudimentaires fournissaient un abri suffisant contre le soleil, mais non contre la pluie. Lorsque celle-ci s'était faite trop violente, il n'y avait plus qu'à réparer les dégâts et parfois à tout recommencer. Les rues, les jardinets étaient bordés de massifs de figuiers de Barbarie dont les fruits hérissés d'épines fournissaient de maigres ressources à ceux qui prenaient la peine de les cueillir. Le goût de cette figue aussi rugueuse que savoureuse faisait la joie de nos étés.

Pour nous, habitants de la ville « européenne », le Village Nègre constituait une zone interdite où nous ne mettions jamais les pieds, sinon pour y trouver des hommes de peine ou des domestiques. Ma curiosité m'y conduisit quelquefois, mais rares étaient ceux qui savaient y découvrir une société frémissante de vie, des visages sculptés dans le passé berbère, africain et arabe de ce pays, transformé soudain en départements français par la grâce républicaine.

Hormis la police, nul ne se souciait de ce qui se passait au Village Nègre, des fêtes jaillies de la plus profonde nuit africaine, des rites hérités du passé de la ville berbère de Suffat qui existait sur l'emplacement des jardins où j'allais, enfant, enfouir ma mélancolie. Ici, des hommes adoraient les génies puissants qui habitaient le djebel Dokma et les collines de Ben Ganah, les sources de l'oued Témouchent – la vallée des Chacals – bordé de lauriers-roses, ou ces grottes de l'oued Senane dont les grands arbres abritaient nos jeux. Ici, des hommes adoraient les astres et certains animaux, par exemple le bélier dont le culte fut introduit là à l'arrivée des premiers Phéniciens, vers l'an 200 av. J.-C. Ces derniers adoraient la déesse Tanit, avatar carthaginois d'Astarté, auprès de laquelle trônait Baal Hamon, bientôt assimilé par les Berbères à leur dieu bélier, auquel maints rites, de nos jours encore, étaient dédiés. Car, venues de l'Afrique noire, les caravanes qui traversaient le pays l'imprégnaient d'influences totémiques que l'on pouvait sans doute constater dans le temple que Phéniciens et Berbères édifièrent là, à la grande déesse Coelestis.

Les Romains arrivèrent à Suffat à la fin du Ier siècle : l'épitaphe d'un soldat de la dixième légion Gemina, M. Junius Capito, ainsi que le squelette d'un mercenaire romain l'attestent. L'agitation s'empare de toutes les possessions romaines au sud de la Méditerranée quand, en 117, à l'heure des agonies de la Judée, Hadrien succède à Trajan. En 119, une inscription également découverte à Aïn-Témouchent l'établit, le procurateur L. Scius Avitus a édifié le poste militaire du Proesidium Sufative grâce à la main-d'œuvre de la première cohorte des Musulames, sans doute originaires des hauts plateaux de l'ébessa. Dès lors, le lieu sera intégré dans la mouvance de l'Empire, l'empereur Hadrien put s'en assurer en 128 quand il visita le lieu où Romains et Berbères devaient construire, non loin du temple punique de Tanit, le temple de la Diana Augusta Maurorum : en 1890, dans ma ville natale, des restes de sa statue de marbre blanc ainsi que deux chapiteaux corinthiens furent retrouvés.

Ce lieu si profondément pénétré d'histoire était bien fait pour accueillir la solitude de nos exils. Ses nouveaux occupants, les Français, n'avaient pas eu la sagesse des colonisateurs romains d'associer les autochtones à la conduite des affaires, ni d'initier les nouveaux venus à la langue et à la culture des colonisés. Deux cités s'érigent ainsi l'une en face de l'autre, n'ayant que des relations réduites au minimum, avant de se dresser l'une contre l'autre, jusqu'à ce que l'une disparaisse devant l'autre.

On pouvait naître, vivre et mourir en Algérie française à peu près sans connaître un mot d'arabe si l'on était français, ou un mot de français si l'on était « indigène ». Nous vivions plaqués les uns sur les autres sans strictement rien savoir les uns des autres et sans rien vouloir en entendre. Nous étions ségrégués, séparés par une méconnaissance plus inéluctable que si nous vivions sur des planètes différentes. Les plus lointains étaient sans doute ceux que nous appelions les Arabes. Ils formaient la masse des habitants de ce pays chargé d'histoire et de civilisation : sans vouloir jamais l'accepter, ils étaient soudain gouvernés par des chrétiens venus de France.

Mon père fut le premier à me faire comprendre les beautés et les richesses d'une humanité et d'une culture – l'islamique – dont jamais je n'entendis un mot de bien de la part de mes éducateurs français. Ceux-ci ne connaissaient d'ailleurs à peu près rien du monde où ils se trouvaient. Ils étaient envoyés dans un département français situé outre-mer, il est vrai, mais que rien ne distinguait à leurs yeux de la métropole d'où ils venaient. Pour aussi ahurissant que cela paraisse, des Français, parfois des fils de colons ou des fonctionnaires, après des décennies de présence en Algérie, ne connaissaient pas un mot d'arabe ; l'un d'eux, Maurice Perrin, homme fort cultivé et qui finit par être assassiné pendant les troubles, ayant grandi à Constantine, n'avait jamais de sa vie entendu le chant d'un muezzin – dans une ville où du haut de multiples minarets leur chant harmonieux s'élève de l'aube au crépuscule cinq fois par jour ! Son cas était celui de l'immense majorité des Français d'Algérie.

L'arabe était la langue de mes grands-parents et de mes parents – comme de tous mes ancêtres depuis des siècles. Nous étions parfaitement insérés dans le milieu musulman dont nous faisions partie intégrante en tant que fils d'Israël, soumis, sous leurs lois, à un statut particulier, celui du *dhimmi*, de protégé, dont la présence française nous avait débarrassés, en faisant de nous des citoyens à part entière.

Mon grand-père, mon père, mes oncles étaient en constants rapports avec les Arabes du pays. Affaires et amitiés les réunissaient dans les fermes et les marchés où s'écoulait le plus clair de leurs vies.

Papa était négociant en céréales, il achetait les récoltes aux Arabes et aux colons pour les revendre aux meuniers d'Oranie ou de France. Il consentait des prêts à intérêt à ses clients qui, chemin faisant, avaient des difficultés à joindre les deux bouts.

Ses ambitions terriennes étaient plus modestes : il cultivait, à la lisière d'Aïn-Témouchent, avenue Jean-Jaurès, une vigne de six hectares dont il vendait chaque année les raisins avant qu'Albert et Charles, mes frères, ne construisent la cave où ils fabriquaient les vins Chouraqui.

Il gagnait bien sa vie, heureux de pouvoir nous élever par son travail, sans avoir recours à son riche beau-père ni à personne d'autre. Notre maison bourgeoise regorgeait de fruits, de jarres d'huile, de laitages, de beurre et de fromages qui nous venaient directement des fermes familiales. En période de tensions, mon père m'enseignait que la sagesse, si l'on était jeté dans une fosse aux lions, serait de s'entendre avec les fauves. Ainsi fit-il sa vie durant dans un milieu et une carrière où les occasions de conflits ne manquaient pas. Très tôt, il avait été membre du conseil municipal et président du consistoire israélite de la ville. Durant les quelque quatre décennies de sa vie publique, au gré de ma mère, il se consacrait davantage aux autres qu'à ses propres affaires. Mais il était aussi calme que maman paraissait être impulsive et tumultueuse, surtout à l'époque où les soixante-quatre gros calculs de sa vésicule biliaire la suppliciaient. Pendant les crises qui précédèrent son opération, j'étais terrorisé à la voir et à l'entendre se tordre de douleur. Elle était pleinement une mère juive – la version méditerranéenne et, à bien des égards, arabe de *yddishe mamma*, animée par une foi et des forces héritées de Baba. La placidité de papa, la vivacité de maman toujours en mouvement se complétaient dans la famille par le tourbillon incessant de mes cinq frères et sœurs, et de la foule de cousins, de cousines et d'amis de tous âges.

Les Arabes habitaient trop loin pour que nous nous associions à leurs jeux, mais nous partagions souvent ceux de nos petits voisins chrétiens, dans notre rue ou à l'école. Près de chez nous se trouvait la forge Brelot où, dans une vaste cour, des charrettes, carrioles, calèches, breaks, cabriolets, landaus et coupés, mêlés à des charrues et des instruments aratoires, abritaient nos jeux, souvent pendables. Dans un coin de la forge, éclairé par le feu d'une soufflerie, torse nu, le père Brelot, de ses pinces, tenailles, marteaux, fonçois et taillets, forgeait les plus beaux socs et essieux du pays. Son fils Fernand était à l'époque mon plus proche camarade. Je l'ai perdu de vue pendant la guerre, qu'il fit dans la marine.

Enfant gâté de la famille, petit dernier à survivre après la mort en bas âge de ma sœur Claire, couvé et veillé par père, mère, frères et sœurs, choyé par la chaleureuse et gourmande affection d'une famille innombrable, tout souriait à l'enfant dont les grands yeux semblaient avoir dévoré le reste du visage. Au jardin d'enfants de la sœur Ubaldine, et bientôt à l'école primaire de la rue Pasteur, tout concourait à faire de moi un parfait petit Français, fier de ses origines et de sa culture gauloises. Mais chez nous, vivre, c'était prier et prier en hébreu même si, paradoxalement, nous ne comprenions à peu près rien des textes de la Bible hébraïque ou des livres de prières que nous connaissions presque par cœur.

Dans nos maisons, il n'y avait pas de peintures accrochées au mur, pas de sculpture ornant nos demeures. Le premier musée qu'il me fut donné de visiter fut le Louvre, alors que j'avais dix-huit ans. La seule œuvre d'art que la bonne ville d'Aïn-Témouchent offrait à nos regards était un monument aux morts de la Première Guerre mondiale : il représentait un groupe allégorique, une femme immense, protégeant un petit soldat casqué, dressé tout nu, sous son regard protecteur. Nous gloussions de plaisir, surtout les fillettes, à admirer le généreux sexe de ce fantassin que la République offrait à notre admiration. Bien entendu, cette lourde statue de bronze ne tarda pas à disparaître, après le départ des Français.

Le paradoxe dans lequel nous vivions échappait à nos regards. Pour nous, la vie c'était cela : véhiculer de génération en génération une langue, une culture, une révélation, celles de la Bible, jusqu'à ce qu'il plût à la Providence de nous arracher à notre exil, de ressusciter notre patrie lointaine, de rendre vie à notre langue et à notre peuple. Pour cela, notre longue patience devait être sans faille, dussions-nous l'exercer jusqu'au bout du monde et jusqu'à l'heure de la résurrection des morts.

Tandis que je grandissais, un piano Pleyel vint orner notre maison : mes sœurs prenaient alors les leçons d'un professeur local. Je reçus également à Oran l'enseignement d'un professeur de musique. Mais ma carrière de pianiste et de choriste fit long feu. Ma première culture musicale me parvint grâce au phonographe et aux disques de mes frères avant que Paris, en cela aussi, ne me comble de ses trésors.

Mais, en attendant, nous étions absents au monde dans lequel notre exil nous enfermait. Nous naissions, nous vivions, et nous mourions dans les étroites limites de nos ghettos. Nous pouvions avoir des relations d'affaires avec les musulmans ou les chrétiens de notre entourage, nouer quelquefois de vraies amitiés ; il était plus rare, jusqu'à une époque tardive, d'avoir avec eux de vrais échanges intellectuels. Lorsque la cité où nous vivions l'exigeait, nous devions payer nos impôts ou nos taxes et même combattre dans ses armées. Mais si nos corps appartenaient à nos exils, nos cœurs ne cessaient de battre pour l'Orient de Jérusalem.

Nous vivions une aventure transhistorique qui embrassait le plus grand orbe de notre réalité humaine. Nos liturgies, entre les deux pôles du commencement et de la fin du monde, jalonnaient nos cheminements intérieurs, du commencement à la fin de nos existences terrestres. Pâques nous incitait à nous libérer de nos esclavages : ce n'étaient pas nos ancêtres qui échappaient à la tyrannie de Pharaon, mais nous-mêmes qui étions invités à nous libérer de nos servitudes intimes, à nous mettre en marche vers le royaume d'Élohim, tout d'amour, de justice, de vérité.

Cinquante jours après Pâques – au cours de notre marche dans les déserts –, nous nous retrouvions au pied du Sinaï pour recevoir la Révélation donnée par Élohim à Moshé. Et, là encore, c'était pour nous une incitation à mieux épouser, connaître, pénétrer, pratiquer, annoncer ce message, unique vestige de notre histoire, cette Tora qui constituait tout notre héritage et notre seule espérance dans notre face-à-face avec Élohim, à l'heure du retour qui nous était promis.

Maman avait trente-neuf ans à ma naissance. Elle était de quatre années plus jeune que mon père, né le 16 novembre 1874, le jour même où il épousa ma mère le 16 novembre 1898.

Ma grand-mère paternelle, Meriem Fridja, comme ma grand-mère maternelle, Esther Mouchninou, étaient toutes deux d'origine espagnole, comme l'étaient mon père et ma mère. Je n'ai connu ni l'une ni l'autre de mes grands-mères. Les souvenirs que j'ai pu recueillir sur elles sont bien fragmentaires, mais toutes deux nous ont légué l'héritage espagnol dans toute son entièreté p siologique et culturelle : nous étions réellement, d notre environnement maghrébin, des S.T., des *sam têt*, initiales des mots *Sephardi Tahor*, des purs Es gnols.

Le nom de Meriem Fridja dérive de l'arabe *Faraj*, qui

connote la joie, la consolation, le soulagement. Nous étions ainsi des fils et des pères de joie. Le titre d'Abu Alm Faraj était attribué au Moyen Âge arabo-espagnol à des prêtres et des savants arabes et juifs. Nous avons des documents sur les Faraj qui remontent en 1286 à Majorque. Cette famille essaime dans toute l'Espagne : on relève ses traces à Pampelune, à Tudèle, à Valence, à Médina de Pomar, à Orgaz, à Tolède, à Murcie. La dernière mention de cette famille est relevée à Valladolid en mars 1486 à propos d'un procès en restitution d'une dot de veuvage. Six ans après, c'était la grande expulsion de 1492. Les Juifs disparaissent d'Espagne et la famille s'exile au Maghreb – notamment dans l'Oranais, à Tlemcen, à Oran, à Tiaret, à Tanger. Une de ses branches émigra plus tard à Londres où, en 1833, naquit Benjamin L. Farjeon, forme anglicisée du nom, qui émigra en Nouvelle-Zélande où il fonda et dirigea le premier journal quotidien du pays. Il écrivit une quinzaine de romans qui méritèrent l'attention de Dickens.

Ces grands ancêtres survivaient dans notre sang. Leur héritage, que nous connaissions vaguement, nous cernait de toutes parts sur les rives de la Méditerranée, de Jérusalem et de Jaffa à Majorque, Valence et Saragosse, de Salonique à Oran et Tlemcen. Par les femmes comme par les hommes, l'ascendance faisait de nous des Méditerranéens venus de cet Orient dont je porte le nom, de cette *Charquia* qui finit par désigner la côte orientale de l'Espagne dont nous étions originaires.

Le passé que j'évoque ici était à peu près inconnu de la plupart d'entre nous. Seuls quelques rabbis érudits en soupçonnaient l'existence : Abraham I. Larédo au Maroc, Isaac Rouche, David Kalifa, Eisenbeth, en Algérie, dépouillaient des tonnes d'archives pour ressusciter une histoire à peu près abolie dans nos mémoires. Mais nous en conservions la vive fierté, comme des princes ruinés se souviennent de leur gloire défunte, qu'ils osent à peine évoquer dans l'excès de leur misère.

4.

L'ange de la mort

André mourra cette nuit. Maladive enfance.
Le virus de la poliomyélite.
Dans l'estomac d'un bœuf.
El Cojo. Un miroir du réel. Sur le seuil de ma porte.
L'humour efface la haine.
Des twisteurs impénitents.
Découverte de la France.

Baba était le seul de mes grands-parents que j'eusse connu, les trois autres étant morts bien avant ma naissance. Il était aussi le plus vivant et le plus érudit – l'un des plus riches aussi – de sa communauté. Ce soir-là, il était d'une grande tristesse. Ma mère lui avait annoncé mon imminent décès. J'avais fait une de ces graves maladies infantiles qui, à l'époque et dans nos villages, épargnaient rarement ceux qui en étaient atteints. Le docteur Achard avait suivi l'évolution du mal et, avec tristesse, constatait que je n'en avais plus que pour quelques heures. « Le petit André s'éteindra cette nuit », avait-il à mon père.

Ma mère était effondrée. Mes sœurs transportèrent mon berceau de ma chambre, attenante à celle de mes parents, au salon, mieux indiqué pour recevoir, dès que la nouvelle sera connue, la famille, nos amis et la *Hébra Kadisha,* dont les membres sont chargés de la toilette et de l'enterrement des morts. Baba a mis de côté sa mandoline et ses *malagueñas,* dont le chant perpétuait les traditions ancestrales. Après la mort de son fils Charles, survenue en janvier, ce serait dur d'avoir un deuxième décès dans la famille, celui du dernier-né de Meléha, sa fille aînée.

Baba nous envoie son fidèle Rabbi Franco, ce rabbin itinérant qui venait chaque année collecter des fonds pour les œuvres de Palestine, celles de Jérusalem, de Tibériade et de Safed où des Juifs maintenaient une faible présence hébraïque.

L'atmosphère est lugubre au coin de la rue Pasteur et du boulevard de la Révolution. Autour de mon lit, ma mère et mes sœurs commencent à faire leur office de pleureuses tandis que mes deux frères ne savent plus où se mettre et piétinent de confusion dans le couloir. L'aîné de la famille, mon frère Saadia, était mort en bas âge, comme aussi la dernière-née de ma mère, la blonde petite Clairette. Natân André sera-t-il également emporté ? Résigné, le docteur Achard fait son diagnostic et part à l'instant où Rabbi Franco pénètre dans la chambre. Ce dernier se penche sur moi, décèle un ultime souffle de vie. Se redressant, il ordonne qu'on évacue la pièce et qu'on lui apporte une bouteille d'alcool.

Le *rabbi-kollel* n'était pas un simple collecteur de fonds. Il dispensait maints services, dont les plus importants étaient la prédication, l'enseignement et la thérapeutique. Ces rabbis-guérisseurs drainaient dans nos ghettos des pouvoirs et des recettes héritées de l'Orient, plus particulièrement de la Mésopotamie. La barrière entre la foi, la science, et la magie semblait ne pas exister pour eux. Rabbi Franco s'enferma donc seul avec moi. Que me fit-il ? Le fait est que mes funérailles furent décommandées, les bougies éteintes, les chants funèbres oubliés. Nul ne me dira jamais ce qui fut le plus efficace dans l'intervention du rabbi, sa prière ou ses soins. Mais, autour de moi, chacun se persuadait que, sans lui, c'en était fait du petit André.

Tandis que je grandissais, ma mère, je l'ai dit, souffrait atrocement de calculs de la vésicule biliaire. Notre bon docteur Léon Achard, dont la barbiche grisonnait à peine, hésitait à la faire opérer. Il était le type même du médecin de famille, tel qu'on pouvait le connaître à cette époque. Une opération était toujours dangereuse et Lila avait six enfants à charge. En fait, maman, à bout de souffle, après dix maternités et un nombre indéterminé de fausses couches, avait donné la direction du ménage à ma sœur aînée, qui naquit avec le siècle. Marie-Miriam était une forte fille de vingt ans qui acceptait cependant de se faire aider par ses deux jeunes sœurs, Esther-Lucie et Rachel-Alice, de cinq et de sept ans plus jeunes qu'elle. Les domestiques qui aidaient à la vie de la famille étaient des musulmanes ou des Espagnoles du cru, auprès desquelles mon oreille s'accoutumait à la pratique des langues qu'elles parlaient, de préférence au français. J'ai grandi dans les bras et souvent dans les lits de mes jeunes sœurs qui m'avaient adopté comme leur vivante poupée. Marie, l'aînée, était aussi la plus maternelle, la plus exubérante, et jouait si bien son rôle de mère nourricière que j'avais du mal, le soir, à m'endormir ailleurs que sur ses jolis seins, que j'embrassais avant de m'évanouir dans l'innocence de mon sommeil.

J'avais bien besoin d'être si étroitement entouré pendant ma maladive enfance. L'Ange de la mort ne s'avouait pas encore vaincu. Rescapé de ma circoncision et de cette dramatique maladie, il devait m'assaillir à nouveau quelques années après.

J'avais achevé mes classes au jardin d'enfants de la sœur Ubaldine et commençais ma scolarité à l'école primaire de la rue Pasteur, au sommet de la rue que nous habitions, à une distance de quelque trois cent cinquante mètres. L'école fonctionnait sur le principe d'une rigoureuse discrimination : d'un côté les Arabes, de l'autre tous ceux qui n'étaient pas arabes, d'où qu'ils vinssent.

Ceux qu'on dénommait « les Arabes » ne l'étaient que mythiquement : au cours des siècles, les historiens estiment que les Arabes venus d'Arabie conquérir le Maghreb ne dépassèrent jamais une dizaine de milliers. Nos « Arabes » étaient en fait des Berbères islamisés, si bien arabisés qu'ils se considéraient eux-mêmes comme des Arabes. Il suffisait de les voir pour constater en eux l'influence africaine, mais aussi celle de l'Europe :

nombreux sont les Tlemcéniens, Arabes ou Juifs, qui sont des blonds ou des rouquins de la plus belle eau.

Le même mélange se rencontrait chez « les autres » que l'on affublait du titre de Français. Français d'origine espagnole, belge, juive ou métropolitaine sur les bancs de nos classes, nous formions un groupe fort hétérogène que le génie de nos instituteurs et de nos institutrices s'efforçait d'éveiller aux valeurs rédemptrices du laïcisme républicain. Jamais sœur Ubaldine elle-même n'eût songé à faire l'apologie du christianisme auprès de ses élèves juifs. A l'heure où les petits chrétiens célébraient les rites ou recevaient les leçons de leur catéchisme, nous étions pris à l'écart et orientés vers une réflexion sur notre propre identité religieuse.

Rien de tel à l'école primaire où l'idéologie laïque et républicaine agissait comme un laminoir qui écrasait toutes nos différences. J'étais en classe un élève studieux. La première année de ma scolarité se serait achevée paisiblement sans la maladie qui eut des conséquences durables sur mon existence.

Cela survint au mois de juin de l'année 1924 par une journée de fort sirocco. Lorsque le vent du sud soufflait, sablonneux et brûlant, l'atmosphère de la ville et plus spécialement de l'école en était tout électrisée. Un jeudi à seize heures, après les classes, je rentrais tranquillement chez moi lorsque, soudain, je fus pris en chasse par une volée d'enfants qui m'assaillirent à coups de cartable sur la tête aux cris de « sale Juif », hurlés en français et en espagnol : « *Judios mala raza* » (« Sale race de Juifs »). Seul, je n'avais pour tout recours que la fuite. Je courais de toute la force de mes jambes dont ce devait être l'ultime et misérable exploit sportif. J'arrivais chez nous grelottant de peur et de fièvre.

Aussitôt appelé à mon chevet, le docteur tranquillisa mes parents en diagnostiquant : « Cet enfant souffre de sa frayeur et d'une forte grippe. » Il me fit garder le lit en me donnant quelques calmants, du genre cachets d'aspirine.

La « grippe » dégénéra rapidement en paralysie. Effarés, mes parents me virent cloué au lit, en proie à des souffrances insupportables, comme si un monstre dévorait mon système nerveux.

« Mettez sur les parties douloureuses des compresses chaudes », conseilla le médecin.

Les parties qui me faisaient mal étaient plus particulièrement ma jambe gauche et mon bras droit. Les compresses me faisaient si bien hurler que, pour souffrir moins, j'offris bientôt mes membres sains, ma jambe droite et mon bras gauche, aux bons soins de mes infirmières...

Il fallut l'intervention d'un second médecin appelé en consultation pour que l'on découvrît la vérité : j'étais atteint d'une attaque de poliomyélite aiguë. Cette maladie sévissait à l'époque et particulièrement en Afrique où elle faisait des ravages souvent mortels.

La médecine était désarmée en face de ce virus : avec ou sans cachets d'aspirine et compresses chaudes, le cours de la maladie était imprévisible. Je pouvais en mourir ou en sortir à peu près indemne, sans que la main de l'homme n'y puisse rien faire. J'étais devenu une pauvre chose inerte au fond d'un lit. Seuls mes yeux vivaient. Dans les nuits, je continuais à jouer aux billes avec les étoiles ou, de jour, à danser sur le crâne du soleil, en attendant de m'y évanouir.

De longs mois passèrent ainsi. Lorsque je pus sortir de mon lit, je constatais que je ne tenais plus sur mes pieds. Le virus avait paralysé les muscles de ma jambe gauche qui pendait, inutile, au bout de mon corps. Le bras droit était également atteint, mais moins gravement, de telle sorte que je pouvais me traîner sur mes mains à défaut de pouvoir marcher sur mes jambes. Finie, l'école ! Ma convalescence me priva, une année durant, de toute scolarité.

Mes parents, consternés par ce qui m'était arrivé, mirent tout en œuvre pour me remettre sur pied. Les ressources de la médecine et de la physiothérapie de l'époque vinrent à mon secours. Je reçus les soins des médecins et des thérapeutes les plus réputés. Mes parents croyaient en l'efficacité de la prière : tous les saints de tous les paradis furent appelés à la rescousse. Mais pas eux seulement : des rabbis miraculeux façonnèrent pour moi des amulettes destinées à me protéger. Nous allâmes même à Nédromah voir un marabout qui faisait, paraît-il, des miracles : lui aussi me fit porter une amulette, écrite celle-là non plus en hébreu, mais en arabe. Rabbi Méir et Rabbi Shimon bar Yohaï avaient été mobilisés à mon secours : nul ne doutait chez nous de l'efficacité de leur intervention. Pour que le tableau soit complet, nul doute que sœur Ubaldine, dont le regard se posait avec tant de tendresse sur mes misères, n'ait fait agir Jésus, Marie, Joseph pour qu'ils viennent eux aussi aider le dernier-né de sa chère Lila.

Une cure thermale à Salies-de-Béarn m'aida sûrement à retrouver mon équilibre : ma jambe était amaigrie, ma cheville était folle, mon mollet avait à peu près disparu, mon genou était sans force, ma hanche si affaiblie qu'elle ne réussissait plus à maintenir l'équilibre de mon torse. Mais à la rentrée des classes, un an après, je ne sais par quel miracle, je tenais sur mes jambes. Je pouvais marcher, et non plus me traîner sur mes mains, marcher seul, marcher debout sur mes pieds chaussés de souliers neufs – marcher sans béquille et sans canne. Cela m'était à nouveau possible. Je cessais de vivre dans la posture du *Mendiant* de Murillo : cette peinture m'était tombée sous les yeux et m'avait transpercé le cœur tant je ressemblais, me semblait-il, à cet enfant effondré au seuil d'une fenêtre qui n'en finissait pas de jeter sa lumière blafarde sur ses misères.

Ma claudication était forte, mais je pouvais me déplacer à mon gré sans avoir besoin d'aucune aide extérieure. Je cessais d'être un infirme, un paralytique pour devenir un handicapé : les portes de la vie pouvaient s'ouvrir devant moi.

Pendant ma maladie et ma convalescence, sans doute pour compenser une carence de calcium, je m'étais mis à manger de la terre. Je la grattais d'abord dans notre jardin que mes parents furent obligés de faire disparaître – y compris le superbe lilas qui faisait la fierté de la famille. Notre beau jardin devint une cour entièrement carrelée de faïences multicolores qui y sont encore. Privé de la terre du jardin, mon appétit dut se rabattre sur le plâtre qui recouvrait les murs de notre couloir, là où je passais le plus clair de mon temps. Mes parents furent contraints de recouvrir ces murs de faïences rectangulaires, de couleur blanche, ornées d'un fin motif vert clair. Mon dernier retranchement fut de gratter la semelle de mes souliers pour, quand personne ne me voyait, manger la terre qui pouvait s'y coller. Et de nouveau mes parents, tout autour de notre demeure, firent carreler nos trottoirs.

Parmi les remèdes – médicaments et talismans – qui soignèrent mes misères, le plus curieux fut sans doute celui qui m'était administré de grand matin dans l'abattoir où nos rabbins sacrifiaient les bêtes destinées à l'alimentation de notre communauté, grande consommatrice de viandes *casher*, c'est-à-dire rituellement abattue. La croyance voulait qu'un paralytique retrouvât ses forces si on le plongeait dans l'estomac d'un bœuf récemment abattu. Mon père me prenait dans son auto jusqu'à l'abattoir où, sous mes yeux, le rabbin égorgeait un taureau d'un coup de poignard : le sang jaillissait de la gorge de la bête terrassée qui se débattait encore lorsqu'un nouveau coup lui ouvrait le poitrail. Son estomac était retiré et ouvert : j'étais plongé dans le chyle dont il était encore plein. Mon corps nu se recouvrait de ses chairs chaudes. L'espoir d'une guérison animait les miens et me faisait tout supporter avec patience. Superstition ? Sans doute. L'essentiel demeurait pour moi qu'au sortir de cet ensemble de traitements, je pouvais à nouveau marcher sur mes pieds et retrouver une vie à peu près normale. Pour cela, j'étais prêt à tout, fût-ce à demeurer dans l'estomac fumant d'un taureau sacrifié.

L'ardente volonté de ma mère appuyée par mon père et mes sœurs hâta ma réhabilitation. A vrai dire, ce qui venait de se passer dans notre foyer n'était pas absolument inattendu. Baba, enfant, avait été frappé d'ostéomyélite : il boitait aussi et marchait avec une canne de gros bois rugueux.

Mon frère aîné, Abraham-Albert, avait été lui aussi frappé d'une poliomyélite qui, par chance relative, n'avait paralysé que son épaule et son bras droit, épargnant l'avant-bras et la main. A force de volonté, il parvint à maîtriser son infirmité qu'il cachait de son mieux, et la compensait en excellant dans tous les sports qu'il pouvait pratiquer : il remporta plusieurs tournois de tennis. C'était un homme des plus équilibrés et des plus généreux que j'aie connus.

Chaloum-Charles était aussi passionné et tumultueux qu'Albert était placide. Il avait une constitution athlétique, comme si toute la force de la famille s'était logée dans ses muscles qui me laissaient béat d'admiration quand il les gonflait : mes petits doigts se brisaient sur l'acier de ses biceps. Charles avait décidé, une fois pour toutes, de mettre sa force au service de son petit frère infirme. Sa vie durant, il monta autour de ma personne une garde vigilante quand je risquais d'être bousculé ou battu par mes tumultueux camarades, ou quand il me voyait sombrer dans la mélancolie où ma condition me plongeait : « André, courage. Sache que tout est en toi », ne cessait-il de me dire, sans jamais spécifier comment je pourrais avoir plus de courage que les autres ni quel était ce *tout* qu'il voyait en moi.

Et du courage, je dus réellement en avoir. Un courage physique d'abord. Il me fallut rééduquer et presque rebâtir mon corps. En cela j'allais au-devant des vœux de mes parents et de mes médecins, faisant toujours davantage que ce qu'ils souhaitaient pour améliorer ma condition physique. A ce régime, mon bras droit retrouva ses muscles, à l'exception d'une légère faiblesse du côté de l'épaule : celle-ci ne m'empêcha pas d'exceller aux agrès. J'étais particulièrement fier de faire là ce que les gymnastes appellent la croix de fer : suspendu aux anneaux, je soulevais mon corps jusqu'à le mettre en forme de croix. A la corde comme à la natation, j'étais imbattable.

Avec ma jambe, il n'en alla pas de même. Celle-ci étant gravement atrophiée, je devais m'estimer heureux de ce qu'elle me permit de tenir debout et de marcher librement. Mais je boitais beaucoup et, au début, je devais consolider mon genou en m'aidant de ma main pour l'empêcher de ployer sous mon poids quand je mettais un pied devant l'autre.

Dans ces conditions, j'eus à surmonter maintes agonies. Quand j'étais parmi les miens, je pouvais oublier mon handicap, mais, dès que je sortais en ville, je blêmissais intérieurement de m'exposer aux regards d'étrangers. J'hésitais à passer devant la terrasse des cafés qui étaient nombreux dans notre petite ville méditerranéenne où la vie se passait dehors : où que l'on fût, un café était là pour accueillir les flâneurs. Je faisais de grands détours pour éviter les lieux publics. Les regards que je sentais s'appesantir sur moi me glaçaient. Je n'avais pas encore compris de quelle indifférence les hommes étaient capables.

Ma sensibilité s'exacerbait davantage au contact de mes camarades de classe, à l'école communale de la rue Pasteur, où je dus retourner dès que ma santé me le permit. Cruelle jeunesse ! Je n'étais plus comme tout le monde puisque je boitais, et on me le fit durement sentir. Mon déhanchement me valut le surnom espagnol d'*el Cojo*, le Boiteux, qui vrillait ma sensibilité bientôt maladive.

En dehors des déplacements qu'il me fallait faire obligatoirement pour aller à l'école, à la synagogue ou chez mon grand-père et chez mes oncles et tantes, je m'enfermais dans ma chambre où je découvris dès cette époque les voluptés de la lecture. Ma sœur Lucie était, avec Albert, la seule de la famille à aimer lire. Ils me mirent entre les mains mes premiers livres : je m'y plongeais avec extase. Mon père s'alarmait de voir de la lumière dans ma chambre jusqu'à une heure ou deux heures du matin. « Un enfant de ton âge a besoin de neuf heures de sommeil par nuit », ne cessait-il de me dire. Mais rien n'y faisait. J'avais un besoin impérieux de m'évader de la quotidienneté de ma vie en me plongeant corps et âme dans l'imaginaire de la littérature. Je lisais tout ce qui me tombait sous la main.

Mon père lui, en dehors du journal quotidien, *L'Écho d'Oran*, n'avait qu'une lecture sérieuse, la Bible, qu'il lisait en hébreu à la synagogue où il allait chaque matin, dès l'aube. Quand ses affaires le lui permettaient, il y retournait pour les offices de l'après-midi et du soir. De toute manière, il interrompait ses activités pour s'isoler chaque jour aux heures de la prière qu'il récitait silencieusement avec une impressionnante ferveur. Dès qu'il le pouvait, il ouvrait son Psautier hébraïque, qu'il connaissait par cœur, pour s'enchanter de ses poèmes.

Jamais il ne me vanta l'excellence de notre religion, jamais il ne m'imposa aucun rite, aucune obligation. Il m'offrait le privilège de l'accompagner à la synagogue quand je le voulais et le pouvais. En bon fils d'Israël, il devait éduquer ses enfants dans les traditions de nos pères. Il m'envoya donc étudier la Bible au Talmud Tora. Après ma maladie, les rabbins venaient chez nous pour me former aux disciplines hébraïques. La Bible pénétra ainsi dans ma vie et d'abord par l'exemple d'un père qui croyait tout simplement qu'elle était, comme elle le disait, la parole de l'Élohim créateur des ciels et de la terre. Pour l'affirmer, papa n'avait pas besoin de mots : il vivait de ce qu'il croyait, sans ostentation, mais sans faille. Président de sa communauté, sa conduite religieuse était rigoureuse pour lui-même, mais très libérale pour les autres, à commencer par ses enfants.

Mon infirmité aggrava-t-elle en moi ce trait ? Plutôt que de me projeter dans le réel, je laissais celui-ci se refléter en moi. Il me semblait être le miroir silencieux de tout ce qui se passait autour de moi. Cette vertu d'essence contemplative me permettait de tout entendre, de tout voir, sans être tenté de me projeter dans l'objet de ma contemplation. Un miroir n'est jamais encombré par les objets qu'il reflète. J'étais le miroir de la lumière, des formes, des personnes, des faits et des mots que je voyais ou que j'entendais dans un paysage dont j'étais absent. D'où une insatiable curiosité, une infatigable ardeur à voir, à entendre, à connaître davantage ce qui existait autour de moi, puisque je n'étais moi-même que le miroir du réel.

J'étais doté d'une jambe gauche paralysée qui, au terme de ma croissance, mesurait quatre centimètres de moins que ma jambe droite. A droite, je devins un homme qui mesurait un mètre soixante-cinq. A gauche, je n'avais plus qu'un mètre soixante et un. Entre ces deux mesures, où me situais-je vraiment ?Je n'étais ni l'un ni l'autre. Si mes origines avaient fait de moi un homme d'ailleurs, les quatre centimètres manquant à ma jambe gauche me transformaient en homme de nulle part : même par ma taille, j'étais devenu un être problématique.

Dès que je le pouvais, je m'asseyais, enfant, sur une marche de granit gris au seuil de notre maison, boulevard de la Révolution. Le spectacle de cette rue passante ne cessait de me fasciner. Je passais de longues heures à contempler ce qui s'y passait et ceux qui y flânaient. Il y avait d'abord les colons cossus qui filaient dans leurs luxueuses voitures, allant ou revenant de leurs fermes à leurs villas bourgeoises. Je les connaissais presque tous, quoiqu'ils ne frayassent pas avec nous. Pas une seule fois je ne fus invité dans leurs maisons qui, à vrai dire, ne me paraissaient pas plus enviables que la nôtre ou que l'immense demeure de Baba.

Une seule fois, je franchis le seuil de la villa de Mme veuve Camille Chabaud. Son mari avait été l'associé de mon père avant la Grande Guerre. C'était l'époque où les premières automobiles arrivaient en Algérie. Mon père avait déjà eu une Vinot-de-Guingon puis une Dedion-Bouton. Son association avec ce colon avait été fructueuse pour tous deux, mais de là à nouer des relations sociales suivies, il y avait un pas qui ne fut jamais franchi. Ma mère fut un temps la présidente d'une œuvre de bienfaisance intitulée La Bienfaitrice. C'est à cette occasion que je l'accompagnai un jour chez Mme Chabaud. Chaque fois que je passais sur le boulevard National, je contemplais la villa où l'on accédait par un perron nanti d'un escalier en forme de fer à cheval qui me remplissait d'admiration. Grâce à La Bienfaitrice, je pus une fois dans ma vie gravir ses marches de marbre blanc en donnant la main à maman qui faisait là une visite de courtoisie. Les autos passaient vite. A la longue, il était fastidieux de les observer. Juste en face de chez nous, il y avait l'épicerie où nous nous fournissions. Elle était connue dans le quartier sous le nom d'épicerie du « Petit Juif ». De fait, elle appartenait à un M. Cohen : le « Petit Juif » avait un teint écarlate et des yeux gris. Sa clientèle était fort diversifiée. Ma mère me demandait parfois de m'arracher à mon observatoire sur le pas de notre porte pour aller faire une commission : « Va m'acheter un kilo de sucre chez le Petit Juif... »

Pour maman aussi, M. Cohen était le « Petit Juif » ! Je m'empressais de franchir le boulevard de la Révolution pour m'acquitter de ma mission, certain qu'elle me rapporterait quelque bonbon en plus des sourires et des vœux qu'il me dispensait largement. Un jour, je revins de cette course en larmes. « Pourquoi pleures-tu ? » me demanda mon père, alarmé. Entre deux sanglots, j'avouai avoir perdu la monnaie de mes achats. Avant de me consoler, mon père me demanda d'ouvrir ma main gauche. La monnaie s'y trouvait, mais je la serrais si fort que j'avais perdu conscience de son existence.

Les colons passaient si vite qu'ils étaient à peine perceptibles sur mon miroir et les Juifs m'étaient si bien connus qu'ils ne m'apprenaient plus rien. Les Arabes me paraissaient beaucoup plus intéressants à observer. Ils gardaient pour moi leur mystère, que je ne cessais de sonder dans les bureaux de mon père ou de mon grand-père, où je passais auprès d'eux de longues heures. Là venaient les riches, ceux qui avaient des terres à blé ou de l'orge et de l'avoine à vendre. Dans le courant de l'été, ils négociaient la vente sur pied de leurs raisins qui serviraient à produire nos vins. Ils me paraissaient superbes dans leurs vêtements de lin blanc, immaculés sous leurs grands et hauts chapeaux de paille ornés de broderies rouge et or. Certains arrivaient à cheval pour disposer dans les coffres de Baba des sommes qu'ils reprendraient quelques heures ou quelques jours plus tard.

La rue Pasteur et le boulevard de la Révolution étaient des axes où gravitaient les musulmans qui venaient de leurs quartiers excentriques pour aller prier dans la mosquée de Sidi Saïd, bâtie dans le plus pur style néo-colonial avec un minaret octogonal dominé par un curieux balcon qui servait de plate-forme au muezzin. On conçoit qu'après notre départ les musulmans se soient emparés de la synagogue que mon père avait fait construire. Ils l'ont transformée en mosquée, comme la vaste église que les chrétiens de la ville dénommaient pompeusement « la Cathédrale », pour en faire leur principal lieu de prière. Ils ont laissé notre belle synagogue dans l'état où elle était quand nous sommes partis, la vidant seulement de ses meubles, tribune de prière et sièges devenus inutiles. Par contre, ils ont transformé les clochers de l'église en minarets. Après tout, puisque nous étions partis, ils n'avaient rien d'autre à faire qu'à utiliser, pour la plus grande gloire d'Allah, ces lieux de prière consacrés à Élohim ou au Christ. Enfant, dans la prospérité générale de la colonie, j'étais étonné de l'extrême pauvreté de la population arabe, dès que mes regards se détournaient des quelques bachaghas, aghas, caïds ou grands propriétaires terriens que nous fréquentions. Ceux qui défilaient sous mes yeux portaient leurs haillons avec la même noblesse que les autres leurs burnous de fine laine en poil de chameau ou leurs djellabas de lin immaculé.

Les infirmes ne manquaient pas : ils sortaient de je ne sais quelle cour des miracles, surtout les jeudis matin où, près de chez nous, se tenait le marché hebdomadaire. Aveugles, boiteux, lépreux au visage et aux membres dévorés par la maladie – recroquevillé dans l'encoignure de notre portail, je me pénétrais de ces visions cruelles. Les poliomyélitiques étaient nombreux. Jambes folles, chevilles ballantes, ils se traînaient devant moi et j'avais le sentiment angoissé de me voir moi-même passer dans la rue.

Cependant, les fous retenaient plus gravement mon attention. Ils étaient laissés en liberté lorsqu'ils n'étaient pas dangereux. Le Maghrébin considère que le *majnoun* n'est pas un malade, mais qu'il est possédé par des djinns – des puissances supérieures qui font de lui une personne plus proche d'Allah que le commun des mortels. Ils défilaient devant notre porte, tenant leurs discours décousus ou grimaçant, sans jamais témoigner de la moindre agressivité. Certains étaient à peu près nus, d'autres croulaient sous les aumônes qu'ils recevaient sous forme de légumes, de pains, de gâteaux qu'ils enfouissaient dans des sacs avant d'aller les partager avec leurs compagnons de misère dans quelque quartier du douar Gueraba, celui que nous dénommions le « Village Nègre ».

Sur la place du marché, il y avait l'emplacement réservé aux montreurs de singes ou de serpents. Non loin d'eux, il y avait les diseurs de légendes et les danseurs 'Issaouas habillés de leurs costumes bariolés. Chaque jeudi, je passais des heures à admirer ces spectacles qui me fascinaient davantage que les séances de cinéma où mes sœurs m'amenaient chaque semaine. C'était le temps des films muets que nous allions voir au Splendid Cinéma ou, plus tard, au Rialto. Les films – généralement des westerns – qui nous étaient projetés me passionnaient aussi. Mes rêves se nourrissaient de Bible hébraïque autant que des chants et des légendes arabes dont notre rue nous transmettait la tradition, divulguée par les muezzins, dont les appels retentissaient, chaque aurore, du haut des minarets de la ville.

La « cathédrale » d'Aïn-Témouchent n'était pas encore bâtie. Les offices catholiques se célébraient dans la petite église édifiée au sud de la ville, derrière la mairie, non loin de la maison de ma tante Clara Bensoussan. Les cloches de la petite église n'étaient pas assez sonores pour être entendues au loin. Mais, de toute manière, le monde chrétien qui nous entourait nous paraissait hostile. A ses yeux, les Juifs n'étaient que des déicides et l'Islam une imposture née du cerveau malade de Muhammad, l'Imposteur. De tels préjugés étaient enseignés ouvertement. Telle était, en Algérie, plus que partout ailleurs, la brutale réalité qui nous condamnait tous à vivre dans nos ghettos respectifs. Nous cohabitions dans une même petite ville sur un périmètre de onze cent cinquante-neuf hectares et cependant nous ignorions tout les uns des autres – tout, sauf le mépris dont nous étions tous les victimes, un mépris qui préparait l'effondrement de l'Algérie française.

Le mépris et la peur. Dès que les Juifs devinrent des citoyens français, à la suite de la publication du décret Crémieux, le 24 octobre 1870, ils furent dans la colonie un enjeu politique, ce qui mit fin à leur tranquillité. L'agitation antijuive d'un Drumont, relayée en Algérie par l'action de Max Régis, laissait dans les cœurs une blessure que l'amitié de nos amis chrétiens n'arrivait pas à panser. Max Régis avait réussi à déchaîner des émeutes dirigées contre les Juifs à Alger, Mascara, Mostaganem, Affreville, Marengo, Sétif, Oran. Des synagogues avaient été profanées, des magasins pillés, des hommes blessés ou tués. L'agitation avait gagné tout le pays et s'approchait dangereusement d'Aïn-Témouchent. Pour faire face au danger qui menaçait sa communauté, mon grand-père mit en œuvre une méthode originale. Il réunit sa nombreuse domesticité, composée en grande partie d'ouvriers musulmans qui étaient employés dans ses propriétés et ses magasins. Leur ayant appris l'essentiel du répertoire des manifestations antijuives, il prit la tête de ce défilé, chantant lui aussi à tue-tête, en les parodiant, les slogans : « A bas les Juifs, à bas les Juifs, il faut les pendre par le pif », ou encore : « La valise à la gare, les Juifs à l'abattoir. »

Le parti antijuif comprit la leçon et qu'il aurait affaire à forte partie s'il persistait dans ses attaques. La parodie eut raison de la haine, et les rieurs à Aïn-Témouchent furent désormais du bon côté. Même à l'heure où Hitler triomphera en France, l'antisémitisme de nos voisins chrétiens ne dépassera jamais les limites de ce que l'on appelle la décence. Avec la satisfaction du devoir bien accompli, Baba put continuer à cultiver ses jardins.

Une de mes amies m'avouait récemment : « J'aime mon mari parce qu'il a de beaux mollets. » Elle ne sait pas, l'innocente, quelle profonde vérité son aveu exprimait.

Quand on a de beaux mollets, des pieds solidement campés sur deux tibias et deux péronés parfaitement articulés sur des chevilles fermement musclées, que l'on n'a pas un pied infirme, un genou vacillant, ni une hanche patraque, quand on peut adopter sans problème la position anthropologique par excellence, se mettre debout, en marche et marcher sans handicap, sans même y penser, on ignore de quel privilège on est nanti, de quelle grâce des ciels on jouit sans le savoir. Mais on perd également le bénéfice d'avoir à se battre pour conquérir un don naturel chez les autres.

Le moindre poussin frétille sur ses deux pattes dès qu'il brise sa coquille. J'ai dû apprendre à me tenir debout et à marcher sur mes jambes à quatre reprises au cours de ma vie. Là encore, les hommes normaux ignorent quels efforts surhumains, quelle ingéniosité, quelle vigilance il faut déployer pour réaliser cette première conquête qui distingue l'homme de l'animal. C'est la verticalité qui fait la supériorité de l'homme sur la bête, comme c'est la verticalité qui commande l'horizontalité du regard et de la vision, donc la perception de l'univers. La claudication brise cette harmonie. On ne peut comprendre un boiteux, sa psychologie, ses qualités et ses défauts, son génie, s'il en a, en faisant abstraction de cette infirmité. Car il existe dans tous les âges et parmi toutes les ethnies une race à part, celle des boiteux qui se reconnaissent et s'acceptent pour semblables. Cela, je le savais d'instinct avant de le comprendre intellectuellement, mais je serais mort d'angoisse si j'avais dû déambuler boulevard de la Révolution, rue Pasteur, ou plus encore boulevard National, en compagnie d'un autre boiteux. Un seul était bien suffisant pour s'exposer à la lumière du jour : notre infirmité me semblait trahir l'essence de la personne humaine, l'équilibre de sa démarche. Après mon attaque de paralysie, et les longs mois de ma convalescence, je me revois me traînant à bout de bras, sur mes mains que j'avais solides, pour me déplacer d'une chambre à l'autre, le long du couloir de notre demeure familiale. Quand je réappris à marcher, plus dur fut le rétablissement de mes fonctions motrices. Je m'arc-boutais sur les murs afin de me redresser. Mes doigts agissaient comme des ventouses qui me suspendaient en l'air sur des jambes que je ne sentais plus.

Une nuit, je fis un rêve que je n'ai pas oublié : j'étais entouré de lustres qui éclairaient mes ténèbres. Certains étaient de cristal, comme cette vasque dorée qui illuminait la chambre de mes parents. Ceux-là se trouvaient à portée de ma main enfantine, tout près de moi, à hauteur de mes épaules, et cependant, malgré tous mes efforts, je ne parvenais pas à les atteindre. Plus loin, très haut, mêlés aux étoiles, je voyais d'éblouissants luminaires parmi lesquels je me mouvais sans aucune difficulté et que je pouvais caresser non seulement du regard, mais de mes mains, amoureusement. Il me semblait alors être libéré de la pesanteur et voler sans contrainte jusqu'au plus haut des ciels.

Mes jambes étaient là pour me rappeler à la réalité. Elles me firent prendre conscience des caractères communs que l'on peut retrouver dans l'universelle famille des claudicants, ces twisteurs impénitents. Jacob, le patriarche blessé à la hanche par l'ange contre lequel il lutta et qu'il vainquit, constitue bibliquement l'archétype du boiteux, qui compense sa faiblesse physique par le rêve et par la ruse. Jacob le boiteux, en face de son frère jumeau Ésaü, l'intrépide chasseur, ressemble à Méphiboshet en face de David. A Rome, Claude fut choisi pour empereur par les sénateurs et les généraux en place, justement parce qu'il était un infirme ayant par surcroît une réputation imméritée d'imbécillité. Boiteux, épileptique et bègue, ce frère de Tibère, qui succéda à son neveu Caligula, devint empereur alors qu'il se cachait par peur d'être massacré. Il compensa sa disgrâce physique par son érudition : nul ne connaissait mieux que lui la civilisation étrusque. Grand rêveur, il se désintéressa du gouvernement qu'il laissa aux mains de sa femme Messaline, celle qu'il assassina avant d'être lui-même tué, sans doute par sa deuxième femme, Agrippine.

Saint Jérôme était, lui aussi, un boiteux dont la grande œuvre fut une révision critique de la vieille Bible latine, qu'il retraduisit en latin, à Bethléem. Il voyait également le réel – et les textes qu'il rénova – aux deux niveaux de conscience qui sont nécessaires aux interprètes. A cet égard, les musiciens se trouvent souvent dans la situation peu enviable des traducteurs. Talleyrand était devenu boiteux par accident, ce qui le dispensa du service militaire et lui fournit la dose supplémentaire de ruse qui lui permit de survivre à tous les régimes qu'il servit successivement, lui qui eut assez d'audace pour tenir tête à Napoléon.

Je m'accrochais aux étoiles pour tenter de vivre. L'un de mes anges fut sûrement une jeune curiste blonde que je rencontrai dans l'établissement thermal de Salies-de-Béarn, au cours du voyage qui me permit de découvrir la France.

Nous avions pris un paquebot d'Orán à Port-Vendres. C'était la première fois que je quittais l'Algérie : la nuit, j'essayais de vérifier si le bateau avançait en mettant ma main contre la paroi de ma couchette. Je m'étonnais, à huit ans, que les mouches volassent, autour de nous, à la même allure que le navire. De Port-Vendres, nous prîmes le train pour Toulouse, puis de Toulouse nous allâmes à Tarbes, où une auto nous attendait pour nous conduire à Salies-de-Béarn. Ce voyage me fit découvrir, émerveillé, les paysages de France, les fleuves, les rivières, les sources, les lacs, les forêts, les pâturages qu'enfant, dans nos déserts, je n'aurais jamais pu imaginer. Et, plus encore, je connus pour la première fois un type d'hommes et de femmes que nous appelions en Algérie d'une expression énigmatique pour moi : les « Français de France », rien à vrai dire qui ressemblât à ceux que je connaissais en Algérie, ni qui eût aucun trait commun avec nos Espagnols, nos Arabes ou nos Juifs. J'étais plongé dans un bain de chlorophylle où fleurissait une autre culture, une autre humanité, qui s'incarna pour moi dans la personne de cette belle jeune fille, ma voisine de chambre à l'hôtel des Thermes.

Cette curiste, dont je n'ai pas retenu le nom, s'était prise d'affection pour moi : sa présence m'aida à obtenir de mes muscles des progrès dont aucun médecin ne rêva. De mes muscles et de mon cœur, car, à peine âgé de sept ou huit ans, je ne manquai pas de tomber amoureux d'elle : j'étais fasciné par ses yeux bleus et sa blonde chevelure.

5.

Gesta Dei per Francos

« André fera son lycée. » Un déracinement.
A tambour battant. Des maîtres exigeants.
L'effaçage de notre identité.
L'amour des femmes. Survivances.
Entre deux mondes. Célébration de ma bar-mitsva.
Proclamer la Tora... et l'oublier.
Au carrefour des trois univers.
Un indéfinissable dégoût. L'impasse.

Ma fragilité m'avait valu, à l'école, l'amitié de mes institutrices, qui se mirent d'accord pour conseiller à mes parents de me faire faire des études secondaires. Ma dernière maîtresse à Aïn-Témouchent, après la brune Mlle Gaillard, était la blonde Mme Kalfon. C'est elle qui plaida ma cause : « André est doué. Vous devez l'envoyer au lycée et l'inscrire directement en sixième, sans passer par la septième : il rattrapera sans peine son retard. »

Mon père et ma mère furent certainement réticents d'avoir un fils qui n'aurait pas l'indispensable certificat d'études primaires, le diplôme qu'il n'était pas possible de ne pas avoir, dont tout le monde se targuait autour de nous – le seul qu'eussent mes parents, mes frères et mes sœurs, même si Albert avait poussé ses études jusqu'au brevet élémentaire. Lucie était également allée à Oran pour cet examen auquel elle échoua. Nous logions pour ce voyage chez ma sœur Marie, qui venait d'épouser un commerçant oranais, flûtiste de talent, Lucien Asquinazi. J'avais accompagné Lucie et j'étais auprès d'elle quand elle apprit son échec. Elle ne perdit sa contenance qu'au seuil de notre maison. Je la revois effondrée, en sanglots, sur l'escalier de marbre qu'elle n'avait plus la force de gravir. Assis auprès d'elle, j'étais sans paroles pour consoler une si grande peine, ne sachant que caresser sa chevelure de jais.

Me faire faire des études secondaires n'était pas sans poser des problèmes à mes parents. D'abord, celui de mon infirmité. Au prix de bien des efforts, j'avais pu retourner à l'école de la rue Pasteur, mais, là, j'étais sous la surveillance de ma mère, de mon père, de mes sœurs ou de mes frères, si bien que je ne pouvais faire un pas loin de leurs regards. Dès que je risquais de tomber, ma mère invoquait le très saint Rabbi Méir, le maître des miracles, pour qu'il me rattrape à temps.

Il n'y avait pas de lycée à Témouchent, qui n'en posséda d'ailleurs jamais avant l'indépendance, malgré la prospérité de la ville et les efforts de ses édiles. Il fallait donc m'envoyer à Oran et faire de moi un interne au lycée Lamoricière qui jouissait de la meilleure réputation. Mais comment l'enfant réagirait-il ? Comment se comporterait-il loin de la famille ?

Maman avait une forte personnalité. Se détacher de son enfant chéri, son plus jeune, son dernier-né depuis le décès de Clairette, et, de plus, le plus vulnérable de ses gosses depuis ma malencontreuse poliomyélite, n'était certainement pas facile pour elle.

Il y avait eu aussi la malheureuse expérience faite par Charles, que l'on avait essayé d'envoyer au pensionnat du collège de Sonis près de Sidi-bel-Abbès. Motif : Charles était intenable. Pour lui, le mot turbulence était insuffisant pour décrire les mille tours qu'il ne cessait de jouer, de jour et de nuit. Quand on ne l'entendait pas, maman était terrorisée : que pouvait-il bien manigancer ? Un jour, elle le trouva dans la garde-robe où elle rangeait les vêtements d'été et d'hiver de toute la famille. Charles, armé d'une scie à bois, s'affairait à scier sur les vêtements tous les boutons dont il avait besoin pour ses jeux. Ce désastre n'était pas le seul qui laissât des traces dans la chronique familiale.

L'école de Sonis avait la réputation de dompter les plus fortes têtes du département : Charles y fut donc expédié à son corps défendant. L'expérience fut de courte durée. Un beau jour, il s'évada et revint à pied à la maison. Tout comme Miss, notre chatte tigrée que nous avions transportée à Oran dans un sac enfermé dans le coffre de la Fiat que mon père possédait alors. Lucien, mon beau-frère, souhaitait avoir cette bête pour chasser les souris qui avaient envahi ses entrepôts. Souris ou pas, Miss rappliqua à la maison d'Aïn-Témouchent en moins de deux jours, mue par on ne sait quel instinct. Charles nous prouva qu'il était capable d'en faire autant.

« Le cas d'André est bien différent, plaidaient mon père et mes sœurs. D'abord, sans son bac, il ne pourra rien faire dans la vie. »

« Quand on a des jambes boiteuses, il faut avoir une tête bien pleine », finit-on par conclure.

L'argument était de poids, mais j'en sapais la validité quand mon père me demandait, anxieux : « Mais que feras-tu quand tu seras grand ? » et que je répondais, placide : « Charbonnier ! – Charbonnier, alors que tu pourrais être un fonctionnaire ! » concluait papa, dépité.

Le débat sur mon avenir fut tranché par l'exemple de Baba, qui survint chez nous armé de sa grosse canne sans laquelle il ne se déplaçait jamais. Boiter, il savait ce que cela voulait dire. Depuis l'âge de quatre ans, il n'avait cessé de le faire, ce qui ne l'avait pas empêché d'étudier, de travailler, de défricher ses terres, de planter ses vignes, d'édifier ses caves. « Boiter, ce n'est rien d'autre qu'une certaine manière de se mouvoir en dansant. Il ne faut pas en faire une histoire. Quant à éloigner ce gosse des jupes de sa mère et de celles de ses trois sœurs, croyez-vous que ce serait un mal à son âge ? Regardez ce qu'est devenu Mardochée qui, à vingt-sept ans, avait son diplôme d'avocat, le premier universitaire de la famille ! Le premier, mais pas le seul. Maurice sera un bon médecin, et Simon deviendra pharmacien. Simon est pour l'instant pensionnaire à Oran. Il sera en cinquième quand André entrera en sixième ! Simon le surveillera et l'aidera autant que cela sera nécessaire. Cessez d'hésiter : vous feriez le malheur de cet enfant en ne l'envoyant pas étudier », plaida Baba.

Marie, ma sœur aînée, m'avait élevé pendant la maladie de maman. Elle se considérait, non sans raison, comme ma seconde mère. Elle bouillait d'envie de m'avoir, sinon chez elle, du moins à Oran. Elle serait ma correspondante et à ce titre elle m'aurait chez elle deux fois par semaine, les jeudis et les dimanches. C'est ainsi que mon sort fut décidé sans que j'eusse grand-chose à dire ou à redire : je partirais pour Oran après de bonnes vacances passées à nager dans la piscine du père Gervais à Témouchent ou dans la mer à Oued-Hallouf où j'allais souvent à bicyclette. J'avais découvert qu'à nager ou à pédaler je perdais le handicap de ma claudication. Alors, je m'en donnais à cœur joie.

Le changement fut radical. Ma poliomyélite, les lésions qu'elle provoqua sur l'axe gris de ma moelle épinière, les séquelles qu'elle laissa sur mon pied et ma jambe gauche – sans parler de mon bras droit, presque totalement rétabli – m'avaient marginalisé par rapport à ma famille, à mon milieu, à mon école. Le déracinement ainsi entamé ne manqua pas de s'aggraver. D'un coup, à partir du 1er octobre 1928, âgé de onze ans, j'échappai totalement à la surveillance de ma mère et de mes sœurs, comme aux enseignements de mon père et de mes rabbins. J'étais tout d'un coup transplanté dans un univers géographique et culturel qui n'avait plus rien à voir avec celui que je venais de quitter. Le monde arabe au sein duquel j'étais né, là où mes ancêtres avaient vécu depuis plus d'un millénaire, dont ils parlaient la langue, partageaient les coutumes, souvent les croyances et quelquefois les superstitions, cet univers si varié et si riche, avait totalement disparu pour moi, comme si quelque cataclysme l'avait englouti, le temps de mon déménagement de la rue Pasteur d'Aïn-Témouchent au lycée de garçons d'Oran.

Finies les délices de la cuisine arabe et judéo-arabe. Adieu couscous, tafina, tajines, boulettes de viande ou de poisson, brochettes épicées, pains pétris des mains de ma mère ou kesras de nos bonnes arabes. Adieu méchouis et fêtes de nos fermes ou de celles de nos amis arabes. Adieu longues rêveries de mes promenades solitaires dans les quartiers et les marchés de notre voisinage. Finies les conversations en arabe autour d'un verre de thé à la menthe, face au paysage ébloui de lumière, où les seuls mots échangés sur nos sofas de plein air n'étaient que : « Comment vas-tu ? Bien ? – Très bien, qu'Allah soit louangé ! Et toi, comment vastu ? Bien ? – Très bien, qu'Allah soit louangé ! »

Et l'on recommençait à l'infini la longue litanie des « *Qirak ? Kleir ? La bass. El Hamdou lillah* ! » Ces sept mots revenaient sans cesse pendant tout le temps que nous dégustions notre thé par gorgées subtiles. Rien que dix syllabes, mais l'échange était total et l'amitié parfaite entre nous, dans la paix et l'amen des cœurs. Finies les joutes avec nos amis qui saisissaient notre main pour la baiser, en signe d'affection et de respect. Mais il ne fallait pas se laisser faire par modestie et pour montrer à l'autre qu'il était plus important et plus respectable, il fallait s'efforcer de tirer sa main jusqu'à nos lèvres pour y déposer un déférent baiser. Et le tournoi durait jusqu'à ce que le plus obstiné l'emporte. Finies les grandes envolées des fantasias et des danses orientales, les contes et légendes arabes débités par les troubadours de nos foires sur le rythme lancinant des violons et des flûtes. Nous étions morts soudain à l'univers frémissant de vie et de générosité de l'Islam maghrébin.

Et abolies pour moi la douceur de ma vie dans le nid familial, les longues heures de chérissement dans les bras de mes jeunes et jolies sœurs, la tête appuyée sur leurs seins, dans notre couloir ou notre salon, aux balancements d'une berceuse ; finis les récits de ma mère sur les miracles et les merveilles de notre famille, de nos ancêtres, de notre peuple ; finies les longues heures de prière entre les genoux de mon père à la synagogue et dans les veillées extatiques où le chant des Psaumes nous arrachait à notre pesanteur, à nos ombres, à nos peurs, pour nous situer dans la lumière ineffable de l'Élohim tout-puissant qui était aussi notre Père.

Effacées la langue et la culture des Hébreux. Nous

pensions être les Fils d'Israël, oui, des Hébreux, les survivants d'un peuple que des millénaires de persécutions et d'exil n'avaient pu éliminer ; dans la pauvreté de nos refuges, sous les crachats et les quolibets, nous demeurions les dépositaires authentiques de la Bible et presque les seuls à la savoir par cœur dans sa langue originale. Pour la sauver, nous avions réalisé l'extraordinaire tour de force de franchir vingt-cinq siècles d'aliénation nationale, vingt siècles d'exil, en ne rêvant qu'à notre retour à Jérusalem, sans désespérer des ultimes triomphes de la justice, de la paix, de l'amour incarnés dans la personne d'un Messie dont nous attendions imperturbablement la venue.

La grâce républicaine tendait à faire de nous, Juifs, Arabes ou Espagnols, de vrais Français. Dès le premier cours d'histoire dans les classes de l'école communale, nous chantions à tue-tête la première phrase du Lavisse : « Nos pères, les Gaulois, étaient grands, braves, forts et querelleurs. Leurs prêtres s'appelaient les druides... »

Personne ne songeait à sourire de cette évidente erreur, qui, à force d'être répétée sur tous les tons et à tous les niveaux de l'enseignement, devenait une indiscutable vérité pour les Mohamed, les Antonio, les David ou même les Noirs à qui elle s'adressait. Telle était la vertu de l'enseignement : personne parmi nous ni parmi nos parents ou nos rabbis ne songea jamais à mettre en doute un système d'éducation dont nous étions les captifs.

Pendant sept ans, je fus ainsi prisonnier des murs de pierres peintes en ocre et en rouge de notre lycée, où le seul espace de liberté se trouvait dans les cours de récréation asphaltées où pendaient les feuilles vertes trouées des grappes rouges de faux poivriers rachitiques.

La délicieuse liberté dont je jouissais au sein de ma famille avait fait place, du jour au lendemain, à une discipline de fer, au rythme impératif d'un tambour napoléonien qui donnait, dès six heures du matin, le signal de notre réveil, puis d'heure en heure celui du début et de la fin de nos cours ou de nos repas, avant de nous renvoyer, au son d'un ultime roulement, au fond de nos lits, dans d'immenses dortoirs au milieu desquels s'élevait la lugubre silhouette d'un lit à colonnes posé sur une estrade et caché par des tentures, sous lesquelles sévissait un tout-puissant surveillant, notre geôlier.

Au-dessus de lui, jusqu'au censeur et au proviseur, il y avait toute une hiérarchie, en guerre constante avec l'intenable bande de voyous indisciplinés qu'elle avait pour impossible mission de civiliser. La force de frappe se trouvait entre les mains d'un surveillant général omniprésent et toujours fulminant qui faisait pleuvoir sur nous les punitions les plus variées, dont la pire, à nos yeux, était la retenue : cette sanction nous empêchait, les jeudis et les dimanches, de sortir du lycée sous la responsabilité de nos correspondants locaux, pour nous précipiter dans les cinémas de la ville ou, les plus grands, dans les maisons closes de la pittoresque rue des Jardins, non loin de la place d'Armes. Notre impitoyable jeunesse n'appelait nos cerbères que par leurs surnoms fort suggestifs. Le plus terrible d'entre eux, nous l'appelions Pinenzinc. Mon innocence était telle que je l'abordai un jour pour lui demander je ne sais quelle autorisation en l'appelant fort respectueusement « Monsieur Pinenzinc... ». A sa fulgurante réaction, j'appris ce que signifiait ce mot...

Mon infirmité, ma jeunesse (certains de mes condisciples dans la même classe avaient jusqu'à quatre ans de plus que moi), l'ignorance où j'avais été tenu de la vie faisaient de moi une proie privilégiée : pour survivre dans ce milieu, je dus apprendre très vite à me défendre contre les tracasseries, parfois cruelles, de mes camarades. Un jour que l'un d'entre eux, un petit blond tout trapu, s'était fait particulièrement blessant, je lui sautai à la gorge : j'ai toujours eu dans les bras et les mains la force que je n'avais plus aux jambes. Lucien était le costaud de la bande : il roula à terre sous la soudaineté de mon attaque. Quand on réussit à nous séparer, il était à peu près évanoui. Cet exploit me valut le respect des connaisseurs : j'eus droit à un peu plus de tranquillité. Même si les quolibets et les sobriquets continuaient à pleuvoir, cet incident, où nous en vînmes aux mains, ne se renouvela jamais.

A vrai dire, au lycée d'Oran, dès l'âge de onze ans, j'étais transformé en robot qui se réveillait, mangeait, étudiait et se rendormait au son du même tambour qui mettait en branle les soldats de l'Empire. Ce n'est que vers la fin de ma scolarité qu'une sonnerie électrique remplaça le tambourinement napoléonien. Pendant sept ans, je dus ainsi marcher au pas : j'en ai gardé un sens aigu de l'heure, une exactitude qui ne supporte aucun retard chez moi ni chez les autres.

Je tentais d'échapper à l'écrasement en me repliant sur moi recherchant mon oxygène sur une autre planète, celle de mes livres et de mes amours. Le paysage oranais était fort différent de celui où j'avais grandi à Aïn-Témouchent. Au lieu des vignes, des vergers regorgeant d'oranges et de citrons, de mille roseraies, de jardins croulant sous les glaïeuls, des bosquets où les pins et les cyprès pointaient leurs doigts vers le ciel, je n'avais plus que le béton d'une ville coloniale en pleine expansion. Pour ma consolation, la vue restait ouverte au nord sur la Méditerranée que je pouvais admirer des fenêtres de nos dortoirs, au deuxième étage de notre internat. L'odeur de la mer franchissait les clôtures de nos prisons : quand nous étions libres, nous allions nous y baigner en descendant vers le port et les plages par la promenade de Létang. Le printemps et l'été, nous nous baignions sur les plages, échelonnées de Mers el-Kébir à Aïn-el-Turk. Là, j'excellais si bien que je restais des heures à nager dans l'eau où je parcourais des kilomètres sans reprendre pied.

Sur les quais du port, à Oran, je voyais les grands navires qui levaient l'ancre vers Port-Vendres ou vers Marseille. Ils ébranlaient la lourde quiétude du port en lançant les derniers beuglements de leurs assourdissantes sirènes. Repeints à neuf en ce pays où la main-d'œuvre était bon marché, la jetée dépassée, ils marquaient un temps d'arrêt. Le pilote enjambait le bastingage et descendait du navire par l'échelle de bois et de corde, dans la vedette qui le ramenait vers nous. Moi, dans mon cœur, je restais sur le navire : j'étais de tous les départs, et sans esprit de retour. Quand je le pouvais, je montais à Santa-Cruz pour suivre d'un œil attentif les péripéties de ces embarquements qui livraient les voyageurs à la liberté azurée de la mer. Je montais le plus haut possible, bien au-dessus de la statue de la Vierge, plus haut même que le fort de Santa-Cruz. Sur sa haute pyramide de roc et de pins, partiellement noyée dans un nuage, son architecture massive paraissait surgir d'un rêve. Moi, je m'élevais sur la crête au sommet de laquelle le fort paraissait comme suspendu au-dessus de la ville minuscule, à cette hauteur, devant l'infini de la mer et du ciel dont rien ne me séparait alors.

Les professeurs chargés de nous former étaient, pour la plupart, d'excellents maîtres. L'Algérie offrait alors à leurs ambitions non seulement l'exotisme de ses paysages, mais encore un traitement augmenté du « tiers colonial » par rapport aux salaires de la métropole. La plupart étaient des agrégés, souvent de gauche, qui n'avaient d'autre ambition que de nous transformer en ce qu'ils étaient eux-mêmes, des bêtes à concours. Ils réussirent à le faire pour l'élite des élèves livrés à leur magistère. L'internat leur fournissait la serre chaude où il n'était possible de survivre qu'en se consacrant, corps et âme, aux études. C'est ce que je fis avec conviction. Hors des classes, j'avais deux domaines où mon infirmité n'était plus un handicap : les agrès et la natation. Ces sports transformèrent le frêle enfant que j'étais en un adolescent au torse et aux bras solidement musclés, capable d'exploits qui compensaient, à ses yeux, la défaillance de ses membres inférieurs.

L'amélioration de ma force physique facilita mes progrès scolaires. J'arrivais en sixième avec le retard que j'avais pris à l'école communale où je n'avais fait que deux ans de scolarité. Je n'ai jamais appris par cœur la liste des départements, des préfectures et des sous-préfectures qui, à l'époque, faisait partie intégrante du baptême républicain. Quant aux mathématiques... : « De la bonne volonté, mais bien faible », notait, dépité, le professeur Zurbach, un Alsacien doté d'un fort accent. A la première interrogation qu'il me fit subir devant le tableau de la classe, je perdis tellement contenance que je ne sus lui dire combien faisaient deux et deux. Il me renvoya à ma place, tout piteux, tandis qu'il ricanait : « Il ne sait pas combien font deux et deux, non, il ne le sait pas... »

Pour le reste, mais non sans mal, je parvins à m'améliorer de trimestre en trimestre, d'année en année, mais sans jamais faire d'éclats, même en français, en histoire ni en sciences naturelles qui étaient mes matières de prédilection. Quoi qu'il en soit, je parvins à passer sans trop de difficulté de classe en classe sans jamais redoubler et à obtenir honorablement mon baccalauréat. En première et en classe de philosophie, j'étais unanimement noté comme un « élève très consciencieux », mais sans plus. L'obsession de l'étude grandissait à mesure que nous approchions de l'échéance de notre scolarité. En 1934 et 1935, nous avions à présenter nos bachots. Je crois n'avoir jamais de ma vie travaillé davantage que durant ces deux années. Avec les plus studieux, je me levais vers quatre heures du matin. Comme nous étions enfermés à clé dans nos dortoirs, nous sortions par les fenêtres du deuxième étage et passions par les lavabos pour rejoindre l'étude où nous travaillions jusqu'à l'aube, avant de rejoindre nos lits à quelques minutes du réveil officiel, passant par le même chemin, au risque de nous rompre les os.

Sept années d'études intensives avaient introduit dans nos cerveaux, davantage que des connaissances, un instrument intellectuel, une méthode de travail, qui me servira à longueur de vie. Nous savions aborder un problème et le résoudre, poser une question et l'exposer, rédiger une dissertation, analyser une situation ou un texte. La formation que nous avions reçue avait effacé notre identité originelle. Nous étions devenus de bons petits Français identiques – on le croyait – à nos congénères des bords de la Seine, de la Loire, du Rhône ou de la Garonne.

Nos maîtres avaient radicalement éliminé notre passé, d'autant plus facilement qu'eux-mêmes ne connaissaient rien d'Israël et du judaïsme ou des Arabes et de l'Islam. Ils ne nous en disaient rien parce qu'ils n'en savaient rien. Ils étaient payés pour nous élever dans les lumières de la culture française et ils le firent si bien que, paradoxalement, mes Pères cessèrent d'être Abraham, Isaac et Jacob, remplacés dans mon esprit par la blondeur et l'intrépidité des Gaulois dont j'étais devenu un fils. Pour la plupart d'entre nous, cette conversion était si profonde qu'elle devint définitive. Quand ils furent contraints d'évacuer l'Algérie à l'heure de son indépendance, les Juifs algériens ne se dirigèrent pas vers Israël, mais, pour la plupart, vers la France. Nous étions non seulement déjudaïsés ou désislamisés, mais par surcroît athéisés. Nous étions livrés corps et âme non seulement aux mânes de Vercingétorix, mais, plus gravement, à celles de Voltaire et des Encyclopédistes. Nos professeurs étaient pour la plupart des « gauchistes » ou, quand ils étaient de droite, ils se taisaient : la République était à l'époque radicale-socialiste avant de verser dans le Front populaire. Nous étions d'autant plus naturellement soumis à l'influence de la gauche que la droite faisait ouvertement profession d'antisémitisme. Drumont et Max Régis avaient, en Algérie et plus particulièrement dans l'Oranais, une nombreuse progéniture. C'était l'époque où le docteur Molle était l'animateur de l'Union latine qui l'avait porté à la mairie d'Oran : son journal, *Le Petit Oranais,* menait d'ardentes campagnes contre les Juifs, forcément rejetés à gauche et parfois à l'extrême gauche. Rue d'Arzew, une officine vouée aux Amitiés soviétiques nous inondait de publications qui présentaient les Soviets comme les introducteurs sur terre du paradis annoncé par les prophètes.

Aux assauts répétés de la pensée moderne, celle de Rousseau et de Voltaire ou de Proudhon, de Marx, de

Jaurès et de Léon Blum, nos traditions religieuses avaient volé en éclats. Si parfaitement que, dans nos esprits, nous le croyions, il n'en restait à peu près rien. A Aïn-Témouchent, nous mangions et buvions casher. Au lycée d'Oran, nous ingurgitions la nourriture qui nous était présentée sur des tables de marbre posées sur des pieds de fer, autour desquelles dix appétits dévoraient ce qui tombait dans nos assiettes sans demander si cette viande était rituellement abattue ou si ce saucisson sortait de la cuisse d'un veau, d'une dinde ou d'un porc. Même le grand rabbin David Askinazi, qui, un temps, nous délivra son enseignement religieux, ne nous imposa jamais qu'il fallait, ici, être fidèle à la diététique des Hébreux. Et, puisque nos pères étaient les Gaulois, nous prîmes leurs us et coutumes jusqu'à en oublier notre propre identité. Nos parents, d'ailleurs, si scrupuleux à la maison, ne trouvaient rien à redire contre l'enlisement dans les sables de la laïcité de deux millénaires de fidélité hébraïque, maintenue contre vents et marées, souvent au prix du sang.

Voltaire et ses modernes épigones eurent tôt fait de nous convaincre que Dieu était un mythe tout juste bon pour de vieilles grand-mères. Les lumières se trouvaient du côté des idéaux révolutionnaires de la liberté, de l'égalité, de la fraternité, ceux que la France éternelle avait apportés au monde et ceux qu'elle incarnait aux yeux de l'univers. Nous devions être fiers d'avoir été généreusement adoptés par la mère patrie qui nous arrachait à la barbarie de notre passé, qu'il fût arabe, judaïque ou parfois même catholique. Nous connaissions par cœur notre pays : son hexagone constituait à coup sûr le centre du monde et sa lumière. Nous étions fiers de notre patrie et de son Empire, alors à l'apogée de sa gloire. L'Algérie, elle, était française et nul à l'époque n'aurait songé à prétendre qu'elle fût autre chose que trois départements français semblables à tous les autres. Qui l'eût fait n'eût pas manqué de se faire écharper par nos jeunes colons, ou même mettre à la porte de l'établissement. Mais cela n'arriva jamais.

La gloire de nos conquêtes était dépassée uniquement

par celle de notre culture, si vive qu'elle rejetait dans les ténèbres extérieures tout ce qui n'appartenait pas à notre littérature, à notre poésie, à notre génie, fait de mesure et d'équilibre, ce qui complétait l'harmonie insurpassable de notre géographie, de nos paysages, l'excellence de notre cuisine, les merveilles de notre spiritualité, dont parfois – rarement – nos maîtres rappelaient incidemment qu'elle était celle de « la fille aînée de l'Église », ce qui constituait pour nous une chance supplémentaire au regard de notre éternité. C'est ainsi que je changeais de peuple élu, insidieusement et comme sans m'en apercevoir : *Gesta Dei per Francos !*

D'année en année, nous nous rapprochions du paradis dont les portes nous seraient ouvertes par les deux parties de notre baccalauréat. Je n'avais aucune raison de mettre en doute l'enseignement de mes maîtres talentueux qui se donnaient tant de mal pour nous éduquer. Je crus alors tout ce qu'ils nous disaient et qui effaçait à peu près tout ce qui n'était pas la France, que nous nous prîmes à aimer de tout notre cœur. Ma chère Bible était reléguée au magasin des accessoires inutiles. Du jardin d'enfants au doctorat d'État, ayant franchi tous les degrés du système éducatif de la France, je ne crois pas avoir entendu citer la Bible à plus de deux ou trois reprises, et encore de manière incidente, à propos de Galilée ou de Voltaire. Celui-ci n'avait-il pas raison en constatant que pour les croyants l'authenticité de la Bible se fondait sur celle de Dieu, mais que celui-ci trouvait dans la Bible la preuve de son existence ? Cette pétition de principe n'enlevait-elle pas toute autorité, sinon toute véracité, à l'un comme à l'autre ? Je restais pantelant d'admiration devant de tels raisonnements, coups de hache abattus contre mes racines. Sur leur lancée, nos maîtres effaçaient tout le reste : les civilisations asiatiques et africaines n'existaient que dans la mesure où certains de leurs chefs-d'œuvre avaient le privilège d'orner les murs des grands musées de la métropole. Quant à l'Islam, on ne nous en parlait que pour suggérer qu'il n'était qu'une collection d'inepties ou d'impostures imposées à un peuple d'esclaves par un épileptique qui sut se faire passer pour prophète.

Les Juifs, quand nos petits camarades chrétiens en parlaient, c'était pour répéter la leçon de leurs catéchismes : nous étions un peuple qui n'avait rien fait d'autre, dans sa regrettable histoire, que de crucifier un Dieu, le Dieu de l'Église : nous étions des déicides, rien de plus. A preuve les persécutions qui étaient le lot de notre destin. L'incitation antijuive, sous l'impulsion de l'Union latine, atteignit son paroxysme au moment où le Juif Blum, à la tête du Front populaire, accéda au pouvoir. Depuis que, trois ans durant, Hitler régnait en Allemagne, les murs de notre département étaient recouverts d'une forêt de croix gammées au milieu desquelles je grandissais, le cœur ulcéré.

Ces tourments n'étaient rien auprès de l'obsession de la femme, qui nous saisissait tous, plus insupportable que le roulement du tambour qui courbait nos fronts sur nos études. Nous vivions dans un monde sans femmes, nous étions bien un lycée de garçons d'où la femme était exclue, à l'exception des femmes de ménage. Les pions, presque tous les professeurs – à deux exceptions près, au cours de toute ma scolarité – et les élèves ne comprenaient que des personnes de sexe masculin. Cela était particulièrement difficile pour moi qui avais grandi depuis ma naissance dans la serre chaude d'un gynécée dirigé par ma mère et dont mes sœurs étaient les princesses toujours prêtes à me chérir dans leurs bras et sur leurs genoux, aidées par deux bonnes, une Arabe et une Espagnole. Après ce bain matriciel où j'étais immergé dans l'innocence de mon être, j'étais jeté dans cette sorte de fosse aux lions où il fallut bien que je survive. Les lions étaient d'ailleurs tout aussi affamés de femmes que je pouvais l'être dans mon cœur enfantin. Et ils le manifestaient au grand jour : il y avait au lycée des postes d'observation privilégiés, où, derrière nos barreaux, nous pouvions apercevoir des silhouettes féminines qui s'évanouissaient, avec nos rêves, du côté de la promenade de Létang. Plus satisfaisant était l'exercice inédit qui constituait l'attraction de nos classes de dessin. Notre professeur était une jeune et jolie femme qui, pour mieux nous aider, se penchait sur nous pour corriger nos chefs-d'œuvre. A ce moment, nous louchions plus que de raison vers son corsage, près de nous évanouir de plaisir à découvrir un bout de sein. Mais ce n'était pas tout : de l'autre côté, tandis qu'elle était penchée, la jupe forcément relevée, de jeunes voyeurs déposaient à terre, juste entre ses jambes écartées, un miroir qui dévoilait à leurs regards excités non seulement ses dessous et ses cuisses, mais la fente de son sexe et de son derrière sous le voile léger de sa culotte.

Ces jeux s'accompagnaient d'exercices pratiques compatibles avec notre condition d'internes. Aux heures les plus chaudes, aux cours les plus ennuyeux, nous voyions certains pupitres se relever. Ils cachaient ce qui se passait derrière aux yeux du professeur, mais non aux nôtres : la verge que masturbait une main diligente devenait un centre d'intérêt pour toute la classe tandis que le professeur s'évertuait à nous faire comprendre les vertus de l'imparfait du subjonctif ou la dixième forme du verbe arabe.

Dans les récréations, les plus entreprenants acculaient, dans quelque recoin de la cour, tel nouveau débarqué récemment arrivé de France pour lui enseigner pratiquement les joies de l'homosexualité. Mais la vraie libération de ces ventres affamés survenait aux heures de liberté, les jeudis et les dimanches, rue des Jardins, dans des maisons closes : celles-ci accueillaient sans problème les enfants du lycée qui venaient là s'initier à la vie du sexe contre deniers sonnants et trébuchants.

Pour moi, tout cela constituait un univers insoupçonné. Âgé de onze ans, j'étais si ignorant qu'un de mes condisciples décida de me dessiller les yeux en me révélant comment les enfants se fabriquaient. Ce qu'il me dit ne me surprit pas outre mesure : chez nous, un grand respect entourait ces sujets. La pudeur était si grande que les légendes habituelles, sur les choux où naissaient les enfants ou les cigognes qui les apportaient, nous avaient été épargnées. Donc, le père et la mère engendraient les enfants. Mais comment pouvaient-ils déterminer leur sexe ? Mon initiateur me répondit, solennel : « Quand ils font ça par-devant, c'est un garçon. Quand ils font ça par-derrière, c'est une fille. » Ah ! Tel fut le seul cours d'initiation sexuelle que je reçus alors. Personne ne parlait jamais de ces choses à la maison pas plus qu'à l'école.

Un jour que je fus pris dans un de ces chahuts monstres qui rendaient possible la vie de l'internat, je fus traîné dans le bureau du censeur pour recevoir la semonce que je méritais, avec la retenue qu'elle m'annonçait. Le censeur, que nous appelions Barrabas à cause de sa barbe noire, se fit aussi éloquent qu'il pût : il termina sa tirade par ces mots : « Chouraqui, vous êtes un fruit intact au milieu de fruits pourris. Gardez donc votre innocence et votre pureté. Préservez votre fruit de la pourriture de leurs vers. »

Le conseil était judicieux et l'intention généreuse, mais le fruit n'était pas aussi intact que ce bon Barrabas le croyait. Un après-midi, à Aïn-Témouchent, j'étais au Splendid Cinéma, juste derrière le marché d'où mon père ramenait ses plus beaux poissons. J'allais voir un film à épisodes qui nous passionnait. *L'Aigle blanc* rapportait l'histoire d'un justicier masqué, tout de blanc vêtu, recouvert d'une cape et monté sur un cheval blanc, qui, dans l'Ouest barbare, faisait partout triompher la justice et le bien. Au galop de sa bête, il survenait dans les situations les plus désespérées pour délivrer la blonde captive d'horribles bandits et châtier ces derniers à la pointe de son épée. J'étais assis sur un siège auprès d'une de nos voisines à peine un peu plus âgée que moi, une brune bien en chair et fort jolie. Tandis que la salle trépignait devant le drame muet qui se jouait sur l'écran et que le pianiste s'efforçait de faire entendre ses rengaines, dans l'ombre de la salle, elle me prit la main et la mit sur sa cuisse, qui s'écarta. Sous mes doigts, je ressentis pour la première fois la brûlure d'une vulve, son mystère et bientôt sa gluance.

J'étais à l'âge de ma bar-mitsva, celui aussi de la

puberté. Je sortis avec ma belle voisine qui paracheva, chez moi, mon initiation aux secrets de sa féminité et à ceux de ma virilité. L'année suivante, je n'avais plus de raison suffisante pour ne pas suivre parfois mes compagnons d'études dans leurs virées, rue des Jardins. Notre meneur, Henri, pas plus âgé que moi et encore plus juvénile avec son visage plein de taches de rousseur, craignait de ne pas être accepté, étant trop jeune. Il s'efforçait de se vieillir et au besoin, d'un geste prompt, de sortir de sa poche un revolver de pacotille pour intimider d'éventuels gêneurs. Ces dames, au salon, tentaient de calmer notre peur et nos émois. Quelques-unes, à peine plus âgées que nous, avaient une certaine pureté dans le regard, Jeanine, par exemple, qui paraissait être presque aussi innocente que nous l'étions nous-mêmes.

Avec le monde arabe, un dernier lien subsistait, celui des cours que, six ans durant, je reçus de trois maîtres, les professeurs Donnat, Abderahmân et Mahdad. Le plus pittoresque d'entre eux était sans doute notre vieil et bon Abderahmân. Grâce a lui, nous pénétrions non seulement dans la technique de la langue, mais dans son esprit. Je le revois à quatre pattes sur l'estrade où il trépignait pour nous convaincre de ce que la poésie anté-islamique des *Mû'alakat* épousait les rythmes du pas des chameaux marchant dans le désert. Les mercredis après-midi, nous avions, de deux à quatre heures, un cours de grammaire qui nous paraissait assommant, surtout les jours de grand sirocco. Notre diversion était alors de contempler notre cher Abderahmân : il prenait régulièrement ce jour-là un repas de midi avec de joyeux convives appartenant – je n'aurais pas été surpris de l'apprendre – à je ne sais quelle loge maçonnique. Comme tous les buveurs d'eau, il tenait mal le vin. Un jour particulièrement festif, il arriva dans notre classe en tenant à peine sur ses jambes. S'appuyant de son bras sur le tableau pour garder un semblant d'équilibre, sa chéchia rouge en bataille sur un visage tout aussi empourpré, il laissa tomber : « Miz'amis, l'Islam interdit le vin mais permet les boissons gazeuses. Alors, tenez-vous-le pour dit... », et dans un hoquet il acheva sa phrase : « Oui, tenez-vous-le pour dit, Abderahmân ne se saoule jamais qu'au champagne... »

Il eût été sans doute surpris d'apprendre que ce petit élève appliqué, mais si faible, aurait un jour le privilège de traduire de l'arabe et de commenter non seulement l'*Introduction aux devoirs des cœurs*, de Bahya ibn Paqûda, mais encore le glorieux Coran. Je compris alors le pourquoi des centaines d'heures employées à ingurgiter une langue et une grammaire dont je pensais qu'elles ne me serviraient jamais.

Le lycée ne manqua pas de consommer ma rupture d'avec mon passé familial. L'empreinte de la culture hébraïque était profonde en moi. J'avais appris l'alphabet hébraïque probablement avant de savoir lire le français. De rabbin en rabbin, de talmud-tora en synagogue, j'étais imprégné par cette langue que l'on disait morte, mais dont mon père vivait, chaque jour plongé dans son Psautier, sa Tora ou ses livres de prières. L'étrange, à mes yeux, c'est que mon amputation ait pu se faire sans douleur : j'avais été arraché à ma famille, à ses sacrosaintes traditions, à ses us et coutumes dont elle pensait assumer la responsabilité à titre personnel devant l'Élohim du Sinaï lui-même. Or chacun pouvait constater que je ne respectais plus nos tabous, sans que personne ne m'en fît directement ou indirectement le reproche, même pas nos vigilants rabbins. Depuis mon lycée, si j'accompagnais parfois mon père à la synagogue, c'était moins pour satisfaire au rite que pour assouvir ma curiosité intellectuelle. Mille questions se bousculaient dans mon esprit concernant les textes que nous lisions, les rites que nous accomplissions avec la conscience que le salut du monde dépendait de notre fidélité : manger casher ou jeûner à Yom Kippur engageait l'équilibre universel.

Mes mutations, cependant, ne provoquèrent aucune des crises que je constatais plus tard en Israël où des centaines de milliers d'immigrants durent faire d'un coup le chemin qui séparait les traditions de leurs familles des réalités laïques du monde moderne. Personne à Témouchent ne vit en moi un transfuge parce que je ne vivais plus en stricte conformité avec la loi de la tribu. De mon côté, je ne considérai pas que les pratiques dont mes parents vivaient étaient anachroniques.

Dans nos rues, le shabbat et les jours de fête, même à Pâques ou à Kippur, l'unanimité d'antan ne se refaisait plus : ceux qui se détachaient des pratiques religieuses devenaient de plus en plus nombreux. Mais, quel que fût notre éloignement de nos coutumes et de nos croyances, chacun demeurait attaché d'une manière ou d'une autre à l'arbre ancestral.

Et d'abord par la cuisine. Le bifteck pommes-frites n'était pas en mesure de lutter contre les saveurs de la cuisine juive du Maghreb. Un couscoussier fumant sur les feux de nos grand-mères est à lui seul capable de dissiper les brumes de mille encyclopédies. Un seul air synagogal, le soir de Kippur par exemple, efface les décibels de maints chants révolutionnaires ou de pop.

Dans mon cas, tout cela jouait, mais davantage encore le besoin de comprendre le pourquoi des faits dont j'étais le témoin privilégié au carrefour des trois mondes qui m'habitaient sans jamais s'opposer en moi ni me dresser contre ceux qui les incarnaient devant moi. J'étais habité par une soif insatiable de comprendre. Pourquoi les Juifs ? Pourquoi les Arabes ? Pourquoi les chrétiens ? Qu'est-ce que la Bible ? Qu'en est-il du Nouveau Testament et du Coran ? Qui étaient Jésus et Muhammad dont nul ne me parlait jamais ? Ce socialisme, ce communisme, dans les bras desquels nos maîtres, aidés par la stupidité de la réaction locale, nous jetaient, qu'étaient-ils ? Le salut ou le crépuscule de toute pensée authentique ? Que révèlent les mondes dont personne n'évoqua les noms dans nos cours ? L'Asie ? L'Afrique ? L'Amérique ? Au bachot, un examinateur m'interrogea sur le Brésil, poussant l'indiscrétion jusqu'à me demander de lui en dessiner la carte avec les noms des pays frontaliers. Ma main vacillante traça à la craie sur le tableau noir une petite monstruosité qui tenait à la fois du grain de café et de la vieille chaussette, témoignage éloquent du rien qui pouvait rester en nous de sept années d'intense bourrage de crâne. Je voyais bien qu'il fallait remettre les aiguilles à l'heure et repartir à zéro pour refaire en paix le chemin que j'avais franchi tambour battant.

Pour l'instant, je me gavais de tous les livres qui me tombaient sous la main. Au cours de vacances d'été que je passais sur une plage toute proche de Mers el-Kébir, chez une de mes sœurs, je fis la connaissance d'une frêle jeune fille, Lucienne, de plusieurs années mon aînée. Elle m'introduisit avec plus d'efficacité que mes professeurs à la lecture des chefs-d'œuvre, non seulement de la littérature française mais russe, anglaise, espagnole et italienne. A l'âge de douze ans, je m'identifiais au prince Muiskine, à Hamlet, à Don Quichotte, à mille autres héros qui vivaient et mouraient en moi au fil de mes lectures.

Les vacances finies, je ressentis douloureusement ma séparation d'avec Lucienne. De retour à Aïn-Témouchent, je lui écrivis une lettre ardente. Elle la montra aussitôt à ma sœur Marie qui habitait Oran. « Mais c'est une vraie lettre d'amour que ce gosse m'écrit », soupira Lucienne, inquiète des ravages insoupçonnés qu'elle avait provoqués en moi. Et je me fis gentiment remettre à ma place par ma mère. C'était ma première lettre d'amour. J'avais douze ans et la belle Lucienne, à qui je vouais par la suite une fidèle amitié, la vingtaine. Nous nous retrouvions les jeudis dans les entrepôts où elle travaillait. Aujourd'hui encore, je ne peux sentir l'odeur d'un paquet de chicorée sans repenser à elle, avec gratitude.

Ce qui se passait au lycée se situait pour mon père dans un monde extérieur qui n'entamait en rien ses certitudes ni sa sérénité. « Bon sang ne saurait mentir », aimait-il à se répéter. André avait l'urgent besoin d'étudier pour avoir un métier compatible avec son handicap.

Pour cela, il devait aller au lycée et apprendre ce qu'on y enseignait. Que ma vie nouvelle ait interrompu pour moi l'exercice régulier des commandements religieux – les *mitsvot* – ne le troublait aucunement. Il savait que le juste vit de sa foi et il en vivait de nuit et de jour, sans jamais s'en départir. Son silence, sa profondeur m'émouvaient et plus encore sa patience envers nous tous. Je ne l'ai jamais vu élever la voix contre aucun d'entre nous ni d'ailleurs contre âme qui vive.

L'autorité était représentée chez nous par ma mère, la fille aînée d'Abraham Meyer dont elle possédait toute la véhémence. Il lui arrivait de nous battre, mais rarement : c'était, à l'occasion, un de ces pincements de nos chairs – surtout celles de nos avant-bras – dont les mères nord-africaines ont le secret : les doigts vengeurs s'avançaient contre le rebelle, saisissaient la partie de son corps qui se présentait la première, se refermaient puissamment et exécutaient un savant mouvement de rotation qui nous coupait le souffle, nous arrachaient l'âme. Après le *tahmela* rabbinique, le pincement de nos chairs entretenait dans nos esprits la peur qui nous faisait filer droit.

Tout aussi efficaces étaient les cris et les malédictions, en arabe, qui pleuvaient sur nos têtes, dès que nous étions soupçonnés de vouloir nous écarter du droit chemin. A l'époque où elle souffrait des calculs de sa vésicule biliaire, maman sortait de son calme, et son agressivité se déchaînait contre l'un ou l'autre de nous ou contre notre père qu'elle accusait d'infidélité. « Votre mère est méchante », soupirait-il à notre endroit, et mon amour pour lui grandissait à la mesure de sa tristesse.

La violence de ces scènes de ménage ne troublait personne outre mesure. Sur les bords de la Méditerranée, surtout au sud, on peut s'agonir d'injures et se vouer à toutes les morts pour s'embrasser quelques secondes après. L'excitation, portée à son paroxysme par une nourriture carnée et fortement épicée, poussait à de tels excès verbaux : cela faisait partie des rythmes et peut-être des plaisirs de la vie. Sans ces cris, ces anathèmes, ces disputes, l'existence serait dépourvue de sel. Plus on criait et plus on se sentait exister. Il appartenait aux témoins de séparer les antagonistes, ce qui arrivait toujours avant que rien d'irréparable n'advienne. L'oubli survenait aussi vite que la colère était montée et la vie reprenait son cours normal comme si de rien n'était. Entre la froideur du lycée et les exaltations du milieu familial, comment était-il possible de raison garder ?

La mort de Baba fut suivie d'un long deuil, aggravé par les disputes qui accompagnèrent l'ouverture de sa succession. Notre famille, exemplairement unie tant qu'il vivait, dès les lendemains de sa mort fut déchirée par un conflit sans fin : cette expression est vraie à la lettre. Une cascade de procès opposa deux camps d'héritiers. Les biens de notre riche grand-père furent confiés par les tribunaux à des administrations provisoires qui les gardèrent jusqu'à 1962. A cette date, les Français, y compris les Juifs, s'exilèrent : l'Algérie nouvelle rafla les centaines d'hectares de vignes, de terres à blé et les immeubles en litige, mettant de ce fait tout le monde d'accord. Cette dispute donna lieu non seulement à des cris et des malédictions, mais à des coups. Un jour, une réunion des principaux héritiers chez notre notaire se termina par un pugilat. Un de nos cousins sortit son revolver dont il menaça un de nos oncles qui battait comme plâtre un de ses neveux, sous mes yeux médusés...

Dix-huit mois après notre deuil, à la faveur d'une accalmie de nos disputes, il était temps de célébrer ma bar-mitsva : j'avais treize ans, l'âge où je devenais un fils d'Israël majeur et responsable devant Élohim et devant Son peuple. La cérémonie religieuse devait être précédée d'une réception au cours de laquelle parents et amis envahirent notre maison pour un dîner de plus de cent couverts. Les aînés furent servis sur la terrasse de la maison où le meilleur orchestre de musique judéo-arabe, celui de Bteïna, fit entendre ses chants jusqu'à l'aube.

En bas, dans la cour, il y avait les jeunes réunis autour d'un orchestre moderne. Et, plus loin, la longue table des enfants en transit d'un monde à l'autre, reflet de la société dans laquelle nous vivions et qui ne tarderait pas à disparaître. Ma mère eut du mal, cette nuit, à me faire regagner mon lit pour un repos de quelques heures avant l'épreuve que je devais passer pour mériter mon intégration dans la communauté des Bar-mitsva, les fils de l'ordre, responsables de leur destin et de celui de leur peuple. L'aube venue, nous montâmes en cortège de la rue Pasteur au sud du boulevard National où se trouvait la synagogue flambant neuve, à la construction de laquelle mon père avait présidé. J'étais habillé comme un fiancé se rendant à ses noces et déjà enveloppé, comme la plupart de nos amis, par un châle de prière. Ce talith m'avait été offert par mon père et je l'utilise encore : il est de soie fine, non pas blanc, mais vieil or, rayé en ses extrémités de bandes bleu azur. Il symbolisait mon immersion en Élohim et en sa création en tant que fils d'Israël fidèle à la tradition de ses pères. A la synagogue, je siégeais sur l'estrade centrale aux côtés du rabbi auprès duquel je suivais l'office matinal. Je portais mes phylactères, ces lanières de cuir noir, comme une couronne glorieuse sur ma tête et mon front. Mon bras et ma main gauche étaient ligaturés par une autre lanière. Elle me rappelait que mes mauvais instincts – mon côté gauche – devaient se soumettre à l'ordre divin. Deux petites boîtes de cuir carrées, attachées à ces lanières, saillaient sur ma tête, comme une corne au milieu de mon front, et sur mon bras gauche, cette dernière orientée vers mon cœur. Elles contenaient les versets de la Bible qui en prescrivent le port. Je récitai mes prières tandis que les femmes, parquées à l'étage supérieur, faisaient pleuvoir sur nous une pluie de dragées et de you-you stridents qui saluaient mon entrée initiatique dans la famille des hommes adultes, en charge de leur peuple.

Le samedi suivant ce mémorable jeudi, je devais faire mes preuves de bibliste chevronné en étant appelé aux honneurs de la Tora. Les rouleaux étaient sortis de l'arche qui les abritait. Ils étaient portés en procession dans la synagogue tandis que nous chantions à pleins poumons le Psaume 29. Nous, les Fils d'Israël, nous offrions au Créateur des ciels et de la terre la gloire, l'énergie : que pourrait-il faire, Élohim, sans les hommes, et sans ces hommes que nous étions, nous, les Fils d'Israël, ses fils ? Nous offrions à Adonaï la gloire de son Nom dont le secret brûlait nos cœurs. Et, brûlant d'amour, nous nous prosternions dans la magnificence de sa sacralité.

La Tora dansait dans mes bras lorsque nous entonnions sur l'air d'une marche triomphale les versets où les mots *Qol Adonaï*, « la voix d'Adonaï », reviennent à sept reprises. « Sept pour célébrer les sept jours de la Création des ciels et de la terre... », m'avait enseigné Rabbi Journo avec un sourire qui était sûrement sur les lèvres du Créateur quand le soleil, la lune, la terre et ses trésors, Adam et Ève surgissaient sur son ordre.

La synagogue qu'il fallait traverser me paraissait immense, mes bras serrant de toutes leurs forces les rouleaux de la Tora. Si par malheur ils tombaient à terre, toute la communauté devrait faire un jeûne complet de trois jours en guise de pénitence. La Tora arriva ce jour à bon port. Je pus la déshabiller, lui enlever ses clochettes d'argent ciselé qui tintaient joyeusement, sa robe de velours rouge, sa longue ceinture de soie attachée par une lanière de cuir brun. Devant moi, elle était nue. Sous mes doigts, son parchemin était doux comme une peau vivante. Dans nos bras tendus, ouverte sur la colonne destinée à être lue, prenant à témoin l'univers, nous la présentions au Sud, à l'Ouest, au Nord et à l'Est. Les fidèles levaient leur bras droit qui tenait le pan de leur talith brandi en signe d'allégeance, puis ils portaient leur main à leurs yeux et à leur bouche avant de la baiser : la Tora n'était-elle pas plus précieuse pour nous que nos yeux, la seule pleinement digne d'être aimée et embrassée puisqu'elle était à la fois l'Épouse et la Fille du Créateur.

Ce shabbat de ma bar-mitsva, il fallait que je lise ma *parasha* dans le Deutéronome, du dixième verset du chapitre 21 au dix-neuvième verset du chapitre 25.

J'avais commencé cette lecture en bénissant Adonaï, notre Élohim, de nous avoir donné la Tora, cet Arbre de vie. Le rabbi, de sa voix de stentor, chantait, sur des rythmes proches des chants grégoriens, ces textes mémorables que je suivais du doigt et du regard sur le parchemin. Non, je n'oublierai jamais la Tora de mes pères, la Tora de notre Élohim. Je ne l'oublierai jamais, pensais-je, en la rhabillant de son fourreau de velours rouge.

Et survint l'ultime épreuve, la lecture de la *haphtara*. Pour compenser l'exceptionnelle longueur du texte du Deutéronome, l'extrait d'Isaïe ne comprenait que les dix premiers versets du chapitre 54. Le poète dont je chantais les vers s'adressait, par ma bouche, à Jérusalem, symbole de tout Israël. « Jubile », disait-il à celle qui était ravagée, asservie, stérile, elle qui avait été abandonnée par son époux et n'avait plus de spasme, « jubile », lui disait-il, parce que tes enfants seront plus nombreux que ceux des autres cités. Pour les accueillir, Jérusalem devait élargir le site de ses demeures, ne rien épargner pour rallonger les cordées, renforcer les piquets de ses tentes. De droite et de gauche, la cité renaissante se fortifiait, triomphait de ses ennemis, et son peuple repeuplait des villes désolées. Nous oublierons les tragédies de nos exils, nous cesserons d'être blêmes sous les outrages de nos asservissements, quand Jésuralem renaîtra, elle, la veuve, l'inconsolée. Son roi, Élohim, sera reconnu pour roi de toute la terre et son épouse, délaissée un temps, sera bientôt rappelée à lui. Sa colère ne retentira plus contre elle, il ne déchaînera plus contre elle les eaux du Déluge. Plus d'écume, plus de menaces, mais le triomphe universel de la paix, de la joie.

J'avais bien chanté ces dix versets. Dès que ma voix se tut, le balcon éclata à nouveau en you-you aigus : les femmes lançaient sur nous des volées de dragées et de bonbons. Imperturbables, les rabbis continuaient à dire leurs prières. Moi, je pouvais souffler et attendre les cadeaux que la cérémonie me vaudrait de mes parents et de nos amis.

Cela fait, j'étais en train de devenir un vrai Français. A la rentrée d'octobre 1930, j'entrais en quatrième. J'avais rattrapé mon retard scolaire et j'étais décidé à mieux faire, devenant ce qu'on appelle un bon élève. A partir de ce temps qui correspondait aussi à ma puberté, je tournais plus résolument le dos à ma bar-mitsva. Les bons maîtres de nos écoles nous ouvriraient les portes de notre avenir, les Bron, les Bosc, les Zurbach, les Dalifar, les Comment, les Chambon, les Broussaudier, les Benzécri, les Rousseau, les Lesaint et tant d'autres.

J'étais prêt à envoyer Abderahmân, Donnat et Mahdad accompagner mes pauvres rabbins dans les oubliettes religieuses et sémitiques, auxquelles la République généreuse m'arrachait pour me permettre de m'épanouir au grand soleil des idéaux révolutionnaires. Je me mis à lire Marx, à fréquenter l'officine de la rue d'Arzew qui chantait le los de la révolution soviétique, à ne plus penser à l'univers de la Bible, à oublier les Psaumes et Isaïe, à délaisser toute pratique religieuse, sauf à ne pas manger de pain à Pâques et à jeûner pieusement le jour de Kippur. Oui, j'avais insensiblement changé de peuple élu, passant de mon Orient originel à cet Occident dont la France me paraissait être la lumière et l'espérance. J'eusse été bien surpris, et parfaitement sceptique, si l'on m'eût dit que le texte de ma *haptara*, cette annonce faite par Isaïe de la résurrection de Jérusalem, était prophétique pour moi et que je serais alors à la tête de cette ville redevenue la capitale d'Israël, trente-huit ans plus tard, quand, réunifiée, elle accéderait à une ère nouvelle de son histoire trois fois millénaire. Mais le monde n'est-il pas plein de telles coïncidences ?

Trois univers m'habitaient sans que leurs divergences ne me déchirent et je passais de l'un à l'autre pour ainsi dire sans m'en apercevoir, comme mes parents et mes maîtres n'eurent jamais une claire conscience de ce que leur superposition risquait de provoquer en moi. L'essentiel se trouvait pour eux dans le fait que je progressais normalement sans jamais redoubler de classe ni échouer à mes examens. A partir de la troisième, à défaut du prix d'excellence que je n'obtins jamais, j'eus à peu près régulièrement le tableau d'honneur, agrémenté d'une très petite moisson d'accessits et parfois d'un prix. Ce qui s'était produit en moi pendant les sept longues années passées dans mon triste internat, personne ne s'en préoccupa jamais. Les professeurs que j'avais ne nouèrent jamais aucun rapport personnel avec nous : nous les voyions arriver à leurs cours et en sortir au pas de course, comme si quelque feu les poursuivait. Cette hâte n'était pas étrangère à la peur avouée de quelque chahut que notre renommée leur donnait, salutairement aux yeux de nos meneurs. Quant à nos pions, sauf de très rares exceptions, ils n'avaient d'autre choix que de nous mener à la trique ou de démissionner au bout de quelques mois, juste le temps de trouver un autre gagne-pain. N'importe quel métier valait certainement mieux pour eux que celui que rendait amer notre excessive insubordination. Ceux qui y résistaient finissaient par vivre devant nous sans nous voir : ils restaient, parce que ailleurs personne n'aurait voulu d'eux. Leurs noms ne nous étaient jamais précisés : nous les appelions tous par les sobriquets dont nous les affublions. Dans nos murs, l'anonymat était à peu près général : j'avais bien un patronyme, mais il était plus commode de me retrouver sous mon matricule 78 qui marquait mes vêtements et sous-vêtements. Je me souviens d'un de nos pions que, pendant des années, les plus excités d'entre nous avaient pris pour souffre-douleur. Atteint de je ne sais quelle maladie nerveuse, voyant difficilement de ses yeux torves, saisi sporadiquement de tremblements qui faisaient virer au rouge sang son teint cramoisi, il tuait son temps en attrapant des mouches, en leur arrachant les ailes et en les ingurgitant d'un geste rapide. Quand il n'y avait pas de mouches, il récurait ses narines, en retirait morve et roupie qu'il malaxait en une minuscule boulette qu'il lançait en l'air pour la rattraper au vol, de sa bouche, et l'avaler goulûment...

Le spectacle qui s'étalait sous mes yeux m'emplissait d'un indéfinissable dégoût, accru encore par la concentration dans notre lycée d'une jeunesse dont on disait qu'elle était l'élite de la société algérienne. Parmi nous se trouvaient quelques musulmans. L'histoire de l'un d'eux mérite d'être racontée. Ghaouti était le fils d'un paysan analphabète et pauvre qui l'avait confiné à garder ses chèvres dans quelque montagne perdue de l'Oranais. Son père mourut quand il avait douze ans. Il fut recueilli par son oncle citadin qui l'avait placé à l'école primaire de la ville. L'instituteur l'avait accepté par charité. Que pouvait-on faire d'un grand gaillard borgne – il avait perdu un œil d'un trachome non soigné – et parlant à peine le français ? Au fond de la classe des grands, Ghaouti suivait ce qui se passait autour de lui. Un jour, un inspecteur posa un problème auquel personne ne trouvait de solution. Ghaouti leva la main, avança vers le tableau, prit la craie et donna sa solution devant l'instituteur et la classe interloqués. L'inspecteur décida d'aider cet enfant. Il lui procura une bourse : Ghaouti fut parachuté dans notre classe, en troisième. Nous observions avec intérêt ce nouveau venu qui nous dépassait d'une tête et dont l'accent français nous déroutait. « Celui de ses chèvres », décrétèrent nos meneurs. Au premier trimestre, le nouveau débarqué fut dernier en tout, sauf en mathématiques. Au deuxième trimestre, il avait rattrapé le gros de la troupe. Au troisième trimestre, il raflait tous les prix, y compris le prix de français et le prix d'excellence qu'il garda jusqu'à la fin de ses études. « Un Arabe, avoir le prix de français, c'est un scandale ! » protestaient nos jeunes Latins. Nous, nous étions sûrs qu'un génie venait de naître et qu'il brillerait d'une lumière semblable à celle d'Einstein.

Nos camarades français étaient des fils de colons ou de fonctionnaires. Ces derniers étaient plus ouverts, plus cultivés, plus proches de nous, et c'est avec eux surtout que nous pouvions nouer des liens d'amitié. On mesurait la durée de leur enracinement algérien à la nature de leurs réactions en face des Arabes, des Juifs, de l'argent ou du sexe. Les meilleurs parmi les enfants de la colonie étaient sans doute les catholiques, solidement encadrés par leurs prêtres dans des mouvements de jeunesse bien organisés. Ils subissaient naturellement l'influence de l'Union latine et de ses préjugés antisémites : Léon Blum s'avançait sur le devant de la scène politique sous leurs huées. À cette époque, la littérature haineuse du *Petit Oranais*, « organe antisémite », de *Gringoire* et de *Candide* agissait sur moi comme une drogue. Chaque semaine, j'achetais ces journaux qui jetaient leur acide sur mes plaies. En ville, sur les routes, les haies de croix gammées dessinées sur les murs me voilaient la splendeur des paysages. L'argent et le sexe étaient pour ce monde les valeurs dominantes. Il suffisait de passer devant le dancing du Coq d'or pour s'en convaincre : c'était un étalage de diamants et de perles, de fourrures et de cuisses, celles des femmes de la bourgeoisie qui, à cet égard, n'avaient rien à envier aux filles qui vendaient leur corps, rue des Jardins.

Une de ces prostituées dit un jour à leur propos : « Quand je pense qu'elles font ça pour rien, ça me dégoûte ! » Voire ! Il est des manières multiples de vendre son corps et plus pernicieuses parfois que celles pratiquées dans les maisons closes. Les hommes, aussi impeccablement vêtus que leurs épouses, exposaient celles-ci comme la vitrine de leurs richesses. Qu'ils soient chrétiens, juifs ou musulmans, leurs usages étaient à peu près les mêmes. Les jeunes filles étaient séquestrées dans leurs familles jusqu'au jour de leur mariage. Elles passaient alors de la tutelle du père à celle du mari. Malheur à celle qui enfreindrait la règle : la virginité était un bien – j'entends un capital négociable en matière matrimoniale. Le dilapider était un crime punissable de mort. Un de nos voisins de la rue Pasteur, brave homme moustachu et souriant, apprit que sa fille venait de quitter le bal où elle se trouvait sous la surveillance de sa mère : elle était partie en auto en compagnie d'un homme. Le père n'hésita pas. Il prit son fusil, se lança à la poursuite des fugitifs, qu'il abattit froidement. Ainsi le voulait l'honneur des familles. Ces mœurs étaient alors celles de l'Algérie, généralement pratiquées sans distinction d'origine, car tous agissaient de même. Les musulmans avaient du moins la pudeur de ne pas exhiber leurs épouses qu'ils séquestraient dans leurs gynécées. Quant à leurs maîtresses, les riches les prenaient de préférence parmi les chrétiennes venues de France ou parmi les Juives, pour limiter le risque d'avoir à les introduire dans leur harem au cas où ils seraient mis dans l'obligation de régulariser leurs liaisons. A tout prendre, la polygamie officielle de l'islam ne me paraissait pas pire que la polygamie clandestine pratiquée par les Juifs et par les chrétiens, le plus souvent sans scrupules, sous le voile hypocrite d'une monogamie de droit – qu'ils respectaient rarement. Rien ne me paraissait plus hideux que le mensonge en amour.

A la longue, ma faim spirituelle, ma soif de tendresse et d'amour devinrent insupportables entre les murs de béton et de pierres du lycée Lamoricière. J'étais désespérément seul, avec pour seul refuge les études et la lecture. Le lycée ne nous fournissait des livres qu'au compte-gouttes et ne possédait guère de bibliothèque qui fût digne de ce nom, encore moins de bibliothécaire qui pût orienter nos lectures. Cette carence était compensée par l'apparition de publications pornographiques qui circulaient sous cape et nourrissaient les appétits de nos jeunes loups. Suspendu à mes étoiles, je sentais d'autant plus le vide qui se creusait sous mes pas que ma jambe gauche me posait de plus graves problèmes : une cuisse à demi paralysée, un mollet inexistant et, le pire, une cheville ballante autour de laquelle se balançait un pied incapable de soutenir mon corps, malgré le secours de lourdes chaussures orthopédiques. Marcher, monter les escaliers pour aller des dortoirs du deuxième étage aux classes du premier et aux réfectoires du rez-de-chaussée étaient pour moi un supplice.

A seize ans, j'étais un peu plus seul, un peu plus douloureux, dépérissant sous le poids de ma tristesse. J'ingurgitais tout ce qui pouvait entretenir mon mal chez les poètes et les romanciers de Lamartine à lord Byron, de Balzac à Dostoïevski. Des idées de suicide me traversaient l'esprit : à quoi bon vivre dans un monde vide de sens et d'amour ? J'en étais convaincu : personne, aucune femme surtout, n'aimerait jamais la pauvre chose que j'étais devenu.

Mes parents, malgré l'éloignement, finirent par s'apercevoir de mon état. Ma mère, toujours présente aux heures de crise, réapparut, suivie par mon père : la ronde des médecins commença. Non, je n'étais pas poitrinaire. Non, je ne couvais aucune des maladies qui font la terreur des familles. Sauf ma jambe, je n'avais aucune lésion organique, aucune maladie caractérisée, aucun trouble psychique, rien de contagieux, rien de congénital. Une faiblesse venue sans doute de mon régime alimentaire, que l'on compensa en me faisant ingurgiter des litres de jus de viande crue et d'huile de foie de morue, sans compter les kilos de couscous, de piments rouges à l'huile, de cuisses d'oie confites en pleine graisse, ni les tonnes de gâteaux maison, du *makroud* aux cornes de gazelle, aux pâtes d'amandes, aux dattes confites, aux cigares au miel qui eussent rendu la santé à un cadavre.

Sous surveillance médicale étroite, je commençais à reprendre vie. Mes médecins finirent par en convenir : ma croissance étant à peu près achevée, il fallait me consolider ma jambe. En Algérie, personne ne saurait me traiter. Il fallait donc partir en France, à Paris, où mon oncle Maurice Meyer était étudiant en médecine. Il nous recommanda au professeur Robert Ducroquet qui me reçut au début juillet 1934, juste après mon premier bac. Pour moi, il était temps de sortir d'un monde où j'étouffais.

Ma mère m'accompagnerait donc à Paris, tandis que mon père et l'une de mes sœurs iraient faire leur cure à Vichy où les foies algériens épuisés par les excès de viande et d'épices, venaient régulièrement se traiter.

Le docteur Ducroquet était un chirurgien orthopédique de renom. Après m'avoir examiné, il décida de consolider ma cheville grâce à une transplantation de muscles. Cette opération était nouvelle et rarement pratiquée à l'époque. J'allais être livré au médecin qui avait perfectionné cette pratique dont il était un maître incontesté. L'opération fut immédiate et pour moi salutaire : elle m'apporta davantage que la remise en état d'une jambe atrophiée. Elle m'arracha, physiquement et moralement, aux mélancolies dans lesquelles je m'étais réfugié pour échapper au huis clos de mon internat et me donna une vision nouvelle des réalités de ce monde.

La clinique de La Montagne où je fus opéré à Courbevoie était le siège d'une œuvre protestante qui formait de jeunes infirmières destinées aux missions d'outremer. Celles que je connus, jeunes et jolies, souvent issues de milieux protestants privilégiés, s'engageaient, leurs études achevées, à donner quelques années de leur vie à aider les missions protestantes, parfois même dans les léproseries d'Afrique ou d'Océanie. Elles avaient fait à Dieu – au Christ – le don de leur vie qu'elles voulaient passer à servir les plus déshérités d'entre les hommes Quand je leur posais des questions pour mieux comprendre le pourquoi et le comment de leur vocation, elles me répondaient par des citations du Nouveau Testament dont j'ignorais tout et de la Bible hébraïque qu'elles semblaient connaître mieux que moi.

Ce premier choc fut suivi d'un traumatisme plus brutal. L'opération que j'avais subie consistait à renforcer ma cheville en greffant sur mon talon le reste de muscles vivants de mon pied. Après la greffe, tous les tissus ouverts en trois larges incisions, mon pied et ma jambe furent enfermés dans un plâtre qui me serrait comme un étau que je dus subir pendant des semaines d'insupportables souffrances. Les idées de suicide qui rôdaient dans ma tête les derniers mois de mon séjour à Oran me reprirent avec plus d'insistance. Les héros de Dostoïevski s'agitaient en moi pour me convaincre de l'inanité de la vie : plus rien n'existait pour moi que la douleur lancinante d'une jambe inarticulée que dévoraient de nuit et de jour d'invisibles monstres. Ma mère assistait muette à mon drame : je n'avais pas besoin de lui parler pour qu'elle en comprenne la profondeur. Elle-même se plongeait dans un silence qu'elle peuplait de prières à l'adresse de Rabbi Méir, le maître du miracle, l'intercesseur de prédilection de Baba et de tous les siens.

6.

La requête matricielle

Mon amie, ma soeur. Je renais à la vie.
En classe de philosophie. Je redécouvre la Bible.
Tout remettre en cause. Une ferveur inemployée.
Vivre en vérité. Un brasier de joie.
La piste brouillée de mes déserts.
Les ronces de ma route.
Prégnance d'une présence. Le choix d'un métier.

Les Hébreux sont d'accord avec les chrétiens et les musulmans pour assigner à chaque homme des anges gardiens. Les théologiens ont fait de ces anges des créatures mythiques, désincarnées, assez ridicules, avec des ailes qui, sans leur permettre de voler, les empêcheraient certainement de marcher, les rendant aussi impotentes que je l'étais au fond de mon lit de clinique. Là, mes anges gardiens se révélèrent à moi sous la forme de deux jeunes et belles infirmières, Yvonne et Évelyne. Yvonne travaillait au service de chirurgie. Pour m'aider pendant les nuits, elle déléguait auprès de moi sa plus proche compagne, Évelyne, qui était de service en médecine. Quand mes gardiennes venaient auprès de moi, ma mère se reposait sur un petit lit, ouvert dans un recoin de ma chambre.

Évelyne, toute blonde, aux immenses yeux bleus, devint la chaste compagne de mes nuits. L'amitié d'Yvonne à laquelle elle était – je le sus plus tard – tendrement unie, et par des liens dont je ne compris que plus tard la profondeur, lui permit cette dérogation au règlement de la clinique. C'était la première fois que j'eus un véritable échange avec âme qui vive. Mon infirmité, jointe aux rigueurs de la vie d'internat et à mon développement intérieur, m'avait chassé dans un puits de solitude. J'avais perdu ma propre identité : un vide s'était créé en moi et j'avais disparu dans sa nuit. Ma chair mutilée me rendait plus insupportable ce vide.

Au premier regard, Évelyne et moi, nous fûmes présents l'un à l'autre, habités l'un par l'autre, sans que rien de charnel n'existât jamais entre nous. Sa blondeur encadrait un visage roman comme j'en vis plus tard d'identiques aux statues de certaines cathédrales. Sa famille habitait un château de la Drôme. Elle l'avait quittée pour faire ses études d'infirmière. Sa vocation la poussait à donner sa vie à Dieu. De telles pensées me stupéfiaient.

Donner sa vie à Dieu, comment était-il possible de le faire et plus d'en parler ? Qu'est-ce que cela voulait dire ? Et d'abord Dieu existait-il ? Comment était-il possible de croire en lui ? A y réfléchir, Baba et ses Juifs autour de lui donnaient, eux aussi, leur vie à Élohim : parfois ils durent même parfaire ce don en le signant de leur sang. Mais il y aurait eu impudeur à en parler. Notre vie n'était pas distincte de notre don – nous vivions pour notre Élohim, pour son Livre, pour sa langue, pour sa culture, sans échappatoire possible, sauf celle à laquelle notre éducation française nous acculait, au prix d'une perte de notre identité. Mais Dieu existait-il vraiment ? Évelyne était belle, de quelques années à peine plus âgée que moi et tout étincelante de ferveur. Elle s'ingéniait à me faire comprendre qu'il existe d'autres manières de se donner à Dieu. Dans le château qu'elle habitait, elle était, à mon âge, aussi athée que je prétendais l'être, sous l'influence de mes professeurs. Elle admirait alors Nietzsche, douloureusement, elle aussi, déchirée sinon dans sa chair, du moins au plus intime de son être. Le néant ! Elle cherchait une issue à l'impasse où elle était captive. C'est alors qu'elle découvrit la Bible qui était la réponse que le protestantisme donnait aux problèmes de l'homme. La lisant, la vivant, elle parvint à remettre sa vie à une puissance supérieure, en qui elle trouvait la paix intérieure, l'élan d'amour, la joie. « Dieu, mais existe-t-il ? »

Dans la nuit, penchée sur moi qui me démenais comme un forcené, faisant un champ de bataille de mon lit grinçant, Évelyne me prenait les mains longuement, fortement. Nos deux pensées s'unissaient dans le silence de la nuit, nos mains se serrant plus fort. Je n'étais plus vierge et je ne sais si elle l'était encore, mais nous étions immergés dans la virginalité parfaite de nos êtres, fondus et confondus dans une lumière née des profondeurs abyssales que je découvrais en moi.

Ma mère, alarmée de ne plus entendre mes gémissements, dégringolait de son lit-cage pour nous trouver sagement installés l'un auprès de l'autre. Tranquillisée, elle regagnait sa couche et retrouvait son sommeil, tandis que nous reprenions notre silencieux cheminement où se découvraient en nous les sources de l'amour.

Elle me félicitait d'avoir à redécouvrir la Bible. « Vous avez le privilège sur les chrétiens de la connaître sans les déformations de traditions périmées, de manière immédiate, dans sa beauté originelle. O, André, mon tout-petit, mon chéri, vous en verrez mieux toutes les merveilles ! s'écriait-elle. Pour moi, la Genèse est un livre prodigieux. » Et nous ouvrions le Livre dont je reprenais la lecture comme si le fil de la tradition n'en avait jamais été interrompu pour moi. Les merveilles de ces textes, grâce à Évelyne et à Yvonne avec qui je continuais de jour ces dialogues nocturnes, reprenaient vie et me la rendaient.

Mon opération m'avait mis dans un profond état de faiblesse. Lorsque le docteur Ducroquet ouvrit le plâtre qui me suppliciait, j'éclatais en sanglots en voyant ma jambe, cadavérique, pendre inerte au bout de mon corps.

« T'inquiète pas, mon vieux. L'opération a parfaitement réussi, me dit-il. Encore un peu de patience, et tu la verras revivre, ta jambe. Tu galoperas comme tout le monde, plus vite et plus loin que tu ne le penses. »

J'étais loin d'en être sûr. Une fois de plus, les idées de mort me hantaient. A quoi bon tant de souffrances ? Le néant n'était-il pas préférable aux supplices toujours renouvelés de mon existence ?

Le dialogue reprenait avec mes anges gardiens. Auprès de mes amies, je découvrais une présence, une pensée, une culture. Évelyne m'introduisit aussi au monde inconnu de la musique. Les Quatuors de Beethoven la rendaient folle. Elle semblait s'anéantir, et moi avec elle, à entendre les rythmes lancinants de cette musique. En l'écoutant, nous pensions mourir à nous-mêmes pour ne plus vivre que dans la joie.

A La Montagne, quand je quittais le service de chirurgie pour ma convalescence en médecine, j'eus pour voisine de chambre Madeleine, la compagne de Tiarko Richepin, le fils de Jean Richepin et le père de Tristan qui devint par la suite un ami. Auprès d'elle et de Tiarko, auteur de tant d'opérettes, je rencontrai aussi un aspect différent de la vie parisienne, si loin de ce que je connaissais à Aïn-Témouchent ou à Oran...

Avec Évelyne, je découvris d'emblée en moi une dimension, dont je ne me départis jamais, ma vie durant, celle où la femme n'est pas considérée comme un objet de jouissance, mais comme une piste d'envol vers d'ineffables extases. Pour elle, j'étais non plus un enfant, mais une présence : elle était aussi affamée d'homme – elle qui vivait dans un milieu exclusivement féminin – que moi de femme, étant tous deux d'une innocence parfaite. Nos étreintes n'allèrent jamais au-delà d'une pure contemplation, dans l'exaltation de notre ferveur.

Quand je quittai la clinique de La Montagne pour reprendre avec ma mère le chemin du retour en Algérie, je partis comme vidé d'une partie de moi-même, marchant sur mes béquilles comme un automate. Séparés, Évelyne et moi, nous nous tendions désespérément l'un vers l'autre, éprouvant pour la première fois la déchirure de l'absence.

S'ensuivit une correspondance ardente qui m'aida à survivre durant ma convalescence, puis pendant la dernière année de ma scolarité en classe de philosophie au lycée d'Oran. Nous ouvrions nos lettres, tremblants, haletants, éprouvant à leur lecture le même frémissement de tout l'être, celui-là même où nous étions fondus, chastement mêlés dans les bras l'un de l'autre, et si extasiés que nous n'éprouvions nul besoin de mettre nos corps à nu ni d'en découvrir les secrets. Ceux de l'âme suffisaient à nos innocences. Nous relisions maintes fois ces messages, nous nourrissant de nos soupirs et plus encore de l'échange intellectuel qui s'établissait entre nous. Avec Évelyne, les lettres et les photos servaient de support à nos éclosions, à nos émergences hors de notre adolescence, à la recherche de notre maturité. Un véritable fluide courait entre nous, où nous puisions notre élan vital, surtout pour moi au sortir de mes épreuves. La cicatrisation des blessures de mon pied se faisait lentement, ce qui aggravait en moi la déchirure de l'absence. Car une pensée, aussi intense soit-elle, rencontrant une autre pensée d'égale intensité ne remplace jamais une présence. C'était cruel de l'éprouver jour après jour et davantage encore les nuits où mon pied rendait plus insupportable ma douleur : je ne supportais plus le poids de la vie, auquel j'aspirais à me soustraire. Je n'acceptais plus mon handicap physique, contre lequel je luttais depuis neuf ans, et, de plus, l'absence, je la rejetai. Dans cette impasse, je souhaitais la fin de tout, le néant.

Évelyne était la seule confidente de mon marasme intérieur. Autour de moi, personne ne se doutait du drame dont je n'arrivais pas à sortir, sauf ma mère, peut-être, bien qu'elle se gardât de m'en dire mot. D'ailleurs, qu'eût-elle pu me dire ? Ma souffrance était la sienne, et sa silencieuse vigilance à mes côtés suffisait à me le prouver. Elle me bourrait de nourritures, les plus exquises qu'elle pouvait concevoir. Notre complicité tellurique se prouvait à coups de couscous et d'oranges confites. Pour le reste, les regards de ses yeux, auxquels rien n'échappait, suffisaient.

Évelyne m'adjurait de réagir, de chasser de mon esprit mes idées suicidaires. Le souvenir de nos extases devait me donner la force de surmonter cet état, avec l'espoir d'en revivre d'aussi inoubliables. Elle se sentait coupable d'avoir allumé en moi un feu qui risquait de me consumer tout entier. « Il y a des moments où je hurle votre nom, d'autres où mon cœur le murmure tout bas, et en ce moment où je me tends désespérément vers vous, mes yeux s'emplissent de larmes », m'écrivait-elle, sachant que moi-même je passais par les mêmes émois. Comme tous les amoureux du monde, nous nous étions fixé un jour et une heure où, par-dessus les espaces qui nous séparaient, nous étions présents l'un à l'autre de manière à survivre à la platitude des choses environnantes, platitude d'une tristesse infinie, tristesse de deuil, celui que nous portions dans la petite mort, celle de notre séparation. Car elle était aussi profondément blessée d'amour que moi-même. Elle aussi était inerte, à bout, ne voulant même pas mourir, pour jouir encore de l'amère jouissance de nos souvenirs. Comment espérer, dans nos ténèbres, l'illumination d'un revoir possible ?

En octobre 1934, les vacances terminées, il me fallait entrer en classe de philosophie. Je devais avoir confiance. Ducroquet nous promettait de redresser mon corps tordu. Je pouvais en être sûr, m'avait-il dit, je serais comme les autres. Ma souffrance m'aura juste laissé le temps de mûrir avant l'âge. C'était l'immense bénéfice que je retirais de ma détresse. Après tout, l'horreur, c'était d'être superficiel, de se traîner comme une limace sur les chemins humides de la vie. Le fait fortuit de notre rencontre avait précipité, par notre compréhension réciproque, un épanouissement qui nous permettait de connaître et de porter la souffrance et les joies de l'homme. Ce trésor inestimable m'aiderait à me remettre sur pied, à reprendre mon travail avec élan, à trouver en moi un plan de vie, une direction, dont le but ne serait pas d'avoir un parchemin ou une situation, mais de découvrir et de réaliser ce pour quoi j'étais au monde et ce qu'il n'appartiendrait qu'à moi de réaliser...

Les prévisions du docteur Ducroquet se réalisèrent au-delà de toute espérance. Dès la cicatrisation de mes plaies, mon pied légèrement soutenu par une chaussure orthopédique, je m'aperçus que je pouvais marcher sans canne et presque droit au regard de ce qui, dans le passé, était mon lot. Aux yeux des miens, c'était un vrai miracle et qui me permit, ma claudication me gênant moins, le luxe de vivre *comme* si elle n'existait pas.

Mon retour à une vie normale fut encouragé par un de mes condisciples dont je fis la connaissance en classe de philosophie. Jacques Vérin était un grand gaillard issu d'une famille de Savoyards mâtinés de Nordiques, dont il avait le teint vif et la chevelure blonde. Il était le fils du président Léon Vérin qui était alors à la tête du tribunal civil d'Oran avant de présider la cour d'appel d'Alger. Jacques et moi, nous nous éprîmes d'une vive et fraternelle amitié, l'une des rares qui, depuis mon adolescence, m'accompagnera à longueur de vie. Nous étions unis par un commun amour des idées et de la discussion. Nous passions notre temps à confronter nos points de vue, le plus souvent divergents. Nous ne nous contentions pas de le faire chaque jour pendant nos récréations. Les jeudis, les dimanches, nous partions souvent ensemble pour de longues marches à l'ouest d'Oran, du côté de Kristel, parmi les genêts en fleur de la côte, ou, plus hardiment, vers les sommets de Santa-Cruz. Dans les bois de cette montagne qui dominait Oran, il hissait son gramophone et ses disques et me faisait découvrir Mozart pour lequel nous avions une égale passion.

En été, sur les plages il encourageait mon goût de la natation. Au plein de ma forme, j'étais en mesure de parcourir des kilomètres en nageant sans reprendre pied. Par la suite, pendant nos études à Paris, nous partions pour de longues marches dans la forêt de Fontainebleau et, l'été, pour des randonnées en kayak sur la Seine. Une année, nous descendîmes ainsi la Saône, de ses sources à son confluent avec le Rhône. Bâti en athlète, il avait pris le parti d'ignorer mon handicap physique et moi de le surmonter coûte que coûte. A nos kilomètres dans les eaux de la Méditerranée s'ajoutèrent les milliers de bornes que je parcourais à vélo avec lui ou avec André Magdelain, un autre de mes camarades qui, par la suite, enseigna le droit romain à Paris. J'étais fier d'avoir surmonté mon infirmité au point de gravir, en été 1939, trois des plus hauts cols d'Europe, le Grimsel à 2 161 mètres, la Furka à 2 431 mètres et le Saint-Gothard à 2 112 mètres, en traînant sur mon vélo les quatorze kilos de notre équipement de camping. Mon retour à la vie s'accompagnait d'une allégresse juvénile. Je me roulais dans la neige, dans les sables, dans les flots avec une ferveur démente. J'avais conscience d'avoir enterré, avec mon infirmité, le vieillard que j'étais devenu et de renaître à la vie avec un appétit de tout voir et de tout savoir, qui ne se démentirait jamais, aux frémissements de ma joie.

Il est des heures où le diable sort de sa boîte et l'ange de son ciel. Ils se donnèrent tous deux rendez-vous en moi dans cette classe de philosophie où nous suivions les enseignements du professeur Benzécri que nous surnommions Zézé. Nos rangs s'étaient resserrés – le gros de la bande, ceux qui étaient les plus turbulents et les plus agressifs, avait disparu dans la tornade du baccalauréat. Ma santé s'étant rétablie avec mon équilibre, je découvrais d'autres dimensions à l'univers où je vivais, la qualité de nos maîtres, le haut niveau de l'enseignement que nous recevions et, parmi mes camarades – où l'on continuait à ne compter aucune jeune fille –, quelques esprits d'une certaine finesse.

Mon accès à la vie intellectuelle fut préparé par les leçons de Zézé. Sous sa houlette débonnaire, je découvris les horizons de l'univers philosophique : Je plongeais avec ravissement dans les dialogues de Platon. Pour me faciliter l'accès au secondaire, mes parents m'avaient inscrit en B, section où l'on n'étudiait ni le latin ni le grec. Pour combler cette lacune, je commençai à apprendre seul ces langues, qui me permirent par la suite d'accéder à d'autres sources de la culture. Les Grecs et les Latins me devinrent plus familiers, tandis que les Allemands, même Goethe, me restaient désespérément étrangers, sauf Nietzsche que j'avais découvert sous l'influence d'Évelyne. Les métaphysiciens m'intéressaient davantage. Je lisais tout ce qui me tombait sous la main, de la pire littérature aux plus sublimes chefs-d'œuvre dans le texte, ceux de Shakespeare, dont le génie m'éblouissait. Byron me semblait proche à cause de son pied-bot dont sa mère se moquait. Comment une mère pouvait-elle être si cruelle ? L'inceste dont il fut accusé – et qui fournit le thème de *Parisina* – me semblait être sa revanche sur une famille qu'il ne cessa de fuir, jusqu'à mourir en se ralliant aux combattants grecs dressés contre les Turcs.

Nos lectures nous fournissaient les thèmes d'interminables discussions entre élèves. Philosophes et métaphysiciens excitaient ma curiosité sans m'habiter véritablement. Je préférais les poètes, adoptant ce cri de Gide, dans *Les Nourritures terrestres,* devenu un temps mon livre de chevet : « Une existence pathétique, Nathanaël, plutôt que la tranquillité... Je ne cherche d'autre repos que celui de la mort... » Ces mots me semblaient avoir été écrits pour moi : c'était le cas pour bien des adolescents de ma génération, mais pour moi plus particulièrement, me semblait-il, moi dont le vrai nom hébraïque est Nathanaël, Natân n'en étant que le diminutif. Quand je pris conscience de la vraie nature de la pensée de Gide, deux décennies plus tard, il me parut nécessaire de contribuer à réhabiliter ce prénom en le rendant « aux lourdeurs hébraïques de sa signification pleine ». J'intitulai le poème que je publiai chez José Corti, en 1960, *Cantique pour Nathanaël.* Gide nous inquiétait et nous fascinait par son ouverture. « Rien que la terre », nous disait-il, mais il ouvrait la porte à un dialogue qui pouvait, s'il était conduit jusqu'au bout, nous délivrer d'une certaine pesanteur, nous conduire ailleurs.

Nous conduire ailleurs ? Je cherchais cet ailleurs dans une réflexion métaphysique et politique davantage que dans les complaisances charnelles de Gide. Nous le trouvions mieux chez Malraux qui nous parlait de *La Tentation de l'Occident* et nous ouvrait les portes de l'Orient. Il venait d'avoir le prix Goncourt avec *La Condition humaine.* Il nous exaltait par sa recherche d'une volonté de puissance traduite dans l'action politique en quête, pour la révolution, d'une fraternité virile. Malraux nous touchait davantage par sa révolte contre le nazisme. *Le Temps du mépris* me paraissait être l'un de ses meilleurs livres, en tout cas le plus proche de nous qui vivions en Algérie dans un milieu où les extrémistes n'hésitaient pas à utiliser les thèmes de la propagande allemande. *L'Espoir* ne nous séduisait pas moins, à notre sortie du lycée. Nos classes comptaient de nombreux originaires d'Espagne – et, sépharadi, j'en étais aussi. De ce fait, la révolution espagnole nous concernait autant que ce qui se tramait en Allemagne hitlérienne : les liens entre ces événements que nous vivions, sans en mesurer la mortelle gravité, nous apparurent nettement... quand il était trop tard.

La lecture de Rimbaud m'arrachait à la terre pour m'introduire au surnaturel. Sa sensibilité exacerbée, son univers ébloui de lumière, son angoisse devant la misère et la douleur, l'apesanteur et le rythme de sa poésie assoiffée de révolution sociale, sa superbe aspiration aux nuits sans fond, les aubes navrantes de ses sommeils intérieurs m'éblouissaient. Ma seule ambition était alors de me connaître moi-même.

Ma maladie m'avait doté d'une stabilité intérieure qui compensait la danse de mon corps : ma conscience était comme un miroir où le réel se reflétait sans perdre de sa limpidité. Ce trait constituait le fond de ma nature contemplative. Je n'avais nullement besoin d'un « dérèglement de tous les sens » pour rejoindre, au-delà de ma conscience individuelle, l'unité cosmique que le moi peut épouser. D'instinct, je savais que « Je est un autre ». Je connaissais par cœur *Une saison en enfer,* m'irritant de mon impuissance à « changer la vie » bien que me sachant fils du Soleil. Pour vivre pleinement, pour être moi-même, je savais qu'il me faudrait réinventer l'amour. Mais avec qui ? Mais comment ? Mais quand ?

Valéry m'apportait la pureté de son style, la rigueur de sa pensée, cette parfaite adéquation de l'idée aux mots qui l'expriment, magicien du verbe dans un désert hanté de mots. Le lisant, apprenant par cœur ses plus beaux verts, méditant *Variétés,* je voyageais à travers le temps et le destin des civilisations, dans l'histoire où son regard découvrait les multiples visages de l'homme. D'emblée, je voyais dans la démarche intellectuelle de Valéry une recherche de l'absolu : au-delà de sa dialectique, je distinguais une métaphysique à laquelle il accédait grâce à sa recherche ascétique d'une perfection prosodique, syntaxique, lexicale au terme de laquelle surgissait le diamant sans défaut du poème. Plus tard, je suivis ses cours au Collège de France et m'étonnais de ce que son génie s'accommodât d'une vie mondaine qui finit par faire de lui un poète d'État voué aux obsèques nationales, auxquelles il eût droit en 1945. L'évanouissement de Rimbaud, immergé dans son silence, le destin solitaire de Baudelaire me paraissaient plus authentiquement liés à la vocation du poète. Je découvris Claudel, Saint-John Perse et bien d'autres encore. Mes nuits et mes jours étaient tissés de leurs mots, de leurs rêves... A la fin de cette année tournante, transportés par l'enthousiasme de Zézé, nous découvrîmes Spinoza, dont les idées pénétrèrent au plus profond de mon esprit. Veuf de ma tradition hébraïque, insatisfait par l'univers culturel, philosophique, poétique de mon siècle, le vide qui s'était creusé en moi ne fut rempli par aucun des auteurs que je lisais, pas même Gide ou Malraux qui allumèrent mes plus vives passions littéraires.

Avec Spinoza, il ne s'agissait plus de passion, mais d'une édification qui, sur le plan intellectuel, opérait en ma pensée le même redressement que Ducroquet avait apporté à ma démarche. Après mes années de lycée, il me paraissait impossible d'avoir une conception anthropomorphique de Dieu. Nous nous demandions, Jacques Vérin et moi, comment nos camarades chrétiens conciliaient dans leur esprit les leçons de leur catéchisme avec celles de leurs écoles. En ce qui me concerne, j'avais rejeté l'enseignement des rabbins, sans pour autant désespérer de le comprendre un jour. Vers cette compréhension, Spinoza marqua une étape décisive pour moi. Son *Éthique* était, me semblait-il alors, le livre le plus important que j'eusse lu et relu. Il m'élevait, comme son *Traité de la réforrne de l'entendement* me le promettait, de la connaissance imparfaite, inadéquate, à la science intuitive de l'Idée vraie, qui est à elle-même son propre indice. L'exposition de sa philosophie sur le « mode géométrique » m'exaltait autant qu'une musique de Bach : j'y découvrais la même rigueur, la même jouissance d'une joie incessante, éternelle. De même que je lisais dans Valéry la trame d'une pensée métaphysique, je n'admettais pas en Spinoza l'athéisme de système que d'aucuns dénonçaient dans un panthéisme que l'on suppose, davantage qu'il n'existe dans son œuvre. Il me suffisait de traduire en hébreu les principaux théorèmes de *l'Éthique* pour rendre cette œuvre à ses vraies dimensions. Non pas un athéisme systématique, mais la réintroduction dans l'univers philosophique de l'antique Élohim du Sinaï. Mais il sera temps, chemin faisant, de revenir sur ce thème. J'eusse été surpris d'apprendre alors que le *Tractatus theologico-politicus* de 1670 serait pour moi, bien davantage que *l'Éthique,* une source constante d'inspiration. Quand je l'ai lu pour la première fois, je ne savais de la Bible que les bribes apprises lors de mon initiation religieuse, et oubliées depuis. Je compris par la suite que la critique historique des données de la Bible proposée par Spinoza constituait une véritable révolution spirituelle. Au lieu d'accepter aveuglément les traditions des rabbins et de l'Église, il fondait la lecture de la Bible sur une critique philologique, psychologique et sociologique de son texte. Son œuvre complétait celle de Richard Simon : toutes deux ouvraient les voies nouvelles de l'exégèse contemporaine. Spinoza fut condamné par les rabbins d'Amsterdam, comme Maimonide l'avait été par ceux de son temps ; Richard Simon mérita l'hostilité de Bossuet, comme celle des prêtres et des pasteurs : il fut même mis à l'Index et exclu de l'Oratoire où il était prêtre. Ainsi va la vérité... Sans Spinoza et sans Richard Simon, la recherche biblique ne serait certainement pas ce qu'elle est devenue au XIXe et au XXe siècle. Je reconnus ma dette envers ce philosophe au cours du colloque international qui célébrait son troisième centenaire, le 4 mai 1977, à Paris, où je parlais de *Spinoza et l'interprétation de la Bible.*

Depuis ma bar-mitsva, j'avais rompu les attaches avec les traditions de ma famille. J'ai déjà dit que cette tendance était si générale, si commune dans le monde juif en général et en Algérie en particulier, qu'elle ne soulevait pas de problème. On passait de la pratique des traditions à l'incroyance sans soulever les protestations de nos rabbins ni de nos parents. Il est vrai que chez nous tous demeurait vif « l'honneur d'être juif ». Nous ne pratiquions plus rien ou peu s'en faut, nous violions au grand jour tous les commandements de la Tora ou presque. Mais nous nous levions comme un seul homme dès que « l'honneur juif » nous semblait attaqué, et Dieu sait s'il l'était de nos jours.

La première personne qui me remit une Bible protestante dans les mains, à la clinique de La Montagne, fut, je l'ai dit, Évelyne. Après mon retour à Oran, ma correspondance avec elle dura un été et un automne. Tout l'hiver suivant, mon amie fut totalement silencieuse pour des raisons que je ne connus que beaucoup plus tard. Elle me parla de difficultés de santé, puis de problèmes intérieurs, mais alors je ne sus pas exactement ce qui s'était passé en elle qui m'affirmait être toujours fidèle à cette illumination qui nous avait saisis ensemble. De fait, je ne l'ai revue qu'une seule fois et n'ai jamais su exactement ce qu'elle était devenue. Est-elle partie comme tant d'infirmières protestantes vivre dans je ne sais quelle ladrerie africaine ? S'est-elle mariée ? Vit-elle encore ? Est-elle morte ? Un jour, cependant, plusieurs années après mon opération, passant au carrefour de l'Odéon, je la croisai. Nos regards plongèrent l'un dans l'autre avec la même intensité, la même ferveur qu'au premier jour. Ce fut tout.

La chevelure blonde d'Évelyne, la première que mes doigts caressaient, m'émouvait, mais moins que la gravité éperdue du regard d'Yvonne. Elle avait neuf ans de plus que moi, ce qui dès le départ marqua entre nous une distance que je ne ressentais pas avec Évelyne, plus jeune qu'elle de plusieurs années. Elle était née dans une famille protestante (un de ses oncles était pasteur dans les Cévennes) ; son père, officier de carrière dans l'infanterie coloniale, avait été l'officier d'ordonnance de Lyautey. Il s'engagea comme volontaire dès le début de la guerre et mourut à la bataille de la Marne en 1914. Elle tempérait la rigueur de son éducation par un humour moqueur qui lui servait de défense contre sa vulnérabilité.

Yvonne, après trois années d'études, faisait un stage dans la clinique où nous nous rencontrâmes. Très proche d'Évelyne, elle suivit avec un sourire amusé l'évolution de notre rencontre qu'elle avait favorisée. A mon retour en Algérie en juillet 1934, je lui écrivis une lettre qui demeura longtemps sans réponse. J'appris par Évelyne qu'elle avait elle-même demandé à Yvonne de ne pas me répondre. Je m'en étonnais, ne comprenant rien aux jeux de l'amour et de la jalousie, et ne devinant en rien la nature de leurs relations intimes. Ne connaissant pas les motifs de cette opposition, je m'en étonnais sans m'en attrister.

Mais les choses évoluèrent rapidement. J'étais encore à Aïn-Témouchent, savourant la joie de mon retour à la santé, quand je reçus une première lettre d'Yvonne. Nous étions en août 1934 : j'étais brûlé par le soleil de mes plages où je nageais avec ivresse, fier de mes muscles, durs comme de l'acier. Mon corps nerveux, infatigable, n'était qu'os, muscles et peau, d'une telle minceur que dans mon visage bronzé seuls apparaissaient mes yeux que le réel, les agressant, transperçait. Les moments de marasme n'avaient pas tué ma joie : mes éclats de rire étaient plus assurés d'eux-mêmes, maintenant que les portes de la vie s'ouvraient devant moi. Mille chemins s'offraient à mon choix. D'instinct, sans rien savoir et sans rien comprendre, l'homme choisit, en face de tous les possibles, celui qui lui permet justement de réaliser ce pour quoi il est fait. L'amandier puise dans le sol l'exacte proportion de nourriture qui lui permet de faire ses amandes. Dans la même terre, le cerisier saura trouver ce qu'il lui faut pour ses cerises, qui dans nos bouches se changent en jouissance. L'homme, à cet égard, est bien un arbre des champs. Un mystérieux déterminisme, inconnu de nous, fait entrer dans nos vies des anges ou des démons qui nous inspirent, avant de disparaître comme ils étaient venus, sans que nous sachions pourquoi ni comment.

Ainsi Évelyne s'était-elle éclipsée après m'avoir permis de découvrir la Bible, et, en moi, l'abîme de mes puissances contemplatives. Yvonne intervint alors, nourrissant mon ouverture neuve à des réalités que son regard ne cessait de me découvrir. Ses lettres furent pour moi l'aliment principal de cette année de philosophie, dont sa finesse, sa culture et sa foi me permirent d'approfondir les enseignements. Son regard m'arracha à ce qui, autour de moi, était livresque ou fallacieux. Son ironie me mettait en garde contre les jugements péremptoires que je portais sur les gens et sur les œuvres. Elle me faisait prendre conscience de tout ce qu'il y avait de puéril dans la plupart des idées que j'avais reçues pendant mes années de lycée. Elle le faisait avec un humour qui, lettre après lettre, démolissait mes idoles intérieures, réduisant Gide, Renan ou Wilde, qui avaient pu m'enthousiasmer un temps, à leurs véritables dimensions. Je voyais par l'exemple de sa vie qu'il existait de par le monde une autre race d'hommes que ces rapaces que je voyais s'agiter autour de moi.

Je découvrais de plus subtiles extases sur le sable de nos plages, dévoré de soleil, je me confondais avec les éléments, au-delà de ce que l'œil voyait, touchait la main, entendait l'oreille ou concevait l'esprit, au seuil ineffable du silence. A la rentrée d'octobre, j'avais franchi d'un pas allègre la porte du lycée où nous ne pouvions entrer sans passer devant la loge du concierge, qui cessa d'avoir pour moi l'apparence d'un geôlier. L'allégresse qui m'habitait métamorphosait à mes yeux les êtres et les choses. Jamais les spectacles de la rue algérienne ne m'avaient paru plus exaltants. A Aïn-

Témouchent, je redécouvrais les vignes en fleur, les forêts de pins, les orangeraies et les roseraies comme, dans nos rues, l'odeur d'un marché arabe, d'une poissonnerie ou, sur son étalage, le humet fumant d'une *kalintita*, ou la saveur d'une *agua-limon,* que nos Espagnols fabriquaient, leur donnant un goût que je n'ai jamais retrouvé ailleurs. Au seuil de notre mer, mes deux éléments seraient à jamais l'eau et le feu, en vrai fils de la Méditerranée.

L'année passa vite entre mes études et la remise en cause permanente de tout ce que me découvrait l'amitié d'Yvonne. Ses lettres me parvenaient à la récréation de dix heures. Nous étions tous rassemblés autour du perron sous les faux poivriers dont nous écrasions entre nos doigts les feuilles et les fruits rouges pour jouir de leur odeur pénétrante. Mon odorat avait une acuité telle qu'à l'entrée d'une rue je pressentais les parfums des échoppes qui s'y trouvaient : ici un fleuriste, là une laiterie où je pourrais boire un verre de petit-lait aigrelet dont je raffolais, là un tabac, ou un bourrelier, là un poissonnier ou un écailler où je mangerais moules et huîtres relevées par une sauce au vinaigre et à l'échalote, là encore un bar qui distribuait généreusement ses *caracoles* cuits à l'espagnole : c'était des escargots dont nous achetions une mesure que le marchand, emphatiquement, appelait une « tonne »... Nous dominant du haut de son perron, le concierge du lycée, d'une voix de stentor, appelait ceux qui avaient le bonheur de recevoir une lettre. Nous retenions notre souffle pour mieux entendre les noms des heureux élus, qui partaient aussitôt dans un coin de la cour se repaître des nouvelles reçues. Chaque semaine ou presque, je recevais une lettre d'Yvonne qui me permettait de faire le point et d'aller de l'avant dans le laborieux accouchement de l'être neuf qui renaissait en moi. Notre échange épistolaire touchait à tout, la politique cessait d'être le spectacle souvent ordurier qui se déployait à Oran, où tous les arguments étaient bons pour emporter un siège. Je lisais les livres et les revues qui recherchaient une tierce voie entre le capitalisme et le communisme : je jetais un regard plus lucide sur l'univers dans lequel je vivais et sur celui qu'il faudrait édifier, si nous voulions survivre. Refermant les œuvres de Marx que j'avais tenté de lire sans y parvenir toujours, je lisais la revue *Esprit* et l'*Ordre nouveau,* ainsi que des livres d'économie politique. La coopération de Charles Gide, le fédéralisme de Dandieu, Aron et Marc m'arrachaient à la morbidité de mes spleens et à l'avachissement où sombraient tant de mes camarades. J'avais besoin d'une véritable nourriture intellectuelle que nos échanges sollicitaient. Je trouvais aussi dans la correspondance d'Yvonne la description d'un monde ignoré, celui du sanatorium de Chantoiseau, près de Briançon, où elle travaillait tandis que j'étudiais la philosophie. *La Montagne magique* de Thomas Mann complétait les descriptions qu'elle me faisait de son expérience personnelle des tuberculeux. J'ignorais alors de quelle épreuve serait pour moi cette maladie dont serait atteinte la femme qui marqua ma vie de son empreinte.

J'aimais trouver dans le regard moqueur de mon amie lointaine un reflet de mes métamorphoses physiques et mentales. « Vous devenez un jeune homme si parfaitement imposant que j'ose à peine vous appeler " petit pruneau ". Vos yeux sont plus que jamais de terribles escarboucles noires et sur la photographie que je vois vous avez le masque énergique d'un dictateur, de l'homme chéri par le destin et qui galvanise les foules de son seul regard. Le menton énergique décèle une volonté précoce et votre bouche ironique un sens assez établi de l'humour. Enfin, tel quel, vous êtes passablement impressionnant. Je n'ose envisager ce que serait notre prochain revoir. Il me semble que mon humble personnalité ne pourra jamais se mesurer à votre génie naissant... »

Dans l'anonymat d'un internat où j'avais passé sept années, ce regard ironique jeté sur moi compensait partiellement mon incapacité à me connaître moi-même. Mais un arbre, que sait-il de lui-même ? Il se reconnaît à ses fruits, et de fruits je n'en portais pas, seulement occupé à sécréter les sucs qui un jour... ? Je sentais bien que j'étais une plante à maturation lente. Je ne prendrais jamais mon parti de tout ce qui me révoltait du spectacle de la société algérienne où je vivais... et du monde tel que je commençais à le découvrir. L'Italie avec sa sale guerre en Éthiopie, l'Allemagne et sa démence hitlérienne... l'Espagne et sa dictature franquiste... Comment me serait-il possible de m'endormir dans une béate satisfaction, vautré dans la grisaille d'un destin médiocre, avec, au bout, l'abîme vers lequel nous courions. La prise de conscience du réel me poussait à sortir de moi-même, à faire un effort d'objectivité dans la difficile recherche d'une voie de pensée et d'action. Mais où ? Mais comment ? Yvonne m'apportait ma part de rêveries en me parlant de sa vie et de ce qu'elle voyait : la merveille des neiges tombant sur les sommets, la vallée remplie de brume féerique avec la nostalgique mélancolie des teintes automnales et la lumière voilée et secrète des jours d'octobre. Son style s'enhardissait parfois à l'essai littéraire et sentimental, quand elle me décrivait les nuits de Beauvallon où elle rejoignait parfois Évelyne, là « où s'entendait la plainte flûtée des crapauds, les lumières liquides des vers luisants, tandis que sur le vieux château les créneaux brillaient au clair de lune et que, dans les allées du parc, sous la brume argentée de la nuit, semblaient surgir les formes diaphanes et élancées de Diane de Poitiers qui avait été la très aristocratique châtelaine du lieu ».

Elle me décrivait aussi les neiges des Alpes, à deux mille mètres et plus d'altitude, irréelles et fantastiques en leurs glaciers et leurs névés, parfois enfouis sous de lourds nuages gris, qui se déplaçaient en longues écharpes mouvantes le long de leurs flancs, parant de rêve cette merveilleuse féerie... La neige ? Je n'en avais vu qu'une fois de toute ma vie, à Aïn-Témouchent. Je devais avoir trois ou quatre ans. Le nez écrasé contre la fenêtre, j'ameutais la maison : « Venez voir, des choux-fleurs ont poussé sur les arbres... »

Tandis que Benzécri nous initiait au matérialisme historique ou au déterminisme de Spinoza, je découvrais l'existentialisme. Le *Traité du désespoir* et davantage encore *Crainte et Tremblement* de Sören Kierkegaard m'introduisirent à une nouvelle dimension de la pensée. J'étais très seul, totalement livré à moi-même, ce « moi » parfaitement inconnu à mon regard d'adolescent. Certaines nuits, je croulais sous mes rêves, succombant sous le fardeau de mes ferveurs inemployées, inutiles. Yvonne, sans dépasser jamais les frontières de la camaraderie, puis de l'amitié qui nous unissait, l'orientait vers une découverte plus profonde de ma vie intérieure. Kierkegaard, formé par son éducation protestante rigoureuse, décrivait l'existence de don Juan, de Faust, nomades dans les déserts de l'esprit, et qui le vouèrent au désespoir. La rupture de ses fiançailles lui permit de faire, comme à Abraham le sacrifice d'Isaac, le saut dans l'ineffable de la foi, avec « crainte » et « tremblement ». En face des catégories universelles où Hegel et Kant tentaient d'enfermer le réel, Kierkegaard opposait, dans son infinie variété, l'homme saisi au plus intime de sa subjectivité, en proie à sa souffrance, à ses contradictions, à ses crimes. Sa violente critique des institutions de l'Église et de l'endormissement des chrétiens me laissait rêveur en face de nos consistoires, de nos rabbins et de l'usage qu'ils faisaient du fulgurant message d'Abraham et des prophètes, ou en face de ce que je commençais à connaître du monde chrétien. A mesure que mes horizons s'élargissaient, j'éprouvais une perpétuelle insatisfaction. Yvonne me le prédisait justement :

« Toujours vous serez aussi insatisfait, aussi vide, aussi torturé. Toujours les nuits d'été pour vous seront aussi torturantes parce que vous serez seul à porter le fardeau de leur douceur, toujours vous serez vous-même. »

Malgré notre différence d'âge et les lieues qui nous séparaient, c'était cette « perpétuelle insatisfaction » qui nous rapprochait. Nous nous en renvoyions le reflet sans rechercher, l'un dans l'autre, l'occasion d'assouvir notre faim, pour l'aiguiser plutôt. Nous avions trop la pudeur des mots pour décrire notre démarche de « quête de l'absolu ». Mais comment appeler cette recherche, aiguë comme un supplice, d'une immergence totale dans la beauté de la terre, des arbres, de l'eau, du soleil, amour aussi prenant, aussi fou que la plus folle étreinte humaine. Cet amour avait-il pour nom Dieu ? Je sentais en elle un secret, comme si elle voilait à mon regard une partie de sa vie, craignant que je ne puisse encore la comprendre ou l'admettre. Je mis longtemps avant de déceler qu'elle occultait sa vie contemplative, à laquelle elle finira par se consacrer tout entière. Pour l'instant, elle se vouait à ses malades et – à ses heures libres, chaque jour de deux à quatre et davantage le dimanche – à nourrir son dialogue avec un jeune Juif algérien, en ses ferveurs inemployées, qui tentait de se retrouver dans le labyrinthe de l'univers. Dans sa consécration à ses malades, elle voyait l'exigence d'une mise en action de l'Évangile dans sa parfaite nudité.

J'avais acheté une tente et, chaque fois que je le pouvais, j'allais m'isoler dans les forêts ou sur les plages. J'avais choisi pour devise : « Vivre en vérité », dans l'ascétique dépouillement que permet la stricte adéquation du réel et des mots qui l'expriment. Ma quête me rejetait plutôt du côté de Péguy. J'aimais ses options politiques et sociales, son fervent humanitarisme, sa recherche d'un remède au mal qu'il espérait trouver dans l'établissement d'une république universelle. Mais, plus encore, ses vers libres devenaient les versets d'un chapelet où se célébrait la racine du spirituel dans le charnel. Sa poésie, litanie ou prière, s'élevait souvent en incantation prophétique. J'avais un jour écrit à Yvonne que, pour moi, elle était une personne irréelle, ce qui l'avait fait éclater de ce rire que j'aimais en elle. Dans mon lycée, cette belle fille robuste, aux fortes joues rouges, hâlées par ses incessantes randonnées dans les neiges, les forêts et les cols des Alpes, ne cessait d'habiter mes pensées. L'irréel, pour moi, c'était la part de rêve qui l'habitait, sa recherche mystique dans les brumes légères et diaphanes, recouvrant les tiges courbées d'avoine pâle, en ses matins d'été, ce moi mystique que je pressentais en elle et qu'elle hésitait encore à me découvrir. A travers ses aveux, je suivais un itinéraire spirituel que personne ne m'avait signalé. Je la voyais à Paris, solitaire, un soir de fin d'hiver, humant dans l'air le charme précoce et un peu acide du printemps. Elle marchait le long des quais de la Seine avec en elle cette mélancolie prenante des vieux quartiers de Paris. Jadis, elle avait presque refusé ce salut qui s'offrait à elle, craignant, si elle se laissait aller à sa joie, d'en mourir.

« La joie, qu'est-ce ? »

La première fois qu'elle me posa cette question je ne sus que répondre, sinon par la définition qu'en donne Spinoza, « le passage d'une perfection moindre à une perfection plus grande ». Mais la joie n'était-elle pas davantage encore ?

Si j'étais projeté dans un brasier de joie, n'en serais-je pas consumé ? Yvonne savait que souvent la joie est plus pénible à porter que toute peine. Elle était conduite ainsi à se renoncer de plus en plus totalement, oubliant sa propre détresse devant l'angoisse des autres, si criante dans le sanatorium où elle vivait. Mais, au plus profond d'elle-même, la joie l'habitait si parfaitement qu'elle l'écrasait. L'âme en était étreinte jusqu'à en mourir à elle-même dans l'éblouissement d'une vision d'amour, ineffable comme le monde spirituel auquel elle appartient. Le miracle d'une union mystique s'accomplit alors, invisible pour ceux qui sont aveugles au surnaturel, comme d'autres le sont aux couleurs. Ce langage brûlant m'arrachait à l'endormissement du milieu où je vivais. Au lieu de la brutalité – parfois de la bestialité – de nos empoignades, j'accédais directement à un univers où le mystère occupait presque toute la place, force invisible, mais la seule véritable à régir le monde. La conscience de ce mystère conduisait à un bouleversement des valeurs, où l'on constate, étonné, la petitesse de certaines réalités et l'ampleur de certaines autres, soudain sorties de l'ombre où elles se cachaient. Je voyais mon amie se retirer du monde pour pénétrer, vivante, illuminée d'espérance et de joie, dans l'univers où, sur terre, elle avait déjà épousé son éternité. Méditant son exemple, je décelais des forces cachées en moi, accédant à la nappe phréatique de mon être. Pascal m'y aida. J'admirais la fulguration de ses *Pensées,* comprenant mieux sa distinction entre l'esprit de géométrie et l'esprit de finesse. Je délaissais les poètes que j'aimais, les romantiques et leurs héritiers dont les trouvailles verbales et les rythmes m'enchantèrent un temps. « Je serais déjà mort si je devais mourir », pensais-je. A cette époque, mon insolente jeunesse savait déjà que la mort n'existe pas et que, quoi qu'il advienne, je ne mourrais jamais. J'appris ainsi à communier en profondeur – et non plus de façon épidermique – à la vie de la terre, de la mer, des ciels dans toutes leurs magnificences. Je voyais dès le mois de janvier éclater notre printemps algérien, et avec autant de puissance que je le sentais se déverser dans mes veines, s'épanouir dans les bourgeons des amandiers, des rosiers, des vignes, se ruer littéralement sur le pays, y répandant la magique beauté de ses couleurs, les tourbillons de ses parfums dont je m'enivrais auprès du miel doré des genêts ou des coquelicots qui parsemaient de leurs diadèmes sanglants l'herbe naissante des blés. Je voyais en tout une même source dont tout émanait, pénétrante, infiniment puissante, apaisante ou déchirante, selon le regard dont je la contemplais. Une pudeur me retenait cependant de donner un nom à cette présence. Yvonne, sans hésitation, l'appelait Dieu. Ce Dieu habitait sa vie profonde que je découvrais mieux maintenant qu'elle m'en parlait ouvertement, ne craignant plus de me blesser en cela. Elle était sans désir depuis qu'elle s'était livrée à ce Dieu en qui elle trouvait son identité, dans la joie d'être unie, mariée à Lui, Lui qui pouvait seul combler l'infinie détresse de l'homme. J'affirmais alors que

Dieu n'existait pas, qu'il était le masque de nos faiblesses et parfois de nos trahisons : la vie sans Dieu n'était pas moins belle ! Mais je voyais bien que l'affrontement des croyants et des incroyants était un combat de mots où une théologie affrontait une idéologie, chacune utilisant un système de signes et de symboles incompréhensibles pour l'autre. Je m'efforçais de découvrir, sous le masque des signes, la réalité de l'être dans la nudité de son essence. Sous le voile des symboles, je voulais étreindre et servir les réalités de la vie, sans me départir d'une rigueur rationnelle dont j'avais accepté l'exigence. Je commençais à comprendre que l'aventure de la vie était inexplicable. Comme Jonas dans sa baleine, nous étions enfermés dans le ventre d'un inviolable mystère, plus prégnant à mesure que nos connaissances se multipliaient. Je finissais par convenir de ce que la beauté du monde, la formidable puissance de l'esprit, la vie elle-même ne sauraient être l'effet d'un hasard. Un encrier qui se renverse ne produit pas un sonnet. Or le poème de la vie m'enivrait à mesure qu'il se révélait à moi. Son chant ne cessait de m'habiter. Élohim ne saurait être le résultat d'une illusion, le reflet d'une peur ou d'un atavisme. Yvonne n'avait certainement pas le même Dieu que celui auquel je commençais à croire. Mais, au-delà des mots, des théologies et des idéologies, nous communiions dans une même recherche, dans une même réalité de vie. Yvonne, cependant, acceptait mal mes réticences à adopter le langage et les croyances de son protestantisme dont je comprenais la profondeur, davantage chez Karl Barth que chez Luther ou Calvin. Mais en moi-même je sentais qu'il existait une plus profonde réponse aux questions théologiques qui nous divisaient. Mais laquelle ?

Depuis que mon pied avait retrouvé une stabilité suffisante, j'oubliais mon infirmité d'autant plus sûrement que j'avançais dans la vie sans me connaître et, à vrai dire, sans avoir conscience de moi-même. *Je est un autre :* cette phrase exprimait ma plus profonde vérité. J'étais le livre que je lisais, la fleur que je humais, la mer où je nageais, le pain et le vin qui me nourrissaient, le sourire ou la colère de ma mère, le chérissement de mes sœurs, la cruelle insolence de mes condisciples. J'épousais le regard d'Évelyne, le cheminement mystique d'Yvonne sans que nos corps ne participassent à nos échanges. J'étais un autre, *j'étais l'autre,* et de le connaître m'importait seul.

Un de mes amis m'avait invité à faire une promenade avec sa tendre amie, une jolie Juive oranaise, une brune aux grands yeux bleus qui ne cessait de solliciter mon regard. Mon ami s'étant éclipsé pour quelques instants, elle s'approcha de moi, m'enlaça et appliqua ses lèvres charnues, brûlantes, contre les miennes. Par la suite, je ne la revis jamais. C'était mon premier baiser. Les femmes disaient que j'étais beau : mes yeux, accrochés à tout ce qui passait, suscitaient souvent les réactions de ceux qui les rencontraient. Voyant tout, ils demeuraient, par bonheur, aveugles à eux-mêmes et à moi. Il est salutaire que l'estomac, qui digère tout, ne se digère pas lui-même. Il était vital pour moi, je le comprends aujourd'hui, que ma conscience contemplative ait pris d'instinct le pli de s'ignorer elle-même. Je suppose que le désagrément de boiter, au physique comme au moral, m'avait fait prendre à l'égard de moi-même mes distances. Je devins le miroir d'un univers dont j'étais absent.

Nous étions en fin janvier 1935, au plus fort de ma recherche philosophique. Mes réticences à l'égard de ses croyances religieuses convainquaient Yvonne que nous ne pourrions jamais nous entendre sur ce sujet, essentiel pour elle. Je lui avais proposé de poursuivre notre cheminement ensemble sans plus évoquer Dieu ni le Christ, mais elle savait que, désormais, elle ne pourrait plus me parler de rien d'autre. Dieu tenait dans sa vie la place prépondérante, ruinant tout autre intérêt, toute autre pensée. Elle avait longtemps résisté à cet amour, craignant les mutilations et les renoncements que sa rémission entraînerait. Maintenant, elle s'était tout abandonnée à sa grâce. Sa conversion, qu'elle envisageait jadis comme une amputation, l'avait inondée, au contraire, d'une joie, d'une plénitude telles que sa vie entière en était métamorphosée. Un fleuve ne retourne pas à sa source. Ainsi ne pouvait-elle pas concevoir de revenir en arrière. Son don était sans retour : sa vie était bien devenue à sens unique. Elle ne me parlait plus de politique, de littérature ou de sentiments ; elle ne pouvait plus détacher son esprit de cette source de lumière qui s'était ouverte en elle, la laissant à jamais tout éblouie. Mes lettres devenaient pour elle une cause de souffrance, sinon d'agacement. Si j'avais manifesté la volonté de croire, ou le désir de Dieu, elle eût pu poursuivre. Mais, cela n'étant pas, il était devenu nécessaire pour elle d'espacer notre correspondance, laissant à un revoir prochain l'éventualité d'éliminer entre nous cet obstacle. Elle me suppliait de ne pas me lancer dans une carrière où je ne pourrais me donner entièrement. Puisqu'il y avait des terres dans ma famille, et puisque j'aimais la nature, pourquoi ne pas devenir cultivateur ? Pour le reste, il fallait attendre de nous revoir, si je devais persister dans mon projet de venir en France après mon bac, pour y faire des études. Cette sorte de rupture entre nous m'avait blessé : je perdais une amie qui, dans mes solitudes, m'était devenue très chère. Par surcroît, je voyais bien que ma judaïté – dans la mesure où elle survivait en moi – choquait son appartenance au Christ, vitale pour elle. Rompait-elle parce que la protestante en elle ne pouvait assimiler le Juif qu'elle voyait en moi ? Elle me citait en exemple Doucia, une Juive russe qui, après de longues années de fréquentation de l'église de Charmes, venait de se convertir, s'immergeant dans le même ruisseau où Yvonne aussi devait être baptisée. J'apprenais aussi qu'Évelyne, après leur tumultueuse liaison, suivait le même chemin. Elle avait toujours cru en Dieu, au Christ : elle avait décidé, elle aussi, d'aller tout au bout de sa foi. Je me sentais juif et comme tel débarqué, sans choix ni espoir, sur la piste brouillée de mes déserts.

Yvonne n'avait pas à souhaiter que je garde intacte en moi ma souffrance, devant la détresse du monde ; cette douleur me mettait hors de moi, blessé que j'étais par les ronces de ma route.

La correspondance entre nous se poursuivit : nous tenions l'un et l'autre à un échange dont nous n'attendions rien d'autre que l'enrichissement qu'il nous apportait. Notre amitié, plus profonde, me faisait connaître de l'intérieur l'itinéraire d'une âme en quête de Dieu – et ce que pouvait bien être l'amour du Christ pour une chrétienne protestante.

Maintenant qu'elle m'avait fait l'aveu de sa foi, elle m'en parlait plus librement, émaillant ses lettres de citations de la Bible que je commençais à mieux connaître et du Nouveau Testament que je ne connaissais presque pas.

Infirmière, je la voyais mener une vie de prière si intimement mêlée à son travail qu'elle était pour ainsi dire permanente. Elle était saisie de stupeur à voir les métamorphoses qui s'étaient emparées d'elle, à ses yeux un miracle de la grâce de Dieu, merveilleuse, surnaturelle. La prière était chez nous le culte que nous rendions à Élohim dans nos synagogues. Quand nous priions seuls, comme mon père le faisait quotidiennement, elle consistait en une lecture méditative des Psaumes. Mais cette communion directe et féconde, mais ce dialogue ininterrompu avec Dieu, et, si je l'en croyais, avec le Christ lui-même ? Mais cette profondeur de vie où elle s'immergeait dans le ravissement d'une grâce surnaturelle ? Je lisais la description de semblables extases dans les écrits de Thérèse d'Avila ou de Jean de la Croix. Jean Baruzzi expliquait par un état théopathique le phénomène de l'expérience mystique. Mais, là, il ne s'agissait ni de théologie ni de littérature, mais d'une vie brûlante dont les extases consumaient une personne dont je connaissais la santé et dont j'appréciais l'humour. Yvonne ne lisait plus que la Bible, devenue, pour elle, livre de raison et de vie. Elle y découvrait un monde si riche de vérité et de promesses qu'elle pouvait difficilement attacher son esprit à une autre lecture. Elle y voyait, émerveillée, la description géniale de toutes nos joies, de toutes nos détresses, de toutes nos espérances. Elle admettait comme absolument véritable tout ce qu'elle y lisait et tentait d'y conformer ses pensées, ses paroles, ses actes, sa vie. Elle me conseillait de lire ce Livre par fragments, quelques versets dont je pourrais chaque jour nourrir ma méditation. Elle prenait à la lettre la prophétie d'Amos annonçant l'arrivée des jours où la famine ravagerait le pays non seulement par la disette de pain et d'eau, mais aussi par faim et soif d'entendre la parole de Dieu. Elle m'introduisait ainsi dans l'univers spirituel de la Bible, elle-même hantée jusqu'à l'angoisse par le même besoin d'absolu qu'elle constatait en moi. Cela ne saurait disparaître sans aboutir, au fond de mon désespoir, à la lumière dont j'étais en quête. Je délaissais donc Voltaire, Rousseau, Diderot, et même mon cher Spinoza, pour me plonger dans la Bible en hébreu ou dans les traductions du Rabbinat ou de Second. Je lisais avec les mystiques, les Pères de l'Église, *Les Confessions* d'Augustin dont je comparais l'itinéraire à ceux de Luther et Pascal. Ces lectures me faisaient entendre un cri, celui de mon dénuement. Le lycée m'avait arraché mon habit et mes atours hébraïques, me faisant croire un temps que mes pères, « grands, braves, forts et querelleurs », étaient les Gaulois. Et voilà que les vêtements laïques dont mes maîtres prétendaient revêtir l'interne n° 78 de leur pensionnat brûlaient dans l'incendie que la Bible commençait à allumer en lui. Je lisais Freud : le monde, à en devenir fou, me semblait désaxé. Comme le roi de la légende, l'enfant était nu.

Mon instabilité, mes insuffisances, ma détresse, ma solitude, mon effort désespéré pour connaître et comprendre le monde où je vivais m'enfermaient en moi-même plus hermétiquement que dans un cercle de feu. Une grande voix retentissait en moi à mon insu, y allumant une ferveur qui ne s'éteindrait jamais, si intense qu'elle me brisait de langueur, laissant peser sur moi des aspirations indéfinies et insatiables. Cette présence en moi, je la savais définitive, sans même en connaître l'identité : un jour, je saurais la saisir, elle qui me cernait. Ce jour-là, tourbillonnante et dévastatrice comme un ouragan, la joie m'envahirait de sa marée sans rides. « Cela vous ne le croirez, m'écrivait Yvonne, que le jour où l'amour, dans son absolu, sera entré dans votre vie, cet amour surnaturel dont on ne peut avoir idée si on ne l'a pas vécu. » Je me sentais porteur de cet amour dont j'éprouvais en moi le frémissement que je reconnaissais aussi dans certains autres – sans en comprendre la nature ni l'identité. Celle-ci n'avait sûrement rien de commun avec la grisaille dont la plupart des mortels recouvraient ce mot. J'aspirais à une vie très haute, à cette existence autrement pathétique que celle dont parlait Gide, héroïque, je l'espérais, vécue dans l'ascétique vérité de mon être. Mais comment ? Mais où ? Je sentais gronder en moi une force puissante, dynamique, brûlante comme des laves issues de fissures volcaniques. Bouleversante, elle m'envahissait d'une plénitude, d'une ineffable douceur aussi, sans fond, sans limites. Je la sentais gronder en moi avec tant de violence que, si elle devait se déchaîner, je volerais en éclats, avec l'univers qui vivait en moi. J'éprouvais en moi l'empreinte ineffaçable de cette force dont j'ignorais la nature et l'identité, mais dont je ne pouvais éluder la fascinante contrainte. Les rêves fous qui m'habitaient n'étaient connus que de moi et d'Yvonne. Mon entourage m'eût taxé de démence si d'aventure il les avait connus. La médiocrité la plus parfaite m'entourait, y compris celle de nos études, un bachotage sans merci. Le lycée d'Oran avait une bonne réputation dont nous ne devions pas démériter, surtout aux résultats de fin d'année. L'essentiel était pour moi d'en finir avec ces sept années d'internat et de jouir enfin de ma liberté d'action et de pensée.

En juin 1935, j'obtins enfin le baccalauréat de philosophie, mon passeport vers la liberté. Je passais mes vacances au bord de la mer en compagnie de Jacques Vérin : la nage et la bicyclette eurent tôt fait de me rendre ma forme physique et, avec elle, ma soif de vivre. Le bac en poche, qu'allait-on faire de ce jeune homme piaffant d'impatience aux portes de la vie ? Mon père était heureux de mes succès et que, malgré mon handicap physique, je grandisse sans problèmes. Il avait pu me payer mes études secondaires sans recourir à l'aide de personne, sans solliciter de bourse. Le parcours sans faute que je venais de faire de la sixième à la philo l'encourageait à poursuivre son effort en ma faveur. Ses cinq autres enfants étaient élevés, ses deux fils placés dans les affaires, où ils réussissaient, ses trois filles bien mariées à Oran. Tout ce monde était heureux. Il y avait bien la succession du père Meyer qui se perdait dans les sables de la procédure et le fiel des disputes. Mais on pouvait faire sans cela.

« André, sa vie durant, ne connaîtra qu'un échec, celui de ne jamais échouer », avait dit à mes frères je ne sais lequel de mes professeurs, à demi ironique. *La Gazette d'Aïn-Témouchent* avait publié l'écho de mes succès : je voyais pour la première fois mon nom imprimé dans un journal, dont longtemps mon père garda la coupure dans son vieux portefeuille de cuir brun. Après avoir évalué la dépense dans plusieurs cas de figure, il donna son accord : André poursuivra ses études. Quelles études ? Où ? On réunit, pour en décider, un conseil familial dans notre salle à manger dont une fenêtre donnait sur les ficus du boulevard de la Révolution et l'autre sur l'étroit trottoir de la rue Pasteur. Près de la porte, le piano Pleyel était devenu silencieux depuis que mes sœurs avaient convolé. L'expert convoqué pour éclairer notre choix était l'oncle Maurice, le fils aîné du deuxième lit de Baba. Jeune, beau, brillant, il était sur le point de terminer ses études de médecine à Paris.

On connaît l'histoire où une mère juive présente à une amie ses deux jeunes fils : « Voici Abraham, six ans, le médecin, et voici Jacob, quatre ans, l'avocat », dit-elle en se rengorgeant. En l'occurrence, j'étais dans la famille l'unique de mon espèce. A défaut de pouvoir cumuler, il fallait choisir, d'un choix qui se fit sans que j'aie voix au chapitre. « Médecin ? » hasarda ma mère qui, des années durant, m'avait traîné dans tous les cabinets médicaux du pays pour garder en vie son plus jeune rejeton. « Vous n'y pensez pas, trancha Maurice. C'est un métier tuant : il y a trop d'escaliers à grimper ! »

Puisqu'il n'y avait pas de chance que j'excelle en ce genre de sport, je ne serai donc pas médecin. Et, si je n'étais pas médecin, de toute évidence il ne me restait qu'à devenir avocat. Là, pas trop d'escaliers à monter, sauf à accompagner sur l'échafaud un éventuel condamné à mort, mais cela n'adviendrait que rarement, tout le monde en convint.

Pour devenir avocat, il faut faire des études de droit. Le choix s'ouvrait entre Alger plus proche et Paris plus lointain, mais dont le nom faisait briller tous les yeux.

Maman persistait dans sa pensée : « A Paris, il aura Maurice, qui sera bientôt médecin, pour le diriger et, au besoin, l'aider. » Fallait-il donc envoyer André à Paris ? La dépense globale serait supportable en donnant au fils de quoi payer sa chambre et ses repas. André était peu dépensier. Il s'accommodera de ce qu'on lui donnera. Et la décision fut prise : André fera son droit à Paris. C'était le 11 août 1935, le jour anniversaire de mes dix-huit ans. Pouvais-je imaginer plus splendide cadeau ?

Bientôt, je quitterais l'Algérie, déchirée par ses contradictions internes, pour la France, sur laquelle s'étendait déjà, et de bien des manières, l'ombre du IIIe Reich où Hitler triomphait, tandis que l'Italie fasciste et bientôt l'Espagne franquiste nous indiquaient clairement les directions de notre plus proche avenir.

La victoire du Front populaire ne faisait que nous en masquer – en les aggravant – les rigueurs.

Deuxième partie

NUITS DE CENDRES

1.

Sous l'orage qui menace

Étudiant à Paris. Les orgues de Notre-Dame. Toi, qui es-tu ? L'état théopathique. Le seuil d'une illumination. Des brandons brûlants. « J'ai un projet : devenir fou. » Les balayures du monde.

La découverte de la France ajouta à l'ivresse de mes dix-huit ans. Mon frère Charles m'accompagna à Paris pour y faciliter mon installation. A bord du *Ville d'Oran,* nous arrivâmes à Marseille après une traversée agitée sur une mer d'octobre. Les tempêtes de la Méditerranée sont terribles : celle que nous essuyâmes n'altéra pas mon allégresse : j'appris que j'avais le pied marin, ayant su résister au mal de mer comme un vieux loup de mer. Le trajet de Marseille à Paris m'émerveilla : c'était pour moi comme un bain de chlorophylle. Je fis le voyage le nez collé à la fenêtre : tout était neuf, les prairies, les forêts, les rivières et les fleurs, les villages et les villes, les hommes et les femmes, les clochers, les tours des cathédrales, l'humidité de l'air, la courtoisie des contacts humains...

Après plusieurs heures d'observation attentive, un musulman, qui faisait le voyage pour la première fois, se tourna vers moi : « Ils n'ont pas de désert, pas même un seul... », me dit-il, méprisant...

A Paris, ma première adresse fut au numéro 1 de la rue de Tournon dans le petit hôtel où nous occupions, Charles et moi, la chambre de coin au premier étage. L'hôtel n'existe plus, l'immeuble ayant été aménagé en appartements. Je ne peux voir sa façade sans un sentiment de gratitude pour tout ce que je devais vivre et recevoir dans cette ville, que j'allais habiter. Les formalités de mon inscription à la Cité universitaire furent rapidement faites. Je quittais la rue de Tournon pour la chambre qui me fut attribuée à la Cité, au Pavillon agronomique, en face de la maison japonaise et du Pavillon britannique, près de la porte Gentilly.

Ducroquet, en consolidant ma jambe, avait rendu possibles mes longues marches dans la ville comme des courses plus importantes que je fis à vélo. La bicyclette devint, pendant ces années et jusqu'à ma première auto, longtemps plus tard, la compagne inséparable de mes déplacements. Je découvris l'usage de la cape qui me protégeait du froid et de la pluie quand je pédalais d'enthousiasme, du boulevard Jourdan à la rue Soufflot où je commençais mes études de droit le 5 novembre 1935. Je me jetais sur mes études avec un appétit dévorant. Je ne partageais pas l'opinion désabusée de la plupart de mes camarades pour lesquels « le droit était ennuyeux ». Je l'étudiais avec passion. Mais qu'étais-je capable de faire sans passion ? J'étais le plus assidu des élèves aux cours que je suivais religieusement. Le lycée m'avait fait une tête capable d'absorber tout ce qui se présentait : elle l'ordonnait, le classait et le retenait aussi sûrement que le ferait aujourd'hui un ordinateur. Je franchissais sans difficulté les obstacles des examens de fin d'année, ce qui me permit d'être un licencié en droit dès le mois de juin 1938 et, l'année suivante, d'obtenir les diplômes d'études supérieures de droit public et d'économie politique qui m'ouvraient la voie vers le doctorat, juste à la veille de la guerre. Le lycée avait fait de nous des bêtes à concours : l'Université nous ouvrit toutes grandes les portes d'une vraie culture.

Nous ne manquions pas de chahuter parfois nos maîtres. Notre faculté était nettement à droite : Jèze, quand il s'engagea à défendre le Négus, le ressentit cruellement par la manière dont ses étudiants en grève le traitèrent.

Parmi nos maîtres, le plus lucide, le plus pertinent, le plus proche de nous était sans doute Achille Mestre, notre professeur de droit public. En plus de ses cours, il dirigeait des séminaires où nous devions, nous, ses élèves, occuper la chaire et donner la leçon magistrale. Lorsque mon tour arriva, je n'avais pris qu'une fois la parole en public, le jour de ma bar-mitsva, cinq ans auparavant, quand j'avais annoncé devant mes bons Juifs d'Aïn-Témouchent ma volonté d'obéir aux commandements de la Bible, auxquels je remerciais Élohim, mes parents et mes rabbis de m'avoir initié. De là à occuper honorablement la chaire solennelle du grand amphithéâtre de la rue Soufflot, il y avait un abîme. Je me préparais à l'épreuve avec tout le sérieux dont j'étais capable. J'écrivis ma leçon du début à la fin, soulignant de rouge les titres et les sous-titres, de vert les citations, de bleu le passage que je devais marquer par des intonations de voix... Le jour venu, je montai à la tribune, le cœur battant, face à mes compagnons que je voyais pour la première fois de haut. Achille, comme nous l'appelions familièrement, de son pas alerte, eut tôt fait de me rejoindre sur l'estrade, près du pupitre où je venais de déposer le texte de ma conférence. Il prit mes feuilles, les considéra avec attention et les mit dans sa poche, redescendant pour, aussi vite qu'il était monté, prendre place dans la salle. Assis parmi mes condisciples, il lâcha : « Chouraqui, vous avez bien travaillé. Je vous donne dix-huit sur vingt pour votre travail. Maintenant, nous vous entendons. »

Je demeurais interloqué sur mon perchoir. Il me fallut bien deux minutes pour reprendre contenance et faire le discours qui mérita bien la note dont j'étais par avance assuré. Ma vie durant, j'ai été reconnaissant à Achille Mestre de m'avoir guéri, et de cette manière drastique, de la tentation qu'ont les orateurs de lire un texte écrit d'avance. Cela, je ne sus jamais le faire, préférant toujours non pas improviser mes conférences, mais les bien préparer et les dire sans les lire. Je meurs d'ennui quand j'entends débiter un texte interminable, généralement inaudible, par des conférenciers qui devraient être interdits de parole. J'ai souvent envie de leur arracher leur papier pour leur donner enfin une chance de se faire entendre de leur public. De ce jour, Achille devint amical à mon égard. Il me conseilla de ne pas arrêter mes études après ma licence et mon doctorat, mais de les poursuivre jusqu'à l'agrégation. Il suivait mes progrès avec sympathie.

Les dimanches matin, il m'invitait à le retrouver auprès de Léonce de Saint-Martin, à l'orgue de Notre-Dame, à l'heure de la messe. Ce lieu me devint ainsi familier : je découvris là, au-delà de la musique que le virtuose faisait déferler sur le vaisseau de la cathédrale, plus profondément, le silence qui en est la source. Lorsque le concert prenait fin et que la nef se vidait, j'aimais prier longuement, assis près du pilier où Claudel avait eu son illumination. C'était le silence et la plénitude intérieure que j'appris à recevoir là. Ma seule demande à l'Élohim de la Bible, urgente, fervente, était d'avoir la force – à longueur de vie – de ne jamais plier genoux devant les idoles. Rien ne me paraissait plus important que de les abattre.

En avril 1937, j'annonçais à Achille que je prenais la décision d'entrer à l'École rabbinique de France pour parfaire mes études d'hébreu que j'avais recommencées à la Sorbonne, auprès de Dhorme. Je terminerais à coup sûr ma licence, probablement aussi le doctorat, mais plutôt qu'une agrégation qui ferait de moi un professeur de droit, je choisissais l'aventure d'une formation différente. Je ne savais pas où ces études me conduiraient. Je n'avais sûrement pas la vocation de devenir un rabbin. Pour l'instant, je voulais seulement faire retour à mes sources, lire la Bible dans le texte, savoir ce qu'était ce judaïsme qui nous valait la persécution de Hitler et le mépris de ses émules. Achille m'écouta avec attention, visiblement ému. Sans hésiter, il approuva mon choix : « Vous avez raison, Chouraqui. Vous échapperez ainsi à la poussière de nos bibliothèques qui retombe sur nous comme sur nos codes. » Il avait frappé de sa main un Dalloz, d'où un nuage de poussière s'échappa...

Yvonne vint me rejoindre à Paris le 2 novembre 1935, quelques jours après mon arrivée. Elle avait vingt-sept ans, moi dix-huit. Nous reprîmes notre dialogue de plain-pied. Mon année de philosophie m'avait arraché aux banalités de la pensée athée et plongé dans la méditation de la Bible de mes ancêtres, encore lue à travers le voile de traductions dont je voyais bien les faiblesses. J'avais perdu ma morgue en face des problèmes religieux : ceux-ci se posaient désormais au vif de ma conscience. Ils étaient rendus plus aigus par ce que je découvrais en Europe : les cathédrales, les églises, la musique religieuse, l'art chrétien, les couvents et les monastères où tant d'hommes et de femmes d'élite priaient de jour et de nuit le Dieu d'Abraham, d'Isaac et de Jacob, l'Élohim de mes ancêtres. Quel choc pour le petit barbare que j'étais, au sortir de mes déserts coloniaux, d'être littéralement cerné par une culture dont j'ignorais tout ou dont je n'avais qu'une connaissance livresque.

Je découvris alors l'œuvre de Paul Claudel. J'en avais pressenti les richesses en Algérie en lisant *Tête d'or,* qui est l'une de ses œuvres qui me touchent le plus. Bergson avait contribué à m'arracher aux banalités du rationalisme athée. Après l'avoir lu, le matérialisme de la libre pensée ne me paraissait plus évident.

La présence d'Yvonne se faisait plus insistante auprès de moi. Elle savait que la Bible – et la pensée qui en émanait, celle d'Israël, de la chrétienté et de l'Islam – exerçait sur moi sa fascination. Dès notre première rencontre, elle avait espéré, toute prochaine, ma conversion au christianisme – je veux dire au protestantisme – dans l'église de Charmes où elle devait recevoir son baptême. Pourquoi ne le recevrions-nous pas ensemble, dans la rivière qui borde ce beau village, couronnant notre profonde amitié par la parfaite communion d'une même foi ?

L'ardeur qu'Yvonne mettait à m'entraîner dans la foi dont elle vivait était grande. Elle avait commencé à le faire avec délicatesse, dès le début de nos échanges. A mesure que ceux-ci s'approfondissaient, son insistance grandissait. Sur tous les tons, elle me chantait la gloire du Christ, d'autant plus convaincante que sa vie entière témoignait de l'authenticité de sa foi. Son dépouillement était total : elle n'avait pour toute garde-robe que les vêtements qu'elle portait sur elle, avec juste de quoi se changer quand elle les lavait. Elle renouvelait ses chaussures quand elles étaient usées jusqu'à la corde. Elle ne s'offrait aucun divertissement, n'allait jamais au cinéma, au concert ni au théâtre : son temps était employé à la prière seule, dans son dialogue infini avec Dieu et son fils unique, le Christ.

L'amour qu'elle me vouait, et que je lui rendais, m'ouvrait à tout ce que je percevais d'elle. Elle avait trouvé, dans sa voie en Dieu, sa vérité et son épanouissement. Il n'y avait qu'à la voir pour être frappé par sa joie rayonnante, dont l'expression s'accompagnait toujours de l'humour subtil où se reflétait sa profonde culture. Elle décelait en moi une faim de Dieu harcelante : j'étais saisi d'angoisse au spectacle de la misère du monde comme au pressentiment de ce que l'avenir nous réservait. Fallait-il donc être aveugle pour ne pas voir ce que je voyais clairement et qui me brisait d'inquiétude ? En moi naissait le désir d'une vie sans compromission avec le monde qui se décomposait autour de moi. Yvonne voyait dans mon accablement en face de la montée des périls « la grâce merveilleuse et incompréhensible de Dieu qui vous marque de son sceau ». Notre communion si profonde rendait plus inacceptable pour elle mon refus de la conversion – refus que je lui opposais avec toute la délicatesse dont j'étais capable. Je comprenais sa foi de l'intérieur, j'admirais à maints égards son idéal de vie, sans pour autant admettre la théologie qui l'exprimait. J'étais trop jeune pour analyser et faire admettre mon refus de la conversion qu'elle me proposait d'une manière ou d'une autre à chacune de nos rencontres ou de nos lettres. Elle ne connaissait rien du judaïsme, rien des raisons de la maintenance hébraïque ni du lot de souffrances que nous valait notre destin. Moi-même, j'en savais bien peu de choses alors. Aussi ne comprenait-elle mon refus de la suivre que comme le résultat d'un atavisme, d'un endurcissement, sinon d'un coupable aveuglement. Je voyais qu'elle était prête à donner sa vie pour obtenir ce qu'elle appelait mon rachat et, d'une certaine manière, c'est ce qu'elle fit jusqu'à son dernier soupir.

Bien des fois, nous eûmes la tentation d'interrompre notre correspondance ou de l'espacer puisqu'elle devenait douloureuse, souvent insupportable, surtout pour elle. Mais l'amour, qui rend grande toute réalité, nous incitait à poursuivre jusqu'au bout le chemin sur lequel nous avancions, parfois à notre insu. Ce qui nous réunissait était une égale exigence de vérité, de lumière, de transparence, ce que d'aucuns appellent la pureté, mais en dépouillant ce mot de ses résonances moralisantes. Notre faim, à la mesure de l'infini, devait être sans limites, et cela, me disait-elle, seul Dieu pourrait me le donner. J'en acceptais la perspective, mais me cabrais contre l'usage abusif que mes nouveaux amis faisaient du nom de Dieu. « Dieu aidant..., Dieu voulant..., S'il plaît à Dieu..., Dieu le veut..., Dieu ne le veut pas... » Il me semblait que chacun plaçait derrière le Nom ineffable du Créateur son petit ego pour mieux en assurer les triomphes, oubliant le troisième commandement du Décalogue : « Tu ne porteras pas le Nom de I$^{\text{adonaï}}_{\text{HV}}$H, ton Élohim, en vain. »

Ce nom, ils l'avaient sans cesse aux lèvres, l'invoquant à tort et à travers, comme par réflexe, la plupart du temps sans rime ni raison. Je pensais que, si les incroyants risquaient le pire à force de violer les commandements, il en était un qu'ils respectaient beaucoup mieux que tant de croyants, ce troisième commandement qui ordonnait de ne pas évoquer en vain le nom de Dieu. Si la Bible disait vrai, de nombreux théologiens iraient rôtir en enfer pour avoir outrageusement violé cet ordre. Rien ne m'était plus insupportable que les formes d'une certaine piété dont j'observais les insuffisances tant dans nos synagogues que dans les églises et les temples où il m'arrivait d'entrer. Je voyais, dans les apologies maladroites de tant de publicistes juifs ou chrétiens, des tentatives d'exalter leur ego personnel ou collectif, tentatives qui masquaient les vrais problèmes et aggravaient les dangers, en exacerbant les orgueils et les susceptibilités.

Si les publicistes juifs, depuis la fin du siècle dernier, au lieu de se gargariser de phrases creuses sur ces fameuses « valeurs permanentes », avaient perçu et dénoncé le fait que personne ne se soucie de connaître ces valeurs et de vivre dans leur lumière, sans doute notre génération aurait-elle pu affronter plus lucidement le déluge qui engloutit les millions de victimes de nos guerres. Je pressentais de toutes les fibres de ma sensibilité les catastrophes qui allaient s'abattre sur nous, auxquelles, dans ma pensée, mes échanges avec Yvonne ajoutaient une dimension irrécusable d'apocalypse.

Pour elle, le choix était fait une fois pour toutes. Sa vie était envahie par un désir de Dieu chaque jour plus intense, plus total. L'amour, parfois, l'écrasait, l'anéantissait, dans une joie des profondeurs, inexplicable, intraduisible. Elle souffrait d'être incapable de me parler de sa « folie divine » qui la transportait sur un plan tellement différent de ce que l'on appelle « la sagesse humaine », si bien que les mots et les phrases prenaient pour elle un autre sens que sur d'autres lèvres.

Elle me décrivait en termes précis cet « état théopathique » que Baruzi analysait chez saint Jean de la Croix. Elle était suspendue entre ciel et terre dans un monde fantastique de souffrances chaque jour renouvelées, d'exigences sans cesse plus grandes, sans retour possible, monde de miracles quotidiens opérés par une Puissance merveilleuse qui dépassait tout et qui coulait à travers sa personne comme une eau vive sur les galets d'un torrent. Il n'était que d'être entièrement détaché, ouvert, perméable, entièrement livré aux pouvoirs de la prière et de l'obéïssance. Elle avait conscience de ce que cette exigence avait de démesuré, réclamant non seulement l'âme – toute l'âme –, ce qui lui paraissait normal au regard de Dieu, mais aussi tout son esprit, toute son intelligence et cette grande et terrible chose : son corps.

Depuis sa rupture avec Évelyne, nul être humain ne l'avait approchée. Au cours de nos longues années de cheminement, il ne me serait pas venu à l'esprit d'avoir avec elle quelque contact que ce fût, à peine une furtive poignée de main pour se saluer ou se dire au revoir. Le corps, pour elle le temple de l'esprit de Dieu, devait être ainsi conservé irrépréhensible. Mais cette attitude était à ses yeux trop passive. Son Dieu, qui était aussi un époux jaloux, ne se contentait pas de cette passivité physique et intellectuelle. Il désirait d'elle une participation active de son être physique. Elle se livrait à lui comme une esclave à son maître pour qu'il la modèle à son image, comme il le voudrait et quand il le voudrait, pour son service et pour sa gloire. Esclave, mais royale, puisqu'elle était l'épouse du Fils de Dieu. Elle voyait, dans l'union mystique avec Lui, la manifestation la plus haute de la vie de Dieu en nous. Avec Jean, elle aspirait « à ce qu'Il croisse et qu'elle diminue ».

Pourquoi me livrait-elle ainsi sa vie cachée ? Depuis que je l'avais connue, son âme, son esprit même étaient livrés à Dieu, mais son corps était jalousement gardé encore, peut-être parce qu'elle lui avait donné trop de place jadis.

En octobre 1935, elle était à Chantoiseau, tandis qu'âgé de dix-huit ans je m'apprêtais à gagner Paris où nous nous rencontrâmes le 2 novembre, un long après-midi qui devait compter dans nos vies.

Elle continuait d'attendre que je fasse « le saut » qui ferait toute ma joie et toute ma paix surnaturelles. Elle comprenait de moins en moins que, illuminé comme je l'étais, je ne le fisse pas. Elle se perdait en hypothèses diverses pour comprendre ma résistance, que je ne savais et ne pouvais lui expliquer. J'ai dit que ma conscience était devenue comme un miroir qui reflétait le réel étalé devant elle. Les aveux d'Yvonne me montraient le feu qui brûlait en elle et j'en étais bouleversé, sans pour autant la suivre là où elle entendait me conduire. Le chemin qu'elle me proposait me paraissait être une route sans issue où je me serais perdu. Comme devant l'ânesse de Balaam, l'ange se tenait sur ma route et m'en interdisait le passage, l'ange qu'Yvonne ne pouvait voir, en constatant que, malgré la joie partagée de notre revoir, je demeurais, pensait-elle, sur « mon quant-à-soi ». Mon attitude la faisait rebondir sur sa voie à elle, la faisant vivre d'un amour si puissant, si total et si fort que ce n'était plus elle qu'elle retrouvait en autrui mais, disait-elle, le visage du Christ sur sa croix – dont elle reflétait la lumière et la douleur, comme épuisée, anéantie par sa lutte incessante avec l'ange qui, pour elle, était Dieu lui-même, auquel, comme Moïse, elle parlait en ami, « face à face ». Car sa prière n'avait plus rien de commun avec ce que l'on entendait ordinairement par ce mot dans le monde chrétien. D'instinct, elle retrouvait le sens de ce mot en hébreu qui signifie « exprimer une pensée, un jugement » et de là « parler, supplier, prier ».

Sa prière, comme celle de la communauté à laquelle elle finit par appartenir à Charmes, devenait un incessant dialogue – parfois en « langues » – avec ce Dieu qui était devenu pour elle – au pied de la lettre – un feu dévorant. Elle m'en adjurait : il *fallait* qu'un jour je connaisse cela. Et, pour le connaître, il *fallait* que j'aille à Charmes, sans tarder. Docile, intéressé, je n'en rejetais pas l'éventualité.

Elle me considérait désormais non seulement comme son ami, mais comme son frère. Ce nom avait dans sa bouche la force qu'il a dans le Cantique des cantiques, un cantique lu dans la transcendance de son interprétation traditionnelle. Elle ressentait notre union à une telle profondeur de vie et d'amour que le baptême en Jésus ne serait pour nous qu'un rite de passage : il était inscrit en nos cœurs, en nos êtres, et il surviendrait certainement. Désormais, elle avait la certitude que j'étais appelé à la sainteté, donnant à ce mot le sens qui lui était propre et que le catholicisme avait légèrement dévié. Elle en avait la claire vision : ce qu'elle voyait devant moi était fou, fou, fou...

Je connaissais désormais toutes ses pensées. Il appartenait à moi seul, dans ma vie secrète avec Dieu, de trancher et de me laisser prendre dans ma pauvreté, pour qu'Il m'élève en son royaume.

J'entendais, je voyais, j'assumais son être et son appel avec toute la gravité dont j'étais capable, mais avec la certitude intime que l'ange était devant l'âne que j'étais et lui barrait le passage. J'avais l'intime désir d'échapper à la pression grandissante qui s'exerçait sur moi, mais je ne pouvais le faire avant d'aller tout au bout de la voie où nous étions, l'un et l'autre, si profondément, si intimement engagés. Elle m'adjurait de me dépouiller de toute émotion extérieure, de laver mon regard de toute mystique, de toute ferveur, et nu, seul devant Dieu, de choisir librement ma voie, celle de l'homme nouveau dont, éblouie, elle attendait la naissance en moi. Je devais surtout faire abstraction d'elle, oublier que c'était par elle que j'allais au Christ : son ambition pour moi était démesurée, me désirant parfait, toujours plus proche de l'idéal vers lequel j'aspirais sans en connaître les contours. Maintenant, j'étais à l'heure du choix. Je le savais, je le voyais : je ne pouvais pas fermer cette porte qui ne se rouvrirait plus de longtemps, si je n'en franchissais pas le seuil. Si par aventure je la fermais provisoirement, je ne pourrais jamais avoir de paix, je serais toujours poursuivi, traqué, cherchant en vain à m'étourdir dans les vanités de ce monde. Celles-ci n'étaient pas pour moi, puisque j'étais à la mesure de l'héroïsme qui, désormais, m'avait révélé son vrai visage, différent de ce que je pouvais imaginer ou attendre, mais devant lequel je n'avais ni le droit ni la possibilité de fuir.

Des brandons brûlants tombaient dru sur moi, dans ma cellule du Pavillon agronomique de la Cité universitaire. Dansant sur mon vélo en me rendant chaque matin, cape au vent, à la faculté de droit de la rue Soufflot, je ne cessais de penser à ce message qui me parvenait de si loin, de si grandes profondeurs : il n'était pas dans ma nature de fuir. Je ne fuirais donc pas. J'irais jusqu'au bout de ce chemin que l'ange à l'épée de feu me barrait, sans laisser le plus étroit passage à l'homme que j'étais devenu, incapable de faire « le saut » qu'Yvonne attendait de moi – non parce que je le refusais, mais parce qu'il n'était pas en mon pouvoir de le faire : plus que mon identité personnelle de fils d'Israël, je voyais bien que je ne pourrais jamais trahir le Nom d'Élohim. J'essayais de m'en expliquer à mon amie : je comprenais bien le drame que, par amour, elle vivait à cause de moi, mais sans qu'il y eût de ma part un refus. Elle revenait alors en arrière, s'accusant de mal saisir ma pensée, de s'égarer dans mes phrases, de trahir peut-être mon être le plus secret. Notre amitié aboutissait à une impasse. Voir la distance qui nous séparait sur le plan spirituel la faisait atrocement souffrir. Elle songeait à quitter son sanatorium où la vie dépouillée qu'elle menait lui paraissait encore trop luxueuse. Si la possibilité lui en était ouverte, elle irait vivre dans la pire misère d'un taudis pour partager la vie des plus pauvres. Elle avait renoncé à son héritage et ne gardait de son salaire que ce dont elle avait besoin pour acheter du papier, des timbres ou de menus cadeaux pour ses malades. Le reste, elle le donnait aux pauvres.

Notre dialogue cependant piétinait et ne redeviendrait fécond, me disait-elle, que lorsque j'aurais compris. Mais elle-même faisait-elle l'effort d'ouverture qu'elle attendait de moi ? A vrai dire, elle ne pressentait pas dans quelles directions s'engageait mon esprit, même si l'amour me poussait à poursuivre jusqu'à leur terme, si elles devaient en avoir un, mes relations avec elle. Elle me percevait comme un être qui mourait de soif et qui cherchait à se désaltérer dans des citernes crevassées alors que le fleuve de la vie était, à ses yeux, auprès de moi et que je ne le voyais pas. Ce que je vivais à Paris lui échappait totalement.

A voir ce qui se passait en Europe, je pensais sérieusement à ce post-scriptum d'une lettre de Dostoïevski à son frère : « J'ai un projet : devenir fou. »

Depuis mon arrivée à Paris, le 11 octobre 1935, je ne cessais de pressentir l'écroulement de l'Occident dans le feu, le soufre, la mort. Ni l'Allemagne, ni la Russie, ni une domination anglo-saxonne improbable à longue échéance ne me paraissaient être en mesure de remplir le vide des lendemains du déluge. Dans mes notes, je décrivais les dévastations inouïes dont la prévision me hantait. J'avais la contraignante certitude que le monde assistait au lever de rideau d'une tragédie dont personne ne pouvait soupçonner l'ampleur. Au-delà, il faudrait trouver des hommes pour bâtir le monde nouveau auquel je ne cessais de croire. « Il faut des hommes, écrivais-je. Nous-mêmes en premier lieu. Tout s'abîme faute de guides inspirés. » J'imaginais l'écho d'un appel assez puissant à la paternité abrahamique parmi les peuples de la terre. Il serait nécessaire de fonder un ordre nouveau qui plongerait ses racines dans les profondeurs encore vivantes d'Israël, de la chrétienté et de l'Islam : cet ordre aurait pour vocation d'être le bras séculier d'une action révolutionnaire qui détournerait le cours de l'histoire ramenée aux sources de la justice et de la paix. Je voyais s'élever une croisade universelle pour dénoncer tous les crimes, toutes les haines et abattre nos idoles dont les noms avaient peut-être changé au cours des siècles, mais qui étaient plus meurtrières de nos jours que celles jadis condamnées par les prophètes de la Bible. D'une œuvre ainsi conduite, au lendemain du déluge, pourrait surgir un salut. Je ne savais pas si je serais là pour aider à cette action, mais j'étais certain de la nécessité d'en jeter les bases. Je prévoyais l'éclatement du marxisme, son ressourcement sur une métaphysique qui dépasse le huis clos où ses commentateurs l'avaient enfermé. L'idée de jeter un pont entre la Croix et le Croissant me hantait. Qui pourrait assurer la médiation, sinon Israël ? Il ne s'agissait pas pour moi d'idéologie ni d'abstraction : je vivais cette médiation comme un acte. Je voyais bien que l'avenir de l'humanité devait passer par la fragile passerelle d'une réconciliation des peuples monothéistes de retour auprès de leurs sources et suffisamment régénérés par elles pour qu'ils puissent efficacement œuvrer au salut du monde. Nous étions séparés de cet avenir par le voile de nos opacités : à cette pensée, j'étais saisi par un étrange vertige. Je me souvenais : nous n'étions pas au monde. Tout notre effort devait nous pousser à nous y intégrer en puissance de vie, avec profondeur et vérité, en don de nous-mêmes à la joie du réel. Pour cela, il y avait une première arme efficace que je commençais à découvrir : la prière la plus folle et la plus absurde, celle où des volontés se fondent en glaive invincible. O le grand œuvre au seuil des abîmes où nous allions nous enfoncer ! De participer à la douleur des hommes, autour de moi sanglants, me pénétrait du désir d'y enfoncer le boutoir de l'amour. Il était déjà bien clair dans mon esprit que le message qui répondait aux urgences du monde était celui de la Bible et qu'il devait s'incarner dans une communauté de vie établie en Israël. C'est auprès des sources qu'il devait être vécu afin de devenir prédicable. Il fallait qu'une vie nouvelle fût greffée sur nos antiques racines dans l'espérance de fruits qui puissent nourrir la soif et la faim du monde. A Paris, une autre personne était apparue en moi : ni le vieil homme qui était mort ni celui auquel la culture française avait contribué à donner naissance. Un autre moi-même était né en moi, plus ivre, plus fou d'absolu en ce seuil des mutations de l'adolescence. L'effort de la route, les dépaysements successifs qu'elle provoquait aidaient à la métamorphose. Armé de brandons, je pourrais bientôt commencer ma course folle. J'apprenais à savoir, ou plus exactement à pressentir, ce que renoncer veut dire. J'avais parfois envie de ne plus sortir de moi, de me « coudre » en moi-même, tant était forte mon ivresse intérieure. Je savais désormais quelles puissances pourraient libérer un message d'incarnation de l'amour. Qu'elle sera donc belle notre montée vers Jérusalem pour réaliser ce qui doit l'être et qui est écrit...

Je savais qu'il était nécessaire de rechercher non le plus facile, mais le plus difficile, non le plus savoureux, mais le plus insipide, non ce qui brille et plaît mais ce qui n'attire pas, non le plus élevé et le plus précieux, mais le plus bas et le plus dédaigné. C'est sans doute pourquoi la persécution hitlérienne et l'antisémitisme dont elle était l'expression barbare eurent pour effet de me situer en marge de cette Europe où j'étais devenu un paria, bientôt pourchassé par les lois raciales, identique à ces balayures du monde dont parlait Saul de Tarse. L'année 1933 – j'avais seize ans – a marqué pour les Juifs la brutale sortie d'une longue torpeur. Jusqu'à cette date, Israël pouvait s'identifier aux nations où il était exilé : il cherchait à oublier ses origines en se perdant dans l'espoir désormais mythique d'une assimilation impossible. J'étais frappé par la légèreté avec laquelle antisémites et Juifs traitaient de l'antisémitisme. Dans la Diaspora, Hitler aurait dû s'en rendre compte, le judaïsme mourait de sa mort naturelle ; il n'avait pas besoin, pour cela, du secours des camps de concentration et des fours crématoires : désertion massive des synagogues, guère plus fréquentées que par des vieillards, oubli à peu près total de la langue hébraïque, de la Bible et des traditions juives, rejet de tout ce qui pouvait rattacher le Juif au peuple millénaire des ghettos, rejet surtout de l'Élohim donné au monde par Israël, l'Élohim d'Abraham, d'Isaac et de Jacob, celui qui vainquit les idolâtries antiques : n'était-il pas notre ultime recours contre la barbarie des idoles modernes ?

A Paris, j'avais plus que de l'inquiétude pour l'avenir. Une véritable angoisse me saisissait devant la situation dans laquelle le monde, subjugué par la voix démente de Hitler, s'enlisait.

Notre jeunesse se sentait trahie où qu'elle tournât ses

regards. Et l'horreur de la guerre allait bientôt nous arracher à nos études comme à nos extases, mettant nos horloges à l'heure de l'Apocalypse. Devenir fou était davantage qu'un projet pour moi, dans un monde qui basculait dans la démence.

2.

La voie étroite

Perdre notre identité ? Le baptême d'Yvonne. La rencontre de Charmes. Un nouvel Israël. Comme un oiseau migrateur. Entendre l'appel. L'effacement de l'Ange. Une fulguration divine. Le point de rupture. Un Juif parmi les lépreux. Le colloque de Charmes.

Ma communion avec Yvonne restait vivante dès que nous admirions d'un même regard une fleur, un arbre, un lac, un flocon de neige. Nous étions saisis d'une même extase qui nous emportait dans un au-delà où nous nous rencontrions sans que nos corps fassent obstacle à notre chant. Nous étions au-delà du désir qui, proches l'un de l'autre, ou éloignés à des centaines de lieues, ne nous avait jamais saisis d'aucune de ses morsures. Une paix enfantine était notre lot. Lorsque je lui disais ma révolte devant ce que la chrétienté me révélait par certains de ses visages, aussi bien en Algérie que depuis mon arrivée en France, elle m'objectait que ces soi-disant chrétiens ne savaient pas voir, ne prenaient pas au sérieux les commandements de Jésus. Ils les lisaient en pensant qu'ils étaient bons pour d'autres, ou bien écrits pour des époques révolues : c'est pourquoi ils pensaient n'être pas assignés aux commandements de l'Évangile. Mais elle, oui, et son église de Charmes, oui. Que j'aille donc y voir moi-même. Ce que j'y verrais dépassait toute humaine intelligence et me donnerait, en Dieu, une joie parfaite. Elle-même avait été saisie par cette joie surnaturelle, le jour ou le lendemain de son baptême. Elle avait senti alors une force extraordinaire saisir son être entier, à tel point qu'elle ne pouvait même plus bouger : elle avait perdu pour un temps l'usage de ses membres, pieds et bras paralysés.

Elle m'écrivait ces phrases brûlantes en décembre, me décrivant la joie des fêtes de Noël dans la blancheur de ses neiges alpines et l'éblouissement plus vif de sa joie intérieure. C'était l'occasion de me redire que, tant que Jésus ne serait pas *mon* Sauveur, je ne pourrais avoir une vie réelle, puissante.

Et c'était à nouveau le heurt, moi encore confronté à sa volonté têtue de me voir devenir un autre, semblable à ce qu'elle était, de me voir intégré à cette communauté qui l'avait absorbée. Je ne lui disais mon désaccord qu'en essayant de me montrer à elle tel que j'étais – très certainement pécheur à ses yeux. Moi-même, j'ignorais ce qu'était ce qu'elle appelait le péché. Non que je fusse toujours fier de mes actes, mais du moins ne me roulais-je pas dans le remords humilié de mes fautes. Le naturalisme nous avait habitués à vivre dans un monde évacué de toute notion de péché et mon hébraïsme me semblait en avoir une tout autre conscience, condamnant nos crimes, nos fautes et nos carences avec rigueur, sans tomber dans ce qu'une certaine piété pouvait avoir de morbide à cet égard. Je voyais trop bien à quelles catastrophes imminentes nous étions voués pour fixer mes yeux uniquement sur les « péchés » dont je voyais tant d'âmes pieuses, juives ou chrétiennes, se préoccuper uniquement. La propension au culte de l'ego déviait en célébration du péché, comme certains malades grattent leur plaie pour en entretenir le mal. La confession collective que nous pratiquions dans nos synagogues, à chaque office, et plus particulièrement le jour du Grand Pardon, me semblait nous libérer plus profondément de cette obsession.

En ce printemps 1936, l'obsession était devenue pour moi celle des examens. Je passais mon premier examen de droit le 25 juin. Débarrassé de cette préoccupation, j'étais libre d'aller à Charmes. J'avais revu Yvonne à

Paris à quatre reprises différentes, admirant en elle ses métamorphoses intérieures. Sans rien perdre de sa beauté ni de son humour, elle rayonnait d'une joie surnaturelle, dont je connaissais le brûlant secret. Sa simplicité avait je ne sais quel reflet ascétique qui rendait plus émouvante sa personne, aux reflets de ses yeux bleu-vert, souvent ironiques. Elle savait, depuis le 2 mai, que le pasteur Dallière était décidé à lui accorder un baptême auquel elle se préparait avec plus d'ardeur que s'il s'était agi de ses noces. Elle avait appris à se laisser crucifier avec Christ, me disait-elle, dans une souffrance souvent atroce. Et, morte au monde et à elle-même, elle pouvait ressusciter dans la lumière de la vie divine. Rester sur la croix : telle était sa victoire, sa seule force.

Elle reçut le baptême et la communion le 24 mai 1936, à Charmes où elle était revenue après ce séjour à Paris où nous avions éprouvé la force de notre amitié. Je l'imaginais dévalant la colline de Saint-Georges dans les prés fleuris de marguerites et de lins bleus trouant la douceur de la plaine qui s'étendait sous une lumière brumeuse, avec au loin les peupliers argentés qui bordaient l'eau mourante et grisée du Rhône. Dans l'eau de la rivière voisine, elle fut, m'écrivit-elle, « apportée à Dieu avec tant d'amour par toute l'Église que j'en demeure totalement anéantie... C'est si beau, si beau que je ne puis rien vous en dire ». Car ce baptême qu'elle avait si ardemment désiré recevoir avec moi, elle le vécut seule dans le dénuement de son oblation. J'etais resté à Paris à préparer mes examens, avec au cœur le souvenir vibrant de nos échanges. Aussitôt après son baptême, elle regagna Chantoiseau dans la joie de sa résurrection, cette joie qu'elle savait si bien chanter et qui lui paraissait inexprimable.

Moins d'une semaine après mes examens, j'arrivai à Briançon où elle m'attendait à la gare. Elle était, sous l'auréole de ses cheveux châtains, comme marquée par le sceau de sa délivrance et de sa paix, la paix des profondeurs dont, à longueur de vie, elle ne devait plus se départir. Ses luttes vécues à Paris, sa tumultueuse amitié avec Évelyne, tant de déchirements intraduisibles dont j'avais éprouvé la brûlure, tout cela avait disparu : il ne restait qu'un lac de paix, une mer étale et sans rides qui lui donnait un avant-goût de ce que pouvait être la béatitude éternelle dans le saint des saints du Royaume des ciels. Cette paix irradiait son regard, toujours marqué d'une pointe de tendre ironie.

Elle souhaitait plus que jamais m'introduire dans ce sanctuaire des sanctuaires où je rencontrerais le Christ, dans la lumière de l'Esprit-Saint. Dieu se révélerait pleinement à moi dans la manifestation de Sa gloire.

Je la trouvais dans ces dispositions d'esprit les quatre jours que nous passâmes ensemble du 30 juin au 4 juillet, dans cet état d'apesanteur qui manifeste la gratuité – la grâce – de l'amour, comme si notre poids de chair avait disparu dans l'intensité et l'illumination d'un amour au-delà de l'amour. La plénitude était telle en moi que je ne voyais pas ce qu'aucun geste humain, fût-ce un baptême, aurait pu y ajouter. Pas plus d'ailleurs qu'un mariage dont l'idée ne nous effleura jamais, à aucun moment ni à aucun titre que ce fût, tant notre joie, d'unité faite, était parfaite d'éternité.

J'arrivai à Charmes dans la soirée du 4 juillet 1936. Ce ravissant village de la Drôme est proche d'une vallée où, royal, le Rhône s'écoule vers la Méditerranée. A l'ombre d'une tour sarrasine, les mûriers, les peupliers et les oliviers étalaient leurs ombres sur les millions de grillons et de criquets, dont le chant strident retentissait tout autour du temple protestant, d'un plus strict dépouillement que la plus humble de nos synagogues : sur la nudité des murs peints à la chaux, une croix, dans la salle quelques bancs, et cinq mots : « Au commencement... Viens, Seigneur Jésus » : la Genèse et l'Apocalypse.

Depuis qu'elle avait connu Charmes, grâce à une de ses malades du sana de Chantoiseau, Yvonne s'était sentie en pleine communion d'esprit et de cœur avec cette communauté qui souhaitait revenir à l'esprit et aux pratiques de l'Église primitive. Le pasteur Louis Dallière animait ce retour aux sources avec une autorité qui lui valait le respect de l'Eglise réformée de France, où il représentait, me semble-t-il, un mouvement marginal, mais non séparé de l'ensemble. C'est là que je rencontrai pour la première fois Roland Leenhardt. Son regard rieur, d'un bleu profond, disait l'ouverture de son accueil. Il secondait à Charmes le pasteur Dallière avec l'allégresse particulière que j'ai souvent rencontrée chez mes amis protestants. Le coucher du soleil embrasait le ciel dont les couleurs se reflétaient sur nos visages comme sur les maisons et les toitures du village.

Le lendemain, 5 juillet, je rencontrai le pasteur Dallière. Notre entretien dura de dix heures quarante-cinq à midi dix ; les quatre-vingt-cinq minutes que nous passâmes ensemble furent pour moi inoubliables ; cinquante-deux ans plus tard, elles gardent en moi la même intensité.

L'échange fut immédiat, et immédiatement centré sur l'essentiel. Il connaissait de moi le peu qu'il y eût à connaître d'un jeune homme qui n'avait pas encore dix-neuf ans. Il connaissait tout – et probablement davantage que moi-même – de ma relation avec Yvonne, dont pas un instant il ne fut question. D'emblée, nous parlâmes du déterminisme et de la liberté de l'homme. J'étais encore tout imbu de Spinoza, de sa théorie déterministe des causes et des effets ; j'étais prêt à faire mien le cri désabusé du père Ubu : « La liberté, c'est l'esclavage... »

Dallière, sans entrer dans la discussion philosophique du déterminisme, insista sur la réalité de la liberté, vertu constitutive de l'homme. Sans liberté, l'homme ne saurait être qu'un esclave. Cette liberté se manifestait dans tous les champs de l'activité humaine et plus spécialement dans notre pouvoir de dire non à Dieu, en quoi se trouvait la faille par laquelle le démon, secret défaut de la création, entrait dans nos vies pour en compromettre le cours. Dallière parlait de Dieu et du démon avec une déroutante familiarité, comme s'ils étaient tous les deux des hôtes de sa maison. Et, de fait, ils l'étaient, Dieu un ami, Satan un hôte indésirable, mais avec lequel il fallait bien faire puisqu'il rôdait partout de par le monde. Tout à coup, j'étais sorti du papier et de l'encre où il était question de Dieu et du Diable, pour en palper l'existence concrète dans la pénombre du bureau, tous rideaux tirés, où nous conversions. Il ne s'agissait plus de livres, bien que la maison en fût tapissée, mais de vie, non de théorie, mais d'une expérience concrète, d'une réalité vécue, assumée avec autant d'immédiateté que pour Baba d'invoquer Adonaï Élohim ou pour maman le secours de Rabbi Méir, le maître du miracle. Cette religion issue de la Bible, j'en étais sorti, la croyant éloignée des réalités de la vie. Ses prêtres et ses rabbins, me semblait-il, l'avaient ravalée au niveau d'une histoire mythique incroyable. On connaît le cas d'un père dont le fils sortait d'un cours d'instruction religieuse :

– Le rabbin nous a parlé de la sortie d'Égypte, lui dit l'enfant.

– Et que vous en a-t-il dit ? demande le père.

Et le fils de lui décrire une expédition militaire moderne où le général Moshé fait avancer ses tanks sur un pont de campagne jeté sur la mer Rouge, permettant ainsi le passage des Hébreux. Après quoi, des bombes à retardement font sauter le pont, entraînant la noyade de Pharaon et de son armée.

– Vraiment, c'est ce que le rabbin vous a enseigné ?

– Non, dit l'enfant, mais si je te disais ce qu'il nous a raconté, t'y croirais jamais !

C'est ce qui se passait souvent avec l'enseignement que nous recevions : inefficace et incroyable, sans parler de l'inadéquation de l'idéal et de la réalité. Il y avait trop souvent un abîme entre la vérité enseignée et ce qui était vécu.

Ici, comme pour Yvonne, je constatais une unité parfaite entre ce qui se disait et ce qui se faisait, sans que soit masquée la marge inévitable qui sépare tout idéal de son incarnation humaine. Pour la première fois, je prenais conscience du fait que j'étais libre et que ma liberté était telle que je pouvais donner la vie ou la mort, selon mon libre choix. Donner la mort, c'était dire non à

Dieu, puisque je savais avec certitude qu'il était la Vie. L'unique frontière que je voyais dans le réel était celle qui sépare la vie de la mort. L'Élohim de la Bible est l'Élohim des matrices donneuses de vie – et lui-même la matrice de tous les univers. La prise de conscience de ma liberté ajouta à mon vertige.

Louis Dallière me parla alors d'Israël en des termes que j'entendais également pour la première fois. J'étais d'autant plus sensible à ce sujet que j'avais ma sensibilité écorchée par ce que la propagande antijuive déversait sur nous. L'Allemagne nazie annonçait alors, dans l'indifférence générale, sa volonté d'anéantir le peuple juif. Déjà des réfugiés, quittant le IIIe Reich, nous faisaient des descriptions terrifiantes de ce qui s'y tramait. Pour la première fois, j'entendais âme qui vive me dire : « Je crois à la vocation messianique d'Israël, appelé, depuis Abraham, à être le premier, au centre du royaume du Messie qui vient. » On parlait bien, et depuis des millénaires, de notre foi messianique, mais c'était la première fois que j'entendais un homme, et un pasteur chrétien, vivre de cette croyance. J'appris ainsi que l'église de Charmes mettait au centre de sa prière l'espérance du salut d'Israël. « Cette prière doit comporter pour nous, les pagano-chrétiens, une repentance vraie et profonde de l'abomination qu'a été l'antisémitisme chrétien. La prophétie de saint Paul dans Romains II s'est accomplie : nous, branches qui avons été greffées sur la racine juive du salut, nous nous sommes enorgueillis : nous devons savoir que, sans un changement complet de notre cœur, nous serons rejetés. »

Ma surprise était profonde. Ce langage, à l'époque, personne ne le tenait. Pour la première fois aussi, je voyais un chrétien prendre au sérieux l'existence d'Israël et le considérer non comme une coupable et grotesque survivance d'un passé à jamais aboli, mais comme une promesse de salut pour l'humanité entière. Davantage qu'une promesse : une certitude. Mon abondante correspondance avec Yvonne n'avait jamais abordé ce problème dont l'acuité commençait à peine à s'imposer à moi. J'étais trop absorbé par ma découverte de l'Occident chrétien pour me concentrer autant qu'il l'eût fallu sur le problème juif que j'abordais alors avec les yeux d'un Juif assimilé. Pour Yvonne, le problème juif n'existait pas. J'étais sans doute le premier Juif qu'elle eût rencontré. Un de ses beaux-frères, Alexandre Marc, comme Doucia, son amie, étaient bien d'origine juive, mais si déjudaïsés qu'ils ne connaissaient rien de leurs sources avant de se convertir. La voie normale pour Yvonne, la seule qu'elle concevait alors, était la conversion, non seulement de son ami André, mais de l'humanité entière, y compris les Juifs, qui occupaient dans son coeur une place particulière puisque Jésus était juif.

Dallière m'ouvrait par ses paroles une autre voie, d'une plus grande authenticité à mes yeux, puisqu'elle me renvoyait à mes racines, au lieu d'accélérer la ruine de mon identité profonde. Il ne se rendit sans doute pas compte de l'effet que ses paroles produisirent sur moi. J'étais dans l'impasse où m'avaient acculé l'antisémitisme algérien, la dépersonnalisation de l'enseignement laïc de mes années de lycée et la propagande nazie colportée jusqu'en France par une partie non négligeable de militants de tous bords. Là-dessus, Yvonne m'assiégeait avec son bouleversant exemple assorti de ses illuminations mystiques, les plus radieuses, les plus authentiques qui se pouvaient concevoir, avec une solution : la disparition du problème, je veux dire du Juif que j'étais, transformé en bon chrétien. Cette perspective eût ravi Louis Dallière, à cette époque du moins, puisque, par la suite, il modifia sa pensée sur ce point. Car il n'y avait pas seulement des chrétiens à vouloir me convertir. Des musulmans souhaitaient avec autant d'ardeur me voir embrasser l'Islam. Mes maîtres français, sans le proclamer, avaient si bien éduqué le petit barbare que je pouvais être à leurs yeux qu'ils en avaient fait un jeune rejeton du vieil arbre gaulois, sans douleur, sans même que je m'en aperçoive.

Et voilà que les rêves de liberté, d'égalité et de fraternité se fracassaient contre le mur de la dure réalité que je vivais, au seuil de nos agonies. Là, mes maîtres n'avaient pas eu besoin de solliciter mon accord ou celui de mes pères pour faire de moi un Français. Le don de la citoyenneté, de la langue et de la culture française fut le plus généreux qui se pût concevoir et je l'ai constamment assumé avec gratitude. Mais, ce faisant, je me dépouillais de ma vieille peau de Juif comme j'avais évacué loin de moi la culture arabe dont mes pères s'étaient nourris depuis plus d'un millénaire. Et pour quoi ? A observer ce qui se passait autour de moi, je voyais qu'en Algérie Juifs, chrétiens et musulmans étaient également déracinés, étrangers les uns aux autres et à eux-mêmes. J'avais cessé d'être un Juif, de culture arabe comme l'étaient mes pères; plus gravement, mon éducation m'avait poussé à bannir loin de moi mon judaïsme ancestral, au seul bénéfice de la culture laïque et républicaine dont je voyais les idéaux tomber en lambeaux autour de moi. Mon désespoir naissait de l'effondrement de tout ce à quoi j'avais cru. Dans ce vide universel, j'accueillis avec une curiosité passionnée, nourrie d'amour vrai, l'exemple de mon amie sans pour autant penser un seul instant à une conversion qui, dans l'état où j'étais, m'eût apparu comme une mascarade indigne de la religion que j'aurais prétendu adopter, comme de celle qu'il me serait demandé d'abjurer. Certains le faisaient avec sincérité, d'autres par calcul. Cela était leur problème, ce dont je ne m'irritai pas outre mesure. Cette démarche était impensable pour moi. Elle représentait une perte d'identité amoindrissante, humiliante pour moi, comme pour ceux qui m'eussent accueilli, moi et l'Élohim d'Israël, affublé d'un autre nom, d'un autre visage.

Le discours de Louis Dallière provoqua en moi une sorte d'illumination : l'héritage de mes pères n'était pas aussi nul que j'avais pu le penser un instant, aussi insignifiant que l'enseignement de tant de rabbins et de publicistes ne cessaient de le décrire. Je retrouvais la même vanité obtuse chez certains apologistes du christianisme et de l'islam appliqués, comme nos bons Juifs, à gonfler leur ego, plutôt qu'à rechercher, en gémissant, la vérité et le sauvetage d'une humanité aux abois. Yvonne, Dallière et tant de mes amis nouveaux me donnaient l'exemple de ce que pouvait être une vraie recherche de Dieu, une véritable incarnation d'un absolu d'amour dans une existence terrestre, un service gratuit du prochain, plus particulièrement des plus pauvres d'entre les humains. Cet exemple serait à jamais présent en moi, même si je devais décevoir leur espoir de me voir devenir chrétien, protestant et membre de l'église de Charmes. Pour moi, je le voyais clairement, je me serais, à coup sûr, fourvoyé dans cette voie. Le chemin étroit et difficile était ailleurs. Mais où, et le trouverais-je jamais ?

A midi dix, mon dialogue avec Louis Dallière touchait à son terme. Il se tut, plongé dans une profonde méditation où je le suivis de toute mon âme. J'apprenais ce que pouvait être une authentique prière qui vous arrache à vos limites et vous projette dans l'infinie contemplation du réel et du mystère qui le fonde. Combien de temps restâmes-nous évanouis dans ce silence d'au-delà de toutes pensées ?

Nous étions le 31 juillet 1937, à onze jours de mes vingt ans. Visiblement, je ne pouvais adhérer sans réserve à cette théologie dont je discernais les contours – Dieu conçu en tant que Père, Fils et Saint-Esprit, Satan qui sépare l'homme de Dieu, conçu comme une entité, comme une Personne. Entre les deux, l'homme est libre de choisir Dieu ou Satan. Je découvrais, pour la première fois peut-être à une telle profondeur, l'effrayant pouvoir de l'homme de dire non à Dieu, de mettre en échec la toute-puissance divine. Cette vision du monde me terrifiait. Je comprenais de l'intérieur ce qu'était pour un chrétien l'adoration d'un Dieu-Homme crucifié, mais je m'étonnais qu'on pût supporter cette vision sans en mourir. Nous nous retrouvâmes à table pour un sobre repas sans vin qu'avec beaucoup de charme Mme Dallière nous servit en présence de leur enfant qu'ils avaient adoptée, faute d'en avoir eux-mêmes. Yvonne absente, Roland Leenhardt participait à nos agapes. Avec lui, point n'était besoin de beaucoup parler pour communier à l'essentiel : il ne fallait que regarder ses yeux d'une limpidité d'azur. Il me prit sur sa motocyclette pour me conduire à Valence. Je pris le train de Marseille où j'embarquai sur le bateau qui me ramena à Oran.

Ainsi prit fin ma première année d'études universitaires.

Je traversais pour la sixième fois cette Méditerranée que je ne cesserai ma vie durant, de sillonner, par mer et par air, du nord au sud et d'est en ouest. Je plongeais sans fin mon regard dans l'azur de ses flots, et l'écume jaillissante de son sillage, que suivaient des bancs de marsouins, en quête de quelque nourriture. Pour moi, la Méditerranée était *ma* mer. A force d'y vivre, je finis, sur toutes ses rives, par m'en sentir le fils.

A chacune de mes traversées, je passais mon temps à contempler le spectacle toujours renouvelé qui se déroulait devant moi, le plus souvent cloué en figure de proue, tout à l'avant du navire. Par les temps les plus forts, j'observais la foule haute en couleur de mes compagnons de voyage, touristes, colons, fonctionnaires, étudiants ou, dans les classes les moins coûteuses, celles où je prenais place, les Algériens qui allaient ou revenaient de France. Je ne me lassais pas d'observer ce monde ni d'entendre ce qui se disait autour de moi.

Cette fois, ce n'était plus le monde extérieur qui m'intriguait, mais cet intérieur de moi auquel mon année parisienne m'ouvrait l'accès. Paris, son peuple, ses hommes, ses femmes, ses monuments, ses musées, son Université, ses concerts, cette alacrité qui me saisissait et me saisira chaque fois que j'y mettrai le pied, Paris où je découvrais la France, le vrai visage de sa culture, de sa spiritualité, de son art, de ses idéaux, de ses conflits aussi, Paris où je découvrais toute la pensée et tout l'espoir de l'homme, avait permis l'éclosion de l'adulte qui commençait à naître en moi.

Et cette présence en moi d'Yvonne dont je sentais, de loin comme de près, frémir la pensée et la prière incessantes, si constantes que la présence ou l'absence n'avaient plus d'importance en ce lieu où nous nous savions frères à jamais. Et enfin cette ouverture que Louis Dallière venait de me faire, probablement à son insu, vers cet ailleurs où ma vie devait s'accomplir...

A l'âge de trois ou quatre ans, j'avais un jour arraché les aiguilles de la belle horloge de jade qui ornait la salle à manger de notre maison. J'avais caché ses aiguilles dans la poche de mon costume de jersey brun, sourd aux questions de mes parents à la recherche du coupable. Quand on découvrit l'auteur de ce coup inédit, mon père, complice, s'exclama :

« André a confisqué le temps ! »

Cette année semblait avoir confisqué mon temps de vie, en avoir à jamais changé non seulement le cours, mais le contenu. Non loin des côtes de France, des Baléares, d'Espagne ou d'Algérie, des mouettes avides accompagnaient, de leur vol, notre navire. Sous le frémissement de leurs ailes, sur le pont du navire, je découvrais que la personne la plus difficile à connaître et à guider était soi-même. L'expérience de l'année qui venait de s'écouler me laissait pantelant devant cette évidence : j'étais un inconnu à moi-même, j'ignorais tout de l'homme que j'étais, comme de l'enfant qui se mourait en moi. Je ne savais rien – hormis quelques bribes d'hébreu et de traditions mal assimilées de mon peuple, de ma famille, de ce pays où j'étais né, de cette France aussi dont Paris venait de me faire l'éblouissante offrande.

Parmi les mouettes qui nous faisaient cortège, j'étais comme un de ces oiseaux migrateurs qui montent le plus haut possible et tournent inlassablement en rond, nord, ouest, sud, est, autant de fois que nécessaire, avant de trouver leur route invisible vers une direction dont le but inconnu existe cependant, à leur insu, en eux-mêmes. Saurais-je trouver ma direction et découvrir cette Terre promise où s'accomplirait mon destin ? Aurais-je le privilège de survivre à moi-même et aux périls que nous sentions monter autour de nous ? Je me sentais le porteur d'une promesse, celle de devenir l'ouvrier d'une œuvre, mais quelle promesse, mais quelle œuvre ? De cela je n'avais aucune idée ; mon pressentiment était si sourd, si aveugle, que mon plus profond évanouissement en moi-même ne m'en disait rien. Rien, sinon cette certitude : j'étais un arbre à maturation lente. Pour porter quelque fruit que ce soit, si je devais jamais en porter, je devrais trimer dur et, quoi qu'il arrive, ne jamais me fermer à rien, être parfaitement disponible, en ce devoir d'imprévoyance qui devenait pour moi ma seule sagesse dans mes vives incertitudes. Je ne saurais jamais m'engager sur quelque voie que ce fût sans en reconnaître en moi l'irrésistible certitude.

Les heures passées à Charmes avaient laissé en moi un souvenir ineffaçable. De retour à Aïn-Témouchent, Yvonne m'apprit que mon entretien avec Louis Dallière avait été porté par la prière de l'église, qu'il avait donné lieu à plusieurs « prophéties » qui concordaient et renforçaient l'attente et l'espérance des participants, ouverts au déferlement de l'esprit en eux. Tout ce langage, étranger à mes oreilles, ne cessait de me paraître étrange : chacun avait le sentiment que j'étais attendu, comme Doucia l'avait été, dans ce milieu d'hommes sincères orientés vers la prière pour Israël, un Israël dont personne au monde – sauf Hitler – ne se souciait et qu'ils avaient pris à charge de leur amour. Louis Dallière l'avait écrit : il avait vu en moi « une élection particulière en Dieu, un appel spécial au sacerdoce », donnant à Yvonne la certitude de ce que maintenant enfin le message du salut serait accepté et non rejeté : en évoquant ces perspectives, elle défaillait de joie, croyant vivre un rêve.

Elle pensait au chemin que nous avions parcouru depuis la première lettre que je lui avais adressée si peu de temps auparavant sans qu'elle se doutât de ce qui allait en résulter – et moi-même moins encore. Il devenait évident, m'écrivait-elle, que Dieu avait posé en moi sa bénédiction, celle où nos âmes étaient à jamais unies, et que j'étais soutenu désormais par la prière de l'église dans le chemin où je n'avais plus qu'à me laisser conduire passivement, simplement en faisant rémission de mon être à sa divine providence. Semblable aux prophètes et aux apôtres ayant reçu un appel spécial, je ne pouvais qu'accepter cet appel, appel redoutable qui faisait discuter Moshé ou fuir Jonas sur les mers, mais appel absolu.

Yvonne sentait de plus en plus les liens de la pensée se renforcer en nous, forgeant une égalité profonde en nos êtres. Elle avait sans doute raison en cela, mais les vacances que je passais auprès de ma famille ou sur les plages d'Oran me rendaient à ma joie méditerranéenne : elles m'arrachaient à la contemplation des luttes de Satan menant le bal, pour conduire le monde à sa perte. Tandis que je poursuivais mon envol à la recherche de moi-même et de la direction que je devais prendre – la mienne, pas celle que l'on voulait m'imposer –, Yvonne s'immergeait de plus en plus profondément – sans retour possible – dans l'océan de l'amour divin.

Si grande beauté devait emporter loin de moi son éclatante lumière. Sous mes yeux, je voyais Yvonne s'effacer dans un au-delà inaccessible sans qu'il fût donné à âme qui vive de la retenir ! Elle avait rompu tout lien avec sa famille, avec ses amis de jadis, dans l'offrande de tout son être à Dieu et à Jésus :

« Je prie sans cesse pour recevoir cette amour en moi (elle écrivait *cette* amour, au féminin, pour le distinguer de l'amour humain). Cependant, je le rejette dès qu'il se présente, car les formes qu'il revêt pour s'approcher de nous nous répugnent, nous éloignent. Il prend la forme du renoncement total, de la pauvreté absolue, de l'espérance sans limites, alors que tout s'écroule autour de nous, du brisement de notre être tout entier et surtout de notre orgueil et de notre intelligence, alors que Satan nous souffle la domination. Il vient à nous sous forme de mort et de souffrance : il nous dit de n'être *rien,* et le serpent, vieux comme le monde, nous redit sans cesse sa phrase de perdition... Ah, l'amour, l'amour de Dieu, puissions-nous en être anéantis, submergés, cloués dans l'adoration et le silence... »

Son chant, exprimé dans un style impeccable, ne cessait de retentir en moi. J'en percevais les accents toujours plus profonds, plus célestes. Je les entendais comme une musique angélique qui me ravissait par sa transcendante beauté. Le fleuve de l'amour absolu, qui la ravageait et l'exauçait tout à la fois, emportait mon amie, ma sœur, sans qu'il me fût possible de la retenir sur la rive, et sans qu'il me fût possible de la rejoindre, dans l'anéantissement de son moi crucifié sur la Croix du Christ.

La route que je suivais n'était pas moins douloureuse, bien que d'une nature différente. Yvonne et ses amis attendaient de moi le « oui » qui eût permis ma conversion et peut-être mon intégration à la communauté de Charmes. Elle-même y vivait de plus en plus souvent avant de s'y intégrer définitivement en qualité de professeur dans le cours Homel qui éduquait de jeunes enfants. M. Dallière en était le directeur spirituel. Elle vivait auprès de lui dans une parfaite communion d'esprit. Tous deux ne désespéraient pas de me voir venir à eux, et par eux au Christ. Or je n'ai jamais eu à résister à leurs appels ni à les refuser : ma voie, je le voyais de plus en plus clairement, serait autre, sans être, pour autant, moins difficile. A certains égards, il eût été facile au jeune homme que j'étais d'accepter le baptême d'eau et, après mon immersion qui eût rempli de joie tant de mes amis chrétiens, prendre rang dans leur Église, comme il était de mode pour tant de mes frères de le faire, pour des motifs et dans des contextes les plus divers. De Bergson à Lustiger, innombrables sont les Juifs qui ont préféré la conversion à la fidélité judaïque. Pour moi, le problème se posait en d'autres termes : ma route n'était pas celle que mes convertisseurs me proposaient. Elle n'était ni meilleure ni pire : elle était différente.

Les lettres d'Yvonne, ses appels souvent pathétiques se faisaient plus pressants, plus convaincants. Nous nous revîmes une fois de plus, la dernière où nous pûmes partager librement notre très contemplative affection. Je quittais Paris le lundi soir 8 février 1937, Yvonne m'attendait à Briançon au train de neige qui arrivait à onze heures trente.

Nous déjeunâmes ensemble et fîmes de longues promenades dans la neige sous le soleil des Hautes-Alpes. Nous nous revîmes le lendemain et le surlendemain matin à Montgenèvre. Jamais notre communion n'avait été plus profonde, plus parfaite – ni plus pure notre joie. Après notre séparation, je fus envahi par une fulguration divine qui ne cessera plus de brûler en moi...

Mon ami Jacques Vérin vint d'Oran me rejoindre, j'étais heureux qu'il fasse la connaissance d'Yvonne, après quoi nous allâmes skier à Mont-Dauphin, cette ancienne cité fortifiée, à peu près déserte, bâtie sur un promontoire dominant la vallée de la Durance. Les habitants vivaient dans l'angoisse des bruits de guerre qui déferlaient sur l'Europe : chaque touriste était a priori suspecté d'être un espion. Je n'étais pas peu fier de tenir plus ou moins sur mes skis et même en ce sport de n'être pas absolument indigne de mon athlétique ami.

Je suivais jour après jour, parfois heure après heure, l'évolution spirituelle d'Yvonne, son constant approfondissement de la Bible et de sa vie de prière. Le 20 mars 1937, elle quitta définitivement Chantoiseau sur le conseil de Louis Dallière pour soigner le frère d'une de ses amies, qui se mourait à Valence. Dès lors, notre correspondance s'espaça. J'avais définitivement pris une autre direction, la mienne, non celle que d'autres espéraient. Mon désir d'une communion plus totale avec Yvonne butait sur son engagement mystique envers Dieu et au sein de sa communauté. Elle était d'autant moins disponible pour moi qu'elle me voyait m'engager dans des directions qui ne correspondaient pas à ses vœux. Ses rares lettres étaient empreintes de fatigue, sinon de désespérance, mais toujours revenaient les thèmes dominants de sa spiritualité puisée de plus en plus profondément aux sources de la Bible et de l'Évangile. Elle suivait rigoureusement la voie de Louis Dallière qui demandait dans l'urgence de nos temps *silence* et *prière* hors desquels il n'y avait rien à attendre et rien à recevoir. Elle avait renoncé à me convaincre du « péché » dans lequel je vivais, cela regardant Dieu seul. Elle lisait mes lettres avec le même intérêt et les portait à coup sûr dans sa prière, mais elle devenait incapable d'y répondre, sinon par des mots brefs et tardifs.

A chacun de mes voyages vers l'Algérie, nous continuions de nous rencontrer à Valence, mais hâtivement : elle était devenue absente au monde, comme cloîtrée dans les murs invisibles de son adoration. Par nature, je suis fidèle à mes affections les plus profondes. Je continuais à écrire à mon amie, à la tenir au courant de ma vie, de mes études, de mes espoirs et désespoirs. Qu'importe si elle ne me répondait pas. Elle était, dans l'au-delà de son silence, ma plus profonde amie, ma sœur d'élection. Malgré son silence, je tentais de rester présent auprès d'elle en lui envoyant, par exemple au début février 1938, quelques livres qu'elle aimerait, et qui furent pour elle une lumière et une véritable force, comme un reflet de la parfaite fidélité de Dieu. Je lui avais envoyé ces livres pour commémorer l'anniversaire de nos journées à Briançon et à Montgenèvre où nous avions échangé notre allégresse d'être ensemble et de communier dans le silence, bien au-delà de nos corps et de nos pensées.

Le fleuve de l'amour divin l'emportait de plus en plus loin de moi. Je me lassais parfois de mon monologue et me taisais à mon tour. C'était alors à elle de protester.

Je la savais à la fois éblouie de lumière et déchirée par les luttes et les ombres de son implacable combat intérieur, secret, parce que indicible. A mon égard aussi, elle se reprochait de n'avoir pas été d'une totale pureté ou, en tous les cas, d'une totale vérité. Je n'ai jamais su ou voulu savoir ce qu'elle entendait par ces mots. Elle travaillait à faire le ménage dans la maison des enfants dont Louis Dallière était l'inspirateur. Ses travaux, ménage, cuisine, vaisselle, l'épuisaient autant que son dur cheminement spirituel. Nous nous revîmes le jour de Pâques 1938. Elle redoutait de me rencontrer, comme tout ce qui troublait la monotonie de ses jours et de ses travaux : la joie domina cependant notre rencontre née de la fraternité profonde de nos êtres. A la suite de ce revoir, je lui écrivis trois lettres qu'elle laissa sans réponse. Et puis, le 24 mai 1938, elle m'écrivit : « J'ai bien reçu vos trois dernières lettres. J'ai beaucoup pensé en particulier à la dernière et je l'ai placée très fort, devant Dieu, dans la prière. Je vous ai entièrement remis au Seigneur, afin que son amour, si profond pour vous, conduise et éclaire parfaitement votre chemin afin que ce soit *sur lui* seul que vous puissiez vous appuyer et non sur la faiblesse d'une créature humaine comme moi.

« Que le Seigneur fasse briller sur vous sa face et vous bénisse abondamment. »

Neuf mois plus tard, le 18 février 1939, Louis Dallière me confirmait le caractère définitif de cette rupture.

Le grand fleuve d'amour emportait ainsi le corps abandonné d'Yvonne, et la guerre ouvrait devant nous sa gueule immonde...

J'eus encore l'occasion de revoir Louis Dallière en deux circonstances que j'évoquerai, en parenthèses de ce récit.

La première survint pendant l'été 1943, au plus fort de la répression allemande. Je faisais partie d'un réseau de résistance, et à ce titre nous camouflions toutes sortes de gens en danger d'être déportés, principalement des enfants. Nous les arrachions aux risques qui les menaçaient, leur procurant des faux papiers et un refuge en lieu sûr. Le secteur qui m'était dévolu se trouvait là où le pasteur Roland Leenhardt m'avait aidé à trouver un refuge. Grâce à l'appui des pasteurs Trocmé, Theiss et de plusieurs de leurs collègues, nous avions placé dans la région des centaines d'enfants et de familles arrachées à la déportation. Un jour, je reçus un message alarmé de notre base à Lyon : il fallait d'urgence trouver refuge pour deux cents jeunes gens d'origine allemande en danger de mort. Je pris ma bicyclette et, de ferme en village, je recherchais des lieux d'accueil. Le plateau de Haute-Loire était déjà plein de réfugiés : la prudence était de poursuivre ma recherche en descendant la vallée de l'Eyrieux. Mais là encore ma démarche se révéla vaine.

L'un des pasteurs que je sollicitai, au lieu d'accueillir mon chargement d'âmes vivantes, m'invita à dîner, s'efforçant avec insistance de me faire adhérer non pas à l'Église réformée de France... mais à la Croix-Bleue : c'était un vendredi soir et j'avais eu l'imprudence de demander une goutte de vin pour consacrer rituellement l'entrée du shabbat. Pour ceux qui l'ignoreraient, la Croix-Bleue est une organisation qui lutte contre l'alcoolisme, exigeant de ses adhérents de ne plus jamais toucher à une boisson alcoolisée. Je quittai mes hôtes et partis dormir, dès que mes sanglots de fureur me le permirent, à la belle étoile, sur un tapis de rocs.

J'espérais avoir meilleur accueil à Charmes, qui, dès 1935, mettait les Juifs au centre de leur vie de prière. Le pasteur Dallière me reçut aussitôt. Je lui demandai d'accueillir et de sauver quelques-uns de mes Juifs : il écouta religieusement, mais de réponse immédiate, il ne pouvait pas m'en donner. Il porterait mon problème dans la prière et me ferait part de sa décision, plus tard à Chaumargeais.

– Mais ces adolescents que nous essayons de sauver sont en danger de mort immédiate si nous ne leur donnons pas refuge.

– Je dois consulter le Seigneur. Je vous promets de vous donner Sa réponse. Dans quelle direction partirez-vous aujourd'hui ?

– Vers le Vercors où j'espère avoir plus utile accueil dans les maquis.

– Vous n'y pensez pas. Ce que vous faites est en contravention avec les lois du gouvernement français et vous risquez, vous aussi, la déportation et la mort.

– Merci de me l'apprendre, monsieur le pasteur...

Je le quittai sur-le-champ, reprenant, toujours sur mon vélo, ma route douloureuse non pas vers le Vercors dont Louis Dallière venait de me détourner, mais vers le sud. Jamais la vallée du Rhône ne m'avait paru plus belle, croulant sous les fruits de ses vergers, les fleurs de ses champs, toute frémissante de ses grillons, de ses libellules, de ses éphémères, montant dans l'irréelle lumière de l'azur. Un fort mistral donnait des ailes à ma bicyclette. Près de Pont-Saint-Esprit, je trouvai les refuges que je cherchais, dans une léproserie... Je dormis cette nuit-là sous le toit d'ardoises multicolores d'un vieux bâtiment d'où me parvenaient les cris de lépreux hurlant de douleur. Mon âme était aussi blessée que leurs chairs par ce que nous vivions dans une cruelle solitude. Le lendemain, avant mon départ, j'assistai au mariage d'un lépreux et d'une lépreuse, dont les chairs rongées me semblaient incarner la lèpre du monde où nous vivions. Les Juifs, que le directeur de la léproserie accueillit, eurent la vie sauve. Les autres... ?

De retour à Chaumargeais, la réponse du pasteur Dallière finit par me parvenir. Comme je m'y attendais à la suite de notre entretien, elle était négative.

Je ne me souviens pas d'avoir rencontré Yvonne à mon passage à Charmes où, par bonheur, je devais revenir en de tout autres circonstances.

Au lendemain de la Libération, dès le début de l'année 1945, je ne sais plus à la suite de quelle sollicitation, j'avais eu l'occasion d'écrire au pasteur Dallière que son refus cadrait peu avec l'idée que je me faisais – et continue de me faire – de lui. Dans l'exaltation de la victoire, je lui avais dit que sa réponse était celle d'un « pharisien hypocrite » – ce qu'il n'était sûrement pas. Le pape Pie XII, bien des chrétiens, des Juifs ou des athées, sous mille prétextes plus ou moins raisonnables, préférèrent esquiver alors le danger au lieu de participer de front à la lutte contre l'Allemagne hitlérienne. Là où il y a des hommes, il y a de l'hommerie, hélas...

Des années durant, je respectais la volonté d'Yvonne et celle de Louis Dallière – auxquels je ne donnais plus signe de vie. En 1950, je pris le parti de ne pas envoyer à Yvonne ma première traduction biblique... celle du Cantique des cantiques...

Six ans plus tard, je me devais de lui offrir la première édition de ma traduction des Psaumes, à elle qui, vingt ans auparavant, m'avait aidé à redécouvrir la Bible. Elle me répondit aussitôt d'une lettre écrite sur son même papier et de la même écriture que celle qui avait nourri, adolescent, mon éveil à la vie spirituelle. Nous reprenions notre correspondance au point où nous l'avions laissée la veille, nous semblait-il. Elle pensait alors qu'Israël était, en un sens, une figure du Christ. Elle se posait la question de savoir si l'exil et la dispersion d'Israël parmi les nations n'étaient pas une figure du Fils sur la Croix. La pensée d'Israël ne la quittait plus depuis qu'elle y avait fait un pèlerinage, « vivant avec moi, m'écrivait-elle, et se réjouissant de tout ce qui avait été acquis et qui avait encore besoin d'être consolidé ». Elle avait rencontré et aimé ma mère qui finissait ses jours à Paris en restant, malgré ses quatre-vingt-dix ans, « très vivante, avec ses beaux yeux qui s'allument comme deux étoiles dès que l'on prononce votre nom ». Notre relation se poursuivit en parfaite communion de pensée et de prière jusqu'à son dernier souffle.

En août 1971, je repris le chemin des Charmes où le pasteur Dallière, avec le directoire de l'Union de prière, m'avait invité à participer à leur réunion annuelle qui se tint du 24 au 28 août 1971. Sa lettre d'invitation, datée du 5 mai 1971, traduit bien l'immense chemin que ce théologien rigoureux, pionnier avec le père Couturier de l'œcuménisme, avait parcouru depuis notre rencontre de 1936. Le père Couturier, en 1934, appelait à l'unité de tous les chrétiens, catholiques, protestants, orthodoxes de la manière que Dieu choisirait, par les moyens qu'il voudrait. Ce vœu, Dallière fut un des premiers à l'élargir à Israël. Il croyait que Dieu avait mis à part le peuple d'Israël pour le salut du monde. Dieu avait déjà donné ce salut lors de la première venue de Jésus – même si nous n'en avions pas conscience. La loi d'amour, promulguée au Sinaï et confirmée au Golgotha, s'appliquait tout spécialement aux Juifs et aux Nations, appelés à s'aimer, à n'être qu'un seul peuple dans la foi. Il ajoutait, et c'est ce qui était nouveau – et le demeure encore trop souvent :

« Nous, les Nations, nous n'avons pas à attendre, à désirer, à demander la " conversion " des Juifs. Israël est déjà l'enfant de Dieu. Il est le fils aîné de la parabole à qui son père dit : " Mon enfant, tu es toujours avec moi et tout ce que j'ai est à toi " (Luc, 15). »

Dallière souhaitait que Dieu éclaire Israël sur sa propre identité et sa propre vocation, qu'Il lui donne l'inspiration et la force de la réaliser mieux que la chrétienté ne l'avait fait en réduisant le christianisme à n'être qu'un système de gouvernement, un des éléments de la civilisation. A cet égard, tout ce qui concernait Jésus n'était pas central pour Israël et devait être laissé de côté :

« Si Israël a besoin d'être éclairé sur ce point, c'est Dieu qui l'éclairera, ce n'est pas nous, les chrétiens d'origine païenne », ajoutait-il. A ses yeux, les Juifs convertis n'avaient pas, en devenant chrétiens, catholiques, protestants ou orthodoxes, à trahir leur peuple. Leur adhésion à une Église ne sera que provisoire en attendant de rejoindre le peuple d'Israël qui renaissait autour de Jérusalem, et qui était en voie de parvenir à sa maturité spirituelle.

« L'œcuménisme, écrivait-il, est arrivé à un point d'arrêt. Si Jésus est le Christ, c'est Israël, fils aîné, qui fera l'unité de l'Église, autour du seul Dieu, appelant toutes les Nations à monter à Sion. »

Désireux d'engager ce dialogue avec Israël, il précisait dans sa lettre d'invitation :

« J'espère que la présence de Juifs devenus chrétiens ne vous choquera pas et ne vous empêchera pas de venir. Je veux leur demander de rester juifs, de redevenir juifs, dans l'unité du peuple qui est notre frère aîné... Je crois que tout ce que vous avez souffert, surtout ces mille dernières années, et en ce XXe siècle, est lié à la souffrance de Jésus sur la Croix et contribue au salut du monde. »

Ce texte me paraissait être l'un des plus importants jamais écrits par un chrétien depuis les chapitres 9, 10, 11 de l'Épître aux Romains de saint Paul. Il préfigurait ce que le pape Jean-Paul II finira par reconnaître dans son discours prononcé à la synagogue de Rome le 13 avril 1986, sans en tirer cependant les conséquences pratiques.

Avec force, Louis Dallière professait que la réconciliation avec Israël devait se faire, même au prix d'une mutation des théologies chrétiennes traditionnelles. La conférence que je prononçai à Charmes le 25 août 1971 faisait écho à l'ouverture de Dallière en affirmant, pour Israël, l'urgente nécessité de reconsidérer sa pensée théologique aux dimensions de son nouvel âge, celui de sa renaissance et de sa réconciliation, non seulement avec les nations chrétiennes et musulmanes, greffées comme lui sur les mêmes racines bibliques, mais avec tous les peuples de la terre, notamment ceux parmi lesquels il avait été exilé.

Cinq années plus tard, le 9 janvier 1976, le pasteur Louis Dallière s'éteignait à Charmes, emportant dans son éternité, comme Yvonne l'avait fait le 15 octobre 1974, l'espérance de la réconciliation salvatrice des Nations et d'Israël. Les derniers mots qu'Yvonne avait prononcés avant sa mort étaient : « Tout est grâce ! »

Quinze mois plus tard, la veille de son décès, Louis Dallière proclamait dans le temple, où quelques heures plus tard il devait être enseveli : « La vie éternelle commencera pour la terre entière un jour de notre calendrier : nous ignorons lequel, mais il est proche. »

Ainsi vivent et s'éteignent les pionniers de l'impossible, les découvreurs de l'amour fort comme la mort.

3.

Les chemins du retour

Sur la voie du Retour. Quelles ombres en moi.
Fils d'Israël, pourquoi ?
A l'École rabbinique de France.
L'immersion aux sources.
Les grondements de l'enfer.
L'enfant prodigue. Rencontres.
Un cri vide de sens ?
La Bible et la loi. Aveugle et désarmé.

Mon amitié avec Yvonne avait fait surgir devant moi la dimension insoupçonnée de la vie spirituelle. J'en faisais la découverte passionnée sans pour autant me sentir appelé à suivre le chemin que grâce à elle je découvrais.

J'entendais parler d'Élohim depuis ma naissance, si proche de nous que nous l'associions à notre vie quotidienne, à nos espoirs et à nos jeux, comme à nos désarrois et à nos détresses. Mais qui est Élohim ? Personne n'avait jamais éprouvé le besoin de me le dire. Je voyais bien que la nature, si elle était l'œuvre d'un Créateur, ne saurait remplir ma vie d'une présence divine, celle que je pressentais céleste, infinie, si profonde qu'aucune autre ne saurait la remplacer ni assouvir ma faim de beauté et d'amour. Depuis mon séjour à la clinique de La Montagne et la rencontre de mes amies, la Bible ne me quittait plus. Ce livre, l'Élohim qui s'y révélait, me séduisait, mais je ne voulais ni ne pouvais l'accepter sans le connaître personnellement, puisqu'il était, disait-on, un Dieu personnel. Mais qu'est-ce qu'un Dieu personnel ?

J'avais reçu un autre don plus important, en découvrant le silence intérieur où s'accomplissent la méditation et la prière au-delà de toute relation sensible.

Je savais ce chemin semé d'embûches, mais, pour moi, je ne voulais pas qu'il soit illusoire. La sainteté ? Peut-être. Mais être saint, qu'était-ce ? Je rejetais l'image conventionnelle qui m'était proposée du saint. Je ne me sentais aucune tendance à la piété moralisante, souvent hypocrite, dont j'avais tant d'exemples autour de moi. Même lorsque la vérité d'un découvrement divin me paraissait évidente, je déplorais qu'il se fît au prix d'une mutilation de l'être. A ce salut, à cette extase, je ne voulais associer aucun mensonge, aucune illusion, aucun faux-semblant. Si je devais y parvenir, que ce soit tout entier, corps et âme, en toute vérité. Je savais que le chemin serait long, périlleux, peut-être mortel, mais pour moi je n'en connaissais pas d'autre. Prendre un billet pour l'éternité en se convertissant à quelque religion que ce fût me paraissait dérisoire. J'avais assez de décence pour savoir que Dieu n'était ni juif, ni chrétien, ni musulman : un certificat de baptême aidait parfois à arracher un homme à l'étoile jaune ou au camp de concentration qui le menaçaient, mais, à lui seul, il serait bien impuissant à forcer les portes de ce paradis intérieur qui, désormais, m'importait seul.

A une sainteté contrefaite en image d'Épinal, déformée en bondieuseries, en formules de piété toutes faites, je préférais ma recherche ensanglantée même si, fidèle à mes racines, comme à la réalité de mon être, je devais de mes poings sanglants frapper aux portes de l'Enfer avant de découvrir, au jaillissement des lumières, la Rose cachée de ma recherche, dans le vertige de ses parfums. Je savais que je la reconnaîtrais dans la solitude. J'avais trouvé le sens du mot « sainteté », non dans les biographies de saints, mais dans les racines sumériennes du terme hébreu *Qadosh* qui connote l'idée de lumière :

– *Qadosh* signifiait donc « lumineux » en sumérien ?

– Oui, le saint est celui qui reflète le plus totalement la lumière d'Élohim. Dans le récit de la Genèse, Élohim est le père de la lumière, son créateur. Être un fils d'Élohim signifie pour moi refléter totalement la lumière, mentionnée cinq fois dans les premiers versets de la Bible.

J'étais trop lucide pour ne pas voir quelles ombres en moi il me faudrait dissiper pour refléter cette lumière dont j'avais le désir passionné. J'aimais la lumière. En elle, je m'évanouissais, saisi d'une joie sauvage, sur les rives de ma Méditerranée, cette lumière que je ne cessais de découvrir sur nos plages, dans nos montagnes et nos campagnes. Mais, familier de la Bible, découvrant les mystiques juifs, chrétiens, musulmans ou ceux d'Extrême-Orient, je voyais en eux la même lumière : chacun la reflétait selon ce qu'il pouvait en capter et en exprimer, selon son génie propre.

La spiritualité chrétienne, l'art et la musique qu'elle avait inspirés me séduisaient. Mais désormais je prenais conscience d'un autre fait : j'ignorais tout ou presque de l'héritage spirituel qui était celui de mes ancêtres.

J'avais fait ma bar-mitsva et, depuis mon plus jeune âge, j'avais appris des bribes d'hébreu, mais pas plus. Je lisais tous les livres que je pouvais sur le judaïsme, généralement déçu par l'approche apologétique de ces catéchismes à l'usage des enfants – ou des adultes – avides de trouver une justification de leurs croyances, plutôt qu'une voie qui permettrait leurs éclosions intérieures. Le petit nombre de livres sur le judaïsme accessible alors au public de langue française se concentrait sur un seul objet : justifier la judéité de leur auteur et du groupe sociologique auquel il appartenait. Les études objectives que j'aurais aimé lire étaient rares ou inexistantes sur les sujets qui m'eussent le plus intéressé. Même les théologiens et les historiens tombaient dans les travers apologétiques des publicistes, sans parler des écrivains tellement préoccupés d'expliquer pourquoi ils étaient juifs qu'ils en oubliaient de l'être réellement. La vraie profondeur des racines, la mesure exacte de l'aventure spirituelle dont elles étaient les porteuses et jusqu'à la nature des fruits que l'on pouvait en attendre semblaient échapper à leur regard, comme les réalités de la menace hitlérienne où, sous nos yeux, l'Allemagne forgeait les armes de notre extermination. La lecture de la Bible en français me convainquait de ce que les traductions dont je pouvais disposer étaient fort éloignées des textes originaux que je lisais en hébreu. Plus profondément, mon esprit, mes amitiés, mes lectures me questionnaient inlassablement : si Dieu n'est pas une invention de l'esprit humain, comme on ne cessait de vouloir m'en convaincre, qui était-il ? J'avais lu et relu mes sources théologiques et philosophiques, je ne cessais de me nourrir des controverses qui affirmaient ou niaient l'existence de Dieu. J'étais plus impressionné par la sobriété des textes bibliques ; pas un seul ne mettait en discussion la réalité de ce Dieu dont le nom hébraïque est I$\overset{\text{adonaï}}{\text{HV}}$H Élohim. Pas un seul n'essayait de me convaincre de Son existence ou de Sa nature. On ne prouve pas l'existence de quelqu'un que l'on voit vivre, agir, créer. Car cet Élohim parlait, dialoguait avec des humains, légiférait, philosophait, poétisait. Mes lectures de la Bible m'entraînaient dans un monde enchanté où je retrouvais les histoires dont mon enfance s'était nourrie et dont on m'assurait qu'elles étaient *mon* histoire. Mais cette expérience, nouvelle pour moi, demeurait encore folklorique dans ma recherche d'inéluctables certitudes.

Je ne pouvais que prendre acte de ce que la Bible disait de ce Dieu dont on ne trouve trace nulle part ailleurs que dans ce livre et dans la langue où il est écrit : les peuples de la terre ont inventé des milliers de dieux, mais aucun ne ressemblait à l'Élohim de la Bible, celui des Hébreux qui devait devenir aussi celui des Juifs, des chrétiens et des musulmans. Lisant les pages de la Bible, je pensais que, si les Hébreux s'étaient mis en tête d'inventer un Dieu incroyable, impossible, ils n'eussent rien pu faire de plus réussi que l'Élohim d'Abraham, d'Isaac et de Jacob. Mon étonnement était que ce soit justement Lui qui ait triomphé de Zeus, de Bacchus, de Vénus, d'Adonis et de mille autres divinités plus séduisantes et plus avenantes que notre austère Élohim sinaïtique.

Mes découvertes se multipliaient depuis que j'étais établi à Paris : toutes m'enrichissaient, mais aucune ne m'avait ébranlé comme celle qui fondit sur moi à Montgenèvre, après avoir quitté Yvonne et m'être retrouvé dans la solitude. Toute ma pensée était tendue à se briser, pour tenter de retrouver, dans ma nudité nouvelle, mon enracinement. Comme un cèdre en sa terre, je recherchais le découvrement de la réalité qui me fondait et fondait l'univers : qui suis-je et qui est l'Élohim d'Israël ? C'est le 10 février 1937 que je Le rencontrai, non plus dans la Bible, non plus dans les livres qui parlaient de Lui, non plus dans le spectacle de la nature où je ne cessais de Le contempler, Lui l'ordonnateur de toute harmonie et de toute beauté, mais en moi-même dans mon cœur, au plus intime de ma pensée. J'éprouvais un ébranlement de tout mon être, comme si toutes les barrières qui me séparaient de moi-même et de Lui s'effondraient en moi et autour de moi. La terre se dérobait sous mes pas, et je me trouvais, entre ciel et terre, comme en état d'apesanteur, dans l'éblouissement qui m'avait saisi et me reprend depuis chaque fois que je pense à cette lumineuse réalité.

Après mes vacances méditatives, passées auprès d'Yvonne dans les neiges des Hautes-Alpes, j'eus cette illumination qui, à quelque degré de conscience et de profondeur que ce fût, ne m'a jamais quitté : Élohim, pour moi, existait, il était en tout et tout était en lui. Plus : il était en moi, dans ma conscience, mon cœur, mon regard et au-delà de mon ouïe, dans le silence d'au-delà des sens où sa voix retentit au plus profond de mon être.

Je comprenais soudain le sens de ce qu'était un Élohim *personnel :* Il vivait en moi et moi en Lui dans l'indéfectible mariage du Tout qu'Il était et de ce rien où Il se reflétait comme dans un miroir. La conscience aiguë de mon amoureuse dépendance envers Lui ne me quitterait plus, puisqu'il est la source unique de toute vie. Élohim personnel qui vit dans la personne de l'homme dont il est le créateur mystique, de l'homme créé à sa réplique – davantage qu'à son image – comme un écho de sa présence en moi. Je comprenais aussi un vieil adage : « Si dans un désert tu observes sur le sable la trace du pas d'un homme, dis : " Élohim est passé par là. " » Je Le voyais : hors de lui, fondement et source du réel, il ne pouvait y avoir que des vérités fragmentaires, illusoires, décevantes. J'étais soulevé comme par un souffle d'enthousiasme, venu du fond des âges où plongent mes racines. Toutes mes connaissances abstraites, héritées de la Bible, des bribes de théologie ou de philosophie que je pouvais savoir, s'évanouissaient dans le ravissement contemplatif de la vision qui se révélait à moi, en moi. Nos idoles modernes, celles devant lesquelles chacun de nous plie genou, la Nation, la Guerre, l'Argent, le Sexe, la Puissance, la Race, s'évanouissaient dans l'incandescente lumière de l'Être ineffable qui se révélait dans ce Buisson ardent qui ne cesserait plus de me brûler, sans me consumer.

J'avais entendu parler d'Élohim, dès ma naissance, sans savoir ce que ce Nom, sacré sur les lèvres de mes parents, pouvait bien désigner une présence sécurisante, si familière qu'elle ne soulevait ni le doute ni l'opposition : il faisait partie de la famille où sa présence était concrétisée par le culte qu'on lui rendait à la synagogue, par les prières que mon père et ma mère disaient sans cesse, par les livres hébraïques qui se trouvaient partout autour de nous. Car, à n'en point douter, cet Élohim hébraïque, cet Élohim des Hébreux, s'exprimait lui aussi en hébreu.

L'école française, du jardin d'enfants à l'Université, m'avait coupé de mes racines ancestrales. L'ablation avait été faite avec tant de délicatesse que je ne m'étais même pas aperçu de ce qu'il m'advenait. C'était un peu comme dans l'histoire chinoise où un bourreau doit, de son sabre, décapiter un de ses amis sur l'ordre de l'empereur.

– Ne t'inquiète pas, la décollation sera faite sans douleur, lui dit-il.

Au bout de quelques instants, le condamné, la tête sur le billot, s'étonne que rien n'arrive.

– Mais si, mon ami, c'est déjà fait : bouge un peu ta tête.

Et la tête, déjà décollée, de tomber.

Ma tête était tombée au contact du sabre subtil de philosophes dont mes maîtres s'étaient faits les éloquents interprètes. Les théologiens qui eussent pu équilibrer le débat et chez lesquels je cherchais réponse à mes interrogations employaient un langage si abscons, si désuet, qu'il me semblait périmé : ils inspiraient le désir de jeter l'enfant avec l'eau du bain et le mystère irréductible de notre être avec les représentations qui pouvaient en être données par les catéchismes. Celui que je venais de rencontrer en moi et dont le découvrement m'embrasait n'était à coup sûr pas le Dieu des philosophes ni celui des théologiens, mais l'Élohim de mes ancêtres Abraham, Isaac, Jacob – les patriarches de la Bible – et, plus proches de moi, l'Élohim de mon grand-père Abraham Meyer, de mon père Isaac Chouraqui, de mon oncle Jacob, de ce reste d'Israël, peut-être fossilisé, qui survivait aux lisières nord du Sahara et dont j'étais un rejeton.

Cette illumination faisait de moi non seulement le fils de ces « fous de Dieu » dont la Bible est pleine et qui regorgent dans l'histoire d'Israël, mais leur frère. L'univers vacillait autour de moi. Je voyais le monde où je vivais d'un tout autre regard, brûlant ce que j'avais adoré et adorant ce que j'avais brûlé. En un instant, j'étais devenu, au terme des développements que j'ai évoqués, un autre homme, une autre personne qui pouvait continuer de vivre sur les bords de la Seine en étudiant scrupuleusement le droit, mais qui, au plus profond de lui-même, avait réintégré sa véritable patrie intérieure, la Bible de mes pères, les Hébreux, et leur Élohim. Je ne concevais plus de vivre autrement que dans la conscience de ma dépendance de Lui, Lui, la source unique de toute réalité, de toute vie.

En même temps que s'aiguisait la prise de conscience qui venait de me rendre à moi-même, j'étais saisi, comme Jonas, du désir de fuir le feu de cette rencontre et l'engagement irrésistible qu'elle exigeait de moi.

Finie l'insouciance que je partageais allègrement avec mes camarades, hommes et femmes, du Quartier latin ou de la Cité universitaire. Sans rompre avec eux, mon genre de vie changeait : je dormais sur une natte, poursuivant, dans mes nuits, le dialogue mystique qui avait commencé pour moi dans les neiges des Hautes-Alpes, fort et contraignant comme une étreinte. Je vivais, dans ma solitude, dans le dépouillement et la nudité, tout entier livré à l'alacrité d'une présence neuve en moi, non humaine, divine et personnelle tout à la fois. Joie indicible et neuve pour moi, si neuve que je n'en connaissais pas encore le nom, celui de Dieu, dérivé de Zeus, me paraissant si inadéquat et si usé que je ne m'en permettais pas l'utilisation. Oui, j'étais sans mots pour dire ma joie et désigner sa source, mais existent-ils, les mots qui pourraient la décrire, provoquer, sans le tuer, l'envol dans la lumière de mes oiseaux de feu ?

La méditation de la Bible me laissait comme saignant de désir et d'amour. Je ne me contentais pas de la lire : je la chantais en hébreu à mon réveil, sur mes routes dans Paris ou dans mes randonnées à bicyclette dans les paysages que je découvrais seul ou en compagnie d'amis d'élection. Pour s'adonner à la musique, disait Aristote, il faut être ivre ou fou. A coup sûr, j'étais à la fois ivre et fou pour employer mes journées et mes nuits à chanter la Bible. Les chants traditionnels de la cantilation hébraïque revenaient sur mes lèvres après des années d'oubli. J'avais découvert depuis le chant grégorien si proche de nos chants séphardis, dont ils partagent probablement la même origine, dans les musiques du Temple de Jérusalem. L'œuvre de Jean-Sébastien Bach, ses concertos, ses oratorios, ses Passions, la Messe en si, comme les Requiems de Mozart ou les Quatuors de Beethoven, nourrissaient ma méditation intérieure. A leur écoute, je prenais conscience d'une harmonie, au-delà des chants humains, dure, ardente en ses reflets d'amour.

Le sens de ma vie venait de changer : rien ne pourrait jamais plus être comme si ce que je venais de vivre n'avait pas existé. Je suppose que, si j'avais été catholique ou orthodoxe, je serais entré, à ce moment, dans un couvent avec le désir de chanter jusqu'à la fin de mes jours la gloire de Dieu. Ou, si j'avais été protestant, j'aurais reçu le baptême dans telle rivière de l'Ardèche, ou du Gange, si j'étais né bouddhiste à Bénarès. Mais j'étais juif : « Un nègre ne change pas sa peau », dit l'adage. Un Juif non plus. Dans un cas comme dans l'autre, il me paraissait absurde de voir en cette fidélité un aveuglement ou un endurcissement. Ma voie était autre. Pour me convertir, il eût fallu que j'en eusse l'intime conviction, ce à quoi le spectacle de l'Europe chrétienne ou des Églises n'encourageait guère. Pour moi, je vivais une conversion – un retour – à l'Ineffable qui avait imprimé en mon être son sceau de feu, bien loin des formes religieuses ou des rites qui prétendaient le circonscrire.

Un autre aspect de ma vie, à cette époque, consistait à assister interloqué à la montée, puis au déferlement, de l'antisémitisme en Allemagne, en Europe, et même en cette France dont j'étais un citoyen et dont je chérissais l'histoire, la langue, la culture. Pourquoi les Juifs soulevaient-ils tant d'antagonismes, parfois tant de haine autour d'eux ? A les connaître, à les observer de l'œil le plus critique que je pouvais avoir, je n'en découvrais pas de raisons suffisantes. Je voyais bien leurs défauts, dont parfois je souffrais. Mais, à tout prendre, ils ne me paraissaient ni pires ni meilleurs que les autres. Des hommes !

L'incessante agression de la propagande antisémite me forçait à me poser des questions sur moi-même, sur mon origine, sur mon identité, la mienne et celle du monde dont j'étais originaire. Qu'est-ce qu'un Juif ? Qui est juif ? Pourquoi Hitler nous vouait-il à toutes les morts et pourquoi tant de voix, même en France, faisaient-elles chorus ?

Toutes ces questions demeuraient sans réponse. Mes lectures me faisaient prendre conscience de ma totale ignorance de ce que les publicistes appelaient improprement « le problème juif ». J'étais juif et je ne savais pas clairement ce que cela pouvait bien vouloir dire. Que Hitler veuille me persécuter et, éventuellement, me tuer pour cette raison, c'était là un fait évident qu'il n'était pas en mon pouvoir de modifier. Ce que du moins je pouvais faire, c'était de savoir le pourquoi de cette affaire qui me menaçait dans mon existence même. Faire face à cette situation, certes, mais comment? J'avais compris que rien de vrai ne se fait qu'à partir des racines : c'est d'elles que naissent les arbres les plus puissants. Mes racines, à y voir de près, se trouvaient dans les vingt-deux lettres de l'alphabet hébraïque, celles que j'avais ingurgitées sous forme de beignets au miel quand je les avais apprises. C'est avec elles et par elles, que j'avais commencé à être un Juif. C'est par elles et avec elles qu'Israël avait commencé à devenir un peuple. C'est par elles me disait-on, que l'Élohim de la Genèse avait créé le monde. C'est par elles que je devais commencer à cheminer sur ma route nouvelle. Mais vers qui, vers où me retourner?

J'avais entendu parler d'une École rabbinique de France dont un de mes camarades d'études au lycée d'Oran, André Zaoui, était devenu l'élève.

Pour savoir en quoi consistait le judaïsme et ce qu'était un Juif, au lieu de chercher vainement des études ou des renseignements de deuxième main, autant aller y voir moi-même. Je verrais bien ce qu'il en était et où cela me conduirait. Le 22 avril 1937, dix semaines après cette rencontre de Montgenèvre qui bouleversait ma vie, j'écrivis au directeur de l'École rabbinique de France pour lui demander des renseignements sur ce qui s'enseignait dans son établissement. Le grand rabbin Maurice Liber m'envoya par retour du courrier la réponse que j'attendais. J'allai le voir. Petit de taille, le regard pétillant, une calotte de vieux notaire en bataille sur la tête, une barbe qu'il essayait vainement de ramener à l'ordre au moyen d'un grand peigne, il me reçut fort courtoisement. Je lui expliquai en quelques mots mon cheminement. La seule chose qu'il retînt de mon histoire était que mon père était le président du consistoire israélite d'Aïn-Témouchent, qu'il le connaissait de réputation et que tout n'était donc pas perdu pour moi.

Il essaya bien de comprendre mon changement subit d'orientation :

– Les études de droit sont-elles trop difficiles pour vous ?

– Non, je passe mes examens avec des mentions, je suis lauréat de la faculté et mes maîtres pensent à moi pour l'agrégation.

– Je vois, mais vous avez néanmoins raison, les débouchés sont difficiles dans le droit, les professions sont encombrées. Parlons concrètement : vous avez l'intention de devenir rabbin ou *hazân* ? Que je vous le dise tout de suite, les études de *hazân* sont plus courtes, plus faciles et avec les à-côtés des bar-mitsva, des mariages et des enterrements tout aussi lucratives...

J'étais assez interloqué par la candeur de ce discours. Je fis un effort pour me souvenir de ce qu'un *hazân* était le chantre qui conduisait les offices synagogaux. M'efforçant de garder mon sérieux, je lui répondis que l'une et l'autre de ces professions me paraissaient honorables, mais que pour l'instant je ne pensais ni à l'une ni à l'autre, ni d'ailleurs à aucun autre métier précis. Je n'avais pas encore vingt ans : je voulais simplement achever mes études de droit et les compléter par des études rabbiniques aussi solides que possible. Le grand rabbin, d'un geste rapide, ajusta sa calotte noire, sortit un peigne avec lequel il démêla sa barbe, resta quelques instants songeur, puis m'entraîna à la recherche d'André Zaoui. En attendant de voir clair dans mon cas, il avait trouvé la solution de me mettre entre les mains d'un ancien de l'école.

Cette anecdote vécue ne fait pas justice des qualités du premier interlocuteur rabbinique que je rencontrai en tant que tel. Venu à Paris de Varsovie, sa ville natale, il était lui-même un ancien élève de cette école dont, à force de travail, il devint le directeur en 1932. Il avait été là professeur d'histoire, avant de succéder à Israël Lévi, à l'École des hautes études, et d'accéder au poste de grand rabbin de France. Sa rapide carrière l'avait convaincu de ce que l'émancipation et l'intégration dans les nations avaient résolu le problème juif. Le sionisme était une erreur politique et le nazisme un accident de parcours. Historien, il avait publié quelques études sur le judaïsme français qui faisaient autorité. La mystique juive ne l'intéressait à aucun titre. Mon apparition dut lui paraître insolite : « Encore un exalté », dut-il penser. L'apocalypse qui se préparait se traduisait pour lui par un nombre accru de réfugiés venus d'Allemagne, c'est-à-dire par des difficultés financières, faute de ressources suffisantes. Néanmoins, son accueil resta cordial : il m'ouvrit toutes larges les portes de son école, d'autant plus volontiers que je ne demandais rien, ni bourse ni logement.

Notre école se trouve encore au 9 de la rue Vauquelin, dans une vieille maison qui me parut poussiéreuse, avec ses parquets non cirés et ses murs qui n'avaient pas connu de longtemps la couleur d'une peinture fraîche. Auprès des bâtiments flambant neufs de la Cité universitaire, la crasse des murs sentait l'abandon et le vieillissement, comme je le vis par la suite dans bien des séminaires de toutes les religions.

Le 2 mai suivant, sans perdre un jour, je pris ma première leçon d'hébreu depuis la célébration de ma barmitsva, sept années plus tôt. André Zaoui avait accepté de m'aider à rattraper le retard de mes études hébraïques pour qu'à la rentrée d'octobre je puisse faire sans problème ma première année d'études rabbiniques. Si nous avions su que la plupart des maîtres et des élèves de cette école seraient trois années plus tard déportés et exterminés dans les camps de l'Allemagne nazie, sans doute notre regard sur le réel, et celui que nous jetions les uns sur les autres, eût-il été fort différent. Le point de vue officiel du Consistoire des Israélites de France et d'une grande partie du rabbinat, avec en tête le directeur de notre école, était, à tout prendre, que Hitler était un détail de l'histoire, que la France éternelle vaincrait l'Allemagne pécheresse, que le problème juif n'existait plus depuis que les Juifs avaient été émancipés, que le sionisme était une erreur malheureuse que l'histoire se chargerait d'effacer.

Le grand rabbin Liber en était si convaincu qu'il n'évoquait jamais ces problèmes : nous discutions à l'infini de tel ou tel point de droit talmudique, mais jamais, je dis bien *jamais*, de ces questions dont notre vie et notre mort dépendaient. Si bien que l'École rabbinique de France restait encore à Paris quand le gouvernement français était déjà à Bordeaux. Nous nous enfuîmes alors que les blindés de la Panzerdivision entraient dans la capitale. Le grand rabbin Liber, avec un courage et une constance qui ne se démentirent jamais, tint tête jusqu'au bout. Les Allemands étaient-ils à Paris ? Qu'à cela ne tienne. L'École rabbinique irait s'installer en zone libre dans une petite ville bien tranquille, toute proche de Paris... Et il choisit Vichy... Quand Pétain fit le même choix que lui, l'école dut déguerpir. Notre directeur opta pour un refuge plus proche : Clermont-Ferrand, où s'était déjà repliée l'université de Strasbourg. En 1942, ce choix s'avéra catastrophique : les Allemands déportèrent les professeurs et les étudiants alsaciens et parmi eux les Juifs qu'ils purent rafler. Les Juifs expulsés de Clermont, l'école fut à nouveau fermée et cette fois jusqu'à l'heure de la Libération, après une vaine tentative de la reloger à Lyon... où peu après la Gestapo s'établit.

Les visages de tant de mes amis qui perdirent la liberté avec la vie dans nos exodes ensanglantés, ceux de Sammy Klein, de Samuel Stourdzé, d'Osée Wallach, de René Hirschler, d'Aron Wolf et de tant d'autres, ne cessent de hanter mes souvenirs...

Mes études nouvelles ne m'empêchèrent pas de présenter mes examens de droit : j'étais aussi passionné par ce que j'apprenais rue Soufflot ou découvrais rue Vauquelin. Les élèves de l'École rabbinique de France venaient de tous les horizons de la juiverie. J'avais pour maîtres ou camarades d'études des originaires de Russie, de Pologne, d'Allemagne, de Belgique, de France, d'Égypte, de Tunisie, d'Algérie, du Maroc et même quelques chrétiens, dont un prêtre désireux d'apprendre l'hébreu et l'araméen, à la source. Notre joyeuse bande ne pressentait en rien le sort qui nous attendait. Je revois encore un jeune couple qui s'était enfui d'Autriche, horrifié par le traitement qui était, là et ailleurs, réservé aux Juifs. La femme, une toute jeune et ardente Viennoise aux grands yeux bleus, m'adjurait de quitter la France et de partir aussitôt avec eux, vers l'Angleterre et l'Amérique : « Une guerre va éclater et des millions d'hommes vont périr. Dieu permet que nous soyons persécutés pour nous donner le signal du départ. Je vous en supplie, partez avec nous, et tout de suite. » Nous étions debout au pied de l'escalier qui montait à l'étage. J'ai oublié le nom de la dame, mais non son regard ni son brûlant baiser, donné comme si j'étais déjà un condamné à mort.

Malgré la pauvreté du cadre et la médiocrité de l'ouverture sur le monde, l'enseignement que je reçus dans cette école me donna les connaissances fondamentales et la méthode dont j'étais en quête. Georges Vajda était notre professeur de Bible. Originaire de Hongrie, son accent se reconnaissait dès qu'il ouvrait la bouche. Il était, à coup sûr, l'un des meilleurs hébraïsants de sa génération. Sa compétence n'était pas moindre en arabe et dans les autres langues sémitiques qu'il maîtrisait. Son enseignement de la Bible était d'une extrême rigueur. Il n'admettait aucun à-peu-près dans l'analyse grammaticale ou historique d'un texte qu'il fallait d'abord situer dans son contexte chronologique, géographique et spirituel. Auprès de lui, la Bible s'éclairait d'une tout autre lumière, plus dense, plus vraie que celle dont l'auréolait la piété chrétienne ou rabbinique. J'avais enfin découvert la source inépuisable de mes enchantements : la Bible serait à jamais la compagne d'élection de ma vie.

Le professeur Abraham Back et plusieurs rabbins à ses côtés nous initiaient au Talmud. De ce texte qui porta notre peuple pendant deux millénaires, comme pour la plupart des Juifs assimilés de ma génération, je ne savais strictement rien. J'avais entendu mes parents et mes rabbins prononcer avec vénération les noms de la Michna et du Talmud. Je savais à peine qu'il ne s'agissait pas, comme l'imaginait tel moine du Moyen Âge, d'un rabbin célèbre mais d'une œuvre monumentale dont les in folio se trouvaient désormais dans mes mains. Pour les lire, il me fallait apprendre une nouvelle langue sémitique, l'araméen, relativement proche de l'hébreu. J'avais si grande soif d'apprendre que je m'y initiais sans difficulté. Je n'avais pas le sentiment de me trouver en terre étrangère, mais de redécouvrir une réalité enfouie en moi et qui réémergeait des profondeurs de mon être. Le plus difficile fut de me soumettre aux pratiques rituelles de mon judaïsme retrouvé. Passe encore pour les prières qu'il fallait faire dans le petit oratoire de la rue Vauquelin qui n'avait rien de commun avec ma bonne synagogue d'Aïn-Témouchent, ressemblant plutôt au temple protestant de la rue Cortambert. J'avais appris à me retirer dans mon for intérieur et à prier où que je fusse. Les chants du rite judéo-allemand de cet oratoire n'avaient à mes oreilles rien de comparable aux mélodies judéo-espagnoles et orientales qui avaient enchanté mon enfance. Mais j'étais néanmoins heureux de découvrir l'âme endolorie de cette autre partie d'Israël, les Ashkénazim, dont j'ignorais tout.

La rigueur des observances, ce qu'elles avaient de mécanique, déroutait mes habitudes acquises au lycée et à l'université. J'acceptais ce défi lancé à ma nature anarchique et j'en reçus le bienfait d'un apaisement intérieur. J'étais à la recherche de mon identité : celle que je recevais, toute faite, me venait du fond des âges de mon peuple, elle était celle que mes ancêtres avaient véhiculée jusqu'à moi de siècle en siècle, de pays en pays, celle pour laquelle ils avaient lutté, et souffert parfois jusqu'au martyre. Mon cheminement devait passer par là si je voulais avoir quelque chance, recevant cet habit tout fait, d'y découvrir le fond de mon être, le pourquoi de mon étrange démarche.

A dire vrai, plutôt que dans cet univers de la pratique qui, chez certains, tournait à l'obsession, mon esprit se nourrissait de Bible et des grands textes mystiques de la tradition hébraïque que je découvrais avec ravissement.

J'arrivais aux examens du mois de juin 1937 dans le vertige de tout ce que j'avais assimilé de droit moderne, de langues et de traditions anciennes, avide de reprendre mon vélo et de dégringoler de Paris vers Port-Vendres, en passant cette fois par les châteaux de la Loire et le Morvan, en chantant sur mes routes solitaires les Psaumes hébraïques : ils exprimaient bien la joie d'un univers qui redevenait le mien. Je retrouvais enfin la mer, la mer du divin redevenue mienne, aussi vivante en moi que la Bible, elle aussi née près de ses flots.

Le retour à Paris pour la rentrée d'octobre 1937 se fit sous le signe d'une aggravation des conflits dans lesquels nous étions pris. En Algérie, la chute du ministère Blum, le 21 juin, avait déclenché une nouvelle vague d'antisémitisme : puisque Blum était juif, les Juifs étaient collectivement responsables de ses fautes réelles ou supposées. A cette époque – Jeannot, l'épouse du grand homme d'État, devait me le raconter plus tard –, une femme, les rencontrant, lui cracha en plein visage. La scène se passait sur les quais à hauteur de Notre-Dame : Blum expliquait à sa femme un détail de la façade sud de la cathédrale. Sans interrompre ses explications, il sortit un mouchoir de sa poche, essuya le crachat sur sa joue et poursuivit son explication comme si rien n'était advenu. Ce crachat, nous le recevions nous-mêmes sur notre visage. Comme nous éclaboussaient, de l'est à l'ouest de la planète, les drames dont l'accumulation allait provoquer la guerre la plus sanglante de l'Histoire.

J'allais avoir vingt ans : les Japonais occupaient Pékin, le 8 août 1937, avant de se diriger vers le Chantong puis vers Shanghai, Nankin et Canton ; la Russie entrait dans la pire période de la répression stalinienne ; l'Allemagne ruait sous les éperons déments de Hitler : elle avait répudié les accords de Locarno et réoccupé la Rhénanie devant une Europe médusée ; en Espagne, la guerre civile faisait rage ; même la pacifique Belgique était la proie de la crise rexiste, suscitée par un émule des dictateurs qui triomphaient en Italie, en Allemagne, en Espagne. Hitler, après avoir pris le commandement de la Wehrmacht, le 4 février 1938, convoquait le chancelier Schuschnigg à Berlin, le 11 février, et occupait l'Autriche, le 11 mars de la même année. C'est dans ces circonstances que je revenais à Paris faire ma troisième année de droit et, après les classes préparatoires, ma première année d'études rabbiniques : le grand rabbin Liber, ayant jugé mes progrès satisfaisants, m'avait accueilli dans son école en qualité d'élève externe. J'avais quitté la Cité universitaire pour la rue Blainville, voisine de l'École rabbinique et de la faculté de droit. J'occupais, jusqu'à l'arrivée des Allemands à Paris, une chambre au cinquième étage de l'Hôtel de la Paix : j'avais un balcon qui donnait sur les toits et les clochers du Quartier latin.

Le dimanche 6 novembre 1938, le lendemain de mon arrivée à l'Hôtel de la Paix, dès huit heures du matin, un homme frappe brutalement et entre dans ma chambre.

« Police ! Vos papiers ! »

J'obtempère.

Penché sur moi, l'inspecteur de la Brigade nord-africaine semble intrigué :

« Tiens, vous écrivez l'hébreu ! »

Et peu à peu l'intrigue se dénoue. Il venait m'arrêter pour me faire purger une peine de trois mois de prison pour abus de confiance, sur jugement par défaut du tribunal correctionnel d'Oran. La veille, le panier à salade était venu me cueillir à domicile. Comme c'était un samedi, je me trouvais fort heureusement rue Vauquelin pour les offices sabbatiques. L'inspecteur, confus, ne sait comment excuser sa méprise. Il s'appelle lui-même Jacob et me montre sa chevalière gravée en hébreu du nom divin de Shaddaï. Tout finit bien : celui qu'il recherchait était un homonyme que depuis le lycée d'Oran je retrouvais sur mes routes. J'échappai ainsi à l'incarcération.

L'étau se refermait sur l'Europe. Mes amis, me

voyant entrer à l'École rabbinique de France, ne comprenaient pas ce qui se passait en moi. Ils étaient prêts à m'accueillir pour frère à l'Université ou dans leur Église, m'assurant de la grâce infinie du Christ, et voici que je leur tournais le dos pour m'engager plus avant dans mon « endurcissement judaïque ». Le plus souvent, ils souffraient en silence de mon choix, absurde à leurs yeux. Redevenir juif à une telle période de l'histoire, ne fallait-il pas avoir perdu la tête ? Ce que mes amis catholiques ou protestants avaient la délicatesse de me taire, un Juif récemment converti au catholicisme me le cracha à la figure : je venais d'adhérer à « la synagogue de Satan », optant pour le règne des ténèbres en face de l'éblouissante lumière du Christ et de son Église. C'était Arthur Lourié, un ami de Jacques Maritain et de Jules Monchanin qui me l'avaient fait rencontrer, un compositeur de génie, disait-on, mais qui avait sur le judaïsme et les Juifs une vision plus proche de l'Inquisition que de celle qui commençait à poindre en moi.

Si fine, si sensible, si aimante, Yvonne, pas plus que les autres, ne comprenait ce qui se passait en moi. Elle n'avait aucune idée de ce qu'était Israël : la venue du Christ rendait-elle caduque l'élection du Sinaï ? Elle ne se posa jamais cette question, pas plus qu'elle n'évoqua, fût-ce d'un mot, la tragédie que la haine de Hitler avait déclenchée contre les Juifs d'Europe, et contre les Églises de son pays, avant d'ensanglanter le monde. Son regard était tout intérieur et sa vie profonde se passait ailleurs. Du Juif que je redevenais, elle ne pouvait que sentir la distance qu'il marquait par rapport à la voie qu'elle ambitionnait pour moi, ce chemin sacerdotal où elle me voyait avancer en gloire.

Le sentier que je choisissais n'avait en vérité rien de glorieux, entre les murs crasseux de la rue Vauquelin et les pages empoussiérées de mes Talmud, frontalières des camps de concentration. Mais qui parlait de gloire ? Le Christ ensanglanté souffrait sur sa croix, sur cette même croix où tant d'hommes, tant de Juifs aussi, allaient périr, victimes d'une même folie, celle de Tibère voici deux millénaires, celle de Hitler de nos jours.

Malgré l'accumulation de tant de menaces, la vie demeurait joyeuse : les hommes, comme les cités et les civilisations sont mortels, le savent, mais vivent comme s'ils ne l'étaient pas. Nous lisions *Asmodée* de Mauriac, *L'Espoir* de Malraux, *La Nausée* de Sartre, *Les Parents terribles* de Cocteau, les œuvres de Bernanos et de Gide, et moi, à en perdre haleine et raison, la Bible, moins décevante que maintes liaisons humaines. Un roman d'amour se forgeait entre elle et moi, une relation toujours plus intime, plus folle, plus exaltante, aux chevelures de mes ciels. Une étreinte extatique qui durerait sans fin. Et au cœur de cette extase une infinie contemplation de ce Dieu dont le Nom ineffable, $\mathrm{I}\overset{\text{adonaï}}{\scriptstyle\mathrm{HV}}\mathrm{H}$ Élohim, revient telle une incantation presque en chacun de ses versets. Un livre qui frémissait sous mes doigts, comme la plus ardente des amantes, dans un dialogue ininterrompu.

La distance qui me séparait de mon milieu natal ne m'avait jamais coupé de lui, même quand je me considérais entièrement assimilé dans une autre culture. En retrouvant l'Élohim de mes pères, je me sentais plus proche de mes parents qui en étaient d'émouvants témoins, eux qui m'en avaient légué l'héritage. Mes vacances de Pâques, je les passerais auprès d'eux. Jamais notre repas pascal, le *seder,* ne m'avait ému plus profondément : les prières que nous chantions sans toujours en comprendre le sens devenaient claires dans mon esprit. Oui, nous étions les enfants d'Abraham, les fils d'Israël, oui, nous vivions en exil, soumis à la domination des Pharaons qui de génération en génération aspiraient à nous exterminer, oui, Elohim nous arrachera à notre servitude : ce sera notre Pâque, semblable à celle de nos ancêtres sortant d'Égypte sous la houlette de Moshé. Oui, l'heure de la Libération sonnera pour nous aussi. Oui, les mains nues, nous vaincrons les tyrans, tous les tyrans, fût-ce au prix de notre vie. Et nous retournerons dans notre pays, et nous rebâtirons Jérusalem, et Élohim enverra son Messie, et l'heure de la Libération sonnera aussi pour l'univers entier. Il n'y aura plus de guerre, les hommes transformeront leurs armes de mort en charrues, pour que tout le monde ait du pain à manger, du vin à boire, si bien que même le lion cessera de dévorer les agneaux. Oui, un homme nouveau, moins criminel et moins stupide que les brutes que nous sommes, naîtra bientôt sous des ciels nouveaux et une terre neuve. Et nous chantions de tout notre cœur des hymnes et des Psaumes à notre Élohim pour qu'il hâte la venue de ce temps de toutes les libérations, de toutes les délivrances.

Mon père était ravi de voir l'enfant prodigue de retour au bercail. De sa voix de basse qui m'émouvait toujours, surtout quand je l'entendais prononcer ses discours à la synagogue, il entonnait ses chants, croyant que tout ce qu'ils disaient était vrai, même lorsqu'ils proclamaient notre retour à Jérusalem : « L'an prochain à Jérusalem... » Malgré sa foi et la mienne, nous eussions été bien surpris d'apprendre que ce vœu millénaire allait se réaliser dans nos vies, et même dans ma vie à moi, Natân, le fils d'Isaac et de Meléha Chouraqui.

Malgré l'effondrement de nos illusions, nos cœurs étaient en fête : mes sœurs avaient de beaux enfants, mes deux frères prospéraient si bien qu'ils avaient édifié une cave d'une contenance de douze mille hectolitres. Les six hectares de la vigne paternelle allaient être lotis : le quartier Chouraqui, non loin de la gare, juste en face du jardin public où j'aimais aller rêver, serait à coup sûr l'un des plus beaux de la ville, tout proche du Raquette Club dont Charles était l'animateur.

Mon père et ma mère furent heureux de m'accompagner à Alger d'où je devais embarquer pour Marseille. Nous fîmes la route dans l'auto neuve de la famille. « Paris n'a pas tué ton enthousiasme algérien, ni ta manière de dire que cette fleur est *b è è è l l e* comme si sa beauté inspirait irrésistiblement le chant de ta voix », me disait maman. Oui, la vie est *bè è è l l e* : j'avais vingt ans !

Nous poursuivîmes notre route jusqu'à Bou-Saada. Pour la première fois, je découvrais une oasis, en bordure du désert, où, à l'ombre de milliers de palmiers, l'eau ruisselle dans des jardins aux parfums enivrants. Nous étions en 1938 et Bou-Saada me parut alors radieuse d'une beauté qui se reflétait dans les yeux brûlants de maman. J'avais appris à jouer de la *raï'ta*, cette flûte au chant aigu qui troue l'azur, de l'aube au crépuscule, quand la nature se tait et que l'horizon est en feu. C'était le dernier grand voyage que je fis avec mes parents, avant les épreuves de la guerre mondiale et celle de la guerre d'Algérie qui devaient les toucher si durement, la première parce qu'ils étaient juifs, la deuxième parce qu'ils étaient français. Mon premier contact avec le Sahara eut tôt fait de me convaincre que, fils du soleil, j'étais aussi celui du désert.

Sur le paquebot, je fis la connaissance d'une pharmacienne de Neuville-sur-Saône. J'avais résisté au regard séducteur d'une jeune Italienne, une brune dont les deux grands yeux étaient de couleurs différentes, un vert, l'autre mordoré. Le regard de Marie-Thérèse Prost, moins étincelant, avait plus de profondeur. Peu de temps après notre rencontre, elle liquidait sa pharmacie et partait pour l'Afrique soigner les lépreux au service desquels elle mourut quelques années plus tard. Sa sœur Marguerite était étudiante à Paris : elle devait se marier à un Indien, le professeur Adiceam, et quitter l'Europe pour s'établir définitivement à Pondichéry. C'est par elle que je connus l'abbé Jules Monchanin. Avant de partir fonder aux Indes les ashrams de Kulittala et de Saccidanauda, il avait donné à Paris une série de conférences sur le judaïsme, religion de l'espérance, l'islam, religion de la foi, et le christianisme, religion de la charité. L'ouverture, la profondeur et la générosité de ses vues, la densité de sa personne rendaient inoubliable tout échange avec lui. J'eus l'occasion de le revoir huit ans après, au cours d'un voyage qu'il fit en Algérie, où j'étais juge dans les montagnes de Kabylie. Notre rencontre eut lieu face à la mer. Nous partagions une même vision de l'avenir spirituel de l'humanité : faire de nos divergences la richesse de nos échanges plutôt que la cause de nos guerres. Il avait la juste intuition de ce que seraient nos lendemains. Au moment de partir, il s'inclina sur ma main, la main d'un descendant d'Abraham, qu'il baisa d'un geste émouvant d'humilité, comme si elle saignait encore du sang des martyrs de nos exils. Quelques années plus tard, de retour des Indes et malade, il me fit dire par un de nos amis, l'abbé Duperray, qu'il souhaitait me revoir. Quand j'arrivais à son chevet, il venait de mourir : je ne pus que célébrer en hébreu l'office des morts – une sublime et sereine évocation de la gloire d'Élohim – et murmurer auprès de son cadavre encore chaud le *Qadish* qu'il aimait.

J'étais à nouveau écrasé de solitude. Les événements que nous vivions en Europe, la manière dont le jeune Juif que j'étais les ressentait, semblaient parfois me conduire au seuil de la démence. C'est à ce moment qu'Yvonne m'intima la fin de nos échanges. Je cherchais refuge dans de décevantes rencontres : si l'attrait que l'on éprouve pour une inconnue est d'ordre sensible, assouvi le désir, éteinte est la rencontre. Si l'intelligence comptait plus que le désir, le cheminement, plus riche, pouvait durer plus longtemps. Seule me semblait durable la communion spirituelle d'êtres unis par une même recherche de l'absolu.

Mon seul refuge se trouvait dans mes études. En juin, j'achevais ma licence en droit et ma première année d'études rabbiniques. Je partis en vacances avec Jacques Vérin. Son kayak nous conduisit des sources de la Saône au confluent du Rhône. Une haie de pêcheurs à la ligne accompagnait notre parcours. Il suffisait du moindre arrêt pour nous valoir les confessions de ces hommes et de ces femmes, avides de se raconter. Nous nous essayâmes à la pêche : notre première prise fut un poisson-chat dont les expressions nous terrifièrent tellement que nous le rejetâmes à l'eau, mettant fin à nos velléités halieutiques.

Les vacances algériennes m'apportaient chaque année ma provision de soleil, de lumière, d'iode, de poissons que j'aimais, de paysages azurés, où cactus, oliviers et palmiers, cascades de glycines et de rosiers grimpants concurrençaient à peine la palette multicolore des marchands d'épices ou de légumes, dans les étalages de nos marchés. J'aimais l'infinie patience des Arabes, la noblesse de leur philosophie, riches et pauvres partageant le même abandon aux puissances d'En Haut. *Allah Akbar :* « Allah est le plus grand », n'était pas un cri vide de sens proclamé cinq fois par jour du haut de nos minarets. Le muezzin de notre mosquée, victime d'un trachome non soigné, était aveugle. Mais quand il élevait la voix pour chanter l'appel à la prière, à une époque où les haut-parleurs et les bandes enregistrées n'avaient pas encore supplanté l'homme, ses yeux extasiés semblaient refléter une vision céleste : il voyait Allah. A la sortie de la prière, je regardais déambuler, rue Pasteur, *el Majnoun,* « le Possédé ». Je n'ai jamais su si cet homme en haillons était un mendiant sous sa djellaba crasseuse qui cachait mal sa nudité, ou un mystique éperdu d'amour pour Allah, comme son discours, quand il passait dans ma rue, me le disait clairement : un « fou », un *majnoun,* un possédé, comme il aimait à le laisser entendre. L'illumination spirituelle est à tout prendre proche du délire et la mystique de la démence : Osée l'a dit une fois pour toutes : « L'inspiré est un dément, un détraqué, l'homme du souffle... » (Os., *9, 7).*

Je vivais de la Bible. Je retrouvais autour de moi son reflet vivant, dans ceux de mes amis, arabes ou juifs, qui étaient encore attachés au tronc de nos traditions. Comme je l'expérimentais plus tard dans mes voyages aux Indes, au Népal ou en Chine, le spectacle de la rue, le discours des hommes et des femmes, les relations au sein de la famille et du couple, les mœurs et les coutumes des peuples attachés à leur passé m'apprenaient davantage sur la Bible que les livres des plus savants de nos universitaires ou de nos théologiens. L'échec de ceux-ci était patent dès qu'ils s'aventuraient à parler de

Dieu : leur discours me semblait être semblable à celui d'un non-voyant qui décrirait les lumières et les couleurs. Même chez les plus éminents d'entre eux, le Dieu dont ils tentaient de parler était un absent pathétique, un mort qu'ils essayaient vainement de faire revivre. Sans vie en eux, comment auraient-ils pu nous en transmettre la chaleur ? Il me suffisait d'entendre el Majnoun prononcer le nom d'Allah ou Rabbi David Kalifa chanter celui de I$\overset{\text{adonaï}}{\text{HV}}$H Élohim pour me trouver en présence de l'Élohim d'Abraham, d'Isaac, d'Israël et d'Ismaël sans risque d'erreur : leurs regards semblaient refléter alors le frémissement d'ailes des anges gardiens du Trône céleste. D'un côté, la présence, la vie ; de l'autre, l'absence, le vide. A mesure que le temps passait, et dans l'exacte mesure où je m'occidentalisais, mes racines me rattachaient plus fortement à mon Orient originel. N'étais-je pas un Chouraqui, un fils de l'Orient, qui retrouvait en lui-même l'identité et le sens de son être, que résumait son nom ?

Aux vacances de Noël, j'entraînais André Magdelain, un camarade d'études, à faire avec moi, à bicyclette, la route de Paris à Strasbourg. Tout alla bien jusqu'au passage du col de la Schlucht, à 1139 mètres d'altitude. Nous dormions dans les auberges de jeunesse, nous étourdissant de discussions sans fin sur le droit romain qu'il finit par enseigner à Paris, où sur Paul Valéry que nous lisions ensemble, suivant même les cours de poétique qu'il donnait alors au Collège de France. Le col de la Schlucht fait communiquer la vallée de la Meurthe avec celle de la Fecht, un affluent de l'Ill, aux limites des départements des Vosges et du Haut-Rhin. Grimper jusqu'au haut du col fut un vrai plaisir. Notre effort physique nous réchauffait, exaltant notre découverte d'un paysage de neige ébloui de soleil. Mais descendre de la Schlucht vers Munster et Strasbourg fut un vrai supplice : nous étions légèrement vêtus par un froid de moins vingt degrés, un vent violent nous sciant les côtes. A la première maison de Munster, nous entrâmes sans frapper, nous précipitant vers un poêle allumé dont la vue déclencha en nous un rire nerveux à demi hystérique. Dans nos sacs, nos serviettes et nos tubes de dentifrice gelés avaient la dureté de l'acier. La découverte de la cathédrale de Strasbourg me ramenait à ma Bible, omniprésente dans mes jours et mes nuits et maintenant dans tant de paysages qui m'attiraient, fût-ce au risque de geler de froid.

J'avais compris que la Bible parlait de siècle en siècle à tous les âges et dans toutes les langues de la planète à cause du caractère concret de son style : une succession d'images, de la Création au jugement dernier. Des images en mouvement, au pied de la lettre une *cinématographie,* que les bâtisseurs de cathédrales exprimaient dans la pierre ou les vitraux. A Strasbourg, j'étais prêt à épouser séance tenante la Synagogue au corps si souple, si vivant sous la transparence de ses voiles, et le bandeau de ses yeux qui signifiait son aveuglement...

« Tu vois, disais-je à Magdelain, à considérer ce qui se passe dans le monde et jusque sur les parvis des cathédrales, je choisis avec elle d'être aveugle et désarmé. L'Église triomphante ? Qui pourrait l'être sans mourir de honte devant les menaces de guerre qui finiront par nous détruire corps et âme... »

4.

Confronté à l'inéluctable

L'orage. Un crâne résistant.
Des anges sur une route
L'amour de Magdeleine. Folie de l'amour.
Aux racines de l'Être. L'Être et la Totalité
Un miroir de l'Enfer.

C'est encore avec Magdelain que, nos examens terminés, je mis le cap vers Marseille en passant cette fois par les Vosges et la Suisse. Nous étions en juillet 1939. Les accords de Munich, le 30 septembre précédent, deux jours après l'ultimatum allemand à Prague, avaient encouragé l'audace du Führer. Quelques jours après la déclaration franco-allemande de Paris du 6 décembre, l'Italie dénonçait, le 22 décembre, les accords franco-italiens de Rome. Le 15 mars 1939, Hitler occupait la Tchécoslovaquie et, quatre jours plus tard, contraignait la Lituanie à lui céder Memel. Au début avril, son compère Mussolini, encouragé par l'exemple, occupait l'Albanie. Le 28 avril, le Führer dénonce l'accord naval anglo-allemand et l'accord germano-polonais. L'Europe est affolée. L'Angleterre de Chamberlain donne des garanties à la Pologne, à la Grèce, à la Turquie. Les dictateurs répliquent en signant une alliance militaire italo-allemande. Une mission militaire franco-anglaise séjournait à Moscou du 12 au 21 août. Deux jours après, Hitler et Staline concluaient le pacte germano-soviétique à la stupéfaction du monde entier. Et neuf jours plus tard l'armée allemande envahit la Pologne, le 1er septembre. Quarante-huit heures s'écoulent, puis l'Angleterre et la France déclarent la guerre à l'Allemagne.

Pendant ce temps, joyeux, mais non insouciants, nous pédalions avec vigueur en direction de la Suisse. La France ne paraissait pas concernée par ce qui se passait à ses frontières. Nous campions dans des granges ou bivouaquions à la belle étoile, ce qui nous permettait d'approcher les fermiers auxquels nous achetions nos oeufs, notre lait, nos fromages. A voir ce qui se tramait, l'indifférence du pays que nous traversions nous paraissait irréelle. Chez la plupart de nos interlocuteurs, l'inconscience était totale.

En Suisse, que je visitais pour la première fois, tout nous parut fort différent. La propreté du pays, la splendeur des montagnes, la délicatesse de l'accueil nous séduisirent dès la frontière franchie. Là chacun prévoyait clairement ce qui nous attendait, étonné qu'en France on n'en eût pas une plus claire conscience. Après avoir traversé les Vosges sous la pluie, nous arrivâmes à Biel, puis à Berne : tout était neuf pour nous, surtout la gravité des Suisses en face des événements qui se tramaient. Dans la vallée de Lauterbrunnen, au-dessus d'Interlaken dans les Alpes bernoises, j'étais muet d'admiration devant le sommet de la Jungfrau, qui nous dominait du haut de ses 4158 mètres. Après avoir passé le col du Grimsel, nous abordâmes le col de la Furka, moins inquiets des 2431 mètres qu'il nous fallait gravir avec nos bagages que par les bruits de guerre qui nous poursuivaient avec insistance.

Arrivés au sommet du col, le soir, nous plantons notre tente sur le glacier du Rhône : un plan du glacier dominant l'immense paysage nous paraît propice. La glace aux reflets azurés est dure à fendre pour enfoncer les piquets de notre tente, qui seront pris là comme dans un étau. Nos matelas pneumatiques et nos duvets nous protégeaient du froid. Je n'avais presque jamais vu de neige. La mer de glace est d'une beauté surnaturelle : je ne pouvais en détacher mes regards. Le crépuscule y ajouta le flamboiement de ses couleurs aux nuances infinies. La journée avait été belle, j'étais enivré de saine fatigue, ébloui d'admiration devant ce paysage fabuleux qui pour moi racontait la gloire d'Élohim.

La nuit tombait lentement lorsque subitement le ciel se remplit de nuages. Nous étions pris dans un orage, sans doute le plus violent qu'il m'ait été donné de subir. Le vent, la pluie battue de grêle nous faisaient craindre l'envol de notre tente : la toile résistait, mais n'était étanche que si nous évitions de la toucher de nos mains. Le tonnerre et les éclairs donnaient une grandeur apocalyptique à ce paysage glaciaire, sous un ciel strié de feux.

Les montagnes glacées, au sein de la tempête, me semblaient confirmer les avertissements que nous entendions sans y croire. Je passais cette nuit évanoui au plus profond de moi-même. Le lendemain, je décidais, à l'étonnement de mon compagnon de voyage, d'écourter mes vacances en Suisse et de regagner au plus tôt l'Algérie.

Les cols du Grimsel, de la Furka et du Saint-Gothard gravis, emportés par l'élan de notre envolée, nous poussâmes une pointe vers le Tessin, Locarno, le lac Majeur. La descente vers la vallée du Rhône se fit à toute allure, comme si nos vélos avaient des ailes. Le 26 juillet 1939, 9 Ab du calendrier hébraïque, était le jour anniversaire de la destruction du Temple de Jérusalem par les armées de Titus : ce jour-là, je jeûnais non seulement pour commémorer les massacres de l'an 70, mais dans l'appréhension de l'horreur qui se préparait. A l'étape, nous avions fait route avec un étudiant écossais dont l'accent, en français aussi bien qu'en anglais, nous déridait. Au dîner du soir, il s'inquiétait de me voir me retirer dans un coin et en guise de repas lire ma Bible hébraïque.

– Mon ami est comme ça, expliqua Magdelain, il ne mange jamais.

– Ah ! fit l'Écossais, incrédule.

Même jeu au petit déjeuner du 26, puis au déjeuner et encore au goûter et enfin au dîner du lendemain. Notre compagnon n'en croyait pas ses yeux :

– Mais il n'a même pas bu une seule goutte d'eau ! protestait-il, ahuri.

– Je te l'ai dit : il est comme ça..., triomphait Magdelain.

L'Algérie de mes parents où je me rendis était pour moi sécurisante, matricielle. Jamais la maison d'Aïn-Témouchent n'avait été plus accueillante, plus chaleureuse. Elle reçut avec joie l'enfant prodigue couronné de lauriers, licencié en droit, lauréat de la faculté, lauréat de la ville de Paris, s'il vous plaît ! L'anniversaire de mes vingt-deux ans fut dignement célébré, et même par un article paru dans la gazette d'Aïn-Témouchent. Ma sœur Lucie, aux grands yeux mélancoliques, derrière sa sorbetière à moulin manuel, nous prépara une glace à la vanille dont elle avait le secret. Ma sœur Alice était même venue d'Oran en compagnie de Jo, son mari, et de ses deux enfants, Albert et Paul. Jo venait de changer de métier : non plus ébéniste ayant pignon sur la rue d'Arzew à « L'Art du bois », mais tailleur associé à son frère Jacques, dont la renommée rayonnait dans l'Oranais. Jo savait tout faire de ses mains, y compris la paella : celles qu'il ne cuisait jamais ailleurs que sur un feu de sarments étaient mémorables. Le 13 août, nous étions près d'Er-Rahel dans une propriété où nous devions passer le week-end. Je me précipitai vers les écuries où piaffaient des chevaux. Celui que je pris, de couleur gris moucheté, me permit de visiter les lieux : les vignes, les blés, les avoines aux épis déjà lourds et, toute proche de nous, la mer. Elle nous invitait au bain. Le lendemain, à l'aube, je retrouvai mon ciel algérien dont la violence contrastait avec les nuances exquises de l'Ile-de-France ou les feux des sommets alpins. Là, j'étais chez moi. Torse nu, une serviette tenue sous mon béret protégeant mon crâne, le cheval qui m'était devenu familier m'emporta pour une dernière course sur les collines côtières. Mon corps, aguerri par nos exploits montagnards, ne s'apercevait pas du temps qui passait. Une cloche me ramena à la ferme où la famille se préparait à gagner en auto la plage, à quatre kilomètres d'une route sinueuse en pente abrupte. Je ramenai mon cheval à l'écurie et, plutôt que de surcharger l'auto prête à partir, j'enfourchai un vélo, prenant les devants.

A un tournant que je négociai à vive allure, étourdi par tant de soleil, je perdis l'équilibre et allai mécraser, la tête la première, sur un rocher en contrebas. Des bergers qui avaient vu l'accident s'enfuirent en criant : « *Rajel met !* » (« Un homme est mort ! ») Non, je n'étais pas mort, mais cela ne valait guère mieux. Je relevai de la main mon cuir chevelu qui pendait de mon front, sur mes yeux et ma bouche, m'inondant de sang. Mon crâne mis à nu et mon corps endolori pouvaient me faire croire que les bergers annonçant ma mort disaient vrai. Par bonheur, je n'avais pas perdu connaissance. Rassemblant mes forces, je me hissai du ravin où j'étais tombé sur le bord de la route. Ma peau, souple et vivante, inondait mes yeux de sang, m'empêchant de voir ce qui se passait autour de moi. La déchirure en forme de U ouvert sur le front avait une longueur de trente centimètres. Quand je rabattis de mes doigts la peau, emmêlée de cheveux gluants, mon crâne semblait être transformé en alpe étrange. Était-il fracturé ? Survivrais-je ? Ma colonne vertébrale était-elle brisée ? Tout me faisait mal, corps, épaules et bras écorchés. Ne pouvant plus bouger, je m'efforçai de ne pas perdre connaissance, pensant à Élohim et récitant, sous mon sang qui coulait, la prière de louanges des morts, le *Qadish.* Perdrais-je la mémoire ? Dans mon délire, j'éprouvais ce qu'il me restait de facultés en débitant les Psaumes ou les articles du code civil que je connaissais par cœur. L'auto de ma famille mit une dizaine de minutes à arriver, qui me parurent des siècles. Jo me prit dans ses bras, m'étendit sur le siège arrière de la voiture, ma tête sur ses genoux, et s'évanouit le premier. Je ne tardai pas à suivre son exemple.

Lorsque je me réveillai, je me trouvais à Aïn-Témouchent sur le lit d'une clinique, dans les bras de ma sœur Marie, accourue à mon chevet.

– Vous avez eu de la chance, me dit le chirurgien. L'opération a duré trois quarts d'heure. Votre cuir chevelu est recousu : quand tout sera cicatrisé, il n'y paraîtra rien.

– Et mon crâne ?

– Il aurait dû éclater sous la violence du choc. Il a résisté grâce à la serviette et au béret qui le protégeaient. Grâce à eux, le coup a été dévié, d'où la déchirure qui en est résultée. Il vous faudra beaucoup de repos avant de vous en sortir.

L'accident était survenu le 14 août, la veille de la fête de la Sainte Vierge qui était célébrée dans toute l'Oranie, sans distinction de race et de religion avec une même ferveur : les familles partaient en pique-nique géant sur les plages et dans les bosquets manger d'innombrables couronnes briochées, les *mounas,* qui faillirent bien m'être fatales, puisque nous étions partis en week-end à cette occasion. Je sortis de clinique le 29 août, trois jours avant que Hitler n'envahisse la Pologne.

Dans ma chambre, classant les papiers que j'avais ramenés de Paris, je pris le parchemin qui faisait de moi un lauréat du Prix de la ville de Paris et j'y écrivis deux versets de Luc : « Laisse les morts ensevelir leurs morts », et encore : « Quiconque met la main à la charrue et regarde en arrière n'est pas propre au royaume de Dieu. »

La guerre ! Je me révoltais contre la folie des hommes d'État qui étaient capables de tels crimes. Il me semblait devenir fou de douleur et de peur en face de l'incommensurable détresse d'une humanité acculée à la mort. Je gémissais, dans le désir de ne plus être un homme : oui, anéantir mon humanité pour devenir un pur instrument de cet Élohim qui m'habitait et dont j'osais à peine prononcer le nom. La seule issue à l'impasse où j'étais acculé, c'était de vivre en Élohim. J'aspirais à un don total de moi-même, voulant assumer jusqu'au bout la mort de mon ego. Vivre la mort de mon moi, devenir un instrument de vie dans les mains d'Élohim, être cet instrument. Mais comment, mais où ? Ma prière me hantait de jour et de nuit, comme acharnée à abattre le mur dément qu'élevait en face de nous la haine de Hitler.

Ma solitude faisait naître en moi une rage désespérée. Ma vie semblait s'effondrer, avec tout ce en quoi je croyais, dans une irrésistible déchéance. L'unique recours : vivre en Élohim, lui offrir ma vie en cette grande passion qui meurtrissait l'humanité.

Nicolas Boyarinoff fut l'un des premiers soldats français tués lors de l'offensive allemande, en défendant un fort de la ligne Maginot. Il était le fils de la romancière Alexandra Roubé-Jansky qui connaissait alors son heure de célébrité avec ses romans, *J'ai quatorze ans* et *La Rose noire*. Nicolas était devenu mon ami à la Cité universitaire où il habitait le pavillon de Grande-Bretagne, voisin du mien. Il était beau, athlétique, avec des yeux slaves profonds, frémissants de sombres éclats. Il était l'un des rares étudiants qui disposât à l'époque d'une auto, un cabriolet décapotable, une Citroën, si mes souvenirs sont précis, d'un modèle périmé, mais qui roulait bien, nous remplissant de plaisir. J'avais obtenu mon permis de conduire dès mes dix-huit ans et nous conduisions alternativement cette voiture, échangeant nos humeurs et nos ferveurs, partageant un même enthousiasme, celui de nos vingt ans, en face de la vie. Au volant de son « bolide », Nicolas, les bras nus et musclés, était irrésistible.

Tandis que je partais en vélo vers la Suisse, il faisait de son côté une croisière dans l'Atlantique et la mer des Caraïbes. Nous nous étions donné rendez-vous en Algérie où il souhaitait faire un détour avant de rejoindre Paris. Il revenait d'Haïti quand je le reçus à Aïn-Témouchent, à mon retour de Suisse, juste avant mon accident. Il me racontait d'enthousiasme ses souvenirs de voyage :

« Partout où je suis passé, je me suis retrouvé chez moi, dans un autre monde que celui de Paris. L'exotisme pour moi, c'est Paris. Aux îles, j'ai trouvé ma patrie, j'étais là chez moi, dans la très large échancrure du golfe de Gonaïves, au fond de laquelle se blottit la capitale, non loin de l'île de Gonave. J'ai séjourné dans l'île de la Tortue au nord, dans l'émerveillement non seulement des paysages et des plages, mais des femmes. »

Que Nicolas aimât les femmes et qu'il en fût payé de retour avec son charme slave mâtiné de subtilité française, il suffisait de le voir pour s'en convaincre. Ayant fait le tour de nos souvenirs, à notre dernière rencontre avant de prendre le paquebot pour la France, il me recommanda :

« Vois Magdeleine dès ton retour. Elle est si belle avec sa chevelure rousse, ses yeux verts rieurs. Elle t'aime plus profondément qu'elle ne le dit et que tu ne le sais. Elle n'est pas seulement la beauté faite femme, mais l'une des personnes les plus intelligentes et les plus douées qui soient. Vois-la, André. »

Et puis, d'une voix qui résonne encore à mes oreilles, un demi-siècle plus tard, le regard voilé de tristesse, il ajouta :

« Au cours de ce voyage, j'ai atteint un bonheur tel que je ne peux guère aspirer à plus ni à mieux. »

Un silence se fit entre nous, puis :

« Tu sais, André, je peux mourir sans regrets maintenant. »

C'était notre dernière rencontre. Quelques jours après, la guerre se déclarait. Quand un obus allemand l'écrasa, le 14 juin 1940, il avait vingt-trois ans.

Au début de l'année 1938, alors que j'étudiais à l'École rabbinique, Boyarinoff m'avait présenté à Magdeleine : elle était aussi belle qu'il le disait. Elle venait de se marier à un brillant polytechnicien. Du premier regard, un échange d'une étourdissante profondeur s'était établi entre nous. Nous nous jurâmes de n'accepter entre nous que le plus pur, le plus vrai, suivant le mot d'ordre que je m'étais donné : « Vivre en vérité ».

Nous passions ensemble tous nos instants de loisir, dans l'émerveillement des découvertes que nous faisions l'un de l'autre et ensemble de ce Paris dont la beauté nous enivrait. L'amour, né entre nous au premier regard, s'approfondissait. Nous étions l'un pour l'autre une source de joie lumineuse, mais aussi d'un déchirement de tous les instants. Notre amitié était trop grave pour se satisfaire d'une liaison facile que nous refusions l'un et l'autre. Nous étions trop entiers pour n'aspirer à autre chose qu'à tout ou à rien. Une fois de plus l'ange, sur la route de l'ânesse de Balaam, surgit devant moi, invisible mais invincible, pour me barrer une route que j'étais trop enclin à suivre. Pure flamme de beauté et de vie, Magdeleine voyait bien ce qui allait advenir de nous, de moi, si nous restions à Paris où la guerre et la persécution allaient s'abattre sur nous. Elle était prête, elle, chrétienne, à tout quitter pour partir avec moi où je le voudrais, au Canada, par exemple.

Un vendredi soir, à l'École rabbinique, nous célébrions le repas sabbatique : il comprenait invariablement une carpe farcie à la polonaise, le *gefiltefish,* suivie d'une viande à laquelle je ne touchais jamais et d'une tarte aux pommes. J'étais comme absent, tout entier préoccupé par la rencontre que j'aurais le lendemain avec Magdeleine. Tout m'attirait en elle, tout me poussait vers elle, le feu de son amour, offert tandis que j'étais plus seul que jamais depuis l'éloignement d'Yvonne. Rien ne semblait devoir nous empêcher de nous unir à jamais.

Je savais que notre rencontre du lendemain serait décisive pour notre avenir : Magdeleine pour toujours et le Canada, ou l'abîme dans lequel nous risquions d'être engloutis en Europe. Ma chair criait de désir, mais mon instinct – je ne dis pas ma raison – m'imposait de ne pas céder. Mon refus se passait à un niveau de conscience que je ne pouvais pas analyser. Notre amour était pur, vrai. Son mariage, les religions différentes de nos familles n'étaient pas, à nos yeux, des obstacles sur une voie qui nous semblait libre et toute tracée devant nous. Bien qu'imbu de Bible, je ne me sentais guère la vocation de jouer les jeunes Joseph fuyant la séduction d'une Mme Putiphar qu'elle n'était certainement pas. La voie normale, facile, ouverte, se trouvait dans les bras de Magdeleine aux yeux d'or et de jade. Je voyais bien que c'était folie de renoncer à tant de beauté, de ferveur, de vie, à l'amour vrai dont mon esprit et ma chair avaient faim.

Ma chair ? Absent à moi-même et autour de moi à mes camarades qui chahutaient joyeusement, perdu dans mes pensées, je mis ma main sur la flamme d'une bougie sabbatique posée sur la table. Ma chair brûlée à vif, je revins à moi quand une voix me rappela à l'ordre : « Mais que faites-vous ? Le shabbat est un jour où il est interdit de toucher au feu ! Avez-vous perdu la raison ? »

J'étais prêt à l'admettre, quand le lendemain je fis part à Magdeleine du parti que j'avais pris de renoncer à elle et à la voie que l'amour ouvrait devant nous. Mon choix, à vrai dire, n'était pas volontaire. Si j'avais cédé à l'appel de ma chair et de mon désir, c'est de tout mon être que j'aurais suivi Magdeleine pour vivre à jamais avec elle.

Mais j'étais comme lié par une puissance invisible : au plus profond de moi, et à mon corps défendant, elle me dictait ma conduite. J'aurais voulu lui traduire mon désespoir et ma honte, contraint sans raison de ne pas faire ce à quoi tout me poussait et, sans motif raisonnable, de suivre l'aride chemin de ma solitude, sans but et sans raison. Il me semblait me mentir à moi-même, commettre une sorte de suicide moral, d'abdication de ma volonté et de mon désir. Si l'amour est une transparence, mon refus lui donnait sa cruelle mais peut-être rédemptrice signification, au seuil d'un autre amour, plus dépouillé, plus exigeant et comme crucifié.

J'étais acculé au mur de l'impossible, me débattant sans arrêt pour fuir les tentations médiocres de jeunes filles offertes ou, pis de cette peste, les demoiselles à marier, proposées par leurs familles, avec en plus « une fortune incalculable ». Je repoussais souvent les séductions de la jeunesse, de la beauté, et même de l'amitié vraie pour être tout entier au travail qui se faisait en moi. Avec Magdeleine, c'était une plus décisive épreuve : ne pas accepter un don visiblement pur, authentique, désirable, celui de l'amour. Renoncer, c'est réaliser la vérité du temps. Mais, dans le gâchis de la vie parisienne, le renoncement me paraissait absurde s'il ne s'accomplissait pas dans la perfection d'une âme offerte. Mon être frémissait du désir enfantin d'édifier pour l'éternité une œuvre nue de vérité. Mais laquelle ? Mais comment ?

Pour l'instant, je ne voulais que mourir à moi-même pour renaître en ma plus profonde vérité.

C'était le vendredi 18 novembre 1938 : Magdeleine pénétra chez moi vêtue de noir, un collier d'or faisant ressortir l'ovale de son visage, sa bouche et ses joues frémissantes sous la palpitation de ses yeux et le flamboiement de sa lourde chevelure. L'amour embrasait toutes les jointures de nos êtres. A la folie de mon choix s'ajoutait, à m'en faire hurler, la démence de mon refus. Accepter Magdeleine, c'était non seulement l'avilir, mais nier cet Elohim qui parlait en moi. Je vivais l'amour comme une force, non comme un abandon. Je le voyais lucidement : choisir Magdeleine serait, pour elle comme pour moi, choisir la mort.

« La mort ? Mais elle t'apporte la vie, la beauté, l'intelligence, et, lucide, elle ouvre la porte de ta prison pour partir avec toi vers la libre Amérique. Tu ne peux trahir son espoir qu'elle considère pleinement réalisé en toi, avec toi, celui d'un amour total qui lui aurait rendu avec son enracinement, son équilibre, sa joie. Ce serait lâcheté de ta part de sacrifier votre amour. Vois son offrande, son baiser qui désire et renonce, votre joie divine, tous deux tendus vers l'unité de la coïncidence, l'un à l'autre douceur et force. » Mariée ? Nous ne soulevâmes jamais ce problème : nous allions l'un vers l'autre libres de tout engagement qui ne fût celui de notre amour.

J'entendais, je voyais, mais je savais que l'amour qui nous unissait et nous unirait à jamais, en nous déroutant, consommerait notre perte. Nous nous étions rencontrés au musée Rodin, réunis par Nicolas Boyarinoff, dans la lumière d'un après-midi de printemps et l'offrande de tant de fleurs écloses. De tout mon être, je savais que toutes choses – y compris souffrance et mort – me seraient réservées dans l'amour, par amour, malgré nos déchirements. J'étais encore pleinement fils, offert en ma nudité à l'amour du Père. Je ne pouvais ni ne voulais réveiller l'Amour avant qu'il ne le veuille. Dire mon déchirement mais aussi la révolte de Magdeleine : elle serait donc celle que personne ne possède, celle qu'on sollicite et qui ne se donne pas, celle qui se donne et qu'on ne prend pas, seule avec son corps brûlant et superbe, elle la désirante, elle la non-aimée. Mais du moins saurait-elle désormais ce qu'est aller au fond d'un abîme de souffrance et se sentir immensément la soeur de tout être qui souffre, égale au plus laid, au plus déchiré, au plus crucifié des hommes.

« En cela aussi, je suis et serai à jamais ta soeur », me dit-elle.

Après ce drame, je savais en ma chair elle-même que l'amour est une force, non un abandon. Je me trouvais renforcé par la certitude en moi d'une plus haute incarnation d'amour, plus pathétique et plus vraie, d'avoir été vécue dans sa pureté.

J'étais résolu à ne jamais abdiquer devant le mal, à ne jamais rien concéder à la médiocrité, ni plier genoux devant les idoles. Je voulais être fidèle à moi-même, de toute la puissance de l'être qui me fondait. Ma prière n'était que de vivre en vérité et, au-delà de ma révolte, n'être qu'amour au service de l'Amour.

Le 31 octobre 1938, j'avais découvert à Vézelay le chapiteau qui montre la Luxure appelant la musique à son aide. A voir vivre tel ou tel de mes camarades, je comprenais en quels abîmes le démon peut mener les hommes. Je voulais, dans ma solitude, accéder aux racines de la réalité qui me fondait. L'école m'avait déraciné des traditions de ma famille et voici que Hitler et ses émules français commençaient à arracher les racines déjà si profondes de ma nouvelle implantation culturelle et politique. Doublement déraciné, j'éprouvais à en mourir le désir d'Élohim, si profondément qu'aucune main humaine ne puisse jamais plus me voler les racines du ciel, sa langue, sa transparence, sa beauté.

Si ma vocation était d'annoncer Élohim, et pour cela crier la réalité de l'amour, la vérité de notre filiation divine et en Lui notre universelle fraternité, la voie étroite ne pouvait être, dans l'humilité de ma vie, que de persévérer dans le travail et la prière. Pour quel but ? Comment ? J'avançais en aveugle vers un pays que je ne connaissais pas, dont j'ignorais même les voies d'accès. Allant je ne savais où, je devais passer par où je ne savais pas, sous la seule guidance d'Élohim.

J'avais entendu une conférence de Jules Monchanin. Avant son départ pour l'Inde, le sage s'interrogeait sur les trois monothéismes, religions de l'Unique, enracinées en Abraham, et convergentes en une même attente messianique. Il voyait dans la survie d'Israël le signe de son élection pour d'ultimes accomplissements : « Israël préservé parce que réservé », enseignait-il. Mais pour quoi ? Mais comment ?

Ma solitude se faisait alors abyssale, mon tourment devenait torture. Avant de prendre le bateau vers Bombay, Monchanin me supplia lors de son fraternel adieu de ne pas me laisser dévorer par le monde et de persévérer dans ma très judaïque recherche. Dans l'éblouissement de ma découverte d'Élohim, vivant, personnel, j'éprouvais sa pénétration en moi comme le viol de mon ego, l'éclatement de toutes mes frontières, l'écartèlement de toutes mes limites. De toute la force de mes vingt ans, je voulais être attaché au Réel comme l'arapède à son rocher, comme le chêne à sa terre : être nu de tout préjugé, de tout mensonge humain, retrouver l'enracinement premier pour que règne l'Amour.

Je chantais ma joie dans d'interminables promenades à vélo. Dans cette nuit de printemps dans les gorges de la Sioule, non loin de Vichy, au milieu d'immenses champs de bruyère sauvage, dans une extase, j'éprouvais la réalité d'un mariage mystique avec le Réel, d'une communion perpétuelle où je serais un en Un. Unité, Unité, folie de l'Unité... Je débordais d'une telle surabondance de vie et de joie que j'y voyais parfois une insulte à la misère universelle. Je me demandais : « Quelles sont mes possibilités d'humilité véritable, d'amour vivant ? Comment assumer la misère, ma misère ? » Un proche avenir allait m'administrer la plus claire des réponses à ces questions, la brutalité des faits me convoquer devant l'Inéluctable. Pour l'instant, je vivais du libre service de ma volonté, hanté par le problème du heurt de l'individu et de la totalité dans la simultanéité en moi de ma joie et de ma misère. Je m'interrogeais : « Si la sagesse est de s'intimer l'ordre, comme les théologiens l'affirment, la sagesse n'est-elle pas une lâcheté monstrueuse ? Ô, torture de mon orgueil : je ne pourrai trouver de repos que dans l'anéantissement de mon ego en Lui. »

J'avais conscience que les réponses à mes questions, je ne les trouverais qu'en Lui. Mais alors, il était nécessaire d'avoir *Élohim en soi* et vivre de Sa vie propre. Que ce ne soit pas un Dieu inventé pour masquer mon orgueil, mon enfermement dans mon ego, comme tel était parfois le cas pour certains religieux que je côtoyais. Élohim ne serait rien pour moi s'il ne devenait *la seule* réalité de ma vie. Toute richesse ne me serait qu'un poids si je n'assumais pleinement l'amour, cet unique, cet éclatant attribut de son Être.

Je commençais à découvrir autour de moi la réalité du mal et de la souffrance. Je les voyais déferler de tous côtés et plus particulièrement entre les murs de la rue Vauquelin où le grand rabbin Maurice Liber ne savait plus où donner de la tête pour accueillir ses réfugiés.

Nous commencions à apprendre ce qui se passait en Allemagne non pas par des communiqués de presse, mais par le récit des rescapés de l'enfer. Ce n'est pas le lieu ici d'évoquer ce que j'appris alors, ce que tout le monde sait aujourd'hui. Être juif changeait de sens pour moi. Ce n'était plus la placide et joyeuse existence que j'avais connue dans mon milieu natal. Je me trouvais soudain plongé au cœur d'une effroyable tragédie. L'image que je me faisais du Juif changea brusquement : non plus le Juif aux Psaumes de mon enfance, mais le Crucifié dont je voyais et pouvais toucher les plaies sanglantes. Partout traqué et chassé quand il n'était pas persécuté et tué en Allemagne, en Pologne, en Autriche, en Tchécoslovaquie et bientôt, parmi les innombrables victimes de Staline, en Russie également. Partout ailleurs, si ce n'était pas la persécution, les portes se fermaient devant ceux qui erraient à la recherche d'un refuge dans un monde aveugle et sourd, traître à lui-même. Je le voyais de mes yeux : mon peuple séparé d'Élohim, abandonné, cherchait désespérément un refuge. L'Angleterre elle-même lui interdisait le libre accès au Foyer national de Palestine. Tués, brimés, chassés, traqués, refusés, je voyais chaque jour devant moi défiler un peuple martyr, impuissant que j'étais à le secourir. Un Juif, aussi désespéré que nous l'étions, avait tué von Rath, un diplomate allemand. Cela n'avait servi qu'à rendre plus cruelle la persécution.

Il y avait la détresse du Calvaire et celle des hommes et des femmes qui priaient aux pieds de cette nouvelle forêt de croix qui s'étendait sur l'Europe en guerre. Une folle cavalcade noire nous assaillait de tous les horizons, désarmés que nous étions devant elle. Je ne pouvais éviter de me joindre à la foule muette qui avançait vers la mort. Ne pas esquiver l'affrontement, mais faire front à la persécution, au risque d'en mourir. Isaïe l'a dit plus brutalement que traducteurs et théologiens ne l'ont entendu : « Élohim est le créateur du mal », aussi inéluctable que le bien. Il fallait faire front et c'est ce que, d'instinct, j'avais fait en frappant à la porte de l'École rabbinique où rien ne m'appelait, surtout pas le désir d'être rabbin. J'entendais persévérer sur cette voie alors que le grand collecteur avait crevé, inondant l'Europe de ses immondices. Le rapport absolu à Élohim dont j'étais en quête passait, nécessairement, par l'acceptation de son Être et de sa volonté. Il ne s'agissait de rien d'autre que de ceci : simplement savoir qu'Élohim est dans ma chair, que ce n'est pas « moi » qui vit en Lui, mais Lui qui vit en moi : être sa totale acceptation.

Au bord de cet abîme où le monde allait s'écraser, je brûlais de la nécessité d'annoncer Élohim, d'annoncer l'Amour, d'unir les lambeaux épars de mon peuple dispersé, d'insuffler en lui foi et vie. De toute la violence de mon être, du plus profond de ma souffrance, j'avais la claire vision de l'œuvre à accomplir. Mais comment ? Mais avec qui ? Prosterné, je souhaitais trouver la force et l'amour nécessaires pour ce combat dans mon union à Lui, ouvert à la formidable force de prière qui portait le monde et pourrait peut-être le sauver. L'amour, dans sa toute puissance, me submergeait, mais aussi l'angoisse de notre avenir.

J'écrivais à l'un de mes amis chrétiens, Roland Simon : « Lis l'Apocalypse et tremble. Tremble pour toi et pour les tiens, tous les tiens, les proches, les lointains, et pour moi et pour chacun de nous tous. Tremble, Roland, pour ceux qui parlent et mentent ; tremble pour ceux qui se taisent : oui, le jugement est là, devant lequel nous ne pourrons pas fuir ; Dieu est là, devant nous, que nous voulons chasser. Et de cela, Roland, nous sommes tous morts. Nous sommes morts au réel, morts au royaume, morts à l'appel, éternellement morts à la gloire, morts à la justice. Et les paroles et les doctrines et tes dogmes, Roland, ne font qu'ajouter à notre mort. Le sais-tu ? Et trembles-tu ? Trembles-tu ? »

5.

Ma soeur, mon épouse

La porte étroite. L'équipée saharienne.
Le Cadi de Ouargla.
D'abord se convertir soi-même.
Fascination du désert. Par amour de l'amour.
Je t'ai chantée, ô délivrance. A Ghardaïa.
Le retour à Paris. L'exode.
Consécration de Colette.

Un tournant décisif de ma vie se prenait quand je franchis la porte étroite d'un immeuble du boulevard des Batignolles à Paris. A peine rétabli de mon accident, mon crâne rasé traversé par une longue cicatrice, je repris le chemin de Paris où je devais présenter des diplômes d'études supérieures de droit et commencer ma deuxième année d'études rabbiniques. Je revis Magdeleine : nous étions unis par un renoncement qui donnait à notre amour sa dimension d'éternité.Magdeleine connaissait ma solitude. Elle me proposa de me présenter à une de ses cousines : « Tu verras, elle a la même sensibilité, les mêmes exigences que toi. Vous vous comprendrez bien. »

Je rencontrai pour la première fois Colette le samedi 11 novembre 1939, à dix-sept heures, par une belle journée automnale. Colette, alitée, habitait alors chez sa sœur Yvonne. Je la vis dans son lit : sa longue chevelure blonde, défaite, encadrait un visage rose où perçait son regard clair. Une cuvette tachée de sang se trouvait à portée de sa main. Depuis le mois d'août, elle était sujette à des hémoptysies. Son teint pâle accusait la beauté de ses traits : elle avait vingt-cinq ans.

D'emblée, nous trouvâmes deux terrains d'entente :

la musique, sa passion, et la mienne, la Bible. Dès son enfance, elle avait une vocation musicale que ses parents découragèrent du mieux qu'ils purent : « Avec une santé comme la tienne, la musique ne te mènera nulle part », tranchait son père, un tailleur installé non loin de la rue des Rosiers, rue Malher. Mais Colette Boyer descendait des Normands par son père et me disait-elle, des Vikings par sa mère, une Locard : elle ne désarma pas, s'obstinant dans son désir, jusqu'à son entrée au Conservatoire national de Paris à l'âge de onze ans. Elle en sortit en obtenant des prix de composition et de piano qui la destinaient à la carrière dont elle rêvait. Mais la guerre, sa santé, notre rencontre et une plus haute vocation lui en interdirent l'accès.

Dès notre première conversation, je vis bien que Dieu et la Bible se situaient au centre de ses préoccupations : elle était devenue une frontalière de la mort depuis qu'elle crachait son sang, s'intéressant désormais davantage à ce qui se situe au-delà qu'en deçà du visible, m'expliqua-t-elle. Elle avait tenu à me rencontrer justement parce que Magdeleine lui avait parlé de mes études bibliques : elle était aussi avide de tout savoir de la Bible que moi de pénétrer son univers musical.

Je quittai Paris pour Vichy, où l'École rabbinique s'était réfugiée peu après notre rencontre. Nous poursuivîmes notre dialogue par correspondance. J'habitai à Vichy une chambre glacée, à l'hôtel du Tessin, place de la Victoire : tout était gelé, balayé par des vents qui nous sciaient les côtes. Je me protégeais contre un froid de moins vingt degrés, enfoui dans le duvet que j'avais la nuit de la Furka. Mon feu intérieur était alimenté par la ferveur de mes études : j'étais plongé dans la Bible ouverte sur ma table, de nuit et de jour. Je la chantais sur nos antiques musiques héritées des liturgies du Temple, ma pensée et ma chair se pénétrant ainsi de ses lumières. J'écrivis à Colette dont la pensée m'était présente depuis que nous nous étions vus :

« Le cœur me manque de parler de votre souffrance physique. Je ne peux rien en dire, sinon vous aimer d'autant plus... Loin de me donner du souci, elle me rapproche de vous. Quelle serait ma joie si mon amitié vous était de quelque secours pour vaincre votre maladie... Votre souffrance est mienne autant que vôtre est ma joie... »

« Élohim aime les cœurs brisés », disent les Psaumes. Le sang que Colette crachait de ses poumons blessés me paraissait bien correspondre aux réalités que nous vivions, à celles que nous pressentions. Je reconnaissais du premier regard les « cœurs brisés » dont j'étais : dès mon éveil à la conscience, je trouvai auprès d'eux ma vraie famille spirituelle.

« Sans mon état de santé, me disait-elle, je serais déjà dans un couvent. » Pour moi, je ne pensais certainement pas à un monastère, mais à me réfugier hors du monde dans quelque désert où puisse s'épanouir le chant dont j'étais porteur. Je rêvais d'une fraternité qui se situe aux sources du silence contemplatif. La prière intérieure serait la règle d'or des hommes et des femmes réunis dans cet ordre nouveau dont toutes les possibilités créatrices seraient mises au service de tous dans une exigence de justice et de paix, hors des cloisonnements de ce temps, dans l'espérance des accomplissements messianiques promis par les prophètes.

Les vacances de fin d'année me firent revenir à Paris : je logeai dans le studio de Colette, 9, rue de Civry, non loin de la porte d'Auteuil, tandis qu'elle habitait chez sa sœur. Dans son deux-pièces, elle avait un Pleyel demi-queue qui me permit de découvrir son talent de pianiste. Dès qu'elle s'installait devant son clavier, plus rien de maladif ne subsistait en elle : elle semblait traduire un chant céleste en interprétant les œuvres qu'elle aimait, de l'intérieur, avec sobriété et puissance. Nous passâmes ces vacances de fin d'année ensemble, comme sur une autre planète que celle où se situait le Paris de « la drôle de guerre ».

Je regagnai Vichy le 1er janvier 1940, dans un ravissement intérieur qui prolongeait en moi celui que j'avais découvert à Montgenèvre, une année plus tôt. C'était une illumination intérieure, de celles qui transportaient les *alumbrados* au seuil de l'extase. Mes études bibliques entretenaient en moi un état d'être qui décuplait ma puissance de travail. Je m'apercevais à peine de la médiocrité des cours de cette École rabbinique amputée de ses meilleurs maîtres, désormais mobilisés. Mais j'avais suffisamment de livres pour compenser leur absence en m'aidant des conseils de vieux rabbins arrachés à leur honorariat, ravis de pouvoir se rendre utiles. Je nageais dans l'océan des études bibliques talmudiques et cabalistiques, avide de tout savoir, de tout comprendre

A sa manière, Colette, à Paris, faisait le même choix que moi : ayant compris l'importance de l'hébreu pour la compréhension de la Bible elle s'était mise à l'étude de cette langue qui lui faisait mieux pénétrer ces textes qu'elle découvrait pour la première fois. A l'âge de douze ans elle avait refusé de faire sa première communion catholique. Le choc qu'elle reçut de sa découverte des Ecritures fut d'autant plus fort qu'elle avait échappé à la médiocrité des enseignements catéchétiques. Dans les lettres qu'elle m'écrivait, je découvrais l'écho de mes propres préoccupations : une révolte contre ce que le monde nous découvrait de son visage, une aspiration vers un absolu que nous cherchions au-delà de ce que la société pouvait nous offrir, en ce Dieu qui nous habitait et que nous aspirions à connaître face à face, directement à l'écoute de sa Parole, de nous-mêmes et de l'univers.

Colette avait, à un degré rare, une puissance contemplative, un don de visionnaire que j'avais découverts en l'observant quand elle jouait du piano ou quand elle entendait un concert d'une exécution parfaite : elle était alors comme suspendue au-dessus d'un grand vide à un sommet où, dépouillée de mots, d'images, d'idées, elle devenait réceptivité pure, comme en état d'extase. La musique, comme la prière contemplative, créait en elle un état d'apesanteur qui la métamorphosait, libérant son moi profond dans une illumination de tout l'être. Elle n'était jamais plus émouvante qu'alors, dans sa beauté de vierge florentine aux longs cheveux de lin répandus jusqu'à sa taille, ses yeux où le bleu et le vert mêlés faisaient mieux ressortir le vif incarnat de son teint.

Son intuition, faite de subtilité normande, accédait aux pouvoirs de la vision dès qu'elle concentrait sa pensée : j'avais demandé à un de mes amis qu'elle ne connaissait pas de tirer un trait à la règle sur une feuille de papier blanc : à la vue de ce simple trait, elle donna une description précise du masque pascalien de Georges Cixous, précisant qu'il était médecin... et tuberculeux. Elle fuyait les occasions de manifester son excessive sensibilité pour mieux se consacrer à sa musique, à ses études et à la découverte de sa vie intérieure, au-delà du monde des sons et des mots pour se nourrir du silence qui les fonde. En me voyant, elle avait compris l'essence de ma recherche et, peut-être, de mon être, comme je l'avais fait d'elle-même. Plus fortement que toutes les personnes qui vivaient autour de moi, elle avait pris la mesure des tragédies de la guerre, notamment en ce qui concernait les Juifs. Elle était née et avait grandi rue Malher, en plein quartier de Juifs généralement originaires d'Europe orientale, mais j'étais le premier qu'elle approchait.

Notre rencontre donnait à Colette la clé du monde où elle avait grandi dans le Marais parmi des Juifs à barbe et à houppelande, à la langue et aux rites d'un autre temps, d'un autre lieu. Ils étaient à ses yeux des marginaux, comme elle. Et voici qu'elle découvrait que leurs racines plongeaient dans la Bible, cette révélation dont elle était en quête.

Parallèlement à mes études sémitiques, je me plongeai dans la lecture des mystiques de toutes les époques et de tous les pays. « Du feu profond naît l'unité de cœur, enseignait Ruysbroek. Or l'unité du cœur est la collection de toutes les puissances de l'homme, réunies et senties dans le domicile de la profondeur. »

Ce message, je le retrouvais essentiellement identique chez les mystiques juifs, musulmans ou d'Extrême-Orient que je découvrais. Les divergences naissaient au niveau des cultures et des langues, plutôt que de la vérité de l'homme ou du mystère de Dieu. Les œuvres de Jean Baruzi sur Jean de la Croix ou sur Leibniz m'ouvraient des horizons plus vastes et plus justes que ceux où stagnaient les cours de théologie que je suivais.

Le 1er janvier 1940, me séparant de Colette et de Paris, je rejoins ma glacière à l'hôtel du Tessin, mais si profondément enfoui dans mes études et mes extases que je n'avais pas conscience de risquer de me transformer en bloc de glace. J'expérimentais à ma manière les récits où des spirituels hindous, assis nus sur les neiges de leurs glaciers, les faisaient fondre par le feu de leur ferveur. De fait, ma seule défense contre les froids de moins vingt degrés de ce deuxième hiver de guerre ne se trouvait qu'en moi-même. Je ne sentis guère passer les rigueurs de l'hiver, pas plus que je n'étais sensible à la médiocrité ambiante, immergé dans l'univers spirituel que je découvrais, dans cette sorte de folie qu'est l'extase mystique. Le mot joie, dérivé du latin *gaudium*, exprimait moins bien que l'hébreu *ira* le frémissement de tout mon être au contact du mystère qui le fondait et l'habitait, lui donnant vie et lumière. C'était en moi une musique divine dont je retrouvais, dans les dix-neuf notes du Kyrie de la *Messe en « si »* de J.-S. Bach, les rythmes, comme s'ils descendaient des ciels.

Mon frère Charles était alors mobilisé dans le grand Sud algérien, à Ouargla : il m'invita à faire auprès de lui un séjour de plusieurs mois. Charles, violent et passionné, était la générosité même : rien ne me plairait davantage que de vivre un temps auprès de lui. Mieux encore, ce départ m'arracherait au froid de cette sous-préfecture de l'Allier où Pétain, quelques mois plus tard, devait installer son gouvernement. Tout me poussait à ce départ vers le Sahara où j'avais reconnu l'une de mes patries. Je rêvais de partir à Ouargla avec Colette, mais, clouée par sa maladie, elle ne pouvait songer à me suivre. Nous étant reconnus pour frères et pour époux, nos lettres ne cessaient de découvrir notre émerveillement aux sources de l'amour. Elle s'était plongée dans l'étude de l'hébreu, s'immergeant tout entière dans la Bible qu'elle commençait à lire en hébreu comme une vraie fille d'Israël, elle, la chrétienne, la Normande. Rien ne nous séparant, l'amour nous unit à l'aube du 19 février 1940, après une journée et une nuit passées à Paris à éprouver la profondeur de notre identité. Colette aimait Ravel : le « Lever du jour », de *Daphnis et Chloé,* chanta la joie de notre mariage. Dans le détachement de nos êtres, notre élan nous poussa l'un vers l'autre, l'un dans l'autre, éblouis par une lumière qui nous éclairera à longueur de vie. Le don d'amour que nous nous faisions l'un à l'autre était sans réserve, sans retour. Colette n'avait pas tenté de m'attirer à elle, de m'imposer sa foi ou ses volontés : elle s'était donnée d'un acte réfléchi, sacramentel, à Dieu qui, nous le verrons, n'était pas absent de sa résolution, et à l'homme, au Juif, que j'étais. Dans la ferveur de notre jeunesse, tout ce qui nous advenait nous semblait aller de soi, et surtout l'élan d'amour qui nous avait précipités l'un dans l'autre. Cependant, j'étais un Juif à une heure où, en Allemagne, la persécution s'acharnait contre mes frères, tandis qu'en France la propagande antijuive battait son plein. Colette épousait non seulement l'homme, mais le fils d'Israël qu'elle reconnaissait en moi. Loin de l'arrêter, ce fait avait été déterminant dans son offrande.

De mon côté, je ne pensais pas un instant aux conséquences de notre rencontre, pour elle comme pour moi. Colette souffrait d'une tuberculose fibreuse incurable, cette maladie dont Sarah Bernhardt était atteinte et dont elle mourut à l'âge de soixante-dix-neuf ans. Le bacille creuse dans le poumon sa cavité qui se recouvre de fibres : d'hémoptysie en hémoptysie, la malade dure dans un état intermédiaire entre la santé et la maladie, toute vie normale devenant impossible. Le déchirement de nos vies – elle, écrasée dans sa santé, moi, dans ma judéité – était ce qui cimentait notre union autant que la musique et que la mystique où nous cherchions refuge contre ce que Unamuno appelait le sentiment tragique de la vie. Par amour, lucides, nous nous chargions l'un et l'autre de notre croix, à la vie, à la mort.

Le premier cadeau que je fis à Colette en me séparant

d'elle fut un bouddha dont le sourire enseigne que la vie est une douleur dont nous pouvons nous libérer en suivant le noble octuple sentier, dans le renoncement, la compassion infinie entre tous les êtres et l'oubli de soi. Elle-même me remit un psautier hébraïque relié de cuir qui m'accompagna sur nos routes de guerre. L'unité brûlante de l'amour embrasait nos êtres d'une puissance de joie et de paix.

Ma rencontre avec Colette ne fit que confirmer ma volonté d'une rupture d'avec ma vie passée. Répondant à l'invitation de mon frère Charles, je partis pour le Sahara non pas en touriste, mais en pèlerin qui a un rendez-vous avec Élohim. Le temps de réserver une place sur le premier navire en partance et j'étais une fois de plus sur les voies de la Méditerranée. Le bateau, entre Marseille et Oran, suivait les côtes espagnoles par crainte des sous-marins allemands. J'étais entouré de spahis et d'ouvriers arabes. Ceux qui parlaient l'arabe, plus proches de moi, me semblaient les seuls à avoir gardé leur authenticité. Les autres, frottés d'Occident, n'étaient pas plus arabes que français : des êtres hybrides, comme le colonialisme savait en produire. Je m'endormis sous notre ciel, enveloppé dans ma grande cape bleue, sur le pont du navire correspondant au billet le moins cher, gardant les yeux ouverts sur les étoiles jusqu'à ce que s'éteigne la dernière mélodie du dernier Arabe chantant sa mélancolie sur sa flûte.

Je dormis si bien qu'à l'aube je constatai la disparition de deux de mes pantalons, un vieux gris et mon bleu tout neuf. Ils m'avaient été volés pendant mon sommeil dans les sacs de bicyclette qui me servaient d'oreillers. Le vendredi, à l'aube, j'aperçus la baie d'Oran dans son cirque de montagnes : à l'est, la montagne des Lions, à l'ouest, celle de Santa-Cruz trouant les feux de l'horizon.

A peine débarqué, j'allai directement place de la Bastille où, à la grand-poste, je trouvai une lettre de Colette, présence qui ne devait plus me quitter, et un télégramme de Charles, bouillant de l'impatience de me voir à Ouargla. J'allai aussitôt d'Oran à Aïn-Témouchent me retremper dans le bain familial. L'atmosphère de guerre me sembla plus pesante qu'à Paris. Les hommes étaient au front, souvent aux postes les plus exposés. Les femmes étaient investies de responsabilités auxquelles elles étaient peu habituées. A contempler l'état du monde en ce début de l'année 1940, l'adolescent que j'étais ne voyait qu'une issue : mourir à moi-même pour vivre en Lui. J'avais la folle certitude que je serais un jour un instrument de vie et de paix entre les mains d'Élohim. Seule la prière pouvait me rendre la force de survivre à l'horreur de la guerre. Ma vocation serait, si c'était encore possible, de rendre aux hommes le goût d'aimer la douceur de l'amour. Ces rêves reflétaient ma solitude et la rage désespérée qui consumait mes jours. Venant d'Alger, j'avais fait étape et dormi à Touggourt dans un cantonnement militaire. Après les grisailles de l'Europe, le dépaysement provoquait en moi un déracinement de tout l'être, désormais enfoui dans l'immensité des sables où je devais reprendre racine. Le premier ordre de l'amour n'était-il pas celui du détachement ? De Touggourt à Ouargla, il y avait six heures de route. Quelques Arabes surgissaient, démesurément grandis dans la nudité du paysage. Les visages de femmes d'une beauté marmoréenne trouaient les bigarrures de leurs robes. Une voilette blanche cachait leurs visages d'où émergeaient des yeux de feu. La monotonie du paysage en accusait l'immensité : ici la vie se passait dans un face-à-face muet avec les sables et le vent, sous un soleil de feu. J'étais accordé à leur harmonie, qui m'inondait de plénitude.

En moi, un travail fondateur de mon être s'opérait, comme dans la matrice d'une femme le fœtus s'organise et devient un homme vivant, me rapprochant douloureusement, inéluctablement, d'une lumière plus haute, plus brûlante, d'un feu que je souhaitais éteindre sans pouvoir échapper à sa flamme ni savoir le fuir.

Ouargla était ma première plongée dans ce vrai Sahara dont Bou-Saada ne m'avait révélé que les abords. Charles m'attendait, superbe dans son immense burnous de spahi. Il m'amena aussitôt dans la maison que je devais habiter avec lui. Au cœur de la palmeraie, toute blanche, elle avait en son centre une pièce dont le dôme s'ouvrait en plein ciel. Elle n'avait ni meubles, ni chaises, ni table. J'étalai aussitôt à terre mes livres et mes dossiers bibliques. Là, le silence était parfait, troublé seulement par le chant des oiseaux, le murmure des eaux dans les jardins ou, au crépuscule, le nasillement d'une flûte. J'avais enfin trouvé la retraite où réaliser mon désir de solitude. Charles partait à l'aube rejoindre son régiment ; il n'en revenait que le soir. Une servante tenait la maison, me préparant la nourriture simple, mais délicieuse, que j'aimais. Je me levais avant le soleil et m'endormais peu après le crépuscule sur une natte à même le sol. Le temps semblait s'être évanoui dans les sables qui nous entouraient : je goûtais pour la première fois à la vie contemplative, plongé dans mon travail biblique et confronté à la seule réalité d'Élohim.

Le lendemain de mon arrivée, nous sommes réveillés à l'aube par le cadi de Ouargla. Ce juge musulman s'était lié d'amitié avec Charles. Il venait me souhaiter la bienvenue dans l'oasis dont il était l'un des notables.

– A quelle heure ton frère est-il arrivé ? demanda-t-il à Charles.

– Vers cinq heures de l'après-midi.

– Mais encore, plus précisément ? insista-t-il.

– A cinq heures dix-huit, avançai-je.

Le cadi sursauta :

– C'est exactement l'heure à laquelle une source inespérée s'est mise à couler dans mon champ. Pour moi, c'est la fortune !

Dans une oasis, l'eau constitue la source de toute richesse, et la seule de la région à une époque où nul ne soupçonnait l'existence des ressources pétrolières du Sahara ; d'où l'émotion de notre cadi qui, d'y penser, louchait un peu plus. Zohra, notre servante, silencieuse, avec le port royal qu'ont les femmes sahariennes, nous avait servi le café, agrémenté de la *kessra*, la galette qu'elle avait préparée et cuite sous nos yeux. Il était temps de parler de choses sérieuses. Intuitif, lettré, grand enfant lumineux, il m'appelait « monsieur l'avocat ». Nous ayant invités à déjeuner chez lui, le cadi n'alla pas par quatre chemins :

– Il est clair pour moi que c'est toi qui es la cause de ma richesse nouvelle : cette source abondante et probablement inépuisable attendait l'arrivée de son maître pour sortir de terre. Son maître, c'est toi et, comme elle va plus que doubler mes revenus, ce n'est que justice de t'offrir la moitié de ma fortune.

Devant mon silence, il ajouta :

– En acceptant la moitié de mes biens, c'est toi qui m'obligeras, car mieux qu'une clé qui sert à ouvrir les portes, tu es, ô mon frère, un arbre fruitier dont tout homme peut se nourrir.

Charles attendait avec perplexité la fin de ce discours inattendu. Je fis dévier la conversation en posant des questions à mon visiteur : quel type de procès tranchait-il à sa *mahakma*. Quel rite suivait-il ? En fait, le cadi avait nourri le projet de m'attacher à sa personne, à son clan et, Allah aidant, après que je me serais converti à l'Islam, il rêvait, je le compris par la suite, de me marier à l'une de ses filles. Zohra, imperturbable, ne cessait de remplir nos tasses de ce café dont elle avait le secret.

Le cadi, voyant que son ouverture n'avait pas eu le succès qu'il en escomptait, choisit une autre approche du problème :

– Ne voudrais-tu pas me donner des leçons de français ? J'aurais le plus grand besoin de connaître cette langue.

Cette fois, c'est moi qui envisageais le profit que je pourrais tirer de cette proposition, tout aussi inattendue que la première. Le cadi, truculent, me plaisait et puis, au cours de nos leçons, je pourrais améliorer mon arabe que mon séjour à Paris me faisait oublier. Voyant à mon visage que je ne disais pas non, il voulut forcer ma décision.

– Combien voudras-tu pour tes cours ? Ton prix sera le mien.

Je répondis que j'acceptais volontiers de lui apprendre le français, mais que je ne voulais pas d'argent pour cela :

– En échange de mes cours, toi, tu m'enseigneras le Coran, lui dis-je.

Le regard du cadi s'éclaira et le marché fut conclu. C'est ainsi qu'après avoir été l'élève de mes professeurs d'arabe du lycée d'Oran je devins le disciple assidu du cadi de Ouargla. Il connaissait parfaitement son Coran, et de la manière traditionnelle que j'étais avide d'approfondir. Je ne sais si mes leçons de français lui servirent jamais. Ses leçons d'arabe me furent de la plus grande utilité quand, cinq ans plus tard, je passai devant la faculté d'Alger un diplôme d'études supérieures de droit musulman et de coutumes indigènes. Et, près d'un demi-siècle après, son enseignement me revint plus d'une fois à l'esprit quand j'entrepris de traduire et de commenter le Coran.

Ma vie durant, frontalier des religions qui exerçaient sur moi un irrésistible attrait, j'eus à subir les assauts de mes amis chrétiens et musulmans qui souhaitaient, comme Yvonne l'espéra longtemps, me voir faire le saut de la conversion. J'eus même à affronter les assauts d'amis juifs – surtout de la part des plus pratiquants – pour m'engager sous la bannière de l'orthodoxie ou du conservatisme. En fait, je n'étais prêt à m'enrôler nulle part dans ma quête éperdue d'un face-à-face avec Lui seul. Devant mes convertisseurs de tous bords, je me sentais un peu comme dans la peau d'une vierge livrée aux avances de séducteurs dont les techniques pouvaient différer, mais qui se croyaient tous également irrésistibles.

Mon cadi avait du moins l'avantage de la netteté. En bon Sémite, dès que nous fûmes devenus suffisamment amis et qu'il fut en droit de penser que je savais assez de Coran pour être convaincu de sa vérité, il me mit clairement le marché en main. Puisque le Coran était la vérité d'Allah et que j'en accueillais les enseignements non seulement avec intérêt, mais avec une ferveur dont il était l'heureux témoin, je n'avais plus aucune raison de refuser la conversion. Le rite était le plus simple du monde : faire ses ablutions pour être en état de pureté rituelle et réciter la *Shahada,* qui ne contenait rien qui fût contraire aux enseignements du judaïsme ou du christianisme.

Pour ce qui était du christianisme, le bon cadi n'était gêné que par un seul de ses aspects : son irrésistible propension à vouloir convertir les bons musulmans pour en faire de mauvais chrétiens, certainement voués au feu de la Géhenne, puisqu'ils devaient abjurer l'Islam :

« Toi, pour devenir musulman, tu n'auras rien à abjurer : une douche et la *Shahada.* C'est simple, et par surcroît bénéfique pour tous les deux : le Prophète promet l'accès au paradis d'Allah au converti en même temps qu'au convertisseur. Comment refuser ce suprême bienfait ? »

L'homme croyait sincèrement à la vérité de ce qu'il disait. Mes autres convertisseurs ne m'avaient jamais proposé d'une manière aussi directe le choix qu'ils me suggéraient. Je ne pouvais leur répondre sans les blesser. S'ils étaient assez intelligents, ils comprendraient d'eux-mêmes les raisons de mon attitude, qui ne fut jamais inspirée par un aveuglement ou un endurcissement comme ils pouvaient le penser.

Avec mon bon cadi, il m'eût été difficile de m'expliquer à fond sur ce sujet. Nous étions assis sur une natte, l'un auprès de l'autre, accroupis à l'orientale. Tout recours à des arguments philosophiques à l'européenne n'eût fait que heurter mon bon ami. Je choisis de lui répondre franchement, mais, à la manière de l'Orient, par un bref apologue. Un jour qu'il se faisait plus pressant dans son zèle convertisseur, je lui demandai :

– Que pensent les musulmans de Moshé, celui que les musulmans appellent Moussa et les chrétiens Moïse ?

– C'est le plus grand des croyants, l'auteur de la Tora que l'Islam considère comme un livre inspiré, divin. Moussa est un prophète qu'Allah a choisi de préférence à tous les autres hommes, l'auteur de miracles sans nombre...

Je l'interrompis :

– Et que pensent les chrétiens de Moussa, celui qu'ils appellent Moïse ?

– Ils sont d'accord avec nous, les musulmans, et avec vous, les Juifs, pour voir en lui l'un des plus grands, sinon le plus grand des prophètes d'Allah.

– Bien. Mais vous, les musulmans, que pensez-vous de la divinité du Christ ?

– C'est un vrai blasphème. Pour nous le fils de Marie, s'il est le Messie, n'est ni Allah ni fils d'Allah. En cela, les chrétiens ne reposent sur rien, le Coran l'a dit.

– Bien. Mais dis-moi encore : les chrétiens, que pensent-ils de Muhammad ?

– Ces fils de chiens l'accusent d'être un imposteur et le Coran, qui est à nos yeux la Parole d'Allah, n'est pour eux qu'une imposture. Imagines-tu pire blasphème ?

Mon ami était cramoisi d'indignation : ses yeux, qui louchaient habituellement, accusaient leur strabisme, comme s'ils voulaient se confondre au milieu de son visage dans une orbite cyclopéenne. Je coupai court à sa fureur en constatant :

– Vois-tu, vous reconnaissez tous le message de Moïse, celui que j'ai reçu de mes ancêtres et auquel j'entends demeurer fidèle. Muhammad et Jésus sont pour vous un objet d'évidente dispute. J'attendrai que vous soyez d'accord avant d'en décider... Mais, en attendant, tâchons d'être moins infidèles à Moïse, à Jésus... et à Muhammad qui nous enseignent tous trois une même religion de l'Unique, en leurs appels à plus de justice, à plus d'amour, à plus de paix..., concluai-je en reprenant la lecture de la sourate du Coran qu'il m'expliquait.

Bien sûr, ce n'était là qu'une boutade sur mes

lèvres, mais elle fut assez convaincante pour que mon ami musulman ne me parle plus de conversion.

Je lisais alors la *Vie de Charles de Foucauld,* de René Bazin, et j'étais frappé par l'importance qu'il donnait à la conversion des musulmans à son catholicisme. Une des plaies des missions chrétiennes en terre d'Islam était « la chasse à l'homme » qu'elles y organisaient dans le but de donner le baptême à des musulmans. Il m'apparaissait absurde d'avoir pour idéal de faire disparaître une religion au bénéfice d'une autre. Foucauld comme Bazin le souhaitaient d'autant plus allègrement qu'ils méconnaissaient les vrais valeurs de l'Islam pour n'en retenir que ses aspects négatifs, méprisables à leurs yeux. Comme celui qui jugerait du christianisme d'après l'état des nations chrétiennes, l'Allemagne de Hitler, l'Italie de Mussolini ou l'Espagne de Franco, par exemple !

Les musulmans dans leur ensemble me paraissaient plus imprégnés de vie religieuse que la généralité des chrétiens et des Juifs que je voyais vivre autour de moi. La foi et la prière me semblaient souvent inspirer leur manière d'être et d'agir. Rien ne m'émouvait davantage que l'éveil d'une ville arabe appelée au culte d'Allah par la voix des muezzins au jaillissement des lumières de l'aurore. J'écrivais : « Il faut d'abord se convertir soi-même, sachant que ce *d'abord* ne doit pas avoir *d'ensuite.* » Un demi-siècle plus tard, je persiste à le croire. Bien des convertisseurs tentent d'échapper à l'exigence de leur propre conversion en voulant imposer leur religion à autrui. Cet état d'esprit me paraissait être une fuite dans le passé plutôt qu'une ouverture sur le réel. Plus subtilement, l'esprit missionnaire masque l'état idolâtrique d'un culte inavoué de soi et du groupe social auquel on s'identifie, auquel on veut attirer l'autre, ce qui est à l'opposé de l'ordre biblique de l'amour : « Va vers toi-même », dit le Cantique des cantiques, cri libérateur fort loin du très possessif : « Viens vers moi », des traductions classiques. La vraie conversion me paraît se réaliser dans la rencontre d'Élohim, face à face, ce qui implique une mort à soi-même. Sur cette voie, je ne cessais de mourir à moi-même. Je le constatai : la solitude n'existe pas au désert, elle n'existe qu'en nous.

Le Sahara était mon constant refuge, ma réserve de puissance. Seul, avec les chameaux que j'avais appris à monter, en auto auprès des militaires avec qui je vivais, me joignant à une caravane faisant route vers le Mzab ou bien vers la Tunisie, je ne cessais de parcourir ce pays où le rêve, pour moi, était devenu réalité. Mes journées se passaient, dans un état d'apesanteur, à contempler les jeux de la lumière sur des dunes diaphanes. Entre deux soleils, ma solitude n'était troublée que par le passage d'une hirondelle ou d'un chasseur d'Afrique à la haute huppe et au long bec, qui voletaient autour de moi, troublés de voir un humain dans les aridités où ils cherchaient quelque improbable nourriture. Le désert n'est sûrement pas monothéiste, comme l'affirmait Renan : il décape l'homme de tout ce qui n'est pas lui-même, le mettant en demeure de prendre sa propre mesure en face d'une nature indomptable : seul l'homme peut, non sans difficulté, incarner l'Unique.

A Ouargla, dans la maison arabe que j'habitais, à l'ombre de jardins en fleurs, le vieux Noir qui me gardait venait de temps à autre s'assurer que j'étais vivant. Aux aurores, les palmiers, bouquets de lumière, dansaient dans l'envol de pigeons blancs, au cri des muezzins : « *Allah Akbar* » (« Allah est le plus grand »).

Vingt minutes d'une pluie d'orage, après des mois de sécheresse, avaient mis l'oasis en fête. Les palmes, délavées, luisaient comme si elles respiraient soudain. Dans les jardins, hommes et femmes chantaient la baraka tombée du ciel. Arbres, fleurs, visages et corps, nettoyés des poussières de la veille, détendus, vibraient d'une force nouvelle dans l'éclat des musiques. Non loin de moi, quelques adolescents martyrisaient un oiseau des îles que l'orage avait fait tomber entre leurs mains. Je le leur achetai pour sept sous : il ne pouvait plus reprendre son vol. J'essayai de lui donner à boire. Frémissant de tout son être, ses ailes multicolores s'agitèrent violemment, comme dans un ultime adieu à la vie, puis, les yeux brillants dans sa tête d'oiseau de proie, il mourut dans mes mains, sans un cri.

Ainsi un homme mourait en moi dans la demi-extase de mon paradis saharien, où je pris conscience de la vraie démesure de l'esprit. Je ne pourrais plus me satisfaire des ferveurs gidiennes auxquelles m'invitaient les contours lascifs de sveltes Oulad Naïls, émouvantes de beauté, roses des sables dansant leur joie dans des robes légères, vertes et rouges.

Le huis clos du marxisme me paraissait dérisoire devant l'infini qui s'ouvrait à moi. Au seuil des périls dont je pressentais l'urgence, ses aspirations me semblaient naïves, désuètes. Sous la coupole de ma chambre très nue, accroupi sur ma natte, j'apprenais dans ma Bible à découvrir une autre dialectique : la méditation et le jeûne étaient devenus une constante de ma vie. Mes journées comptaient dix à douze heures de travail employées à me battre avec les textes hébraïques de la Bible que j'essayais, les traduisant, de mieux pénétrer. Au crépuscule, dans l'incendie du couchant, perçant le bruit des cascades et des norias, j'entendais la voix des minarets où haletait la présence de l'Islam.

Le dimanche de Pâque 1940, l'oasis célébrait la fête du Printemps et les mariages de l'année. La cloche des pères blancs annonçait la résurrection du Christ, tandis que de leur côté les Juifs jeûnaient en l'honneur de la reine Esther qui avait délivré son peuple de la main de ses ennemis. Un frénétique tam-tam s'élevait de tous les jardins, à l'ombre de myriades de palmiers. La ville vibrait d'une rumeur immense : douze couples célébraient leur union le même jour. Dès le matin, les hommes en cortège s'étaient rendus au marabout du lieu. En tête, un orchestre de tambours et de flûtes élevait sa musique lancinante. Les fiancés étaient entourés d'une inimaginable cour des miracles formée par de vieilles chanteuses édentées, souvent aveugles, qui poussaient vers le ciel, sans interruption, leurs incantations vibrantes de croyances et de pouvoirs magiques.

Les cris des femmes, porteuses de brûle-parfum, leurs you-you, étaient soutenus par la musique des tambours et des flûtes. Au bruit des détonations de la fantasia, à l'odeur de la poudre, dans les sables, chevaux et cavaliers piaffaient. Leurs montures épuisées, les cavaliers, dans une exaltation que les chants des femmes portaient à son paroxysme, continuaient, en courant à pied, leur fantasia. La nuit s'éclairait de leurs coups de fusil dans une odeur épaisse de poudre, d'encens et de corps en sueur.

Les mêmes femmes viendront demain pleurer leurs morts sur des chants également incantatoires. Les expressions de la joie et de la douleur se confondaient ici dans une exaltation que le silence des sables rendait plus lancinante : les chanteuses interpellaient de leurs yeux aveugles les fiancés d'hier, les morts de demain, avec une égale violence.

A l'entrée de Touggourt, où j'allais parfois, les tombeaux des rois se trouvaient tout au fond du cimetière parsemé de tombes blanches ; elles étaient plantées verticalement de trois pierres pour une femme, de deux pour un homme. Un mausolée abrite les tombeaux des rois de l'oasis : on y pénètre par des portes étroites, tellement basses qu'il faut s'agenouiller pour les franchir. Quand on se relevait, on voyait les pierres plantées à terre qui indiquaient, dans l'ombre, l'emplacement des trente-deux tombes réunies là. Pas un nom, pas une épitaphe, pas un ex-voto : sur les murs, un seul nom écrit d'une main experte, infiniment répété. Allah, Allah, Allah... Il m'arrivait de passer des journées dans la fraîcheur de ce lieu. Parfois de pénétrantes visions venaient me visiter, comme de mystérieuses présences : ma prière n'était que de mourir à moi-même, n'être plus rien que l'instrument de la volonté inconnue qui guidait mes pas. Des Arabes vivaient non loin du mausolée. Ne m'en voyant pas sortir, ils m'apportaient, en chantant, du thé à la menthe, m'invitant à partager le couscous qu'ils avaient préparé pour moi.

Il me fallait marcher au jour le jour, pas à pas, sans essayer de déflorer le mystère du lendemain : ne plus faire écran à cette lumière qui m'envahissait et me poussait à m'ouvrir au grand vent du large. La chasteté, loin de constituer un renoncement douloureux, m'aidait à réaliser en moi un état d'intégrité parfaite. J'étais comme enfoui dans la plénitude d'un amour ineffable : serait-il impossible de racheter le monde par un don de vie ? L'amour me portait, m'immergeait en lui. J'espérais me donner à lui, et le faire si absolument que l'unité du réel puisse triompher en moi ivre de Lui. Par amour de l'amour, ne serait-il pas possible d'obtenir une victoire sur la nuit et la haine ? Je me sentais désormais libre par rapport au monde, nourrissant l'espoir de ne plus en redevenir l'esclave. Serviteur de l'Unique, je voulais porter la lumière qui m'habitait aussi loin que je le pourrais. Dépouillé de ma volonté propre, Je ne souhaitais que semer l'unité et l'amour partout où je voyais haine et discorde.

Un jour, je partis dans une auto militaire pour la traversée du Grand Erg oriental. Au départ de Ouargla à l'aube, la voix du muezzin déchirait la nuit.

Ce chant annonçait le grand jour et, juif, je reconnaissais sa vérité. Pour répondre à la voix du muezzin, les pères blancs agitaient de leur mieux l'unique cloche de l'oasis : lorsqu'une bonne âme l'offrit au couvent, il fallut bien bâtir un clocher, mais faute d'argent, celui-ci ne s'éleva jamais aussi haut que le minaret qui dominait la ville. A tout prendre, mes psaumes hébraïques faisaient moins de bruit et, me semblait-il, n'étaient pas moins entendus de mes ciels. Le muezzin s'était tu, la cloche avait renoncé à sa vaine tentative de réveiller l'oasis endormie : le silence, un instant troublé, s'installait à nouveau dans l'oasis, son royaume. La solitude y semblait plus profonde que la nuit.

J'avais quitté Ouargla à bord d'un camion militaire emprunté grâce à des officiers amis. Nous étions trois à bord, un chauffeur, un mécanicien et moi, pourvus de provisions d'eau et de vivres. Nous allions dépanner un camion perdu dans les sables du Grand Erg, entre Fort-Lallemand et Fort-Flatters. Nous devions rouler sur les pistes de sable pendant seize heures consécutives au bout desquelles, dans la nuit, nous devrions découvrir deux hommes égarés.

Notre auto s'enfonçait vers le sud en direction du Grand Erg oriental, le cœur du Sahara, sa partie la plus inaccessible : la piste serpentait entre des dunes pyramidales, hauts murs de sable qui nous encerclaient sans issue apparente. Lorsque nous avancions, elles semblaient s'écarter avec une légèreté féerique. Les seules tempêtes, dans l'Erg, sont celles du vent. Nous en essuyâmes une, si violente que notre auto dut s'arrêter. Je m'isolai au sommet d'une dune, mon torse nu offert au bombardement de millions de grains de sable projetés avec force contre ma peau.

Le vent ! Il ne cessait de souffler de mille voix inlassablement porteuses du bombardement de sable, en longues danses sur le disque nu de l'Erg. Le soleil lui-même disparaissait sous un voile de sable. On ne voyait que sa lumière voilée et, à nos pieds, ce qui restait de notre ombre. Dans le vent frais, j'étais torse nu et nu-pieds, sur les dunes, peuple féerique de sylves, toutes de douceur et d'élégance aux formes dansantes ; elles disparaissaient parfois sous les bourrasques cachées par les nuages de sable.

Demain, armée irréelle, elles réapparaîtront par vagues successives. Pour l'instant, nous étions immergés dans leur univers. Au coucher du soleil, le vent tombait, étendant sur nous la paix du désert. Le soleil semblait se blottir dans une minuscule tache rose d'où, lentement, naquit la nuit, où je chantai la Délivrance.

Plus tard, le mécanicien m'appelle pour me montrer un coquillage, là, si loin de la mer. L'Erg était parsemé de champs immenses de roses des sables. Loin de toute vie, la vie n'est pas absente du désert : j'y rencontrais gerboises et mulets, et des mouches à moitié folles acharnées contre nous. Pendant une demi-heure, j'observais le jeu, dans le vent et le sable, d'un oiseau blanc, tacheté de noir et de gris-vert, minuscule sous ses grandes ailes, arc-bouté comme moi contre le vent. Il disparaît en emportant le secret de sa survie dans ces immensités. Je passais cette nuit allongé à flanc de dune. Enfant, je rêvais de saisir à pleines mains les étoiles pour les mêler à mes jeux. Là, les étoiles m'avaient pris dans leurs rythmes stellaires, si proches qu'il me semblait danser dans leur ciel. Sur mes pistes imprécises, ma soif me guidait en des paysages lunaires, où l'ange, pour lutter, devenait de feu. A l'aube, je me remis en marche à travers l'Erg. Une étoile, tel un aimant, me guidait dans le chaos des sables. Là, je commençais à comprendre qu'il était possible, au terme d'un long cheminement, de se déprendre de soi-même. Cette rose des sables qu'un enfant en haillons m'avait offerte semblait me convoquer à cette science. Sous le dôme céleste, je vivais, là, mes extases, aux heures d'éveil où l'esprit découvre sa propre beauté. Le désert me donnait la certitude de nos lendemains, la réponse à mon angoisse : me plonger dans une vivante adoration de l'Élohim vivant, déchirante de mes limites. La distance qui séparait mon rêve de la réalité ne me porterait-elle pas, si je devais la franchir, aux portes de la démence ?

Palmes offertes de l'aube au crépuscule en bouquets tendus à la lumière, cinq fois par jour au minaret voisin dans le silence de l'oasis, le muezzin élevait sa voix : « *Allah Akbar* » (« Allah le plus grand »), aux éclatements de mon être.

Je rentrais un jeudi d'une longue promenade de nuit renonçant à traduire en mots l'expérience vécue de mes semaines sahariennes, avec en tête une seule pensée : Élohim !

Je méditais cette phrase d'un mystique musulman :

« Laisse-moi devenir non existant ;

la non-existence me crie à grandes voix d'orgue : c'est à Lui que nous retournons. »

Je retrouvais ces pensées dans des contextes différents, en Orient, chez les Hébreux et les Arabes, autant qu'en Extrême-Orient, aux Indes, en Chine, au Japon, et sans doute me touchaient-elles parce que je les portais en moi.

Ayant quitté Ouargla, je retrouvais le printemps algérien, les effluves de ses fleurs plus nombreuses que les grains de notre sable, dressé entre la Méditerranée et le Sahara, mes deux amours. Dans cette lumière, je vivais dans une présence qui donne et exige tout. Connaître adéquatement et aimer jusqu'à en perdre la vie, à la limite, est un seul et même acte. Se nourrir d'amour en œuvrant pour la perfection d'autrui ou confondre son être avec la vie de l'univers, à la limite, constitue un seul et même acte. Telle me paraissait être la leçon de la Bible et des grands textes qui lui faisaient écho. Si ma vie devait avoir un sens, je devrais atteindre l'au-delà dont je pressentais mieux en moi la réalité. Jean de la Croix décrivait l'état d'être où je me trouvais par une image, celle d'un homme qui, suspendu dans l'air, serait dans l'attente d'un point d'appui. Dans ma vie extasiée, il me semblait que je ne trouverais jamais de point d'appui pour arrêter ma chute dans l'infini de l'Amour.

Je ne pouvais réellement rien dire de mes journées

cloîtrées. Ceux-là seuls qui ont entrepris leur plongée dans l'océan du silence savent ce qu'est le silence. Il me semblait toucher le fond d'un double abîme, celui de la souffrance et celui de la joie des hommes. Car la souffrance aussi devenait ma compagne. J'en connaissais mieux la réalité, sachant que rien n'abolira l'unité du réel, qui, dans son essence, est amour.

Les vies de François d'Assise que j'avais lues me paraissaient pâles auprès de ce que fut réellement cet homme : l'hagiographie tue tout ce qu'elle touche. Pourquoi voiler ses défauts avant même sa conversion ? Pourquoi affadir les combats qu'il dut livrer avant de pacifier son être ? Pourquoi estomper son orgueil et parfois sa vanité ? Pourquoi ne pas parler ouvertement des femmes de sa vie ? L'homme n'est-il pas toujours le fruit matriciel de ses femmes, à commencer par sa mère ? Un passage de sa vie me paraissait cocasse : saint François prêchant aux oiseaux. Fort bien. Mais que leur dit-il ? Il s'adresse à eux comme à des chrétiens de son temps. C'est un peu ce que fera Messiaen, qui voit dans les oiseaux de François des élèves de son cours de composition – et il les traite en tant que tels. L'erreur est toujours de plaquer sur autrui notre pensée, notre volonté.

Dans les jardins de Ouargla, je préférais de loin me pénétrer de la prédication *des* oiseaux. Ils ont à nous apprendre davantage que nous ne pourrions jamais leur enseigner.

En mai, la chaleur était accablante à Ouargla. Il était devenu difficile de travailler. J'employais mon temps à méditer, prier et circuler dans l'oasis où le printemps n'avait pas encore basculé dans l'été. L'odeur de la palmeraie, où les dattes commençaient à se former, me pénétrait, portée par le vent.

Mon départ était décidé. Charles avait été rappelé à Alger. Je passais les derniers jours seul dans notre maison. La nuit, la lune éclairait d'une lumière si vive que je pouvais lire et écrire comme en plein jour.

Je pris, avec mes livres et mes écrits, le car du lundi qui partait, vers l'ouest, de Ouargla à Ghardaïa. J'employai ces quatre jours de route à mettre de l'ordre dans mes pensées et mes sentiments, essayant de voir clair dans ce que ma retraite m'avait appris. Mais Ghardaïa, au lieu de m'aider à prendre pied dans l'univers vers lequel je me dirigeais, me reprit dans l'exaltation de découvrir une des plus secrètes oasis du Sahara et, du point de vue ethnographique, l'une des plus passionnantes.

Dans son site de rochers rouges, la ville pyramidale se prolonge par son minaret, comme un point d'exclamation sur un paysage dantesque. Là, depuis dix siècles, les Kharéjites, ces protestants de l'Islam, avaient établi leur capitale religieuse, au centre du Mzab. Je fus reçu à bras ouverts par les chefs de la communauté juive qui comptait alors trois mille personnes : Je voyais sous mes yeux resurgir un monde hébraïque fidèle aux traditions bibliques de l'Orient. Auprès du Rabbi Moshé Sellem, dont je devins l'élève, il me semblait étudier comme aux pieds des maîtres de la Michna et du Talmud, dont il perpétuait les méthodes. Ces Juifs me permettaient, là, d'intégrer mon univers hébraïque au sein de l'Islam saharien. Et, pour compléter mon paysage monothéiste, les pères blancs maintenaient une présence chrétienne. L'oasis manifestait, plutôt qu'une unité idéale, les tensions irréductibles qui opposaient ces frères ennemis, les fils d'Abraham.

Mais les nouvelles qui me parvenaient d'Europe m'incitaient à précipiter mon retour à Paris. Je couvris les six cents kilomètres qui me séparaient d'Alger en deux étapes, après une escale à Laghouat où je retrouvais des Juifs angoissés par l'avance allemande. A Alger, je revis mon frère Charles qui ne se douta jamais de l'incendie qu'avait allumé en moi mon séjour à Ouargla. Sur le *Ville d'Oran*, équipage et passagers étaient inquiets par l'éventualité du torpillage de notre navire.

J'avais tournoyé dans toutes les directions de

l'esprit, comme l'oiseau dans celles du ciel, avant de trouver mon orientation. A Ouargla, j'avais définitivement découvert mon identité la plus profonde et, sinon ma voie, du moins la direction dont je ne dévierais plus.

Le grand rabbin Liber m'écrivit une lettre qui m'avait rejoint dans ma retraite au désert. Son école avait été réorganisée et il souhaitait me voir y reprendre ma scolarité. J'expliquais au grand rabbin que mon départ de Vichy, loin de marquer un changement d'orientation, m'avait confirmé dans ma vocation. Quoi qu'il advienne, Élohim, la Bible, Israël m'habiteraient à jamais. J'étais prêt, puisqu'il me le demandait de manière pressante, à regagner le lieu où se trouverait l'école. Et, le 20 mai 1940, je quittai l'Algérie pour Paris menacé par tant de dangers.

Le choix n'avait pas été simple et me surprend encore. Des amis me poussaient à partir pour les États-Unis où il me serait aisé de trouver ma voie. « Paris ! C'est une folie de te jeter dans ce guêpier, surtout toi, un Juif », me disait mon père, tandis que ma mère me poussait au départ pour l'Amérique. Hitler avait envahi le Danemark et la Norvège ; Paul Reynaud ne doutait de rien : « La route du fer est coupée. Nous vaincrons parce que nous sommes les plus forts... », clamait-il, tandis que l'Allemagne triomphait sur tous les fronts.

Le 14 mai, le front français était enfoncé à Sedan. Sur le navire qui me ramenait à Marseille, j'appris l'occupation d'Amiens et d'Arras. Pour la première et la seule fois de ma vie, je me mis à maudire ma jambe gauche, dont la paralysie partielle m'empêchait de combattre sur le front.

« T'inquiète pas, mon pote. Tu trouveras ta place dans les bataillons de la prophétie ! » me lançait, gouailleur, mon ami Oscar Wallach, d'origine allemande, l'un des premiers élèves de l'École rabbinique à être déporté et assassiné en Allemagne. Quand j'arrivai à Paris, il n'était plus question de rejoindre l'école. La Belgique venait de capituler, la bataille de Dunkerque faisait rage. Les Allemands préparaient leur offensive de la Somme et, déjà, leur entrée à Paris.

Ma place était là, auprès de mes camarades, juifs et chrétiens, qui n'avaient pas la possibilité de rester en Algérie ou de se réfugier en Amérique comme moi. Je serais mort de honte et de remords si j'avais opté pour le départ, loin du combat. Devant nous, la route était ouverte, étroite, dure, crucifiante, à l'image de la guerre. L'amour nous habitait, à la vie, à la mort.

A Paris, j'habitais encore le 6 de la rue Blainville. Sur mon toit, au cinquième étage, une sirène alertait le Quartier latin en cas d'attaque aérienne. Un matin, descendant de ma chambre, je croisais mes voisins qui remontaient notre escalier en pyjama, le visage défait. Ils avaient passé la nuit dans la cave. Il y avait eu quatre alertes aériennes sur Paris. La sirène, juste au-dessus de ma tête, avait sonné l'alarme à quatre reprises sans que je l'entende, perdu dans mon sommeil d'enfant.

Les événements se précipitaient : le 9 juin 1940, les blindés allemands occupaient Rouen ; le 10, l'Italie attaquait la France. Le pays, envahi par le nord et par le sud, s'effondrait. Ceux qui misaient sur un miracle de la Sainte Vierge ou du saint Rabbi Méir pour sauver la patrie constataient la vanité de leur espoir. L'École rabbinique était une caisse de résonance qui accueillait et amplifiait les bruits et les faux bruits qui fusaient en tous sens pour nourrir de fallacieux espoirs, aggravant la panique.

Je fus sans doute le dernier élève de l'École rabbinique à m'enfuir de Paris. En face des blindés déchaînés, le pays, anesthésié par les huit mois de la drôle de guerre, avait perdu son moral avec sa clairvoyance. Le gouvernement, suivi par l'état-major, s'était persuadé que « le temps travaillait pour nous » et, fort de cette certitude, il était recommandé de ne rien faire et de ne rien entreprendre : la victoire finale, dont personne ou presque ne doutait, finirait par tomber de notre côté comme un fruit mûr.

« Je pourrirai leur guerre », avait dit Hitler. En cela, il avait réussi au-delà de tout espoir. Les « collaborationnistes » cachaient mal leur impatience de voir les Allemands mettre de l'ordre dans cette France vaincue d'avance et qu'ils disaient vendue aux francs-maçons et aux Juifs : ils lançaient à tous vents les nouvelles les plus excessives. Si bien que l'état-major, ajoutant à la confusion générale, donnait l'ordre d'évacuer Paris alors que l'avance allemande était arrêtée dans le secteur de Rethel.

Mes professeurs et mes amis de la Cité universitaire, de la faculté de droit, de la Sorbonne, du Collège de France et de l'école rabbinique de France s'étaient éclipsés depuis belle lurette quand je décidai de partir à mon tour.

Il n'était pas question de le faire en abandonnant Colette à son sort. Faute de trains et de bus, pour partir, nous étions livrés à nos propres moyens, c'est-à-dire à mon seul vélo. Nous avions vu s'enfuir les limousines des familles les plus riches, conduites par des chauffeurs en livrée, suivies par les Citroën, les Renault, les Peugeot de la bourgeoisie, qui, n'ayant pas de château pour les attendre, trimbalaient sur le toit de la voiture des matelas multicolores. En route, nous devions nous faufiler parmi d'incroyables guimbardes. Je vis alors une Vinot-de-Guingon, sortie des premiers âges de l'automobile, qui me frappa, ayant été la première voiture qu'ait possédée mon père.

A tout prendre, la bicyclette était alors le moyen de locomotion le plus rapide et le plus sûr. Elle triomphait aisément des Rolls Royce, ralenties par l'encombrement des routes ou bloquées par la panne d'essence. Avec Colette assise sur mon porte-bagages, nous dépassions allègrement les foules affolées, fourbues, au bord de la crise de nerfs et de désespoir. La France en fuite avançait à la vitesse de ses véhicules les plus lents, chars à bœufs ou camions en panne qui paralysaient des milliers d'autres véhicules sur des centaines de kilomètres. Sur cette cible, des chasseurs et des bombardiers allemands passant en rase-mottes mitraillaient une population désarmée, seul frein à leur avance foudroyante.

A hauteur d'Étampes, nous fûmes les témoins de plusieurs de ces attaques : aux premiers vrombissements des avions qui plongeaient sur nous, nous nous aplatissions où nous pouvions, dans un fossé ou derrière un arbre. Les avions revenaient sur nous à deux ou trois reprises avant d'aller semer la panique ailleurs. Nous nous relevions alors, alignions les cadavres des victimes, nous pansions les blessés, et la procession poursuivait son chemin.

A Étampes, plusieurs centaines de personnes essayaient de s'engouffrer dans un train en partance vers le sud. En plus des wagons de voyageurs et de bestiaux, il transportait une citerne d'essence trop visible pour ne pas servir de cible aux bombardiers. Au confort du train, je préférais notre vélo. Nous apprîmes par la suite que le train d'Étampes, bombardé peu après son départ, n'était jamais arrivé à destination, la plupart de ses occupants ayant été tués dans les bombardements. Je continuais ma route avec Colette accrochée à mon porte-bagages. Aux côtes trop raides, elle poussait de ses pieds ou marchait à mes côtés, rarement, puisque l'Orléanais n'avait heureusement pas le relief de la Furka.

A Orléans vidée de ses habitants, les fuyards que nous étions erraient dans les rues à la recherche de quelque improbable secours. Vers minuit, nous avions fini par nous asseoir sur les marches d'une maison déserte. Ayant repris souffle, je me levai pour voir ce qui se passait dans la rue voisine. A ce moment, une attaque aérienne nous arrêta. Nous revînmes vers le lieu que nous venions de quitter. A l'endroit où j'étais installé quelques minutes auparavant, il y avait un cadavre criblé de balles. Le temps de l'étendre encore chaud le long du mur, nous poursuivîmes notre route. Une plaque, à la lueur d'une bombe éclairante, nous indiqua que nous étions près d'un cimetière.

– Allons-y, du moins serions-nous sur place au cas où..., dis-je à Colette.

Nous choisissons pour abri une tombe auprès d'un mur. Notre musique intérieure nous fait oublier le tragique de la situation : nous nous endormons dans les bras l'un de l'autre, comme si nous étions seuls au monde. Au plus épais de la nuit, une voix nous tire de notre sommeil :

– Vous n'avez pas vu passer mon régiment ?

Je me réveille et distingue dans la nuit un militaire égaré. Sa question était cocasse :

– Toi, tu es d'Oran, lui dis-je, à peine sorti de mon sommeil.

– Non, de la Sénia.

La Sénia était l'aérodrome d'Oran, à six kilomètres de la ville. J'avais reconnu mon interlocuteur à son accent, aux *r, on* et *ent* de sa courte phrase. Nous rions et je passe le reste de la nuit à évoquer avec lui les souvenirs du pays.

A l'aube, nous constatons que, loin d'être seuls, nous sommes entourés de dizaines de réfugiés qui avaient, comme nous, trouvé abri dans ce cimetière. La nuit, la ville avait subi d'incessants bombardements. A l'aube on entendait, tout proches, le grondement des canons, le crépitement des mitraillettes.

« Au point où nous en sommes, c'est bien inutile de continuer notre course », pensions-nous dans notre cimetière.

Un de nos trois compagnons ouvre, sans la fracturer, la porte d'une villa de banlieue. Dans la maison déserte, la table est servie avec un civet dans sa marmite de fonte. Les femmes ont tôt fait de réchauffer le plat que les habitants n'avaient pas eu le temps de manger, la veille au soir. La bouteille de vin, en ce grand matin, n'est pas de trop pour accompagner cette aubaine pour nos ventres affamés.

Trois chambres nous proposent les lits qu'il nous fallait. Dans le jardin, un poulailler, un clapier et tous les légumes et les fruits que nous pouvions désirer nous rassurent sur notre avenir alimentaire.

– La cave est digne d'une grande maison, annonce un de nos compagnons en brandissant une bouteille de bordeaux et un vin de Loire.

– Que penseront de nous les propriétaires quand ils reviendront ? s'inquiète Colette, au troisième jour de notre villégiature, tandis que le calme semble revenir dans la région.

– Ils seront ravis de trouver leur maison en ordre et non pas pillée, comme tant d'autres le sont déjà, répliquons-nous.

De fait, sur notre route, des pillards de magasins et de maisons désertes, des détrousseurs de cadavres et même de blessés sont à l'œuvre. Nous sortons reconnaître les lieux : des traces de balles sur les façades nous permettent de comprendre pourquoi le quartier où nous avons trouvé refuge est vide. Les avions, depuis la veille, bombardaient la ville pour faire sauter les ponts de la Loire et couper les routes du Sud. Affolés, nos bons Orléanais avaient fait comme nous et pris la fuite. Ils reviendront sans doute quand ils seront arrivés au bout de leur course. Nous n'avons qu'à les attendre. Après notre repas, nous ne pouvons guère nous reposer. La ville est à nouveau bombardée par l'aviation allemande, puis par des avions inconnus que nous reconnaîtrons plus tard : les Italiens, entrés en guerre depuis le 10 juin, viennent au secours de la victoire allemande en bombardant, eux aussi, la ville. Dans l'escalier du premier étage de notre villa, j'avais trouvé un point d'observation idéal : une fenêtre donnait sur la cité avec, au centre, la cathédrale.

A chaque bombardement, notre maison, à mi-chemin des ponts et de la ville, était ébranlée sur ses fondations. Une explosion plus forte que les autres m'avait fait sursauter d'un réflexe si vif que je me retrouvais avec un pan de la fenêtre entre mes dents : des bombes étaient tombées sur le parvis de la cathédrale, y creusant un large cratère. Un nuage me cachait l'édifice que je croyais effondré. Quand il se dissipa, la cathédrale était encore debout. La nouvelle fit aussitôt le tour du monde : c'était un nouveau miracle que la ville devait à sa Pucelle, sainte Jeanne d'Arc !

Je sus plus tard que mon beau-frère Jo se trouvait à quelques kilomètres de moi. Il allait réussir à traverser un pont avec l'armée en déroute lorsqu'un officier français l'arrêta, lui mit un fusil en main en lui intimant un ordre, qu'il donna avant de disparaître lui-même en direction de Bordeaux :

« Vous, s'ils arrivent, arrêtez-les ! »

Vous, c'était le zouave de deuxième classe, Jo Bensoussan, tailleur de son métier. *Ils* n'étaient autres que les blindés de la plus puissante armée du monde. Jo se débarrassa dès qu'il le put de son arme compromettante et fut fait prisonnier. Il réussit à s'évader quelques mois plus tard, alors que les relations maritimes étaient rompues entre les deux rives de la Méditerranée : nous étions tous deux captifs en Europe.

L'ouragan passé, la ville était jonchée de décombres, dus aux bombardements ou aux pillards. Dans le centre de la ville, je m'arrête devant une librairie éventrée dont les livres encombrent le trottoir. Parmi les centaines de bouquins éparpillés à terre, je distingue un titre : *Le Devoir d'imprévoyance,* d'Isabelle Rivière, puis un autre : *Solal,* d'Albert Cohen. Je me penche pour les prendre en main. A ce moment, un command-car passe devant moi. Un officier à monocle, debout, voyant en moi un pillard, hurle en ma direction : « On vous fussillera, on vous fussillera ! »

C'était mon premier contact avec l'armée allemande.

Il était temps de poursuivre notre route vers le

sud. Colette devait rejoindre sa soeur à Saint-Hippolyte, dans l'Indre. Je l'y accompagnerais, avant de poursuivre ma route, vers l'Algérie, s'il en était encore temps.

Nous étions occupés à mettre la maison en ordre quand un homme fait irruption, en trombe. Il nous examine d'un regard furieux et hurle :

« Mes timbales d'argent, mes timbales d'argent ! »

Colette comprend de quoi il s'agit, ouvre le buffet où elle les avait rangées et présente ses timbales d'argent à leur légitime propriétaire. L'homme, d'une cinquantaine d'années, barbu, s'assoit alors et éclate en sanglots. Il avait fui avec sa famille, qui avait disparu dans un bombardement.

– Disparus ou morts ?

– Je n'en sais rien, nous dit-il.

Nous le consolons du mieux que nous pouvons.

Nous proposons de le dédommager pour les lapins et poulets que nous avions consommés. Il refuse, tout à son chagrin. C'est avec tristesse qu'il nous voit nous éloigner.

Nous avions récupéré un vélo abandonné sur lequel, à mes côtés, Colette put poursuivre la route, dont la beauté contrastait avec le désarroi du pays.

Nous apprenons par bribes ce qui se passait : la démission du gouvernement Reynaud, la coterie qui s'empare du pouvoir, se servant de Pétain et de Weygand pour imposer sa volonté et ses ambitions. Le parti pro-allemand et sa fraction pro-hitlérienne triomphent. La France, dont l'armée était la première du monde, ayant été vaincue en quelques jours, l'Angleterre n'avait d'autre choix que de s'incliner, pensait-on. Son armée existait à peine, elle était mal entraînée avec des armements insignifiants. « Elle sera brisée en moins de trois semaines et envahie à son tour par les Allemands », disaient les militaires, soutenus par toutes les voix des propagandes qui fondent sur la France.

Au hasard d'une halte dans un café, j'entends pour la première fois la voix chevrotante du maréchal

Pétain : « Français et Françaises... » C'était le 17 juin à midi. Pétain s'adressait à Hitler de *soldat à soldat* pour demander une cessation des hostilités « dans la dignité et l'honneur ». Dans la salle, autour de nous, je vois des hommes qui pleurent : un vieillard sanglote en silence.

Nous enfourchons nos vélos et ne tardons pas à arriver à Saint-Hippolyte dans la ferme où je laisse Colette à la garde de sa soeur aînée. Nous nous séparons, ne sachant pas si nous nous reverrons jamais.

Colette devait me l'avouer par la suite : après nos premières rencontres, elle avait décidé de mettre fin à nos relations. Sa vocation n'était pas le mariage ni rien qui y ressemblât. Tout en elle s'y opposait, et tout d'abord l'état de sa santé. J'ai sous les yeux un état médical des maladies qui l'ont assaillie depuis l'âge de cinq ans : grippe espagnole, péritonite, pleurésies de toutes sortes, troubles de la vue et de l'alimentation, maux de tête, rhumatismes articulaires aigus, points au cœur, palpitations, congestions pulmonaires, rétrécissement mitral, embolie, décalcification et surtout hémoptysies à l'âge de dix-huit, de vingt-deux, de vingt-cinq et de vingt-six ans. Après notre rencontre, son état de santé sembla s'améliorer un temps, nous le verrons, puis le mal reprit le dessus : une infiltration, puis une lésion et une caverne au poumon droit exigèrent son entrée en sana.

Année après année, jusqu'à sa mort, les uns ou les autres de ces maux réapparaissent sans lui laisser de répit. Les médecins consultés annonçaient sa fin prochaine dès les années 40 et, à leur étonnement, constataient année après année son extraordinaire résistance. La maladie qui devait l'abattre disparaissait en lui donnant un regain de vie et de ferveur contemplative.

Lucide comme elle l'était, Colette voyait clairement qu'elle ne pourrait jamais tenir un ménage, porter et élever des enfants. Et cela seul eût été pour elle un empêchement dirimant à toute vie normale.

Mais une autre raison plus profonde encore la poussait à fuir tout engagement humain. Sa vocation, elle la savait depuis toujours contemplative. La musique, composition ou exécution, était pour elle une préparation à une vie d'adoration, davantage qu'un métier devant lui ouvrir une carrière ou lui donner un gagne-pain. Quand je l'ai connue, en novembre 1939, elle avait pris la décision de rentrer au couvent. Voyant que notre rencontre la détournait de sa voie, elle avait décidé d'y mettre un terme, quoi qu'il lui en coûtât. Avec sa volonté indomptable, rien n'aurait pu la détourner de sa décision. Cela d'autant plus clairement qu'à plusieurs reprises je lui avais proposé de reprendre sa liberté à mon égard : un Juif, à l'époque, ne valait guère mieux qu'une turberculeuse, fût-elle porteuse de tous les microbes de la terre.

Elle me confia la raison de son revirement : notre rencontre en novembre et fin décembre, nos lettres l'avaient mise en face d'un choix, et ce choix, elle l'avait fait : me quitter pour épouser Dieu, en adoptant une vie contemplative dans tel couvent qui voudrait l'accueillir.

Une nuit de février 1940, peu avant que je ne quitte Vichy pour Paris et Ouargla, alors que rien d'autre n'existait entre nous qu'une vive sympathie, elle eut une vision qu'elle me décrivit en ces termes :

« Dans la nuit, je vis un peuple nouveau, jeune, si nombreux que je ne pouvais le compter, d'origine très ancienne – qui s'appelait Israël –, ainsi qu'une terre qui refleurissait, là où il renaissait.

« Les hommes me paraissaient âgés de vingt ans environ. Tous réunis dans ce lieu, natifs du même peuple, parlant en hébreu. Et, bien que tous fussent présents dans ma vision comme un seul homme, la vue de cette image me suggérait que leur nombre s'élevait à plusieurs centaines de milliers, voir plusieurs millions, car ils me semblaient occuper toute la terre – la terre d'Israël. Je compris que ce peuple était différent de celui que j'avais entrevu dans mon enfance, rue des Rosiers, tout en étant du même nom et issu de lui, et qu'il était à l'œuvre voulue par le Christ. Devant et au-dessus du peuple, il y avait un homme que je voyais de dos. Il parlait à cette foule qui, les yeux tournés vers lui, l'écoutait attentivement. Je savais qui était cet homme. Jésus me fit comprendre qu'il était son envoyé et que mon propre office était de l'aider par la prière et l'adoration, devant Lui, le Roi des Rois et Seigneur des Seigneurs. Ma mission à moi était de préparer sa mission à lui. On me dit que je ne devais rien révéler à personne de cette vision, dont je ne verrai pas les accomplissements. »

A l'époque, Colette ne me dit rien de sa vision ni de ce qu'elle avait contemplé. Si elle l'avait fait, j'aurais eu très certainement la réaction de Jonas qui, envoyé à Babel, s'enfuit dans une direction diamétralement opposée : je ne me suis jamais senti de goût pour les visions ni pour les messages captés d'un au-delà hypothétique. J'étais trop profondément hébreu pour en nier l'existence, mais trop critique pour en accepter la réalité, et encore moins les directives.

Plus tard, elle me donna une autre clé de sa présence auprès de moi : « Il m'a été montré et donné un rosier à trois branches aux feuilles larges et une voix me dit : « Plante-le et il reprendra vie. » J'ai pris le plant fort embarrassée car il n'avait pas de racines. La voix me répéta : « Prends-le, plante-le et il reprendra. » C'est alors que le rosier s'est détaché en deux parties. La branche double détachée du tronc qui la soutenait auparavant poussait vers le haut alors que les deux autres, qui me paraissaient plus fortes, étaient coupées. Comme on m'ordonnait de les planter et que je protestai parce qu'elles n'avaient pas de racines (celles-ci ayant été coupées), cet ordre m'a été renouvelé plusieurs fois ainsi : « Plante-les, ils reprendront. » J'ai obéi et j'ai planté les deux branches, la double d'abord, la simple ensuite et le tout a pris racine. J'ai cru comprendre qu'il était question de nous, j'ai cherché longtemps à résoudre le problème, pensant d'abord que la solution était en Palestine, puis simplement dans une communauté juive. N'ayant pas réussi, je me demande quel peut en être le sens exact ? Il me semble pourtant que là est la solution que je cherche, que nous cherchons. »

Colette eut cette vision à plusieurs reprises, à Paris, puis en 1943-1944 en Haute-Loire. Elle finit par penser qu'il s'agissait d'Israël : le rosier mystique du Zohar refleurirait en communion salvatrice avec le Messie. Elle, Colette, visionnaire par nature, avait la garde de ce mystère. En décembre 1940, elle me dit avoir vu, rêve ou vision, un globe terrestre où, recroquevillée dans un coin, elle priait. J'arrivai dans sa vie – c'était ses années de bonheur –, puis j'en sortais, repartant avec ma famille, tandis qu'elle restait seule. Souvent, comme par éclairs, elle reprenait conscience de ce que sa mission terrestre était de préparer la mienne.

Un jour, avec un accent que je n'oublierai jamais, elle me dit : « Il est absolument nécessaire que tu m'aimes. »

6.

Danses de la mort et de l'amour

Voué à l'extermination. Avec Jacques Ellul.
Un portrait dans un jardin.
Toi, seul baume de mes blessures. Parias. Père.
Laisser naître un Juif. Noces de guerre.
Errances. Naissance et mort d'Emmanuèle
Encore l'ânesse de Balaam. Kippur à Témouchent.
Frontalier de la mort.

Peu de temps après mes premières rencontres avec Colette, le 1er janvier 1940, dans le train qui me ramène de Paris à Vichy, j'entends un *Concerto* de Bach dans un compartiment voisin. Le ciel bleu contrastait avec la neige des champs. Je m'avance et découvre une jeune fille, Isabelle Schlemmer, avec son frère, autour d'un gramophone. Le voyage se passe à écouter leurs disques. Isabelle me fait entendre du Erlebach que je découvre, du Beethoven, du Ravel, du Stravinski. Elle me parle d'un de ses amis qui, me dit-elle, a les mêmes préoccupations que moi : « Jacques Ellul est actuellement mobilisé dans un état-major de la région. Prenez son adresse. On ne sait jamais. »

J'avais cette adresse sur moi. J'indiquai à Colette mon itinéraire : j'irais d'abord voir Ellul au château d'Opms, dans le Massif central, avant de poursuivre ma route vers Lyon et Marseille où elle pouvait m'écrire en poste restante.

Mon départ de Paris, désormais occupé par les Allemands, marquait une nouvelle rupture dans ma vie. Ce que je vivais me repoussait au fond de moi-même avec une violence extrême. J'arrivai à Clermont de nuit. Je venais de traverser des paysages remplis de poésie, longs couloirs d'ombres et de mystères dans la vallée de la Sioule remplie de bruyères. La ville n'avait rien à m'offrir et j'entendais la fuir au plus vite. Ni fermes ni granges pour dormir, je continuais ma route pour trouver, à cinq kilomètres de Clermont, un coin assez retiré où je puisse dormir : un fossé dans le ciel, pensais-je. Hélas, une promenade pour amoureux le longeait. Jusqu'à plus de minuit, je pus entendre un répertoire d'histoires grivoises et de cris étouffés.

Dans mon fossé, j'étais comme possédé par l'amour d'Élohim, un au-delà de toute réalité visible ou sensible, une possession d'éternité, où l'amour écartelait mon être à le briser dans l'extase où j'étais plongé. La mort n'avait aucune existence, la mort tant de fois devant moi sur mes routes n'existait pas, n'était rien. J'avais été frappé de voir sur le visage des morts que je contemplais pour la première fois une expression de sérénité et même de joie, comme sur cette jeune fille dont la vie avait été soufflée par un obus, laissant intact son beau corps nu. Possession de vie, étreinte d'éternité, joie audelà de toute réalité sensible, je savais que rien ne pourrait jamais m'arracher à cette illumination, pas même mes faiblesses ou mes folies.

Et je dansais, solitaire, sur mon vélo, chantant ma joie sur cette terre que j'aimais d'une façon humaine, presque sensuelle. Colette était restée derrière moi, mais cette terre où j'avançais était pour moi davantage qu'une amie. Chaque arbre, chaque fleur, chaque fruit épousait le regard de mes ferveurs dans la lumière du printemps.

Je songeais à mes enthousiasmes, à mes rêves, à l'exaltation de mes joies : quel rapport avaient-ils avec l'enfer que je venais de traverser et celui plus terrible qui ouvrait sa gueule devant moi ? Le chant de cette pie, haut perchée dans son nid sur un tremble qu'argentait la lumière du soleil, celui d'un rossignol invisible dans les branches d'un chêne ou d'un nourrisson que j'avais vu sourire sur le sein de sa mère assassinée par une balle de mitraillette, tandis qu'elle l'allaitait, participaient au mystère auquel nous étions confrontés, source de toute réalité. Cette cause première avait un nom aussi mystérieux que son être et que, faute de me taire, j'appelais Dieu, l'I$\overset{\text{adonaï}}{\text{HV}}$H Élohim de mes ancêtres et de mon enfance.

Sur mes routes, j'étais habité par la pensée de Colette. Humainement, tout semblait devoir nous séparer, sa maladie et ce mal désormais mortel qui m'habitait – j'étais un Juif voué à l'extermination par décret de Hitler. Certes, mais en nous l'amour nous unissait, nous le pressentions, indissolublement.

Si Colette était ma sœur, j'allais me découvrir un frère sur ce pic où Jacques Ellul occupait le château d'Opms. Il était de cinq ans mon aîné. Quand je me présentais devant lui, il me dit avec son regard rieur : « Je t'attendais. » Isabelle Schlemmer, qui habitait Le Mont-Dore, était venue nous rejoindre. Nous partons ensemble dans les bois à la cueillette des cerises et des champignons, abondants, délicieux. Agrégé de droit, Jacques était chargé de cours à Strasbourg. Il m'apparut, droit et lumineux, dressé comme une flamme dans la nuit. Il était protestant et moi juif, mais en nous brûlait le même feu nourri des lumières de la Méditerranée dont il était aussi originaire. Plongé dans la Bible, il préparait l'œuvre dont il était le porteur et qu'il publiera année après année, l'une des plus puissantes de notre temps. L'amitié qui du premier regard naquit entre nous nous accompagna à longueur de vie. Dès l'arrivée de Hitler au pouvoir, il militait en France contre le fascisme. Aux lendemains de la défaite, il rejoignit naturellement la Résistance, dont il fut un des animateurs dans le Sud-Ouest.

Tandis que je pensais toujours à ma thèse sur *La Notion de Loi dans la Bible*, il préparait son grand livre sur *Le Fondement théologique du droit* qui parut au lendemain de la guerre, en 1946. Une égale sympathie m'unissait à Yvette, sa femme, qui allaitait alors le premier de leurs quatre enfants.

Après avoir partagé leur dîner, je refusai le lit qu'ils

m'offraient dans ce château où les hasards de la guerre l'avaient établi. Je préférais planter ma tente sur une colline voisine, d'où je dominais un immense cirque de coteaux, de bois, de montagnes avec, sur ma droite, le puy de Dôme. Ma tente solidement plantée sous un noyer, tout près d'une source qui coulait aux pieds d'un saule, je pus contempler la montagne frémissante d'oiseaux, de fleurs, de cerisiers sauvages et de champignons...

Un matin, un troupeau de vaches aux cloches sonores me réveille. Tandis que je prépare mon petit déjeuner, un vieux berger auvergnat me met au courant de la situation : « Ils ont profité de la victoire allemande pour assassiner la République », me dit-il.

Hitler, contrairement à la naïve attente de Pétain, après notre capitulation, avait continué son avance le long des rives de la Manche et de l'Atlantique. Le 18 juin, tandis que de Gaulle lançait son Appel, Hitler et Mussolini se concertaient au Brenner.

« Ces lâches ont vendu la France pour assouvir leurs ambitions », poursuivait mon berger. Je sentais l'homme, un ancien de la Grande Guerre, blessé à vif par la capitulation de son pays, désormais occupé, humilié.

Le temps était incertain. Parfois, il pleuvait avec force. Je dînais alors avec Jacques et Yvette, ne pouvant plus allumer mon feu faute d'alcool. Un soir, alors que je campais à flanc de coteau, un violent orage éclata. Le tonnerre sur ma tête me rappelait le vrombissement des avions d'Orléans. La nuit était blanche d'éclairs successifs, découvrant l'immense panorama des montagnes. Les couleurs apparaissaient alors comme à Ouargla sous la pleine lune. Le souvenir d'Orléans sous les bombes me blessait comme une écharde en ma chair, l'odeur des cadavres naissait de la lèpre de notre indignité, sonnant le glas de notre dignité. La pluie pénétrait ma tente, y charriant de gros cailloux.

Le château des Ellul venait d'être réquisitionné par un général. Je n'avais plus de raison de rester à Opms. Mes amis regagnaient Bordeaux, tandis qu'à vélo je me

un homme, torse nu, visage ascétique, dévoré par un regard angoissé, tente de percer le secret de son avenir, l'énigme de la personne qui l'habite. En voyant ce tableau, je m'aperçus qu'une épaisse barbe noire aux reflets bleutés me recouvrait le visage. Était-ce possible ?

L'artiste avait réussi à traduire, plus que moi-même, la réalité incandescente qui m'habitait, ineffable, intraduisible. Elle me déchirait, me consumait et tout à la fois m'inondait d'amour, de lumière. J'aurais voulu vivre à deux genoux dans l'extase d'une universelle action de grâces ou mourir d'un baiser de cette Personne qui m'habitait. J'étais, au-delà de moi-même, au-delà de toute réalité sensible, de toute Église, de toute parole, de toute pensée, comme anéanti en présence d'un mystère, Lui, IHVH[adonaï] Élohim, en qui se réalisait ma coïncidence à l'univers, aux sources de l'amour.

Pendant que j'étais chez Jean Couty, j'avais achevé la lecture de *Mein Kampf* de Hitler et l'*Éloge de la folie* d'Érasme. Devenir fou n'était plus pour moi un projet. Il me semblait être la réalité fondatrice de ma vie.

– Tu sais, ce tableau, puisque tu l'aimes, il t'appartient si tu veux bien l'accepter, me dit Jean quand je pris congé de lui.

– Que veux-tu que j'en fasse ? Je n'ai pas de lieu où poser ma tête, et avec ce qui se prépare, ce ne sera pas pour demain que j'aurai un clou pour y pendre ma tête. D ailleurs, je ne saurais l'accepter pour rien : or, j'ai à peine l'argent d'un billet de pont pour regagner l'Algérie !

Quelque trente ans plus tard, j'eus à la fois le tableau et le clou sur lequel le suspendre : il me fut offert par Jacques Verrière qui possédait des galeries à Lyon et, avenue Marignan, à Paris. Je ne sais plus qui m'avait fait faire la connaissance de Jacques : il souhaitait publier une édition de ma traduction de la Bible illustrée par les grands artistes de notre temps : « Le plafond de la Sixtine aux dimensions de notre siècle », disions-nous, fascinés par ce projet. Les livres, faute d'un Michel-Ange, ne parurent pas, mais, devant être publiés en édition bilingue hébreu-français, ils permirent à la Bibliothèque nationale de fondre, avec la collaboration de spécialistes israéliens, l'un des plus beaux alphabets hébraïques de l'histoire de l'imprimerie.

Jacques Verrière, apprenant l'existence de ce portrait, me confirma que Jean Couty avait fait belle carrière. Celui-ci ne possédait plus ce tableau qu'il avait vendu à un collectionneur peu après l'avoir peint. De collectionneur en collectionneur, Jacques Verrière finit par retrouver le tableau, qu'il reprit à la faveur d'un échange. Il vint me l'offrir à Jérusalem. Aujourd'hui, dans notre demeure de Jérusalem, face au mont Sion, il me rappelle quel adolescent je fus, ainsi que l'amitié de Jacques Verrière, qui devait mourir quelques années plus tard.

A Lyon, j'avais rencontré, chez Marie-Thérèse et Marguerite Prost, une jeune Juive, allemande d'origine, qui nous dit ce qui se passait dans son pays et ce qui attendait le nôtre. Je n'arrivais pas à croire à la réalité de ses propos. Elle paraissait affolée, comme saisie par je ne sais quel pressentiment, qui se réalisa quelques semaines plus tard : elle fut déportée dans un camp dont elle ne revint pas.

J'arrivai à Valence le 10 août 1940, la veille de mon vingt-troisième anniversaire. Un télégramme de Colette me parvenait : « Je vais vers toi... » Elle devait arriver deux jours plus tard. En l'attendant, je continuais ma route vers Charmes où je rencontrais Louis Dallière et Roland Leenhardt dont l'amitié me réconforta.

Colette ne s'était pas résignée à me laisser regagner l'Algérie sans me revoir. Nous prîmes la route de Marseille, passant par Saint-Rémy et Les Baux où nous campâmes plusieurs nuits extasiées, près d'un olivier, sous une lune éclatante.

En nous séparant, moi montant sur un bateau, elle prenant le train de Montpellier où elle espérait faire une retraite dans un couvent, nous étions éperdus d'amour et de détresse, de renoncement et d'espérance, dans un état second où rien ne nous paraissait impossible. Si je m'évanouissais dans les airs, happé au ciel, par je ne sais quel tourbillon, si j'éclatais, dispersé à tous les vents de la mer, ou, comme une flèche, si j'étais projeté dans l'azur que je contemplais, j'aurais été moins absent à moi-même que je ne l'étais alors. A Oran, Jacques Vérin m'attendait. Il était en passe de se marier avec une Anglaise, Jenny, dont il attendait impatiemment le retour de Londres – avec l'inquiétude que ce voyage faisait naître en nous. Nous passâmes six jours à camper au bord de la mer, étourdis de soleil, de nage et de discussions sans fin. Nous projetions d'ouvrir un cabinet d'avocats et devions à cette fin nous inscrire au barreau.

Après mon départ, Colette, aussi désemparée que moi de notre séparation, eût souhaité faire vœu de religion et entrer dans un couvent. Mais en raison de son état de santé serait-elle acceptée, sinon en marge d'une communauté ? Après sa retraite à Montpellier, elle s'apprêtait à repartir pour Paris, dans l'espoir de faire une nouvelle année d'études au Conservatoire national. Au dernier moment, elle changea brusquement d'avis sans que je sache pourquoi.

Pendant ce temps, le gouvernement de Vichy avait promulgué le statut des Juifs, qui ouvrait devant nous les portes de la persécution. J'avais alors prêté serment d'avocat et commençais un stage chez un bâtonnier du barreau d'Oran, Me Capisano. Dans son étude, il me donna quelques conseils utiles et, à ses yeux, le plus important : « Quand vous verrez entrer dans votre étude un client, ne manquez pas de lire sur son front, gravé en lettres d'or, le mot : honoraires. »

Je me sentais seul dans ce monde d'intrigues et de rivalités, entre l'étude et le palais, où il m'arriva de plaider quelques affaires. Le statut des Juifs allait se renforcer en Algérie d'une annulation du décret Crémieux avec effet rétroactif. Nous étions déchus de la citoyenneté française et ravalés à une condition plus vulnérable encore que celle des musulmans. Ceux-ci, compatissant à nos malheurs, nous disaient : « Patientez, ce temps passera. »

Nos amis de la colonie française se taisaient et quand ils s'exprimaient, c'était pour nous dire : « Qu'on vous interdise d'exercer les professions dont vous êtes exclus par le statut, nous le comprenons. Mais qu'on vous déporte dans des camps d'extermination, c'est exagéré ! »

Cette « exagération » nous excluait des professions que nous exercions et pratiquement de tous les secteurs de l'activité sociale et économique. Les affaires juives furent placées sous séquestre et trouvèrent dans la colonie des administrateurs par centaines pour les gérer à la place de leurs propriétaires juifs. Nos amis se trouvaient, du jour au lendemain, réduits à des expédients pour nourrir leur famille. Mes parents étaient ruinés et moi-même voué à être chassé du barreau. Je n'attendis pas d'être radié, préférant donner ma démission le 14 juin 1941.

En arrivant à Oran, je trouvai une lettre de Colette. Puis ce fut un long silence, inhabituel entre nous : il dura jusqu'au 8 novembre. Je vivais entre Oran et Aïn-Témouchent dans une vive anxiété. L'attente est comme un déchirement de soi suspendu dans le vide jusqu'au temps de la rencontre espérée. Avec Colette, je me sentais habité par un amour fait d'unité spirituelle et charnelle. Je relisais ses lettres, je revivais les heures de notre vie commune depuis que nous nous étions rencontrés. Sa musique, son chant ne cessaient de me hanter. Tout en moi convergeait vers un seul désir, un seul but : vivre avec elle de cet amour qui nous animait d'un même chant. J'éprouvais la tension de l'attente que j'avais déjà vécue à Lyon puis à Valence quand j'espérais la revoir.

« On ne te reconnaît plus : on te dirait comme possédé par un démon », me disait alors Charles. De fait, j'étais malade d'amour, incapable de vouloir rien d'autre sinon que cesse l'insupportable attente. Le silence de Colette aggravait en moi la conscience de l'impasse où je me trouvais. Toutes issues fermées, je sombrais dans la vase jusqu'à la nausée.

Le mardi 8 novembre, j'eus enfin la solution de l'énigme, de ce silence : Colette était enceinte et remettait sa vie et celle de l'enfant qu'elle portait entre mes mains... J'avais tellement souffert de son silence dont je comprenais enfin la raison que j'éclatais de joie de la savoir vivante sans penser aux éventuelles conséquences sur sa santé de cette grossesse : n'étions-nous pas « entre les mains d'Élohim » ? Quant à la manière dont nous pourrions nous établir et élever cet enfant, pas plus qu'elle, je n'en avais la moindre idée. J'employais mes derniers centimes à lui envoyer un télégramme, lui disant que je saluais avec amour la naissance annoncée : elle devait prendre le premier bateau pour me rejoindre à Oran.

Tout cela était d'une évidente folie qui paraissait à nos yeux vraie sagesse, puisqu'il suffisait de voir pour comprendre que la démence était du côté du monde où nous vivions. Nous savions, Colette et moi, quelle apocalypse nous allions vivre : pas un instant nous n'avions songé à renier notre amour ni son fruit. Il fallait agir vite, les relations entre la France et l'Algérie risquaient d'être rompues. Colette serait de toute manière mieux en Algérie qu'en France, où le deuxième hiver de la guerre et les rigueurs des restrictions alimentaires créaient des conditions dangereuses pour la malade qu'elle était. Ensemble, je nous imaginais errant sur des routes sans fin dans un dénuement plus grand encore que celui où nous vivions. En fait, jusqu'à la fin de la guerre, nous dûmes changer de refuge une trentaine de fois. Une épreuve nous était imposée et nous ne voulions pas la fuir. Une fois de plus, la possibilité de partir en Amérique ou en Angleterre se présentait à nous sans que nous la prissions : la santé de Colette était trop vulnérable pour cela. Quant à moi, je n'imaginais pas devoir tourner le dos à la guerre. Autant vivre et mourir là où j'étais. Si les Juifs devaient périr, que je meure avec eux. Notre amour, elle en avait conscience, venait de plus loin et de plus haut que nous. Il ne nous appartenait pas d'en refuser ou d'en discuter le prix. Depuis que nous nous étions rencontrés, il faisait partie intégrante de notre identité. Nous étions sûrs de sa constance et de sa stabilité quoi qu'il puisse advenir de nous. Elle m'écrivait : « Je crois en Celui qui m'a placée près de toi : là où j'irai, tu finiras par me rejoindre – même si tu devais, en cette vie, m'oublier. » Mais l'oublier, comment le pourrais-je jamais ?

Pour l'instant, elle faisait route vers moi. Une de nos amies d'études, Madeleine, une belle brune d'origine bretonne, dont le regard ressemblait à celui de mes sœurs, se trouvait à Oran où elle était, elle aussi, inscrite au barreau. Notre cercle d'amis était suffisamment dévoué pour que nous puissions faire face aux circonstances qui s'étaient créées pour nous.

Tandis que Colette dans son bateau longeait les côtes d'Espagne, plus sûres que le bassin occidental de la Méditerranée sillonné par les sous-marins allemands, nous célébrions le Grand Pardon. Je jeûnai d'un coucher de soleil à l'autre, dans la synagogue d'Aïn-Témouchent, toute la journée debout aux côtés de mon frère Charles, pour demander à l'Élohim de la Bible de sauver le monde. Près du pilier qui soutenait la voûte de ce temple, trente heures durant, je priais pour le monde, pour Colette et pour l'enfant qu'elle portait en son sein. Sur le quai où le navire venait d'accoster, nous nous retrouvions comme si nous étions seuls au ciel de notre amour. Mes amis Vérin, Zaoui, Rouche étaient avertis de ce qui se passait. J'en informais également mes trois sœurs qui habitaient Oran et mes frères. Je les consultai pour les décisions qu'il était urgent de prendre. Je recueillai leurs avis :

« Tu dois penser d'abord à Colette et à l'enfant. »

« Laisser naître un enfant juif en cette époque de persécution, ce n'est pas un cadeau à lui faire. »

« Colette pourrait donner des leçons de piano. La place de professeur de composition est vacante au

Conservatoire d'Oran : elle devrait présenter sa candidature. »

Toute carrière normale étant exclue pour moi du fait du statut des Juifs, je cherchais des leçons à donner, des travaux à faire qui puissent nous aider à vivre. Le rabbin Rouche me fut alors d'un précieux appui. Je l'avais connu grâce à André Zaoui qui avait été son élève. Autodidacte, Isaac Rouche avait acquis une forte culture hébraïque qu'il dispensait généreusement à ses élèves. J'entrepris alors de traduire avec son concours *Les Devoirs du cœur* de Bahya. Je participais auprès de lui à l'organisation d'un cercle d'intellectuels juifs dont le docteur Georges Cixous accepta la présidence. Jetés à la rue du fait des lois antijuives, tous étaient en plein désarroi : il était nécessaire de les réconforter. Je fis devant eux ma première conférence publique. Je choisis pour thème : Comment lire la Bible ? J'esquissai dans ce texte les grands thèmes qui, plusieurs décennies plus tard, inspireront ma traduction de la Bible lue en tant que texte vivant, actuel. Rouche comprit notre situation et entreprit de nous aider du mieux qu'il pût. Il était depuis des années l'adjoint du grand rabbin d'Oran, David Askenazi, dont le fils Léon devint, dès cette époque, notre ami.

Avec délicatesse, Rouche reçut Colette, soulevant avec elle les problèmes que posait notre mariage.

– Épouser un juif, en ce temps, ne sera guère de tout repos pour la jeune catholique française que vous êtes, Colette.

– J'aime André. Notre amour est de ceux qui ne passent pas. Rien ne me séparera jamais de lui.

– Mais son judaïsme ?

– Je l'ai épousé tout entier : je suivrai l'homme et son Dieu, à jamais.

– Que savez-vous du judaïsme ?

– Depuis que j'ai rencontré André, je me suis informée, j'ai appris des rudiments d'hébreu. Je sais surtout quel sort les peuples chrétiens font aux Juifs. Comment ne serais-je pas du côté des persécutés, même au risque de ma vie ? Pensez-vous que je pourrais vivre en me solidarisant de quelque manière que ce soit avec les persécuteurs du peuple dont Jésus est aussi le fils ?

– Mais vous êtes chrétienne ?

– Je suis d'origine catholique, mais, dès mon plus jeune âge, j'étais en révolte contre maints aspects de cette religion. La musique était ma manière à moi de chanter Dieu. Ma sœur aînée avait fait sa communion catholique. Quand arriva mon tour, je refusai. Aujourd'hui, j'ai rencontré le Dieu de la Bible et je peux le suivre sans rien avoir à abjurer, puisque, formellement, et malgré mon baptême, je n'appartiens à aucune Église.

– Mais le judaïsme ?

– Ma vocation m'appelle à m'identifier avec les fils d'Israël et, de ce fait, avec leur religion.

– Jusqu'à la conversion ?

– Jusqu'à la conversion. Je vous demande de m'accepter en tant que fille d'Israël.

Je n'avais jamais parlé de conversion avec Colette, sinon pour lui dire ce que j'en pensais : Dieu n'était ni juif, ni chrétien, ni musulman. Passer d'une religion à une autre me paraissait être une manière facile d'éluder notre rencontre personnelle avec le vrai Dieu et avec l'Homme en nous enfermant dans les formes souvent mortes des religions.

Colette était résolue à aller tout au bout de sa foi et de son amour. A l'heure où tant de Juifs se convertissaient au christianisme pour tenter de fuir la persécution, il était bien dans la manière de mon amie de faire la démarche inverse.

– Vous convertir ? Je vous demande de bien réfléchir avant de le faire. De nos jours, plus que jamais, davantage qu'une religion, le judaïsme est un malheur, Henri Heine le disait déjà voici un siècle.

– C'est tout réfléchi. Je vous demande de le faire le plus vite possible pour que l'enfant d'André naisse d'une mère juive, dit-elle à Rouche.

Dès le lendemain, Colette suivit les cours d'initiation au judaïsme que le rabbin Rouche lui donnait chaque jour. Son enseignement était ouvert, éclairé : il le donnait avec un enthousiasme contagieux. Colette était avide de tout savoir et de tout comprendre : elle ne cessait de me harceler de questions sur le pourquoi et le comment de cet univers qu'elle découvrait, si différent du milieu chrétien où elle était née.

Après un mois de cours intensifs, elle était prête à passer, devant un tribunal de trois rabbins, l'examen qui ferait d'elle une fille d'Israël. L'ayant interrogée, ils constatèrent qu'elle connaissait le judaïsme aussi bien, sinon mieux, que la plupart de nos mères et de nos sœurs.

La cérémonie de sa conversion fut célébrée le 10 décembre 1940. Le matin, Yvonne Rouche et Sophie Zaoui avaient conduit Colette au *mikvé,* la piscine où elle s'immergea, nue, selon le rite millénaire qui est à l'origine du baptême chrétien. Elle choisit pour nom hébraïque Sarah bat-Abraham qui est traditionnellement attribué aux convertis.

« Sarah, vous êtes fille d'Abraham par l'humilité et la générosité de votre vocation. Vous serez fidèle à la Bible. Soyez bénie par l'Élohim d'Israël, fille d'Israël », lui dit Isaac Rouche quand elle revint de sa triple immersion rituelle.

Dès le lendemain, je rencontrais mon père pour le mettre au courant de ce qui se passait. D'un commun accord avec mes soeurs et mes frères, nous avions décidé de ménager nos parents, ma mère surtout, dont les réactions n'étaient que trop prévisibles. Il tombait sous le sens que notre mariage était une folie, de quelque angle qu'on l'envisageât. J'étais sans travail et sans grande possibilité d'en trouver rapidement. Colette, tuberculeuse, était gravement malade. Dans ce contexte, il était difficile à mes parents de ne pas réagir à ce mariage. Mon père, comme je m'y attendais, le fit avec sa pondération habituelle. Il me mit au fait des difficultés qui m'attendaient et que je ne connaissais que trop. Il ajouta qu'à peu près ruiné par les lois nouvelles il n'était plus en situation de nous aider. Je le vis prier avec plus de ferveur que d'habitude, ce qui était à mes yeux le plus beau cadeau qu'il puisse me faire. « Le plus difficile sera de faire admettre cela à maman », finit-il par me dire.

Cela aussi je le savais. Maman nous avait élevés avec la passion d'une *mamma* méditerranéenne soutenue par la ferveur d'une mère juive. J'avais hérité, pour l'essentiel, de son caractère et de son physique : même front, mêmes yeux, même volonté, mêmes entêtements. J'étais son « tout-petit », le seul qui ait échappé à la tutelle familiale dès l'âge de dix ans, du fait de mes études au lycée d'Oran, puis de mon départ pour Paris. Et voilà que je lui revenais avec le handicap d'une femme qu'elle n'avait pas choisie et d'un enfant à élever dans les pires conditions : ce n'était certes pas le mariage qu'elle eût souhaité pour son benjamin. Mais les faits étaient ce qu'ils étaient : mes sœurs, mes frères, mon père, ayant fait la connaissance de Colette, avaient apprécié sa beauté, sa douceur. Le surlendemain de sa conversion, nous présentions Colette à maman qui, résignée, l'accueillit comme sa fille. C'était le 12 décembre : ma mère ne me fit pas une seule remontrance, réussissant presque à nous cacher son désarroi. Le 23 décembre, la veille de Noël, nous célébrions notre mariage religieux dont l'acte – traditionnellement rédigé en araméen – fut signé par trois témoins, nos amis Isaac Rouche, André Zaoui et Georges Cixous. Celui-ci était un des rares homéopathes exerçant alors à Oran. Lui-même atteint de tuberculose, il soigna Colette, avec un de ses confrères, Roger Aknin. A leurs yeux, il n'existait aucune contre-indication à la poursuite de sa grossesse. Ils nous promettaient un bel et vigoureux enfant qui naîtrait en mai.

Nous avions décidé de nous marier *more judaico*. Le statut des Juifs m'ayant déchu de la citoyenneté française, l'antériorité du mariage civil sur le mariage religieux ne nous paraissait pas obligatoire en ce qui me concernait. Par surcroît, dans l'incertitude de l'avenir, je ne me hâtais pas de donner à ma femme une identité civile qui la dénoncerait à la vindicte des persécuteurs.

Si nous devions survivre à la guerre, il serait temps d'aviser.

La célébration du mariage eut lieu à Oran, chez le docteur Cixous, près de la place d'Armes. Chez les Juifs – comme d'ailleurs chez les chrétiens –, le rabbin (ou le prêtre) est le témoin du mariage : il entérine l'accord nuptial de l'homme qui s'engage à assumer ses responsabilités de mari, et de la femme qui accepte, à son doigt, l'anneau de sa consécration à son époux. En le lui donnant, je prononçai en araméen la phrase rituelle : « Te voici à moi consacrée, par cet anneau, selon la créance de Moshé et d'Israël. »

De mon pied, je brisais le verre qui symbolisait la fragilité de toute joie humaine, tant que Jérusalem ne serait pas réédifiée et tant que notre peuple ne serait pas de retour dans sa patrie ancestrale. Le rabbin Rouche prononça les Sept Bénédictions qui nous consacraient pour épouse et époux. Son allocution et celle du docteur Cixous soulignaient le sens de ce mariage de guerre entre un fils d'Israël et une jeune fille qui optait non seulement pour son peuple, mais aussi pour son Dieu. Ils souhaitaient qu'à l'heure de la pire persécution notre mariage soit annonciateur d'une paix et d'une réconciliation espérées par tous. Autour du buffet où nous attendait une collation papillonnait une fillette de huit ans, celle qui deviendra un jour l'écrivain Hélène Cixous.

Ma mère nous accueillit à Aïn-Témouchent où Colette rendit sa vie au Pleyel qui ne servait plus qu'à nos jeux d'enfants. Depuis le mariage de mes sœurs, la maison avait perdu une gaieté que nous nous efforcions de lui rendre. Mais je voyais bien que notre séjour au sein de ma famille n'était ni souhaitable ni durable. Au bout d'un certain temps, je vis ma mère dépérir de chagrin. Un jour, je la surpris versant toutes les larmes de son corps : je la consolai comme je le pus. La maladie de Colette la paniquait. Comment cette belle-fille « poitrinaire » pourrait-elle élever l'enfant qu'elle portait ? Et qu'allait devenir son benjamin chéri sur lequel elle fondait tant d'espoirs ?

Il était temps pour nous de reprendre notre route et de trouver un nouvel abri. Ce furent André et Sophie Zaoui qui nous l'offrirent à Sidi-bel-Abbès. Mon ami, à la tête de cette communauté juive en plein désarroi, entreprit de la réorganiser, servi en cela par sa voix qui donnait à ses offices une chaleur convaincante.

Du 15 janvier au 15 février 1941, Colette se reposa à Sidi-bel-Abbès, auprès de Sophie, tandis que je faisais la navette entre bel-Abbès, Oran et Témouchent à la recherche d'un emploi introuvable. Sa santé continuait à nous alarmer. Chaque printemps rouvrait ses foyers pulmonaires. Le climat algérien n'était guère bénéfique pour elle : il nous fallait prévoir un lieu plus propice que l'Oranie pour son accouchement. Un médecin nous recommanda Miliana, à 800 mètres d'altitude, dans un massif où le mont Zaccar culmine à 1579 mètres.

Du logement que nous pûmes trouver dans un hôtel de cette ville, nous avions une vue sur les vignobles et les vergers de la vallée du Chélif. Le notaire du lieu, Me Lévy-Fassina, bénéficiant d'une dérogation au statut des Juifs, continuait à exercer son métier. Il voulait présenter devant la faculté d'Alger une thèse de doctorat qu'il n'avait pas le temps d'écrire. J'acceptai avec empressement de le faire à sa place. Il me voyait tout frais émoulu de la faculté de Paris, moi-même doctorable et tout désigné pour écrire le chef-d'œuvre espéré. Le premier argent que je gagnai, en qualité de « nègre », nous permit de survivre. Étant payé à la page, le travail avança rondement. Tout semblait devoir s'arranger. Depuis notre rencontre, la santé de Colette s'améliorait, comparée à ce qu'elle était dans le passé.

La fête de Pâques, le 12 avril 1941, nous parut célébrer notre propre libération après l'incertitude des mois précédents. C'était la première fois que Colette vivait cette fête en tant que fille d'Israël. Elle prenait très au sérieux son engagement dans sa nouvelle religion, fascinée par la langue hébraïque qu'elle apprenait chaque jour mieux : racines, verbes, noms s'organisaient dans

son esprit de manière symphonique, comme s'il s'agissait d'une sonate ou d'un concerto. Elle respectait la diététique biblique, voulant s'identifier du mieux possible aux traditions d'Israël. Elle s'étonnait de ce que les offices quotidiens, à la synagogue, ne fussent suivis que par des hommes. Elle aurait voulu changer cette habitude et fréquenter nos humbles lieux de prière, trois fois chaque jour.

Vers la fin de sa grossesse, le docteur Serror fit entrer Colette à l'hôpital dont il était le médecin-chef : il était inquiet de la manière dont l'accouchement risquait de se présenter. Le 26 mai, j'avais laissé Colette dans sa chambre d'hôpital et j'allais à mon travail, à l'étude de Me Fassina. Lorsque vers midi j'en revins, je sentis la terre s'ouvrir sous mes pas. Un pressentiment s'empara de moi : je retournai aussitôt à l'hôpital. Colette n'était plus dans sa chambre.

– Elle vient d'accoucher d'une petite fille, me dit l'infirmière. Un beau bébé.

– Comment cela s'est-il passé ?

– Très mal. Colette est encore dans la salle d'opération où le docteur Serror essaie de sauver sa vie.

L'enfant s'était présenté par le siège. Colette avait perdu beaucoup de sang. Il fallut pour la ranimer trois transfusions et du sérum pendant plusieurs semaines. Nous étions d'accord, Colette et moi, de déclarer l'enfant sous son seul nom. Les armées de l'Axe étaient alors victorieuses sur tous les fronts. Si Hitler devait vaincre, il était plus charitable de donner à cet enfant le nom de Boyer et le prénom que nous avions choisi : Emmanuèle.

Le nom de son père, Emmanuèle le portait inscrit sur son visage. J'ai entre les mains les photos que je pris d'elle pendant ses trois mois de vie : des yeux immenses et bruns, d'un éclat et d'une vivacité rares chez un nouveau-né, sous un vaste front d'adulte. Comme chaque père, j'étais émerveillé de voir cet enfant. Son regard semblait plonger dans le mien en incessante interrogation. Le logement que nous occupions à l'hôtel avait été aménagé pour la nouvelle née : son berceau, ses jouets et ses affaires rigoureusement séparées de celles de Colette pour éviter tout risque de contagion... En août, Colette, affaiblie, amaigrie, ne pesant plus que quarante-huit kilos pour son mètre soixante et onze, transformée en ombre d'elle-même, dut regagner d'urgence l'hôpital, où elle fut maintenue en vie à coups de transfusions. L'enfant, quoique séparée d'elle, dut la suivre, tombant bientôt malade : une gastro-entérite aiguë, provoquée ou aggravée par un fort sirocco. Le vent chaud est en Algérie l'ennemi des nouveau-nés : il provoque un déséquilibre dans leur métabolisme. La direction de l'hôpital le sait bien et, soucieuse de ses statistiques, elle m'enjoint d'évacuer d'urgence mes deux malades. Je prends Emmanuèle et la veille toute la nuit. A l'aube du 26 août, elle s'éteint dans mes bras, son regard uni au mien. Je la vois morte, sans croire à l'évidence. J'essaie de lui rendre la vie, mes lèvres sur les siennes, tentant de lui donner haleine vive. Morte, comme cet oiseau des îles dans mes mains à Ouargla, comme les cadavres que je déplaçais à Orléans, comme Baba, avec son visage d'aigle dans la blancheur de son lit...

Colette que je rejoins dans la pièce voisine comprend ce qui est advenu. Elle est livide, elle aussi méconnaissable. Je lui demande de s'épargner la vision de notre enfant mort, tandis que j'organise au plus vite les funérailles. La *Hebra Qadisha,* dans toute communauté juive, est composée de bénévoles voués à rendre les derniers devoirs aux défunts. Avant la levée du corps, le mercredi 27 août, Colette souhaite voir le visage de notre enfant mort : je soulève le voile du linceul. Nous sommes frappés par son expression de paix, celle qui souvent émane des morts. Et, seul, je suis le petit cortège qui égrène les versets des Psaumes, tandis que nous gravissons le sentier pierreux qui, dans le cimetière juif de Miliana, conduit à sa tombe. La cérémonie, sous un soleil de plomb, est brève : je prends le corps minuscule et le dépose dans sa tombe. J'ose à peine revoir Colette.

Je fuis, avec mon désespoir, dans une longue course à bicyclette. J'étouffe mon cri de révolte, désemparé par ce nouveau coup. Je ne pourrai survivre à cette blessure de tout mon être que par la rémission de moi-même à l'Élohim de toute vie. Mais comment ? Mais où ?

Le matin du 28 août, je vais déclarer le décès de l'enfant à la mairie de Miliana.

– Comment s'appelle-t-elle ?

– Emmanuèle.

– A cette date, il n'y a pas d'Emmanuèle. C'est un garçon qui était né de Colette Boyer, le 27 mai dernier ! L'acte de naissance le dit. Enterrons-le aussi et n'en parlons plus.

C'est ainsi que j'enterrai le garçon qui n'avait jamais existé à la place de la fille que nous venions de mettre en terre. La nuit, je ne pus dormir, comme si l'enfant ne reposait pas dans sa tombe mais en moi : « Emmanuèle, ma fille ! Emmanuèle, ma fille ! » J'erre dans la nuit sans lune, incapable de rejoindre notre lit où Colette, sans un mot, est étendue presque sans vie. A l'aube, je la rejoins et nous pouvons enfin pleurer ensemble, silencieusement.

– Tu sais, me dit-elle lorsqu'elle put parler, après la naissance d'Emmanuèle, voici trois mois, une lumière intense a éclairé son berceau et une voix m'a dit : « Lequel des deux veux-tu donner ? – Prends Emmanuèle, ai-je répondu. – Je la prendrai, mais lui aussi, il faudra que tu le donnes. Et toi aussi tu devras te donner. »

Le plus urgent était d'arracher Colette à l'été algérien. « Il faut lui trouver un sanatorium en France, me recommanda le docteur Serror qui nous avait soutenus pendant notre épreuve. Ses cavités pulmonaires se réveillent et elle peut à chaque instant avoir de nouvelles hémoptysies qui risqueraient, cette fois, d'être mortelles. »

Nous découvrîmes en Haute-Savoie un sana qui pouvait la recevoir. Que fîmes-nous entre le 28 août et le 12 septembre, date à laquelle Colette embarqua pour la France ? Ma mémoire ne m'offre pas de réponse à cette question : un trou, noir comme les jours que nous vécûmes alors. Sommes-nous restés à Miliana, partis par Alger ou revenus sur Oran ? A vrai dire, notre vie ne se situait plus dans le temps et dans l'espace, mais dans cet au-delà où venait de disparaître notre enfant.

Nous partîmes vers Alger, je le suppose aujourd'hui, puisque, après avoir accompagné Colette sur son bateau, je me revois prenant le train en direction du Sud algérois. Les jours que nous venions de vivre m'avaient démuni de mes dernières forces intérieures et de mes derniers sous. Je n'aspirais qu'à mourir à moi-même. Pour faire cette retraite que je souhaitais, je me dirigeai vers El-Abiod Sidi-Cheikh, dans le Sud algérien, où se trouvait le noviciat de mes amis, les petits frères de Jésus. Avant son embarquement pour l'Inde où il partit le 5 mai 1939, Jules Monchanin m'avait parlé du père René Voillaume, le fondateur d'une congrégation nouvelle, les petits frères de Jésus, qui vivait de l'inspiration du père Charles de Foucauld. Monchanin connaissait mon amour du désert. Si je souhaitais un jour y faire retraite, je trouverais à El-Abiod un lieu idéal où je recevrais sans doute le meilleur accueil. J'avais eu un échange de correspondance avec le père Voillaume. Je ne sais quel empêchement m'avait fait renoncer à aller le voir alors à El-Abiod. Nous étions convenus de nous rencontrer à Oran avant son départ pour la France où il venait d'être mobilisé.

Nous avions pris rendez-vous pour une fin d'après-midi dans la maison des Vérin où j'occupais une petite chambre indépendante. A l'époque, à la suite de mon accident de vélo, crâne rasé, j'étais aussi glabre qu'il était barbu et chevelu. J'étais impressionné de rencontrer pour la première fois de ma vie un vrai moine, du désert par surcroît. Vers dix-sept heures, sorti de sa caserne, il me rejoignit. Nous parlâmes jusqu'à plus de minuit de Bible et de Psaumes, de judaïsme et de christianisme, de guerre et de paix sans que je pense un seul instant à offrir à mon hôte fût-ce un verre d'eau ou une bouchée de pain. Je n'étais pas chez moi, il est vrai, mais, quelque part dans mon esprit, je devais penser qu'un moine n'avait jamais besoin de rien de matériel : il ne devait se nourrir que d'esprit. C'est bien des années plus tard que mon ami René m'avoua avec quelle impatience, après une longue journée de travail, il attendit que je lui offre le repas auquel il pensait que je l'avais invité.

Colette partie vers la France, j'étais à Alger saisi par une insurmontable horreur de moi-même et du monde. Je pensais ne plus pouvoir supporter de vivre en société avec des hommes engloutis dans leur laideur et leurs égoïsmes. Retourner à Oran, à Témouchent ? Je ne m'en sentais ni le goût ni le courage. J'étais glacé de peur à l'idée que je pourrais à nouveau côtoyer des hommes. Je n'avais aucun désir de revoir mes amis ni mes parents. J'avais reçu quelques messages de condoléances, télégrammes, lettres ou téléphones qui n'avaient fait qu'accroître mon désarroi.

M'enfoncer vers le désert, m'y engloutir, disparaître dans ses sables et son silence, à jamais, peut-être ! Avec mon vélo, je prends le train qui doit me conduire à El-Abiod. Je n'ai averti personne de mon arrivée, mais qu'importe, je trouverai bien là une pierre où poser ma tête, du sable où coucher mon corps. Puisque je n'allais nulle part, il m'était égal de n'y trouver personne. Colette seule était présente en moi, elle et notre enfant disparu. Je m'enfonçais dans le désert, espérant être éclairé dans la retraite où je m'enfouissais, et que j'offrais à Celui qui vivait en moi. Que faire de ma vie, que devenir dans un monde où tout me blessait ? Au plus profond de moi, l'amour veillait, visible réserve de puissance. Mais à quoi l'employer, lui que, de toutes parts, la mort cernait. L'amour était mon seul baume, subtil et lumineux comme ce nuage qui voilait la lumière argentée du soleil. J'avais toujours sur moi le psautier relié de cuir que Colette m'avait offert. J'étais plongé dans sa lecture lorsque deux policiers m'encadrent. Je ne m'étais pas aperçu que le train était arrivé à Bou-Ktoub.

– Vos papiers ?

Je présente ma carte d'identité.

– Votre laissez-passer ?

J'ignorais qu'il fallût un laissez-passer pour aller dans les territoires du Sud où El-Abiod se trouvait.

– Vous devez descendre : sans laissez-passer personne ne passe.

J'allais au café de la Poste pour téléphoner aux frères d'El-Abiod qui avaient probablement entendu mon nom et qui pourraient me faire délivrer sur-le-champ le document qui me manquait.

Le patron du café, Camille Montrazat, m'accueille avec un rire attristé :

– Téléphoner à El-Abiod ? Vous voulez rire ? Ça fait des mois que la ligne est coupée !

Il me restait mon vélo. Dès que les agents disparaissent, je l'enfourche. Ayant grimpé les sommets des plus hauts cols d'Europe, j'arriverai bien à bout des quelques dizaines de kilomètres qui me séparent de mon rêve de solitude. Les premiers kilomètres se passent normalement, mais, bientôt, je dois déchanter : la piste devient sablonneuse et le sable est si mou que mes roues dérapent. Je me convaincs bientôt que ce serait folie de m'obstiner à poursuivre cette piste, contre la maréchaussée et contre les éléments. Une fois de plus, j'étais l'ânesse de Balaam qu'un ange empêchait d'avancer sur la route qu'elle voulait choisir. Si j'étais arrivé à destination, le cours de ma vie n'aurait-il pas été changé ? Je dus rebrousser chemin et tenter de dormir dans un repli rocailleux, avant de prendre le lendemain le premier train vers Saïda et Oran.

J'étais plongé dans ma prière, comme immergé dans l'éternité de l'Être que je décelais en toutes choses, ce grain de sable, cette fourmi qui trottait sur ma poitrine ou ce papillon multicolore rivalisant de vitesse avec moi dans ma course à vélo. Mon amour ne s'arrêterait jamais à une créature. Je n'aimerais personne d'autre qu'Élohim. Je disais à Colette : « A strictement parler, je ne t'aime pas : si je t'aimais, toi, mon amour risquerait de s'éteindre. J'aime en toi. C'est pourquoi mon amour ne s'éteindra jamais, éternel comme l'amour. »

Pour Colette, ce que je disais était d'autant plus évident qu'elle semblait être auprès de moi en une sorte de mission commandée et qui ne se décommanderait jamais. L'un dans l'autre, nous cherchions et chercherions à jamais le visage de ce Dieu – notre Dieu – qui est unité et amour, l'Élohim de la Tora. C'est lui que je retrouvais dans mes solitudes. Tout autre que Lui me laissait muet d'indifférence. Dans le train qui me ramenait vers le nord en cette lourde journée du 18 septembre 1941, de Bou-Ktoub à Saïda, j'eus le temps d'accepter la situation qui venait de se créer pour moi en dehors de ma volonté. La retraite que je voulais de toutes mes forces m'était refusée par l'intervention de quelques policiers, aussi stricts que le règlement qu'ils appliquaient. Comme la mort, à Orléans, le désert ne voulait pas de moi. On me refoulait vers le nord parce que mes papiers n'étaient pas en règle, ce Nord dont l'avenir m'effrayait. Comme des millions d'hommes, comme Colette, j'errais en aveugle dans une nuit de cendres.

Sans tristesse ni révolte, il me semblait être anéanti au-delà de toute possibilité de souffrance. Mes muscles, mon squelette étaient visibles sous ma peau. Dans ce désert, je détournais les yeux quand ils rencontraient un miroir : qui était cet homme au visage bronzé, grimaçant et sombre sous sa barbe noire aux reflets bleutés ? Étranger à tout et à moi-même, j'avançais dans mes solitudes vers cette guerre dont le fracas m'assourdissait. Mon lieu n'était pas de ce monde : dans mon impatience des frontières, seul l'infini de la présence divine en mon être pourrait me faire échapper au vide hallucinant du monde, aux haines des humains. Mais comment ? Mais où ?

J'avais passé Kippur à Aïn-Témouchent. Le lendemain, le 2 octobre, je reçus une lettre du grand rabbin Liber m'informant que l'École rabbinique, réorganisée, était réinstallée à Chamalières, près de Clermont-Ferrand. J'avais fait avec succès trois années d'études.

Il souhaitait me voir parachever ma scolarité. A nouveau, l'idée de quitter le vieux monde pour l'Amérique fut soulevée : « Armé comme tu l'es, tu y feras vite ton chemin. Londres est trop proche de la guerre et n'a besoin que de soldats. Les Américains sont en quête de cerveaux. Tu en as un, tu connais l'anglais. Ta voie est toute tracée. »

Une fois de plus, je repoussais cette idée : mes racines étaient en Algérie et en France. Le fait de la guerre, loin de m'éloigner, me donnait le désir de me jeter dans le combat ; même sans deux jambes valides, il me serait loisible, de près ou de loin, d'y participer.

– Même à titre de victime ?

– Même à titre de victime. Quel prix vaut la vie dans l'enfer de ce monde ?

A vrai dire, sans avoir la vocation du martyre, ma vie ou ma mort ne pesaient plus beaucoup à mes yeux. J'admirai avec quelle facilité les vivants, tous, avançaient vers la mort.

« Mais ne l'as-tu pas encore compris ? La mort fait partie de la vie », affirmera un jour mon fils David, à peine âgé de quatre ans.

Puisqu'il en est ainsi, je n'avais aucune raison de fuir l'ange de la mort qui saurait me frapper à mon jour et à mon heure, où que je sois, moi un vivant, c'est-à-dire un frontalier de la mort.

7.

Résister

Le retour en France. L'incertitude des lendemains. Le choc du dépaysement. L'indicible. L'avortement. Expulsés de Clermont-Ferrand. Hallali. L'O.S.E. clandestine. Magnanier. L'École des Prophètes. Georges Vajda et Jacob Gordin. Marc Chagall. Albert Camus.

J'embarquai une fois de plus pour la France, le 30 octobre 1941. Le mois que je venais de passer entre Témouchent et Oran m'avait rendu mes forces et mon élan vital. De Marseille, j'allais à Toulon rendre visite à mes amis Alice Simon et son frère Roland. J'avais échangé avec ce dernier une correspondance passionnée. Alice avait été la compagne d'un de mes camarades d'études avec lequel elle avait rompu avant de devenir la femme d'un officier de marine, qui épousera plus tard Hélène Arhweiller, le futur recteur de l'université de Paris.

Roland mariait en lui tous les paradoxes et toutes les folies d'une âme insatisfaite qui se reflétaient dans sa vie autant que dans ses poèmes, gardant je ne sais quelle pureté à travers les passions contradictoires qui l'animaient.

A minuit, il me raccompagne à Marseille. Gare Saint-Charles, nous nous séparons sur une poignée de main. Nous ne devions plus nous revoir, avant son suicide, mais je n'oublierai jamais son visage extraordinaire qui reflétait bien ses conflits intérieurs, vivant et figé tout à la fois, ses yeux étincelants, brillants de feux dans une tête aussi inerte que celle d'une statue égyptienne.

A mon arrivée à Chambéry où nous avions rendez-vous, pas de Colette sur le quai. Je la recherche hors de la gare sans la trouver encore. Finalement, je la découvre, plus belle que jamais, dans la salle d'attente, près d'un méchant poêle, emmitouflée dans sa cape jumelle de la mienne. Je la reconnais à peine tant elle est rose et joufflue : elle a sur ses genoux une grammaire hébraïque, si absorbée par son étude qu'elle n'a entendu ni l'arrivée du train ni la mienne. Nous nous embarquons aussitôt dans une discussion sans fin sur la terminologie hébraïque par rapport à l'image que donnent de la Bible ses traductions grecques et latines.

La précision des termes est nécessaire, si on veut comprendre un texte comme la Bible et orienter sa vie intérieure vers son unique but, qui est Élohim et son amour. La tendance actuelle est de renoncer à toute précision pour noyer dans un flou, que l'on voudrait artistique, la rigueur de la vision », me dit-elle.

Je vois qu'elle a retrouvé sa vigueur intellectuelle avec la pointe d'allègre agressivité qui la caractérisait. La route de Chambéry à Chignin est enneigée comme les bois qui la bordent. Je suis loin de mes sables ! Nos déchirements sont oubliés dans la joie de notre revoir. Nous vivons à Chignin trois jours seulement, inscrits en nous comme une éternité. Dans la blancheur virginale des hautes montagnes, nous nous aimons sauvagement, saisis par le fol élan de l'amour. Toute douleur, tout déchirement, toute crainte, malgré la précarité de notre situation et de celle du monde, est abolie dans la lumière qui nous inonde. L'étreinte de notre amour nous rend la claire conscience de notre folie dans ce monde en guerre. Mais nous sommes livrés sans frein à l'élan de notre joie, de notre abandon à cet Élohim d'amour qui nous habite et nous unit. Nous faisons de longues promenades dans le froid sec et vivifiant, dans l'harmonie parfaite et la beauté du miracle d'amour que nous vivons. De quoi sera fait demain ? Le devoir d'imprévoyance, dont parlait Isabelle Rivière, le dépouillement prôné par toutes les mystiques faisaient intrinsèquement partie de nos êtres, inséparables de notre identité. A Dieu vat !

J'arrivai à Clermont-Ferrand, dans la matinée du 4 novembre, seul, après une nuit de veille et de prière. A la gare de Lyon, au buffet, où on l'avait traîné évanoui de faim et de fatigue, un rapatrié, presque aussi squelettique que je l'étais à mon retour de Bou-Ktoub, me donne une idée des conditions de vie en France.

L'École rabbinique est installée dans un hôtel de Chamalières, en bordure de Clermont. Je trouve une chambre à la cité Michelin, chez Mme Crueize ; elle travaille en usine ; son mari est actuellement prisonnier de guerre. Elle a une autre pensionnaire, Marthe Bleitrach, qui poursuit des études de dentisterie à l'université de Strasbourg en exil à Clermont. Là, les étudiants juifs rapatriés d'Alsace sont nombreux et renforcent notre noyau d'élèves de l'école. Autour de nous se constitue une communauté, un cercle d'études et de loisirs ; des conférences nous permettent de nous exprimer, de mesurer les dangers qui nous menacent et accablent la France et le monde. Mais personne ne prévoit, fût-ce de très loin, ce qui nous attend. La grande préoccupation, c'est la nourriture. Clermont n'a pas eu le temps de s'installer dans le marché noir et nous en sommes réduits à vivre sur nos tickets d'alimentation. Préparant mes repas chez Mme Crueize, je mangeais des pâtes à midi et buvais l'eau de leur cuisson, en guise de potage, le soir. Mais bientôt, pour pourvoir au plus urgent, chacun trouve à acheter dans la campagne, au marché noir, beurre et fromages, pommes de terre, rutabagas ou topinambours. Un commerce nous permet de nous procurer librement deux produits de première nécessité, le pain et le tabac, en jouant sur les différences des cours de la ville et des villages. Car je fume éperdument depuis la guerre. J'avais contracté cette détestable habitude de potache dans les cours du lycée d'Oran et ne l'avais pas perdue pendant mes années d'études à Paris. Maintenant, je fumais environ deux paquets par jour. En période de pénurie, je collectionnais les mégots : trois mégots faisaient une bonne cigarette dont nous pouvions réutiliser le mégot. Nous consommions toutes sortes d'herbes qui nous donnaient l'illusion de fumer – des feuilles d'eucalyptus ou plus simplement je ne sais plus quelle espèce de foin.

Le retour à l'école, après l'intensité des mois vécus avec Colette, me plonge dans une lassitude proche du désespoir. Le tourment qui m'étreint naît en moi de mon irréductible inadéquation au monde. Le sentiment du non-nécessaire m'annihile. Je ne supporte pas d'être sans avoir la certitude de ma nécessité, ou pire en ayant la conviction contraire, celle de devoir ne pas être. Que faisais-je à Clermont dans le chaos qui nous entourait, la tragi-comédie qui se jouait à Vichy et les cris d'agonie qui nous parvenaient d'outre-Rhin et d'ailleurs ? Dérisoire me paraissait être le savoir hébraïque qui s'accumulait en moi.

Des pensées désespérées m'envahissaient parfois : je ne désirais pas la mort mais, arrivant, je l'aurais certainement accueillie avec joie.

Le choc de mon dépaysement s'atténue dès que je me remets à l'étude, Bible, Talmud, théologies juive et chrétienne. A cette époque, tout en approfondissant la Bible et ses sciences annexes, je découvre avec ravissement Bahya dont je poursuis la traduction, Maimonide, saint Thomas d'Aquin et, chez les Arabes, les commentateurs du Coran, les poètes et les mystiques. Un but m'apparaît clairement, jailli de la rencontre et du mariage en moi de trois mondes, l'hébraïque, le grec et l'arabe : rendre à Israël une spiritualité dont le judaïsme exilique me paraissait être si cruellement dépourvu. Avec André Zaoui et d'autres camarades de l'école, nous ébauchions la constitution d'un ordre nouveau inspiré du passé monachique des Esséniens ou des fraternités hébraïques de l'exil consacrées à l'étude de la Bible et de ses sciences annexes pour en faire rayonner l'esprit. Il y aurait place pour des contemplatifs, des intellectuels et des actifs.

A cette époque, la dimension sioniste m'était encore

étrangère et je voyais ce centre installé ailleurs que là où André Zaoui le fonda, à Jérusalem, en lui donnant le nom dont nous l'avions baptisé bien des années auparavant à Tlemcen : *har El*, le mont El. Ces projets donnaient la mesure de notre folie : les Juifs auxquels nous pensions périssaient dans les camps allemands ; la plupart de ceux qui participaient à nos réunions finiront par y mourir aussi. Pour moi, sous la guidance des textes que j'étudiais jour et nuit, je découvrais sans fin la joie qui m'assaillait. Je comprenais le cri de tant de mystiques : « Amour, Amour, je n'en puis plus. »

Colette, rétablie par son séjour en Savoie, me rejoint : elle habite non pas à Clermont, mais dans une ferme, à Quinsaines, pour y jouir d'une meilleure nourriture. Son beau-frère Germain peut lui envoyer les revenus d'une petite ferme qu'elle possède en indivision avec sa sœur en Normandie, ce qui nous aide à joindre les deux bouts.

« J'ai la chance inouïe de vivre dans la solitude où je peux apprendre enfin ce dont j'ai besoin davantage que de pain, une oraison sans distraction, en marche vers la voie nouvelle qui s'est ouverte devant moi », me dit-elle.

Je lui fournis l'essentiel des connaissances et des livres que je trouve à l'école, comme grains dont elle fait son pain. Elle sait que l'amour redresse tout ce qui est tordu, vicié. Elle vit déjà en se situant en face de l'éternel incréé où toute scorie psychologique brûle au feu de l'amour divin :

– Il suffit, me dit-elle, de s'y exposer, parfois même de désirer s'y exposer dans une attitude d'offrande. Le danger consiste à faire comme Adam, à se cacher devant Lui. Si Dieu existe, nous devons nous démasquer, découvrir notre visage et, nus devant Lui, le contempler face à face.

– Peux-tu le faire ?

– Je sais que c'est l'œuvre d'une longue patience, mais on y trouve, à chaque pas, l'amour tant désiré et qui se donne toujours à la mesure de notre soif. Il n'est pas de fatigue plus souhaitable, de plus douce peine que cette quête d'amour. Il faut s'affermir dans l'adhérence à Dieu car il est dans l'essence de l'amour de se donner à qui le cherche.

A travers les épreuves, je voyais les métamorphoses qui s'emparaient de son être, cette fleur qui, sous le soleil de l'amour, devenait fruit. Nous vivions notre amour dans cette lumière, une simplicité intérieure où le modèle et le sujet réunis deviennent un dans une complémentarité, à la source de toute joie.

La méditation du Cantique des cantiques me remplissait de plénitude. Je comprenais ce que les prophètes entendaient par cette métaphore : « La main d'Élohim est sur moi. » Car les mots seront à jamais impuissants à décrire l'essence de l'amour ou de la lumière, ou à exprimer l'au-delà de la réalité qui m'envahissait, me transperçait, me déchirait pour verser ensuite sur mes blessures un baume ineffable. J'aurais voulu que tous les hommes se revêtent à jamais de cette robe étincelante de lumière qu'Élohim offre à chacun : il ne suffirait que de le vouloir pour en être à jamais revêtu. Je souhaitais n'être qu'amour, forteresse transparente et liquide dressée au cœur de nos tragédies.

Entre les pôles de nos extases et de nos déchirements, nous cheminions dans l'inconnu d'un monde en guerre. J'enrageais de mon emprisonnement dans une condition dont je ne pouvais m'évader qu'à la verticale, en Élohim. Si du moins il était possible de mourir du mal de vivre ! Mon attachement à la vie, la ferveur de mes études et de mes amours me paraissaient idolâtres, comme une indignité d'autant plus folle que mes aspirations étaient plus hautes. Je succombais devant l'image que j'avais de moi-même, faible, immobile dans mon infantile lâcheté, occupé à engranger des connaissances encyclopédiques, tandis que le monde crevait de détresse.

Et puis un samedi, la nuit du 18 au 19 janvier 1943, Colette dans mes bras, livide, saisie de tremblements, se remet à cracher du sang. La journée du dimanche 19 était lumineuse, ensoleillée, une journée de printemps, tandis que nous devons songer à nous séparer de nouveau. Elle a d'un coup perdu le regain de forces sur lequel nous avions cru pouvoir faire fond. Elle désespérait de retrouver sa santé, certaine d'être à jamais errante d'asile en asile, à travers le long, l'aride désert de sa vie. Elle était parfois prise de la velléité de me fuir pour me libérer des tourments de sa présence auprès de moi.

Depuis le début de la guerre, les armées allemandes avancent sur tous les fronts. La condition des Juifs ne cesse d'empirer. La propagande antijuive de Goebbels et de ses séides fait des ravages dans toutes les classes de la population, dans tous les milieux et chez les Juifs eux-mêmes. Il s'agit de convaincre l'opinion publique de ce que les responsables de la guerre et de ses malheurs sont les Juifs et eux seuls. Conférences, expositions, journaux, revues, livres, affiches et films sont là pour le prouver, et nombreux sont les victimes de cette guerre disposées à le croire. S'il fallait trouver un bouc émissaire, le Juif était tout trouvé pour cette fonction. Consciemment ou inconsciemment tous, à des degrés divers, s'imprégnaient de ce qui, à force de répétitions, paraissait une évidence. Un film lancé en France, à grand renfort de publicité, *Le Juif Süss,* occupait bien des esprits.

A l'École rabbinique, nous continuions à vivre comme si ce qui se passait était un « accident de parcours », malgré tout ce que nous entendions, savions, ou voulions ne pas savoir, de l'atroce vérité.

En mai et en juin, Colette a un retard à ses règles, ce à quoi elle est habituée, celles-ci étant fort irrégulières chez elle. En juillet, nous allons voir notre médecin, un homéopathe du cru, fort sympathique :

– Vous êtes enceinte, madame.

Colette manque défaillir à cette nouvelle.

– Vous en êtes sûr ?

– Absolument. Vous êtes à votre troisième mois. Votre enfant naîtra en janvier 1943.

– Mais c'est impossible, docteur, je ne peux pas, je ne veux plus avoir d'enfant.

Colette, habituellement si maîtresse d'elle-même, éclate en sanglots.

– J'ai eu un premier enfant qui est mort. Il faut interrompre cette grossesse.

– C'est impossible, madame. Les lois de mon pays et celles de ma conscience de chrétien me l'interdisent.

– Mais mon état de santé m'interdit d'avoir un enfant, vous le savez mieux que personne. Vous savez que je suis tuberculeuse.

– La tuberculose n'a jamais empêché une femme de mettre au monde de beaux enfants parfaitement sains. Au contraire, des malades gravement atteintes ont été guéries à la suite d'une ou de plusieurs grossesses. C'est ce que je vous souhaite et c'est ce qui arrivera probablement. Au revoir, madame.

Je reste seul avec le docteur Barbès. J'insiste longuement sur la fragilité de Colette. Je suis moi-même hostile par principe à tout avortement, je pense aussi qu'on n'a pas le droit d'interrompre une vie, et l'enfant qu'elle porte est déjà un vivant. La loi hébraïque est formelle : on ne chasse pas une vie pour en préserver une autre. Or dans notre cas, c'est la vie de Colette qui est en jeu : elle risque de mourir en portant cet enfant dont elle ne veut pas.

Le docteur Barbès sous ses cheveux blancs porte un lorgnon qui tremble de surprise, comme si je débarquais d'une autre planète. Il refuse l'avortement.

Je lui parle de la condition faite aux Juifs dans les pays occupés par l'Allemagne, je lui dis ce qu'est la vie dans les camps de concentration où mes coreligionnaires sont parqués, même en France. Je lui cite des faits, des chiffres que je connais moi-même, directement.

– Tout cela est exagéré. Vous, les Juifs, vous êtes bien connus pour avoir la manie de la persécution.

Il revient avec moi vers Colette qui, à nos expressions, comprend ce qui s'est dit. Elle est livide. Nous partons en silence.

J'espère qu'elle se ressaisira, qu'elle verra les choses d'un regard plus serein. Mortels, nous le sommes tous. N'avions-nous pas fait le don de nos vies en nous engageant l'un avec l'autre, l'un pour l'autre ? Notre Dieu n'est-il pas le maître de tous les miracles ? Que valent nos craintes et que valent nos vies dans un monde dont Hitler est le roi ? Nous marchons le long d'une voie ferrée. Au bout d'un long mutisme où elle n'écoute même plus ce que je lui dis, elle me déclare sur un ton que je ne lui connaissais pas :

– Je me jetterai devant un train s'ils ne veulent pas interrompre cette grossesse.

A son regard, je comprends que sa résolution est inébranlable. Si je ne lui obéis pas, elle n'hésitera pas à se suicider.

Je retourne voir le docteur Barbès :

– Il n'est pas question pour moi de mettre Colette dans les mains d'une faiseuse d'anges, lui dis-je. Si je ne fais rien, elle se suicidera, j'en ai la certitude. Que faire ?

– Je vous ai dit ce que je pensais. Je n'ai rien de plus à ajouter. Méfiez-vous ! Si vous violez les lois de la nation, cela vous coûtera cher.

Mme Crueize, qui s'est prise d'amitié pour Colette, nous envoie chez un autre médecin, le docteur F. Elle lui explique de quoi il s'agit :

– Des gens pareils ne devraient pas habiter chez vous. Vous devriez les flanquer à la porte. Il est dangereux pour vous-même d'abriter des Juifs, lui dit-il.

Je vais quand même le voir :

– Je veux bien qu'elle avorte, mais à condition que ce soit moi qui l'opère.

Il me dit cela sur un tel ton que je n'insiste pas. Je vois encore le docteur L., puis le docteur G., puis le docteur H., puis un autre docteur G. A chacun, il faut refaire le récit de notre mésaventure, essayer de trouver une issue à l'impasse où nous nous trouvons. Je trouve chez eux une attention distraite. Certains semblent plus soucieux de connaître l'état de notre bourse plutôt que celui de notre santé, la mienne ne valant guère mieux que celle de Colette. Pour se débarrasser de nous, ils me conseillent de bien nourrir Colette, dans un pays où la faim rôde partout, ou bien de la mettre dans un sana, où, pour avoir une place, il faut attendre un, deux ou trois ans...

Je trouve un médecin qui accepte de pratiquer l'opération légalement, sur avis conforme de quatre praticiens. Il se ravise lorsque je lui donne le nom du docteur G. pour cosignataire de la demande d'autorisation. Et c'est à nouveau la course de porte en porte, de bureau en bureau, bien au-delà de tout désespoir. Finalement, Colette entre à la clinique Saint-Dominique, à Clermont-Ferrand, le 5 juillet 1942. L'autorisation légale est entre mes mains, signée par les quatre médecins prévus par la loi. C'est pour nous une journée atroce dont Colette et moi ne parlerons jamais.

Mais, je finis par le comprendre, Colette n'avait pas fui la maternité par peur de la souffrance ou de la mort. Elle s'était juré de ne pas me laisser seul sur terre au seuil de l'apocalypse dont elle prévoyait le déferlement. Elle tenait à rester à mes côtés jusqu'au bout de ce chemin de croix, à la vie, à la mort. Un enfant l'aurait tôt ou tard détournée de sa voie et, contrairement à ce qu'elle était et ce qu'elle pensait, elle avait choisi de le sacrifier.

« Je sais ce qu'est le sacrifice d'Abraham, non pas en paroles, mais en acte », finit-elle par me dire plus tard, comme en parlant d'autre chose.

« Vous devriez les flanquer à la porte », avait conseillé le docteur F. à Mme Crueize. Cela fut fait non pas sur l'initiative de notre bonne logeuse, mais par décret du gouvernement de Vichy. En juillet, à Clermont-Ferrand, les Allemands font une descente dans les locaux occupés par l'université de Strasbourg : ils arrêtent tous les professeurs et les étudiants qui s'y trouvent, pour la plupart alsaciens ou juifs. Nombre de mes amis font partie du lot : aucun d'eux ne reviendra de la déportation.

Le 20 juin 1942, une nouvelle loi sur les Juifs en

France était venue compléter le statut du 20 octobre 1941. Nous sommes livrés corps et biens au bon plaisir du prince, un plaisir qui n'est bon que s'il nous accule à la mort. La déportation des Alsaciens et des Juifs arrêtés par les Allemands est suivie, le 8 juillet, par un arrêt d'expulsion des Juifs de Clermont-Ferrand. Nous devons quitter la ville dans les plus brefs délais. Pour aller où ? Nous nous mettons à la recherche non moins désespérée, non plus d'un avorteur, mais d'un logement. J'écris des lettres à plusieurs de mes amis, notamment mes amis pasteurs : ils me répondent avec des paroles de réconfort, des vœux et des regrets. L'un d'eux, qui me témoignait une chaleureuse amitié, ne répond même pas à ma lettre. Le salut nous vint d'un pasteur de l'église de Charmes. J'y avais connu Roland Leenhardt : il répondit sur-le-champ à mon appel. Depuis sa démobilisation, il avait été nommé pasteur à Tence. A la sortie de la ville, sur la route du Chambon, il habitait, avec sa femme Hilda et leur premier enfant, un presbytère où ils nous attendraient aussitôt que nous pourrions arriver. Nous nous mettons en route dès que nous le pouvons, en prenant à peine le temps de secouer la poussière de nos pieds.

A l'École rabbinique, c'est la débandade. Les meilleurs d'entre nous sont déportés avec les étudiants alsaciens. Les boute-en-train de l'école, Sammy Stourdzé et Oscar Wallach qui me plaisantait sans cesse sur ma passion biblique, Feldbau qu'on disait être le génie mathématique de sa génération, d'autres encore font partie du lot.

A Lyon, mon beau-frère Jo, après son évasion du camp où il était prisonnier, avait trouvé un emploi de tailleur chez Sigrand. Avec lui, je tentais de trouver un logement convenable pour y habiter avec Colette. Au bout de huit jours, je vis bien qu'il ne serait ni facile ni souhaitable de quitter la Haute-Loire ou nous avions pris pied et ou nous devions rester jusqu'à la fin de la guerre. Mieux qu'une école rabbinique, sous le nez des Allemands, nous y avions fondé autour de deux des grands maîtres de leur génération, le bibliste Georges

Vajda et le philosophe Jacob Gordin, un centre d'études que nous appelions ironiquement l'École des Prophètes.

Chacun de mes passages à Charmes était marqué par les conversations que j'avais avec Roland Leenhardt, l'adjoint du pasteur Dallière. Une profonde sympathie nous unissait, qui se transforma en amitié après le 5 novembre 1937, date à laquelle il eut un grave accident : sur sa motocyclette, il avait percuté à vive allure la barrière baissée d'un passage à niveau. Il échappa de justesse à la mort. A Tence, il nous aida du mieux qu'il put à nous trouver un refuge convenable. Je fis le tour des possibilités de la région, guidé par les pasteurs cévenols auxquels Roland m'adressait : j'appris à connaître le protestantisme de cette région de France, puissamment enraciné en son passé historique. Pour tous, le souvenir de la Saint-Barthélemy était vivant et chacun voyait en nous de nouvelles victimes de l'intolérance qui avait conduit leurs ancêtres à s'établir sur les sommets des Cévennes ou dans les vallées de l'Eyrieux et de la Drôme. L'accueil fut toujours et partout empressé, fraternel, efficace. Aucun appel, aucune demande ne resta jamais sans réponse. Pour Colette et pour moi, le salut vint d'un ami de Roland, le docteur Paul Héritier. Dès qu'il apprit que nous cherchions un refuge dans la région, il vint à moi : « Ma maison natale, à Chaumargeais, est à votre disposition. Nous y venons seulement l'été, mais nous trouverons une autre solution pour nos vacances, l'an prochain et si nécessaire jusqu'à la fin de la guerre. Vous pourrez faire de ce lieu ce que vous voudrez, pour vous et pour toutes les activités que vous voudrez y organiser. Nous sommes de cœur avec vous, dans votre résistance à la persécution. Bien entendu, vous n'aurez rien à payer pour votre séjour. Vous verrez, c'est une maison très modeste, avec son étable et son petit jardin potager. »

Le docteur Héritier était fils et petit-fils de paysans. Petit, de grands yeux bleus, le visage typiquement celtique, il boitait des suites d'une blessure de guerre, celle de 1914 – je le suppose du moins, n'en ayant jamais parlé avec lui. Après ses études de médecine, il s'était établi en ville, à Chamalières, près de Clermont. La maison « très modeste » nous parut être un palais des mille et une nuits où Colette et moi allions vivre, au sein de l'universelle tragédie, les années les plus heureuses et les plus fécondes de notre vie commune.

Chaumargeais se situe à cinq kilomètres de Tence sur la route de Saint-Agrève et, à travers champs, à quatre kilomètres du Chambon-sur-Lignon. Le village compte une rue centrale bordée de quelques fermes qui vivent d'élevage et d'agriculture. En face de notre ferme, l'unique épicerie du village – qui servait aussi de bureau de poste – appartenait à M. et Mme Albert Roux : ils devinrent rapidement nos amis. Leur secours ne nous fit jamais défaut, ils nous permirent de mieux accomplir le travail de résistance auquel je me consacrais.

Le statut des Juifs avait réduit ses victimes à une condition de parias dans une France asservie. Sous l'impulsion des Allemands, la « solution finale » était mise en œuvre non seulement en zone occupée, mais aussi dans cette partie du pays en principe administrée par un gouvernement français. La déportation des Juifs de Paris et de ceux de Clermont-Ferrand nous donnait une mesure de ce qui se passait et de ce que nous pouvions attendre.

Les rafles, à Paris, avaient donné lieu à de véritables chasses à l'homme – au Juif. Je pensais que les autorités juives de France n'avaient pas le droit de se taire. Je rédigeai un projet de lettre que j'envoyai au grand rabbin de France, Isaïe Schwartz, pour l'inciter à porter notre protestation à la connaissance du maréchal Pétain. Cette lettre n'eut aucune suite, et nulle protestation ne s'éleva de certaines instances officielles, même juives. Malgré les succès des armées de l'Axe, victorieuses sur tous les fronts, malgré le matraquage de la propagande nazie et malgré les Français qui espéraient la victoire de Hitler, je ne perds jamais espoir, parfois contre toute raison.

Du côté chrétien, je savais que Marguerite Prost avait

à Lyon la confiance des autorités ecclésiastiques. Une amitié profonde nous unissait. J'aimais son intransigeance, sa quête d'un absolu qui la conduisit à vivre, sa vie durant, en Asie, à Pondichéry. En janvier 1940, elle souhaitait pour moi, connaissant mon orgueil, « que Dieu me brise, qu'il me fasse mordre la poussière ». Ce vœu se réalisait au-delà de son souhait avec une violence implacable, dans l'incendie de la guerre. Depuis, c'était la nuit la plus noire ; l'idolâtrie triomphante plantait ses flèches en ma chair.

Des échos de plus en plus précis, de plus en plus horribles me parvenaient des camps de concentration de France et d'Allemagne. Nous cherchions des layettes pour les centaines d'enfants de Juives violentées par leurs persécuteurs, des refuges pour des milliers de persécutés réduits au désespoir. Je lui écrivais ma souffrance :

« Depuis la guerre je vis dans une extrême tension de tout mon être : assumer la souffrance, la vivre au point de n'être plus vivant ni mort, tendu ou écrasé au milieu de tant de sang, de tant de feu, là où folie et raison n'osent plus dire leur nom. Depuis le début de la guerre, ma chair est une plaie, mes nerfs à vif, ma sensibilité hurlante. Je suis comme un enfant malade des crimes du monde. Le monde, le mal me font mal, Marguerite. Le calvaire que nous gravissons écrase notre joie : elle aussi a mal. Sur ce chemin, nous trébuchons comme pris par l'horrible peur d'être seuls. Si tu savais mes sanglots solitaires, le poids de mes larmes qui ne veulent ou ne peuvent se déverser, notre cœur transpercé par tous les partages, toutes les médiocrités.

« Dans tout calvaire, il est un instant où l'on perd pied : “ Mon Dieu, mon Dieu, pourquoi m'as-tu abandonné ? ” C'est ce cri que dans ma nuit j'adresse à mes frères : “ Pourquoi nous abandonnez-vous ? ” »

Marguerite transmit ma lettre au futur cardinal de Lubac. Celui-ci me répondit aussitôt par une lettre que je détruisis après en avoir pris connaissance. Si elle avait été interceptée par la censure ou si elle était découverte chez moi, elle pouvait valoir la déportation à son signataire. De Lubac me disait sa solidarité avec les Juifs persécutés et sa révolte devant le sort qui leur était fait. Il m'informait des actions que l'Église de France déployait pour venir au secours des persécutés : les couvents leur étaient ouverts, des archevêques comme le cardinal Saliège, des évêques et des religieux sans nombre se consacraient à cette œuvre de sauvetage sacrée à ses yeux. Il souhaitait me rencontrer.

Rendez-vous fut pris pour le 11 novembre 1942, à la montée de Fourvière, au couvent des jésuites. Je découvre alors son clair regard bleu, la profondeur de sa pensée, la générosité de son inspiration. Plus habitué que lui à la clandestinité, je le remercie de son message et lui conseille d'être plus circonspect à l'avenir : une lettre comme la sienne risquait d'être compromettante pour lui et pour les activités dont il parlait.

Je lui dis à mon tour les tragédies sans nombre dont j'étais quotidiennement le témoin. Puis nous parlons de Bible, de ma thèse de doctorat encore en chantier. Un grondement interrompt notre conversation : ce sont les tanks allemands qui déferlent sur Lyon, occupent la colline de Fourvière et le reste de ce qui fut la zone libre. Nos regards se croisent, dans un même désarroi. Trois jours auparavant, le 8 novembre, le débarquement allié avait eu lieu en Afrique du Nord, les relations diplomatiques entre les États-Unis et Vichy avaient été rompues. A Berchtesgaden, du 9 au 11 novembre, Hitler avait rencontré Laval, désormais vrai responsable des affaires françaises dans le grand Reich. Les Allemands arrêtent Weygand et tous ceux qui, à un titre quelconque, risquent d'entraver leur action. Les Juifs sont pris au piège de cette zone libre où ils avaient placé leurs espoirs : il faut tenter d'aider à leur sauvetage.

Je prends contact à Lyon avec les réseaux naissants de la Résistance. J'accepte de représenter l'Œuvre de secours aux enfants (O.S.E. clandestine) notamment en Haute-Loire. En liaison avec Londres et Washington, notre réseau est dirigé par Georges Garrel et par Andrée

Salomon. Il compte trente-trois responsables de région. Maurice Brenner, en liaison avec l'American Joint Distribution Committee, aide au financement de notre action. Lyon groupe dans des centres clandestins les réfugiés, hommes, femmes, enfants. Les responsables de région les accueillent, les camouflent en les dotant de fausses cartes d'identité et d'alimentation, les placent dans les fermes et les maquis, payent leurs pensions, veillent à leur sécurité et à leur bien-être et participent enfin à l'organisation de convois qui les accompagnent en Espagne et en Suisse.

Je vis ces temps de folie dans le déchirement des profondeurs. J'apprends ainsi mon métier d'homme dans les risques de la clandestinité où il me faut marcher encore avec ma cargaison humaine, à la vie, à la mort. Le soir, quand je ne pouvais revenir au havre de Chaumargeais, exténué parfois, je m'assoupissais dans l'ombre d'une forêt auprès de mon inséparable vélo, à même la terre. Dans l'incendie du monde, j'étais comme porté par une constante plénitude, une inébranlable espérance.

Aux premiers jours de la guerre, à l'un de mes séjours au Sahara, j'avais fait un rêve, aussi net qu'une vision. J'étais au sommet d'une haute falaise semblable à celle du cap Falcon, à l'est d'Oran, où je cueillais en compagnie de Jacques Vérin des genêts en fleur. J'étais auprès d'une femme. Enlacés, nous contemplions la mer que nous dominions de plusieurs centaines de mètres sur notre falaise à pic. Soudain la mer, prise d'un formidable bouillonnement, se lance à l'assaut de la haute paroi au sommet de laquelle nous nous tenons. Terrifiés, nous voyons les vagues monter, monter, nous atteindre, nous submerger, nous engloutir. Figés de terreur, nous ne desserrons pas notre étreinte, trouvant l'un dans l'autre source de vie. Puis le calme revient, la mer redescend lentement, se retire au pied de la falaise. L'un dans l'autre, l'un et l'autre, nous sommes encore en vie.

Ainsi devais-je traverser la guerre auprès de Colette : à Chaumargeais, un même combat nous unit dans une même passion, soudés par l'espoir de dépasser tout partage, toute déchirure et de tisser, pour notre part, la robe sans couture de l'unité qui vient. Amour que la guerre et ses ravages ne réussissent pas à broyer, même si son fruit vivant périt parce que trop d'éternité pesait sur sa paupière.

Avec nos amis de Lyon, nous étions convenus d'un code pour assurer le secret de nos communications ; on m'envoyait des bibles, ou des livres de prières petits ou grands que je devais placer dans la région – il n'était jamais question d'hommes, de femmes ou d'enfants. Averti par courrier ou par téléphone, Mme Roux assurant la liaison, j'allais recevoir mon précieux chargement d'enfants à Saint-Étienne. Les pasteurs Leenhardt, Trocmé, Theiss, d'autres encore encouragent leurs ouailles à recueillir les Juifs persécutés. Quand je n'ai pas assez de place pour mes enfants, le prêche du dimanche dans les temples protestants porte invariablement sur le thème : « Ce que vous ferez au plus petit de ces enfants, c'est à Moi que vous le ferez. » Les cœurs et les portes s'ouvrent si bien que, jusqu'à la Libération, pas un seul de mes enfants, pas un seul de mes réfugiés ne sera perdu. A l'arrivée, à chacune des nombreuses stations où le train omnibus s'arrête, les paysans sont là, un deux, trois, quatre, impatients de voir le visage de leurs filleuls. A leurs sourires, je suis assuré que ces enfants ne manqueront de rien. Après les tragédies qu'ils ont vécues – la plupart ont vu leurs parents arrêtés et déportés ; certains ont été arrachés aux camps de concentration, ceux de Gurs, de Rivesaltes, de Drancy... –, ils reprendront goût à la vie dans notre région où ils seront accueillis et choyés.

Je suis le témoin de surprenantes métamorphoses : un petit Juif polonais à peine âgé de cinq ans, en quinze jours, apprend le patois local, aide à gérer le bureau de tabac de ses parents adoptifs, établit à leur profit un astucieux trafic de tickets de pain et de cigarettes... L'un d'eux ayant entendu réciter le Notre Père le déclamait fièrement : « Que Ton Nom soit sans tickets... »

Un jour cependant, Mme Roux m'avertit d'une visite : Mme André Philip, la femme d'un ministre de De Gaulle à Alger, me prévient qu'un agent français de la Gestapo, un milicien, est dans le coin et me recherche. On m'a trouvé un refuge dans une magnanerie de la vallée du Rhône. Il faut partir d'urgence. Colette et moi prenons le premier train. Le printemps est radieux. Dans notre nouveau métier, nous serons initiés aux secrets de l'élevage du ver à soie que je pratiquais tout enfant à Témouchent, émerveillé par les œufs, les vers, leurs cocons, leurs papillons, que je nourrissais des feuilles d'un mûrier voisin. Ici, il ne s'agissait plus d'un jeu, mais d'une industrie dans les dépendances d'un château provençal. Colette et moi devons satisfaire les appétits dévorants de millions de vers à soie, répartis sur des centaines de mètres de litière dont nous devons assurer la minutieuse propreté. Le château, par bonheur, nous fournit les centaines de kilos de feuilles de mûrier cueillies dans les environs.

Nous devons entretenir une température constante dans les locaux de la magnanerie. A cette fin, nous allumons chaque soir un feu dans une vaste cheminée médiévale qui brûle non seulement des bûches, mais de gros troncs d'arbre. Un matin, les braises que je ranime avec trop d'ardeur provoquent un grand feu de cheminée, le premier que je voyais de ma vie. Affolés, Colette et moi faisons tout le contraire de ce que nous devrions : au lieu d'éteindre les bûches et d'étouffer la cheminée par le bas, nous dressons de longues échelles, nous nous hissons sur le toit au risque de nous rompre les os et, à l'aide de seaux d'eau, nous essayons vainement d'éviter l'incendie, qui finit par s'éteindre... seul. Ce jour-là, les vers à soie eurent chaud... et nous aussi.

Le propriétaire de la magnanerie était le président régional de la Milice française, fondée le 30 janvier 1943 ; il était en principe dévoué à la politique du Maréchal. Avec évidence, j'étais juif : ma barbe, mon allure, mes livres hébraïques dont nos sacs débordaient le prouvaient assez. Ni cela ni notre début d'incendie ne le détournent de sa gentillesse à notre égard. Nous terminons notre carrière de magnaniers lorsque nous recevons un message du Chambon-sur-Lignon : la voie est libre, nous pouvons revenir à Chaumargeais. L'agent de la Gestapo avait été exécuté par des maquisards.

A mon retour, mes amis me font bon accueil. Puis ils m'enferment dans la salle commune de notre maison :

« Maintenant, fini de rigoler, assieds-toi ici. Tu peux continuer à faire le funambule et risquer ta peau rien qu'en montrant ta bouille. Crève autant de fois que tu le souhaites, si ca te fait plaisir, mais ne compromets plus la vie ni l'action de nos réseaux. »

Et au risque de m'arracher la peau des joues, sans me laisser dire ouf, ils font disparaître à grands coups de rasoir ma belle barbe noire bouclée aux reflets bleutés.

Avant de quitter notre magnanerie, nous avions passé trois jours à camper près de la fontaine de Vaucluse, à l'ombre de Pétrarque et de Laure, oubliant la guerre et ses malheurs.

Notre résistance s'appuyait sur les pasteurs, les maquis et les différents organismes qui s'étaient installés dans cette région si propice à notre action. La population était à peu près unanimement dressée contre l'occupant, dans un pays d'accès difficile pendant le long hiver et d'une topographie montagnarde si accidentée que des étrangers pouvaient difficilement s'y retrouver. Les Allemands le savaient. Ils projetaient, après avoir éliminé les maquis du Vercors, de se rabattre sur la rive droite du Rhône et de venir dans nos vallées et nos montagnes pour nous éliminer. Les débarquements du 6 juin 1944 en Normandie et du 15 août en Provence leur ôtèrent la possibilité de réaliser leur programme.

Mes journées étalent consacrées à mes activités de résistant, non dans un état-major ou dans quelque officine, mais sur le terrain, fantassin voué, dans la grisaille de cette guerre, à transmettre des messages, à faire plusieurs centaines de kilomètres de liaisons à vélo, chaque mois, à mettre des gens en danger de mort à l'abri, à alerter ou à aider ceux qui avaient besoin de l'être.

Colette, pendant ce temps, se consacre à l'étude de la Bible et de la théologie. La musique lui manque. Je fais l'impossible pour lui trouver un piano, qui fait sensation à son arrivée au village : personne ne savait ce qu'était cette étrange machine. Personne n'en avait, et, à une époque où la télévision n'existait pas, nul n'imaginait ce que cela pouvait bien être. Les bruits les plus étranges se mirent à circuler. Deux jours après, nous voyons arriver notre ami Argaud nanti d'une bonne livre de beurre tout frais sorti de ses barattes. Nous parlons de choses et d'autres, puis nous arrivons à l'essentiel :

– Cette machine, qu'est-ce ? C'est avec ça que vous écrivez vos livres ?

Colette s'avance vers le clavier et plaque un accord. Le visage de l'excellent M. Argaud s'illumine :

– Ah, de la musique !

Confortée par un favorable climat, par une nourriture surabondante et exquise, toute à sa poésie, à sa mystique, à sa musique, parfois à sa danse, Colette se porte comme un charme. De mai 1942 à août 1944, elle n'a pas une seule hémoptysie ni aucun des maux qui transformaient le plus souvent sa vie en calvaire, semé de roses fanées.

Peu de temps après notre arrivée à Tence, j'avais retrouvé à Lyon la trace de Georges Vajda. Il était, à l'École rabbinique, le seul maître avec qui je m'étais lié d'amitié, celui auquel je suis redevable de ma formation de sémitisant. Né en Hongrie, il continuait la tradition des intellectuels originaires de ce pays, qui animèrent la résurrection, en France, des recherches linguistiques et historiques. Bibliste, il m'avait appris à distinguer avec rigueur ce que l'on savait, ce que l'on croyait savoir et ce que l'on ne savait pas, cette dernière part étant de loin la plus importante. Contrairement à une opinion répandue, il pensait que le temps, loin de les accroître, avait réduit le champ de nos certitudes : nos connaissances en se multipliant rendaient plus fragiles toutes nos généralisations, toutes nos systématisations scientifiques, théologiques ou idéologiques. Pour lui, le doute était bien « un mol oreiller pour une tête bien faite ».

Arabisant et élève de Louis Massignon, il était l'héritier spirituel des Kasimirski et des Goldziher. Il aimait à reconnaître qu'il ne savait rien de ce qui s'était passé dans le monde après 1492. Mais, avant cette date, dans les vastes domaines de sa compétence, il savait tout ce que l'esprit humain avait pu amasser de connaissances. Il était une encyclopédie vivante et universelle. S'il ne savait pas quelque chose, il le disait clairement, mais on pouvait être assuré que personne d'autre au monde ne le savait. En hébreu, en arabe, il remplaçait avantageusement les dictionnaires et les grammaires dont nous étions dépourvus.

J'étais inquiet pour lui, connaissant sa parfaite inadaptation au monde dans lequel nous vivions depuis la défaite. Son nom, son accent hongrois perceptible dans le français qu'il parlait et écrivait impeccablement, sa maladresse native, son honnêteté et je ne sais quelle innocence du cœur le désignaient pour devenir une victime des persécuteurs. Après sa démobilisation, il avait réussi à fuir Paris occupé.

« Sans qu'aucun de mes collègues ne m'ait accordé le moindre secours, la plus petite attention, la plus anodine parole de sympathie. Pas même Louis Massignon, mon maître. Leurs regards se détournaient de moi, comme si j'étais un pestiféré », me dit-il, amer.

Qu'était-il devenu depuis son départ de Paris ?

Je finis par apprendre qu'il était à Lyon, traqué comme l'étaient tous les Juifs et un nombre grandissant de Français. Je le découvris là, plus désemparé que nous ne l'étions tous.

– Vous ne pouvez pas rester ici !

– Où voulez-vous que j'aille ? Au diable ?

– Non, pas au diable. Je vous dirai bientôt où aller.

Je file au Chambon-sur-Lignon, j'explique aux pasteurs Trocmé et Theiss qui est Vajda : rien n'est plus important que de le sauver d'urgence. Mes amis lui offrent sur-le-champ un poste de professeur au Collège cévenol et une place dans une pension amie :

– Là, il sera bien gardé, nous ferons tous vigilance autour de lui.

C'est ainsi que Georges Vajda vient s'établir à quelques kilomètres de chez nous : c'était pour lui le salut et pour moi mieux que si la Bibliothèque nationale avait transféré ses trésors en nos forêts bourrées de bolets.

Nous travaillons à peu près quotidiennement ensemble soit à la Bible, soit à Bahya ibn Paqûda : il prépare sur cet auteur un livre qui paraîtra en 1956 – *La théologie ascétique et mystique de Bahya ibn Paqûda.* Grâce à Georges Vajda, je peux mener à bien ce travail difficile : ses connaissances me permettent une approche rigoureuse de ce texte arabe du XIe siècle.

Jacob Gordin appartenait à un autre monde, était d'une autre trempe. Il incarnait tragiquement la vie des Juifs européens, chassés de pays en pays par des persécutions sans nombre et sans fin. Né en Lituanie au début du siècle, chassé par la révolution russe, il s'établit en Allemagne, d'où il est bientôt chassé par l'hitlérisme triomphant. Il trouve un nouveau refuge à Paris où, pour la troisième fois, il lui faut refaire sa vie, apprendre une nouvelle langue : à la déclaration de la guerre, il a réussi à se remettre à flot. Hitler arrive et tout ce qu'il a édifié s'effondre : il est jeté avec femme et enfant sur les routes de l'exil, allant de refuge en refuge jusqu'au havre de Moissac et, après notre rencontre, à celui de Chaumargeais. La Libération le ramène à Paris, où il refait sa vie pour la cinquième fois. Fidèle à sa vocation de Juif errant même après sa mort qu'il trouve aux confins de l'Europe, quelque part au Portugal. Il faut aller chercher son corps et, même mort, lui faire retraverser les frontières pour le ramener à Paris où il est enterré. Jacob Gordin était un philosophe abreuvé de culture hébraïque depuis son enfance en Lituanie, pays de haute science biblique et talmudique. Chestov, Dostoïevski, les philosophes et écrivains russes et allemands faisaient partie de son identité intellectuelle. Il excellait surtout dans l'enseignement de la Bible et de cette Cabbale, qui était généralement exclue des horizons du judaïsme français, attaché à la clarté cartésienne davantage qu'aux acrobaties intellectuelles du Talmud ou mystique du Zohar. Il n'était pas ordinaire de voir dans les bois de Haute-Loire des maquisards barbus passer leurs nuits à étudier leur Bible hébraïque, leur Talmud et leur Cabbale, avec les traditions islamiques, auprès de Gordin et avec Vajda. En fait, l'étude et la prière nourrissaient notre action dont elles exaltaient les témérités. Elles nous donnaient, dans la guerre implacable qui nous était faite, une sérénité, une joie même qui n'étaient pas de ce monde. La vie clandestine, en nous situant en marge de la société, nous gratifiait paradoxalement d'une pleine liberté : confrontés à la mort, nos vies offertes, toutes les frontières étaient abolies pour nous, à jamais.

Marc Chagall me le disait avec beaucoup de justesse : « Il manque quelqu'un en Israël. » Dans cette pensée, incluait-il l'ensemble du monde juif ? Nous nous étions liés d'amitié. Je le voyais régulièrement à Paris, ou quand je traversais la Provence, à Vence, auprès de Vava, sa vigilante épouse. Nous nous retrouvions dans un même amour de la Bible. Il préparait alors son œuvre biblique, tandis que j'amassais les connaissances qui préparaient ma traduction des Psaumes, puis de l'ensemble des Écritures. La propriété qu'il occupait à Vence avait une histoire. Elle avait été bâtie par une Américaine. Celle-ci à son décès avait exprimé le vœu d'avoir ses cendres dispersées dans le jardin de son ancienne maison que Chagall avait rachetée à un de ses amis. Un jour, une jeune femme vient le visiter et lui dit :

– Ma mère voulait que ses cendres soient dispersées dans ce jardin qu'elle a planté autour de la maison qu'elle a bâtie...

– Un mort dans mon jardin, ça jamais ! s'écrie Chagall.

Rien ne pourra le faire changer d'avis, la visiteuse le

voit bien à sa pâleur, à son regard horrifié. Sans insister, elle prend congé et dans le jardin, près d'un massif de fleurs, ouvre l'urne qu'elle portait et en répand les cendres, d'un ample geste...

J'admirais Chagall, fidèle à ses origines hébraïques, qui laisse une œuvre d'une rare ampleur née de ses souvenirs du ghetto et du grand souffle de l'inspiration biblique. Elle illustre l'homme de tous les temps dans sa relation à Dieu, à l'histoire ou à sa propre pesanteur.

Une journée que nous avions passée chez lui à Vence avec le père Ceslas Rzewuski, je les entendis évoquer tous deux leurs souvenirs de jeunesse en Russie. Les Rzewuski se faisaient un honneur de leur tradition familiale d'amitié pour les Juifs. Chagall semblait avoir d'autres souvenirs de son ghetto de Vitebsk. Le proverbe russe le dit : « Cent coups de bâton sur le dos d'un voisin constituent un vrai plaisir. » Mais l'accord était plus profond quand ils parlaient de leur passé parisien : ils avaient de nombreux amis communs. Leur regard slave sur ce monde qu'ils aimaient, mais où ils restaient des étrangers, se remplissait de malice dès qu'ils évoquaient ensemble cette faune.

Albert Camus, l'antiprophète de notre temps, habitait au Panelier, à cinq kilomètres de Chaumargeais. Pour y parvenir en partant de chez nous, un sentier montagnard descendait vers un ruisseau qui nous fournissait en truites, puis remontait non loin du Chambon-sur-Lignon, jusqu'à la pension Œtly, dans un paysage de sources, de prés et de bois. Camus était arrivé là, à peu près en même temps que nous, vers le 20 ou le 25 août 1942, pour soigner l'hémoptysie qu'il avait eue à Oran, en fin janvier.

J'avais rencontré Camus, sa femme Francine et sa belle-sœur Christiane Faure à Oran qu'ils habitaient depuis janvier 1941. Nous nous retrouvons un soir, entre Saint-Étienne et Saint-Agrève, dans le train que j'empruntais souvent avec mes réfugiés à égailler dans les campagnes cévenoles. Il prenait ce train pour entretenir son pneumothorax : tous les douze jours, il allait à Saint-Étienne subir ses insufflations. Nous avions en commun notre amour de la Méditerranée, notre enracinement algérien, de nombreuses amitiés dans les milieux que nous fréquentions à Alger et à Oran. Notre séjour en Haute-Loire resserre nos liens : depuis le 11 novembre, nous sommes faits « comme des rats », selon son expression, coupés de nos familles, lui de sa femme, et dans une situation aussi précaire l'un que l'autre.

Il sait que Colette souffre de la même maladie que lui, cette tuberculose dont il refuse de parler, comme d'une faiblesse qu'il est incongru d'étaler en public. Avec moi, c'est différent : je fais partie de cette même famille à laquelle il appartient depuis le début de l'année, celle des cracheurs de sang, son sang à lui, et moi, par alliance, celui de Colette. Il me pose des questions précises : quelle est la nature de la tuberculose de ma femme, la périodicité de ses hémoptysies, l'évolution du mal. Nous nous voyons régulièrement au Panelier ou dans notre tortillard : là, dans la nuit, nous parlons longuement de tout ce qui nous tient à cœur. Il vient nous voir d'autant plus volontiers à Chaumargeais qu'il y trouve une cuisine dont il risquerait d'oublier le goût, celle de notre Algérie natale : Colette excelle à la préparer et mieux encore mon beau-frère Jo qui nous cuisine des couscous, des paellas et des merguez inoubliables.

Camus prépare à cette époque *La Peste*, tandis que je suis plongé dans la Bible. Il me demande de lire avec moi les passages des Écritures qui traitent de cette plaie.

– La peste revient en quarante-neuf occurrences dans la Bible. Le mot se dit en hébreu *dèbèr* qui est proche de *dabar*, la parole, le mot que les Grecs traduiront par *logos*.

– Ainsi la peste serait la conséquence d'une déformation de la Parole ? m'interroge-t-il.

– Je ne sais. Gordin n'hésiterait pas à le dire et nos cabalistes sont pleins d'enseignements qui vont dans ce sens : trahis le *dabar* et tu as le *dèbèr*, tue la Parole et tu as la peste, le sang, la famine et la guerre.

– Nous y sommes en plein, pris comme des rats, pris au piège de nos délires, conclut-il.

La négation systématique que décrivaient *La Peste* et *L'Étranger* était pour lui un point de départ dans un cheminement qui, s'il n'avait pas été interrompu par sa mort, le 4 janvier 1960, aurait dû le conduire hors des déserts que nous traversions, vers ce Royaume dont tant de pages de son œuvre préfiguraient le visage. Il avait trop d'exigence pour se contenter du Dieu dont parlent les religions et leurs porte-parole : il fuyait tout ce qu'il y a de verbal dans les prêches et les élans d'une apparente révolte ou d'un lyrisme qui n'aboutissait pas au miracle d'une incarnation du *Dabar*, de la Parole, seule protection possible contre le *Dèbèr*, la Peste. Contre les faux-monnayeurs de la littérature, des religions ou des idéologies, il s'inscrivait en faux, plein de mépris contre ce qu'il dénommait « le trémoussement prophétique ». Il se situait, comme j'entendais le faire, au ras des racines, celles du verbe, celles de l'homme, à en mourir plutôt que de les trahir.

Un souvenir continue de me hanter : le jeudi 31 décembre 1959, nous passions la soirée avec de vieux amis de Camus, des fidèles de la période oranaise. Nous parlions de son œuvre qui, à notre gré, semblait piétiner depuis *La Chute*, son œuvre, à mon sens, la plus profonde. Je concluais d'un mot qui résumait notre impression commune, celle que j'avais depuis mes derniers entretiens avec lui : « Camus est mort, spirituellement mort, dans l'impasse où il est acculé. »

Sortant de cette soirée, où j'étais avec mon épouse, nous rencontrons dans une rue de Saint-Germain-des-Prés une femme qu'il aimait, en joyeuse compagnie, au bras d'un autre homme. Annette et moi ressentons cette rencontre comme un funeste présage. Le lundi suivant, la voiture de Michel Gallimard s'abîmait à cent cinquante à l'heure contre un platane. Albert Camus, le thorax écrasé, le crâne fracturé, une expression d'horreur dans les yeux, mourait sur le coup.

8.

Revenants du Shé'ol

Le tournant de la guerre. Le délire du retour.
Dans un tunnel. La torture du passé.
Rescapés de l'enfer. Émerger dans la lumière.
Juge en Kabylie. A Bou-Saada.
Le sang de Colette. Fermer une prison.
Chez les Ouled Naïls.
Le baron Frary von Blomberg.
Un mystique musulman. Un caïd encombrant.
Partir sans esprit de retour.

La capitulation des Allemands à Stalingrad, le 2 février 1943, marque l'irréversible tournant de la guerre : partout les forces de l'Axe acculées à une résistance désespérée marquaient un temps d'arrêt. La même année, le 10 juillet, les Alliés débarquent en Sicile, le 3 septembre en Italie, le 13 en Corse. Le 12 juin 1943, les dernières forces allemandes capitulent en Tunisie.

Les rangs de la Résistance se renforcent de toutes les victimes de la persécution nazie, les communistes, les patriotes, les Juifs, les rescapés du travail obligatoire institué en France depuis le 16 février 1943. La constitution du Conseil national de la Résistance, le 15 mai, donne une tête et une colonne vertébrale à nos maquis.

Les succès militaires des Alliés drainent vers nos centres de nouvelles énergies, tirent des hommes de leur désespoir, raniment les courages, suscitent des actes d'héroïsme.

Le 25 juillet 1943, l'arrestation de Mussolini est un signe annonciateur de l'effondrement prochain de Hitler. Nous attendons impatiemment l'arrivée des forces alliées en France. Le débarquement a lieu en Normandie le 6 juin, en Provence le 15 août 1944. Le vent de la défaite rend plus atroce, plus insupportable, la persécution : les massacres d'Ascq, d'Oradour, du Vercors, de Saint-Genis-Laval nous disent clairement ce qui nous attendrait au cas où les SS affolés s'empareraient de notre région. Le docteur Le Forestier et plusieurs autres résistants de nos maquis sont arrêtés et massacrés : à Lyon, Touvier, le chef de la Milice, est à l'œuvre auprès de Barbie. Tandis que les Alliés avancent sur tous les fronts européens et extra-européens, dans nos maquis nous sommes nuit et jour sur la brèche. Les résistants et les victimes arrivent vers nous, aux abois : nous devons les loger et les nourrir. Nous réceptionnons les vivres, les vêtements, parfois les armes qui affluent en plus grand nombre d'Angleterre. Notre région, spécialement visée depuis les massacres du Vercors, doit faire face à toutes les éventualités. Je passe mon temps en épuisantes liaisons, par monts et par vaux, sans plus avoir une minute pour la poursuite de mes travaux bibliques ou pour la traduction de Bahya.

Les dernières semaines de notre résistance sont les plus éprouvantes. L'ennemi n'est plus seulement l'Allemand : il se trouve au milieu de nous. On assiste ici et ailleurs à des exécutions sommaires de collaborateurs ; des femmes sont mises au pilori, cheveux rasés, quand elles échappent au lynchage ou à l'exécution pour avoir frayé avec des Allemands. On entend dans nos villes et nos campagnes des cris, des coups de feu qui me blessent, comme si je les recevais moi-même. Je passe des nuits entières à aller des uns aux autres, à veiller, à prier. La lumière qui brille au loin, tout au bout du tunnel, fait apparaître plus épaisses les ténèbres qui nous entourent. Nous n'avions rien prévu, rien vu et rien empêché. Les coupables n'étaient pas seulement les misérables qui avaient cru profiter du triomphe nazi pour asseoir leur fortune, leur influence ou satisfaire leurs passions. De l'épreuve, la France sortait humiliée, affaiblie, déchirée d'innombrables conflits internes, certains irréparables.

Une épuisante tension intérieure m'étreint jusqu'à

l'épuisement de mon être : il faut accomplir nos tâches quotidiennes et davantage encore, dresser toutes nos énergies intérieures contre la Bête aux abois. Nous voyons bien qu'elle doit être abattue non seulement par la force des armes, mais par celle de l'esprit, par celle de la prière. Ce duel invisible, pour ne pas faire la une des journaux, n'est pas le moins important à mes yeux. Hitler sera emporté, autant par le fleuve de sang qu'il fait couler que par le déferlement des prières dressées dans le monde entier contre la furie de ses crimes. Dans le décompte de nos combats, on pourra compter ce que les hommes ont donné de vies et de sang, mais qui notera le poids de leurs offrandes en prières ? Épée contre épée, nous vivions heure après heure le dénouement de l'horreur où le monde avait failli succomber sous la folie d'un homme.

Rome est libérée le 4 juin 1944, Paris le 25 août, Athènes le 13 octobre. Belfort, Mulhouse et Strasbourg le seront les 20, 21 et 23 novembre. Nous devons mettre de l'ordre dans nos activités, récupérer nos enfants, les rendre à leurs familles quand elles existent ou les rassembler dans nos centres d'accueil, établir nos comptes de gestion et, au plus vite, regagner Paris dont nous avons été chassés en juin 1940.

L'état de santé de Colette nous pousse à hâter la date de notre retour à Paris. Les émotions et les fatigues des derniers mois ont eu raison de sa santé et, une fois de plus, elle crache du sang le jour de mon vingt-septième anniversaire, le 11 août 1944. Elle avait trente ans depuis le 25 juillet précédent : nous étions tous les deux nés sous le signe du Lion. Nous arrivons dans la capitale tandis qu'y affluent les premiers convois de rapatriés. Qui n'a pas vécu les semaines et les mois où Paris redevenait la capitale de la France ne saurait imaginer quels vents de toutes les folies y soufflaient.

Pour moi, on le verra, le mot folie n'est pas un euphémisme. Ayant liquidé nos activités à Chaumargeais, nous arrivons à Paris par une claire nuit d'octobre 1944.

Le deux pièces que Colette occupait, 9, rue de Civry, est intact. Son Pleyel aura tout juste besoin d'être accordé. Mais voudra-t-elle revenir à la musique ? Quand nous étions en Algérie, sa cousine Magdeleine lui avait envoyé une valise pleine de ses œuvres musicales, chants, sonates, oratorios. Cette valise de cuir, volée, ne lui était jamais parvenue. A cette époque, Colette voyait en tout des signes : elle interprète celui-ci comme un ordre de ne plus faire de la musique ; elle la considère désormais comme un obstacle à la vie contemplative à laquelle elle entend se consacrer exclusivement. Sur les roses fanées de sa route, elle égrènera les pétales de celle-ci, la plus belle, la plus chère pour elle, la musique. Son demi-queue Pleyel, rue de Civry, restera à jamais muet. Brusquement arraché à la vie qui était la mienne depuis le début de la guerre, n'ayant plus rien à faire dans un monde désorganisé, je suis comme un moteur emballé qui tourne à vide.

Les souvenirs m'assaillent de jour et de nuit : je ne dors pas, je mange à peine. Les épisodes atroces des quatre dernières années, vigoureusement refoulés, m'assaillent, ne me laissant plus de reste. Les alertes aériennes, les bombardements, les cadavres sur le bord des routes, l'odeur des cadavres, leurs regards glauques, nos routes aveugles ne menant nulle part, la voix démente de Hitler, le gémissement d'agonie de ses victimes, le râle des Juifs étouffés dans les chambres à gaz, mon enfant mort dans mes bras, l'avortement de Colette, les bois de Chaumargeais hantés par mes Juifs traqués, les paysans pourchassés que nous accueillions, aidions et parfois sauvions, les affamés, évadés des camps ou des villes, qu'il fallait nourrir, les yeux traqués des centaines d'enfants qu'il fallait cacher pour les soustraire à la mort, la faim et son cortège de misère, la guerre et ses horreurs, les hémoptysies de Colette... Des faits que je croyais oubliés, des détails que je n'avais pas retenus, tout un arsenal d'impressions, de souvenirs effacés déferlaient sur moi comme un torrent qui me roulait sur un lit de rochers. J'essayais de m'accrocher à ses rives sans le pouvoir : j'avais mal, à crier, et je criais, parfois de toutes mes forces, à l'effroi de Colette.

J'échappais à sa surveillance pour parcourir Paris, nu-pieds, marchant pendant des heures. Un jour, parti de la rue de Civry, près de la porte de Saint-Cloud, j'aboutis place Clichy à l'heure où des prisonniers et des rescapés de camps de concentration arrivaient dans des bus. Si j'avais pu mourir de honte et de fureur, je l'aurais fait à la vue de leurs yeux hagards, de leur maigreur famélique, de leur aspect de bêtes traquées. Nous étions des lâches, des assassins de n'avoir pu, de n'avoir su empêcher ces crimes. Toutes mes frontières intérieures craquaient : mon délire devait être lisible sur mon visage. Des passants me proposaient de la nourriture, des boissons, des chaussettes, des chaussures, ou du moins de m'accompagner là où je voulais me rendre. Je refusais tout, je ne souhaitais que d'être seul, seul, entendez-vous, et mourir de honte.

Je me faisais menaçant envers Colette et nos amis les plus chers qu'elle appelait à la rescousse : comment oser parler de calme, de raison, d'acceptation devant l'horreur de ce malheur qui nous avait visités ? Les fous n'étaient pas ceux qui déliraient comme je le faisais, mais ceux qui se taisaient, comme ils me conseillaient de le faire. Des fous et des lâches, m'entendez-vous, des lâches.

A Isaac Rouche qui me rapportait une main d'argent servant à suivre la lecture des parchemins de la Tora, ramassée dans un camp de concentration, à mes amis juifs, je disais que nous étions plus coupables que les autres de ce crime, de n'avoir pas su le prévoir, de n'avoir rien fait à temps pour l'empêcher.

Au lieu de pleurer, de nous plaindre, de comptabiliser les morts de la guerre, nous devions nous mettre en marche, affréter des navires, abandonner l'Europe à son destin monstrueux et, vers l'est, rentrer chez nous à Jérusalem, en Judée, en Galilée. Sans perdre un instant, il fallait partir, avoir un pays à nous et y vivre en hommes libres, y périr en hommes libres si nécessaire, mais plus jamais avoir à subir l'ignominieux destin que nous avions connu, plus jamais...

C'est la première fois que mon esprit était traversé,

avec quelle violence, par la vision sioniste, dans un délire de même nature que celui qu'avait connu Herzl, quand il écrivit son *État juif,* un demi-siècle plus tôt : il était urgent de mettre le cap vers Jérusalem pour réaliser la vision, pour cesser de nous mentir à nous-mêmes et aux autres, pour sortir des limbes de nos exils et accéder enfin en terre des vivants. Quand ma révolte, au-delà des mots pour l'exprimer, me laissait quelque répit, j'étais envahi par un souffle poétique. Mettant genoux à terre dans mes déambulations parisiennes, sur un trottoir, une place ou dans une rue, sans voir les passants qui me côtoyaient, je notais sur un carnet ou sur un bout de papier les lambeaux de poèmes qui me hantaient, au-delà de ce que mon corps pouvait supporter.

Assis sur le divan de ma chambre, un jour, je vis dans mon délire une boule de feu tomber sur moi et disparaître, après m'avoir brûlé sans me consumer. Tout brûlait et me brûlait, abolissant en moi toute notion de temps, d'espace, de lieu. Colette ne savait plus à quels saints se vouer. Les amis, après avoir espéré que cet état passerait, nous conseillent un changement d'air. Nous prenons le train pour Capbreton-Hossegor. Au passage à Bordeaux, nous rencontrons Jacques Ellul. L'état second où je me trouvais ne l'étonne guère : il y reconnaît mon vrai visage.

Et en cela il avait raison : le délire avait simplement effacé mes interdits et mes freins pour laisser parler le moi profond. Nous prenons une auto qui nous conduit à Hossegor. Nous devons être en février 1945. Nous avons peu d'argent et le voyage en voiture de maître avec chauffeur coûte cher. Qu'importe ? L'argent ne pèse pas plus que le reste dans l'ivresse dont me remplit la libération.

Colette est épuisée par mes insomnies et l'agitation où je me consume. Je ne supporte plus ses conseils, ses injonctions, ses peurs et bientôt sa présence. Qu'elle me laisse seul ! Je finirai bien par me rétablir ou par disparaître. Qu'importe ? Nous sommes libérés, m'entendez-vous, libres, libres, vous dis-je ! Colette résiste, puis finit par céder. Je ne peux plus la supporter à mes côtés, elle ajoute à ma brûlure – elle me brûle. Qu'elle parte, qu'elle disparaisse, qu'elle aille où elle voudra. N'est-elle pas folle, elle aussi ? Malade de tousser et de suffoquer, tandis que je délire. De rage, n'a-t-elle pas fait en janvier une pleurésie liquide qu'elle a négligé de soigner ? Ce que j'évacue dans mon délire, elle l'élimine par sa toux, par le sang qu'elle crache. Qu'elle parte et qu'elle me laisse seul. La vie, la mort, qu'importe ? La chape où nous étions ensevelis s'est ouverte et nous sommes libres, libres de vivre, et libres de mourir libres.

Où es-tu allée, Colette ? Ah oui, à Charmes appeler à la rescousse les bataillons de la prière, mes amis les pasteurs de Charmes et de la région. Lequel d'entre eux, quand les Allemands étaient là, s'est-il levé, a-t-il quitté le confort de sa vie pour se charger de la croix qui nous accablait, nous, les Juifs, lequel, à l'exception de mes frères du haut plateau, s'est-il chargé du corps vivant ou mort du plus petit de mes frères, du plus décharné de mes Juifs ? Des hypocrites, des menteurs, eux aussi, vous dis-je, aussi lâches que nous-mêmes qui avons laissé partir les trains de déportés sans nous jeter devant leurs rails. Des menteurs, des hypocrites, dites-le-leur !

A Capbreton, seul dans la pension où j'avais trouvé refuge, je passais mes journées à respirer l'air marin qui ajoutait à mon exaltation. J'achetai une vierge à l'enfant en cristal et des chandeliers. Tout me paraissait incarnation de beauté et d'amour. Je notais les visions qui m'habitaient sans fin, sans autre but que de dialoguer avec le papier dans ce coin de la Côte d'Argent que je découvrais et dont la beauté exaltait l'état d'apesanteur où je vivais. De vieux projets me revenaient à l'esprit, écrire un essai sur le drame biblique et la tragédie shakespearienne, un autre sur saint Paul, un conte où Jésus apparaîtrait descendant du ciel et vivant au milieu de nous, décloué de son crucifix, doté d'un état civil ; reprendre la notion de Loi et mettre au point ma traduction des *Devoirs du cœur*...

La solitude m'apaisait sans éteindre le feu qui me dévorait sans me consumer. Du moins mes pensées n'étaient-elles pas une cause de scandale, n'étant confiées qu'au papier. Et l'extravagance de mon personnage n'était pas fait pour surprendre outre mesure, en des temps où le délire était universel. La guerre faisait rage en Lorraine où les Allemands essayaient de reprendre pied. Les Alliés continuaient leur avance en Europe et sur les autres fronts de la guerre. Des bruits courent sur l'invention d'une arme suprême dont on ne connaît pas encore la nature. Qui en disposera les premiers, les Allemands ou les Alliés ?

Colette se rongeait d'inquiétude depuis notre séparation. Elle m'écrivait :

« Si vous croyez que ma vocation est de faire de la musique et que cela puisse vous faire du bien ou vous donner quelque plaisir, j'en ferai avec joie. Je vous le dis pour que vous sachiez avec certitude que je vous aime infiniment. Je pense que je n'ai rien de plus précieux au monde que vous. Mais, s'il y avait une autre solution qui vous plaise mieux, je l'accepterai aussi avec joie parce que vous l'aurez choisie.

« Seulement, je vous supplie, en la choisissant, de considérer tout l'amour que je vous porte, et de ne pas briser dans un geste d'impatience le lien qui nous unit. Quoi qu'il puisse advenir, je sais que désormais mon âme est sœur de la vôtre, ou plus exactement la vôtre elle-même. Ma pensée et mon cœur sont attristés, mais mon âme éprouve une jubilation délicieuse par la joie et le bonheur que je vous souhaite. Pardonnez-moi si je vous ai fait souffrir. Cela n'a jamais été volontairement, je vous assure.

« Mon âme est attachée à la vôtre par des liens de sang et d'esprit. C'est ce qui fait que je ne peux me séparer de vous sans la briser, quelle que soit ma volonté. Cela sans doute aussi est bon pour moi. »

Et encore :

« Il ne faut pas oublier la ferveur de nos jeunes années. Le monde en a trop besoin. L'amour qui est seulement sympathie passive ou un penchant vers les créatures n'est pas efficace. L'amour véritable ou qui s'efforce de l'être est par essence créateur. Il n'est en accord ni avec nos penchants ni avec notre volonté propre, mais il les dépasse pour s'accomplir dans l'autre. L'amour véritable se vit en profondeur et rayonne. Il se tait ou souffre et crie. Dans un cas comme dans l'autre, il meurt et ressuscite dans la lumière d'une étreinte éternelle. »

En attendant, mon délire se déploie. Je suis plus tendu en Élohim qu'un arc dans la nue. La misère que je vois met en moi comme une fièvre. Mon cœur étouffait et des larmes montaient à mes yeux. Pourquoi ai-je survécu à la guerre ? Pourquoi avoir échappé au destin que j'avais choisi, celui de mourir avec mes frères ? Un jour, une fois de plus, je pouvais penser que ma dernière heure était arrivée. Mes compagnons de Résistance cherchaient quelqu'un pour accompagner à la frontière suisse la sœur de Stefan Zweig. Le romancier venait de se suicider en même temps que sa femme au Brésil. J'aimais les œuvres de cet esprit curieux, éclectique, j'admirais sa lucidité devant le vertige suicidaire des civilisations dont il constatait le déclin. Il fallait sauver sa sœur et je me présentais. Lorsque je fis sa connaissance, je m'aperçus que ses papiers d'identité étaient outrageusement faux : au moindre contrôle, elle serait d'autant plus certainement arrêtée qu'elle ne connaissait pas un seul mot de français.

Les contrôles allemands sur les voies conduisant en Suisse étaient draconiens. Mais les jeux étaient faits. Je prends avec elle le premier train en partance vers Aix-les-Bains et Collonge où un pasteur la prendra en charge pour la faire passer sous les barbelés. Les Suisses sont d'accord pour lui donner refuge. A Lyon, nous avions pris le train en direction de Chambéry et d'Annecy. Est-ce sur le tronçon de route d'Aix vers Annecy, ou d'Annecy vers La Roche-Foron et Annemasse, est-ce pendant la traversée du massif des Bornes, je ne m'en souviens plus exactement. Comme nous nous y attendions, dans le train des militaires allemands contrôlent les passagers. Ma passagère est dans un coin du wagon, moi à l'autre bout, dans le coin opposé. Je lui ai recommandé de n'ouvrir la bouche sous aucun prétexte. Ma carte d'identité est à mon vrai nom. J'avais distribué des centaines de faux papiers, mais j'avais décidé de traverser la guerre sous mon vrai nom. Puisque c'était mon identité juive qui était en cause, j'entendais la garder jusqu'au bout. Pour comble, la photo me montrait avec un visage hilare, barbu et des yeux hallucinés. Un vrai Juif. L'officier allemand accompagné d'un soldat se présente à l'entrée du compartiment. Je lui tends ma carte et celle de ma voisine d'un seul geste. A ce moment précis, le train pénètre dans un long tunnel. Nous sommes dans un noir total. Le tunnel d'Érives est long et l'attente dure pour nous une éternité. La lumière se fait enfin. L'officier me rend les cartes sans y avoir jeté un regard : nous étions sauvés. La suite du voyage se fit sans encombre. Décidément, la mort ne voulait pas encore de moi.

Colette revient me prendre à Hossegor. Nous décidons de rentrer à Paris. Nous avons tout juste assez d'argent pour payer mes achats et ma pension. A Paris, mon cousin Edmond, affecté par mon état de santé, consent un prêt qui nous permet d'affronter nos difficultés.

Le passé continuait de me torturer. Au lieu du confortable refuge de Chaumargeais où truites, beurre, viandes et fromages exquis nous nourrissaient, pourquoi n'avais-je pas tout laissé pour me présenter avec les autres devant les portes d'une kommandantur ou d'un camp de concentration ? Avec mon ami Vajda, je reprochais à Louis Massignon de toujours parler du martyre, mais de s'être tu au moment où il eût pu parler et recevoir les palmes auxquelles il disait aspirer. Pourquoi avais-je fait la même chose ? Des trente-trois camarades de notre réseau, à ses débuts, vingt-neuf étaient morts. Les trois autres survivants étaient dans un état de santé guère plus brillant que le mien. Mais enfin j'étais en vie. Était-il donc si difficile de mourir à l'heure où les hommes étaient tués par millions et où par millions mes frères juifs étaient assassinés ? Mais, vivant, j'étais cloué sur la croix de ce martyre doublement, me semblait-il, par les clous des persécuteurs et par ceux de mes amis qui étaient morts : ne m'avaient-ils pas emporté avec eux dans leur agonie ? Et les autres, les misérables et les riches, les peureux et les lâches, ceux qui avaient trahi dans l'illusion de sauver leur peau, ceux qui avaient été forcés d'enfourner dans les crématoires les cadavres de leurs frères qu'ils venaient d'introduire dans les chambres à gaz... Les récits que j'avais entendus, les spectacles qui m'avaient horrifié hantaient mes jours et mes nuits, m'étouffaient sans me donner de reste ni de sommeil. Le jour et la nuit se confondaient pour moi. Je mourais des mille morts et des mille agonies de mes frères.

La douceur, l'amour, la patience infinies de Colette n'y pouvaient rien. Ma peine était si grande que, faute d'en mourir, je m'égarais dans un délire sans frein. Elle finit, avec mes médecins et mes amis, par craindre pour ma vie. « Dans l'état où il est, on peut tout redouter pour lui. Le plus sûr serait de le garder en clinique. Nous pourrons suivre l'évolution de son mal, savoir s'il s'agit d'une lésion irréparable ou au contraire d'une excitation momentanée. Quoi qu'il en soit, son état est grave », disaient les médecins.

Et le leur de cas, n'était-il pas désespéré d'accepter ce qui venait de se passer sans réagir, de revenir à la routine d'avant-guerre avec le lâche soulagement d'être encore en vie ? Le monde me faisait horreur et je me consumais dans l'angoisse de vivre encore. Au sens précis des mots, je me mourais de ne pas mourir.

Et l'on me fit entrer dans le département psychiatrique d'un hôpital, l'hôpital Cochin, si je ne me trompe. C'était en mars 1945. Les Alliés avaient atteint le Rhin le 4 mars et franchi le fleuve le 23, en en contrôlant bientôt les deux rives. Les Russes, de leur côté, avancent sur tous les fronts, pénètrent en Autriche et arrivent devant Berlin le 22 avril. La fin de la guerre n'est plus qu'une question de temps.

Je me morfonds dans ma chambre d'hôpital où, pour

être ramené à la raison, je subis quelques électrochocs et le port sporadique d'une camisole de force. Au bout de huit jours, je déploie mon savoir de juriste pour exiger ma libération. On me fait signer un papier. Me voilà libre, sans un sou en poche, mais avec des souliers aux pieds. Dans Paris, les prisonniers continuent d'affluer. Chaque visage sur lequel se lit le drame des années passées ravive ma torture. Je traverse la ville à pied et retrouve Colette, rue de Civry.

Elle s'ingénie encore une fois à me calmer, à me rappeler à moi-même, plus déchirée que je ne l'étais. Nous vivons ainsi la fin du mois de mars et le mois d'avril. J'essaie de me maîtriser par amour de Colette, mais à vrai dire je n'en vois ni la nécessité ni la possibilité : le mieux serait de mourir dans cette extase, à moins qu'un archange descendu des ciels ne m'enlève. Vivre sur cette terre où l'on avait toutes les preuves de l'irrésistible folie des hommes, pourquoi ? Ma révolte était totale, absolue, je rejetais le monde en bloc, ontologiquement, métaphysiquement, théologiquement, humainement – je le vomissais de dégoût et d'horreur, sans partage, sans compromis possible.

Mon exaltation suffisait à me faire passer pour un fou. Et c'est pour moi à nouveau l'asile, non plus cette fois dans un hôpital d'où l'on peut sortir si facilement, mais dans une clinique, l'une des plus connues de Paris, réputée par la qualité de ses soins, le Château de Suresnes. De mai à juillet, c'est à nouveau le supplice des électrochocs et de la camisole de force. A mon délire politique s'ajoute mon délire mystique autrement plus profond, mais, là, pas un crayon ni la moindre feuille de papier pour noter un mot, une idée, un désir, une phrase. Je suis absolument isolé dans une chambre blanche aux fenêtres fermées, munies de grillages et de forts barreaux de fer. Au moindre mouvement, l'infirmier se précipite sur vous et c'est l'électrochoc et la camisole.

Quand je parais être brisé, l'infirmier me console en me racontant des histoires de fous, de fous dont je peux observer les visages et les attitudes de mes fenêtres barricadées, dans un parc où je ne mettrai jamais les pieds.

« Dans une chambre voisine de la vôtre, il y a le président Édouard Herriot. En 1940, en qualité de président de la Chambre des députés, il avait lancé un appel à l'union autour du maréchal Pétain. Puis, voyant la tournure des événements, il s'était séparé du gouvernement de Vichy. Celui-ci le met en résidence surveillée avant de le laisser déporter en Allemagne. A son retour de déportation, le vieil homme, âgé de soixante-douze ans, déprime. On l'interne ici. Vous ne pouvez pas savoir, monsieur Chouraqui, les célébrités qui passent sans arrêt dans nos murs, tous, la politique, les lettres, les arts, tous y passent. C'est cher, mais c'est chic. Côté discrétion, c'est garanti. Pas un mot à la presse. Les journaux, quelle peste, ah, je vous le dis ! Si je voulais, je pourrais écrire des romans avec ce que je vois et ce que j'entends ici. Vous pouvez pas imaginer. Ainsi, pendant que je vous parle, que fait-il, le président Herriot ? Il est agenouillé au pied de son lit et, de nuit et de jour, il prie la Sainte Vierge pour qu'elle sauve la France. Il ne fait que ca depuis qu'il est là ! Remarquez qu'il est trop vieux pour être dangereux. Mais la Sainte Vierge ! Lui, depuis un demi-siècle, le chef de la laïque, l'étoile de la maçonnerie ! Je vous le dis, c'est pas croyable », me dit mon infirmier.

Moi, mon délire, je le passais à dialoguer avec l'Élohim de la Bible, ses prophètes, ses apôtres. J'étais à ses côtés quand il créait le ciel et la terre et je serai à ses côtés pour le jugement dernier. Je jouais à ses côtés avec ses étoiles et dansais sur le crâne de son soleil, enlacé à sa lune. Aux heures d'angoisse, je brûlais dans une grotte de feu hanté par les cris des millions de victimes de la guerre, de toutes les guerres. Élohim, pourquoi tant de sang, tant de souffrance, tant de folie ? En huit ou dix semaines de cette crise, j'en appris davantage sur le ciel, sur l'enfer et sur moi-même que dans tous les livres de la terre

Je tenais aussi audience avec des foules d'interlocuteurs connus et inconnus qui me visitaient dans la solitude de ma chambre : ils n'avaient guère besoin de laissez-passer ni d'autorisation pour venir me voir.

Nous échangions nos secrets. Ils complétaient ma culture philosophique, spirituelle, théologique. Ils s'empressaient autour de moi et répondaient à mes moindres questions dans ce monde enchanté et terrifiant où je vivais. Un jour, l'audience avait été plus solennelle. Je comparaissais devant le tribunal de trois sages de l'Orient. Je croyais reconnaître l'un ou l'autre de mes grands-pères Abraham Meyer ou Saadia Chouraqui, en compagnie de deux autres nobles vieillards auxquels la bienséance m'interdisait de demander les noms. Après m'avoir interrogé, je les vis se consulter, puis, avec un grand air de bonté, ils me dirent : « Natan fils d'Isaac, tes épreuves sont terminées. Dès demain, tu iras mieux et tu sortiras bientôt renforcé dans ta foi pour ton œuvre. »

Le lendemain, je reçus la visite de Colette. Elle était accompagnée du docteur Couturier, un médecin homéopathe dont on lui avait dit grand bien. Il s'enferma avec moi, m'examina, m'interrogea et conclut devant elle : « Votre mari n'a pas la cervelle détraquée. C'est son métabolisme du chlorure de sodium qui ne marche plus comme il devrait. Donnez-lui ces pilules. Il sera complètement rétabli dans quelques jours. » Et, de fait, quelques jours après je sortais de clinique.

J'émergeais de cette épreuve complètement épuisé, dans une grande faiblesse physique, empli de dégoût, de crainte, comme si j'avais perdu le fil de ma vie. Si j'avais navigué entre ciel et terre pendant ces mois de folie, j'étais brutalement ramené à terre, résolu à retrouver une vie normale.

Colette ne se porte pas beaucoup mieux que moi. La pleurésie qu'elle avait négligé de soigner s'était résorbée seule, non sans des accès de fièvre et de toux. Mais elle est aussi à plat, non sans raison. Sans elle, je ne sais comment se serait terminée mon aventure terrestre. Nous avons le plus vif besoin d'une convalescence, que nous trouvons ensemble dans une maison de repos des Hautes-Pyrénées, à Argelès-Gazost, une station thermale.

La capitulation générale de l'Allemagne est acquise à Reims le 7 mai, et à Berlin, le 9 mai. La bombe atomique écrase Hiroshima le 6 août. La capitulation définitive des forces de l'Axe a lieu le 2 septembre.

Colette et moi célébrons nos anniversaires le 25 juillet et le 11 août, le cœur serein, sur le gave d'Azun où, à Argelès, nous passons les mois d'août et de septembre. Nous retrouvons nos forces ; la joie de vivre revient lentement en nous. Et la guerre est terminée. Il est temps pour nous de rentrer en Algérie.

D'avoir vécu ces nuits de cendres m'avait porté jusqu'au seuil de la folie. Lorsque j'émerge de la crise qui m'avait fait sortir de mes gonds, physiquement et moralement, je suis épuisé comme l'Europe sous le poids de ses ruines. Comme elle, je dois faire table rase des séquelles en moi des années révolues et, avec le poète, tenter de vivre. Comment ? Où ?

Je me sens si faible que je ne sais plus où tourner mes regards, si désespéré par ce que j'ai découvert de la nature humaine et de moi-même que je ne vois rien d'enviable à souhaiter. Une désaffection, un dégoût de tout et de moi-même, m'envahit, dont à tout prix il faut que je sorte, puisque la mort, tant de fois frôlée et parfois défiée, n'a pas voulu de moi.

J'essaie de faire un bilan des quatre années que je viens de vivre : le plus positif se trouve dans les milliers d'enfants et d'adultes qui ont été sauvés par le réseau que, dès 1942, nous avions organisé. « Qui sauve une vie a sauvé l'univers entier », enseigne le Talmud. Mais, plus que des vies, c'est l'honneur de l'homme que la Résistance venait de sauver. Cela valait le prix que nous avions payé au risque de mourir ou de perdre la raison. Colette, à mes côtés, est vivante, même si notre enfant est mort, et si nous avons dû aussi recourir à un avortement. Notre amour a résisté au déluge, et il est désormais inscrit en lettres ineffaçables dans le ciel de nos âmes.

La fin des combats me ramène à terre : je vivais hors

du réel, comme dans un rêve entre ciel et terre ; le réveil avait été dur. De peu, c'en était fait de moi. Je devais retrouver le fil de ma vie, ce chant intérieur de mon identité profonde, mais dénué du grain de folie dont j'avais appris à me méfier.

Et, tout d'abord, il me faut me mettre en quête d'un gagne-pain, puisque j'ai charge d'âme. Le travail m'aidera à dépasser la mélancolie qui ne me quitte que rarement depuis la fin de la guerre, ces crises d'abattement où je ressasse mes souvenirs de guerre et de délire. Sortir au plus tôt de l'oisiveté, mais pour quoi faire ?

Devant le choix d'une profession, je demeure perplexe. Aucune ne m'attire et je tiens à ne pas aliéner ma liberté à long terme. J'avais suffisamment goûté au métier d'avocat pour savoir que je n'en voulais à aucun prix. D'ailleurs, pour créer un cabinet digne de ce nom, même en Algérie, il fallait une bonne dizaine d'années de pratique.

Ma providence, devant ce choix difficile, prit une fois encore le visage de mon ami Jacques Vérin. « Deviens magistrat. On a besoin de juges en France et en Algérie. Il te sera facile avec tes diplômes d'obtenir un poste, dans un climat favorable à la santé de Colette », me dit-il.

Je n'y avais pas pensé, mais l'idée me sourit de refaire mon apprentissage de la vie en qualité de juge. Jacques s'apprête également à faire carrière dans la magistrature : je le ferai d'autant plus volontiers que je pourrai bénéficier des conseils de son père, alors président de la cour d'appel d'Alger. Colette approuve mon choix.

Nous régularisons enfin notre situation matrimoniale en célébrant notre mariage civil dans l'intimité, à Oran. Ma demande d'entrée dans la magistrature est rapidement acceptée. Parmi les postes libres, je choisis celui qui nous paraît être le plus sain pour les poumons de Colette. Michelet, en Kabylie, se situe dans le Haut Atlas algérien, à quelque deux mille mètres d'altitude dans un site superbe de montagnes escarpées.

L'arrêté du 12 avril 1946 du ministère de la Justice me nomme suppléant rétribué du juge de paix de Michelet. Nous habitons, Colette et moi, un vaste appartement sur la place de la Justice de paix, plantée d'immenses sycomores. Le juge dont je deviens le suppléant est depuis longtemps dans la carrière. Son goût de l'indépendance l'a conduit à demeurer son propre maître dans une justice de paix, plutôt que de se trouver pris, en ville, dans la hiérarchie d'un tribunal civil. Il vient de vivre la révolte des tribus kabyles. Il me décrit comment la répression a été matée : pendant une semaine, la gendarmerie, l'armée, l'aviation et la marine pilonnèrent les villages arabes, y faisant des victimes par milliers, ou dizaines de milliers, au dire des habitants.

Bérard m'initie à mon nouveau métier. Le juge de paix, en Algérie, avait une compétence étendue à tous les domaines de la vie judiciaire, en matière civile, correctionnelle et même criminelle, faisant alors fonction de juge d'instruction. Juge unique, sa compétence s'étend sur de vastes territoires, où il règne souverainement. Il représente la Justice, avec un pouvoir très grand sur de nombreuses populations qu'il juge selon la loi française en matière civile et pénale, selon le droit musulman pour les litiges de droit personnel, mariages, divorces, successions...

Michelet est relativement proche d'Alger : j'en profite pour passer un diplôme d'études supérieures de droit musulman et de législation algérienne : ce que j'appris alors me servira, des décennies plus tard, quand je me remis à la traduction et au commentaire du Coran. La Kabylie, son nom l'indique, est le pays des tribus berbères, celles qui échappèrent longtemps à l'invasion et à l'influence arabes, même après avoir été converties à l'islam. On continue à y parler le berbère plutôt que l'arabe. Dans ces massifs montagneux, d'immémoriales coutumes sont fort différentes de celles de la plaine, où se trouvent les populations arabisées. Les massifs montagneux ont mis à l'abri des influences extérieures les populations qui vivent d'une arboriculture intensive et d'artisanat. C'est un enchantement pour moi et Colette de parcourir les montagnes à dos de mulet, par des sentiers abrupts où même nos bêtes ont du mal à se frayer un chemin. Les vergers embaument de leurs fleurs ou de leurs fruits : les populations sont d'une généreuse hospitalité pour les visiteurs attentifs que nous sommes. Après les années de guerre vécues en France, je retrouve les paysages et le climat de mon enfance dans ce pays qui regorge d'oliviers, de grenadiers, de cactus, de figuiers de Barbarie, et lui aussi frontalier de la Méditerranée que l'on pouvait, de ses hautes cimes, contempler au loin.

Le Kabyle est fort différent de l'Algérien des plaines. A l'image des montagnes où il vit, il est d'un caractère abrupt, souvent violent, sous des dehors parfaitement civils. Je dus instruire plusieurs affaires de meurtre dans un pays qui vivait sous la loi de la vengeance tribale, une forme aggravée de la vendetta corse. J'ai souvent l'impression de vivre en milieu biblique. Le paysage, les gens, les coutumes évoquent maints chapitres de la Bible. Au sortir des affres de la guerre, je ne pouvais rien trouver de mieux pour me réinsérer dans la vie. L'exercice de la magistrature m'arrachait aux souvenirs de la guerre. J'appris à mieux connaître les hommes en administrant la justice. A la fin de l'année 1946, mis au tableau d'avancement, je pouvais choisir un autre poste.

Le 31 décembre 1946, six mois après ma nomination à Michelet, j'étais promu à Bou-Saada en qualité de juge de paix à compétence étendue. J'avais choisi cette oasis à cause des souvenirs que j'en avais gardé : une « perle du désert », disait-on, ce qui était vrai, si l'on faisait abstraction de la petite ville coloniale qui avait profané la beauté du village arabe, blotti dans la palmeraie.

« Votre avancement consacre vos mérites, me dit le procureur général. Avec les notes qui sont dans votre dossier, vous irez très loin. » Puis, avec un sourire entendu, il ajouta : « En fait, vous n'avez plus rien à faire qu'à attendre l'heure de votre retraite, avec le bâton de maréchal que vous choisirez vous-même. Votre carrière est toute tracée. »

Autant qu'à mes mérites, je devais cet avancement à l'amitié du président Vérin et à la grande pénurie de juges qui sévissait au lendemain de la guerre. Je me trouvais à la tête d'un arrondissement judiciaire vaste comme la Belgique avec probablement plus de pouvoirs sur sa population que n'en a le roi des Belges sur son peuple. Le juge de paix était là l'unique représentant du pouvoir judiciaire de la République ; les autorités qui lui déléguaient ses fonctions étaient loin et ne pouvaient agir autrement qu'en lui faisant entière confiance. J'habitais au centre d'une place nue, entourée de maisons basses de style colonial. Un jour, un de mes voisins noirs, un géant, vint me trouver avec un visage ensanglanté de griffures.

– Que t'est-il arrivé ?

– Tu ne me croiras pas : j'étais assis à terre, enveloppé dans mon burnous blanc auprès du mur tout blanc de ma maison. Un chat se balade à l'autre bout de la place. Un gros chien le prend en chasse. Le chat se sauve à toute vitesse et me saute au visage : il pensait que ma tête était un trou dans le mur.

On le voit, ceux qu'on appelait « les indigènes » n'étaient pas dépourvus d'humour !

L'immense arrondissement que j'administrais était divisé en dix-sept cantons dirigés par des bachaghas, des aghas et des caïds dont j'étais le chef hiérarchique en matière de justice. La coutume voulait que le juge inspecte ses justiciables une fois l'an. Cela donnait lieu, dans les douars, à des réceptions hautes en couleur ainsi qu'à des repas dignes des Mille et Une Nuits. J'étais à l'époque, les photos me le confirment, d'une maigreur étique, aggravée par les restrictions alimentaires de la guerre et de l'après-guerre. Les dix-sept repas que je devais faire réglementairement étaient de redoutables épreuves. Mes hôtes, des géants aux ventres rebondis, voyant ce juge qui n'avait que la peau et les os, semblaient décidés, à chacun de ces repas, à me rendre d'un coup à leur image et à me nourrir à suffisance pour la fin de mes jours. A leur invitation, je suppliais : « J'irai chez vous avec plaisir, mais, de grâce, faites quelque chose de léger. – *Haja hefifa !* » *Haja hefifa ?* Ils me le promettaient solennellement. Voici ce qu'il en était, d'un « repas léger » servi, entre hommes, par des hommes. Les palabres terminées, accroupis sur des nattes à l'orientale, autour de tables basses, je voyais défiler sur mon assiette une bonne vingtaine de hors-d'œuvre, suivis de quatre viandes, du bœuf, du veau et deux sortes de volailles. Puis c'était le moment du méchoui dont le humet délicieux vous agresse dès que les autres viandes disparaissent. Je me suis vu dévorer alors, avec trois autres convives, un agneau de lait tout entier. Le maître de maison me servait lui-même : j'avais droit à « la part du lion », c'est-à-dire au cœur, aux rognons et aux testicules de l'agneau qui avait rôti à la broche sur un feu de bois odoriférant.

Après une légère pause, c'était le tour du couscous. Le dessert, accompagné de thé à la menthe, consistait en un défilé d'une vingtaine de sortes de gâteaux et de confiseries où se déployait le génie du gynécée appliqué, des jours durant, à préparer ce chef-d'œuvre culinaire dédié, par les femmes, à la gloire de leur seigneur et maître et de ses hôtes. Le mot de chef-d'œuvre n'est pas exagéré : chaque plat était préparé avec un art d'une finesse où toute une civilisation se découvrait dans sa subtilité, en un mélange de saveurs, de couleurs, de formes et de parfums créés par des femmes enfermées depuis des siècles dans les gynécées où elles ne pensaient qu'à cela. Un repas durait la plus grande partie de la journée : la conversation se déroulait en arabe. Il y avait toujours parmi les convives un diseur qui, au bon moment, plaçait son histoire, son conte ou sa requête. La vie du désert se révélait à moi dans sa profondeur et parfois sa cruauté.

J'appris à connaître le Saharien qui est aussi différent de l'Algérien de la côte que l'était le Kabyle des montagnes de l'Atlas. La race y est d'une force exceptionnelle avec une acuité de perception dont je n'ai vu d'équivalent nulle part ailleurs. Un chercheur de troupeaux égarés ou volés – c'est un métier de là-bas – était capable de lire sur des rochers et des sables nus des traces invisibles et de déterminer le nombre, la nature d'un troupeau, l'heure de son passage, la direction qu'il avait prise, les hommes et les chiens qui l'accompagnaient. La résistance physique de ces hommes est à la mesure du pays : ils font facilement des déplacements de plusieurs dizaines de kilomètres à pied sur des pistes de sable et de roc pour aller passer quelques heures à bavarder avec un ami ou sur la place d'un marché, lieu où s'échangent les nouvelles. Rien, là, ne peut ni ne doit demeurer secret. Sous le regard d'Allah, tout est découvert.

Car Allah est sans cesse présent au Sahara : il semble vivre dans le cœur et la pensée de chacun de ces hommes confrontés à l'infini des dunes et des regs. Un jour que j'interrogeais un Saharien inculpé du meurtre de plusieurs personnes, meurtre qu'il n'avait probablement pas commis, je lui dis :

– Tu te dis innocent des crimes dont t'accusent tes dénonciateurs. Tu me donnes un alibi qui, pour être probant en face des témoignages qui t'accablent, devrait être étayé par des témoins. N'oublie pas que tu risques ta tête. As-tu des témoins ?

Et l'inculpé de me répondre avec un souverain détachement :

– Le Sahara témoignera pour moi !

Il me fallut des trésors d'ingéniosité et de patience pour établir qu'il était la victime d'une machination des vrais coupables de ces crimes. La vie judiciaire était passionnante dans ce monde complexe et attachant de tribus arabes et berbères liées entre elles par un inextricable écheveau d'amitiés et de haines, génératrices d'innombrables conflits et intrigues de toutes sortes.

Israël devenait chaque jour de plus en plus présent dans l'esprit et la prière de Colette, alors que je n'y pensais guère vraiment. Il me fallait la retenir pour qu'elle ne passe pas ses journées en dévotions dans la synagogue de l'oasis.

– Mais enfin, une synagogue, c'est fait pour y prier, non ?

– Certes, mais tu y serais la seule femme : le judaïsme, comme l'islam, est une religion d'hommes. Les femmes juives ne se montrent à la prière que le samedi et les jours de fête.

– Soit, je prierai donc à la maison.

C'est ce qu'elle fit sans fin à mesure que, le climat aidant, je voyais sa santé décliner. Elle devient de plus en plus difficile à nourrir : végétarienne, elle ne mange plus que des fruits et des légumes. Elle n'est bientôt que l'ombre d'elle-même. En juillet, la chaleur est insupportable à Bou-Saada. Elle doit d'urgence partir en Normandie pour un traitement curatif. Je l'accompagne une fois de plus à Alger, où elle s'embarque vers Marseille : elle passera l'été dans une clinique normande.

Seul à Bou-Saada, je peux faire le point de ma vie. Mes forces me sont revenues avec l'élan vital retrouvé au contact de ma terre natale : les dix-sept repas, dignes de l'époque de Louis XIII, que j'ai faits chez mes caïds ne sont pas étrangers à ma remise en état, mais davantage encore les amitiés que je lie avec Arabes et Juifs parmi lesquels je vis. Ma décision est bientôt prise. Au lieu de la carrière toute tracée que me prédisait mon procureur général, je quitterai le plus tôt possible ce métier que j'avais exercé avec un intérêt passionné et dans lequel je voyais l'une des plus nobles activités auxquelles un homme puisse se consacrer. Deux faits de nature bien différente m'y poussèrent, l'un lié à ma manière de concevoir mon rôle de juge, l'autre concernait l'administration de la justice en Algérie.

Quand j'arrivai à Bou-Saada, je visitai aussitôt la prison où je devais envoyer mes condamnés. Elle me parut relativement bien tenue, sans rien de comparable aux bagnes surpeuplés que j'ai connus depuis. Il y avait alors vingt-cinq prisonniers qui devaient être libérés dans le courant de l'année : les condamnés à de plus longues peines étaient expédiés à Alger ou vers des pénitenciers plus lointains. Je parlai aux détenus et pris la résolution de laisser se vider ma prison : une prison vide serait pour moi la récompense de ma carrière de magistrat. À cette fin, je m'évertuais à concilier plutôt qu'à sévir. Qu'un caïd vînt se plaindre du vol d'un ou deux moutons, j'obtenais qu'il retire sa plainte contre une juste indemnité que le coupable était toujours prêt à payer. On ne fait jamais appel en vain à la générosité d'un Arabe. Ma méthode marchait à tous les coups et je m'en réjouissais, voyant, semaine après semaine, fondre le nombre de mes détenus.

Le plus difficile était d'obtenir le pardon quand l'honneur de la victime paraissait être en cause. Un mouton volé était peu de chose. Un mouton volé et égorgé sur le territoire de la victime était une offense inexpiable faite à son honneur. Il fallait résoudre le problème au plus haut niveau, celui des chefs de tribu si les coupables et les victimes appartenaient à des tribus différentes, et dans tous les cas pratiquer une *soulha*, un pardon rituel qui dédommageait les victimes en restaurant leur honneur outragé.

Peu après le départ de Colette pour la France, je m'apprêtais à fêter le succès de ma manière peu orthodoxe, mais efficace, d'administrer la justice.

« Dans la semaine, le dernier détenu de ma prison doit être libéré, m'annonce le gardien de prison, visiblement dépité. Vous vous rendez compte, monsieur le Juge ? Que vais-je devenir ? Je n'ai déjà plus rien à faire avec un seul prisonnier que je dois libérer demain ! On n'a jamais vu ça, une prison vide de détenus ! »

Je n'eus pas à conseiller à mon brave geôlier de lire la Bible ou le Coran pendant ses loisirs. La nuit suivante, une tuerie avait lieu dans un de nos douars. Il fallait enfermer les inculpés au nombre d'une dizaine. De tels meurtres survenaient parfois, surtout au plus fort de la canicule. Les esprits et les corps s'échauffent avec la température ambiante : la moindre étincelle et c'est la tuerie. Mon gardien de prison pouvait respirer : son juge ne le réduirait pas au chômage. Et moi, je commençais à comprendre que la paix promise aux hommes de bonne volonté n'était pas encore de ce monde...

Mais je ne veux pas quitter Bou-Saada sur ces considérations. J'ai profondément aimé mon métier de juge. Je comprenais pourquoi la Bible appelle le juge un Élohim. Le pouvoir de juger les hommes, de décider de leur innocence ou de leur culpabilité, de leur liberté ou de leur incarcération, de leur fortune ou de leur ruine, de leur vie ou de leur mort, me semble bien être d'essence divine. Une fois de plus, d'un mot, la Bible va à l'essentiel : de tous les métiers de l'homme, celui de juge me paraissait être l'un des plus nobles. De l'avoir exercé m'a été, à longueur de vie, d'un incomparable secours. Les dix-huit mois que je venais de passer dans les rangs de la magistrature française m'auront permis le nouveau départ que j'étais décidé à prendre dans la vie. J'aimais l'Algérie, sous tous ses visages : ses tares ne me masquèrent jamais ses beautés.

Le juge de paix de Bou-Saada était, de plein droit, le protecteur légal des Oulad Naïls. Cette tribu, ou, pour mieux dire, cette confédération des tribus arabes, est disséminée dans la province d'Alger, entre le Tell et le Sahara. Bou-Saada, à la frontière de ces deux régions, à la fois tellienne et saharienne, est leur capitale naturelle : de ce fait, j'étais désigné pour être le juge de cette tribu. Alors que la femme mozabite est hermétiquement cloîtrée au sein de sa famille, de sa puberté à sa vieillesse, et qu'elle n'a jamais le droit de sortir de sa province, même à titre exceptionnel, la femme, chez les Oulad Naïls, est vouée à vivre à l'extérieur de sa famille, de son clan, de sa tribu. Si la première est, au sens rigoureux des termes, « une femme d'intérieur », l'autre est traditionnellement vouée à embellir la vie des nomades du désert. Le Saharien laisse toujours chez lui, dans son palais, son gourbi ou sa tente, ses épouses : mais, où qu'il nomadise, il est assuré de trouver une fille des Oulad Naïls chez qui passer ses jours et ses nuits.

Les observateurs superficiels parlent, en ce qui les concerne, de prostitution. C'est vite dit, mais c'est faux : l'Oulad Naïl est beaucoup plus proche de la geisha, sa sœur japonaise, que de la prostituée de type européen. Elle est conduite par les traditions de sa tribu à remplir une fonction importante dans l'économie saharienne : elle aide à faire vivre les nomades errants loin de leur famille, souvent pendant des mois, sur les pistes du désert. L'éducation d'une Oulad Naïl est souvent très poussée : elle apprend à chanter, à danser, à jouer de la musique et parfois à lire et à écrire. Dans tous les cas, elle connaît mieux que quiconque les us et les coutumes, toujours revêtue des plus beaux habits et parée des plus riches atours.

Les tribus des Oulad Naïls étaient les mieux policées et les plus tranquilles de mon arrondissement judiciaire. Je n'ai jamais eu à instruire chez elles un meurtre, un vol ou une affaire civile : les conflits qui pouvaient surgir trouvaient leur solution à l'intérieur du clan, sans qu'il soit nécessaire de recourir au juge français ni au cadi musulman. Prêtresses d'amour, ces femmes respiraient la santé, sans rien de vulgaire ni d'équivoque. Elles cultivent le chant et la musique, comme leurs sœurs des autres tribus la cuisine : elles jouent du tambour, du tambourin, de la mandoline ou de la flûte et dansent avec un art hiératique. Elles sont des femmes vouées au service des hommes qui les désirent dans une société où la sexualité est dégagée de bien des tabous et des complexes qui souvent encombrent l'Occident. Dans toutes les tribus, la femme est invisible : chez les Oulad Naïls, tout passe par elle, royale dans ses habits multicolores qui s'harmonisent si bien aux couleurs de la palmeraie : l'homme semble s'effacer devant elle, pour mieux mettre en valeur celle qui constitue sa principale richesse.

Avant mon départ, mes protégées organisèrent une soirée en l'honneur de ce juge auquel elles avaient donné si peu de travail, elles qui étaient prêtes à lui donner tant de plaisir, si seulement il y avait consenti... Les plus belles femmes de l'oasis, les plus jeunes vierges, les talents les plus sollicités étaient là : tard dans la nuit, les chants et les danses se succédèrent jusqu'à l'aube, devant un homme admiratif mais impénétrable, dont les regards étaient tournés ailleurs...

C'est à cette époque que je rencontrai à Bou-Saada le baron William Frary von Blomberg. Il était de passage à l'hôtel Transatlantique, alors la perle du tourisme saharien. L'hôte, un Américain, ne parlait pas le français et à l'hôtel personne ne connaissait un mot d'anglais.

– Monsieur le juge, parlez-vous l'anglais ? me demande le directeur de l'hôtel.

– Certes, envoyez-moi votre Américain.

Le touriste se présente à moi : il a d'immenses yeux bleus ; sa chevelure blanche accuse l'éclat juvénile de son visage.

Il devine ma surprise.

– J'ai mes cheveux blancs depuis l'âge de vingt ans. J'étais fiancé à une femme que j'aimais et qui est morte subitement. Je l'ai veillée toute la nuit de sa mort : ma chevelure, noire le soir, était toute blanche au matin.

Nous devenons vite des amis. Le troisième jour, il me révèle le but de son voyage :

– Je suis au service d'une compagnie pétrolière américaine qui m'a envoyé en Arabie pour des contacts avec les gouvernements locaux.

– Êtes-vous un fonctionnaire de cette compagnie ?

– Non, je suis un « public-relation » et j'ai accepté de faire cette mission en raison de son importance.

Bill m'explique ce qu'est son métier dont nous n'avions alors aucune idée dans notre province. Il est né dans une famille pauvre. Placé dans une institution charitable, il y rencontre un jour une baronne von Blomberg. « Elle était, me précise-t-il, de la branche hollandaise de cette famille. Elle m'a remarqué, adopté, éduqué dans les universités et légué, avec son titre, sa fortune. »

Le titre, le nom, la fortune et une vive intuition propulsent Bill dans les milieux les plus fermés de droite, où il apparaît comme un authentique von Blomberg.

– En Arabie, j'ai été invité à me rendre au Caire. Là, j'ai rencontré un groupe réuni autour d'Abd el-Kader qui projette d'organiser une révolution destinée à chasser la France d'Algérie, de Tunisie et du Maroc.

Bill me donne le programme détaillé de la révolution telle qu'elle se déroulera en fait.

– Tout cela doit commencer dans un proche avenir. Les chefs que j'ai vus ne m'ont pas donné leur identité, se présentant sans doute sous de faux noms, mais ils sont soutenus par les puissances du Golfe, par l'Égypte et probablement aussi par d'autres gouvernements, dont je vous laisse deviner les noms. Je viens de visiter la Tunisie et l'Algérie : si on laisse se dérouler les événements qui se préparent, ce sera une sanglante tragédie qu'il faudrait éviter à tout prix.

– Mais comment ? demandai-je.

– Au point où en sont les conspirateurs, il faudrait prendre contact avec eux : ils se contenteraient d'un moindre prix pour aboutir à l'accord qu'ils souhaitent avec la France. André, vous devez agir. Je suis prêt à vous aider gratuitement, pour l'amour de Dieu et celui de la paix. Mais il faut faire vite : c'est très sérieux.

Bill, malgré son nom et son titre, est typiquement américain avec sa générosité un peu folle mêlée à de la naïveté, visible dans ses grands yeux bleus étonnés. Mais quelle innocence de penser qu'un juge de paix à compétence étendue pouvait agir en quoi que ce soit sur le gouvernement général en Algérie ou central en France ! J'avais déjà assez de mal, nous le verrons, à faire régner un semblant de justice dans cette parcelle de la planète dont j'étais le juge !

Je devais retrouver Bill une année plus tard à Paris, où il était venu pour la session pendant laquelle l'Organisation des Nations unies devait adopter la Déclaration universelle des droits de l'homme, dont René Cassin avait été le principal rédacteur. J'étais devenu entre-temps, nous le verrons, le proche collaborateur de René Cassin, président de l'Alliance israélite universelle et troisième personnalité de l'État en sa qualité de vice-président du Conseil d'État. Bill rencontre donc le président Cassin, qui l'introduit auprès du ministre des Affaires étrangères, Robert Schuman, et du secrétaire général du Quai d'Orsay, Alexandre Parodi. L'un et l'autre éconduisent le visiteur : « L'Algérie est française depuis cent dix-huit ans et le demeurera à jamais. D'ailleurs, un citoyen américain n'a pas le droit de s'immiscer dans nos affaires. »

Le lendemain de son retour à Boston, Bill reçoit la visite d'un agent de la C.I.A. qui lui confisque un passeport qu'il eut tout le mal du monde à récupérer par la suite : le Quai avait dénoncé la démarche de Bill, et une plainte avait été déposée contre lui pour ingérence dans les affaires françaises. Telle fut ma première et malheureuse expérience dans les hautes sphères de la politique internationale.

Je me sentais décidément plus à l'aise au milieu du peuple algérien dont je me sentais le fils. La splendeur de l'oasis avec ses palmiers, ses canaux d'irrigation bordés de lauriers-roses, ses vergers regorgeant de fruits et ses dunes me ravissait. Mes fonctions me donnaient assez de temps pour mon travail de bibliste et de coraniste. Je m'étais replongé dans la mystique musulmane. Un jour, surgissant sur la même place où le chat avait labouré de ses griffes le visage du Noir endormi devant un mur blanc, je vois surgir en plein jour un homme au regard de feu, dont la barbe, d'un noir intense, faisait davantage ressortir la blancheur de son burnous. C'était midi et je me tenais debout sur le pas de ma justice de paix. L'homme s'avance droit vers moi, me dévisage d'un regard perçant et me dit :

– Je t'attendais ! Puis-je te parler à cœur ouvert ?

Je le fais entrer et nous nous asseyons près de mon bureau, l'un en face de l'autre. C'est un initié de la zaouïa de Mostaganem, un haut lieu de la spiritualité soufi en Afrique du Nord. Nous parlons de Coran, de la mystique judéo-islamique, des maîtres du soufisme, de Bible... A n'en pas douter, mon visiteur est de grande culture : il me parle d'Allah avec un accent qui ne trompe pas. Sa pensée est proche de celle d'ibn Arabi, de Roumi, parfois même de Jean de la Croix. Tout à coup, il s'arrête :

– Puis-je te dire ce que je vois ?

– Je t'en prie, parle.

J'emploie ici le tutoiement puisqu'en arabe, langue que nous parlons, le vouvoiement n'existe pas.

– Tu n'es dans la magistrature que très provisoirement. Ta voie est ailleurs. Tu es appelé à écrire des dizaines de livres, à bâtir des ponts entre les croyants, et entre les peuples. Tu voyageras de continent en continent, de pays en pays pour annoncer la paix qui vient...

J'écoutais ce discours d'une oreille distraite, ayant toujours eu une défiance instinctive envers les diseurs de bonne aventure. Ce que j'entendais me paraissait si irréel, si peu conforme à mes goûts, à mes ambitions et à mes possibilités que je n'eus pas une seconde la tentation de m'y arrêter. La sincérité de l'homme, sa haute culture spirituelle me commandaient de ne pas couper court à notre entretien. Je lui dis :

– Tu me vois ici dans ce désert et tu me parles d'aventures dont je n'ai ni le goût ni le désir. Comment d'ailleurs tout cela serait-il possible ?

– Tu rencontreras un homme barbu armé d'une épée, très prochainement. C'est lui qui t'ouvrira les portes de l'avenir.

– Un barbu armé d'une épée, je n'en connais pas un seul ! Sera-t-il juif ?

– Oui, ce sera un Juif. Aie confiance en Allah.

Mon ami soufi, ayant dit, me donne l'accolade et disparaît comme il est apparu : je ne l'avais jamais vu auparavant et ne le reverrai plus depuis. Des barbus et des Juifs, j'en connaissais sans nombre, mais pas un seul qui portât épée. En rentrant chez moi, j'oubliai cette rencontre dont je ne parlai pas, fût-ce à Colette, qui eût été trop encline à y voir une confirmation des visions de ce genre qui ne cessaient de la travailler. Quelques mois plus tard, je quittai Bou-Saada pour la France. Dès mon arrivée à Paris, en septembre 1947, je rencontrai le président René Cassin dans des circonstances que je préciserai. Il était juif et barbu : il ne lui manquait que l'épée. Elle lui fut remise en ma présence au Conseil d'État par le doyen Julliot de La Morandière après son élection à l'Académie des sciences morales et politiques, en novembre 1948. C'est lui qui m'ouvrit les portes de mon avenir, tel que l'avait prévu mon messager.

Cependant, je ne repensais aux prédictions de mon flamboyant soufi que bien des années plus tard, quand ce qu'il m'avait prédit commençait à se réaliser, me posant la question du mystère de nos destinées. Quel est le rapport objectif entre la vision et ses accomplissements ? Quelle part de liberté est celle de l'homme, dans l'accomplissement de ses rêves ?

Le caïd N. était l'une des fortes personnalités de mon arrondissement judiciaire. Il était de haute taille, fort, comme c'est souvent le cas parmi les tribus des hauts plateaux et du Sahara, avec un profil d'oiseau de proie, le visage sculpté à l'image des vautours qu'il dressait pour ses chasses. Les bruits les plus incroyables circulaient sur son compte. Son père avait été assassiné, et la rumeur publique l'accusait de ce meurtre pour lequel il ne fut pas condamné, faute de preuves. Le père mort, N. s'était emparé de son héritage. Le fait était patent : les autres héritiers ne cessaient d'écrire au parquet sans que personne n'entame la procédure complexe et longue de captation d'héritage. Chaque jour ou presque, j'avais les échos des méfaits de ce personnage extraordinaire échappé d'un roman de cape et d'épée, d'une intrépidité physique égale à la témérité qu'on lui prêtait non sans raison. Dès qu'il sentait le danger, il s'arrangeait pour faire disparaître la menace d'une manière ou d'une autre, par la corruption, d'autres fois, me disait-on, par le meurtre : « Rien ne résiste à cet homme », affirmaient ses victimes. Je les croyais sans peine, mais sans savoir pour autant comment m'y prendre pour que justice soit rendue.

Un jour cependant, je crus que je tenais le bon bout. On accusait l'homme des pires dépravations. Son harem comprenait plusieurs femmes qui, pour autant, ne satisfaisaient pas ses appétits. On l'accusait de perversions, par exemple de prendre l'homme ou la femme qui lui résistaient, de les suspendre jusqu'au seuil de l'évanouissement sur un brasier – tâche qu'accomplissaient deux de ses hommes. Alors, armé d'un fer porté au rouge, il achevait de terroriser et parfois de blesser ses victimes rendues à sa merci. Tout cela se disait, mais aucune preuve ne pouvait être fournie.

« Ce ne seront que des calomnies tant que vous n'aurez pas des preuves solides à fournir à la justice pour permettre au parquet de l'inculper », me disait Mohamedi, notre efficace greffier. Cette preuve, je crois l'avoir ce matin de juillet où une femme se présente devant moi dans mon cabinet de juge. Elle est une cousine de N. Elle me refait le récit que j'ai tant de fois entendu, et que je reçois pour la première fois de la bouche même d'une victime.

– Es-tu prête à témoigner devant la justice de ce que tu viens de me dire ?

– Vingt fois plutôt qu'une. N. a attenté à l'honneur de mon sang, de mon clan. C'est un traître qui mérite la mort.

– Mais as-tu des preuves objectives de ce que tu me dis ?

– Mes preuves, les voilà.

Et la femme, relevant ses jupes, me découvre ses cuisses sanglantes encore !

– Après que ses sbires m'ont tenue au-dessus d'un brasier, N. s'est avancé vers moi avec un fer porté au rouge. Comme je lui résistais encore, il m'a enfoncé son fer là et là et là, me dit-elle, furieuse.

Mon greffier écrit sa déposition qu'elle confirme et signe. Je pensais que le compte de N. était bon. Le témoignage était plus que suffisant pour engager, en bonne et due forme, l'inculpation. J'envoie le dossier à Alger. La réaction ne se fait pas attendre. Le parquet me convoque d'urgence : je dois rencontrer le procureur.

« Enfin la justice se met en marche », pensai-je dans l'autobus qui me ramène du sud vers le nord. Cette affaire aurait dû être instruite depuis des années, mais mieux vaut tard que jamais.

Je suis reçu par le procureur. Il m'accueille amicalement, me demande des nouvelles de ma femme, me félicite des débuts si prometteurs de ma carrière... Et puis c'est la douche froide : « J'ai lu attentivement le dossier que vous m'avez envoyé au sujet du caïd N. C'est du bon travail, apparemment bien fait, honnête, solide. Mais ce n'est qu'en apparence. En réalité, dès que nous ouvrirons l'information que vous souhaitez, les preuves s'évanouiront les unes après les autres. La malheureuse jeune femme dont vous rapportez le témoignage se dédira ou disparaîtra subitement. C'est le sort de toutes les preuves que nous avons essayé de réunir depuis des années contre cet homme qui, par ailleurs, rend d'éminents services à la France. Votre démarche contre lui est peut-être juste en droit, mais elle ne résiste pas devant les faits. Notre justice ne peut évidemment se dresser contre les vues de l'administration. Si la France profite de l'influence pacificatrice de cet homme, nous devrons fermer les yeux sur ses frasques ou sur la manière dont il assoit sa fortune. Ce sont des contingences dont vous apprendrez à tenir compte ! Croyez-moi, mon jeune ami, N. sera bachagha avant que vous ne deveniez procureur », me dit-il avec un sourire entendu.

Je le crus sans peine. Revenant de ma déception, je profitai de la circonstance pour faire une demande de congé qui me fut accordée sur-le-champ. « Mais certainement, mon cher ami. Cela vous fera le plus grand bien de vous rafraîchir les idées auprès de votre femme en Normandie. Ce métier, à ses débuts, est éprouvant, surtout pour le jeune homme sensible que vous êtes... »

Je rentrai à Bou-Saada pour plier bagage. Dans mon bureau, la première fois où j'avais vu rentrer deux gendarmes, obéissant à un réflexe acquis pendant la Résistance, je regardais vers la fenêtre pour chercher une issue par où prendre la fuite. Pour résister à cette envie, je me répétais que le supérieur hiérarchique des gendarmes, cette fois, c'était moi. J'étais leur chef, supportant mal les plaintes que chaque jour je recevais des inculpés : la torture, là pas plus qu'ailleurs, n'était exclue des mœurs :

« Mais, m'sieur le juge, comment voulez-vous qu'on vous fournisse des inculpés, si on ne les aide pas un peu à avouer ! »

M'sieur le juge ne voulait rien d'autre que de partir au plus vite, par la porte ou par la fenêtre. Filer le plus vite possible, puisque tout semblait là irrémédiablement pourri, non seulement par l'argent, le pouvoir et le sexe, mais surtout par le racisme, cette plaie endémique dont allait mourir l'Algérie dite française.

Ah, certes non, je ne serai jamais procureur. Mais à voir marcher les choses, vous ne resterez pas longtemps assis sur votre fauteuil curial, monsieur le procureur général, et si, aussitôt après mon départ, N. était promu au rang de bachagha, il sera lui aussi balayé bientôt par la Révolution algérienne qui, du Caire, portera un fer rouge sur nos plaies et nos corruptions. Partir, partir au plus vite et ne plus regarder derrière soi le feu qui s'abattra sur nos Sodome maghrébines, un feu que bientôt personne ne pourra plus éteindre. Frary von Blomberg, avec ses révélations sur ce qui se tramait au Caire, plus encore mon procureur général et mon caïd véreux m'avaient fait comprendre, dès 1947, qu'il n'était aucun avenir à l'Algérie française. Elle périrait sous le poids de ses tares congénitales, de sa poursuite effrénée de l'argent, de la puissance, et plus encore de son racisme qui lui faisait assimiler à des « ratons » un peuple condamné à se révolter ou à disparaître.

Je lançai des cris d'alarme qui ne furent perçus par à peu près personne. Mes amis, mes parents les plus proches jusqu'à la dernière minute, et même pendant leur tragique exode, continuèrent de croire au mythe de l'Algérie française. Deux personnes firent exception à cet état d'esprit. René Cassin, en introduisant Frary von Blomberg auprès du ministre des Affaires étrangères, espérait que sa voix serait entendue, qu'elle provoquerait une prise de conscience de la vraie nature du problème algérien ; Robert Schuman, le prophétique annonciateur de l'Europe nouvelle, ne comprit rien à la gravité réelle de la situation, qui finit par dégénérer, de 1954 à 1962, en cette guerre sanglante que l'on connaît. Il fallut des centaines de milliers de morts pour que l'on finisse, à la dernière extrémité, par « comprendre ».

Avec René Cassin, une seule autre personne de mon entourage voyait, dès cette époque, le déroulement de l'histoire : ma mère. Elle n'avait pas la culture ni l'expérience politique de ce prophète aux mains nues que fut à tant d'égards le professeur Cassin. Mais, fille d'Israël, elle évalua d'un regard la situation de son pays. « Il faudrait un miracle pour que tout ne soit pas perdu », me dit-elle alors, d'une phrase qui allait loin. Le miracle, longtemps possible, n'eut pas lieu et tout fut perdu.

Laissant une fois de plus les morts enterrer leurs morts, sans plus attendre, je décidai de partir sans esprit de retour. Le cœur léger, je quittai l'Algérie pour rejoindre Colette en Normandie, puis pour nous installer à Paris.

Une vie nouvelle s'ouvrait devant moi.

9.

L'offrande de Colette

Colette entre Israël et le Christ.
Colette se retire du monde. M'aimes-tu ?

Dès 1940, Colette m'en avait averti : elle ne resterait pas plus de cinq ans avec moi dans le monde. Ensuite, elle suivrait sa propre vocation, celle d'une vie contemplative.

Je quitte Alger dans l'angoisse de la retrouver plus mal que jamais. A mon arrivée en Normandie, nous habitons à Mortagne, chez mon ami, le sculpteur Étienne Martin, que j'avais connu en 1935 grâce à Marguerite Prost. Dans son studio parisien, 7, rue du Pot-de-Fer, où régnait un invraisemblable désordre, il édifiait l'une des œuvres les plus significatives de la sculpture contemporaine. Nous étions liés par une profonde amitié. Il cachait son sourire, comme sa quête spirituelle, sous une abondante barbe noire. Au lendemain de la guerre, quand il revint de son camp de prisonniers et moi de mon maquis, il fit mon buste. « Tu tâcheras désormais de lui ressembler », me dit-il en me l'offrant. La santé de Colette continuait d'empirer : elle n'était qu'une plaie, mais ne se plaignait que rarement. Aux heures de répit, elle retrouvait sa joie et son teint éclatant. Personne ne pouvait deviner quelles épreuves l'accablaient.

Depuis notre rencontre, le 11 novembre 1940, elle

savait que, malgré nous, sa destinée était liée à la mienne. Elle devait m'assumer au risque de sa vie et me conduire vers mon propre destin. C'est à cela qu'elle devait se soumettre, non à sa propre volonté ni à la mienne. Cela ne se ferait pas sans déchirements : la seule chose qu'elle me demandait, c'était de lui pardonner de me faire souffrir. Elle souhaitait mourir à elle-même et au monde, puisque c'est alors seulement qu'elle pourrait me combler de tous ses dons. Jusqu'alors, elle espérait ne rien briser sur sa route, avant que la grâce ne restaure tout dans la paix.

A Paris, nous habitons 9, rue de Civry mais, à peine arrivés, les médecins nous ordonnent d'envoyer Colette dans un sanatorium, à Cambo-les-Bains, dans les Pyrénées. Elle fait là un séjour de dix-huit mois, pendant lesquels nous mettons fin à notre vie commune. Son itinéraire spirituel se poursuit alors entre Israël, dont elle se veut une fille, et l'Église, où elle trouve un abri pour sa vie contemplative. Elle passe ses journées en méditations, en prières qu'elle fait selon le rite hébraïque. Malade, elle a conscience de la proximité de la mort. Elle vit en présence de I[adonaï]HVH Élohim qu'elle recherche dans un incessant face-à-face : qui est-il, que veut-il, où nous mène-t-il ? A Cambo, elle commence à quitter le monde. Puisqu'il n'est pas de vie contemplative possible dans les synagogues, puisque je refuse obstinément d'aller m'établir avec elle en Israël, elle se tournera vers l'Église catholique, mais sans jamais rompre ses fidélités hébraïques. Elle a peur d'avoir épuisé toutes les ressources de sa volonté au point d'être incapable d'un nouvel effort en direction de la vérité, celle de I[adonaï]HVH Élohim. Entre Lui et Satan, entre la lumière et les ténèbres de la conscience, elle craint de devenir anormale. A mesure qu'elle avance, elle prend plus de distance par rapport à moi, mais c'est pour mieux assumer sa garde : « C'est ton combat que je livre, pour toi et à cause de toi, ce qui est peut-être le fond de ma vocation de souffrance », m'écrit-elle.

Forte de son expérience judaïque, nourrie de Bible hébraïque, elle voit qu'il lui sera difficile de trouver un lieu en chrétienté où réaliser sa vocation religieuse. Elle souffre de l'enfermement du message biblique sous son recouvrement gréco-latin, qui cache ce qu'elle découvre d'essentiel dans les Évangiles. Tout ce qui lui arrive de l'extérieur lui apparaît être sans couleur, sans effet : rien n'en reste ni ne pénètre en elle. Au contraire, ce qui lui vient de l'intérieur s'incruste dans son âme et tend à en éliminer le reste... « Je ne peux pas m'abandonner à Dieu, puisque je suis obligée de reconnaître que je ne peux rien par moi-même, sinon abdiquer devant cette Présence qui m'oblige à faire retour vers elle... »

Elle veut se retirer dans un couvent qui lui permettrait d'approfondir sa formation hébraïque, tout en poursuivant sa recherche intérieure, ce combat incessant qu'elle mène pour connaître le fond de la nature humaine et voir ce Dieu qu'elle adore, face à face. Ses métamorphoses intérieures lui paraissent tenir du miracle. Elle m'écrit : « Je pense beaucoup à Israël. Le sens des Écritures m'apparaît être proche de l'actualité, ce que je ne soupçonnais pas il y a quelques mois. Et parce que ce sens ne m'en avait pas été découvert, quelque chose de toi est avec moi pour toujours... » Colette mène une vie ascétique, dort par terre dans un dépouillement complet, vivant dans une solitude volontaire, afin de voir, sans poésie ni fraude, le fond dont la vie de l'homme est faite.

Musicienne, elle avait tenté s'épanouir dans son art, puis dans notre mariage et sa maternité, et voilà que la maladie et la mort avaient crucifié sa féminité, m'avaient éloigné d'elle, la laissant dans un tête-à-tête avec ce Christ crucifié qui exprimait si bien sa vie déchirée, ses roses fanées sur un chemin d'épines. Elle renoncerait donc d'elle-même à la musique – sauf pour les chants religieux qu'elle composa vers la fin de sa vie. Elle renoncera à sa féminité, à tout contact charnel, à toute étreinte, à toute maternité qui ne fût spirituelle, engloutie corps et âme dans son union mystique et son face-à-face contemplatif avec ce Dieu qu'elle avait rencontré et dont elle voulait pénétrer le Nom en se laissant porter par son amour, jusqu'à en mourir, avant de ressusciter en lui. Colette espérait m'entraîner avec elle dans sa voie et, pour cela, elle appelait à la rescousse tous les saints du paradis. Dès 1945, au dévoilement sous nos yeux de l'immense tragédie que nous venions de vivre, nous, survivants des grands massacres hitlériens, elle exigeait de moi notre départ pour Israël : fuir Paris, fuir cette Europe criminelle et commencer une vie nouvelle sur la Terre des prophètes et des apôtres. De toute sa force de conviction, elle s'efforçait de me convaincre que telle était notre voie, vivre notre vie dans cette Jérusalem terrestre aux reflets de ciel. Je ne m'en sentais alors ni la vocation ni le courage. Le sionisme en tant que mouvement politique m'était peu connu ; en Algérie comme en France, son rayonnement était à peu près nul. Mes professeurs à l'École rabbinique semblaient n'y attacher aucune importance, tandis que le grand rabbin Maurice Liber comme une majorité de Juifs de la Diaspora, surtout en France, lui étaient franchement hostiles. D'autre part, aller m'installer dans le climat de la Palestine avec une femme malade et constamment à la merci d'une hémoptysie m'apparaissait bien être la dernière des folies à commettre. Colette n'admettait pas mes réticences : elle paraissait vivre dans un monde où le temps et l'espace n'existaient plus. Au lieu de déchirements qu'elle me taisait pour ne pas accroître ma détresse, elle se débattait en s'efforçant de me cacher son combat avec l'ange, et avec un ennemi plus redoutable qui surgissait dans sa nuit. Je sus beaucoup plus tard que, dès cette époque, elle était livrée à des tourments que les théologiens définissent comme étant d'ordre préternaturel, où le mal qui la torturait prenait le visage de Satan. Le lendemain de mon trente et unième anniversaire, le 12 août 1948, après plusieurs déplacements en Algérie, en Tunisie, en Angleterre et en Suisse, je passai dix jours à Cambo auprès de Colette : ils devaient confirmer nos projets de séparation. Notre rencontre fut si parfaite qu'elle nous convainquit de l'indissolubilité de notre amour. Sans contact charnel, nous avions conscience d'être un en un dans l'extase d'une lumière qui n'était plus de ce monde. Dans l'impatience de mes limites, je souhaitais qu'elles éclatent, même si je devais en mourir. Auprès de Colette, je sentais battre en moi une joie gratuite. Laquelle ? Elle avait le goût d'une promesse dont je ne pouvais, déchiré comme je l'étais, discerner la nature, peut-être celle, un jour, de l'aboutissement de ma quête d'amour. En se séparant de moi, Colette priait pour que « Dieu m'envoie sa sœur ».

Parfois, je me révoltais contre la prison où Colette m'enfermait en partant. Aimer en esprit, de la manière dont elle m'aimait, plus totalement peut-être qu'aucune autre femme n'eût su le faire, au point de s'identifier à moi d'âme à âme, de manière totale, inconditionnelle, malgré mes ombres et mes faiblesses que je ne lui dissimulais jamais, ne me satisfaisait pas entièrement. Ma chair criait de se trouver mutilée par cette femme qui me quittait pour suivre le Christ. J'éprouvais les douleurs d'une jalousie d'autant plus implacable que mon « rival » n'était pas autre que Dieu lui-même. J'étais blessé, humilié même, à certains instants je me sentais trahi autant dans ma personne que dans mon appartenance au peuple d'Israël. Il m'arrivait de penser que ma peine serait moins insupportable si ma femme m'avait abandonné pour un autre homme et non pour ce Dieu qui me la ravissait – elle qui était un autre moi-même, plus moi-même que moi-même. Je ressentais son départ comme un trou au cœur, irrémédiablement percé d'une douleur sourde, constante, souvent insupportable. Mais je n'avais d'autre choix que d'accepter et, pour cela, faire taire mes instincts d'homme, de mari, de Méditerranéen, et comprendre qu'il me fallait, plutôt que de gémir, aider Colette à réaliser sa vocation. Mais où trouver un couvent qui puisse l'accepter malgré son état de santé ? Petite sœur Magdeleine, la fondatrice des petites sœurs de Jésus, adopta Colette en lui accordant, au sein de ses fondations de malades, un statut privilégié.

Colette, cependant, était juive et mariée : les problèmes que ces faits soulevaient furent examinés et résolus par le père René Voillaume assisté de Louis Gardet.

Le 30 novembre 1948, le père Voillaume était à Paris : il était urgent d'arracher Colette à sa solitude et aux tourments qui la déchiraient sans personne pour la comprendre ni pour l'aider, sa tension intérieure risquant de dégénérer en crise dramatique. Je ne pouvais que l'accompagner jusqu'au seuil de cette Église qu'elle voulait réintégrer. Pour cela, je faisais taire le déchirement que son option provoquait en moi, son mari et son frère en Israël.

Mgr de Provenchères, l'archevêque d'Aix-en-Provence, présida à sa conversion à laquelle j'assistai, meurtri, le 25 décembre 1948. Chrétienne, Colette continua d'être fidèle à Israël dont elle n'abjura jamais la foi. Elle passa sa vie plongée dans une contemplation adorante de Dieu, dédiant sa vie au salut d'Israël et de ceux qu'elle aimait, au premier rang desquels se trouvait ma propre famille, née de ma rencontre avec Annette, nous le verrons. Nous restions en correspondance étroite et nous nous voyions chaque fois que je pouvais la rejoindre dans ses fraternités. Ce que fut sa vie intérieure est consigné dans les lettres qu'elle m'écrivit régulièrement pendant plus de quarante ans. Je possède ce document qui, à lui seul, pourrait faire l'objet d'un livre Sur sa vie broyée et lumineuse. En 1954, notre séparation durait depuis autant de temps que nous avions vécu ensemble, mais, malgré toutes les difficultés que nous avions dû surmonter, l'amour était intact entre nous. Mes vieux rabbis enseignent : « L'amour qui a une cause, périsse la cause, périt l'amour. » Notre amour, étant sans cause, loin de périr, se fortifiait, sublimé par notre séparation, en vraie communion aux sources de l'être.

On connaît sans doute cet apologue hassidique :
– M'aimes-tu ?
– Oui.
– Sais-tu ce qui me fait souffrir ?
– Comment le saurais-je ?
– Alors comment peux-tu dire que tu m'aimes ?

Je souffrais d'abord de la souffrance de Colette, de sa maladie, de son instabilité, de la résistance qu'elle opposait à ses médecins. Rien n'est plus dramatique qu'une hémoptysie : les siennes, de plus en plus fréquentes, m'affolaient. Son débat intérieur était animé en elle par le constant conflit qui opposait son Dieu à ses démons. Si elle me parlait de Dieu, elle préférait réserver ses diables à ses confesseurs : il faut lire les écrits des grands mystiques pour avoir conscience de ce que le dialogue avec Dieu peut entraîner de diableries. Or, incontestablement, Colette était une mystique : son chant ne se déversait plus en notes de musique mais dans cette symphonie qui l'unissait aux chœurs angéliques d'au-delà du silence. Sa condition particulière la faisait vivre dans un milieu qui portait et aggravait à la fois ses maux et ses tendances. La spiritualité chrétienne adorait un Dieu crucifié. Crucifiée, elle l'était dans son corps et dans son âme. Je la voyais porter ses maux avec une douceur sans faille et une joie qui se manifestaient lorsque son corps, en chacune de ses parties, lui laissait quelque répit.

J'avais le sentiment que Colette, plongée dans ses extases, avait cessé de me voir pour projeter sur ma personne l'image d'un pontife que je n'étais pas et ne serais jamais. J'avais fréquenté trop de gourous de dénominations les plus variées, religieuses, politiques, idéologiques, pour ne pas fuir un tel destin. Notre séparation, loin de nous éloigner, avait renforcé les liens multiples que la vie avait tissés entre nous. Ayant cessé d'être ma femme ailleurs qu'à l'état civil, elle était devenue ma sœur et à certains égards ma mère...

La crise que nous traversions ne remettait pas en cause notre amour : celui-ci faisait partie de notre vie et de notre identité, à jamais. Mais, depuis que nous avions dû mettre un terme à notre vie commune, nous avions vécu l'un en face de l'autre par la vertu d'un acte de foi.

Pour ne jamais cesser de l'aimer, je m'étais installé dans une acceptation totale de ce qu'elle pouvait faire, penser ou souhaiter. Lorsque je ne donnais pas suite à l'un de ses vœux ou à l'un de ses désirs, c'était par impossible. Même lorsque ses décisions me paraissaient erronées, ressentant la douloureuse blessure qu'elles me causaient, j'acceptais encore de ne jamais contrarier sa volonté. Ce passé avait accumulé en moi une charge affective, une vraie révolte intérieure que j'avais dû faire taire pour la suivre, nourrissant aussi une sourde inquiétude pour l'avenir.

Au début juin 1954, sans remettre en question le fait déterminant de sa vocation actuelle, je m'ouvris à elle de mes problèmes : nous nous faisions souffrir l'un l'autre, et plus le temps passait et moins il nous restait de liberté pour en parler, ce que je faisais pour essayer de nous libérer de sentiments ou de complexes qui s'aggravaient avec le temps. Je savais combien elle souffrait. Sa souffrance était ma souffrance : c'était pourquoi je m'ouvrais à elle non dans le désir de rompre, mais pour nous retrouver l'un et l'autre dans notre vérité. Je la savais d'une volonté obstinée : lorsqu'elle avait pris une décision, personne ne pouvait lui faire changer d'avis. Ce qui ne manquait pas de faire souffrir ceux qui l'entouraient, par son intransigeance ou, parfois, par les conséquences de ses actes.

C'est ainsi que j'avais fini par avoir peur de ce qu'il pouvait y avoir d'absolu ou d'excessif dans ses affections ou ses aversions. Dans un sens ou dans l'autre, elle se jetait dans l'inspiration du moment sans que plus rien d'autre ne compte à ses yeux. Je ressentais au fond de moi le contrecoup de ses impulsions et, quand elles s'avéraient désastreuses pour elle, toutes leurs conséquences.

J'avais peur de l'avenir comme une plaie a peur de l'acide qu'on verse sur elle, peur qu'elle ne se précipite dans quelque extrémité mystique : ne mangeant plus le pain de tout le monde, elle risquait de s'enfermer dans une condamnation sans appel d'un monde que Dieu ne cessait cependant d'accepter et d'aimer. Et sa prière m'engageait dans une voie que sa présence m'empêchait de prendre. Cet aiguillon me poussait à un dépouillement que j'aurais difficilement atteint sans elle : il me semblait que désormais une réalisation vraie n'était plus impossible pour moi. N'empêche que je souffrais encore de l'amertume du remède et que j'en éprouvais une vive peur. Un de nos amis me le disait : Colette était ma croix et ma lumière. Notre espérance convergeait vers ce Lieu où nous ne cessions d'être un, pour souhaiter d'être, l'un pour l'autre, à la fois moins lourds et plus lumineux. La franchise de l'explication, que je mis des mois à avoir avec elle, excluait tout ressentiment entre nous, dans l'aveu de ce que nous étions : des humains, elle avec sa santé défaillante et son caractère, moi avec ma claudication qui n'était pas simplement physique. Nous souffrions l'un et l'autre, et plus encore de nous faire souffrir l'un l'autre. Cette souffrance n'était pas exclusive de l'amour que nous nourrissions, et qui était notre lumière.

A cette époque, au cours d'un de mes voyages au Congo belge, j'avais visité le parc Albert et ses réserves grouillantes de fauves. « Méfiez-vous des panthères noires : c'est le seul animal de la brousse qui s'attaque à l'homme », nous avait dit notre guide. Une malencontreuse panne d'auto nous avait bloqués à des dizaines de kilomètres de tout secours possible. Courageux, notre homme s'était mis en marche dans l'espoir de trouver une issue à notre situation. Au bout de quelques minutes, il revient vers nous, livide : « Le pays est infesté de panthères noires », balbutie-t-il. Nous réussissons à trouver refuge dans une hutte de la brousse : je veille, la nuit, pressentant quelque drame. Le lendemain, à Luputa, à 1 259 kilomètres d'Élisabethville, un télégramme affolé m'annonce une nouvelle hémoptysie de Colette : je l'imagine mourante et décide de rentrer immédiatement auprès d'elle.

Quand j'arrive à Vence après plusieurs jours et plusieurs nuits de voyage, tout défait, je me présente à la clinique où le docteur Pouymayon la soigne. Tout le monde a le sourire. Dans son lit, plus rose, plus blonde et plus souriante que jamais, Colette me tend une enveloppe contenant son testament. Elle l'avait écrit pendant qu'elle crachait son sang : c'est sans doute le texte le plus émouvant qu'il m'ait été donné de lire, ma vie durant, un bouleversant témoignage d'amour auquel elle demeura fidèle jusqu'à son dernier soupir.

Colette vécut vingt-sept ans après avoir écrit son testament. Sa tuberculose fibreuse ne lui permettait ni de vivre ni de mourir. Mais elle fut fidèle aux vœux qu'elle exprimait alors : les liens qui s'étaient créés entre nous étaient indissolubles et d'une nature telle que ni la vie ni la mort ne purent jamais les altérer.

Elle souhaitait mourir près de moi. Cette grâce nous fut donnée : arrivant de Jérusalem, je passais par Paris en instance de départ pour l'Inde. J'appris qu'elle était au plus mal dans l'appartement qu'elle habitait à Lourdes avec petite sœur Magdeleine Marthe qui ne la quittait plus depuis des années. J'allai immédiatement la rejoindre. Je la trouvai apaisée, lumineuse et présente. Elle avait demandé par écrit à son médecin de ne plus prolonger artificiellement sa vie. Ce fut sa dernière lettre, écrite d'une main affaiblie, le médecin ne se contentant pas de la demande verbale qu'elle lui avait adressée à plusieurs reprises. A son chevet, les trois derniers jours de sa vie, nous relisions les textes de la Bible hébraïque qu'elle aimait le plus. Elle était attentive non seulement à ma lecture, mais au chant d'un oiseau, à l'aboiement d'un chien qu'elle entendait dans le même ravissement qui la situait déjà dans l'au-delà de sa contemplation. Elle s'éteignit paisiblement dans mes bras, rendant son dernier soupir dans la paix des profondeurs. C'était le dimanche 18 octobre 1981, vers vingt heures. Lorsque les petites sœurs de Jésus l'ensevelirent au cimetière d'Anglade, près de Lourdes, je récitais ses Psaumes préférés et le Kaddish sur lequel elle avait composé une musique céleste. Partant aussitôt après pour New Delhi, je la sentais présente auprès de moi, comme elle ne cessera de l'être auprès de ceux qu'elle aima, elle qui aspirait aussi à répandre sur terre une pluie de lys.

10.

La traversée du désert

Le départ de Paris. D'Alger à Tamanrasset. De Tamanrasset à Douala. De Douala à Capetown. La traversée du Tanezrouft. Le désert des villes : découverte de l'Amérique. Après les déserts, la Grotte.

J'avais été engagé en novembre 1947 en qualité de secrétaire général adjoint de l'Alliance israélite universelle dont j'ai écrit la longue et féconde histoire : *Cent ans d'histoire : l'Alliance israélite universelle et la renaissance contemporaine.* Mais, au lieu de me confiner aux tâches administratives, mes activités se déployaient dans de multiples domaines et très rapidement dans de nombreux pays du monde, avec l'accord efficace de René Cassin qui fut pour moi mieux qu'un maître et un ami, un vrai père spirituel : en entrant à l'Alliance, dont il était le président, je ne pensais pas y rester plus de trois ans, le temps de prendre racine dans la vie. Mon peu de goût pour la vie administrative me confirmait depuis dans mon intention première. Colette partie, je me sentais plus libre de me démettre de mes fonctions à l'Alliance et, encore une fois, d'aller vers moi-même.

Ma décision était prise, quand, à Paris, le père René Voillaume m'annonça son prochain départ pour une traversée du Sahara, la deuxième qu'il comptait faire d'Alger à Douala, au Cameroun. Il serait accompagné par deux petites sœurs de Jésus, Magdeleine et Jeanne, celles qui avaient pris en charge Colette avec tant d'amitié. Rien ne pouvait me tenter davantage à cette époque que de partir pour le Sahara en compagnie de tels amis. Je venais justement d'acheter une 203 Peugeot grise et décapotable. Était-elle suffisante pour traverser le désert ? Les experts consultés m'affirmèrent qu'en renforçant les amortisseurs il serait possible de tenter l'aventure – sans qu'elle cesse pourtant d'être une aventure, d'autant plus risquée qu'à l'époque le Sahara n'était guère ce qu'il est devenu depuis. Les amis auxquels je m'ouvrais de ce projet me disaient que c'était une folie, que le Sahara était à peu près infranchissable dans les conditions dans lesquelles nous avions l'intention de l'affronter. Mais René Voillaume et nos petites sœurs partageaient ma témérité, et la décision fut prise.

Je m'ouvris aussitôt de mes projets au président René Cassin, lui disant que mon départ pour la traversée du Sahara marquerait aussi la fin de mon service à l'Alliance israélite universelle. J'étais allé le voir pour cela dans son bureau du Conseil d'État. Au ton de ma voix, à l'expression de mon visage, il voyait bien que ma résolution était définitive. Il savait que je n'agissais pas sur un coup de tête, mais que ma décision était mûrement pesée. Mais, pour autant, il ne se résignait pas à perdre le collaborateur et, je dois le dire, l'ami qu'il avait trouvé en moi. Il me demanda l'itinéraire de mon voyage. Je lui dis qu'il aboutirait à Douala. Il enchaîna : « Très bien, allez à Douala. Mais n'arrêtez pas là votre voyage. Quand vous y serez, faites un saut, en avion si vous le désirez, jusqu'au Congo belge. J'ai entendu dire qu'il y avait là une forte communauté composée de Juifs originaires de Rhodes. Ils ont tous été élevés dans les écoles de l'Alliance. Il serait temps de prendre contact avec eux. L'Alliance se chargera de vos frais de voyage jusqu'au Congo. Nous parlerons de votre démission à votre retour. »

Je n'avais plus qu'à obéir. Lorsque les financiers et les administratifs de l'Alliance apprirent la lubie de leur secrétaire général adjoint, ils n'en furent pas étonnés. Non qu'ils déniassent le service que je rendais à l'œuvre, mais ils pensaient à juste titre que ce n'était pas pour écrire des livres et faire des conférences qu'ils m'avaient engagé. Ils avaient besoin d'un fonctionnaire ponctuel, et de rien d'autre. Pour se consoler, certains partageaient avec moi le ferme espoir de voir ma démission acceptée dès mon retour, à moins que, dans les solitudes sahariennes, quelque lion affamé n'ait fait ses délices de mes maigres chairs. Encore ne savaient-ils pas tous que j'allais faire ce voyage en compagnie d'un religieux et de deux religieuses, les fondateurs d'un nouvel ordre catholique !

Les échos de la présentation par Paul Claudel de ma traduction du *Cantique des cantiques,* illustré par les gravures de Marianne Clouzot n'étaient pas éteints que je quittai Paris pour Marseille où j'embarquai avec mon auto à bord du *Marie-Agnès-le-Borgne.* Le commandant Dormari, qui connaissait le but de mon voyage, s'était ingénié à transformer cette traversée en fête ! Je reprends souffle dans l'air marin de la Méditerranée dont les embruns, l'azur et l'air iodé constituent pour moi la meilleure eau de jouvence. Je débarque à Oran le 7 décembre 1951. A treize heures, sur les quais, mon père, mes frères, l'une de mes sœurs m'accueillent dans la joie de nos retrouvailles. J'oublie auprès d'eux mes soucis, redevenant ce que je ne cesserai d'être à longueur de vie, un enfant des rues d'Aïn-Témouchent, ma ville natale. Je me régale de la cuisine de ma mère et de mes sœurs, avant de prendre la route d'Alger ou j'ai rendez-vous avec mes compagnons de voyage. Nous n'avons pas assez de trois jours pour préparer notre équipée saharienne. C'est à l'époque une aventure qui enflamme les imaginations. Pour limiter les risques, d'étape en étape nous signalerons notre passage aux postes militaires. Si nous restions deux jours sans donner signe de vie, les recherches commenceraient. Les inquiétudes de nos amis n'étaient pas exagérées. A chacune de nos escales, nous apprenons quelles difficultés nous aurons à affronter sur les pistes. Les récits que nous entendons détaillent les accidents qui ont coûté la mort dans les mois précédents aux téméraires qui avaient tenté, avec des moyens insuffisants, de franchir le Sahara : les uns étaient morts à la suite d'une panne de leur voiture, ou bien s'étaient égarés dans le sable, ou encore avaient été les victimes de malandrins. Chemin faisant, il nous est donné d'observer auprès de carcasses de chameaux des voitures ou des camions à moitié engloutis par les sables. Le 15 décembre, nos préparatifs sont achevés.

Notre auto doit affronter une rude épreuve : toute surcharge peut nous être fatale, astreints que nous sommes à prendre le minimum de bagages, pour un trajet de plus de deux mois et demi. Nous nous dépouillons de la plupart de nos vêtements et de nos livres. Pour la nourriture, c'est autre chose. Nous avions de grandes outres pour nos provisions d'eau. J'avais rapporté de Paris des champignons chinois séchés, d'un poids minime. Plongés dans de l'eau, ils gonflent et donnent une nourriture abondante et délicieuse, qui compense la rareté des légumes et la monotonie des boîtes de conserve. Nous avons aussi quantité de fruits secs : avant le départ, des petites sœurs s'ingénient, à Alger, à dénoyauter des pruneaux pour nous alléger encore de quelques centaines de grammes. Au départ de Boufarik, nous pesons notre voiture : avec ses passagers, elle fait mille quatre cent quatre-vingt-dix kilos, dépassant la charge prévue pour circuler sur les routes de France. Que fera-t-elle sur les pistes sahariennes ?

Nous nous élançons d'Alger vers Tamanrasset, puis de Tamanrasset à Douala que nous atteignons en vingt-trois jours de voyage sans incident majeur. Notre auto est digne de la confiance que nous lui faisons : pas une panne, pas même une crevaison. Chemin faisant, notre équipage n'est pas sans semer une certaine surprise parmi nos amis, chrétiens ou juifs. Le vrai désert commence à El Goléa, dans son site de dunes rouges où nous descendons par des pistes d'argile blanche ou verte : l'immense palmeraie se profile à l'horizon sur une longueur de dix kilomètres et une profondeur de trois mille mètres. Nous demandons à un nomade :

– Combien d'habitants compte l'oasis ?

– Trois cent mille palmiers, nous répondit-il sans hésiter.

Des myriades de fleurs poussent auprès des canaux d'irrigation de ces jardins ombragés, miraculeux dans l'aridité du désert. Je m'égare dans les ruelles de la palmeraie pleine de vignes, de figuiers, d'amandiers en fleur, de poiriers ou d'abricotiers dont les drupes se balancent au-dessus de nos têtes, dans l'envol de mille oiseaux. Sur notre route, c'est une litanie : « Vous êtes fous de poursuivre votre route vers le sud... il n'y a plus rien à voir... Vous risquez votre vie pour rien... » Et nos interlocuteurs d'illustrer leurs propos d'exemples précis : à tel endroit, à telle date, tel accident ou tel *rezzou* ont fait tant de morts... Mais rien ne nous arrête, tout à la joie de nous enfoncer dans le grand Sud.

Chaque tour de roue m'arrache davantage à ma vie passée. Avec mes amis, nous n'avons pas besoin de paroles pour communier, dans la splendide nudité des paysages. Au passage de notre voiture, une hirondelle inattendue, un palmier isolé, une gerboise qui fuit confirment le paradoxe de la vie dans ces solitudes anarêtes. Quand la piste ne nous menace plus d'ensablement, nous voici sur de la « tôle ondulée » où nous devons foncer à toute allure pour éviter des secousses convulsives. Mais alors nous risquons de briser notre châssis dans d'imprévisibles effondrements de terrain.

Dans les amoncellements de sable, notre voiture patine, s'enfonce et s'arrête. Il nous faut manier les pelles, étaler les tapis d'acier et pousser à quatre l'auto jusqu'à ce qu'elle consente à redémarrer. A cet exercice qui se répète plusieurs fois par jour, nous acquérons une grande dextérité. La foi déplace des montagnes, nos pelles l'attestent, quand notre voiture continue d'avancer dans l'imprévu du désert. A chaque carrefour, il nous faut choisir d'instinct entre plusieurs pistes possibles. Nous faisons appel à notre sens de l'orientation, sachant qu'une erreur risquerait d'être fatale.

Partout, l'omniprésence de mouches qui nous agressent. Elles survivent même sur le plateau du Tademaït, dantesque dans le noir de ses roches calcinées, où toute autre couleur est absente. Au loin, il nous semble voir une succession de lacs séparés par des langues de terre que notre imagination peuple de roseaux et d'arbres : un mirage ! Ce plateau aride est le *batèn,* le ventre du désert qui alimente en eau les oasis de la région. Dans cette mer d'anthracite, d'improbables arbustes surgissent de cette lave, calcinés comme elle. Où donc trouver un coin dans cet enfer pour prendre notre repas, où trouver quelque repos ? Ce « ventre » nu et noir dépassé, en descendant vers In-Salah, quelques mimosas épineux nous rendent à l'univers de la couleur. Ils luttent aussi pour tenir tête au vent et au sable sous un écrasant soleil. Au loin, un chameau blanc suivi de sa chamelle et de son chamelon annonce une oasis prochaine. In-Salah n'est plus très loin. Le sable ne se contente pas de l'encercler, il l'inonde, la submerge, monte à l'assaut de ses murs de terre sèche, envahit ses ruelles, engloutit ses maisons dont on n'aperçoit que les terrasses. Il s'infiltre partout, et notre auto en serait envahie si nos vigilantes sœurs ne passaient leur temps à le balayer. Après la fournaise de la journée, une ineffable douceur nous envahit tandis que le crépuscule enflamme l'horizon. Dans cette oasis, Charles de Foucauld séjourna pour travailler le tamacheq, cette langue des Touaregs dont il publia un dictionnaire. Pour mes compagnons, notre étape marque aussi un pèlerinage.

En direction de Tamanrasset, nous nous engageons dans les gorges de Tahount-Arak qui évoquent des visions apocalyptiques. Les nomades, très rares dans la région, regardent non sans terreur les sommets qui nous entourent, peuplés de djinns, ces génies de la montagne si redoutables pour les humains. A l'aube, le spectacle nous paraît être féerique. Mais des craquements sinistres nous rappellent sur terre : nous craignons à chaque fois avoir brisé notre véhicule. Nous sommes entourés de menhirs et de dolmens, plus loin de vasques et de coupoles. Les coulées de lave, travaillées par le vent, sont figées dans des sculptures d'une invention et d'une liberté qui déconcerteraient les surréalistes les plus audacieux.

Nous traversons le Hoggar que domine Garet-el-Djenoun du haut de ses deux mille sept cent soixante-dix mètres d'altitude. A Tamanrasset, petits frères et petites sœurs de Jésus accueillent leurs supérieurs généraux avec une fraternelle simplicité. C'est là que Charles de Foucauld vécut et mourut assassiné en 1916.

Nous passons nos nuits à la belle étoile, enveloppés dans nos sacs de couchage, parfois dans des abris de fortune près de points d'eau comme à In-Guezzam, le dernier poste au sud du Sahara. Nous ne tardons guère à nous endormir, le corps moulu par le voyage, surtout lorsque nous avons manié nos pelles pour nous désensabler. Au dixième jour de notre voyage, nous arrivons à Agadès, le soir de Noël. La végétation réapparaît et avec elle des troupeaux de gazelles, de zébus ou d'autruches. Nous atteignons les premiers villages noirs d'Afrique occidentale. Nous roulons désormais sur des routes d'argile rouge, le long de champs à la végétation d'un vert plus foncé à mesure que nous approchons des régions subtropicales et tropicales. Nos étapes d'Agadès à Zinder et Kano sont plus longues, moins fatigantes, plus riches en contacts humains. Nous sommes, semble-t-il, sur une planète nouvelle, surtout quand nous arrivons en Nigeria britannique. La richesse et la densité de ces populations font contraste avec les pays désolés que nous venons de traverser. Nous admirons la sagesse de l'administration britannique qui prépare déjà l'indépendance de ce pays, tandis que partout la France s'enferre dans une politique coloniale périmée. De Kano à Mora et Maroua, nous nous enfonçons dans l'Afrique profonde, à travers des paysages qu'André Gide considérait comme les plus beaux du monde. Hors des chemins battus, nous visitons les villages de Madas et d'Ouldémès où l'arrivée d'un Blanc est considérée comme un événement. Avec notre auto, nous faisons figure de supraterrestres. La nuit du 31 décembre au 1er janvier, nous assistons à l'enterrement de plusieurs victimes d'une « guerre » qui avait éclaté entre deux villages voisins. Le récit qui nous en est fait nous ramène aux origines de l'humanité : les belligérants, après s'être insultés plusieurs jours durant, de part et d'autre d'un ruisseau, se sont battus à coups de flèches, de lances et de haches. Près du village auquel les huttes donnent l'aspect d'un rucher planté au sommet de la colline, les veuves chantent de lugubres litanies, dansant la nuit entière autour des tombes de leurs époux, entourées d'hommes et de femmes nus du voisinage. Ces rites funèbres dureront trois jours et trois nuits : chants et danses sont accompagnés par le tam-tam et le son des cornes d'antilope, les antiques *shofars* de la Bible.

Entre Mora et Maroua, trois jours dans une hutte, en pleine brousse, me permettent de me rétablir d'un « coup de bambou » : depuis Kano, j'étais saisi d'une forte fièvre, qu'un médecin local traite en me faisant ingurgiter des litres de tisane de citronnelle. Nous parlons peu dans notre berline. Nous sommes absorbés par le désert : en face de ces paysages, que serait-il possible de dire ? C'est lui qui parle à notre place. En nous, il n'y a place que pour un silence au-delà du silence. Les religieux catholiques qu'ils sont, l'Hébreu imbu de Bible qui les accompagne, n'ont guère besoin de beaucoup de mots pour se comprendre et communier dans la beauté des lumières où nous sommes immergés. René Voillaume se relaye avec moi toutes les heures au volant de la voiture; nous sommes soucieux de prévenir un accident qui pourrait nous être fatal. J'admire sa connaissance du désert qu'il traverse pour la troisième fois après avoir vécu de nombreuses années à El-Abiod-Sidi-Cheikh, berceau de l'ordre dont il est le fondateur.

Petite sœur Magdeleine a des yeux clairs qui révèlent la profondeur de sa vie spirituelle. Avec petite sœur Jeanne qui la seconde en tout, elle passera ses journées à l'arrière de la voiture à préparer les constitutions de l'ordre des petites sœurs de Jésus dont elle est la fondatrice : le texte dont elles pèsent chaque mot doit être présenté au Vatican. Nous saisissons à l'avant de la voiture des bribes de la concertation de nos petites sœurs dans le dédale des règles du droit canon. Dieu – Adonaï Élohim – est à coup sûr le principal passager de notre voiture, bien que nous n'en prononcions jamais le nom. Il *est* – et nous le savons. Peut-être l'évoquons-nous à l'occasion d'un verset de la Bible dont nous approfondissons le sens. Mais nous n'avons guère besoin de l'invoquer pour qu'Il soit vivant et présent en nous. La fraternité nomade avance dans le désert, constituant de soi un ordre tout aussi nouveau que celui dont mes amis sont les fondateurs, celui d'un Hébreu judaïsant et de religieux chrétiens communiant au-delà de toutes différences dogmatiques aux sources de la fraternité humaine.

Pas une seule fois nos divergences ne sont évoquées, sauf quand je parle des persécutions antijuives dont la plaie n'est pas cicatrisée en moi. Nul mieux que mes amis ne pourrait comprendre ma blessure, eux qui sont consacrés à l'idéal premier de l'Évangile, celui d'une fraternisation universelle. Serait-il impossible de réaliser cet idéal ? Il triomphe pour l'instant dans nos cœurs.

Nous arrivons à Douala, au Cameroun, le 6 janvier 1952, après avoir parcouru 6 435 kilomètres : la voiture sera révisée là, tandis que je me sépare de mes amis pour un mois. René Voillaume et les petites sœurs sillonneront la région tandis que j'irai en avion au Congo belge et en Afrique du Sud visiter au nom de l'Alliance israélite universelle les communautés juives de ces pays.

Dans l'avion qui me transporte de Douala à Brazzaville, les souvenirs m'assaillent. J'avais quitté Paris décidé à rompre avec mon travail et à donner une tout autre orientation à ma vie. La traversée du Sahara me confirme dans mes intentions. Ces vingt-trois journées de voyage ont opéré en moi une purge : je suis rendu à moi-même, purifié par les grands souffles du désert. Mon immersion saharienne achève de me guérir de toute ambition bureaucratique. Je me sens d'autant plus libre et léger que j'ai sous les yeux de parfaits exemples de liberté dans la personne de mes compagnons de voyage : les jours et les nuits passés ensemble ont forgé notre amitié dans les mille péripéties de notre randonnée.

Je vole vers le Congo belge pour répondre au vœu du président Cassin, mais dans mon esprit ma démission de l'Alliance est un fait accompli. J'atterris à Brazzaville où je suis accueilli par le haut-commissaire de l'Afrique-Équatoriale : M. et Mme Chauvet ont été avisés de mon arrivée par le président Cassin et par une amie commune, Marie-Claire de Fleurieu qui épousera par la suite Pierre Mendès France. Jean Normand, le directeur de Radio-Brazzaville, est un camarade de lycée qui s'empresse de diffuser sur les ondes et dans la presse en français et en anglais mes prouesses sportives et le but que je poursuis auprès des communautés juives d'Afrique noire.

De Léopoldville, le 19 janvier 1952, j'écris une lettre à Paul Claudel qui m'avait invité à Lyon où il prononçait un appel à l'unité d'Israël et de l'Église, davantage qu'une réconciliation, une union orientée vers la quête d'un salut pour l'humanité. Des concours se présentent à moi spontanément à Brazzaville et à Léopoldville. Partout où je passe, à Léopoldville, Luluabourg, Usumbura, Costermansville, Élisabethville, Stanleyville et jusqu'en Rhodésie, les anciens élèves de l'Alliance, à l'appel de Maurice Alhadeff, des Israël, des Benatar répondent généreusement à notre appel : en trois semaines, j'ai rempli au-delà de toute espérance la mission dont René Cassin m'avait investi. Ce succès m'encourage à prolonger ma route jusqu'en Afrique du Sud.

Là, je ne connais personne, sauf le nom d'un ami d'André Zaoui, le rabbin Moshé Cyrus Weiller. Je l'avertis télégraphiquement de mon arrivée. Il connaît un peu l'Alliance et admire beaucoup son président René Cassin. Là encore, la chance me sourit : Moshé Weiller est l'un des hommes les plus dynamiques du pays, où il a fondé des synagogues et des centres culturels fort actifs, ainsi que des écoles et des œuvres pour les Noirs.

Notre première rencontre, le mercredi 23 janvier, est explosive : « Venir en Afrique du Sud pour trois jours et par surcroît prétendre obtenir ici quoi que ce soit est simplement de la folie », me dit-il. D'autorité, il me retient deux jours de plus : il alerte la presse et la radio. Les coïncidences se multiplient, les résultats financiers dépassent ceux déjà acquis au Congo belge. Grâce à Weiller, à Maisels, à Raphaëly, à Osrin et tant d'autres nouveaux amis, à la faveur d'une réunion des instances directrices du judaïsme sud-africain, l'Alliance, depuis ce séjour, sera annuellement inscrite au rang des bénéficiaires des générosités de cette riche communauté juive.

Près de Johannesburg, on me fait porter le casque et l'habit du mineur pour descendre dans les galeries aurifères où une armée de Noirs creuse des tunnels de cinquante mètres en cinquante mètres sur une profondeur de trois mille mètres :

– Tout cela pour satisfaire les besoins en or d'une partie de l'humanité. Mais que faites-vous des lingots produits par le travail de ces Noirs ?

– Il est envoyé aux États-Unis pour être thésaurisé dans les caves de la Banque d'État dans des coffres situés... à trois mille mètres sous terre...

Absurdité du monde, et celle, plus dramatique encore, de l'apartheid. Une petite sœur de Jésus, qui donnait sa vie pour les Noirs parmi lesquels elle vivait dans les réserves, s'attirait cette sévère réplique : « Vous ne savez pas ce que vous faites : vous êtes en train de les convaincre qu'il est possible qu'on les aime. » Elle ajoutait : « Un jour, ce sera un tragique malheur d'avoir la peau blanche dans ce pays... » J'étais bien de cet avis. J'essaie de communiquer à mes amis mon expérience nord-africaine, identique à bien des égards, nous le verrons, à ce que nous vivrons des décennies plus tard, en Israël. Mais en vain – personne ne veut rien voir ni rien entendre.

Je rejoins mes amis à Kano et non à Douala où nous avions rendez-vous : ils avaient parcouru deux mille deux cents kilomètres en huit jours. A vive allure, nous fuyons la saison des pluies de Kano à Dagoudouchi puis à Niamey, Gao, Bourem et Tessalit où nous franchissons le Niger. Nous abordons la partie la plus périlleuse de notre randonnée : le Tanezrouft est « le pays de la peur et de la mort », *bled el-Khouf oua el-mut*. De Tessalit, nous rejoignons Bidon 5 au centre d'un désert de reg et de sable fin : du Hoggar au Soudan, du Niger au Maghreb sur des étendues plus vastes que l'Europe, il n'est plus trace d'eau ni de vie. Les botanistes parlent d'un nihilisme zoologique et botanique : nous pensions au *nada* des mystiques, à l'Infini, l'*Ein Soph* des cabalistes, sur les mille trois cents kilomètres qui séparent Tessalit, au Niger, de Reggane, à l'extrême Sud algérien. Nous arrivons au campement de la Balise 250, à Bidon 5, le 21 février. Les Bédouins parlent de l'existence d'une mer souterraine – *El-Bhar-Tarht-El-Ard* – qui se manifeste lorsque des poissons sont projetés en l'air dans le jet de quelque puits artésien. A cette époque, tout le monde est à la recherche du pétrole qui sera finalement découvert à Sidi-Messaoud. Mais, pour l'instant, autour de nous, c'est le désert absolu, pas une gerboise, pas un oiseau égaré ni même une mouche : rien.

Sur la route d'Arak, nous avions cassé l'un des ressorts de renforcement de notre voiture, sans pour autant interrompre notre voyage. Nous redoutions l'accident qui survint le 22 février, lorsque notre carburateur fêlé laisse fuir ce qui nous reste d'essence. La panne sèche survient à Reggane... dans la cour de l'unique garage de cette partie du Sahara. Nos petites sœurs ont tout lieu de bénir les anges de notre route. Une soudure de fortune – faute d'un carburateur neuf – nous permet de poursuivre notre route.

De Reggane, nous fonçons à Adraret et à Beni-Abbès par étapes forcées : nous sommes reçus par les frères et les sœurs de Jésus qui attendent joyeusement leurs fondateurs. J'étais déjà passé dans ces lieux avec les petites sœurs Magdeleine et Jeanne le 17 avril 1951, venant du Maroc où je poursuivais mes recherches sur les Juifs du

Maghreb. Ce voyage avait marqué pour moi une sorte de record d'endurance. Nous avions franchi mille cinq cents kilomètres de pistes en trente-six heures alors que j'étais seul à conduire. Les deux jours et les trois nuits que nous passons à Beni-Abbès nous permettent de reconstituer nos forces dans la lumière de ces paysages que je redécouvre à dos de chameau. Une nouvelle étape forcée nous amène à Aïn-Témouchent en dix-huit heures de route. A Beni-Abbès, mes amis avaient retrouvé leur famille spirituelle. Après avoir franchi sept cent cinquante-cinq kilomètres, nous arrivons dans notre maison familiale en pleine nuit, à deux heures trente : mes parents et mes frères nous accueillent dans la joie de nos retrouvailles.

Le voyage s'est achevé. Tous quatre, nous passerons notre vie à sillonner la planète, mais le souvenir de notre équipée saharienne demeurera inoubliable :

« Quelque chose d'unique... Je suis dans la jubilation de ces heures en face du paysage de mes rêves où le sable et le ciel se rejoignent sans que rien ne distraie la vue. Pour moi, c'est l'image la plus magnifique de l'âme, face à l'infini de Dieu », écrira Magdeleine de Jésus, dans son livre, *D'un bout du monde à l'autre...*

La liberté que je comptais reconquérir, après avoir traversé le Sahara, était décidément compromise. Mon équipée transsaharienne avait fait quelque bruit dans nos milieux. On m'appelait alors Chouraqui l'Africain. A Paris, en province, les appels se succédaient pour m'entendre parler et voir les films de ce voyage. Le président Cassin n'était pas le moins enthousiaste. « Vous vous promettiez de faire l'impossible et c'est l'impossible que vous avez réalisé », me dit-il avec son habituelle générosité. Je lui confirmai ma décision de quitter l'Alliance : plus que jamais j'aspirais à jouir de mon entière indépendance qu'à coup sûr je ne pourrais jamais trouver dans quelque administration que ce soit. Mon voyage au Sahara marquait la fin de mes fonctions au secrétariat général de l'Alliance.

« Je refuse votre démission, tout en comprenant fort bien ses raisons. Vous souhaitez retrouver votre liberté, mais qui vous dit que vous ne la garderez pas dans le nouveau statut que nous sommes prêts à vous accorder ? »

Cassin, persistant dans son refus, me décrit sous des couleurs sombres la condition faite en France à l'intellectuel isolé. Il ne veut pas que mon talent s'use en de vaines coteries :

« Je dois veiller à l'œuvre dont vous êtes le porteur, mais aussi à sortir l'Alliance de sa somnolence en réalisant enfin l'universalité de sa vocation. Vous contribuerez à son rayonnement intellectuel pour le bien de tous. Faites-moi confiance, Chouraqui. »

Comment aurais-je pu ne pas entendre ces paroles ? Nous avions en commun, en plus de notre Méditerranée, une anxieuse quête spirituelle : élevé sans formation religieuse, il voyait en moi un « rabbi » qui répondait à sa recherche intellectuelle et spirituelle orientée vers un idéal de fraternité et de paix. Pendant la Première Guerre mondiale, il avait été gravement mutilé au ventre ; il avait perdu pendant la guerre de 1939-1945 la plupart des membres juifs de sa famille déportés en Allemagne. Avec passion, il voulait connaître le pourquoi de ces drames. La condition de nos épouses constituait un autre facteur de notre amitié : elles étaient toutes deux chrétiennes, toutes deux malades, et toutes deux vivaient loin de nous. Je faisais confiance au président Cassin, de tout cœur, mais le problème que je posais n'était pas simple. Les mois de mars, avril et mai 1952, je m'étais tenu à l'écart des conversations qui se tenaient à mon sujet.

Le président Cassin avait un projet qui remplissait d'aise les intellectuels du comité, avec à leur tête le poète Edmond Fleg, tandis qu'il était moins bien accueilli par l'administration de l'œuvre. Entre les positions opposées de ceux qui acceptaient de me voir partir et de ceux qui voulaient me garder à tout prix, je penchai franchement du côté des premiers : le président Cassin le savait, ce qui facilitait d'autant son rôle d'arbitre. La décision fut prise en mon absence dans une séance du 19 mai 1952, portée à ma connaissance par une lettre du président Cassin en date du 23 mai 1952. Je devenais le délégué permanent de l'A.I.U. avec un statut exceptionnellement libéral et à vrai dire sans précédent connu de moi : j'étais libre de me consacrer six mois par an, dans la résidence de mon choix, à mon œuvre scientifique et littéraire. Les six autres mois seraient employés au rayonnement de l'Alliance, en voyages et conférences à travers le monde, au mieux des besoins de l'œuvre. Je conservais mon bureau rue La Bruyère, mais je ne dépendais plus que du président et du comité de l'Alliance. Mon traitement me délivrait des soucis matériels, même si notre fortune familiale sombrait, comme je le prévoyais, dans l'aventure algérienne. En me proposant cette nouvelle situation, René Cassin soulignait sa valeur exemplaire : il souhaitait que d'autres institutions d'État ou privées multiplient des postes de ce genre et de cette importance. La société en avait besoin pour frayer les voies compromises de son avenir.

Le statut qui m'était offert me donnait la liberté de me consacrer à l'œuvre que je portais en moi : sans la présence, l'amitié et le courage de René Cassin, celle-ci n'aurait jamais été le peu qu'elle est devenue depuis. Dès mon retour à Paris, je rêvais de faire une retraite studieuse dont j'avais le plus grand besoin. J'avais la tête pleine des sables et des rocs du désert, bien sûr, mais aussi du fracas des chutes de Victoria qui, sur deux kilomètres, tombent d'une hauteur de cent huit mètres, dans une gorge de soixante-quinze mètres de largeur, sur la frontière de la Rhodésie et de la Zambie. Ou encore, partout en Afrique noire, les visions des forêts, des lacs plongés dans une verdure transpercée de fleurs rouges, jaunes, roses, violettes, mariant toutes les nuances de l'arc-en-ciel, dont les parfums continuent de m'enivrer dans l'envol d'oiseaux et de papillons multicolores ou le bruissement de lézards furtifs près des rivières, où nagent des Noirs dont les voix cuivrées, étonnamment hautes, strient de violence la douceur des crépuscules.

Peu de temps après mon retour d'Afrique, j'étais projeté dans une nouvelle aventure, ma découverte de l'Amérique. Quelques jours après la confirmation de mon nouveau statut, je partais pour le Nouveau Monde : j'arrivais à Buenos Aires le 30 mai 1952. Cette fois, ce n'est plus l'improvisation saharienne : je n'atterris pas en tenue de brousse, mais dûment cravaté, chapeauté et même ganté d'une paire que je ne porterais plus du jour où j'appris que les gants étaient ici le signe de ralliement des homosexuels.

Mes tournées sont soigneusement préparées par l'administration de l'Alliance : les représentants de la France, ceux d'Israël, les communautés juives locales, les Alliances françaises, les Instituts de France se mobilisent pour tirer le meilleur parti de ma présence. Je réorganise les comités de l'Alliance israélite là où ils existaient, comme à Buenos Aires ou à Rosario, et en fonde partout où je passe, trouvant éparpillés de la Terre de Feu jusqu'au Canada et par la suite dans le reste du monde des anciens élèves prêts à se dévouer pour le bien d'une œuvre qui a facilité leur départ dans la vie.

Ces voyages me permettent des amitiés : elles renouvelleront ma connaissance du monde. Je vois bien le désarroi spirituel des communautés juives que cimente le seul État d'Israël, âgé de quatre ans. Les perspectives du judaïsme de l'exil sont bouleversées par la renaissance sioniste : on ne peut à jamais prier pour la réédification de Jérusalem en continuant de vivre dans la Diaspora. Les meilleurs d'entre les Juifs de l'exil le comprennent et vont s'installer en Israël, vidant de sa substance le judaïsme de l'exil. Que pourra-t-il bien devenir à longueur de temps ? Un simple folklore privé de tout dynamisme interne ?

Je compare la grisaille des offices, en Occident, à la ferveur des masses de l'Amérique latine dans les grands sanctuaires que je visite, à Lujan, à cent kilomètres de Buenos Aires, ou à Guadalajan, près de Mexico. Ces sanctuaires dédiés à la Vierge attirent des foules venues là dans l'espoir de miracles qui ne surviennent pas toujours. Notre miracle à nous sera-t-il limité à la création d'un État dans un coin du Proche-Orient incertain ? Cet État vivra-t-il et comment ? Sera-t-il exemplaire comme le souhaitait Herzl, comme s'efforce de le réaliser Ben Gourion ? Tout cela n'aboutira-t-il pas à une affreuse déception s'ajoutant à une succession de guerres sans fin ?

Je m'efforce d'orienter mes conférences vers ce qu'il y a de plus positif dans la tradition que je représente, la Bible, les théologiens du Moyen Age espagnol et d'abord Bahya ibn Paqûda dont *Les Devoirs du cœur* sont, désormais dans ma traduction, répandus dans les lieux les plus lointains. Je parle aussi de mon expérience du désert, de mon rêve, d'une réconciliation universelle qui transformerait nos enfers en paradis terrestre. A la ferveur de mes auditoires, je vois que tout ne serait pas perdu si une voix suffisamment pure et forte s'élevait pour affirmer l'espérance des hommes.

A Buenos Aires, j'assiste à la naissance d'un mythe : Evita Perón est morte et, sur la Diagonal Norte, non loin de l'hôtel Continental que j'habite, des foules extasiées rendent un culte devant le catafalque où repose un corps embaumé : la propagande d'État pare Evita des vertus d'une déesse. Après l'Argentine et l'Uruguay, je découvre le Brésil, les splendeurs naturelles de ce pays et d'abord la baie de Rio de Janeiro qui s'étale devant les fenêtres de mon hôtel de Copacabana. Le paysage me paraît être irréel dans la beauté de ses formes et de ses couleurs. Dans les favelas vouées à la pire misère, j'assiste à des macumbas, ces danses extatiques pratiquées par des sectes inspirées, un mélange de cultes animistes greffés sur des croyances chrétiennes.

Du Brésil et du Chili, je remonte au Pérou où, à Cuzco, je rencontre Georges Dumézil alors âgé de cinquante-quatre ans. Nous habitons le même hôtel : il me parle de la structure commune des religions indo-européennes fondées sur trois fonctions hiérarchisées, la souveraineté spirituelle, la force et la fécondité. Il décèle, dans les structures trines des religions indo-européennes, le fondement des mythes germains ou hindous.

« Je viens de publier mon livre, *Les Dieux indo-européens*, et j'ai quitté l'Europe fatigué et comme obsédé par la triade que je finissais par voir partout. J'ai fui ici, à trois mille six cents mètres d'altitude, au centre des Cordillères andines, dans l'espoir de ne plus penser à tout cela. » Il m'entraîne à la découverte des ruines de Sacsahuamàn : « Ce sont les plus impressionnantes d'Amérique. Cuzco signifie en quechua " le nombril de la terre ". C'était la capitale de l'Empire inca... » Et, se plantant devant le mur du temple qui s'élève devant nous, il pointe son index : « Observez, mon cher ami, les trois fenêtres du mur du temple orientées vers le soleil levant... » Et le voilà reparti sur les Triades divines dans l'univers religieux des Indo-Européens...

A Lima, je rencontre aussi l'ambassadeur de France, Pierre-Eugène Gilbert, qui vient de recevoir sa nomination au poste de Tel-Aviv. Je suis le premier visiteur à répondre aux multiples questions qu'il se pose sur le pays d'Israël où l'empreinte de son action sera si profonde : un des hommes éminents dont l'amitié éclaira notre vie.

Après de brèves étapes en Colombie et dans les pays d'Amérique centrale à Panama, Costa Rica, au Nicaragua, au Honduras et au Guatemala, j'arrive au Mexique. Partout, d'heureux concours de circonstances donnent un sens à ma présence, des résultats à mon action. Je suis alors en route depuis quatre mois et, malgré l'intérêt du voyage et ses agréments, je rêve au retour. A Mexico, je suis accueilli par l'ambassadeur de France, Kœnigswarter : il connaît bien l'Alliance, étant d'une famille qui comptait parmi ses fondateurs. Il facilite mes contacts. Je découvre là une communauté juive formée par des Indiens qui se disent d'origine juive : le 11 octobre au matin, ils viennent me prendre à l'hôtel Régis au centre de Mexico pour m'amener prier dans leur humble synagogue. Je reprends force à leur prière, fraternellement serré dans leurs bras de pauvres pour qui le dépouillement n'est pas un vain mot, fondant leur fidélité à Israël sur leur certitude d'être les descendants de Juifs venus d'Espagne au XVIe siècle. Ils me disent leur ardent désir de se rattacher à Israël pour retrouver leur identité perdue.

J'aspirais à retourner le plus vite possible en France quand un coup de téléphone m'invite à poursuivre ma route à New York : les Nations unies entament la discussion des problèmes soulevés par l'Afrique du Nord où la révolte gronde. Mon livre, *La Condition juridique de l'Israélite marocain*, n'est pas étranger à cette invitation qui me permet de prendre un premier contact avec l'O.N.U.

A New York, je dîne avec Jacques Maritain : je suis uni à lui par une fraternelle amitié depuis la publication de Bahya, qu'il avait préfacé. Je l'accompagne à Chicago à un congrès où Louis Massignon est également présent. Jacques s'efforce de calmer l'ire de Massignon contre tout ce qui, de près ou de loin, touche à Israël. Nous le quittons à peu près calmé. Je peux apprécier l'abîme qui sépare Maritain, philosophe thomiste, marié à Raïssa, une Juive russe, de l'islamisant Massignon, devenu l'ardent partisan des causes arabes les plus extrêmes, et aggravant inconsciemment les dissensions au lieu d'œuvrer à la nécessaire médiation.

A Boston, je revois mon ami le baron William Frary von Blomberg, tandis que je suis l'hôte du poète Claude Vigée à l'université de Brandeis où mes conférences marquent mon premier contact avec le monde universitaire américain. Mon voyage se terminera au Canada où je prends la mesure des métamorphoses qui se sont emparées de moi en quatre mois de méditation et d'action à travers le continent américain. Le voyage a un effet décapant qui efface les souillures du vieil homme à qui il donne une virginité nouvelle, prélude à la naissance d'un homme nouveau. Intérieurement, un amour plus exigeant me voue à une méditation et à une prière plus profondes, source d'un vrai dépouillement. C'est comme si en moi des liens tombaient de mon corps libéré : cet amour que j'annonce me perce et me féconde. Ses fruits mûrissent en moi dans un printemps intérieur dont les horizons nouveaux m'émerveillent. Je pressens ce que renoncer veut dire : oui, je me sens ivre d'une ivresse d'amour et je sens quelles puissances devront se libérer pour que s'incarne un authentique message de vie. J'espère que ces fleurs qui bourgeonnent finiront par éclore dans la solitude de mes grottes.

11.

Après les déserts, la grotte

A la Sainte-Baume. A travers l'invisible cristal.
Un agneau sur un toit.
Le swammi Siddesvarananda.
Le Négus Hailé Sélassié. Au confluent des deux Nils.
Auprès de nos racines.
Pâques au château de Coupvray.
L'apesanteur des solitudes.

Tout au long de mes routes, dans les déserts géographiques d'Afrique et humains d'Amérique, le travail de mes enfantements intérieurs se poursuivait. C'était en moi comme un feu qui me brûlait, corps et âme, douloureusement : j'aurais voulu l'éteindre, sans pouvoir lui échapper. J'avais hâte de quitter le monde où je tournais comme une ivre toupie, pour, toute amarre larguée, me livrer au grand souffle qui m'habitait et me poussait vers une lumière intérieure, celle d'Élohim.

Je faisais des rêves étranges : mes costumes se déchiraient, leurs lambeaux s'effilochaient et je restais nu, ma peau elle-même se trouant au contact de mes doigts. Ou bien je m'envolais dans les ciels pour, au retour, constater que ma demeure avait brûlé, Colette me montrant ses cendres. J'entendais en moi l'appel fait à Abraham : « Va vers toi-même hors de ton pays, de ta ville natale, de la maison de ton père, vers le lieu que je te montrerai... » J'avais hâte de rompre mes attaches et de faire une retraite provisoire dans l'espoir de discerner enfin vers quel lieu je me retirerais définitivement.

J'optais pour la grotte de la Sainte-Baume, sur la paroi du Saint-Pilon, à neuf cent quarante-six mètres d'altitude, au-dessus d'un gouffre de deux cent quarante-six mètres. A l'orient de cette grotte, c'est la Provence, ses garrigues, la splendeur de son ciel, ses champs de thym, de lavande, ses oliviers, ses vignes, ses pins, ses figuiers, ses palmiers, non loin de ma Méditerranée. On accède à la grotte par le nord, dans un chemin qui traverse une forêt plantée d'essences les plus variées, tilleuls, hêtres, érables, houx, ormeaux, ifs et futaies de chênes en lisière, mêlées à toutes sortes de fleurs, de lys, de martagons, d'ellébores, d'ancolies, d'orchidées sauvages... Le père Ceslas Rzewuski était le gardien de cette grotte dédiée à Sainte-Madeleine, du haut de laquelle j'admirais l'un des plus vastes paysages de France : le regard couvre la Provence, la vallée du Rhône, les contreforts au Massif central et, par temps de mistral, les Alpes. Une fois l'an, on pouvait apercevoir, à l'ouest, sur le globe rouge du soleil couchant, à des centaines de kilomètres, le pic de Canigou, dressant sa silhouette à deux mille sept cent quatre-vingt-six mètres d'altitude. De fin octobre à la mi-mars, le soleil passe derrière la masse rocheuse du Saint-Pilon, laissant la forêt dans une ombre parfois envahie de neige : la lumière est alors plus belle que jamais, répandue par d'immenses nuages roses épars dans l'azur.

A cinquante mètres au-dessous du Pilon se situe l'ouverture de la grotte : c'est une caverne large et relativement claire, de forme semi-circulaire : elle a vingt-six mètres de profondeur sur vingt-quatre de largeur et de quatre à six mètres de hauteur. Le rocher scintille de couleurs vives et variées sur lequel ruissellent, de certains points de la voûte, des eaux dont l'écho amplifie la musique. C'est là où la piété populaire honore la mémoire de sainte Madeleine, qui dispute à Vézelay le privilège de garder son tombeau. C'est là où j'ai traduit les Psaumes et où j'ai mûri ma décision de quitter Paris pour m'établir à Jérusalem. Le père Ceslas Rzewuski était le directeur spirituel de Colette. Il m'avait invité à me retirer dans son ermitage rénové avec art. J'y jouirais d'une paix dont j'étais avide après mes grands voyages.

Le père Ceslas Rzewuski est sans doute l'homme le plus attachant qu'il m'ait été donné de rencontrer. Descendant d'une des grandes familles de l'aristocratie polonaise, Alexandre Ceslas Rzewuski avait grandi dans le luxe où vivait, avant la guerre de 1914, la noblesse russo-polonaise. Élève du Lycée impérial, il est apparenté aux familles princières d'Europe, ami de tout ce qui compte dans les milieux artistiques et littéraires de la planète : il y accède par la vertu de son talent de peintre, de sculpteur, de graveur autant que par son immense culture : son charme personnel marie le meilleur de ses origines slaves et de sa culture européenne. Il était allié aux Romanov dont la famille régnait en Russie depuis 1613. En 1913, âgé de vingt ans, il assiste au dîner et au bal au palais d'Hiver, qui célèbre le troisième centenaire d'une dynastie que ses ancêtres servent depuis des générations, souvent comme officiers dans la Garde impériale. Pendant la guerre, nanti d'un somptueux uniforme, il commande le train sanitaire de la grande-duchesse Wladimir, avec pour signe de son rang un sabre à dragonne.

La guerre et la révolution russe écrasent cet univers. Pour Ceslas, c'est l'exil, à Rome puis à Paris et Londres, où il fait carrière de portraitiste, de peintre, de sculpteur, de graveur. Son talent, son intelligence lui valent l'amitié du Tout-Paris où il mène grand train : il est proche de Missia Sert et de Jean Cocteau. Mais le brillant de sa vie n'efface pas cette vision de Dieu qu'il avait eue une nuit de Noël à Trézibonde, en Anatolie, sur une piste de montagne, au milieu d'une tempête de neige : une lumière l'avait envahi, une paix intérieure d'une gravité divine. C'était comme une réponse à l'expérience concrète, vécue, foudroyante, qu'il avait faite un jour à Kiev où, devant son regard, les portes de l'enfer s'étaient entrouvertes. Il avait en lui deux mondes, et la profondeur qui fonde les grandes existences.

Au plus fort de ses succès mondains, il abandonne tout, ses amies, ses amis, sa famille, son œuvre, ses biens. En novembre 1926, il décide de se consacrer à Dieu. Il entre au couvent dominicain de Saint-Maximin, dans le Var, où il fait ses études théologiques de 1927 à 1932. Prêtre, il devient le directeur spirituel du séminaire international de Fribourg, puis le maître des novices et des étudiants de la province dominicaine de Toulouse. Quand je le rencontre, en automne 1951, il vient d'être assigné à la Sainte-Baume, comme supérieur et gardien de la grotte. Il a lui-même écrit son itinéraire peu commun dans un livre : *A travers l'invisible cristal.* Où qu'il soit, sa haute silhouette contraste avec l'univers qu'il domine de son regard perçant.

Colette a été un trait d'union entre nous. Dès notre première rencontre, nous devenons amis. Du haut de ses cent quatre-vingt-douze centimètres, mince, toujours élégant dans ses habits de dominicain ou dans ses complets gris anthracite sortis des mains des meilleurs tailleurs londoniens, il a le plus rare des dons, celui de savoir écouter ses interlocuteurs. L'amour de la Bible nous rapprochait : il était fasciné par mes livres où se découvrait la parole d'Élohim l'hébraïque : nous avions en commun notre Orient originel, le slave en lui, le sémitique chez moi, qui détonnaient dans le milieu où nous étions transplantés et qui ne sut jamais le comprendre. Nous étions d'ailleurs et si totalement différents que parfaite était notre sympathie, lui un prince russe, élevé dans ses palais, si haut de taille qu'il devait toujours s'incliner pour mieux me parler, moi un enfant d'Aïn-Témouchent, un fils d'Israël, nomade à jamais dans la nudité de ses déserts. Son univers christique se nourrissait de mes rocailles hébraïques, comme moi de ses lumières contemplatives. Notre communion d'unité, faite au secret de la grotte, transcendait toutes nos différences. Auprès de lui, il était simple, toute opacité vaincue, de passer « à travers l'invisible cristal » pour mieux comprendre et mieux éclairer les Psaumes, ce chant dont nous vivions.

J'habitais une étroite cellule accrochée sur la paroi rocheuse, au-dessus de la forêt, ouverte en plein ciel sur un paysage infini. Pour accéder là, je gravissais le sen-

gion – non à une philosophie – qui exprime sans réserve et sans ambiguïté l'universalité de l'homme, celle de l'univers et celle de l'Élohim qui les fondait. Aussi, lorsque mes amis chrétiens priaient pour ma conversion ou pour mon salut – et presque toujours ils le faisaient, quoique sans me le dire –, je m'en félicitais, en en recueillant les bienfaits dans mon propre effort pour me convertir moi-même à l'Élohim de la Bible qui était aussi celui d'Israël, des chrétiens, des musulmans et à vrai dire de tous les hommes puisqu'il était le Créateur du ciel et de la terre.

Mais revenons à notre propos. Je ne sais si ce fut un effet de l'ardente prière de mes amis chrétiens, un jour un agneau me tomba du ciel, juste au-dessus de ma tête. J'étais assis devant ma table de travail, dans la petite cellule que j'habitais dans l'ermitage de la Sainte-Baume, quand un bruit effroyable répercuté par l'écho de la montagne retentit : la maison accrochée sur la paroi rocheuse sembla près de s'effondrer dans l'abîme au-dessus duquel elle était suspendue. Le silence revenu, nous découvrons sur le toit de ma chambre un mouton tombé là du haut du Saint-Pilon situé cinquante mètres plus haut, à pic. Nous en étions quittes pour la peur : le pauvre mouton fit les délices des bêtes de la forêt. De mémoire d'homme, un tel accident n'avait jamais eu lieu, les bergers provençaux connaissant le redoutable précipice. La toiture de l'ermitage dut être refaite et consolidées les attelles de la maison. Je demandais au père Rzewuski de ne plus appeler l'Agneau sur ma tête : cela avait failli nous coûter cher ! Cet homme, grand par la taille et plus encore par l'esprit, accompagna Colette dans sa voie crucifiée jusqu'en ses ultimes étapes. Quant à moi, est-ce suffisant de dire qu'il me permit l'accès à un au-delà de l'esprit, où il devient enfin possible de contempler le réel « à travers l'invisible cristal » ? Oui, nos volontés, en vérité d'unité faites, étaient parfaites de nullité et nous chantions dans la nuit noire.

Le swammi Siddes-Varananda était de ces êtres devant qui vous vous trouvez un jour et qui semblent tomber d'un au-delà du temps et de l'espace. Il présidait un centre d'études indiennes dans une villa proche de Paris, à Graetz, le premier « ashram » qu'il m'ait été donné de connaître. Le swammi m'y avait invité après avoir lu *Les Devoirs du cœur* qui venaient de paraître. Il me dit que Romain Rolland lui avait permis de comprendre la musique occidentale. Le don que ma traduction lui avait apporté était encore plus précieux : depuis qu'il avait ce livre, il le lisait de jour et de nuit, parce que par lui il pouvait enfin comprendre la Bible. Les Écritures étaient pour lui une énigme dont la lecture de Bahya lui donnait enfin le sens. Et pénétrant la Bible et la musique, il avait conscience d'avoir en main la clé de l'Occident.

Il le souligna au cours d'une conférence qu'il prononça dans le grand amphithéâtre de la Sorbonne : « Avant de lire *Les Devoirs du cœur,* annonça-t-il, je pensais que les deux plus grands hommes de l'histoire étaient Jésus et Gandhi. Désormais, je sais qu'à côté de Jésus c'est Bahya qu'il faut nommer parce qu'il donne dans son œuvre la clé de la Bible et celle de la vie de l'esprit. »

De telles déclarations ne manquèrent pas de surprendre l'auditoire où j'eus du mal à trouver place tant il était nombreux. Mon étonnement était de voir avec quelle profondeur cet Indien analysait la pensée d'un auteur hébreu du XIe siècle : d'emblée, il allait à l'essentiel en voyant en Bahya non pas un moraliste, ce à quoi on le réduisait souvent, mais un mystique, auteur d'un traité ascétique où se dévoile son univers sans frontière où Dieu et l'homme se rencontrent dans l'unité de l'amour.

Après avoir lu Bahya, le swammi se mit à l'étude de la Bible, avec le même sérieux. J'étais encore une fois surpris par ce qu'il y découvrait et que ne voyaient pas les théologiens engoncés dans la culture gréco-latine, tellement bien qu'ils en oublient parfois le fait que la Bible est annoncée et écrite en hébreu et en araméen par des Asiatiques qui vivaient voici des millénaires. L'Oriental qu'était le swammi découvrait les réalités bibliques orientales, elles aussi, sans avoir à les dépouiller des revêtements gréco-latins dont les siècles les avaient recouvertes : la Bible est née non pas à Athènes ni à Rome, mais bien en Jérusalem, l'asiatique.

Mon premier contact avec l'Inde avait eu lieu à Paris alors que j'étais étudiant. Nehru venait d'être libéré des geôles britanniques : nous étions quelques amis à l'accueillir à son passage à Paris. Il était d'une minceur diaphane, sa main supportant, non sans douleur, les « shakehands » que lui assenait notre fougueuse jeunesse. Mais mon véritable introducteur aux réalités de l'Inde, davantage encore que les œuvres de Sylvain Lévi, d'Olivier Lacombe ou celles publiées dans différentes collections de sources indiennes, fut le swammi Siddesvarananda. J'étais à Paris lors de sa mort. Je le rencontrais une dernière fois paré de son plus beau vêtement de moine indien, tout couvert de fleurs, son visage impassible, serein, souriant presque, en contraste avec le désespoir des amis qu'il quittait. Je l'accompagnai encore au crématorium de Paris : tandis que son corps se consumait, je chantais pour lui les Psaumes qu'il aimait et que, spontanément, il restituait en notre Orient originel.

Le 10 octobre 1953, je suis en route pour un nouveau voyage en Grèce, en Israël, puis en Érythrée. Là, sur les traces de Joseph Halévy, l'orientaliste français qui les redécouvrit en 1867, je me rendis à Asmara puis à Gondar et dans les villages où se trouvaient les Falachas, ces Hébreux d'Éthiopie qui font remonter leur ascendance au roi Salomon, à la reine de Saba et aux notables de Jérusalem qui accompagnèrent la reine de retour dans son pays. Pour les ethnologues, ils sont d'origine hamitique, rattachés à la tradition hébraïque par les Juifs qui vivaient en Arabie, en Egypte ou bien, plus anciennement encore, en Éthiopie, comme l'affirment leurs traditions. Cette thèse est confirmée par des chroniques éthiopiennes : avant la conversion de la dynastie Axum au christianisme, au IVe siècle, le pays avait été judaïsé comme ce fut le cas au Maghreb, la prédication hébraïque frayant la voie à l'enseignement chrétien. L'Église triomphant, les Hébreux qui refusèrent la conversion furent persécutés et contraints de se réfugier dans les régions montagneuses au nord du lac Tana. Ces tribus vécurent dans une semi-indépendance sous la direction de leur grand prêtre et des chefs de leurs clans. A l'époque où je les visite, en l'absence de toute statistique, on évalue leur nombre à quinze ou vingt mille hommes, détenteurs d'une haute tradition. Leurs villages, entre la rivière Takkaze, le lac Tana et le Nil Bleu, sont toujours situés aux sommets des collines ou au bord de l'eau. Ils s'appelaient les *ayehud,* les Juifs ; leur communauté constituait *Beta Esraël*, la Maison d'Israël, dont ils complétaient l'universalité qui du plus blond au plus brun virait avec eux à toutes les nuances du noir : un peuple sculpté dans l'arc-en-ciel des races, des ethnies, des langages. Les Falachas parlent aujourd'hui l'amharique ou le tigrinya, mais leur littérature est écrite en ghez, l'éthiopien classique qui est le langage officiel de l'Église éthiopienne. Leur Bible est traduite dans cette langue à partir du texte grec de la Septante. Leurs prières et leur langage sont riches de mots hébraïques, comme leur folklore de traditions bibliques. Depuis la création de l'État d'Israël, un réveil s'est emparé d'eux : ils désirent, eux aussi, s'établir en Israël. Ils me le disent tous, sachant qui je suis. Des équipes de l'Agence juive sont sur place et organisent la *alyah*, la « montée » des Juifs vers Israël. Celle-ci n'est pas sans poser des problèmes au gouvernement éthiopien, comme à une partie de l'opinion publique israélienne : les Juifs venus d'Europe centrale avaient assez de mal à intégrer les immigrants originaires du Maghreb et d'Orient pour accepter sans résistance ces Juifs à la peau noire. Il faudra lutter longtemps pour faire prévaloir leurs droits. Pour l'instant, j'étais en Ethiopie et le Négus m'avait fixé audience pour le 1er janvier 1954.

René Cassin avait connu Hailé Sélassié Ier à Genève,

en 1935, quand le Négus était venu en personne plaider la cause de son pays devant la Société des Nations. Mussolini avait attaqué l'Éthiopie, l'avait réunie à l'Érythrée et à la Somalie et avait constitué l'Afrique orientale italienne. Malgré l'évidence de l'agression, la communauté internationale n'avait rien fait pour la défense du droit et, vaincu, Hailé Sélassié s'était exilé à Jérusalem, puis, sur l'invitation des Anglais, à Londres. Le 20 mai 1941, après avoir regagné Khartoum, à la suite de la libération de son pays par l'Angleterre, il retrouva son trône. Cassin avait à l'époque plaidé la cause de l'Éthiopie au nom de la France. Il était heureux de se rappeler aux bons souvenirs de l'empereur, d'autant plus que l'Éthiopie devait présenter sa candidature à la Cour internationale de justice de La Haye. L'ambassadeur de France, M. Roux, me réserve à Addis-Abeba un accueil amical. Il m'explique en détail le protocole des audiences impériales. Tout est parfait, sauf que je n'ai pas l'habit indispensable pour apparaître aux regards du Roi des rois.

« Qu'à cela ne tienne, me dit l'ambassadeur après m'avoir jaugé du regard. Vous irez dans ma jaquette noire et mon pantalon rayé puisque nous avons la même taille. »

Et de fait son habit me va comme un gant. A l'heure dite, dans la matinée de ce premier jour de l'an, j'arrive au palais impérial. Je franchis le perron entre deux rangées de lions de marbre, souvenir des splendeurs dont s'entourait le roi Salomon auquel les empereurs d'Ethiopie faisaient remonter leur dynastie. Je suis aussitôt introduit dans la salle du trône : au fond, l'empereur paraît être minuscule ; il a soixante-deux ans, mais est visiblement vieilli par ses épreuves.

Comptant mes pas, je fais aux endroits voulus les trois révérences réglementaires, pensant qu'en partant je devrai me retirer en marche arrière pour faire à nouveau mes trois révérences. Je ne pourrai me retourner et aller de l'avant qu'une fois hors du regard de mon hôte auguste, comme l'usage le voulait jadis dans les cours européennes. Assis près de lui, j'observe son visage ascétique, si serein cependant. Il me donne l'impression de me connaître depuis toujours.

« Quand les troupes de Badoglio m'obligèrent à quitter mon trône, je me suis réfugié à Jérusalem, comme on revient dans les bras d'une mère bien-aimée », me dit-il.

Au cours de la cérémonie de son intronisation, en 1930, avant de recevoir la couronne impériale, il avait dû franchir plusieurs seuils et décliner ses nombreux titres. Le dernier, le plus ancien et le plus décisif, est celui qui le consacre roi de Sion et de Jérusalem, descendant de Maleka, la reine de Saba, de Salomon, et de leur fils Ménélik, le légendaire fondateur de la dynastie régnante. Chassé de son trône, il avait le sentiment de rentrer chez lui en se réfugiant dans cette Jérusalem dont il se sentait d'autant plus le fils qu'il était chrétien. Il me parle de son amitié pour René Cassin qui fut le plus ardent défenseur de sa cause à la Société des Nations, en 1935, puis nous évoquons la situation des Falachas. Il fera tout ce qu'il pourra pour aider à leur départ : il comprend leur désir de partir pour la terre de leurs ancêtres, mais tout devra se faire avec la plus extrême discrétion. Sa dynastie est d'origine hébraïque et son pays est devenu chrétien dès le IVe siècle, mais depuis il compte une forte minorité de musulmans dont il doit ménager les susceptibilités. L'immigration des Falachas s'accélère alors et, de nos jours, ils sont presque tous établis en Israël.

Je vois bien que nous sommes au cœur de ses préoccupations : il m'interroge longuement sur la renaissance d'Israël. Lui aussi s'efforce de moderniser son pays dont la croissance a été arrêtée par l'occupation italienne. Il faut tout reprendre à la base et repartir de plus belle sur une route semée d'embûches. L'expérience et les conseils d'Israël lui seront utiles et il sera heureux de les accueillir.

Mais il a hâte de me poser la question qu'il tient en réserve depuis le début de notre entretien : « Depuis la guerre de 1948, les Arabes font courir le bruit qu'Israël détient la bombe atomique. Or nos traditions nous enseignent que, lorsque Israël sortira de son exil et sera de retour sur sa terre ancestrale, la fin du monde sera prochaine. Israël est de retour sur sa terre. Il a ou il aura la bombe atomique. Est-ce la fin du monde ? »

Je lis dans son regard une angoisse que souligne l'impassibilité de ses traits dans un visage couvert par une barbe à peine grisonnante. Ma réponse reste évasive. L'empereur me considère de son regard triste où l'incrédulité semble disparaître devant une frêle lueur d'espérance.

Ras Tafari Makonen, fils du ras Makonen et de l'impératrice Zaditho, fille de Ménélik II, me salue et exprime le souhait de me revoir. Je n'oubliai pas de faire ma troisième révérence à reculons : elle marquait mon dernier regard sur sa noble personne. Après une longue période de troubles, il devait être chassé une deuxième fois de son trône, mais cette fois par sa propre armée qui le déposa en septembre 1974. Il mourut quelques mois plus tard, en 1975.

Comme toujours quand j'étais sur les routes du monde, j'avais soif de stabilité, ressentant avec plus de force en moi l'appel de la vie recluse dont j'avais éprouvé les ravissements dans la grotte de la Sainte-Baume.

Mais, pour l'instant, il me fallait me livrer à la magie du voyage : après Khartoum, le Nil Bleu et le Nil Blanc, Addis-Abeba et Nairobi, je visitais Zanzibar en sa flore incandescente au seuil de l'océan Indien, Dar es-Salam et le Mozambique avant de retrouver Johannesburg : cette route éblouie de lumières était pour moi prière et purification. Je savais que mon épreuve était d'assumer ma solitude, loin de ma reine blonde, dans la splendeur du spectacle que je découvrais chaque jour et la misère d'une humanité si dramatiquement semblable à elle-même, malgré la diversité des races, des cultures, des langues.

J'avais passé ma nuit de Noël à Khartoum, au confluent du Nil Blanc et Bleu où le fleuve se déployait dans les déserts. L'amour ne faisait que croître en moi dans la dramatique intensité des paysages de Judée où je venais de vivre plusieurs semaines. J'en étais reparti avec, au centre de mon âme et de mon cœur, comme un diamant, Jérusalem. Sur mes routes, je songeais à tout ce qu'il y avait d'illusoire dans le travail que je faisais : rois et présidents, ministres et ambassadeurs, vaches sacrées en tout genre, milliardaires et académiciens, écrivains célèbres et femmes du monde délicieusement parfumées, comtesses et baronnes, cardinaux, imams et grands rabbins, tous me donnaient le désir de plus en plus impérieux d'orienter ma vie de tout autre manière. Tel que j'étais, je savais aussi qu'une brusque rupture d'avec le monde où je vivais serait nécessaire pour me permettre de recouvrer ma liberté d'esprit. J'avais trente-six ans : mon errance me semblait ressortir du gaspillage d'énergie, tournant de continent en continent comme une immobile toupie sur le crâne du soleil : il était urgent pour moi de songer à faire œuvre plus solide. La solitude me réconciliait seule avec le voyage. Dans mes ciels peuplés de palmes, sur mes fleuves où s'évanouissaient barges et pirogues porteuses d'hommes noirs vêtus de blanc, je pouvais mesurer la brûlure en moi de Jérusalem. Mon dernier séjour en Israël s'était terminé par huit jours de fièvre que je passais dans un appartement du King David, face à la Vieille Ville. La fièvre avait mûri mes dernières résolutions. La neige tombait sur la ville lorsqu'une ultime certitude m'envahit. Élohim ferait toute chose belle en son temps, Lui présent. Dans cette extase, une immense paix m'habitait, une lumière pour la première fois peut-être venue d'en haut. Ma joie brûlait d'une incandescente certitude : toutes choses maintenant me paraissaient claires, lumineuses. En cette nuit de Noël, à Khartoum, je découvrais que ma vie se passerait à Jérusalem, où la voie d'unité et d'amour serait toute grande ouverte pour moi, comme ce vaste Nil dans le ciel aux allées de palmes.

L'Éthiopie se dévoilait à mes yeux dans son incroyable beauté : un fantastique Extrême-Orient de l'Afrique juché entre ciel et terre, en un chaos de montagnes dans l'immensité démesurée du pays où trônait, à trois mille mètres d'altitude, sa capitale, Addis-Abeba, une ville forêt, avec des pâturages, et des troupeaux errants dans les rues. La rare civilité des hommes et des femmes que je rencontrais m'engageait à tout voir sur des rythmes d'éternité. Dans mon tourbillon, moi, l'errant, je rêvais à une immobilité de Bouddha. Je savais que je retrouverais tout au bout du voyage le fruit du long effort. Ma découverte du monde finirait bien par me libérer de sa pesanteur, puisque Élohim est le plus grand.

Quand on commence un tour du monde, le monde, avec ses limites, vous encadre de toutes parts et vous porte. Au terme du voyage – et c'est le mystère de la condition humaine –, le contenu est devenu contenant : l'homme devient porteur du monde. Ce que je constatais autour de moi et en moi ne cessait de m'émerveiller. Le mystère de la mémoire m'effrayait aussi, paradoxe qui confirmait à mes yeux la dignité de notre condition, mais aussi son risque.

Ma vie oscillait ainsi entre les deux pôles de l'action et de la contemplation : être dans le monde ou être hors du monde, dans un au-delà contemplatif, mon long regard sur mes bibliques oiseaux de feu.

Ma retraite dans la grotte de la Sainte-Baume m'avait ramené à mes sources, à mes racines. Je voyais vivre un grand spirituel auquel m'unissait une profonde et très admirative amitié. Je m'identifiais, pour l'essentiel, à son cheminement comme à celui de mes plus proches amis chrétiens, et d'abord à celui de Colette qui, du moins, avait fait le chemin inverse en devenant d'abord une vraie fille d'Israël. Je pouvais partager avec eux le pain dont vivait aussi ce Iéshoua' ben Iosseph dans la chair et le sang duquel ils communiaient. Je pouvais me nourrir des Évangiles et de l'ensemble du Nouveau Testament, que je comprenais d'ailleurs dans une autre lumière que celle des traditions chrétiennes qui en émanaient. J'admirais aussi les grands textes de la mystique chrétienne. Mais comment accepter que l'Église se soit radicalement coupée de l'arbre hébraïque sur lequel elle était greffée et qui la portait ? Comment admettre qu'elle ait pourchassé les survivants hébreux des grands massacres en définissant contre eux « le crime de judaïse » ? Comment pactiser avec le génocide culturel qu'elle entreprit et tenta de mener à bien durant des siècles en accusant Israël, monstrueusement, du crime de déicide ? Ne portait-elle pas elle-même un bandeau qui l'empêchait de voir les réalités d'Israël, contre lequel elle poursuivit systématiquement le meurtre du père – moralement toujours, de fait souvent ? Parricide et captatrice d'héritage, elle l'était en se proclamant le nouvel Israël, ce qui la condamna de siècle en siècle à prendre le parti des ennemis d'Israël.

En se privant des splendeurs hébraïques dont je vivais, en s'étant coupée de la langue et de la culture d'Israël, celles de la Bible, en ne se posant jamais la question de savoir pourquoi les Juifs ne pouvaient l'accepter telle qu'elle était, l'Église ne s'était-elle pas mutilée ?

Traducteur, j'entendais faire sortir le débat judéo-chrétien des marécages où les théologiens de tous bords, captifs de leur manie apologétique et de leurs intérêts de caste, l'avaient laissé s'enliser. Le schisme judéo-chrétien n'a jamais eu de causes dogmatiques ou théologiques. Il est né des tragédies de l'histoire et de l'irréductible volonté d un peuple, Israël, de ne pas succomber devant l'impérialisme romain sur le plan culturel et linguistique où j'entendais me tenir.

Pour l'instant, à la recherche de l'humain, je m'étourdissais de voyages et de contacts où je gaspillais en activités souvent vaines le surcroît de mes énergies inemployées. Et celles qui restaient, je les brûlais au petit feu de mes incessantes cigarettes. Je faisais mille efforts pour m'arrêter de fumer sans y parvenir une fois pour toutes, sauf quand Je me retrouvais dans la sérénité de mes retraites. Je voyais bien alors combien nous étions engloutis dans la chair, combien notre conscience est aveugle, trop repliée sur elle-même, au regard de la vraie lumière. Quelles épaisseurs la lumière d'Élohim doit-elle vaincre en nous-mêmes pour pénétrer notre cœur hermétique !

Le château de Coupvray devait m'arracher à mon tourbillon sans fin et servir de centre idéal au groupe d'amis qui allait, d'une même mouvance, vers la Jérusalem de nos cœurs. Nous nous voulions, inébranlablement fidèles à nos racines, ouverts à Dieu et au prochain, surtout quand celui-ci professait de servir l'Élohim de la Bible reconnu dans le Christ ou annoncé par le Coran. Le lieu que nous cherchions devait être suffisamment vaste pour abriter la fraternité de malades où vivait Colette, définitivement adoptée par les petites sœurs de Jésus. Après maintes recherches, nous trouvâmes la gentilhommière du comte Morand. Elle est située sur les bords de la Marne, à trente-quatre kilomètres de Paris, dans le beau village où naquit Braille, celui qui inventa 1 écriture des aveugles. La région est d'une beauté faite de la subtile harmonie d'une nature verdoyante que la main des hommes n'avait pas défigurée. La propriété que je loue à partir du 31 mars 1957 comprend un parc, un verger et un jardin de quatre hectares au centre duquel se dresse ce château du XVIIIe siècle qui sera le lieu d'aboutissement de ma vie parisienne : les vingt pièces de la demeure se prêtent à l'installation de la fraternité au premier étage. Il y a suffisamment de place pour les chambres de Colette, de deux petites sœurs de Jésus et de l'oratoire où un ostensoir permettra leur adoration perpétuelle. Ma chambre, au premier, communique avec le vaste salon du rez-de-chaussée où j'achèverai d'écrire mon *Cantique pour Nathanaël*, ainsi qu'une étude sur la vie et l'œuvre du baron Maurice de Hirsch. La salle à manger donne sur le parc, devant un immense magnolia dont les feuilles luisantes et les grandes fleurs blanches parfumeront notre été. Tout au fond du parc, non loin de la Marne, il y a un pavillon ou nous pensons installer une synagogue. Si des musulmans se présentaient, il y aurait place pour une mosquée de manière à réunir dans un même lieu les trois traditions abrahamiques dans un esprit d'unité et d'amour.

Nous prenons possession de ce lieu privilégié juste à temps pour préparer la célébration du seder pascal. Le lundi 15 avril 1957, la maison tout illuminée accueille les vingt amis avec lesquels nous célébrerons la sortie d'Égypte de nos ancêtres les Hébreux. Nous avons conscience que le rite préfigure pour nous la sortie de notre exil pour retrouver nos sources et nos racines.

La maison, fleurant bon le parfum de ses antiques boiseries, s'élève comme une prière dans le silence de cette nuit de pleine lune : tout est calme et beauté, tout incite à l'harmonie, à la méditation du mystère qui libère nos êtres de toute attache morte, enfin nourris du pain azyme, offreur de vie dans les tribus disséminées du monde.

La joie, la lumière sont si grandes que nous voudrions le crier par tout le monde. C'est comme si le cœur retrouvait soudain sa vie et sa virginité. La prière coule fort en nous, elle irrigue tout l'être, le lave, le purifie. Il serait bon de savourer ce mystère de vie au fond d'un désert, mais désormais je fais retraite en moi-même. Je sais qu'il ne sera plus pour moi de différence entre ville et désert. Immergé dans l'unité de l'amour, je suis comme mort à moi-même.

J'étais dans la force de mon âge et tout semblait m'avoir d'autant mieux réussi que rien de terrestre ne me semblait mériter mon ambition. Né pendant la Première Guerre mondiale, j'avais vécu les affres de nouvelles guerres encore plus meurtrières. Je n'aspirais qu'à vivre en paix et d'abord avec Élohim, cet Élohim de justice et d'amour qui me blessait, laissant le talent qui dormait en moi inemployé, inutile.

Le départ de Colette m'enchaînait à ma solitude – avec pour unique volonté de consacrer ma vie à cet Élohim que je découvrais impérieusement. Au-delà de mes déchirements, je souhaitais m'associer de toutes mes forces à l'œuvre d'unité et d'amour hors de laquelle je ne voyais aucune chance de survie au monde. Mon métier d'homme serait de semer lumière, paix, amour en moi et autour de moi, associé à tous ceux qui, dans les univers, étaient les porteurs de cette parole. Dans l'exaltation de ma souffrance, je souhaitais contribuer à l'œuvre divine, moi-même, humble et indigne serviteur, qui me proposais pour rejoindre la cohorte des porteurs de lumière, les bataillons de la prophétie.

J'avais une seule arme, dans la grisaille de ma vie, le Nom d'Élohim, un seul souvenir, son être vibrant en moi, reçu de Son Écrit lumineux. Dans l'universalité du réel, j'allais dans l'élan de la vie, porteur du Nom de IHVH[adonaï] et de Son Livre, mes seuls guides dans le huis clos du monde. Leur fil conducteur me ferait émerger des ténèbres pour renaître à la lumière des vivants. Ma prière, née de ma solitude et de ma souffrance, était d'être obstinément fidèle à la voix de justice et d'amour dont j'entendais l'appel.

Mes randonnées africaines et américaines avaient créé en moi une sorte d'apesanteur où mon être retrouvait sa pureté. Je voyageais non pour me fuir ni pour échapper à mon tourment, mais pour me retrouver et découvrir ce que le Coran appelle ma « guidance », le fil d'or de mon destin. Je ne cessais d'arpenter la planète, semant partout où je passais les graines de mon amour et de mon espérance, mûries, dans mes solitudes, par ma souffrance.

J'éprouvais aussi les multiples visages de l'univers qui introduisaient en mon être les réalités que je découvrais, d'un pôle à l'autre : mon paysage intérieur cessait de se limiter aux vignes et aux rues quadrillées d'Aïn-Témouchent, aux marronniers en fleur des parcs et des avenues de Paris, pour s'élargir aux dimensions de la planète. Oui, j'avais le sentiment que le contenu devenait contenant. J'étais le porteur des sables, des rocs et des forêts de l'Afrique, des cités et des campagnes d'Europe, des immensités américaines comme de l'humanité si diverse que je côtoyais et dont je partageais la vie. Un globe oculaire pèse, dit-on, six grammes : j'admirais que douze grammes de chair vive, mes yeux, puissent déverser en moi toute l'immensité des ciels et de la terre, sans fatigue et de manière irréversible. Toute cette splendeur souvent délirante des formes de la création vivait en moi et, loin de m'écraser, par je ne sais quel prodige, me délivrait de toute pesanteur, me projetant au cœur des ciels, moi et mes trésors désormais vivants non seulement en ma mémoire, mais en mon corps. Comme Job, je voyais Élohim dans ma chair

Fidèle à IHVH[adonaï] Élohim, pouvais-je ne pas l'être à la terre de la Bible ? Mes voyages en Israël m'avaient convaincu de ma vérité et de celle de mes pères : elle se trouvait dans la lumière de Jérusalem. Dans ma grotte enchantée, j'étais sans doute le premier fils d'Israël a tenir compagnie à cette Juive de l'exil, cette Myriam de Magdala qui aima Iéshoua' ben Iosseph – celui qui est désigné en français sous le nom de Jésus. Entendaient-ils les Psaumes que je chantais en hébreu avant de les traduire en français ? Dans le silence de la grotte, tout confirmait ma volonté de couper mes attaches mondaines, de m'arracher, bientôt âgé de quarante ans, à cet Occident où j'avais pris racine, pour me transplanter en Orient.

Ma décision était prise : j'irais vivre et mourir dans la lumière de Jérusalem.

Troisième partie

UN CÈDRE A JÉRUSALEM

1.

Découverte d'Israël

Premiers voyages. Jonas et son poisson. Les yeux d'Annette. Pars, Nathanaël.

A Paris, où tout semblait me sourire, j'étais attelé à un travail de reconstruction du judaïsme européen qui me passionnait et qui, sous la direction de René Cassin, me donnait une grande liberté. Cependant, les blessures de la guerre n'étaient pas cicatrisées en moi : les horreurs de la Choah se révélaient progressivement à tous, accentuant nos incertitudes nées d'une situation internationale instable. Les deux superpuissances s'affrontaient dans une guerre froide qui risquait de déboucher sur l'apocalypse d'un conflit nucléaire. Le départ de Colette aggravait ma solitude, et, dans le tourbillon de ma vie, j'étais seul et déchiré. Sorti des rangs de la Résistance, je portais un vif intérêt à Israël : j'avais consacré ma thèse de doctorat en droit international public à *La Création des États palestiniens*. Je la soutins le 15 novembre 1948, à la faculté de droit de Paris, devant un jury présidé par Georges Scelles. A cette époque, les réalités d'Israël excluaient l'indifférence. On était en bloc pour ou contre le combat des Juifs appliqués à conquérir leur patrie : seul l'État d'Israël était né, personne n'ayant soutenu la création d'un État palestinien.

Je brûlais du désir de voir de mes yeux Jérusalem.

Hitler avait contribué à me faire découvrir mes racines hébraïques dont les écoles françaises et l'université de Paris m'avaient à peu près radicalement coupé. Jérusalem était pour moi une patrie mystique, davantage qu'une réalité géographique et politique. L'histoire d'Israël, conçue dans la globalité de ses origines jusqu'à nos jours, me collait à la peau. Je pus enfin me rendre dans cette ville qui avait exalté mes rêves d'enfant et qui tenait une place si importante dans mes pensées d'adulte. J'y arrivai le 11 juillet 1950 : j'étais dans l'état d'âme du pèlerin éternel. J'avais tenu à faire le voyage en bateau, mon Psautier en main, récitant de nuit et de jour les Psaumes qui chantaient aussi la gloire de la Ville de la Bible. Le choc que j'éprouvais en posant sur elle mon premier regard fut traumatisant. Il est une émotion particulière à voir pour la première fois un visage aimé. L'émotion que j'éprouvais était inspirée par la beauté du cadre naturel où se situe la ville, par ses montagnes, par ses couleurs, par sa lumière surtout. Celle-ci, me semblait-il, ne tombait pas sur les objets ou les personnes qu'elle éclairait, mais émanait d'eux comme s'ils en étaient sculptés. Évaluée en lumens, elle est, me dit-on, l'une des plus puissantes que l'on puisse contempler sur terre. Mais ma joie n'allait pas sans déchirement. Jérusalem était mutilée et défigurée par les tragédies de la guerre de libération qu'elle venait de vivre. Lorsqu'on parle de victoire, d'épopée, on oublie ce qu'elle coûte aux peuples. Il était possible de voir dans les rues de Jérusalem ce qu'avait coûté la guerre de libération. Elles étaient encore encombrées de ruines, de maints immeubles éventrés, façades béantes et croulantes face aux fusils des légionnaires arabes qui montaient la garde quelques mètres plus loin, sur les créneaux des remparts.

La ligne de cessez-le-feu avait cassé l'unité de la ville. A Abu-Thor, sur les terrasses de Notre-Dame de France qui dominaient le paysage, nous nous pressions sur la frontière pour contempler la Vieille Ville, ses coupoles, ses dômes, ses clochers, ses minarets. Quel étrange vertige : Jérusalem était présente et absente de

Jérusalem. Le rêve du retour s'était écrasé contre le mur de béton et de barbelés qui séparait Jérusalem de Jérusalem. Il nous avait fallu vingt siècles pour revenir de tous les horizons de la planète et voir notre élan arrêté à quelques mètres du but. Le cœur frémissant de la ville, la colline du Temple qui en constitue le centre, s'élevait sous nos yeux, mais plus inaccessible que si elle se situait sur une autre planète. Pour que le paradoxe soit complet, chacun savait que, depuis octobre 1948, l'armée d'Israël disposait d'une force suffisante pour franchir, à coup sûr, le seuil où son avance avait été bloquée devant les remparts de la ville. Mais personne ne se décidait à franchir cette frontière interdite comme si le partage était devenu une réalité ontologique qui prenait la place de l'exil dans les tragédies de notre histoire. Les visages révélaient, mieux que les pierres, les souffrances de la guerre : un peuple visiblement épuisé par les combats, affamé par les restrictions alimentaires qui dureraient longtemps encore.

De 1950 à 1956, je revins régulièrement dans le pays, soit en missions de l'Alliance israélite qui réorganisait alors son réseau scolaire israélien, soit pour des congrès ou pour mon plaisir personnel, pendant mes vacances. Chaque voyage m'attachait davantage à ce pays, surtout pour les difficultés du retour et de la reconstruction qu'il devait résoudre pour survivre. La ligne de partage de la ville suivait les positions occupées de part et d'autre par les armées jordaniennes et israéliennes au moment du cessez-le-feu. Comme pour les autres frontières d'Israël, le tracé en était dément : en gros, la ville était cassée en deux dans le sens nord-sud tout au long du rempart ouest de la Vieille Ville. A l'ouest, la ville nouvelle était sous la juridiction d'Israël. L'enclave du mont Scopus était insérée dans le territoire jordanien qui comprenait tout l'orient de Jérusalem. Entre ces deux mondes, on pouvait voir le no man's land désolé, parsemé de ruines et de barbelés, théâtre de tueries sporadiques dont des pèlerins, des touristes, de paisibles passants étaient les victimes. Dès que la tension politique montait dans la région, on pouvait s'attendre à ce qu'un légionnaire jordanien de faction perde son sang-froid et tire sur les passants désarmés.

Avec le temps, d'épais murs de béton s'étaient élevés le long de cette double frontière : le no man's land était tout entier miné. Les conflits de frontière se compliquaient du fait que la ligne de partage, tracée au crayon gras sur les cartes des accords d'armistice, correspondait dans la réalité à une bande de terrain large de quarante mètres qui prêtèrent pendant dix-neuf ans à tous les débats et tous les marchandages imaginables.

Lentement, chacun pansait ses blessures : de mois en mois, on voyait la ville relever ses ruines, rebâtir ses maisons, ses écoles, ses hôpitaux. J'ai connu des quartiers entiers de Jérusalem réduits à l'état de désert abandonnés aux rochers, aux chardons, aux chacals. Le spectacle de là ville luttant pour sa survie avait une étrange résonance en moi. L'attitude du peuple de Jérusalem m'émouvait aussi : on le sentait traumatisé, à peine sorti de l'exil, par ses guerres contre les armées britanniques et celles de la Ligue arabe. Néanmoins, il était ouvert, accueillant, sobre de paroles et d'expression. On le sentait tout entier happé par ses travaux, ses problèmes, dans l'inflexible volonté d'émerger du désastre et de vaincre.

Un autre aspect de la résurrection de Jérusalem me touchait directement : à cette époque, la ville recevait des milliers d'immigrants originaires d'Afrique du Nord et d'Asie. Comme elle était démunie de tout, qu'il était dangereux de vivre sur ses frontières et que ses activités économiques n'étaient pas très définies, la ville recevait naturellement les populations les plus pauvres. Je rencontrais là des familles que j'avais connues au cours de mes voyages au Maroc, en Algérie ou en Tunisie. L'accumulation d'une telle masse de pauvres dans une ville problématique faisait peser, je le voyais bien, de lourdes menaces pour son avenir. D'autant plus que les Juifs d'Afrique du Nord arrivaient en Israël privés de leurs élites restées au Maghreb, en France ou émigrées en Amérique. Ce corps social privé de sa tête offrait une image alarmante : comment l'État d'Israël réussirait-il à intégrer de tels immigrants ? Concerné par ce problème, je dénonçais, pensant aux élites juives d'Afrique du Nord restées loin d'Israël, la trahison des clercs. Les clercs n'avaient rien appris du sionisme et, comme je l'avais été, restaient fermés aux réalités d'Israël. J'étais, je dois le dire, honteux d'écrire des livres, des articles, et de faire des discours sur l'aventure d'Israël dont d'autres payaient les frais, de leur sang et de leurs biens.

Oui, la découverte de Jérusalem fut bouleversante pour moi : cette ville offrait un vin auquel je n'avais jamais goûté ; pour la première fois je me sentais chez moi, pour la première fois j'appartenais à un pays dont le sol ne se déroberait plus sous mes pieds. Ce sentiment nouveau m'avait saisi dès mes premiers pas sur la terre d'Israël. J'étais suffisamment lucide pour constater que les Juifs en Algérie étaient doublement étrangers à leur pays, en tant que Français intégrés dans des structures coloniales, et en tant que Juifs minoritaires admis en qualité de « protégés », de *dhimmis,* dans la société musulmane.

Jérusalem m'offrait tout autre chose : une terre rivée aux regards de mes ancêtres qui l'avaient chantée pendant deux millénaires, une ville qu'au XVIe et au XVIIe siècle Élie et Saadia Chouraqui célébraient dans leurs poèmes hébraïques, une cité pour laquelle mes ascendants avaient prié chaque jour, immémorialement, et dans laquelle ils voyaient le seul salut de mes descendants, si je devais en avoir. La cité était là sous mes yeux dans la beauté de ses coupoles, de ses dômes, de ses clochers, de ses minarets, dans l'incessant grouillement de son peuple désormais rassemblé des extrémités de la terre, vivant microcosme de l'humanité représentée dans tous ses types, ses races, ses cultures, ses langues. Comment refuser cette aventure unique, cette épopée, avec ses lumières et malgré ses ombres, d'un peuple ressuscité qui voulait vivre sur une terre qu'il n'avait jamais oubliée ? Je me sentais envahi d'une ivresse inconnue : j'étais réhabilité, restitué à ma vraie nature, à ma vraie culture, à moi-même, et cela m'était donné tout à coup par surcroît : je n'avais pas à couper mes racines algériennes ni à renier tout ce que j'avais reçu de la France. Bien au contraire, je découvrais le prix de mon passé, la valeur de mes exils en retrouvant une patrie qui soit à moi, une culture qui exprime non seulement ma langue, mais l'essentiel de mon identité, sans masque, sans mensonge, sinon sans risques.

Ce pays que je découvrais, émerveillé, dans l'angoisse de ses lendemains, était la terre de la Bible : l'hébreu que je commençais à parler, après l'avoir lu, balbutiant, depuis ma plus tendre enfance, était la langue de la Bible. Nourrisson quadragénaire, je réapprenais, pour la parler enfin, ma langue paternelle, celle du Livre des livres de mes amours premières, une langue née à l'âge du bronze et assassinée par Nabuchodonosor voici deux millénaires et demi, à l'âge du fer. Le cœlacanthe n'existait pas seulement à l'état de fossile de l'ère primaire : tel Jonas hors des entrailles de son poisson, il resurgissait soudain de ses fosses sous-marines. Il était vivant, intact. J'étais le témoin de cette résurrection et j'en prenais conscience à Jérusalem, en retrouvant, au seuil de l'ère atomique, ma ville, mon pays, ma langue, ma culture et mon peuple ressuscités. Bientôt j'y découvrirai, avec Annette, non seulement la langue de nos ancêtres, mais encore la couleur des yeux de nos enfants et de nos petits-enfants...

La vision de Jérusalem me frappa avec la violence d'une révélation. Elle mit en moi une détermination absolue, celle de m'associer personnellement à l'œuvre d'édification d'Israël. Chacun de mes voyages m'ancrait davantage dans cette volonté. Mais chacun de mes retours à Paris, où j'avais mon travail, mes amis, mes habitudes, m'éloignait des rivages de la Terre promise. J'avais écrit un petit livre consacré à l'État d'Israël. Son succès, à la veille de la campagne de Suez, aggravait mes remords de jouir des facilités de la vie parisienne en laissant à d'autres le soin d'écrire, avec leur sang, une histoire dont je chantais le los. En fait, je risquais de devenir ce que sont tant de Juifs de la Diaspora, un sioniste en chambre, semblable aux Hébreux de la Bible qui ne suivirent pas Moshé, trop attachés qu'ils étaient aux pots de viande et aux oignons d'Égypte. Israël cependant ne cessait de m'attirer : en 1956, je revins à Jérusalem sur l'invitation du gouvernement d'Israël. Ja'acov Tsur, alors ambassadeur à Paris, souhaitait me voir vivre plus longtemps en Israël : j'y allais cette fois, non plus pour les affaires de l'Alliance israélite, mais pour fonder un comité interreligieux groupant juifs, chrétiens et musulmans, le premier du genre dans le pays, à l'image élargie de nos Amitiés judéo-chrétiennes de France, ou des Amitiés monothéistes en Algérie. Je vécus intensément le drame de la guerre qui, une fois de plus, déchirait cette région, les tragédies d'une Jeunesse qui n'a jamais connu un jour de paix, mangeant le pain amer des combats impitoyables : ici, les cessez-le-feu n'avaient jamais encore annoncé la paix.

J'étais resté en Israël d'août à novembre, trois mois pendant lesquels je fis les premières démarches pour mon installation à Jérusalem. Mon vœu n'aurait probablement pas eu de suite si l'amour ne m'y avait poussé et si je n'avais pas rencontré la femme de ma vie. Annette avait découvert Israël en 1953 et, de son côté, rêvait d'y vivre. Nous devions, en nous mariant à Jérusalem, transformer nos désirs en réalité.

La première fois qu'Annette m'entendit prononcer une conférence dans la synagogue de la rue Copernic, elle rentra chez elle en annonçant à ses parents : « C'est un homme tel que lui que j'épouserai. » Elle avait vingt ans, j'étais de seize ans son aîné. Depuis lors, chaque fois que je prenais la parole en public, je remarquais la présence discrète et attentive d'une belle jeune fille, une brune aux yeux verts, qui suivait régulièrement mes conférences. Un jour, elle m'écrivit pour me demander de parler devant le groupe de la Jeunesse libérale qu'elle présidait. Je partageais depuis notre adolescence avec

André Zaoui, rabbin de cette communauté, le projet de créer une communauté nouvelle qui puisse incarner dans l'histoire les idéaux dont nous vivions. Notre maître à penser était Bahya ibn Paqûda dont je venais de publier *Les Devoirs du cœur.* Les « Pionniers du Messie » que nous aspirions à être voulaient vivre des réalités d'Élohim et de l'homme, sans dogmatisme, sans sectarisme, pour le seul triomphe de l'unité et de l'amour. Autour de ces idées, un petit groupe s'organisa au château de Coupvray. Les jeunes qui m'entouraient étaient animés du désir de réaliser concrètement nos idées. Au repas pascal du 15 avril 1957, nous avions obscurément conscience qu'une vie nouvelle commençait pour nous. Annette s'occupait d'organiser les conférences qui réunissaient un nombre grandissant d'auditeurs, notamment celle que prononça le professeur Dupont-Sommer sur *Les Manuscrits de la mer Morte.*

Nous nous connaissions depuis trois ans déjà lorsque notre amitié devint plus intime. Un soir que je donnais une conférence à la Maison de la Chimie, rue Saint-Dominique, je rencontrai un ami que j'avais connu à Michelet en Algérie. M'invitant à terminer notre soirée chez lui, il prit place dans mon auto, au moment où Annette passait. Je proposai à celle-ci de venir avec nous et la déposai devant sa porte au 34, rue de la Pompe. « Cette jeune fille est ravissante, me dit mon ami. Ne vous êtes-vous pas encore aperçu qu'elle est amoureuse de vous ? » interrogea-t-il, ironique.

Cette simple question provoqua en moi une prise de conscience, non seulement de l'amour d'Annette, mais aussi de mes sentiments à son égard. Je la regardais désormais non plus comme une jeune fille qui cherchait sa voie dans l'enseignement que je donnais, mais comme une personne vivante et si belle, à laquelle je commençais à m'intéresser plus étroitement. Notre amitié se développa en affection et bientôt en un amour qui m'obligea à reconsidérer l'ensemble de ma vie et notamment mon refus du remariage. Nous ne tardâmes pas à prendre, Annette et moi, la double résolution d'unir nos vies et de fonder notre foyer, non pas à Paris mais à Jérusalem. L'amour, je le découvrais à nouveau auprès d'Annette. Elle s'éveillait auprès de moi à la vie de l'esprit. Nous retrouvions, l'un et l'autre, notre véritable identité dans la Bible, qu'elle commençait à lire en hébreu, comme dans d'autres grands textes spirituels. Malgré d'évidentes différences, Annette me touchait par sa parfaite transparence. Poète, j'étais un miroir de l'univers dans lequel je vivais. Annette partageait ce don à un point extrême : elle semblait capter et refléter ce que les personnes qui l'entouraient pouvaient être, ce qu'elles découvraient d'elles-mêmes comme ce qu'elles cachaient. Il me suffisait de regarder ses beaux yeux verts pour y lire le reflet positif ou négatif de ce que nous vivions. Elle semblait porteuse d'un radar quasi infaillible qui lui permettait d'instinct de deviner les êtres. Et moi d'abord, avec mes puissances de vie et de mort, ces pôles dont les énergies contraires luttaient en moi. Cette descendante d'Aaron et des lévites, nos amis aimaient à le dire, incarne à longueur de vie une vraie femme de la Bible. Ce titre, elle le méritera très concrètement quand, avec ténacité et efficacité, elle révisera, mot à mot sur l'hébreu, ma traduction de la Bible. Elle est la première et sans doute la seule femme à avoir fait, du début à la fin de la Bible hébraïque, un travail aussi précis et aussi complexe. Sa correction des épreuves de *L'Univers de la Bible* était d'une précision telle que, sur vingt millions de caractères, on n'a relevé à ce jour que deux coquilles !

Je parlais de silence, de pureté, de don de soi, d'autant mieux que j'aspirais à vivre de ces vertus. J'étais loin de les avoir ; elles étaient innées en elle. Silencieuses elle l'était à un point qui me paraissait parfois insupportable, dès que je pressentais en elle quelque nuage. C'était au contraire le paradis quand je voyais l'univers, moi y compris, baigner son sourire.

Dès ma plus tendre enfance, j'avais, je le savais, une vocation de patriarche. Fille de médecin, kinésithérapeute, elle excella à élever nos cinq enfants nés de 1959 à 1968. Elle le fit sans jamais se départir de son sourire, fût-ce dans les circonstances les plus graves.

« Il faut partir pour conquérir la joie. Vous irez deux par deux pour vous garder du mal, par les forêts, les fleurs, par toutes les voies ouvertes sur les solitudes de lumière... » « Ces vers de Patrice de La Tour du Pin s'adressent à nous », me disait Annette. Nous allions parfois visiter le poète et Anne, sa femme, au château du Bignon-Mirabeau. Comme avec Claudel, la Bible était notre trait d'union : nous avions un même amour pour ce Livre dont nous vivions. Annette, m'offrant sa présence matricielle, m'arrachait à ma solitude en un don définitif qu'elle résumait en trois mots : « Tout pour toujours. » Son engagement était sans retour : elle était prête à donner sa vie pour cet amour que nous prenions le parti de réaliser en Israël, avec le désir de fonder une famille aussi nombreuse que possible.

Cet amour qui m'exauçait n'était pas sans provoquer en moi la panique de devoir m'arracher à mes habitudes de célibataire, pour m'engager dans l'inconnu du mariage et de la paternité. Tchekhov décrit bien la terreur de l'homme confronté à l'épreuve de prendre possession de femme et d'enfants – ce qui doit s'entendre aussi par : devenir la possession de femme et d'enfants. L'envie de fuir me prenait devant mes responsabilités nouvelles. Mais chaque fois l'ânesse de Balaam intervenait pour me barrer la route par où je tentais de m'esquiver ; elle me remettait sur le chemin ascendant où, désormais, je n'étais plus seul : m'y attendait la guidance de cette jeune femme au sourire si doux, si obstinée aussi à me prendre au piège de mes propres paroles, de ma propre pensée dans l'exigence de devoir désormais y conformer mes actes, sans échappatoire possible.

Un jour où, plus paniqué que jamais, je tentais d'échapper à l'inéluctable amour, Annette éclata en sanglots, elle qui ne pleurait jamais, en me disant non sans justesse, hélas : « Tu es le plus méchant des hommes... » Cette phrase fit définitivement fondre mes réticences : je n'avais plus qu'à lever les bras, me rendre et suivre jusqu'au bout du monde, à jamais, ce bel amour.

Le conte de fées que nous vivions devait recevoir une consécration publique au Théâtre des Champs-Élysées, où fut créé l'oratorio, *Le Lys de Saron,* que Jean Martinon avait composé sur un livret inspiré du Cantique des cantiques que je lui avais fourni. A son retour de captivité, Jean était aussi désemparé que je pouvais l'être revenant de mes maquis. Depuis 1949 et l'opéra qu'il avait écrit sur le thème d'Hécube, il n'avait plus rien composé. Quand nous nous sommes rencontrés, il était en instance de divorce d'avec sa première femme. Ses amis pensaient avec moi qu'il devait revenir à la composition qu'il avait abandonnée depuis près de trois ans : je lui proposais d'écrire un oratorio sur le thème du Cantique des cantiques. Il le fit d'autant plus volontiers qu'à cette même époque il avait rencontré Néry, sa nouvelle femme, à peu près en même temps que, de mon côté, je commençais ma vie avec Annette. *Le Lys de Saron* fut créé à Paris le 24 octobre 1957, en un concert diffusé sur les ondes nationales. Dans la loge centrale, j'étais assis entre deux femmes rayonnantes de bonheur, Néry et Annette, tandis que Jean triomphait à la direction de l'orchestre. Peu de temps après, Jean devint le directeur de l'Orchestre philharmonique d'Israël, entre 1958 et 1959, tandis qu'avec Annette nous partions pour nous marier à Jérusalem, commençant notre vie nouvelle sous le signe du Cantique des cantiques.

Mon livre de poèmes, *Cantique pour Nathanaël,* naquit à cette époque. Il m'arrivait souvent d'écrire des poèmes plus ou moins brefs qui, à peine écrits, s'accumulaient dans mes tiroirs. J'étais porté par eux, soumis à leur inspiration, dans une exaltation semi-extatique. Ces textes dormaient dans mes dossiers. Le château de Coupvray, ma dernière demeure parisienne, réunissait toutes les conditions pour me plonger une fois de plus dans l'état de grâce poétique. Mon bureau aux larges baies ouvertes sur le parc, avec ses meubles Louis XVIII et ses boiseries anciennes au parfum subtil, ses fleurs que la gouvernante cueillait chaque matin au jardin, dans un silence que seul le chant des oiseaux rompait, était le lieu idéal où, couché à plat ventre sur mes tapis, je notais les poèmes qui semblaient tomber du ciel sans que j'éprouve le besoin d'en corriger un mot ou une phrase. Quand je le faisais, je m'apercevais aussitôt que mes corrections gâchaient le plus souvent l'équilibre de l'ensemble. D'où venaient ces poèmes ? Où étaient-ils avant de prendre forme sur un papier, écrits à l'encre noire ? Je me posais cette même question quand j'écoutais de la musique. D'où celle-ci jaillit-elle, où se trouve-t-elle ? Dans la tête du compositeur ? Dans les cordes et le clavier du piano ? Sur le papier à musique ? Dans les doigts ou la voix de l'interprète ? Par essence, le poème comme la musique naissent du silence, qui est la matrice du verbe, la source évidente du poème et du chant. C'est parce qu'il est à l'écoute du silence que le poète entend le message qui l'inspire. Il ne s'agissait pas pour moi d'écriture automatique, encore moins de rédaction volontaire. Enstase, extase ? Nul ne saurait le dire. L'inspiration demeure un phénomène mystérieux. En tuer le mystère serait sans doute la détruire elle-même. Ainsi de l'amour qui, lui aussi, se nourrit de son mystère. Quelques-uns de mes poèmes avaient été publiés dans des revues et circulaient dans Paris. Je ne sais qui – peut-être Nicolas Baudy – me suggéra de les montrer à José Corti. En fait, l'œuvre était mûre en moi : non pas une collection de poèmes, mais un ensemble cohérent dont le plan s'imposa d'emblée. Le *Cantique pour Nathanaël* est, du début à la fin de ses deux cent quatre-vingt-cinq pages, un seul poème qui relate l'itinéraire d'un homme parti du plus noir de ses ténèbres pour aboutir au-delà de ses marches à la pleine lumière de l'unité et de l'amour.

Camus avait esquissé dans son œuvre un itinéraire comparable : *L'Étranger* était le point de départ d'un voyage qui devait aboutir à l'affirmation d'un homme qui ne serait plus un exilé, un hors venu sur cette terre, mais une personne réconciliée avec elle-même et avec autrui. Il m'avait longuement parlé de son projet initial, au cours de nos soirées à Chaumargeais, que les circonstances de sa vie et sa mort l'empêchèrent de mener à bien.

Ma vie était trop pleine pour que je puisse m'égarer dans l'imaginaire où je voyais sombrer la plus lourde partie de la littérature occidentale. Que faire d'autre que d'écrire des romans quand on a une vie confinée dans les murs d'un bureau et d'un appartement ? Le *Cantique pour Nathanaël* suit l'itinéraire biblique fondamental que j'avais tracé pour Jean Martinon et son *Lys de Saron* en trois mouvements, ceux de la naissance de l'amour, de sa chute et de sa rédemption. Ces trois thèmes résument les grands mythes, ou mieux les rythmes profonds de la Bible qui commence par le récit de la création des ciels et de la terre, se poursuit par la description des chutes de l'humanité et s'achève par une rédemption universelle. Ces rythmes m'habitaient : je livrai au poème le vrai récit de mes pérégrinations intérieures. Ma confession s'achève sur un chant incantatoire : « Cantate pour un peuple de lumière ». L'essentiel était dit et même chanté : la Radio nationale, à partir du Théâtre des Champs-Élysées, avait diffusé le chant d'amour dont Martinon avait écrit la musique, tandis que José Corti publiait *Cantique pour Nathanaël*, mon testament spirituel. Il était temps de quitter l'Occident pour aller vers l'Orient des mers. Vingt années de vie parisienne m'avaient acculé au face à face avec moi-même. Mes livres, traductions, poèmes, essais juridiques, historiques ou théologiques n'étaient que l'expression d'une recherche que mes incessants voyages approfondissaient encore, celle de mon identité.

Avec Annette pour compagne, il ne fut jamais question de nous endormir sur nos lauriers dans le beau château que nous habitions. Sans hésiter, nous rompîmes toutes nos amarres, poussés par une même nécessité intérieure, et nous nous mîmes en route vers Jérusalem...

C'était l'époque où le rêve romantique était encore permis aux pionniers... Dans nos bagages, ce qui pesait le plus lourd était le petit bateau à voile et la tente qui, avec la guitare d'Annette, nous paraissaient nécessaires pour affronter les difficultés de notre vie nouvelle...

2.

Une vie nouvelle

Apprendre notre langue. Bâtir notre demeure.
Avec David Ben Gourion.
Un cercle biblique chez Ben Gourion.
Conseiller du président.
Marieur de l'Orient et de l'Occident.
B.G. le prophète trahi par les siens.

Nos amis, nos parents, pour échapper à la surprise de nous voir quitter un Paris où tout nous souriait, se réfugiaient dans la pensée que notre départ était une lubie provisoire. Nous ne tarderions pas à revenir nous établir à Coupvray, à Louveciennes ou à Paris. Rares étaient les intellectuels français qui dans les années 50 s'étaient établis en Israël, et plus rares encore les Juifs d'origine nord-africaine qui l'avaient fait. Certains, après avoir tenté l'expérience, revenaient, amers, sur les rives de la Seine, de la Tamise ou de l'Hudson après la fin de leur mésaventure.

– Mais qu'allez-vous faire dans cette galère ? Vous faire tuer sur une frontière ou, pis, mourir de soif dans un désert ?

– Peut-être. En tout cas, je ne veux pas être absent de cette aventure qui ne saurait réussir ou échouer sans moi.

L'Alliance israélite universelle avait des bureaux à Jérusalem. Elle menait depuis près d'un siècle une action éducative dans son Institut agricole de Mikveh-Israël et dans plusieurs écoles du pays. René Cassin souhaitait qu'elle étende son action et participe à la reconstruction du pays : j'ai fait le récit de son action dans mon livre, *Cent ans d'histoire.*

Les difficultés de toute immigration sont bien connues. La nôtre fut facilitée par le travail que j'avais dès mon arrivée, étant le délégué permanent de l'Alliance. Mais nous sous-estimions les obstacles que nous devrions affronter pour prendre racine en Israël. Là, il nous fallut mourir à nous-mêmes pour renaître en participant à la renaissance d'un pays, d'un peuple, d'une nation, d'une langue et d'une culture. Notre première démarche fut d'apprendre la langue parlée par les Israéliens. Nous en fîmes l'apprentissage, près de Natanya, à l'oulpan Akiba dirigé par Shulamit Katznelson, l'oulpan étant une école d'apprentissage intensif de l'hébreu. Je connaissais l'hébreu biblique en tant que langue morte : mes connaissances théoriques furent un obstacle plutôt qu'une aide pour passer à la pratique. Annette, qui n'était pas encombrée par des connaissances livresques, se jeta à l'eau avec plus d'intrépidité : il est vrai qu'elle a un don inné pour les langues. En trois mois d'études cependant, l'un et l'autre étions prêts à reprendre nos activités normales et cette fois dans la langue de la Bible.

L'oulpan Akiba était le microcosme parfait de la société dans laquelle nous devions nous intégrer : des immigrants de toutes les nations se trouvaient là, image d'un peuple qui se reconstituait à partir des lambeaux rassemblés sur cette terre, venus de quelque cent deux pays du monde. Je ne me lassais pas d'aller découvrir dans les pays les plus divers les visages de l'humanité. Là, sous mes yeux, ils étaient tous rassemblés autour de Jérusalem afin de participer à la même aventure qui nous attirait nous-mêmes. Je compris rapidement que, dans un milieu démographiquement, sociologiquement et politiquement si complexe, il me faudrait au moins dix années de tâtonnements avant de pouvoir aspirer à une intégration réelle. Quant à Israël, il lui faudrait de nombreuses décennies, peut-être des siècles, avant de trouver sa véritable identité et son visage forgé par le mariage de cellules biologiques venues de la terre entière. Notre oulpan achevé, nous vînmes nous établir à Jérusalem où nous eûmes plusieurs domiciles avant d'acheter un petit appartement à Talbieh, tout près de la frontière, face au mont Sion. Le paysage de la Vieille Ville nous fascinait. A cause de sa beauté, certes, celle de l'immense panorama urbain ouvert sur une ville plus de trois fois millénaire, mais aussi pour son histoire, à la source de nos vies, de notre foi, de nos espérances.

Nous allions souvent, Annette et moi, nous promener à Abou-Thor, rue Ain-Rogel où, de la frontière, on pouvait distinguer au loin la coupole dorée du Roc et le dôme argenté d'El-Aksa : la splendeur esthétique de ce paysage, sa signification historique, son incomparable lumière nous fascinaient, mais, plus encore, qu'il soit fermé par une frontière interdite pour nous. Nous venions là presque tous les jours. Il m'arrivait de passer la nuit dans une petite synagogue du mont Sion près du tombeau du roi David à l'occasion du Grand Pardon ou du jour anniversaire de la destruction du Temple, le 9 Ab, non loin de l'église de la Dormition où les chrétiens célèbrent l'Assomption de la Vierge Marie. Notre vœu de voir disparaître cette frontière nous paraissait chimérique. J'étais alors persuadé que notre fils Emmanuel, qui venait de naître, irait dans la Lune avant que je n'atteigne le bout de la rue Aïn-Rogel, où nous rêvions, Annette et moi, de bâtir notre demeure. Cette rue possédait en effet quelques terrains vagues dont personne ne voulait parce qu'elle se situait sur la frontière sanglante au bout et en face de laquelle se trouvaient une trentaine de bastions de la Légion arabe. De ce fait, il était alors possible d'acquérir ces terrains à un prix relativement bas. Mais, chaque fois que je parlais à mes amis de notre projet, je m'attirais de telles foudres que je battais en retraite. A leurs yeux, c'était folie que de s'établir avec femme et enfants sur cette frontière exposée aux coups de l'armée jordanienne, dans une région qui avait été le théâtre des plus durs combats de la guerre d'Indépendance : une position stratégique clé pour gouverner la ville. Pompée, Titus y avaient campé leurs armées et il en serait à jamais ainsi. Habiter à Aïn-Rogel était d'une mortelle imprudence, les Hébreux de la Bible le savaient déjà. Ma femme et moi, nous nous regardions tristement et je n'insistais pas. Le quartier abandonné à sa misère était loin d'être attrayant : les quelques rares maisons qui se trouvaient là, bâties par des Arabes au XIXe siècle, avaient été envahies par de nouveaux immigrants aux nombreuses familles, dépourvus de moyens. Nous revenions là presque chaque jour, Annette et moi, contempler ce paysage interdit que notre rêve habitait déjà.

Un matin de janvier 1961, j'appris que deux soldats israéliens avaient été abattus dans la vallée de la Géhenne, près de la rue Aïn-Rogel, par des légionnaires arabes : leur carton rituel pour peu qu'il fasse trop chaud ou trop froid ; ils tiraient sur tout ce qui bougeait, histoire de se faire la main ou de passer le temps... n'étions-nous pas en guerre ? « Pourquoi eux et pas moi ? » pensai-je aussitôt. Et vient-on vivre à Jérusalem pour avoir la paix ? La sécurité, n'en jouissions-nous pas à Paris ? Et quelle différence y avait-il entre vivre sur la frontière ou à quelques centaines de mètres de là, dans les quartiers bourgeois de la ville ? Étions-nous à l'ère atomique ou bien à l'âge du fer ? La guerre se faisait-elle à coup de flèches et de frondes ou bien au moyen de l'artillerie moderne ? Il était évident qu'en cas de réel coup dur tout le monde à Jérusalem serait logé à la même enseigne, près ou loin de la frontière. Annette voyait bien ce qui se passait en moi. Je lui demandai son avis. Elle me répondit dans un sourire : « Nous bâtirons notre maison rue Aïn-Rogel ! »

Et ce même jour, sans consulter personne d'autre, j'écrivis à la direction des Domaines pour annoncer que j'étais disposé à acquérir le terrain sur lequel notre demeure devait s'édifier.

...Tragédies du partage et logique d'Israéliens... Le 5 mars 1963, nous posions la première pierre de notre future maison sur le terrain que nous avions acheté lors d'une vente aux enchères publiques. Un an plus tard, le

6 mars 1964, jour anniversaire de la naissance d'Annette, nous nous installions dans notre nouvelle demeure. Nous habitions sur le versant sud de la vallée de la Géhenne, près du Cédron, en face des collines qui entourent Jérusalem, un paysage d'apocalypse sous la lumière diffuse, argentée, des nuages qui soulignent encore l'irréelle beauté de la vision : d'un regard, nous embrassons les monts de Moab, la dépression de la mer Morte et, plus près de nous, le village de Siloé ; en arrière-fond, le mont des Oliviers, le mont Scopus, Gethsémani et, sur les collines qui cernent la Vieille Ville, des cyprès vert foncé soulignent l'or du dôme de la mosquée d'Omar. Nous sommes les voisins immédiats du mont Sion qu'habitent le roi David et, à la Dormition, la Vierge Marie. Nous sommes sous le feu des positions de tir établies en face de nous sur les créneaux des remparts de la Vieille Ville et de la tour de David : nous voyons les canons braqués sur nous.

La demeure que nous bâtissons était assez vaste pour accueillir, de 1959 à 1968, les cinq enfants qui naissent dans notre foyer. Emmanuel, notre aîné, et Elisabeth semblent descendre directement de nos ancêtres espagnols, pour leur physique comme pour leur caractère ; Yaël et David ont pris la précaution d'emprunter à la lignée maternelle quelques gènes, ils évoquent l'Alsace dont la famille de leur mère est originaire ; Mikhal, enfin, qui s'accommode, non sans virtuosité, de sa double ascendance euro-méditerranéenne renaissante dans la lumière de Jérusalem.

Désormais, pour scander nos jours quand l'aube envahit de pourpre l'horizon, au clocher de l'église de la Dormition, les cloches sonnent à toute volée ; au minaret de la mosquée d'El-Aksa, le muezzin lance son appel sur les rythmes d'une antique sourate ; le paysage reprend vie, au centre duquel, voici quatre millénaires, Abraham, fidèle à ses voix, conduisait son fils Isaac au mont Moriah pour l'offrir en sacrifice sur la colline du Temple.

Notre maison se bâtit sur des rocs déserts depuis les premiers matins du monde. Pour avoir un jardin, nous déversons des dizaines de mètres cubes de terre ramenée de la plaine fertile. Avant que la maison ne soit entièrement bâtie, nous y transplantons des oliviers adultes et y plantons des palmiers et des pins dont les troncs d'espèces différentes, les feuillages, les aiguilles me rappellent mes paysages algériens. Des vingt-cinq glands, choisis par petite sœur Magdeleine, que j'avais ramenés du Tubet, près d'Aix-en-Provence, un chêne provençal a poussé, le seul de son espèce dans la ville. Notre gazon frontalier du désert commence devant notre porte : sa tache verte jure, vue d'avion, auprès du flamboiement des rocs ; des arbres fruitiers, néfliers, abricotiers, pruniers, vignes, amandiers, citronniers, y pousseront parmi les acacias, les peupliers et les lauriers, les roses et les jasmins ; les grenades qui y mûrissent sont d'une douceur exquise.

L'entrée du jardin s'ombrage d'un cèdre. Avec le temps, il prend des proportions puissantes, à partir du plant minuscule que j'avais de mes mains mis en terre. Il grandira, parmi nos enfants, avec Jérusalem

A mes premiers voyages en Israël, au lendemain de la création de l'État, le problème central de l'État naissant était celui que l'on commençait à désigner sous le nom de *Mizoug galouyoth,* « la fusion des communautés ». Le rassemblement d'hommes venus de tous les horizons de l'univers transposait dans le pays, encore en état de guerre, tous les problèmes du monde. Israël devenait en vérité un microcosme où le sociologue et le philosophe pouvaient observer, comme dans un laboratoire, toutes les réalités du monde contemporain. Sensibilisé à ces questions par ma naissance nord-africaine, ainsi que par mon éducation française, je songeais aussitôt aux solutions qui pourraient empêcher un redoutable cloisonnement de la population en deux sociétés distinctes, l'une composée par les originaires d'Europe, qui détenaient tout le pouvoir économique et politique, et l'autre, originaire d'Afrique du Nord et d'Asie, appauvrie du fait de son passé, de ses origines et de ses structures familiales. Je ne cessais de sillonner le pays en tous sens, appelé de toutes parts par les nouveaux immigrants qui tentaient de prendre pied dans le pays. Des dizaines de milliers d'entre eux s'entassaient alors dans des camps de transit avant d'habiter leurs appartements définitifs. La situation de ces familles était difficile, parfois tragique, démunies de tout dans ce pays nouveau dont elles ne comprenaient pas la langue, les structures ni la mentalité. Israël, dont la survie n'était pas encore assurée, traversait une crise politique d'une gravité extrême. Depuis la création de l'État, Ben Gourion avait été le chef du gouvernement et le ministre de la Défense. En décembre 1953, il avait démissionné du gouvernement où il rencontrait une opposition croissante, même dans son propre parti. Il s'était installé dans un kibboutz du Néguev, à Sdé-Boker, laissant la direction du pays à Moshé Sharett, lui-même tout aussi seul et incompris, même de ses amis politiques.

Après les élections du 26 juillet 1955, Ben Gourion, revenu à la tête du gouvernement, conservait le principal portefeuille, celui de la Défense nationale. Le 26 octobre 1956, pour la première fois, je rencontrais l'homme dans ses bureaux de Jérusalem qui se situaient alors rue Ibn-Gabirol. Une agitation inaccoutumée régnait là. Tout à coup surgit devant moi le vieux leader, l'œil en bataille, sa chevelure blanche plus ébouriffée que jamais. Tout son être respirait la puissance. Dès que nous fûmes assis l'un en face de l'autre, il entama un long monologue qui portait presque exclusivement sur les relations entre Israël et les pays arabes. Depuis 1950, la tension entre Israël et ses voisins ne cessait de grandir ; les déclarations belliqueuses émanant de la plupart des chefs d'État des pays voisins s'accompagnaient d'une intensification des infiltrations et d'incessants incidents armés, ainsi que d'un boycott économique de plus en plus tapageur.

Contrairement à ce que Ben Gourion espérait, Nasser avait opté pour la guerre au lieu d'accepter les propositions de paix qu'Israël ne cessait de lui faire. Le nouveau régime égyptien avait progressivement resserré son contrôle sur le golfe d'Akaba et fermé le canal de Suez au trafic israélien. Les États arabes tentaient ainsi d'exclure Israël du Proche-Orient et de couper ses contacts avec le tiers monde, alors que les Occidentaux le traitaient de plus en plus froidement, et que la Russie soviétique manifestait une franche hostilité aggravée par le soutien inconditionnel qu'elle donnait à Nasser. Ben Gourion supportait mal qu'Israël soit mis au ban des nations en véritable paria : le 15 octobre, il avait lancé un avertissement à l'Égypte. Je l'écoutais réfléchir à haute voix quand, interrompant son discours, il me demanda quelles seraient, pour les Juifs d'Afrique du Nord, les conséquences de l'aggravation des tensions aux frontières sud d'Israël : je compris le sens de ses questions deux jours après notre entretien lorsque, le 29 octobre au soir, il lançait, en collaboration avec la France et la Grande-Bretagne, la campagne du Sinaï, au cours de laquelle Israël occupa la péninsule sinaïtique et la bande de Gaza. Pour me rencontrer, il était sorti d'une ultime réunion de son état-major au cours de laquelle les derniers détails de la campagne avaient été décidés.

Avec René Cassin, notre entente était parfaite sur tous les plans de la pensée et de la sensibilité, même en ce qui touchait à la Bible qu'il connaissait peu. C'est par le canal de la Bible que ma communication avec Ben Gourion était la plus parfaite. Ce livre avait façonné sa pensée dès son enfance : elle ne cessa sa vie durant de lui fournir un corps de références historiques, théologiques et parfois même politiques, qu'il s'ingéniait à appliquer aux situations concrètes dans lesquelles il devait guider son peuple. Quand il constatait les défaillances de son socialisme et de son sionisme, la Bible constituait son ultime terme de références : il y trouvait toujours réponse à ses questions, et plus encore le grand souffle prophétique dont il avait besoin pour surmonter les difficultés quotidiennes. Ben Gourion connaissait la Bible comme peu de spécialistes. Il la vivait comme un document d'éternelle actualité : il savait toujours découvrir le verset qui pouvait éclairer les situations les plus complexes dans lesquelles nous étions engagés. Il se sentait le contemporain d'Abraham qui avait combattu non pour vaincre, mais pour protéger les siens et donner une terre à sa tribu. Comme Moshé, il devait légiférer pour son peuple et lui donner les lois les plus justes. Quand il s'adressait aux nations ou à ceux d'entre les Juifs qui ne le suivaient pas, fût-ce dans son propre parti, il trouvait des accents prophétiques souvent convaincants. Quand il ordonnait la création d'une marine israélienne, il faisait consciemment un acte de gouvernement, qui ramenait le peuple à la tradition des rois de Judée. A le voir vivre la Bible, il nous semblait qu'il n'y avait pas de solution de continuité entre le passé et l'actualité que nous vivions.

Ce laïque parfait, ce socialiste dont la pensée avait été formée dans le milieu révolutionnaire du judaïsme russe au début du siècle, disait cependant : « Je crois en l'existence d'un Être suprême spirituel, éternel et infini... » Il croyait à l'existence d'un Créateur, même s'il prenait ses distances face au rabbinisme dont il supportait mal les bondieuseries et les pleurnicheries. Il évitait de prononcer le nom de Dieu ou de God, sachant que le mot Dieu dérive de Zeus, tandis que God désigne lui aussi l'ancienne divinité de tribus nordiques, un avatar de Wotan. Lui, il s'en tenait à I[adonaï]HVH Élohim, l'être transcendant, la puissance suprême créatrice de la totalité du réel. Quand il en parlait, il désignait Élohim sous le nom de Rocher d'Israël ; cet euphémisme figure dans la Déclaration d'indépendance de l'État d'Israël et évite la religiosité tout en exprimant la louange et la gratitude du cœur débordant de Ben Gourion. La Bible occupait une place centrale dans sa vie personnelle comme dans ses propos publics. Il savait que l'État d'Israël ne serait pas jugé seulement sur sa force ou sur son économie, mais sur son identité spirituelle. Il se savait l'héritier d'un patrimoine immense auquel il était lié par des liens indestructibles. Révolutionnaire, il le demeurait quand il proclamait que les Juifs s'étaient révoltés contre tous les régimes, toutes les religions, toutes les lois que les nations du monde ont voulu leur imposer. Ce fait les obligeait à créer un État exemplaire où les citoyens réaliseront les idéaux politiques de justice, de paix, d'unité et d'amour, conformes au « tu aimeras ton prochain comme toi-même ».

Sa plus haute ambition était de voir le peuple qu'il dirigeait devenir ce que les prophètes rêvaient qu'il fût : « Une lumière pour les Nations ». Pour lui, comprendre vraiment la Bible n'est pleinement possible que si on la lit en hébreu en vivant sur la terre où elle a été révélée, là seulement où elle révèle tous ses secrets, là où l'âme du Livre ne fera plus qu'un avec l'âme du peuple qui en assumera les commandements.

Centré sur la Bible, Ben Gourion apprit le grec pour lire Platon dans le texte et l'espagnol pour mieux comprendre Cervantès. Le bouddhisme le passionnait aussi depuis que le président de Birmanie, U Nu, lui avait rendu visite. En 1961, au cours d'un voyage en Birmanie, David Ben Gourion fit une retraite dans un monastère bouddhique. Mais la Bible demeurait sa source d'inspiration essentielle. Le messianisme de David Ben Gourion était fort éloigné du christianisme qu'il avait connu dans sa Pologne natale. Il adhérait pleinement aux visions d'Isaïe et de Michée annonçant que Jérusalem reconstruite deviendra le foyer où sera enseignée la parole salvatrice d'amour et de justice. Il espérait que son peuple pourrait réaliser la prophétie vieille de deux mille sept cents ans selon laquelle toute guerre sera proscrite et toute science militaire interdite. Messianique, Ben Gourion l'était furieusement dès qu'il s'agissait du sort de son peuple. A ses yeux, la problématique chrétienne du Messie incarné lui semblait être pleine de risques.

« Si on peut trouver l'adresse du Messie dans l'annuaire, il cesse d'être le Messie », aimait-il à dire. A ses yeux, l'essentiel était moins le Messie que l'espérance des temps messianiques. Le peuple juif vivait dans l'espérance des temps messianiques, source de son existence et de son histoire.

Martin Buber distinguait deux catégories d'immigrants en Israël, l'élite qui y était venue volontairement par idéal, les *khaloutsim,* les pionniers, et d'autre part le peuple des gens ordinaires qui suivirent le mouvement. En 1949, dans un débat à l'époque de l'immigration massive des rescapés des *mellahs* d'Asie et d'Afrique, Ben Gourion rejeta avec force cette thèse du philosophe. Il se sentait plus proche du messianisme instinctif des immigrants du Maroc ou du Yémen arrivant avec la certitude d'y trouver le Paradis que des raisonnements philosophiques de professeurs barricadés dans leurs universités. Il aimait dans les masses marocaines, irakiennes ou yéménites l'élan mystique qui les projetait nus dans le rêve de la rédemption messianique. Dans un débat à la Knesseth en 1949, il s'éleva contre la réduction du flot des immigrants originaires des pays musulmans, où le grand nombre de vieillards, de malades, d'adultes et d'enfants risquait de dépasser les possibilités d'accueil du jeune État. Il pensait que l'exode massif des Juifs des pays arabes avait un caractère messianique quasi miraculeux. Au lieu de l'arrêter, il donna l'ordre et les moyens de l'accélérer encore. « Même les agonisants ! Il vaut mieux qu'ils meurent ici, dans leur pays au milieu de leurs frères, que dans leur lieu d'exil. » Certains de ces immigrants mouraient à leur arrivée d'épuisement ou de maladie ; des enfants faméliques étaient trop faibles pour pleurer ou même pour manger : « C'est un des spectacles les plus effrayants que j'aie jamais vus. Aucune lueur de vie ne brillait plus sinon dans leurs yeux..., je suis resté tremblant et bouleversé devant l'horreur de ce spectacle. Oui, telles sont les souffrances qui accompagnent les enfantements du Messie », disait-il.

La création de l'État d'Israël rapprochait la réalité historique du rêve prophétique. Les guerres, les souffrances étaient le prix de sang qu'il fallait payer pour donner lieu à l'utopie messianique. Les Juifs qui ne le comprenaient pas et restaient attachés aux pots de viande de leur exil étaient pour lui des schizophrènes : entre le Veau d'or et le Messie, c'est le Veau d'or qu'ils choisissaient. Ben Gourion était obsédé par une idée qui est l'un des fils conducteurs de la Bible, exprimée avec le plus de force au verset 6 du chapitre 42 d'Isaïe :

Israël, pour être fidèle à I^{adonaï}HVH Élohim, doit devenir l'instrument de l'alliance des peuples. Le contraste hurlant entre sa vision et la situation politique dans laquelle il se débattait ne l'empêchait pas de revenir inlassablement sur son thème messianique.

Comme les mystiques de Safed ou à Jérusalem, comme les dévots de Méa-Shéarim, il proclamait à en perdre haleine que la création de l'État d'Israël était le début d'une rédemption universelle, *Athalta de – gueoulta,* la Cabbale le dit en araméen. Cette rédemption, particulière et universelle, sortie des Livres et d'une espérance mystique, devait s'incarner dans l'histoire de notre temps. Il avait conscience de ce qu'Israël était à la fois le peuple le plus particulier et le plus universel. Pour que ses aspirations prophétiques sortent du domaine de la prière, il fallait que sa mission universelle s'accomplisse réellement dans le temps où il renaissait. Sa volonté de créer un Etat modèle s'est en définitive brisée sur les problèmes qu'il devait résoudre et plus gravement du fait de la médiocrité des hommes qui l'entouraient. Un jour que je lui en fis la remarque, il se contenta de hausser les épaules et de soupirer : « Crois-tu que les autres soient meilleurs ? » Mais ce n'est que très rarement qu'on l'entendait exprimer le mépris qu'il nourrissait à l'égard des politiciens de son entourage.

Quand Haïm Guevaryahou, l'animateur du mouvement biblique en Israël, lui suggéra de fonder, chez lui, un cercle d'études de la Bible, Ben Gourion n'hésita pas une seconde :

– Quand donc commençons-nous et combien de temps dureront les séances ?

– Une heure et demie, déclara prudemment Haïm.

– Une heure et demie ? Mais c'est insuffisant ! Le cercle devrait se réunir au coucher du soleil et étudier la Bible jusqu'à l'aube avant de finir son étude par une marche sur les monts de Judée, éblouissants de beauté au soleil levant ! C'est là que la Bible est née et c'est là où il est possible de mieux la comprendre.

Notre cercle biblique se réunit pour la première fois le 4 décembre 1958, en présence des meilleurs biblistes du pays. Ben Gourion avait le sentiment, nous dit-il, d'être tombé dans un antre aux lions où il ne parlerait pas sans crainte ni tremblements. Nous étions entourés de professeurs d'université et de spécialistes pour lesquels il n'est pas exagéré de dire qu'ils connaissaient la Bible à peu près par cœur, tel Zalman Shazar, qui sera président de l'État, ou Amos Hakham, un veilleur de nuit qui remporta le premier concours biblique international. Davantage encore que Ben Gourion, je me sentais tout petit dans cet aréopage dont le niveau de connaissance en hébreu et dans les sciences annexes de la Bible était ahurissant. Les présidents et les juges de la Cour suprême, comme les professeurs ou les écrivains rassemblés autour de Ben Gourion, étaient de véritables concordances vivantes.

Dès qu'il était question de Bible, le Vieux s'animait, son regard s'allumait : il redevenait le petit enfant de Plonsk qui, entre les genoux de son grand-père, apprenait à lire et à commenter la Bible. Il retrouvait son identité la plus profonde dans ce livre qui ne le quittait jamais. Il n'avait pas la prétention d'être un spécialiste des sciences bibliques, mais un amant d'une œuvre qui manifestait le génie original de son peuple, celle qui, plus que toute autre, avait façonné le visage et l'histoire d'Israël.

Toutes les disciplines bibliques étaient représentées autour de notre table au plus haut niveau de compétence, de l'archéologie au sanscrit – sans exclure aucune langue sémitique, aucune discipline annexe utile à la compréhension des textes. Ben Gourion se rangeait plutôt du côté des historiens. Il maîtrisait plusieurs langues, y compris le grec ancien, ce qui lui permettait d'enrichir nos débats de comparaisons avec Thucydide dont *l'Histoire de la guerre du Péloponnèse* lui donnait des termes de référence pour l'étude de l'historiographie biblique. Non sans surprise, je voyais ce chef d'État, accablé de problèmes, retrouver sa verdeur et son acuité critique pour jeter un regard actuel sur ces textes.

L'homme était d'une insatiable curiosité intellectuelle. Spinoza, cet autre amant de la Bible, était aussi l'un de ses maîtres à penser. Un regard jeté sur son immense bibliothèque était révélateur : il ne se contentait pas d'acheter les livres, il les lisait infatigablement, convoquant souvent leurs auteurs ou les meilleurs spécialistes pour discuter avec eux des questions qu'il désirait approfondir. Les nouvelles perspectives ouvertes par les sciences et les techniques modernes le fascinaient, tandis qu'il ne portait aucun intérêt aux romans. Les séances de notre cercle eussent duré jusqu'à l'aube et se seraient achevées en marches méditatives sur les monts de Judée si Paula, sa vigilante épouse, l'avait permis. Pour lui, elle était à la fois Dulcinée et Sancho Pança. Elle nous servait elle-même le thé et les gâteaux qui nous soutenaient pendant nos débats.

Mais, l'œil fixé sur Ben Gourion, au moindre signe de fatigue ou d'inattention, généralement au bout de deux ou trois heures, elle reprenait possession de son cher David en nous invitant fermement à prendre le repos que nous méritions à coup sûr. Elle trouvait que ce cercle biblique, où elle avait introduit, par prudence, ses médecins, prenait trop de temps à son mari.

Si Herzl était le Moshé de notre siècle, Ben Gourion en sera certainement le Josué bin Nun, l'unificateur des tribus d'Israël, le conquérant du pays, le fondateur de la nation. Notre cercle réservait une place de choix à ce héros auquel il s'identifiait. « Mais quelle eût été la grandeur de Moshé sans les réalisations de Josué ? » demandait-il.

J'ai souvent entendu Ben Gourion évoquer la figure de Josué. Là encore, Ben Gourion faisait sur lui une projection de ses problèmes personnels. Sa vie durant, il avait été en quête d'un successeur possible : malgré ses persévérants efforts, il ne le trouva jamais dans son décevant entourage. Ses vieux compagnons de lutte finirent par le contraindre à quitter le pouvoir, tandis que les jeunes se préoccupaient bien de lui succéder, mais sans avoir ni l'étoffe ni le désir de partager ce qu'au fond d'eux-mêmes ils considéraient comme les lubies du Vieux. Ben Gourion aimait à citer les dernières paroles de Josué :

« Vous êtes témoins contre vous-mêmes de ce que vous avez choisi pour vous I$\overset{\text{adonaï}}{\text{HV}}$H pour le servir. »

« C'est parce qu'Israël a élu Élohim qu'il a été élu par lui, pour le servir... », aimait-il à répéter.

Solitaire, Ben Gourion, inlassablement, écrivait ses *Mémoires* qui constituent à tant d'égards, comme au temps de Josué, un témoignage contre nous. Après avoir érigé sa pierre témoin, Josué renvoya son peuple pour mourir solitaire. Dans le cas de Ben Gourion, ce fut le peuple qui chassa son vieux leader.

Ministres et députés, maires et activistes du parti travailliste, à de très rares exceptions près, ne participaient jamais aux séances de notre cercle : je n'y vis jamais ceux qui tenaient le devant de la scène politique, Lévi Eshkol ou Golda Meir, Moshé Dayan ou Shimon Peres, peu concernés par l'essentiel que la Bible représentait aux yeux de Ben Gourion. Devant le texte, l'homme nous harcelait de questions. Lorsqu'il se décida à faire lui-même une conférence que nous lui demandions inlassablement depuis la fondation du cercle, et qu'il « osa » se présenter devant cette académie de censeurs impitoyables, son habileté consista à accumuler les questions qu'il se posait concernant l'histoire ancienne du peuple d'Israël et de son pays. Car, bien entendu, il avait centré son exposé sur la personne de Josué. Son analyse et ses interrogations se fondaient sur ses connaissances militaires en matière de logistique et de sécurité : c'était le Premier ministre et le ministre de la Défense nationale durant la guerre d'Indépendance et la campagne du Sinaï de 1956 qui posait à cet aréopage de biblistes des questions auxquelles ils n'avaient certainement jamais pensé : ils ne surent souvent que répondre ! Comment six cent mille Hébreux errant pendant quarante ans dans le désert du Sinaï purent-ils se nourrir et subvenir aux besoins de leurs troupeaux ? Quelle langue parlaient-ils ? L'égyptien ancien ou l'hébreu ? Que représentait en fait la manne dont la Bible dit qu'elle fut la nourriture des Hébreux dans le Sinaï ? Après avoir traversé le Jourdain sous la conduite de Josué, comment celui-ci réussit-il à organiser ses services d'intendance et de sécurité ? J'observais le visage des professeurs qui m'entouraient : c'était la surprise et parfois la consternation qui se lisaient dans leurs yeux à l'écoute d'une trentaine de questions de ce style. Aucun d'entre eux n'avait jamais pensé à soulever de tels problèmes ! C'était le bâtisseur d'État, le prophète armé, qui s'était mis ce soir-là à la place de Moshé et de Josué pour interpeller les professeurs réunis autour de lui sur des problèmes d'intendance et de sécurité qui les dépassaient visiblement.

Jouissant de la surprise de ses auditeurs interloqués, Ben Gourion se mit à démontrer que le Sinaï et le Néguev avaient assez de ressources naturelles pour entretenir les troupeaux d'une population évaluée traditionnellement à quelque six cent mille personnes : depuis que nous étions revenus sur cette terre où nous contrôlions non seulement le Néguev, mais le Sinaï, nous savions que ces terres pouvaient entretenir assez de troupeaux pour nourrir tout un peuple. Cela, nous l'avions ignoré pendant nos siècles d'exil. A vrai dire, il n'est possible de bien comprendre le Livre des livres qu'en étant présent sur la terre et dans les lieux qui lui donnèrent naissance, en vivant dans la lumière et l'atmosphère des pays où il vit le jour.

En fait, Ben Gourion s'écartait de tout fondamentalisme : il était disciple de Spinoza en comprenant la Bible à la lumière de son contexte géographique et historique, comme le voulait l'auteur du *Traité théologico-politique.* Pour lui, la foi en un unique Élohim et l'espérance messianique constituaient le ciment d'Israël. Il croyait au miracle qui se lisait partout et toujours dans le spectacle que la nature offrait aux hommes. L'histoire de l'humanité, et plus particulièrement celle d'Israël des origines à nos jours, n'était-elle pas aussi un miracle permanent ?

Dès mon arrivée en Israël, les partis politiques avaient l'oeil sur moi ! Je représentais pour eux une valeur électorale certaine. Le Nord-Africain que j'étais pourrait regrouper un électorat plus que désemparé, égaré dans les difficultés de son intégration. La plupart des partis me firent des propositions, des plus saugrenues aux plus sérieuses. Je n'y prêtais pas la moindre attention, ne venant pas en Israël pour faire carrière – encore moins une carrière politique ! –, mais pour contribuer du mieux que je pourrais à résoudre les problèmes dont je connaissais chaque jour mieux la gravité.

Le parti au pouvoir, le Mapaï, m'ouvrait toutes grandes les portes d'une carrière politique en me proposant immédiatement un poste directeur à la centrale syndicale, la Histadrout, et, dès les élections de 1959, une place assurée à la Knesseth. J'échappai à son insistance en acceptant de figurer sur la liste des candidats à une autre place d'honneur, la cent vingtième, que je pouvais occuper sans risque d'être élu. Le souci trop Jaloux peut-être que j'avais de ma liberté ne me soustrayait cependant pas aux problèmes qui me sollicitaient. Mon bureau de l'Alliance israélite était assiégé par plus de solliciteurs que s'il s'agissait d'un ministère : j'étais lancé constamment sur les routes du pays pour tenter d'éteindre les incendies. Ceux-ci finirent par éclater dans un quartier de Haïfa, à Wadi-Salib, le 9 juillet 1959.

Un incident, un originaire d'Afrique du Nord blessé par la police, avait créé dans le pays une atmosphère de guerre civile. A Haïfa, une automobile et quelques locaux bien choisis pour ce qu'ils symbolisaient avaient été incendiés, des vitrines avaient été brisées ; on s'était colleté avec la police dans plusieurs localités. Au total, huit blessés et quelques dizaines d'arrestations, dont seules quelques-unes avaient été maintenues en attendant la décision des tribunaux. Cela avait suffi pour mettre le pays en état d'effervescence. Une commission d'enquête gouvernementale avait été nommée ; en ces journées caniculaires, on ne parlait plus que de cette affaire. J'avais publié un article dans *Le Monde* du 22 août 1954 pour expliquer les incidents de Wadi-Salib.

Ben Gourion l'avait lu et demanda à me voir à ce sujet. L'alarme était d'autant plus vive que l'opposition conduite par Menahem Begin exploitait à son profit le mécontentement des communautés orientales. J'exposai les raisons objectives qui expliquaient la colère des nouveaux immigrants. « Que faut-il faire ? » A peine avais-je esquissé une réponse qu'il m'interrompit : « Voulez-vous m'aider à réaliser ce programme ? » Je répliquai aussitôt que réparer la situation en ses racines n'était du ressort ni d'un fonctionnaire ni d'un ministre, mais du président lui-même et de tout le gouvernement. Une fois encore, il me sembla déçu de ne pouvoir me mobiliser à ses côtés.

A vrai dire, il ne cessait d'être intrigué par le mélange qu'il décelait en moi, un Maghrébin typique, un sépharade, docteur d'État de l'université de Paris, qui était néanmoins un Juif authentique, émoulu de l'École rabbinique de France et, de plus, sioniste !

En 1960, il avait lu ma biographie de Herzl qui venait d'être publiée en français et en hébreu. Après m'avoir posé des questions fort précises sur ma documentation et discuté tel ou tel de mes jugements, il me demanda avec un sourire qui cachait mal une certaine gêne : « Mais comment as-tu fait, toi, un Nord-Africain, pour comprendre l'Ashkénaz qu'était Herzl ? » J'évitai de répondre à cette question saugrenue qu'il me reposa encore deux autres fois. Un jour qu'il revenait à la charge, publiquement cette fois, il reçut la réponse qu'il s'obstinait à demander : « Et toi, David, Polonais de naissance, comment as-tu fait pour comprendre l'Égyptien qu'était Moshé ? » Il resta coi et ne revint plus sur ce sujet, sinon quelques années plus tard pour me faire demander par deux de ses plus proches collaborateurs si j'acceptais de devenir aussi son biographe...

Le parti ne désespérait pas de me mobiliser dans le cadre de l'État. Le vendredi 30 septembre 1960, Ben Gourion m'avait invité à passer la journée auprès de lui à Sdé-Boker. Dès six heures du matin, je prenais la route du kibboutz où il faisait retraite au cœur du Néguev. Nous étions la veille du Yom Kippur qui, cette année, tombait un shabbat.

Notre entretien débuta par un monologue, le sien, qui ne dura pas moins de trente-cinq minutes. Il était au courant de mes activités dans le pays et des efforts que je faisais dans le cadre de l'Alliance israélite en faveur des nouveaux immigrants. Les problèmes qui me préoccupaient ne l'angoissaient pas moins que moi. Il connaissait les insuffisances de l'action gouvernementale en ce qui concernait l'intégration des immigrants originaires des pays musulmans : habitat, travail, éducation, culture, formation des élites. Il y avait tout à faire pour créer des ponts entre les différentes communautés établies dans le pays. Ben Gourion émaillait ses généralités de descriptions des cas concrets qu'il avait observés ou qu'on lui avait rapportés. Le tout était dit sur le ton de la semi-confidence qui donnait un charme et une puissance incomparables à sa conversation. Le Premier ministre, en manches de chemise, était installé dans un baraquement sommaire encombré par ses livres. Son analyse, dépassant l'actualité, prévoyait les lendemains que la situation actuelle révélait déjà. Il était conscient de ce qu'après les nouvelles vagues d'immigration les communautés orientales constituaient la majorité de la population. La génération actuelle acceptait encore que le pouvoir soit entre les mains des Ashkénazim. La situation ne manquera pas de changer : dans vingt ans, le pays devra être également dirigé par des hommes originaires d'Asie et d'Afrique. Pour éviter qu'Israël ne se levantinise, il sera nécessaire d'entreprendre une action en vue d'élever le niveau économique, social et intellectuel des nouvelles couches de la population israélienne.

Les remous soulevés par les incidents de Wadi-Salib, les conclusions de la commission gouvernementale nommée à ce sujet, la pression grandissante des Orientaux et les craintes exagérées qu'ils soulevaient dans certains milieux ashkénaz le poussaient à entreprendre dans ce domaine une action d'envergure. Il faisait appel à moi parce qu'il considérait que j'étais l'homme tout désigné pour la diriger à ses côtés. Ben Gourion revint sur mes livres qu'il connaissait, notamment sur ma biographie de Theodor Herzl, dont il avait écrit la préface de l'édition hébraïque qui venait de paraître. Sa carrière de sioniste avait commencé à l'âge de onze ans dans la synagogue de Plonsk quand il avait appris que « le Messie venait d'arriver et qu'il s'appelait Herzl ». C'est à cette œuvre messianique que tout le peuple d'Israël était convié. Il me rappela qu'il m'avait déjà proposé, un an auparavant, d'exercer des fonctions de conseiller à la présidence du Conseil et que j'avais décliné cette offre. Il estimait comme moi qu'il fallait davantage qu'un fonctionnaire pour remplir cette mission. Aux élections de 1959, il avait espéré que j'accepterais la carrière politique qui m'était tout ouverte. Les problèmes continuant de se poser avec une gravité accrue, il était nécessaire de mettre en place une solution qui permette d'entreprendre une action d'envergure pour résoudre le problème central posé au pays.

J'approuvais l'analyse que Ben Gourion venait de faire d'une situation que j'étudiais de près depuis mon arrivée en Israël. Le fait que L'université de Jérusalem ne comptait alors que vingt-deux étudiants originaires d'Afrique du Nord sur une population de plus de deux cent cinquante mille Maghrébins installés en Israël constituait un procès-verbal de faillite, non pas pour cette population, mais pour l'État lui-même. J'insistai encore sur les conséquences que cette situation avait sur les relations entre Occidentaux et Orientaux : graves seraient les lendemains que cela nous préparait si nous ne prenions pas des mesures énergiques. Mais le problème dépassait les compétences d'un conseiller : puisque le chef du gouvernement était décidé à agir, j'acceptai la proposition qu'il me faisait en m'appelant à ses côtés pour remplir les fonctions qu'il me proposait et que j'exercerais, j'y tenais, à titre bénévole.

La conversation se poursuivit alors à bâtons rompus sur les sujets les plus divers, sociologie, droit, philosophie, mais, comme toujours dans nos rencontres, nous revenions à la Bible : notre entretien se termina sur une méditation d'un verset des Psaumes : « L'univers sera bâti par l'amour. » C'est par l'amour que le problème central du XXe siècle, celui de la coexistence des riches et des pauvres, pourra être résolu en Israël comme dans le monde. Gardienne de l'ordre, sinon de l'amour, Paula, l'omniprésente épouse de Ben Gourion, survint et nous entraîna pour le repas de midi pris dans le réfectoire du kibboutz. Au cours de la conversation, je demandai à David, que sa mère destinait au rabbinat, s'il jeûnerait le lendemain, jour de Kippur. Il éluda ma question, attendant d'être en tête à tête avec moi pour me répondre que non, il ne jeûnait pas à Kippur.

Pour ma part, c'était l'une des seules pratiques religieuses à laquelle ma vie durant je demeurai fidèle : de retour à Jérusalem, je priai avec plus de ferveur dans la synagogue du mont Sion, auprès du tombeau du roi David où je passai la nuit et la journée du Grand Pardon.

Du 2 octobre 1960 au 22 août 1963, date à laquelle je remis ma démission entre les mains de Lévi Eshkol qui avait succédé à Ben Gourion quelques semaines auparavant, je consacrai mon temps et toutes mes énergies à tenter de changer les mentalités d'un peuple et les structures d'un Etat naissant qui se débattait dans des difficultés dont je ne soupçonnais pas la gravité. A mon entrée en fonctions dans les bureaux de la présidence du Conseil, j'imaginais qu'il serait simple de convaincre le gouvernement de changer radicalement la politique d'intégration des immigrants. Ben Gourion avait pensé à faire de moi son conseiller en matière d'intégration des immigrants originaires des pays orientaux. Je lui avais expliqué que le problème n'était pas celui de ces immigrants, mais de l'Etat d'Israël lui-même. C'est ainsi que je pris le titre de conseiller du président du Conseil pour la fusion des communautés. *Paris-Match* annonça que j'étais le « préposé au cocktail ». Pour fabriquer mon mélange, j'avais pour composantes des Juifs originaires de cent deux pays du monde, parlant plus de quatre-vingts langues et représentant pour moitié l'orient et pour moitié l'occident de la planète. Il fallait préparer la fusion harmonieuse de cet ensemble sans précédent pour tâcher d'en faire surgir une nation nouvelle sans rien sacrifier des caractères qui marieraient l'autre et le même dans l'unité plurielle de ses visages.

Les composantes de la société israélienne sont si nombreuses, si diverses, si mouvantes, qu'elles transposent dans le cadre d'un petit pays les problèmes aggravés de l'univers. A cette situation, il faut ajouter les contradictions nées de la superposition en nos frontières de populations issues non seulement de pays, de cultures, de langues variés, mais encore d'âges différents. Leur rencontre dans un pays encore en guerre risquait d'être explosive. La tension entre toutes ces communautés atteignait son paroxysme dans les années 50 à l'époque où j'arrivais en Israël. Il était visible, comme la presse et le peuple ne cessaient de l'affirmer, qu'il y avait deux Israël, le premier originaire d'Europe et qui détenait tous les leviers du pouvoir politique, économique, financier et social, sur lequel venait se plaquer le deuxième Israël originaire d'Asie et d'Afrique, un « lumpenproletariat » chargé de familles nombreuses et dépourvu de moyens d'existence ou d'aptitude à s'intégrer sans problème dans la difficile situation dans laquelle le pays se débattait.

En prenant mes fonctions dans les bureaux de la présidence du Conseil, si j'avais eu l'illusion d'avoir la vie facile, jouissant de la confiance de David Ben Gourion, les faits n'auraient pas tardé à me désillusionner brutalement. Pendant les trois ans que je passai au centre de la vie politique du pays, je ne cessais de me heurter à des difficultés innombrables que je repoussais, tel Sisyphe agrippé à son rocher. La première était de trouver les moyens d'une politique nouvelle. Ben Gourion applaudissait de tout son cœur aux grandes idées que nous partagions, mais sa bourse était vide. On m'avait bien donné, en plus de mon traitement annuel fixé par moi-même à une livre israélienne, une auto, un chauffeur, une secrétaire et, plus tard, un adjoint, mais, en dehors d'un petit budget de fonctionnement, je ne disposais d'aucun autre moyen. Il me fallait convaincre les ministres de changer la structure de leur budget, dont chaque centime avait déjà son affectation. Lorsque je faisais part de ces difficultés à David Ben Gourion, il s'enfonçait dans un silence abyssal, et lui, d'habitude si souriant, si ouvert, si désireux d'accueillir et d'approfondir les idées, se transformait soudain en un bloc de pierre auquel il était préférable de ne pas se heurter. Les économistes et les financiers du gouvernement, Lévi Eshkol, Pinhas Sapir, préféraient disparaître dès que j'apparaissais : ils avaient la conscience, sans doute justifiée, d'avoir fait l'impossible pour attribuer le maximum à l'intégration des nouveaux immigrants. En plus de ces problèmes objectifs, il y avait ceux qui naissaient de préjugés dont j'ignorais encore le poids, accru par celui de la jalousie, et parfois de la mauvaise foi. En face de cela, il y avait l'immense espérance que ma nomination, annoncée par les discours enflammés de Ben Gourion, avait suscitée parmi les masses les plus pauvres de la population. Sans moyens propres, il ne me restait plus qu'à déployer ma force de conviction auprès des différents ministères, et ce que je pouvais avoir d'éloquence et de crédit auprès de la population.

En m'appuyant sur les statistiques officielles, je proposai des mesures précises en matière de logement, d'éducation, d'accueil, d'installation des nouveaux immigrants. Je rédigeai sur l'ensemble de ces problèmes un rapport que je présentai à Ben Gourion, trois mois après mon entrée en fonction. Il se trouvait alors dans un hôtel sur les bords du lac de Tibériade. Il m'écouta avec attention, puis me posa la question fatale : « Combien cela nous coûtera-t-il ? » Je lui répondis que la question la plus urgente était la réforme de l'Éducation nationale, dont le budget était alors de cent millions de livres. Il fallait immédiatement doubler ce budget pour répondre au plus urgent. Le visage du vieux leader se crispa et il ne dit ni oui ni non. Mais, quelques jours plus tard, le 30 mars 1961, il prononça au Palais de la culture de Tel-Aviv un retentissant discours dans lequel il reprenait les thèmes que je lui avais définis quelques jours avant. Le principal journal du pays, *Davar,* puis toute la presse le reprenaient à grand renfort de titres à sensation : « Sans un relèvement des normes de l'éducation et de la culture, l'État d'Israël et son peuple cesseront d'exister. Nous sommes confrontés au dilemme de devenir un peuple d'élite ou bien de cesser d'exister en tant que peuple. Notre vocation est d'être un peuple d'élite, une lumière pour les Nations. Cette exigence constitue la finalité même de notre existence. Seules les forces spirituelles qui nous habitaient nous ont permis de survivre jusqu'à nos jours. Nous ne survivrons pas si, à l'avenir, nous n'atteignons pas le plus haut niveau de culture et de moralité, non seulement dans l'élite, mais dans la majorité de la population. » Pendant cette période, ces thèmes devenaient obsessionnels chez Ben Gourion. Ils inquiétèrent davantage les milieux politiques quand, sur cinq colonnes, le journal *Davar* publia un article ayant pour titre : « Il faut doubler le budget du ministère de l'Éducation. »

« Encore une folie du Vieux ! » s'exclamaient ses compagnons de parti. La plupart des échos venus du milieu politique rejetaient le programme défini par cet article. Peu de voix s'élevèrent pour le soutenir. Ben Gourion me demanda de faire le tour des membres du gouvernement pour l'aider à surmonter l'opposition déclarée de ses amis politiques.

La première que je vis, la sachant la plus hostile, était Golda Meir, alors ministre des Affaires étrangères. Je lui exposai longuement les projets de réforme de l'éducation que nous avions définis. Elle ne s'embarrassait jamais de nuances et, pour condamner l'ensemble du projet, elle laissa tomber : « Tu es en train de ruiner l'État d'Israël. Nous n'avons pas les moyens des dépenses somptuaires que tu proposes ! » Avec elle, il était impossible de discuter : elle acceptait ou rejetait tout, hommes ou idées, en bloc, et ses arrêts étaient sans appel. Abba Eban était alors ministre de l'Éducation : il comprenait et partageait mon programme, qui ne ferait que conforter sa position ministérielle. Mais quelle était son influence au sein d'un parti et d'un gouvernement où le pouvoir se trouvait ailleurs qu'entre ses mains ?

Le vice-ministre de l'Éducation, Ami Assaf, pur produit des kibboutz d'alors, fut plus intéressant à entendre : « Crois-tu, me dit-il, qu'il soit utile d'investir tant d'argent pour éduquer ces gens-là ? Regarde-moi : je n'ai reçu aucune éducation, je suis seulement un paysan, un fellah, ce qui ne m'empêche pas de tenir mon rang en qualité de vice-ministre de l'Éducation ! Tu demandes cent millions ! Si tu en obtiens cinq, estime-toi heureux ! »

Le silence ou l'hostilité déclarée, tel était le résultat de cette tournée des ducs qui nous gouvernaient ! Je rendis compte à Ben Gourion de ma décevante mission. Il n'était pas homme à se décourager. Il convoqua une réunion du cabinet et ouvrit le débat. Abba Eban résuma nos propositions et donna au directeur général de son ministère le soin d'expliquer comment les millions demandés pourraient être investis. Celui-ci mit l'accent sur les lacunes du système d'éducation, où le retard des nouveaux immigrants était perceptible dès leur entrée à l'école primaire à l'âge de cinq ans. Lévi Eshkol l'interrompit et dit en substance : « Vous me demandez beaucoup d'argent, mais en même temps vous me dites que ces gens ont un retard dès l'âge de cinq ans ! Mais qui me dit que ce retard intellectuel ne commence pas à l'âge de quatre ans, de trois ans ou... ? »

Ami Assaf l'interrompit et compléta sa pensée en ajoutant : « Ou avant ! Tout le monde sait que ces enfants ont dès la naissance un retard héréditaire... »

C'en était plus que je ne pouvais supporter. Je déclarai qu'il était à peine imaginable d'entendre de telles inepties prononcées au sein du gouvernement d'Israël. Ben Gourion prit à nouveau la parole pour essayer de calmer l'incident et, dans un esprit de conciliation, il lâcha : « C'est exagéré de parler de retard héréditaire. A voir Chouraqui, on ne saurait le penser, même si tout le monde sait que les Yéménites ont un plafond qu'ils ne peuvent dépasser ! »

Le Vieux était bien de son temps et de son pays ! Il ne se défit jamais entièrement de certains préjugés qui lui collaient à la peau depuis sa plus tendre enfance dans sa Pologne natale. Le monde arabe – y compris ses Juifs –

resta constamment pour lui une énigme qu'il ne parvint jamais à déchiffrer. Cet épisode me parut si significatif que j'écrivis une lettre à Eban pour lui faire part de mon émotion. Il devait probablement la partager, même s'il était resté sans réaction devant ces mots qui me scandalisaient, révélateurs du racisme latent d'une partie de la population originaire d'Europe.

A mesure que l'opposition que rencontrait mon action grandissait, le soutien de David Ben Gourion devenait plus ferme à mon égard. Au terme de ma première année de travail à la présidence du Conseil, je lui avais adressé un deuxième rapport en date du 24 août 1961. Sa réponse du 4 septembre suivant, reprenait mes conclusions auxquelles il donnait soutien et autorité gouvernementale. Dans un délai de trois à cinq ans, me disait-il, l'éducation secondaire devrait être gratuite pour tous. Dans un deuxième temps – de huit à dix ans –, les universités et les écoles polytechniques seraient gratuitement ouvertes à tous : ces projets, qui étaient déclarés utopiques par son entourage, étaient la condition de la survie d'Israël en tant que peuple d'élite. « De nos jours, disait-il, rien ne devrait empêcher l'ouvrier ou le paysan, le balayeur des rues, le cordonnier ou le tailleur d'avoir une instruction universitaire. L'instruction universitaire ou technique est à mon sens le minimum que tout homme en Israël doit *obligatoirement* recevoir. Nous avons le devoir d'élever notre peuple non seulement dans le domaine intellectuel, mais aussi moral, cette dernière exigence est beaucoup plus difficile à réaliser, mais elle n'est pas une impossibilité. » Il insistait sur la nécessité d'accroître l'assistance donnée aux familles nombreuses, mais aussi celle que devaient recevoir les originaires d'Europe pour encourager leur natalité, dont la baisse générale mettait en danger l'avenir d'Israël.

Telle était la volonté de Ben Gourion, mais qui était prêt à exécuter ses ordres ? Au cours d'une réunion que je tins avec les principaux ministres, Lévi Eshkol repoussa catégoriquement l'idée d'une assistance accrue aux familles nombreuses originaires d'Asie ou d'Afrique : « Ce serait, dit-il, de l'argent perdu : avec, ils iraient se soûler à l'anisette ! » A l'anisette, pas à la vodka ni au whisky ! Pour lui comme pour bon nombre de ses congénères, le problème se situait à ce niveau.

Mais Ben Gourion tint bon et nous obtînmes de substantielles augmentations du budget de l'Éducation. Quand je quittai mes fonctions le 22 août 1963, le budget de l'Éducation avait été doublé en valeur réelle et une profonde réforme était en cours, qui pour l'essentiel reprenait les directives que j'avais définies.

L'intégration des immigrants dépendait de tous les ministères : grâce à l'impulsion que Ben Gourion avait donnée, un minimum d'amélioration avait été apporté aux méthodes d'accueil des immigrants. Mais, nous ne cessions de le regretter, c'était trop peu et parfois trop tard. Sur le plan politique, j'avais conseillé d'ouvrir les portes des partis aux élites maghrébines et orientales. Sur ce point, je dus constater mon échec : le gouvernement de Ben Gourion ne compta jamais davantage qu'un ou deux originaires des pays orientaux confinés aux postes secondaires de ministres des Postes ou de la Police. Le parti de Menahem Begin, le Hérouth, sut exploiter les erreurs du Mapaï et attirer dans ses rangs les masses nord-africaines et orientales que le parti au pouvoir savait si mal intégrer dans les structures de l'État. Les erreurs du Mapaï préparaient sa chute et l'ascension de Begin au pouvoir.

Un poste de député me fut à nouveau offert aux élections du 15 août 1961, après lesquelles le Mapaï perdit cinq sièges. Mais j'avais définitivement compris, malgré l'intérêt que je prenais à l'exercice de mes fonctions, que je n'étais décidément pas fait pour la carrière politique. Le 21 octobre 1962, j'écrivis à Ben Gourion pour lui demander d'être déchargé de mes fonctions, celles-ci ne correspondant plus aux besoins de la situation. Ben Gourion, à cette époque, était harcelé par de plus graves problèmes qui le conduisirent à démissionner du gouvernement à la suite des tensions au sein du Mapaï. Il me demanda d'attendre. Par fidélité, je restai à ses côtés, mais, voyant la tournure que prenait notre histoire, dont je pressentais les dramatiques conséquences, je tombai malade : j'avais le sentiment de me trouver devant un mur. Une salmonellose me cloua au lit pendant des semaines. Plus que de fièvre, je tremblais de la rage de voir le gâchis que je constatais partout et quelles souffrances il annonçait.

Lutteur impénitent, Ben Gourion, jusqu'à la fin, ne se déclara pas battu. En juin 1965, il fonda un nouveau parti, le Rafi. En septembre, Shimon Peres me téléphona à Paris pour me demander d'être candidat aux côtés de Ben Gourion, en deuxième position sur sa liste, pour les élections de janvier 1966. Une fois de plus, je refusai de m'engager dans la galère politique : « Je regrette d'autant plus d'avoir à refuser que je suis foncièrement d'accord avec les options de David. Mais telles que les choses se présentent, ce sera une expérience ratée et vous n'aurez pas plus de dix sièges au Parlement. Il vaudrait mieux éviter ce nouvel échec au Vieux. » Les élections passées, le Rafi eut exactement dix députés, mais trois ans plus tard, après l'entrée de Dayan au gouvernement à la veille de la guerre des Six Jours, Ben Gourion quitta son parti. En 1969, il se présenta de nouveau à la Knesseth à la tête d'une liste composée de membres du Rafi qui lui étaient fidèles : il espérait que cette fois la faveur populaire le porterait à nouveau au pouvoir. Sa liste n'obtint que quatre sièges. Comprenant enfin, il démissionna de la Knesseth en 1970 pour se consacrer à la rédaction de ses *Mémoires*. En octobre 1971, son peuple infidèle le fait sortir de sa retraite de Sdé-Boker pour fêter son quatre-vingtième anniversaire. Il devait assister, impuissant et désespéré, à la guerre du Kippur, au lendemain de laquelle il meurt à l'âge de quatre-vingt-un ans.

J'avais continué de le voir sporadiquement soit à Sdé-Boker, soit dans sa maison à Tel-Aviv, une fois même en compagnie de René Cassin. La dernière fois que je pris la parole en public avec lui fut au cours d'une manifestation organisée par le Rafi pour célébrer la fin de la guerre des Six Jours. Ben Gourion, consulté, avait condamné le projet de cette guerre menée par

Israël contre les pays arabes. La guerre finie, il prouva encore sa lucidité en conseillant au gouvernement de rendre sans délai les territoires que le pays avait occupés, le Sinaï, la Cisjordanie et le Golan, en contrepartie d'un traité de paix. Nous étions quatre ce soir-là à prendre la parole dans la salle de cinéma où le Rafi nous avait réunis : Ben Gourion essaya de calmer l'enthousiasme parfois délirant que cette guerre avait soulevé dans le pays. Je demandai que l'on entame immédiatement des négociations de paix avec les Arabes, en profitant de notre supériorité militaire qui n'avait plus besoin d'être démontrée : celle-ci nous offrait la possibilité inespérée de nous montrer généreux et de reconquérir la confiance perdue de nos voisins.

D'une seule phrase, Dayan balaya nos discours, qu'il qualifia de « pathos ». Ce mot avait dans sa bouche le sens de bavardage insignifiant. Je compris ce soir-là que nous en avions encore pour des années de guerre.

A mesure que l'appui populaire dont je jouissais, notamment auprès des nouvelles couches de la population, devenait manifeste dans le pays, les oppositions que Je rencontrais au sein du gouvernement se faisaient radicales. Ce « professeur itinérant » dont on ne savait trop s'il était davantage juif, français ou arabe inquiétait visiblement l'establishment d'origine européenne. L'expression la plus extrême de ce fait se trouva dans un livre écrit par un nommé Katznelson, qui avait pour titre évocateur *La Révolution sépharade*. L'auteur faisait appel aux Ashkénazim pour qu'ils se défendent contre le complot qui visait à les déposséder de leur pouvoir pour le donner aux originaires des pays musulmans. J'étais « envoyé par ces forces obscures pour prendre la tête de la révolution sépharade et m'emparer du pouvoir ». Le livre souleva dans le pays un véritable tollé et fut finalement retiré des librairies, mais le mal était fait. Ceux qui me connaissaient souriaient de ce délire : les autres se barricadaient un peu plus dans leurs préjugés, leur peur ou leur colère. La presse se nourrissait de pareils ragots. Des journalistes de tous bords utilisaient mes rapports comme une arme contre le gouvernement dont j'étais le conseiller. La presse internationale, notamment aux États-Unis, s'empara aussi des statistiques que j'avais diffusées. Les apparatchiks du Mapaï, Shraga Netser en tête, ne savaient plus comment se situer devant un homme dont ils ne comprenaient pas les mobiles : ne m'avait-on pas proposé de devenir un membre à part entière de ce paradis démocratique qu'était à leurs yeux le Parlement ? Ne m'avait-on pas laissé espérer un poste de ministre aussitôt que possible ? Ne jouissais-je pas d'une confiante amitié de la part de David Ben Gourion ?

Jalousie et peur se mettaient à gangrener les anciens organismes représentatifs du séphardisme local aussi bien que les récentes associations d'immigrants : les uns et les autres avaient réussi à situer le problème central du pays au niveau de luttes et d'ambitions personnelles pour l'obtention de subsides ou de postes. Et voici qu'un nouvel immigrant, à peine arrivé dans le pays, élevait le débat non seulement au premier rang des préoccupations gouvernementales et nationales, mais en faisait un sujet de préoccupations internationales.

Ayant compris que Ben Gourion lui-même ne saurait débloquer la situation ni dépasser le mur des préjugés, des intérêts ou des peurs, il ne me restait plus qu'à m'adresser directement au peuple pour lui faire prendre conscience de la gravité réelle des problèmes. J'étais appelé d'un bout à l'autre du pays. Inquiets, les hommes en place, y compris mon ami Teddy Kollek, me rappelèrent à différentes reprises que j'étais le conseiller du chef du gouvernement et non du peuple d'Israël ni du peuple juif. Ben Gourion, quant à lui, partageait entièrement et de plus en plus ouvertement mes vues et les directions de mon action. S'il avait à mon égard un regret, c'était celui de mon refus de l'engagement politique. Chaque fois que je refusais les postes d'autorité qui m'étaient proposés, il soupirait : « Son heure n'a pas encore sonné. » Car il avait la certitude qu'un jour « mon heure » finirait par arriver.

Je voyais bien, quant à moi, que pour lui l'heure était venue de partir, vieux lion déchiqueté par les chacals qui l'entouraient. Je désespérais de tant de bassesse et de tant de stupidité. La salmonellose dont je souffrais sanctionna mon angoisse. Tandis qu'Annette s'inquiétait pour ma vie, personne dans le milieu politique ne fit prendre de mes nouvelles, pas même Ben Gourion, trop préoccupé par la pendaison d'Eichmann, la mise au point des fusées sol-sol que l'Égypte préparait et, plus immédiatement encore, par l'opposition de plus en plus ouverte et parfois même sauvage qu'il rencontrait lui-même au sein du Mapaï.

A l'époque, Golda Meir, Eshkol Sapir et quelques autres ne perdaient pas une seule occasion d'attaquer sournoisement le Vieux, avant d'avoir le courage de le faire de front. L'opposition que je rencontrais dans la réalisation de nos projets visait le Vieux – qui, lui aussi, préparait sa démission. Le 16 juin 1963, il abandonnait le pouvoir dont Lévi Eshkol et Golda Meir s'emparèrent. Je fus le premier de ses collaborateurs à le suivre dans sa retraite.

Sillonnant des continents, je pus répondre aux principales invitations qui me venaient de tous les coins du pays et du monde. Aux États-Unis et au Canada, en Afrique, en Asie, dans les universités, les instituts, je parlais de nos problèmes avec une franchise qui n'était sans doute pas du goût de tous. L'Europe était devenue ma province, y compris Rome – et le Vatican, cette Rome dans Rome. D'incessants voyages me permettaient de faire l'inventaire des hommes et des problèmes de notre temps, inventaire d'autant plus alarmant que me paraissaient décevants les politiciens ou les clercs chargés de les résoudre.

J'avais appris la démission de Ben Gourion le 16 juin 1963 dans un avion qui me conduisait de Rome à Jérusalem : Shimon Peres se trouvait dans le même appareil. Très tendu, il me fit part de ses angoisses : après lui qu'en sera-t-il du pays ? Le départ de Ben Gourion me rendait ma liberté. Je n'avais pas envers Lévi Eskhol les mêmes sentiments qui m'unissaient au vieux prophète.

Dès son installation à la présidence du Conseil, j'avais fait part au nouveau chef du gouvernement de mon intention de me démettre de mes fonctions. Lui aussi me demanda de surseoir à mon départ. En fait, il craignait que je n'aille grossir le flot de ses opposants. J'appris qu'il faisait faire une enquête pour savoir quelles seraient dans le pays les réactions des Orientaux à l'annonce de mon départ. Mais j'étais résolu cette fois à partir coûte que coûte. Eshkol accepta finalement ma démission après que je l'eus assuré qu'il ne serait l'objet d'aucune attaque de ma part. Il me parut soulagé d'apprendre que j'entendais revenir à mes livres, ayant décidé de quitter la jungle politique. Il me dit : « En me transmettant le pouvoir, Ben Gourion n'a émis qu'un seul vœu. Celui-ci ne concernait aucun des grands problèmes de politique intérieure ou étrangère qui se posent à nous avec tant d'urgence. La seule chose qu'il m'ait demandé, c'est de confirmer votre action en dotant de moyens les fonds créés pour faciliter l'accès à l'Université des étudiants orientaux et nord-africains. Je vous promets aussi de tenir parole, dussé-je pour cela vendre le douaire de ma femme. » Il était dans la manière d'Eshkol d'émailler ses propos de notes humoristiques.

Avant de partir, je pris le soin de veiller à la réalisation du vœu ultime de Ben Gourion. En liaison avec Eshkol, nous prîmes des mesures pour doter un fonds spécial, « Oded », de moyens nécessaires pour aider les étudiants d'origine nord-africaine et orientale : grâce à cet appui, leur nombre passa de quelques dizaines à quelques centaines, puis de nos jours à quelques milliers, dans les différentes universités du pays.

L'administration israélienne aime que les affaires soient en ordre. Lévi Eshkol, à la suite d'une conversation avec Ben Gourion, suivie d'une lettre que celui-ci lui adressa en date du 19 février 1965, s'était aperçu que mon salaire symbolique pour mes services de conseiller ne m'avait jamais été payé. Cela me valut une nouvelle lettre dans laquelle il me confirmait que le gouvernement demeurait fidèle au programme politique que j'avais défini aux côtés de David Ben Gourion : « Je peux vous promettre en toute certitude que le gouvernement ne cessera de prêter son attention à ce problème central pour résorber les différences sociales qui existent dans le pays. Sa volonté est d'associer tous les citoyens, de quelque origine qu'ils fussent, à l'édification de l'avenir : les lumières de l'héritage spirituel de toutes les parties du peuple s'élèveront en une flamme unique, celle de notre grande renaissance. » Je reconnaissais le style de Ben Gourion : contre vents et marées, il demeurait présent.

Sa lettre était accompagnée d'un chèque de trois livres israéliennes, salaire de trois ans de travail aux côtés du chef du gouvernement d'Israël...

3.

Le choix de Jérusalem

Entre Rome et Jérusalem. Élus de la ville.
Les messies de nos rues. Jérusalem en guerre.
Une frontière disparaît.
Le fil repris de tes doigts blessés.

J'étais arrivé à Jérusalem au moment de l'éclatement du grand collecteur politique : le règlement de comptes était général entre tous les partis et à l'intérieur de chacun d'eux. Les disputes remontaient, pour la plupart, à des dizaines d'années ; rivalités, jalousies, intérêts politiques ou économiques – tout servait à entretenir des scandales sans nombre qui faisaient les titres des journaux. Les nouveaux immigrants, la plupart du temps, ne comprenaient rien à des conflits qui remontaient parfois au temps du mandat britannique. Les difficultés quotidiennes aidant, très réelles celles-là, les polémiques devenaient haineuses. Autour du scandale Lavon naquit l'affrontement de David Ben Gourion avec ses anciens compagnons de combat. Il surgit d'une affaire d'espionnage fort triste et fort simple – honteuse, tout le monde s'accordait à le dire –, mais avait pris des dimensions d'apocalypse. Le parti travailliste était la proie d'irrémissibles dissensions, qui aboutirent à la scission de 1964. Des haines politiques inexpiables se déchaînaient de toutes parts, paralysant les initiatives, stérilisant les talents, compromettant les résultats acquis. Ben Gourion allait être vaincu par ceux-là même qu'il avait hissés au pouvoir. Plus aucune objectivité n'était possible :

il fallait être du côté des « anciens » ou des « jeunes », entre lesquels le divorce fut total dès 1964. Ces luttes compromettaient l'avenir du pays plus encore que les difficultés objectives. Les projets que Ben Gourion souhaitait réaliser en matière de politique d'intégration sociale en furent aussi les victimes.

J'avais hâte de sortir de la vie politique : lorsque je le pus, ce fut pour moi une vraie libération. Je me remis à écrire et à voyager.

Après la naissance de notre quatrième enfant, David, j'eus à accompagner une personnalité arabe qui faisait en Israël un voyage secret. Après quoi, je fis un nouvel arrêt à Rome où le concile de Vatican II s'apprêtait à examiner le document, *Nostra Aetate,* sur les religions non chrétiennes, si riche de conséquences pour Israël, si décisif pour l'avenir de l'Église universelle elle-même.

C'est là que Teddy Kollek finit par me dénicher le jeudi 30 septembre 1965. C'était la Saint-Jérôme et j'avais été invité par Mgr Felici, secrétaire général de Vatican II, à assister à la séance plénière au cours de laquelle devait être publié le document sur les religions non chrétiennes. J'assistai de bon matin à la messe solennelle qui célébrait Jérôme, de tous les saints du calendrier catholique celui qui savait assurément le plus d'hébreu : ce n'est pas par hasard que le document sur les religions non chrétiennes était distribué sous son patronage. Dans le courant de cette journée, j'avais rencontré, en plus du bon pape Jean XXIII, plus de cardinaux, d'archevêques et d'évêques que tous mes ancêtres depuis la création du monde...

Quel démon me poussa vers seize heures à interrompre soudain mes conversations vaticanes pour rentrer sans raison à mon hôtel ? J'y trouvai plusieurs messages venus de Jérusalem, de Rome, de Paris, me priant de téléphoner de toute urgence à Teddy Kollek : depuis l'aube, il était à ma recherche à travers l'Europe. Ma première réaction fut de penser que le feu s'était déclaré dans notre maison de la frontière, où nous habitions depuis plus d'un an. Je ne voyais pas d'autres causes plausibles à la hâte soudaine de Teddy à mettre la main dirigeais vers Lyon, dans l'incertitude des lendemains. A mon départ, démuni de tout, je reçus des fromages de mon ami le berger. Ellul me donna l'argent qui me permit de poursuivre ma route vers Lyon.

Je pris le car de Clermont-Ferrand à Saint-Étienne, apaisé par la beauté des paysages qui nourrissaient le jaillissement en moi de l'amour. De Saint-Étienne, je poursuivis ma route à bicyclette. La pleine lune diaprait les nuages de sa lumière : mon vélo avait des ailes dans la vallée du Giers. Je pédalais par une claire nuit de juillet, accompagné par le murmure des eaux et du vent.

Mon effort nourrissait ma prière, chantant sans fin ce Dieu d'Amour qui vivait en moi, le bénissant pour ses dons. Puis sur le bord de la route, sur un gazon prenant une pierre plate pour oreiller, je m'endormis à trois heures du matin, peu avant l'aube. Descendant vers Lyon, j'écoutai un discours de Hitler, rendu furieux par l'éloquente résolution de Churchill.

A Lyon, j'allai à la poste centrale où je trouvais la lettre de Colette. Elle avait retrouvé ses forces et remettait à Dieu notre avenir. Elle savait qu'il lui serait impossible de redevenir une femme « comme les autres », simplement par le fait qu'elle ne l'avait jamais été. Si Dieu ne la possédait pas tout entière, ce serait la musique qui l'absorberait. Elle aspirait à une vie créatrice plutôt que de disparaître dans l'habituelle passivité féminine.

Son amour pour moi était de ceux qui ne passeront jamais, source de joie et d'espérance, dans la présence comme dans l'absence. Il serait pur comme un diamant, virginal comme un lys, soufflant sur mon jardin pour que les parfums s'en exhalent, jusqu'au cœur du pays lointain dont la ville est une fleur. « Je ne désire et ne désirerai rien d'autre que ton amour », m'écrivait-elle. Je lui souhaitais d'être riche de la joie de Dieu, surhumaine et radieuse.

Parfois, des visions d'avenir m'envahissaient. Je les chassais de mon esprit, ne voulant guère m'y arrêter. Ma prière : devenir l'instrument d'une œuvre que je pressentais en moi, sans savoir ce qu'elle pourrait bien être et sans la vouloir ni, à vrai dire, sans aspirer à rien d'autre que de mourir à moi-même.

Je lisais la lettre de Colette dans un wagon du Train bleu qui faisait alors la navette entre Lyon et Neuville-sur-Saône où j'allais voir mon amie Marie-Thérèse Prost. J'avais à peine remarqué en face de moi un homme qui, lui, ne me quittait pas du regard. Absorbé par ma lecture, je ne m'aperçus pas qu'à deux reprises il avait tenté de m'adresser la parole. Soudain pris d'une vive agitation, il se mit à me répéter : « Vous êtes beau, vous êtes trop beau... »

J'allais changer de place dans le compartiment à peu près vide, quand je croisai le regard de mon interlocuteur, des yeux d'enfant dans un visage poupin. J'éclatai de rire : la glace était rompue. Mon voisin se présente : Jean Couty, peintre. C'est justement un ami de Marie-Thérèse Prost chez qui je vais. Il ne souhaite rien davantage que de faire mon portrait. Il pourrait m'héberger chez ses parents où il vit. Sa sœur, Christilla, venait de les quitter pour faire ses vœux perpétuels chez les moniales de l'Annonciation, à Rabat. Je réserve ma réponse, tandis que nous échangeons nos adresses.

Marie-Thérèse me réconforte par la chaleur de son amitié. Chez elle, je reprends quelques forces. Elle m'apprend qu'effectivement Jean Couty est un bon peintre, une étoile montante de l'école lyonnaise. Elle m'encourage à répondre à son invitation. Jean vient me prendre : il habite à quelques kilomètres de là, à Saint-Rambert-Ile-Barbe. Plutôt que d'habiter la chambre laissée vacante par Christilla, je préfère camper dans leur jardin. La maison est couverte de dessins vigoureux montrant le visage et le corps nu d'une jeune fille, ces tableaux d'une poignante vérité où Christilla semblait s'interroger en face de l'éternité, au seuil d'un choix définitif, celui de la vie contemplative.

Jean Couty avait achevé son tableau : il avait pressenti et peint le moi profond de cette personne encore inconnue qui naissait en moi. Sur un fond d'apocalypse, sur ma personne. J'avais bien connu Teddy Kollek alors qu'il était le directeur général de la présidence du Conseil quand j'étais moi-même le conseiller de Ben Gourion. Nous n'étions pas toujours d'accord sur les questions de politique intérieure du pays, sur lesquelles nous nous étions parfois affrontés. Plus que des divergences d'intentions ou d'idées, il y avait entre nous trop de différences de vocation, de culture et de tempérament pour que notre amitié soit toujours sans nuages. Cela ne m'avait jamais empêché d'admirer la personnalité de cet homme à qui Israël devait une impressionnante série de réalisations dans tous les domaines de son activité. Directeur général de la présidence du Conseil de 1952 à 1964, il était la force créatrice qui coordonnait les activités de l'État, jetait les assises du tourisme israélien, favorisant une multitude de réalisations qui, sans son acharnement à tout vouloir et à tout prévoir jusque dans les plus infimes détails, n'auraient jamais vu le jour. Sa dernière œuvre à la présidence du Conseil fut le Musée d'Israël qui reflète la hardiesse de ses initiatives. Après le départ de Ben Gourion, et quelques mois après le mien, Teddy partit aussi. Nous ne nous étions pas vus depuis un an et je me perdais en conjectures pour deviner ce qu'il pouvait bien vouloir de moi. J'obtins enfin la communication téléphonique avec Jérusalem. Teddy me dit que, la veille, Ben Gourion et Moshé Dayan l'avaient convaincu de sortir de sa retraite politique pour se présenter aux élections municipales. Il fallait enlever la mairie de Jérusalem au Mapaï sur une liste présentée par le nouveau parti de Ben Gourion, le Rafi.

Ne voyant toujours pas où il voulait en venir, je me hâtai de le féliciter : Teddy, maire de Jérusalem, marquerait sans aucun doute une date dans l'histoire de la ville. Mais il coupa court à mes commentaires. Il souhaitait que je me présente avec lui en deuxième position sur sa liste : il était à peu près inconnu de la partie de la population avec laquelle j'étais en contact constant. Sans moi, il n'avait aucune chance d'être élu. Je tombais des nues. Je lui dis que je n'avais jamais pensé à une pareille éventualité, que je n'étais ni un politicien ni un administrateur, et que le seul lien que je me connusse avec la carrière municipale était le fait que mon père avait été pendant plus de quarante ans conseiller municipal dans ma petite ville natale d'Aïn-Témouchent, en Algérie. Quant à moi...

Il n'est pas facile de dire non à Teddy : qu'il veuille quelque chose et il se bat pour l'obtenir. Il m'exposa la situation qui s'était créée à Jérusalem. J'en oubliai du coup ma propre personne. Je pensai à Jérusalem et à l'homme de courage qui allait se battre pour notre ville Je lui demandai : « Combien de temps me donnes-tu pour réfléchir à ma réponse ? » Retenant mon souffle, je l'entendis me dire : « Tu dois me répondre immédiatement : d'ici une heure, les listes électorales doivent être déposées au ministère de l'Intérieur. » J'entendais la voix d'un ami, je ne pensais plus qu'à Jérusalem, à ses problèmes, à ses besoins, à ses espérances... et je lui donnai mon accord...

Je compris ultérieurement que cet accord avait aussi des conséquences pour moi. Dans l'immédiat, j'avais pris l'engagement de participer en Angleterre, à Brighton, à un congrès international : mais, dès mon discours fini, je dus reprendre l'avion pour Jérusalem où j'arrivai en pleine campagne électorale.

Dans les airs, un ami m'expliqua pourquoi j'avais été imprudent de dire oui à Teddy : à son avis, largement partagé dans les cercles directeurs de l'État, nous n'avions aucune chance de réussir. Nous avions en face de nous la liste travailliste conduite par le maire de la ville, bien implanté au conseil municipal et appuyé par l'appareil du parti et par les syndicats : tous de vieux routiers de la politique, rompus aux pratiques et aux manœuvres sans lesquelles il n'est pas de succès en matière électorale.

De notre côté, pas un seul d'entre nous n'était un politicien : le parti au nom duquel nous montions à l'assaut de la ville devait compter sur notre appui davantage que nous sur le sien. En fait, nous étions dépourvus de tout ce qui pouvait assurer notre succès aux élections : nous manquions d'expérience, de temps, d'agents et d'argent. Lorsque je revins à Jérusalem, nous étions à un mois des élections : la campagne éclair que nous fîmes nous permit d'enlever la place. Le 11 novembre, Teddy, nouveau maire, en m'annonçant que j'étais le maire adjoint de Jérusalem, me déclarait :

« Il nous faudra beaucoup de chance et beaucoup de travail pour éviter l'échec. »

Vingt-cinq ans après, en 1990, Teddy est encore à la tête de cette ville dont il a contribué à métamorphoser le visage. Je restai à ses côtés pendant huit ans, jusqu'en 1973, avant de retrouver ma liberté et mes livres.

Je ne puis penser sans attendrissement aux conseillers municipaux qui nous entouraient lorsque nous prîmes la charge d'administrer la ville de Jérusalem : on aurait cru se trouver au sein d'une commission des Nations unies. Les uns étaient nés en Russie ou en Pologne, en Autriche ou en Géorgie, les autres au Kurdistan, en Algérie, au Maroc, en Bulgarie ou en Israël. Ils avaient étudié à Jérusalem, en Allemagne, en Italie, en France, en Russie ou en Pologne, au Maghreb, aux États-Unis ou en Angleterre. Et tous se trouvaient là au rendez-vous qu'à notre insu Jérusalem nous donnait avec l'histoire. Nos différences morales étaient encore plus accusées que celles de nos origines géographiques ; il y avait parmi nous de vénérables rabbis porteurs de longues barbes et de papillotes, l'un d'eux ressemblait à s'y méprendre au père Noël ; il y avait les visages glabres de l'indifférence religieuse : toutes les nuances de la pensée semblaient s'être donné rendez-vous dans notre petite assemblée issue des surprises du suffrage universel.

A la mairie, j'avais choisi pour bureau une pièce d'angle dont les fenêtres murées faisaient face aux fusils des légionnaires jordaniens, de l'autre côté de la rue : je fis abattre les murs de brique qui les aveuglaient, à la grande inquiétude de nos services de sécurité. Teddy Kollek agit de même sur le plan infiniment plus difficile de l'administration de la ville. Il opéra une décentralisation qui fixait les compétences de ses adjoints et des directeurs des départements municipaux, insufflant à nos trois mille agents un esprit nouveau qui finit par arracher la ville à sa torpeur. La vérité était que Jérusalem, dans l'impasse de sa frontière sanglante, semblait une ville morte. Pour tenir les promesses de notre campagne électorale, il nous faudrait relever un impossible défi : ressusciter une cité qui n'en finissait pas de sortir de ses agonies. Pas à pas, jour après jour, avec la passion et la patience de l'amour, chacun s'efforçait de contribuer dans son domaine à l'œuvre commune... Nos rêves avaient pour objet une petite ville, pauvre, cassée par une frontière, dans un pays en guerre, peuplée par une population problématique : nous étions submergés par les pires difficultés budgétaires, politiques, sociales. Nous avions à résoudre tous les problèmes de toutes les mairies du monde avec un double handicap : nous étions en Israël et il s'agissait de Jérusalem...

Nos vœux seraient restés à l'état de pieuses intentions si l'inespéré, l'imprévu, l'impossible même n'avaient surgi soudain dans le feu et le sang des combats d'une nuit, pour rendre Jérusalem à son unité...

La vie municipale est identique sous toutes les latitudes et dans toutes les villes du monde. J'eus l'occasion d'éprouver la vérité de cet axiome en recevant les élus du monde entier en visite à Jérusalem ou en allant moi-même apporter le salut de notre ville aux grandes capitales de l'univers. Il n'était pas indifférent d'être en contact vivant avec le monde à une période de l'histoire où Jérusalem était si isolée et si contestée. En Europe, en Amérique, en Afrique ou en Asie, j'eus l'occasion de voir comment se posent les problèmes municipaux avec une urgence sensiblement identique dans tous les continents et toutes les villes : la grande fraternité des villes de la terre constituerait, si elle s'affirmait avec plus de force, un facteur de paix universelle. Comme tous les édiles, j'appris mon métier municipal au lendemain de notre élection. Chacun devait faire son apprentissage des affaires, à l'œuvre : un délai de deux ans semblait nécessaire pour que notre équipe domine les questions et qu'elle dirige réellement le cours de l'administration urbaine. La plupart de mes collègues élus à la mairie de Jérusalem s'efforçaient de se retrouver dans le dédale et la complexité des problèmes. Nous devenions les serviteurs d'une population précise : il fallait répondre à l'attente de nos concitoyens, nous occuper de leurs routes et de leurs poubelles, de leurs robinets et de leurs moustiques, de leurs hôpitaux et de leurs cimetières, de leurs crèches et de leurs écoles, de leurs restaurants et de leurs cinémas... et s'attendre à se faire réveiller à deux heures du matin par un coup de téléphone impératif vous demandant pourquoi la poubelle du coin n'a pas été vidée la veille ! J'avais participé pendant trois ans à la vie d'un gouvernement. La vie municipale revêt un caractère plus concret, qui fonde à la fois sa grandeur et ses servitudes. L'action gouvernementale a un caractère abstrait qui en facilite l'exercice : l'activité d'un ministre s'exerce dans tout un pays Le maire, lui, vit au centre d'une ville toujours présente autour de lui. Il n'est ni refuge ni repos pour lui, l'œil d'un maire ne peut rien voir gratuitement. Tout lui rappelle ce qu'il doit faire et refaire pour que sa Ville soit propre, belle, saine.

A Jérusalem, nous avions par surcroît à nous occuper d'une frontière chaude, trop souvent ensanglantée. Il fallait intégrer dans la ville le flot ininterrompu d'immigrants originaires de tous les pays du monde : ils arrivaient le plus souvent dépourvus de tout. Faute de moyens, dans des cas désespérés, nous devions espérer un miracle, notre suprême recours. J'ai vu des séances d'un conseil municipal, en majorité laïque, se conclure par des prières au Ciel dont nous implorions le concours : des conseillers municipaux, notoirement indifférents en matière religieuse, s'associaient sans hésiter aux ardentes prières des rabbins de Méa-Shéarim. Et le plus souvent, avec ou sans prière, le miracle se produisait : il était dû à l'énergie et à la foi d'hommes qui faisaient reculer soudain les frontières de l'impossible. Ainsi ai-je vu une ville endormie se réveiller, être l'objet d'une visitation et, de jour en jour, se métamorphoser : nous voulions la rendre à sa vocation historique. Le phénomène urbain de Jérusalem se définit à partir de sa situation topographique sur une montagne aride au seuil d'un désert. Ce site n'offre aucune des facilités de la plaine, de la mer, des rivières : l'homme de Jérusalem doit à jamais relever les défis de la nature où il vit. Que le hiérosolymitain vienne d'Europe, d'Amérique, d'Afrique ou d'Asie, ou qu'il soit enraciné dans le pays depuis des générations, qu'il soit juif, chrétien ou musulman, il est souvent possible de le reconnaître, fermé, hautain, sûr de lui, solide comme les pierres dont il bâtit sa demeure. Il est en vérité à l'image des montagnes et du désert, non qu'il ait fini par leur ressembler, mais parce qu'il a choisi de les habiter, se reconnaissant en eux. Il existe un type d'homme qui ne peut s'adapter au genre de vie qui est le nôtre dans notre oasis montagnarde, d'autres, dont je suis, ne conçoivent pas leur enracinement israélien ailleurs qu'à Jérusalem : la vie leur paraîtrait inconcevable à Tel-Aviv ou à Haïfa.

C'est à Jérusalem que siègent les *Netourei Carta,* les gardiens de la cité, qui sont une secte d'intégristes juifs se refusant à reconnaître la légitimité de l'État d'Israël. J'essayais de comprendre le pourquoi de leur irrédentisme en interrogeant l'un de leurs chefs :

– L'État d'Israël est une imposture parce qu'il n'est pas l'œuvre du Messie.

– Vouliez-vous voir la nouvelle Jérusalem descendre tout droit du Ciel ?

– Certes, et avec le Messie à sa tête.

– Le Messie ? Vous le tueriez aussitôt s'il avait l'imprudence de se montrer ici...

– Nous ? Tuer le Messie ?

– Mais oui, mon ami. Imaginez que le Messie dise blanc, ceux qui pensent noir se ligueraient contre lui pour l'éliminer. Qu'il dise noir...

Mon raisonnement a l'air de convaincre mon interlocuteur barbu. Il caresse ses papillotes, rêveur, et me dit :

– Sûrement. Mais il nous prouvera qu'il est le Messie en nous empêchant justement de le mettre à mort, qu'il dise blanc ou noir : il nous fera tous marcher sous sa bannière.

– Autrement dit, vous souhaitez avoir quelqu'un qui soit armé d'un knout ?

A nouveau, la main fébrile se perd dans l'abondante barbe rousse, tandis que les papillotes s'agitent en tous sens.

Le Messie occupe une place centrale dans la pensée de Jérusalem : on peut rencontrer dans les rues de la ville des hommes qui proclament être le Messie et qui tentent d'agir en conséquence. Certains venaient me voir à la mairie, espérant obtenir une reconnaissance municipale. J'étais un jour fort occupé lorsque ma secrétaire, rompant la consigne que je lui avais donnée de ne me déranger sous aucun prétexte, m'avertit qu'un visiteur insistait pour me voir sur-le-champ : « Fixez-lui un rendez-vous », dis-je en me replongeant dans mon dossier. Elle sortit, je l'entendis parlementer avec mon visiteur inattendu, puis elle rentra dans mon bureau et, sans mot dire, déposa devant moi une carte de visite : « David Farhi, Messie d'Israël ». Du coup, j'oubliai mon travail : « Faites-le entrer immédiatement », et comme je lisais dans son regard une interrogation moqueuse, j'ajoutai à demi sérieux : « Nous l'attendons depuis si longtemps... »

Innombrables sont les messies qui, de tout temps, ont été attirés par Jérusalem. Leur histoire remplirait à elle seule un volume. Juifs ou chrétiens, chevelus ou barbus, en tunique blanche et pieds nus, porteurs d'une croix ou d'une étoile de David, passant de l'imprécation prophétique à l'appel évangélique, ils annoncent la fin des temps en déambulant le long des murs de la ville. Parfois, un agent survient, écoute un moment, baisse la tête et passe. Les consignes données à la police ne disent pas encore aux agents quelle conduite avoir en cas de messie... Des enfants passent et crient en arabe : « *Medjnoun! Medjnoun!* » (« Un possédé ! ») et s'enfuient. Une vieille femme admire le messie, l'écoute et, visiblement émue, passe son chemin en soupirant : « Pauvre gosse ! » L'un d'eux essaya un jour de me convertir à sa religion avec un argument d'une logique impeccable : « Vous pouvez douter que je sois Dieu, mais comment nieriez-vous que je suis l'homme qui dit qu'il est Dieu ? »

Certains sont pleins de mansuétude, ne rêvant qu'à transmettre le chant céleste dont ils sont les auditeurs émerveillés, et d'autres pleins de fureur, l'un de ceux-là n'ayant pas hésité à mettre le feu à la mosquée d'El-Aksa pour hâter la fin des temps. Il en est qui prêchent et d'autres qui écrivent, ce Français, par exemple, dont le testament ne comprenait pas moins de treize gros volumes.

On conçoit les tragédies que suscitent de semblables vocations. Être le Fils de Dieu, être un prophète ou le croire, c'est tout un, subjectivement du moins. Le traumatisme se répercute fatalement sur l'entourage de celui qui en est saisi, notamment sur les mères.

Ainsi vont les jours de Jérusalem.

En nous installant à la mairie, pas un seul d'entre nous ne prévoyait de quels événements nous serions les témoins et les acteurs. Nul parmi nous n'imaginait que la longue frontière de treize kilomètres qui séparait Jérusalem de Jérusalem s'effacerait jamais : une fois de plus, l'axiome évangélique se vérifiait : « Nul n'est prophète en son pays. » Dans les jours qui précédèrent la guerre du 6 juin 1967, nous nous occupions de l'administration routinière de la ville, du budget et de l'urbanisme, sans songer un instant que tout ce que nous faisions allait être mis en question par une guerre qui devait bouleverser les réalités géographiques, politiques, économiques, sociales et spirituelles de la ville. Nous poursuivions notre action quotidienne pour améliorer la propreté et la beauté de la ville dont nous guettions le moindre signe de réveil. Tout cela était notre travail habituel : « *Business as usual.* » Tout était si calme que je pris dans le courant du mois d'avril quelques jours de vacances dans un village arabe de Galilée, à Tarshiha, pour achever la rédaction de ma *Lettre à un ami arabe,* un appel à la paix que je souhaitais voir régner entre Israël et ses voisins !...

Je reviens précipitamment à Jérusalem quand j'apprends que l'armée égyptienne avait pris position sur nos frontières : cent mille soldats rassemblés dans le Sinaï près de nos frontières, cela pouvait signifier la guerre. Nous préparions alors les célébrations de la fête de l'Indépendance. Le réveil fut dur, nous avions tout prévu, tout envisagé, sauf qu'une guerre pût à nouveau troubler la paix de Jérusalem. Les drapeaux et les lampions, que plus personne n'avait la pensée ni le temps de décrocher, accentuèrent le caractère d'irréalité des jours qui suivirent le début des hostilités.

A la fin de la fête, un chant de Noémie Shémer fut primé : *Jérusalem d'or* chantait le rempart édifié au cœur de notre ville. Ce rempart resurgissait de la nuit, nous obligeant à prendre conscience de la gravité de la situation. Les menaces se multipliaient sur les ondes du Caire, de Damas, d'Amman, de Beyrouth. Finie, la fête ! Nous ne pensions plus qu'à prendre des mesures : faire l'inventaire de nos réserves d'eau et de nourriture, combler les effrayantes lacunes de notre impréparation. Lorsque Nasser bloque le détroit de Tiran, le spectre de la guerre se rapprochant, on pense à creuser des tranchées pour abriter la population civile, à faire venir des tonnes de sable pour la défense passive, à mettre en place les plans d'urgence qui prévoient aussi l'aménagement de vastes cimetières. La tension monte rapidement : chez les religieux, elle se traduit par des manifestations contre la pratique des autopsies, qu'ils réprouvent ; l'un d'eux attaque le maire parce qu'il circule en auto le jour du shabbat ! On prévient à la dernière minute une manifestation d'Orientaux qui protestent contre les méthodes du ministère de l'Éducation. Le président de la République finlandaise abrège sa visite à Jérusalem. De jour en jour, à partir du 25 mai, le cercle se referme autour de nous : la Jordanie a permis l'entrée sur son territoire des armées syriennes et saoudiennes, tandis que Le Caire accompagne le transfert de son armée au Sinaï d'une sinistre danse macabre autour de nos éventuels cadavres. Nous entendons la voix d'ordinaire mieux inspirée d'Oum Kalsoum qui chante inlassablement sur les radios arabes : « Égorge, égorge, égorge... » La mobilisation vide la ville de ses hommes valides. Des volontaires, au premier rang desquels on voit les chrétiens, se proposent à la mairie pour remplacer les soldats qui regagnent en toute hâte les frontières. Les services de la défense passive s'organisent. Dans les rues, des enfants de huit ans, y compris notre Emmanuel, aident à remplir des sacs de sable en chantant drôlement un vieux chant pascal : « Nous sommes les esclaves de Pharaon. »

Le 24 mai, à la municipalité, les partis d'opposition, à notre grande satisfaction, se mettent à la disposition du maire. Une nouvelle coalition municipale se crée : c'est la première fois dans l'histoire de la ville qu'une telle unanimité peut être réalisée. Le 30 mai dans la nuit, des coups de feu sont tirés près de nos fenêtres par des soldats jordaniens, du haut de leurs remparts. Le silence de la ville est impressionnant : elle s'est vidée de ses touristes, d'une partie de ses diplomates et de l'ensemble de sa population valide.

Ceux qui restent, les femmes, les enfants, les vieillards, nous l'avions décidé, ne bougeront pas, même sur les frontières. Ma femme annule les places de bateau retenues deux mois auparavant pour passer en France ses vacances avec nos quatre enfants. Elle restera à mes côtés avec Emmanuel, Élisabeth, Yaël et David dans notre maison-frontière. Sur les treize kilomètres du no man's land, on ne signale aucun cas de défection. Il semble naturel à chacun de rester sur place en face des dizaines de forts et de fortins de l'armée jordanienne. Quel miracle arrêtera le couteau qui se lève à nouveau contre les fils d'Israël ?

Le 30 mai, l'Égypte et la Jordanie publient la nouvelle de leur alliance militaire, ce qui ajoute à la consternation générale. Les discours de Nasser et ceux, plus violents encore, de Choukeïri, le président de l'O.L.P. jusqu'en 1968, jettent la panique dans l'esprit de nos amis. Du monde entier, nous recevons des milliers de lettres et de télégrammes de solidarité. On nous téléphone des quatre continents pour nous supplier d'évacuer au moins les enfants.

Cette agitation contraste avec le calme de la population de Jérusalem. Nous visitons chaque jour des secteurs de la frontière et apercevons en face de nous, très distinctement, les armes pointées dans notre direction. Chacun cependant agit comme si rien ne devait se passer. Plusieurs affirment que la frontière de Jérusalem, comme en 1956, ne bougera pas. Nous lançons même un appel au gouvernement pour que les ministères n'évacuent pas la ville, nous prophétisons qu'elle restera calme, même si les combats devaient se déchaîner au Sinaï. Israël veut la paix et il est logique de penser que Hussein n'a rien à gagner à la guerre. Le 1er et le 4 juin, des Jordaniens ouvrent le feu, une fois de plus, contre Jérusalem. Sur une terrasse en face de chez nous, un enfant de sept ans, Boaz, monte la garde avec son fusil de bois, juste en face des soldats de la Légion arabe : « Je reste là pour défendre maman », nous explique-t-il.

La ville est paradoxalement calme et unie comme elle ne l'avait sans doute jamais été tout au long de son histoire. Nous recevons un flot ininterrompu de délégations et de messages de toutes les parties du pays, de plusieurs villes du monde : on a le sentiment qu'un énorme danger nous menace et que, cependant, rien d'irréparable ne se passera. Confronté avec l'inévitable, chacun de nous dans son langage s'attend à un miracle. « Un miracle, qu'est-ce que c'est ? » demande notre fille Élisabeth, alors âgée de sept ans, à son frère Emmanuel qui en a huit. Et celui-ci de lui répliquer du tac au tac : « Un miracle, c'est quelque chose d'impossible et qui peut ! »

Une atmosphère d'irréalité inonde soudain nos vies.

Nous sommes comme en sursis : dans la Vieille Ville, Choukeïri déverse ses menaces de mort jusque sous nos murs. Au même instant, deux grands musiciens, Jacqueline du Pré et son mari Daniel Barenboïm, jouent des sonates de Brahms et de Beethoven devant un public qui semble ignorer ce qui se passe à quelques mètres de là, de l'autre côté de la frontière. Nous sommes en face de nos adversaires à peu près comme des idiots qui entendraient sans le comprendre un fou qui délirerait sans penser. Notre destin semble suspendu entre un possible impossible et un impossible possible. Les Juifs religieux demandent à l'Élohim d'Israël d'envoyer à notre secours Ses milices célestes. Comment se comporteront-elles en face des canons de la Ligue arabe ?

A Mousrara, un soldat, maçon de son état, m'affirme sans rire que Jérusalem sera sauvée grâce aux vertus mystiques du Cantique des cantiques, par les mérites d'un saint mort voici près de vingt siècles, rabbi Shimon bar Yohaï. Un de mes collègues au conseil municipal, celui qui ressemble si fort au père Noël, cite la Cabbale qui annonce l'arrivée du Messie après les affreuses batailles navales qui se préparent. L'attente se poursuit, cauchemardesque : la guerre manque d'éclater à trois reprises dans la semaine du 23 au 30 mai. Les nerfs de l'armée et du pays sont à bout. Près de mes fenêtres, un lézard sur un mur de pierre guette des mouches. La nuit, les corbeaux croassent sur Jérusalem déserte. Le jour, des enfants jouent dans les rues à portée des fusils arabes : la vie continue. Ben Gourion, consulté, déclare qu'il s'oppose à tout acte de guerre contre les Arabes. La paix doit être négociée, non pas forcée.

Le lundi matin 5 juin, la vie se poursuit normalement. Le maire arrive à son bureau dès l'aube selon son habitude. On ne sait jamais exactement à quelle heure parce que personne n'a réussi à arriver au travail avant lui ou à partir après lui. Les enfants vont aux écoles dès sept heures trente. C'est le moment que je choisis pour aller à Tel-Aviv où j'ai un rendez-vous à l'hôtel Dan. En quittant Jérusalem, j'entends le ululement des sirènes :

« Encore un exercice pour éprouver leur bon fonctionnement », pensai-je.

Une heure après, devant le Dan, à Tel-Aviv, j'apprends le déclenchement des hostilités : à toute allure, je refais la route en sens inverse pour ne pas être coupé de Jérusalem. J'arrive à mon bureau vers dix heures, à l'instant où le tir jordanien s'intensifie. Des fenêtres de la mairie, je vois éclater un obus sur Abu-Thor, où se trouvent ma femme et mes enfants, à quelques mètres de la ligne de feu. Je n'arrive à les rejoindre sous les balles que vers quinze heures. Lorsque j'y parviens, notre maison a déjà reçu cinq obus, elle en recevra au total quatorze qui éclateront sur notre toit, contre nos murs ou dans notre jardin, tandis que des milliers de balles sont tirées sur nous de tous les côtés, par les Arabes comme par les Israéliens : à la frontière, nous sommes littéralement entre deux feux. Au rez-de-chaussée, dans un minuscule réduit qui nous sert d'abri, je retrouve ma famille intacte, entourée par une vingtaine de nos voisins. La maison est bien atteinte, mais résiste au feu. Lorsque le bombardement se fait trop fort, on entend des voix qui chantent des psaumes hébraïques. Des prières s'élèvent, se mêlant à la voix des radios. Seuls les Arabes parlent : ils annoncent le succès de leurs armées entre des marches militaires exaltées, entrecoupées de ce chant dont le souvenir poursuivra longtemps ceux qui l'ont entendu : *Adbah, Adbah, Adbah*... (« Égorge, égorge, égorge... ») Je demande à Élisabeth, qui se serre contre moi : « As-tu peur ? » Elle, âgée de sept ans, réplique : « Non, je n'ai pas peur..., mais à chaque obus qui explose, j'ai comme un trou au ventre. »

A la radio, la Voix de Jérusalem, pour l'instant, ne dit rien, diffusant sans arrêt de la musique classique. J'ai entendu, ce jour-là, la *Petite Musique de nuit* de Mozart sur nos ondes. Le principe était d'apaiser la nation et ses défenseurs, au lieu de les exciter, de libérer les énergies au lieu d'exalter les instincts, de donner à chacun la force de dominer sa peur ou son angoisse, afin de mieux maîtriser ses armes ou remplir ses devoirs. Le contraste était total entre l'excitation des radios voisines et la sobriété, non moins anormale, des Israéliens. Nous n'avions plus téléphone ni électricité dans notre quartier, qui continuait cependant à être alimenté en eau. Ce n'est que le soir que nous apprîmes, grâce à nos transistors, l'écrasement de l'aviation arabe. Nous respirions plus librement dans nos fragiles abris, à quelques mètres d'une frontière où les Arabes continuaient à tirer sur nous.

La bataille de Jérusalem dura moins de soixante heures. Elle avait commencé lundi vers dix heures par le feu nourri des Jordaniens. Lévi Eshkol, le matin même, avait prié le roi de laisser Jérusalem à l'écart du conflit, promettant de faire de même. Les dieux aveuglent ceux qu'ils veulent perdre : Hussein, entraîné par le bluff de la propagande égyptienne, crut réellement aux succès annoncés par Nasser. L'heure de la curée était enfin venue, il en voulait sa part, craignant par surcroît des représailles égyptiennes ou libyennes s'il restait sans bouger.

La décision était si absurde que notre état-major n'y crut pas immédiatement. On pensait que la Légion arabe s'offrait un baroud d'honneur destiné à sauver la face. On prit la chose au sérieux quand l'armée jordanienne s'empara du quartier général des Nations unies, dans la direction où la ville était le moins bien défendue. Nos stratèges avaient cru que jamais les légions jordaniennes n'oseraient s'emparer du symbole, à Jérusalem, de la plus haute instance internationale. Lorsqu'ils se convainquent de leur erreur, ils déclenchent enfin une contre-attaque. Le gouvernement d'Israël n'avait plus d'autre choix que de se battre. Hussein lui imposait une décision qu'il s'était interdit de prendre depuis le mois d'octobre 1948. L'armée d'Israël reconquiert dans la journée de lundi le siège des Nations unies d'où elle chasse, avec de lourdes pertes, la Légion arabe ; elle barre la route de Jérusalem à Bethléem et occupe le village de Surbakheir. La radio d'Amman continue à crier victoire : « Ô Arabes, où que vous soyez, tirez ! Tirez jusqu'à la dernière balle ! En avant, tous à la bataille pour écrire de nouvelles pages de gloire ! Revanche ! Écrasez l'agresseur ! La fin d Israël est entre vos mains ! En avant vers la victoire ! Volez, ô aigles, ô pilotes héroïques ! »

Lorsque Hussein lance son attaque contre Jérusalem, le lundi 5 juin, la ville était défendue par mille cinq cents soldats et quatre-vingts gardes-frontières qui avaient l'ordre de ne pas tirer, quoi qu'il advienne ! Le bruit du canon effraie des meutes de chiens qui traversent le no man's land, venant de Jordanie, sans sauter sur les mines : ils viennent se réfugier du côté israélien. Ce sera le début de la réunification de la ville. Des vols d'oiseaux les imitent : la nature elle-même semble s'apprêter à l'événement. Dans l'après-midi du lundi et la journée du mardi, nous prenons conscience de l'étendue des dégâts causés par le bombardement jordanien : plus d'un millier de maisons sont touchées. Le Musée d'Israël a reçu plusieurs obus : on ignore alors l'étendue exacte des dégâts. Combien y a-t-il de morts, de blessés ? Personne ne le sait alors. Des centaines, sans doute. Abu-Thor devient aussi l'objet d'âpres combats qui se déroulent autour de nous : les légionnaires se battent courageusement. La colline fatidique restera finalement entre nos mains : nos soldats la conquièrent en délogeant les Jordaniens de leurs positions au cours de combats au corps à corps. Les généraux Ouzi Narkis et Mota Gour, de la terrasse d'un immeuble proche de la frontière, voient le front s'animer. Ils avaient reçu la permission de l'état-major de lancer enfin la contre-attaque générale dans la nuit du lundi au mardi, à deux heures du matin : les paras entrent dans le secteur arabe par les crêtes de Sheikh Jerah et par la colline des Munitions, là où s'élève aujourd'hui le pacifique lycée René-Cassin. La place est fortifiée et les légionnaires la défendent âprement, se battant dans chaque tranchée jusqu'au dernier homme. Mardi matin, à la fin d'une nuit sanglante, toute la ville orientale hors les murs est entre les mains d'Israël. Les légionnaires se sont défendus de maison en maison avant d'être contraints à la fuite ; des soldats s'embusquent chez des civils.

La nuit de mardi à mercredi prépare l'attaque contre la Vieille Ville. Les avions, par vagues successives, assaillent aux roquettes les positions jordaniennes sur les sommets des collines voisines. Les immenses projecteurs qui servaient à éclairer notre fête favorisent l'action des tanks, qui prennent position autour des remparts. Non loin de nos fenêtres, devant le King David, des haut-parleurs invitent les Arabes à la reddition. D'immenses fusées éclairantes tombent lentement des cieux comme des yeux flamboyants d'une fantastique apocalypse. Des pelouses de notre jardin, nous voyons le toit de la Dormition flamber pendant toute la nuit, jetant des feux blafards sur la vallée de la Géhenne.

Puis la décision est prise : le mercredi 7 juin 1967 à dix heures douze, un tank en position devant la porte des Lions tire un obus sur les portails de fer qui bouchent l'accès de la Vieille Ville. Ils s'effondrent dans un fracas de chaînes brisées. La Vieille Ville s'ouvre devant nous, le mur des Lamentations et la colline du Temple sont entre nos mains. Sous le feu des légionnaires, le deuxième soldat juif qui avance sur la Via Dolorosa aperçoit un enfant arabe qui pleure, terrorisé ; il continue son avance, la mitraillette au poing, puis, se souvenant de l'enfant, rebrousse chemin, le prend dans ses bras, cherche de porte en porte ses parents à qui il le rend avant de poursuivre son avance vers le mur des Lamentations et la colline du Temple, rendez-vous final de cette journée. Ce mercredi, dès l'aube, je peux regagner mon bureau. La veille, Teddy, qui n'a cessé de circuler, était passé dans notre quartier ; il était venu voir en rampant si nous vivions encore dans notre maison transpercée par tant d'obus et de balles. Ne nous trouvant pas, il y laissa sa carte et ses vœux, que je devais trouver plus tard sous les décombres de vitres brisées et de plâtras !

Chacun dans la ville a vécu son miracle, montre l'endroit où il aurait dû mourir si l'obus tombé à ses pieds avait éclaté, s'il n'avait pas bougé la tête de quelques centimètres, s'il ne s'était pas levé pour porter secours à un camarade. « Ce n'est pas un miracle, me dit mon vieil ami qui ressemble de plus en plus au père Noël. C'est un miracle dans un miracle, dans un miracle... » Celui, entre autres, qu'il n'y ait pas eu plus de civils tués avec les victimes militaires de cette guerre qui rendait Jérusalem à son unité.

Après l'avoir tant d'années contemplée de loin, elle qui me semblait plus inaccessible que la face cachée de la Lune, je pénétrais enfin dans la Vieille Ville de Jérusalem. Dès qu'elle fut entre nos mains, je me précipitai le mercredi matin vers la porte Mandelbaum : l'accès en était encombré par de tels convois militaires que je renonçai à attendre. Peut-être me serait-il plus facile d'y arriver en passant par la colline où s'érige vers le sud le palais des Nations unies ? J'y fonce : l'accès est en effet facile. Je passe devant les gardes qui me saluent sans m'arrêter, épuisés sans doute par les combats.

Je descends sur la route qui mène vers le Cédron. A mi-chemin, je suis pris dans le feu d'un combat d'artillerie que se livrent Israéliens et Jordaniens. Je m'aperçois de mon erreur : je suis en territoire encore contrôlé par la Légion arabe qui s'enfuit. Il est trop tard pour reculer. Au volant de ma voiture, j'accélère en direction du mont des Oliviers, tandis que le feu redouble. Ma voiture est une vraie passoire : le pare-brise a déjà volé en éclats lorsque j'arrive devant le premier avant-poste israélien sur le versant sud du mont des Oliviers. J'ai des sueurs froides lorsque je vois un de nos soldats me mettre en joue, me prenant pour un Jordanien. Je hurle quelques mots en hébreu. L'officier donne un ordre bref : le soldat retire le doigt de la détente de sa mitraillette. Il était temps : lui, au moins, ne m'aurait pas raté... Mon imprudence me vaut mille remontrances. Les officiers vérifient mon identité, avertissent l'état-major et me ramènent entre deux blindés vers un secteur plus calme, tandis que nos troupes parachèvent l'encerclement de la ville dont je venais, bien involontairement, de démontrer qu'il était possible.

A Jérusalem, les combats durent du lundi matin

5 juin à onze heures vingt au mercredi 7 juin à vingt-deux heures. L'armée jordanienne n'avait réussi à forcer nos frontières qu'au palais des Nations unies et plus au nord, à Abu-Thor, tout près de nos maisons où des combats au corps à corps eurent lieu. Pendant soixante heures, notre quartier fut l'un des plus exposés de la ville, ayant été soumis pendant quarante heures a d'intenses bombardements. Quatorze obus de 80 et de 50, un de 120 étaient tombés sur notre maison, dont le toit était défoncé et les vitres brisées. Un tir avait failli nous faucher sur le pas de notre porte, une balle frôlant l'oreille d'Annette l'avait rendue sourde pendant plusieurs jours. L'unique victoire de cette guerre serait de nous convaincre tous que nous faisions fausse route en cédant aux illusions de la force. Les événements que nous venions de vivre si intensément n'auront de sens que s'ils nous poussent à faire enfin la paix avec nos voisins.

Le lendemain du cessez-le-feu, je reçois à déjeuner, au King David, une délégation de parlementaires français conduite par Pierre Clostermann, Joël Le Tac, Achille-Fould... En nous mettant à table, je m'aperçois que je fais mon premier repas depuis le dimanche 4 juin. Ces journées trop remplies, trop tendues, nous déversent au pied du mur des Lamentations : Pierre Clostermann ne comprend pas qu'une forteresse aussi inexpugnable que la Vieille Ville, bourrée de soldats, d'armes, de munitions, ait pu se rendre en une nuit de combats. Nous non plus nous ne comprenons pas ce qui s'est passé. Un officier jordanien fait prisonnier nous donne sa propre explication : « Lorsque nous avons vu vos soldats avancer vers nous, malgré le barrage de notre feu, comme si nos balles ne les touchaient pas, nous avons été saisis de panique et nous nous sommes enfuis. »

Le peuple est plus radical : ce sont les milices célestes qui ont combattu aux côtés d'Israël pour rendre Jérusalem à son unité. Autour de nous, c'est l'horreur des visions de guerre : je pénètre dans une Jérusalem jonchée de cadavres juifs et arabes. Le sol de la ville, ses pierres, une fois de plus, sont gorgés du sang de ses combattants. Devant les corps déchiquetés qui jonchent les accès de la ville vers l'Orient, je prie pour qu'ici, du moins, il n'y ait jamais plus de guerre. Les canons se sont tus, un silence abyssal s'est emparé de nous. Nous avons le sentiment de vivre un rêve incroyable : dans la lumière éblouissante du printemps, nous découvrons de nos yeux la partie orientale de Jérusalem, celle à laquelle, pendant deux décennies, nous rêvions sans jamais croire que ce rêve deviendrait un jour réalité. L'impossible, une fois de plus, venait de se réaliser pour nous. Le soleil dardait la colline du Temple et l'air y était léger lorsque nous y pénétrâmes pour la première fois. Dans la mosquée d'El-Aksa, là encore, je n'ai qu'une prière aux lèvres, Chalom, Salam, Paix ! Ce que les mots sont impuissants à traduire, Zubin Méhta, le chef d'orchestre, avec Daniel Barenboïm et Jacqueline du Pré l'expriment encore ce soir même, dans un concert inoubliable où ils jouent la *Cinquième symphonie* et un concerto de Beethoven.

Tous nos amis semblent s'être donné rendez-vous à Jérusalem : venus d'Amérique, d'Afrique, d'Europe ou d'Asie, ils sont là pour assister à la rencontre de l'Orient et de l'Occident au sein de Jérusalem réunifiée : celle-ci a été conquise après une attaque venue du nord et de l'ouest, mais c'est de l'est que l'assaut décisif a été donné. Les journalistes du monde entier broderont à l'infini sur ce thème : « Les lions sont entrés dans la Vieille Ville par la porte des Lions ». Des lions qui éclataient en sanglots en baisant les pierres du mur des Lamentations, même ceux qui connaissaient à peine la signification de ce lieu qu'ils venaient de délivrer.

A la mairie, personne n'a plus le temps de penser à rien d'autre qu'aux tâches immédiates auxquelles il faut faire face sans les avoir jamais prévues. Dans la Vieille Ville, je prends contact avec la population arabe, traumatisée par ce qui vient de se passer. J'observe les visages, les regards, j'écoute l'inflexion des voix et je mesure l'abîme qui nous sépare encore de ce peuple dont il nous faudra partager le destin. Nous découvrons l'état d'abandon où se trouve la ville, ses infrastructures municipales et les Lieux saints qui, lorsqu'ils étaient juifs, avaient été détruits ou profanés. Notre première action est de distribuer du pain et du lait à nos nouveaux concitoyens arabes. Des francs-tireurs tuent les dernières victimes de cette guerre ; un de nos agents qui distribuait des aliments dans la ville tombe lui aussi : le couteau dans la poitrine, il regarde son assassin dans les yeux et lui crie avant de mourir : « Pourquoi, mais pourquoi ? » Nous savons que cette guerre a fait de notre côté 679 morts et 2563 blessés ; nous sommes contraints de renoncer, faute de documents, à faire le décompte des victimes arabes qui sont tombées sur les divers fronts. La municipalité de Jérusalem facilite l'érection d'un monument à la mémoire des morts de la Légion arabe, à ma connaissance le premier à être élevé par une armée victorieuse à la gloire des vaincus. Nous sommes attaqués au conseil municipal pour ce geste : ainsi du moins ouvrions-nous la voie à un avenir de paix sans lequel Jérusalem ne serait pas Jérusalem.

C'est l'heure des décisions qui changent le visage de la cité. Les bulldozers de la municipalité, puis ceux de toute la ville, abattent le mur de béton qui séparait Jérusalem de Jérusalem ; puis ils se lancent contre les taudis agglutinés tout autour du mur des Lamentations et des remparts près de la porte de Jaffa. En quelques heures, le plan d'urbanisme prévu par les Anglais près de cinquante ans plus tôt est réalisé : les habitants de ces quartiers seront aussitôt relogés et indemnisés.

Nous publions un programme visant à réunifier les services municipaux de Jérusalem arabe et juive en matière d'eau, d'électricité, d'hygiène, d'éducation, de culture, de services sociaux et d'urbanisme. Une procédure d'urgence est mise sur pied pour réparer les immeubles endommagés des deux côtés de la frontière : les entrepreneurs passent de maison en maison, établissent des devis, font les réparations et envoient la note à l'État. Des ouvriers travaillent dans notre maison pendant deux bons mois pour réparer les dégâts de soixante heures de combats. La maison de la frontière, qui se situe désormais au centre de la ville, fait ainsi peau neuve.

Il faut annoncer au monde qu'Israël respectera les Lieux saints, qu'il garantira la liberté de leur accès, faire un solennel appel aux Juifs et à nos amis du monde entier pour qu'ils nous aident dans ce nouveau défi que l'histoire nous lançait. Mais jamais plus qu'en ces jours nous n'avions senti l'impuissance des mots pour traduire la réalité des événements que nous vivions : partout ailleurs, j'avais le sentiment que les mots exagéraient toujours la réalité qu'ils entendaient décrire. Ici, le réel s'auréolait à nos yeux d'une telle transcendance qu'aucune expression verbale ne pouvait le décrire ou le mesurer. Des centaines de milliers de pèlerins défilaient devant le mur des Lamentations, devenu pour eux celui des Jubilations. Ils arrivèrent pour les fêtes de Pentecôte, par une nouvelle route ouverte en trois jours, du 8 au 11 juin, par nos services. Je vis, un soir, une adolescente, non loin du Mur, figée dans une contemplation que le fleuve humain autour d'elle ne parvenait pas à troubler, immobile, le regard perdu dans l'infini qu'elle reflétait par son étonnante beauté de madone. Des larmes coulaient sur son visage, je garde d'elle et de son silence plus grand souvenir que de nos phrases. Comment celles-ci auraient-elles pu exprimer notre rencontre avec l'esprit qui inspirait ces heures ? Notre peuple cessait d'être une poussière d'individus pour devenir une personne vivante, visiblement ressuscitée d'entre les morts. La distance qui sépare l'homme de son prochain, la vie de la mort, s'était soudain abolie pour quelques-uns, au feu d'une détermination absolue. L'esprit avait soufflé en tempête sur cette ville qui retrouvait son unité dans le feu et le sang de la nuit, une nuit révélée et révélatrice qui éclaire depuis chacun de nos jours, malgré les ombres qui demeureront encore tant que le conflit qui déchire ce pays et meurtrit Israéliens et Palestiniens ne sera pas résolu. Le mur de béton était abattu : il sera plus difficile de démolir le mur invisible qui sépare encore dans Jérusalem Juifs, chrétiens et musulmans. Cette guerre, à Jérusalem, nous avait été imposée : notre victoire, qui nous remplissait de bonheur, faisait le deuil de nos voisins arabes et de certains chrétiens qui, comme Massignon naguère, ne se résignaient pas à voir Israël gouverner Jérusalem. Oui, le plus urgent serait d'abattre le mur intérieur qui nous séparait les uns des autres. Pour l'instant, il nous fallait nettoyer le no man's land de ses milliers de mines, le débarrasser des barbelés, enlever des casernes les tonnes de munitions qui avaient transformé la ville de la paix en une forteresse pleine d'explosifs suffisants pour faire sauter le pays tout entier. Ces tâches coûtèrent encore des vies humaines. Mais un autre no man's land reste encore à rédimer, celui qui sépare les religions, les ethnies, les cultures et qui est miné par tant de haine, d'ignorance, de peurs.

J'avais été élevé parmi des Arabes en Algérie, j'avais grandi avec eux, parmi eux. Les dix-neuf années du partage de la ville nous avaient coupés de leur monde. Nos enfants ne les connaissaient que par les coups de feu qui ensanglantaient nos frontières jusqu'au seuil de notre demeure. Maintenant, ils pourraient avoir des amis arabes, parler leur langue, vivre avec eux, apprendre la valeur du mot « fraternité » au sein de l'événement qui nous réunissait. Ce rêve finira-t-il jamais par devenir réalité ?

Le 14 juin 1967, jour de la Pentecôte, Jérusalem fut envahie par des pèlerins venus non seulement de tout le pays mais du monde entier, renouant avec une tradition interrompue depuis la destruction du Temple, voici mille huit cent quatre-vingt-dix-sept ans. L'esprit de Pentecôte était visiblement présent au cœur de ces multitudes d'hommes, de femmes, d'enfants venus depuis notre retour de cent deux pays du monde pour ce rendez-vous immémorial, pour donner leurs baisers à ce mur des Jubilations devenu leur fiancée de pierre. Pendant dix-neuf ans, nous montions sur les toits du mont Sion voir de nos yeux cette ville inaccessible. Et voici que nous y étions, pensant vivre un rêve deux fois millé-

diviser : chacun était libre d'aller ou de venir à son gré dans tout le territoire de Jérusalem, redéfini par la loi du 28 juin 1967. Ces mesures suscitaient des drames de conscience parmi nous. Nous n'avions d'autre choix que d'unifier la ville. Il était inconcevable de la rendre aux Jordaniens qui refusaient la paix que nous leur proposions, impossible de la partager avec les Palestiniens et impossible de la laisser sous administration militaire. L'unification impliquait un régime d'égalité et de liberté pour tous les habitants

Or les Arabes palestiniens vivaient sous le coup d'un triple traumatisme : celui de décennies de propagande antisémite et anti-israélienne, celui de la défaite du monde arabe vaincu en moins d'une semaine de combats, celui enfin de voir tomber Jérusalem sous la souveraineté juive. La gravité de ces faits échappait à la plupart de nos dirigeants. La propagande arabe, celle de Choukeïri par exemple, atteignait et parfois dépassait l'outrance haineuse des nazis, ce qui confortait chez nous l'opinion des extrémistes. La victoire éclair des Juifs ne pouvait que désespérer les patriotes arabes, et le drapeau sioniste flottant sur la ville risquait de les pousser aux pires extrémités. Rendre la liberté de circulation à une masse de soixante-dix mille Arabes appuyés sur un arrière d'un million et demi de Palestiniens de Cisjordanie paraissait démentiel aux yeux des plus prudents : c'est, après tout, au nom des Palestiniens que le monde arabe nous faisait sa guerre depuis la création de notre État. Il fallut beaucoup de courage, de foi, d'espérance au gouvernement d'Israël, notamment à Moshé Dayan alors ministre de la Défense, appuyé en cela par notre conseil, pour lever toutes les barrières administratives et policières qui séparaient Jérusalem de Jérusalem. Les pessimistes prédisaient le pire : aucune police, aucune armée ne saurait empêcher les tragédies qui naîtraient du choc de la rencontre. Quels effets auraient sur l'opinion publique mondiale, sur l'avenir de la capitale, du pays, du Proche-Orient, les troubles qui risquaient de se déchaîner ? Nous avions tous conscience de manipuler des explosifs : éclateraient-ils dans nos mains ?

Les barrières se levèrent le 29 juin 1967 à midi. Au lieu des massacres annoncés, Jérusalem vécut ce jour-là l'une des heures pathétiques de son histoire. Des dizaines de milliers d'Arabes envahirent la ville juive, tandis que la ville arabe voyait déferler sur elle des foules juives innombrables : chacun était mû par la curiosité de voir ou de revoir la partie interdite de la ville du partage, chacun était avide de découvrir le visage de la ville réunifiée. Jérusalem hébraïque donnait le spectacle paradoxal d'une cité abandonnée par sa population juive qui se promenait pendant ce temps dans la ville arabe. Dans nos rues, les Arabes découvraient avec étonnement et non sans bouleversement ce que les Juifs avaient fait de leur côté. Les badauds s'assemblaient aux carrefours pour admirer les feux de signalisation qu'ils n'avaient jamais vus encore. Les amateurs d'art se pressaient dans les musées, les commerçants dans les magasins pour comparer les prix, tous s'étaient habillés du mieux qu'ils pouvaient : une atmosphère de fête régnait dans toute la ville délivrée, croyait-elle, du spectre de la guerre. Des marchands ambulants arabes, dès ce jour-là, se mirent à vendre dans nos rues leurs marchandises. Les parents évoquaient d'anciens souvenirs à leurs enfants. Ils visitaient les quartiers arabes d'Abu-Thor, de Talpiot, de Mousrara, de Bakaa pour revoir les maisons où ils étaient nés, où ils avaient habité jadis. De vieilles femmes recherchaient des tombes au cimetière musulman de Mamilah.

La Vieille Ville, vide d'Arabes, était envahie par la foule haute en couleur des Juifs venus du monde entier : jeunes et vieux, hommes et femmes retrouvaient leur Jérusalem historique et s'identifiaient à ses pierres porteuses d'un chant immémorial, qu'ils vinssent d'orient ou d'occident, du nord ou du sud. Il était difficile, ce jour-là et les jours suivants, de circuler dans les ruelles étroites, encombrées de groupes éblouis par les spectacles qu'ils découvraient pour la première fois. Les commerçants arabes firent des affaires mirifiques : chaque Israélien tenait à avoir des objets de la Vieille

Ville, n'importe quoi, des soieries de Chine, des sardines du Portugal, des crayons ou des souvenirs, des jambons ou des saucissons... L'essentiel était de tenir en main quelque chose qui vînt de cet univers, si longtemps inaccessible pour nous. Pour tous, la visite du Saint-Sépulcre, de la Via Dolorosa, de la colline du Temple et des mosquées, couronnait l'inoubliable pèlerinage.

C'est ainsi que la rencontre eut lieu. Les anciens se retrouvaient après une absence de vingt ans dans les places, les rues, les maisons de la ville, et la vie reprenait son cours normal par-dessus l'hiatus du partage. Des Juifs recherchaient dans la Vieille Ville des marchands arabes auxquels ils devaient, depuis 1948, de petites sommes qu'ils n'avaient pu payer : le remboursement se faisait à la joie de tous. Des Arabes, de lourdes valises à la main, étaient en quête de leurs anciens voisins juifs, dont ils avaient fidèlement gardé, pendant deux décennies, les effets qu'ils leur rendaient. Des familles juives retrouvaient une fille, une tante, une cousine qui, mariée à un Arabe, avait vécu dans la Vieille Ville. Des Juifs yéménites affluaient à Siloé qu'ils avaient occupé jadis, tandis que les anciens habitants du quartier juif contemplaient les ruines de leurs maisons et de leurs synagogues : une quarantaine d'entre elles avaient été détruites, ainsi que des milliers de tombes du cimetière du mont des Oliviers.

Durant cette journée comme pendant les jours qui suivirent, il n'y eut pas un seul incident. Ce qui apparaissait impossible aux yeux des prudents avait eu lieu sous nos yeux : deux semaines seulement après la guerre, Jérusalem retrouvait son unité, dans la gravité d'une rencontre qui, en vérité, engageait non seulement l'avenir de la ville, mais, d'une certaine manière aussi, liait le destin des fils d'Abraham et du monde. Un nationaliste palestinien me dit : « J'ai cherché la haine dans le regard des Juifs, et je ne l'ai pas trouvée. » Du jour au lendemain, deux cités, l'une d'Orient, l'autre d'Occident, mêlaient leurs enfants : des turbans arabes et des houppelandes juives, de longues chlamydes orientales et des mini-jupes donnaient à nos rues l'aspect qui les caractérise depuis : celui d'un lieu de rendez-vous universel. « De ce seul fait, écrivait un chroniqueur enthousiaste, Jérusalem est devenu la capitale de l'univers. »

Nos Juifs ne doutaient plus de rien : ils se mirent à penser que la paix était possible... N'était-ce pas là d'ailleurs la vraie signification de cet événement incroyable pour nous : Jérusalem rendue à son unité et tout entière ouverte aux Juifs qui bouclaient devant son Mur leur exil deux fois millénaire. Nous sommes désormais responsables d'une ville restituée à ses traditions et à sa vocation de métropole où toutes les ethnies, les nations, les cultures, les religions du monde se rencontrent. Son caractère essentiel refaisait d'elle un microcosme où se révèlent tous les visages du monde. La démographie de la ville révélait des données significatives : les morceaux d'une mosaïque universelle prise dans la chair de l'humanité entière tentaient de se mettre en place dans la Ville des racines et des sources. Reflet de l'univers entier, Jérusalem est bien la cité des contrastes et des contradictions. Ses structures démographiques révèlent qu'elle possède, sur cent habitants, plus d'enfants et plus de vieillards, plus d'universitaires et plus d'analphabètes que partout ailleurs.

La ville nous semblait être une Belle au bois dormant, réveillée soudain dans la nuit du 6 au 7 juin 1967 au bruit de canons qui effaçaient sa frontière. Elle sortait d'un sommeil deux fois millénaire, et elle prouvait sa vigueur nouvelle en ayant d'un coup plus d'habitants qu'elle n'en avait jamais eu dans son histoire. Au temps d'Hérode, elle avait environ deux cent mille âmes. Du côté juif, nous atteignions difficilement ce chiffre lorsque la cité s'enrichit de sa population arabe. La réunification de la ville la transformait soudain en un gigantesque chantier.

Du côté arabe, il fallut déblayer les ruines, évacuer des tonnes d'armes, de munitions, de mines, certes, mais aussi refaire presque toute l'infrastructure urbaine et prévoir l'avenir de cette cité privilégiée, unique aux regards d'une vaste partie de l'humanité. Du côté juif, il était nécessaire de répondre aux vœux de milliers de personnes venues d'Israël et de la Diaspora pour s'installer auprès de nous. Il fallait, de plus, prévoir l'accueil de centaines de milliers de pèlerins et de touristes qui accouraient des cinq continents pour découvrir les voûtes du Saint-Sépulcre, le dôme de la mosquée d'Omar ou les pierres du Mur occidental.

Pendant que je siégeais au conseil municipal, la ville croissait ainsi à une allure rarement atteinte dans l'histoire urbaine. Cette explosion faisait évidemment peser sur nous et sur notre appareil municipal, comme sur nos forces de travail et sur notre avenir, des pressions considérables. Il fallut nous organiser avec rigueur pour faire face aux tâches qui nous accablaient. Un organisme spécialisé eut la charge du problème le plus délicat qui se posait à nous, la restauration de la Vieille Ville, de ses trésors d'art et d'architecture, de ses vestiges archéologiques, de ses portes et de ses remparts.

Couronnant le tout, Jérusalem fonda un comité mondial composé d'urbanistes, d'architectes, de théologiens, de philosophes, d'hommes d'État, d'artistes de toutes religions et nationalités, choisis en fonction de leurs compétences pour conseiller la ville sur ses projets de développement. Cette ouverture sur le monde, qui est volonté d'associer tous les talents aux graves problèmes posés par l'avenir de Jérusalem, constituait sans doute un fait significatif dans l'histoire de notre capitale.

L'important est de sauver les trésors archéologiques et artistiques de Jérusalem en créant plusieurs villes satellites qui contiendront une population de huit cent quatre-vingt-dix mille habitants en l'an 2010. Rarement plus de soin, plus de talents, plus de compétences ni plus d'amour auront été investis pour l'élaboration de ce plan qui permettra de fondre harmonieusement des réalités humaines les plus variées et les plus contradictoires.

La lumière d'abord. Ici, elle marie celles du désert et de la montagne à celles de la Méditerranée et d'un pays subtropical. Car Jérusalem est tout cela à la fois. Au gré des heures, selon la poussée des vents, l'harmonique dominante varie, modifiant de l'intérieur, me semble-t-il, les réalités terrestres de la ville. La symphonie lumineuse se métamorphose d'une saison à l'autre et varie d'une seconde à l'autre : il semble impossible de voir Jérusalem deux fois sous le même ciel. La distance qui sépare les objets semble se modifier selon la lumière qui les éclaire, plus puissante, plus subtile, peut-être, que partout ailleurs.

Jérusalem, c'est d'abord le ciel partout présent dans cette oasis bâtie sur la cime d'une montagne, entre deux précipices : vers l'occident, la Méditerranée visible de nos sommets, et, vers l'est, la mer du Sel, encore plus proche, au fond d'un abîme de douze cents mètres de profondeur, d'où l'exaltation de notre paysage où tout demeure à l'échelle de l'homme. La Jérusalem nouvelle, bâtie de ses rocs, sera à jamais sculptée dans cette lumière visible en tous ses horizons.

4.

Sur le toit du monde

Un site inspiré. La ville de la contestation. Le mendiant de l'impossible. Des conflits sans fin. Sur le qui-vive. Les affres de nos guerres.

Je contemplais souvent le site inspiré de la colline du Temple, un abîme entre deux abîmes. L'éperon du Moriah domine les vallées du Cédron, du Tyropéon et de la Géhenne. Dans ce décor sauvage de rocs, on a soudain le sentiment d'être comme sur le toit du monde. L'architecture accentue cette impression. La part de l'humain est la plus humble possible. Les maisons de la Vieille Ville sont basses, elles disparaissent sous un toit gonflé, ici et là, de dômes et de coupoles qui cachent, sous le ciel, la part de l'homme. On peut traverser la Vieille Ville en se promenant sur ses terrasses. Les maisons de l'homme sont édifiées en pierre : c'est ici la matière première la plus courante, la plus pauvre, celle que le maçon trouve en se baissant. Nous continuons cette tradition en interdisant tout autre matériau que la pierre.

Ce qui s'élève sur la nudité de nos collines, c'est la part du Ciel, le dôme du Roc, la mosquée d'El-Aksa, les minarets, le Saint-Sépulcre, les coupoles et les clochers des églises, les anciennes synagogues. Cette part est la plus belle : les matériaux employés sont les plus riches, l'or, l'argent, les céramiques, les bois précieux. Là, il est loisible de s'abandonner à l'ivresse, d'être hissé tout à coup en plein ciel. Car le ciel est partout visible. De partout il est possible de contempler la robe fauve du désert, le paysage tourmenté des montagnes et des vallées. Dans nos plans de développement, la priorité était accordée à la sauvegarde de la Jérusalem historique. Le défi ici encore n'était pas facile à relever. Athènes, Rome, Paris, la plupart des grandes métropoles modernes n'ont pas toujours réussi à sauvegarder leur ciel, leur terre ni parfois leur héritage artistique et archéologique. Partout l'argent est, en dernière analyse, la valeur qui impose sa loi. La pression est constante qui tente à cerner la Vieille Ville d'un infranchissable mur de béton revêtu de pierres, ce qui ajoute au sacrilège l'imbécillité du geste sans signification. Il fallait à tout prix empêcher d'édifier des immeubles de plus en plus hauts, pour le seul profit de promoteurs. Notre premier effort fut de défendre Jérusalem contre les assassins de sa beauté. Les marchands sont de toutes les religions et de tous les bords et animés parfois de bonnes intentions. Les chrétiens avaient ouvert la voie de la construction en hauteur dès le siècle dernier avec des édifices comme Notre-Dame de France ou l'église de la Dormition. Plus tard, l'école des Frères des écoles chrétiennes écrase le rempart de la ville et s'en sert comme mur de sa cour de récréation ! Les Arabes bâtissent sur le mont des Oliviers un grand hôtel dont la masse tourne le dos à l'un des paysages les plus beaux du monde. Les Juifs eux-mêmes se surpassent avec le sacrilège des tours bâties sur la French Colline ou disséminées dans un nombre grandissant de quartiers de la ville.

En 1967, la guerre de Jérusalem avait duré soixante heures : celle qu'il fallait gagner pour sauver le visage de la ville ne nous donnait pas plus de cesse. Le marchand de biens n'a qu'une idée en tête, bâtir toujours plus haut, toujours plus près de la Vieille Ville, ainsi que le firent les Anglais du mandat. Il est mû par l'appât du gain ; son espèce est nombreuse et a bonne conscience, certaine de toujours œuvrer pour la gloire de la Ville éternelle. Le plan directeur de l'urbanisme de Jérusalem vint donner un coup d'arrêt aux erreurs du

passé : la ville grandira sans mutiler son visage. Car, même s'il était de l'intérêt indiscutable de Jérusalem de demeurer une petite ville, il ne serait au pouvoir de personne de l'empêcher de grandir. Un diplomate me le dit un jour sans ambages :

« Il suffirait d'enlever Jérusalem aux mains des Juifs pour qu'elle demeure ce qu'elle est aujourd'hui. »

Nous entendions la bâtir en lui donnant ou en lui conservant son double caractère de capitale d'Israël et de haut lieu spirituel d'importance universelle. A cet égard, Jérusalem jouit d'une situation unique. Ses structures urbaines, sa topographie, son sol, ses remparts, ses sites historiques, malgré toutes les divisions et toutes les tragédies de son histoire, font d'elle l'un des centres inspirés. Les Juifs s'identifient avec le Mur, les chrétiens avec la Via Dolorosa et le Saint-Sépulcre, les musulmans avec le dôme du Roc. Une capitale, c'est cela : une puissance d'identité offerte au peuple. De nombreux sites de la Jérusalem ancienne comme de celle qui se bâtit de nos jours parlent à l'univers entier : rien ne doit troubler ce dialogue ni s'interposer entre le ciel, la terre et l'homme.

Chargé dans notre conseil municipal des relations intercommunautaires, interreligieuses et étrangères de la ville, dès que le calme fut revenu, j'invitai toutes les communautés religieuses, chrétiennes et musulmanes à se réunir dans notre mairie. C'était la première fois dans l'histoire de Jérusalem qu'une telle réunion avait lieu. La ghettoïsation de la ville était presque parfaite. Du côté chrétien, des communautés de onze confessions différentes, pour la plupart, n'entretenaient aucune relation entre elles. La fermeture était encore plus hermétique entre chrétiens et musulmans. Nous rencontrions les chefs de ces communautés pour la première fois, mais, fait paradoxal, c'était la première fois aussi que la plupart d'entre eux se rencontraient au cours d'une réception amicale. Je leur dis que cette mairie était la leur et qu'elle se tenait à leur disposition, avec l'ensemble de ses services, pour les aider à résoudre leurs problèmes municipaux. J'observais l'effet sur les rabbins de Méa-Shéarim de cette invasion pacifique de notre commune par tant de prêtres et de religieuses, d'imams et de cadis. Le vieux rabbin Poroush était comme fasciné par les religieuses qu'il approchait pour la première fois d'aussi près :

« Ah, si les filles d'Israël pouvaient être habillées aussi chastement que ces sœurs ! » me dit-il avec un éclair de jalousie dans le regard.

La ville avait retrouvé son unité physique et, pour les Israéliens, un statut politique qui comblait leurs ambitions, mais elle était déchirée par la persistance du conflit proche-oriental. Le roi Hussein de Jordanie revendiquait la Cisjordanie et la Vieille Ville de Jérusalem en tant que parties intégrantes de son royaume. Les organismes palestiniens de résistance, présidés depuis 1968 par Yasser Arafat, réclamaient, chacun dans son style, tout ou partie de la souveraineté de Jérusalem et des territoires administrés par Israël. Enfin les Nations unies, soutenues par le Vatican, continuaient à recommander pour la ville un statut international dont ni les Arabes ni les Juifs ne voulaient.

L'unanimité se faisait aux Nations unies : dès que l'on parlait de Jérusalem, il se trouvait plus de cent nations à l'Assemblée générale et parmi les membres du Conseil de sécurité pour voter contre Israël. Les résolutions du Conseil de sécurité de 1968, 1969, 1971, celles de l'Assemblée générale de juillet à novembre 1972 font époque par leur impressionnante unanimité dans la condamnation des réalisations d'Israël dans sa capitale. Bientôt, les Nations unies proclameront que le sionisme est un racisme, tandis que l'Unesco exclura de son sein l'État d'Israël. Une majorité automatique se mobilisait pour nous condamner en tout et pour tout, y compris pour nos fouilles archéologiques ! Plutôt que d'encourager Juifs et Arabes à résoudre leurs vrais problèmes, ces déclarations excessives envenimaient le conflit, qui servait si bien les intérêts de tant de monde.

Ainsi, depuis la création de l'État, la condamnation

d'Israël, puis de Jérusalem, était-elle devenue un rite de fécondation : à intervalles réguliers, les grands prêtres des nations se réunissaient et consommaient leur sacrifice rituel, en déposant leurs victimes humaines, comme des bûches sur un brasier, pour en entretenir la flamme. Tout le monde participait à la cérémonie, même nos meilleurs amis, tandis que, de bien des manières, nos politiciens eux-mêmes s'en faisaient les complices. Dans les couloirs des Nations unies, les hommes d'État étrangers qui venaient de voter contre nous n'éprouvaient ensuite aucune honte à nous dire : « Vous comprenez, compte tenu de la majorité automatique qui s'est créée contre vous, cela leur fait tellement plaisir et vous gêne si peu ! »

Pendant ce temps, les flottes américaine et soviétique croisaient devant les côtes du pays, le ciel espionnait cette terre et sur nos longues frontières s'accumulaient des quantités d'explosifs suffisantes pour rendre cette région du monde au néant originel. Depuis la guerre des Six Jours, je contemplais de l'observatoire privilégié où je siégeais au centre de Jérusalem la montée des périls. Je ne cessais d'alerter les puissants de ce monde. Ma *Lettre à un ami arabe* en 1969, ma *Lettre à un ami chrétien* en 1971 plaidaient pour la réconciliation d'Israël et des pays arabes, comme des Juifs et des chrétiens. Je voyais bien la complexité des problèmes qu'il nous fallait résoudre pour aboutir concrètement à la paix de Jérusalem. Celle-ci signifiait non seulement le désarmement des États en guerre, mais le départ de cette région du monde des conseillers étrangers qui encourageaient le combat et en donnaient les armes. Qu'ils partent avec des centaines de milliers de tonnes de bombes, d'obus, de missiles, de canons, de tanks, de radars, de Mig, de Phantom et de Mirage qu'ils déversaient généreusement sur cette terre et tout autour d'elle. La paix devait signifier par surcroît le départ des formidables flottes de guerre qui jour et nuit croisaient devant nos côtes. Chacun s'espionnait et nous espionnait, testant à travers notre conflit les pouvoirs semi-magiques des techniques modernes.

Arabes et Juifs faisaient les frais de cet imbroglio. Les uns et les autres se battaient, mais leur conflit n'était pas de ceux que la force pourrait résoudre. Les chefs arabes de leur côté, depuis 1920, avaient la faiblesse d'opter pour une politique dont ils n'avaient pas les moyens, d'où la longue série de guerres qui ont ensanglanté le Proche-Orient.

De mes fenêtres, mon regard se posait sur Jérusalem éblouissante de lumière en ses trois sommets – le mont Moriah, le mont Sion, le mont des Oliviers. Cette vision nourrissait ma pensée et mon action, sources et sites d'un idéal et des valeurs contraires à la nature de l'homme pour qui, selon Kafka, tout le possible est à jamais impossible. Jérusalem avait eu la folie d'annoncer au monde sa loi contraire : ici, dit Jérusalem, l'impossible est le seul possible de l'homme. Par mes livres, par mes articles, par mes conférences, je parcourais ce pays et le monde, tentant à tous les niveaux de conscience et de responsabilité et dans tous les milieux, mendiant de l'impossible, de répandre l'espérance de la paix...

La paix, un rêve ? Peut-être, mais pas plus fou que le rêve d'Abraham aspirant à l'âge du bronze à voir vivre sa descendance sur la terre de la Promesse ; pas plus fou que le rêve de Moshé de fonder un peuple dont la vocation serait d'être l'instrument de l'alliance des peuples ; pas plus fou que le rêve de Jésus fondant l'Église universelle ; pas plus fou que le rêve d'Israël de survivre à son triple exil bimillénaire et de renaître à Jérusalem, et qui ressuscitait aujourd'hui sous nos yeux... J'avais la conscience aiguë de ce que nous vivions à l'heure des sommations et des convergences, à l'instant où la réalisation de l'utopie conditionne la survie de la planète et nous offre seule une fragile chance d'échapper à l'enfer.

Mais, au lieu de notre rêve de paix, ce fut la réalité d'une quatrième guerre. Elle éclata le samedi 6 octobre 1973. A quatorze heures, l'Égypte et la Syrie lancèrent simultanément une offensive d'une ampleur sans précédent dans l'histoire militaire du Proche-Orient.

C'était le jour du Kippur. J'étais allé, dès l'aube, participer à la prière commune dans une synagogue sépharade de la Vieille Ville. A mesure que la journée avançait, j'étais inquiet de ne pas voir arriver Annette et nos enfants qui devaient me rejoindre dans la journée. Ce n'est qu'au crépuscule, après la clôture de nos prières, que j'appris ce qui s'était passé. La guerre avait éclaté au moment où Israéliens et Juifs du monde entier célébraient le rite le plus sacré de nos traditions, celui qui symbolisait la Fin des temps et le Jugement dernier. Pendant trois jours, du samedi 6 octobre au mardi 9 octobre, le pays risqua d'être écrasé par l'avance des quelques blindés qui auraient pu pénétrer par surprise dans Jérusalem, Tel-Aviv et Haïfa : pour la seule fois, j'ai tremblé alors pour la survie d'Israël.

Au dixième jour des combats, le conflit avait provoqué une confrontation entre Russes et Américains. Washington envisageait une intervention militaire et mettait ses forces en état d'alerte, y compris, disait-on, ses bombardiers atomiques. A l'issue de longues et dangereuses tractations entre les deux grandes puissances, les hostilités finirent par cesser sur les fronts du Sud et du Nord. Le cessez-le-feu avait provoqué un soulagement général au sein des peuples engagés dans cette guerre meurtrière. Nul n'avait à cœur de fêter une victoire. Israël avait perdu 2 522 soldats, plusieurs milliers de blessés étaient soignés dans ses hôpitaux. Les pertes syriennes et égyptiennes s'élevaient à un total de 18 500 morts et des dizaines de milliers de blessés.

Lorsque l'armée égyptienne avait traversé le canal dans des chars amphibies et s'était lancée à l'assaut de la ligne Bar-Lev, l'équivalent de la ligne Maginot, la plupart des soldats qui se trouvaient dans nos fortifications sur la frontière égyptienne, devant le canal, venaient de Jérusalem. Un grand nombre de victimes de cette guerre y avaient leurs familles. A la mairie, nous devions prévoir leur inhumation, ainsi que les soins à donner aux blessés de nos hôpitaux. Ma dernière mission en qualité de maire adjoint fut d'apporter les condoléances et les secours de la ville aux familles trouvées. Je n'oublierais jamais les scènes déchirantes dont je fus le témoin, auprès des familles que je visitais alors : leurs sanglots, leurs cris hantaient mes nuits. Je prenais la juste mesure des souffrances qu'Arabes et Juifs payaient pour prix de leur conflit. A quoi bon, si chaque guerre devait en annoncer une autre ? J'avais pendant trois ans auprès de Ben Gourion, pendant huit à la mairie de Jérusalem, participé à l'œuvre de construction et de pacification du pays. Mon deuxième mandat municipal arrivait à expiration en décembre 1973. J'avais pris la décision de ne pas demander le renouvellement de mon mandat municipal et de me retirer de la vie politique. Teddy Kollek était assuré de sa réélection aussi longtemps qu'il la solliciterait : il poursuivrait, contre vents et marées, l'œuvre d'édification de notre ville.

J'avais soif de silence. Me retirant de la vie politique, libéré de toute fonction officielle, je pourrais mieux me consacrer à la traduction de la Bible, ainsi qu'à la diffusion des idées que défendaient mes derniers livres, mes inlassables appels lancés dans le monde entier, à la paix entre les fils d'Abraham. Les Juifs, les chrétiens, les musulmans finiront-ils par honorer les Livres qu'ils disent sacrés en en respectant leur ordre de justice et d'amour ? La paix triomphera-t-elle un jour ? Ou la guerre finira-t-elle par nous détruire tous et, avec nous, l'adorable liturgie de la création ? Je pouvais le craindre à considérer l'état réel de la planète.

Ma vie – comme celle des hommes de ma génération – se déroule, depuis ma naissance, dans un monde en guerre. La situation actuelle, au Proche-Orient, révèle et dénonce l'état réel de l'espèce humaine en cette sanglante fin de siècle. Les polémologues y trouvent, à l'état pur, tous les éléments qui provoquent en chaîne d'interminables conflits : les intérêts économiques chevauchent ici des haines immémoriales d'origines ethniques, culturelles, nationales ou religieuses, utilisées par les États de la région et d'ailleurs pour entretenir sans fin un état de guerre.

Le conflit proche-oriental est si ancien et si complexe que personne ne tente plus de l'expliquer de manière rationnelle : il dure depuis trois quarts de siècle dans un véritable délire verbal où tout se dit et le contraire de tout dans d'absurdes monologues et d'effroyables gâchis. Pour moi, davantage qu'un problème politique, je vis cette situation comme une écharde dans ma chair. Le monde arabe fait partie intégrante de mon être, assumé en mon identité la plus profonde. Son affrontement avec Israël me blessait au plus vif de ma personne. Chacun se persuadait d'avoir seul absolument raison et, pour s'en convaincre, se faisait une représentation démoniaque de l'ennemi qu'il fallait vaincre et, si possible, anéantir. Il n'y a pas de guerre propre ; la nôtre s'enlaidissait encore de l'outrance des propagandes : elles creusaient entre les peuples un abîme qui se serait voulu infranchissable pour mieux perpétuer un conflit auquel les peuples s'étaient si bien habitués qu'ils n'imaginaient plus que la paix devait fatalement lui succéder un jour. Le pire pour les Israéliens et pour les Juifs fut sans doute de se voir mettre au ban des Nations unies et de l'Unesco devenant, dans plusieurs pays, une cible privilégiée des médias. Il fallait se défendre avec des discours, comme sur les champs de bataille avec des armes.

Si j'étais Israël déféré devant le tribunal des nations, loin de me défendre, je plaiderais coupable. Coupable d'avoir cru en Abraham, en son message d'unité, sur les pas de ses Prophètes, et d'avoir suivi ses enseignements, coupable d'être sorti d'Égypte pour entendre Moshé au pied du Sinaï, coupable d'avoir adopté une loi contraire à la nature des hommes : elle enseigne la réalité du seul I[adonaï]HVH Élohim et l'inanité des milliers d'idoles adorées par les Nations – d'une loi qui condamne le meurtre, le vol, l'adultère, alors que l'homme naturel n'est que meurtre, rapine, adultère...

Coupable d'avoir cru en l'unité de l'Être créateur et d'avoir érigé au faîte des valeurs Ses puissances de vie. La vie, non la mort, la paix, non la guerre, l'amour, non la haine !

Coupable d'avoir donné naissance à des religions, le christianisme et l'islam, au risque de les voir trahir I[adonaï]HVH Élohim autant et plus que je ne pouvais le faire, elles qui n'hésiteront pas à se retourner contre moi, pactisant avec mes pires ennemis.

Juifs, nous savions de quel prix nous devions payer le droit de vivre. Quand nous en mourions, nos prophètes nous enseignaient que nous ne tarderions guère à ressusciter en gloire : la résurrection des morts serait l'apanage de la fin des temps. Folie que cela ? Certes, mais pas plus grande que de rêver de paix universelle, de justice. Les chrétiens se sont établis sur cette folie, annonçant au monde que leur Messie, Jésus, était le premier ressuscité : d'autres suivraient.

Or voici que, tout d'un coup, rescapés de l'enfer hitlérien, nous ressuscitons avec notre terre et notre langue, celle de la Bible. Les Évangiles suggèrent la stupeur des disciples devant Jésus ou Lazare ressuscités. L'agression du monde arabe, ses guerres pour empêcher Israël de naître, puis après sa naissance pour le renvoyer dans sa tombe, ne provient-elle pas d'une terreur de même nature, celle que nous aurions tous si nous voyions une tombe s'ouvrir, un squelette en sortir, se revêtir de muscles, de chair, de peau, d'esprit, et si nous l'entendions nous parler soudain dans une langue morte elle aussi depuis deux mille ans ?

Il y a de cette peur aussi dans le refus du Vatican de normaliser ses relations avec Israël, plusieurs décennies après sa renaissance. Il n'est pas aisé de prendre acte de la résurrection d'un homme, à plus forte raison de celle d'un peuple dit élu et d'une langue réputée sacrée...

Églises et mosquées finiront nécessairement par prendre leur parti de ce que Kierkegaard appellerait une suspension ontologique de la loi de nature qui veut qu'un mort – homme, peuple ou langue – ne ressuscite pas.

Puisque j'ai ressuscité, dit Israël, vous finirez bien par en prendre acte. Ensemble ne devrions-nous pas œuvrer pour sauver notre planète de l'anéantissement qui la menace ?

5.

Les chemins de la paix

Chez le roi du Maroc. Le roi brise un tabou. Sadate à Jérusalem. L'ombre du pouvoir. Le chaos. Une génération nouvelle.

Maurice Druon cherchait à me voir à Paris. J'étais un lecteur de cet académicien qui fut aussi ministre de la Culture, mais je ne l'avais jamais rencontré. Grâce à Joseph Kessel, notre ami commun, il finit par me découvrir, la veille de mon départ pour Jérusalem, alors que je déjeunais à la Maison de l'Amérique latine avec Yves Jaigu, alors président de France-Culture à la Radiodiffusion nationale. Rendez-vous fut pris : Druon me transmit l'invitation du roi Hassan II à aller le rencontrer le plus tôt possible au Maroc.

En ce mois de février 1977, la nouvelle était surprenante. Depuis la création de l'État, le monde arabe n'avait aucun rapport avec Israël et, par mesure de réciprocité, les Israéliens, gorgés de méfiance, considéraient comme un délit tout contact avec lui. Aby Nathan, pour son action en faveur de la paix, finira par être mis en prison. Le poète Aaron Amir était attaqué pour avoir aidé des Libanais ; un haut fonctionnaire le traitait d'« auto-stoppeur » : défense était faite aux « auto-stoppeurs » de monter sur le char de État, surtout s'ils avaient la prétention d'en rectifier la direction. L'interdiction était encore plus rigoureuse quand il s'agissait du gouvernement : rien ne devait être fait pour le guérir de sa surdité et de ses aveuglements. Nahum Goldmann, le président du Congrès juif mondial, parce qu'il avait une politique étrangère différente de celle du gouvernement, se condamnait à vivre en marge d'un pouvoir, jaloux de ses prérogatives, qui critiquait acerbement ses relations avec les Arabes ou les Russes.

Cette situation était le fruit de décennies d'hostilité entre nos États en guerre. Le boycott arabe était intégral : rien de ce qui venait d'Israël – personnes, marchandises, livres ou journaux – ne pouvait franchir une frontière arabe. Des deux côtés, la fermeture était à peu près totale. En 1972, je participai à l'un des premiers face-à-face télévisés entre Arabes et Israéliens. L'écho en avait été considérable, mais cela ne donna guère plus qu'un effet médiatique. Ceux qui mettaient la main à la pâte et entretenaient des contacts directs avec l'O.L.P. étaient considérés comme des traîtres par la droite israélienne ou des gêneurs par le gouvernement.

Même les Juifs de la Diaspora étaient impliqués dans ce boycott : ils étaient indésirables dans les pays arabes jusque dans les années 70. A cette époque, le gouvernement d'Israël préférait que les Juifs, comme les Israéliens, s'abstiennent d'entretenir des relations avec les Arabes. Henry Kissinger, de son côté, entendait favoriser des rencontres entre intellectuels juifs et des dirigeants arabes sans trop y parvenir. Sadate était prêt à recevoir Élie Wiesel, le futur prix Nobel de la paix : ce fut, dit-on, Rabin et Golda Meir qui s'opposèrent à cette rencontre qui n'eut jamais lieu. Les Juifs obéissaient ainsi à ce tabou, désireux de ne pas gêner le gouvernement. Quant aux Israéliens, une loi leur interdisait d'entretenir quelque contact que ce fût avec les pays arabes – et même de survoler leur territoire. L'abîme qui séparait les belligérants croissait ainsi : le malentendu était total et s'aggravait avec le temps. Depuis des décennies, le blocage était acquis : désastreux par lui-même, il servait tant d'intérêts qu'il eût fallu une série de miracles pour écarter les obstacles accumulés sur la route de la paix. Elle finit pas s'ouvrir du côté de l'Égypte, grâce au courage d'un roi, Hassan II.

Le roi du Maroc, en m'invitant, brisait un tabou. A soi seul, cela faisait tout le prix de son invitation que j'acceptais sur-le-champ. Par l'entremise de l'ambassadeur d'Israël en France, M. Gazit, je mis aussitôt le gouvernement d'Israël au courant de cette ouverture inattendue et rentrai à Jérusalem pour recevoir les instructions qu'il jugerait utile de me donner. Au lieu de voir le chef du gouvernement, I. Rabin, ou le ministre des Affaires étrangères, Igal Allon, comme il eût été normal, je fus accueilli par le directeur général du ministère des Affaires étrangères, Shelomo Avineri, flanqué d'un homme dont il ne me précisa pas l'identité, probablement un agent des services secrets. Ce dernier se tint coi pendant notre entretien, qui fut bref. Shelomo Avineri me déclara que, après consultation du chef du gouvernement et des différents services concernés par mon voyage au Maroc, il m'était conseillé de ne donner aucune suite à l'invitation que j'avais reçue.

Je m'attendais à tout sauf à cela. Je demandai le pourquoi d'une telle décision. La réponse que je reçus me parut dérisoire : « S'ils veulent avoir des contacts avec nous, ils connaissent l'adresse du gouvernement ! » D'autres arguments furent encore mis en avant, qui m'étonnaient de la part d'un gouvernement responsable. Je dis à mes interlocuteurs ce que je pensais et partis en déclarant que je réfléchirais à ce qu'ils venaient de me dire, et déciderais après avoir pris conseil de mes amis.

J'en référai aussitôt au président de l'État, le professeur Ephraïm Katzir. Celui-ci s'informa auprès des différentes personnalités concernées par mon éventuel voyage. Après l'avoir fait, il me répondit qu'il y avait une unanimité au sommet de l'État pour me déconseiller ce voyage, mais que, après m'avoir entendu, il me suggérait d'agir selon ma conscience : je sentais bien qu'il envisageait ce projet avec sympathie. Je passai outre à l'administration en mettant au courant de mon voyage le président de la commission des Affaires étrangères et de la Défense nationale, Itsaac Navon, et partis pour Paris en compagnie de ma femme, que le roi avait eu la courtoisie d'inviter aussi.

L'idée de retrouver mon Afrique du Nord natale m'émouvait profondément. Je n'étais pas revenu au Maroc depuis le 4 janvier 1960 : la semaine que j'y avais passée du 4 au 11 janvier m'avait permis d'établir des contacts avec le gouvernement marocain, notamment avec Si Bekaï, qui en était le président, et avec ses ministres, Ben Barka, Bouabid, Aherdan et d'autres, que je connaissais du temps où ils combattaient pour leur indépendance. Chacun savait que j'habitais Jérusalem, ce qui ne m'empêchait pas de donner au Maroc des conférences publiques, tandis qu'en privé je m'entretenais avec le gouvernement des problèmes que posait la poursuite de l'immigration juive, ainsi que la rupture des relations postales entre le Maroc et Israël. A cette époque, Ben Barka se montrait tout disposé à rencontrer Golda Meir : il avait pour elle, me disait-il, une profonde admiration. Golda fut sensible au compliment qu'il lui adressait par mon intermédiaire ; elle lui envoya aussitôt un de ses collaborateurs, qui le vit à Paris, dans l'appartement de mes beaux-parents. L'envoyé de Golda réussit en moins d'une heure à détruire ce que je tentais d'édifier sur la bonne volonté de Ben Barka, alors l'homme fort du gouvernement, que j'avais rencontré chez lui, au Maroc, à Paris et, par la suite, à Bonn. J'avais laissé les deux hommes en tête à tête. Lorsque je les retrouvai à la fin de leur entretien, je compris, au visage défait de Ben Barka, ce qui s'était passé. L'homme, originaire d'Europe centrale, avait cru utile de mettre au courant le ministre de tout ce qui se tramait dans l'ombre pour accélérer l'émigration clandestine des Juifs. Ben Barka connaissait la situation, mais, officiellement, il ne pouvait voir dans cette action clandestine, menée dans son pays par un gouvernement étranger, qu'une grave atteinte portée à la souveraineté marocaine. C'en était fini des projets que nous avions faits ensemble, notamment celui d'un voyage en Israël pour visiter les réalisations agricoles qui le passionnaient. Je ne devais plus revoir Ben Barka : peu de temps après, il fut enlevé à Paris par deux policiers français et assassiné ; le général Oufkir, ministre de l'Intérieur du Maroc, fut accusé d'être l'instigateur de ce crime.

J'étais heureux de retourner au Maroc à la faveur de cette invitation. J'arrivai à Marrakech où le roi se trouvait, le vendredi soir 4 mars 1977, accompagné par ma femme. Le ciel des nuits d'hiver du Sud marocain était plus lumineux que jamais. Amoureux de ce site exceptionnel, le roi Hassan II, au pouvoir depuis le 26 janvier 1961, en avait fait une de ses résidences préférées pendant l'hiver.

En traversant, en compagnie de Maurice Druon, les vastes esplanades qui, au palais royal, nous conduisent vers le pavillon de la Gacilla, je songe au privilège et aux risques de cette rencontre. Je connaissais le Maroc sous tous ses visages et j'avais de profondes affinités avec les structures traditionnelles qui caractérisaient son judaïsme aussi bien que son islam. J'avais suivi avec un intérêt sympathique les efforts des nationalistes pour obtenir l'indépendance de leur pays : j'avais noué avec plusieurs d'entre eux des liens d'amitié. Avec René Cassin, Nahum Goldmann, Giorgio La Pira et tant d'autres amis, nous nous efforcions, au plus fort de la crise qui secoua le Maroc, d'aider à la solution du conflit. Mohammed V avait été déporté en Corse puis à Madagascar. L'insurrection armée, accompagnée d'actions terroristes et, dans le Rif, de guérilla, obligea le gouvernement français à le rappeler au pouvoir en 1955. C'est à ce moment que j'avais rencontré pour la première fois le prince Hassan : à son retour de Madagascar, Mohammed V nous reçut dans le pavillon Henri-V au château de Saint-Germain-en-Laye, où j'arrivais en compagnie du président René Cassin. Faisant antichambre, le Glaoui, qui avait tenté de mobiliser les tribus berbères contre le sultan en 1951, plus livide que jamais, attendait d'être reçu pour solliciter l'aman du sultan. Dans le salon où celui-ci nous reçut, il avait à ses côtés le prince Hassan, qui, en 1960, sera le vice-président du gouvernement marocain avant de succéder au roi son père.

Allant vers lui, j'avais conscience du courage qu'il avait fallu au roi pour m'inviter ouvertement à venir le rencontrer, premier souverain arabe à briser le tabou qui mettait les Israéliens au ban de la cité musulmane.

Le roi nous accueillit dans son salon où le général Moulay Hafid se trouvait déjà. Le roi avait en main un exemplaire de ma *Lettre* à un *ami arabe*. Après les salutations d'usage, à sa manière franche et directe, il entra dans le vif du sujet. Il me posa plusieurs questions sur le personnel politique d'Israël et sur les affrontements, au sein du parti travailliste, entre Rabin et Peres. Il me déclara alors : « Soyez mon messager officiel pour assurer votre gouvernement de ce que les États arabes veulent la paix. Les temps du refus d'Israël par les Etats arabes sont révolus. Plus personne ne nie la légitimité de l'État d'Israël, et plus personne n'en conteste l'existence. Le conflit ne sert plus que les intérêts du communisme mondial. Il fait le jeu des puissances étrangères, des marchands de canons, des pétroliers et des stratèges qui l'exploitent au profit d'intérêts qui ne sont pas ceux des Arabes ou des Juifs. Une nouvelle guerre signifierait une terrible saignée pour le Proche-Orient, et pour le monde le risque d'une troisième guerre mondiale. On sait qu'Israël a la bombe atomique. D'où l'urgence de préparer la paix par des négociations directes entre Israël et les Arabes, y compris les Palestiniens. »

Le roi évoque alors la politique constamment favorable aux Juifs de sa dynastie. Son père, Mohammed V, avait eu une nourrice juive, Simba, qui lui avait donné plus de lait que sa propre mère. Lui-même a peut-être eu jadis une grand-mère juive. Il est grand temps que les Arabes et Israël s'entendent pour maîtriser une situation dont ils sont les victimes. « Les États-Unis sont, dit-on, la première puissance mondiale La deuxième puissance mondiale, ce n'est pas l'U.R.S.S. mais les États-Unis hors des États-Unis, me dit-il. L'équilibre mondial actuel sera bouleversé le jour où les États arabes et l'État d'Israël feront la paix. Grâce à leur situation, à leurs richesses, à leurs relations mondiales, les États arabes et l'État d'Israël s'érigeront alors au rang de puissance mondiale. »

Le roi poursuit sa méditation en déclarant que, puisque le conflit est exploité par des puissances qui ont un intérêt politique ou économique à sa prolongation – puissances qui seraient affaiblies par la fin du conflit –, il serait sage et opportun d'envisager le règlement des questions entre Arabes et Israéliens en tête à tête, par des contacts directs qu'il est prêt à faciliter sur différents plans, à commencer sur le plan religieux et théologique.

« Des relations existent entre nous, mais nous sommes las d'être gouvernés par des barbouzes, ajouta-t-il dans un sourire. Je vois aussi mon vieil ami Nahum Goldmann qui vieillit et politise tout. C'est sur le plan spirituel que nous devons entreprendre notre dialogue afin de mieux asseoir l'œuvre de paix. »

En sa qualité de Commandeur des croyants, il était prêt à réunir une conférence mondiale de musulmans, de chrétiens et de juifs. Il ajoute qu'il est prêt à écrire au pape pour qu'il s'associe à la réalisation de ce projet, auquel il me demande de contribuer aussi.

Bien entendu, je m'étais gardé de soulever la question de Jérusalem. C'est le roi qui le fit incidemment, non sans humour, en déclarant à Maurice Druon : « Les Arabes ont La Mecque. Que pourraient-ils faire de Jérusalem ? Si une guerre doit être faite à Israël pour lui reprendre Jérusalem, ce serait aux chrétiens de la faire, pas aux Arabes ! »

Nous parlons alors du problème palestinien et de l'action de l'O.L.P., où les modérés sont en majorité. Les irrédentistes hostiles à l'apaisement sont une minorité estimée à environ trente pour cent de la représentation politique de ce mouvement. Ses propositions changent avec la situation politique. Au terme du conflit, le Proche-Orient devrait s'ériger en un État confédéral ou fédéral qui associerait trois peuples, Israël, les Palestiniens et les Jordaniens dans le cadre de l'ancien territoire du mandat britannique. Sur ces cent mille kilomètres carrés, plusieurs solutions pourraient être envisagées pour unir les territoires en assurant la répartition fonctionnelle des compétences, comme le suggère ma *Lettre à un ami arabe*.

Le roi m'interroge alors sur les Juifs du Maroc établis en Israël : quels sont leur nombre, leurs professions, leur réputation ? Il souligne la compréhension profonde qui existe traditionnellement entre les Arabes et les Juifs dans les pays arabes, unis par une complicité tellurique, née d'une longue cohabitation et d'une culture nourrie aux mêmes sources. Cette communauté de destin devrait aider à la reprise du dialogue entre les États arabes et l'État d'Israël.

Je présente alors une requête au roi. Ma femme et moi étions entrés au Maroc en présentant à la frontière nos passeports français. Or j'étais invité et reçu en tant qu'Israélien. Par souci de vérité, je souhaitais que nous soyons autorisés à quitter le royaume sous nos vrais visages avec nos passeports israéliens. Le roi réplique aussitôt qu'il ne peut pas se mentir à lui-même. Il est vrai qu'il m'a invité en tant qu'Israélien, je sortirai donc de son royaume avec mon passeport israélien. Il ajoute : « Il faut en finir avec les petits jeux de cache-cache, qui sont peut-être de mise quand il s'agit de politiciens, mais qui sont déplacés avec un écrivain connu comme vous l'êtes, venu au Maroc sur l'invitation du roi et qui rencontre ses ministres et, ouvertement, toutes les personnalités que vous voudrez. »

Le roi, sur-le-champ, donne ordre au général Moulay Hafid de régulariser les visas d'entrée et de sortie du royaume sur nos passeports. C'est un instant d'émotion que Maurice Druon souligne en murmurant : « C'est admirable ! »

Effectivement, nous sortirons de Fès le 13 mars suivant, accompagnés à l'aéroport par le beau-frère du roi, M. Mhamed Mernissi, et par le représentant du gouverneur, venu lui-même le matin donner des ordres à la police, et par le commandant de police : nos deux passeports israéliens seront tamponnés à l'entrée et à la sortie du Maroc au timbre du royaume. C'était la première fois que des passeports israéliens étaient validés aux frontières d'un État arabe.

Avant de clore notre entretien, le roi me dit plaisamment qu'il me nommait ministre sans portefeuille et m'invitait à revenir souvent au Maroc pour le revoir et donner suite aux projets ébauchés au cours de cette audience. Il donne devant moi des ordres pour que nous soyons officiellement traités en hôtes du roi jusqu'à la fin de notre séjour. L'audience s'achève par une conversation sur les traductions de la Bible et des Évangiles que je venais de publier.

Le proverbe arabe : *Dif El-Malik, dif Allah* (« l'hôte du roi est l'hôte d'Allah »), se vérifia pour nous à Casablanca, à Rabat et à Fès, où le roi avait mis à notre disposition pendant tout ce séjour une de ses Mercedes conduite par celui qui avait été le chauffeur de son père, le roi Mohammed V : à chaque étape, les autorités nous reçoivent officiellement. Je rencontrai le Premier ministre, M. Ahmed Osman, les ministres d'État Aherdan, Bouabid et Boucetta, tandis que Si Moulay Ahmed Alaoui, ministre d'État, organisait en notre honneur des réceptions à Marrakech, à Casablanca, à Fès, au cours desquelles je rencontrai des personnalités musulmanes, chrétiennes et juives heureuses de me retrouver au Maroc. La plus surprise fut sans doute Denise Masson, la traductrice du Coran, qui nous reçut une fois de plus dans sa belle maison de Marrakech, où nous fêtâmes l'anniversaire d'Annette le 6 mars. Moulay Ahmed Alaoui consacra plusieurs articles à mon voyage. En présence de Maurice Druon, j'eus également un long entretien avec M. Mhamed Bahnini, ministre d'État chargé de la Culture, au cours duquel nous eûmes une franche explication sur les convergences et les divergences possibles entre les États arabes et l'État d'Israël sur un éventuel règlement de leur conflit. A Marrakech encore, j'eus l'occasion de rencontrer le prince héritier et son jeune frère. Du 10 au 13 mars, à Fès, nous fûmes les hôtes de M. et Mme Mhamed Mernissi, dont l'accueil fut également inoubliable.

La communauté juive crut rêver en apprenant ma présence au Maroc. Elle me reçut dans l'antique synagogue de Fès qu'illustre le souvenir de Maimonide. Depuis la création de l'État d'Israël, une tension régnait dans tout le monde arabe entre musulmans et Juifs. Me voir accueilli par le roi et ses ministres, venir à la synagogue prononcer un discours en hébreu, arriver là dans l'auto du roi conduite par son chauffeur, tranchait avec les habitudes qui avaient été prises depuis le temps de l'émigration clandestine. Ce fut une explosion de surprise et de joie que le grand rabbin exprima dans un discours en hébreu. Je leur donnai des nouvelles d'Israël et de mes rencontres avec le roi et les principaux membres du gouvernement marocain. Les acclamations qui les accueillirent donnèrent la mesure de l'enthousiasme de mes hôtes.

La presse mondiale donna un large écho à ma visite : le *Washington Post* lui consacra toute une page. Les journaux d'Israël l'annoncèrent sur cinq colonnes à la une. L'essentiel était de faire entendre le message que j'avais reçu de la part du roi et de son gouvernement. De retour à Jérusalem, je fis au président Ephraïm Katzir le compte rendu de ma mission marocaine, à laquelle il donna l'importance qu'elle avait. Il s'efforça, comme je le faisais de mon côté, de répercuter ces nouvelles parmi les ministres. Ceux-ci étaient engagés dans d'implacables batailles politiques nées autour de Shimon Peres et Itzhak Rabin. Le premier luttait pour avoir la présidence du parti travailliste, tandis que le second, qui avait démissionné du gouvernement trois mois auparavant, essayait de faire oublier ses démêlés avec la justice pour une affaire de contrôle des changes.

Shimon Peres était, à titre provisoire, le chef du gouvernement lorsque je lui rendis compte de mes entretiens de Marrakech. La tête visiblement ailleurs, il était sans réaction à mon discours, ce que je lui reprochai amicalement. J'entendis alors une réplique digne d'une nouvelle courtelinesque : « Comment veux-tu que je réagisse à quelque chose qui n'a pas de précédent !... »

Grâce au président Ephraïm Katzir et à Moshé Dayan, les choses n'en restèrent pas là. A la suite du rapport que je lui remis en date du 4 avril 1977, Ephraïm Katzir, en sa qualité de président de l'État, fit savoir au roi Hassan II, par mon entremise, qu'il approuvait pleinement ses propositions. Il espérait voir leur réalisation qui arracherait Arabes et Juifs aux ruines de leurs guerres et marquerait le début d'une ère nouvelle pour le Proche-Orient et pour le monde.

A peu près seul parmi tout le personnel politique du pays, Dayan comprit l'importance des projets que le roi du Maroc m'avait demandé de transmettre en Israël, et qu'il ne cessait de répandre dans la presse mondiale. Pour les réaliser, Dayan s'adressa d'abord à notre voisin immédiat, le roi Hussein, avec qui il eut un entretien secret à Londres le 22 août 1977. Le roi de Jordanie n'avait pas l'intention de prendre quelque initiative que ce soit concernant les Palestiniens : lui aussi s'opposait à la création d'un État palestinien indépendant, dirigé par l'O.L.P., qu'il jugeait préjudiciable à son régime. Ce serait donc du côté de l'Égypte que le gouvernement d'Israël se tournera pour entreprendre la laborieuse édification de la paix. Le roi du Maroc acceptait d'être le médiateur de cette démarche. Le 4 septembre 1977, Moshé Dayan fit la première de ses trois visites secrètes au Maroc : elles aboutirent au voyage de Sadate à Jérusalem. Au cours de cette première visite, Dayan exposa sa conception d'une stratégie cohérente de la paix. Il fallait mettre au point un accord secret, qui serait réalisé par étapes jusqu'à l'établissement de la paix avec tous les pays arabes. A son deuxième voyage au Maroc, le 15 septembre 1977, il rencontra le représentant de l'Égypte, le docteur Hassan Tuhami. Après quatre heures d'entretien en présence du roi du Maroc, les deux hommes tombèrent d'accord sur les lignes générales d'un plan de paix qui serait soumis à Sadate et à Begin. Le dialogue, que le roi du Maroc souhaitait en me parlant huit mois auparavant, était entamé. Le 9 novembre 1977, Anouar el-Sadate déclarait devant le Parlement égyptien qu'il « était tout disposé à aller jusqu'aux extrémités de la terre si cela pouvait empêcher un seul enfant de l'Égypte d'être tué ou blessé au combat », puis il lança : « Israël sera surpris d'apprendre que je suis prêt à me rendre à Jérusalem, dans son Parlement, pour préparer la paix avec ses députés. »

Sadate avait pris sa décision dans l'avion qui le ramenait d'Arabie Saoudite au Caire, après un séjour en Roumanie où le président Ceausescu avait encouragé son projet. Le 13 novembre, quatre jours après le discours de Sadate, Begin invitait officiellement le président égyptien à venir à Jérusalem engager des pourparlers en vue d'une paix permanente entre Israël et l'Égypte. Le 19 novembre 1977, un samedi soir à vingt et une heures trente, après la clôture du shabbat, le Boeing du président égyptien atterrissait à Tel-Aviv à la stupéfaction universelle. Des centaines de millions de spectateurs répartis sur toute la planète retenaient leur souffle devant leurs télévisions. Pour tous, l'impossible se réalisait, l'utopie prenait lieu.

Pierre et Marie-Claire Mendès France étaient alors à Tel-Aviv, pour un colloque sur la paix au Proche-Orient. Plus aucune chambre n'étant libre dans les hôtels, ils avaient passé la nuit chez nous à Jérusalem. Au matin, la nouvelle bouleversante de l'arrivée de Sadate était connue. Les bras levés, Pierre descendit joyeusement de la chambre où il avait dormi, en s'écriant à mon adresse : « Vous aviez raison parce que vous avez cru au miracle. » Il avait toujours douté que cet impossible que j'annonçais pût jamais se réaliser. Nombreux furent alors les journalistes qui me demandèrent si j'avais été surpris par l'arrivée de Sadate. Je répondais : « Ma seule surprise demeure que la folie de la guerre ait duré si longtemps, ait fait tant de morts, tant de dégâts alors que tout pousse Juifs et Arabes à se réconcilier pour devenir enfin les maîtres de leur destin. »

Un vent d'enthousiasme souffla sur Jérusalem pendant les quarante-quatre heures où le président Sadate la visita. Il arriva le samedi soir 19 novembre 1977, à vingt heures, après la fin du shabbat. Son visage rayonnait d'une réelle grandeur spirituelle à son arrivée sur notre terre pour la visitation qui engageait l'avenir de nos peuples et, dans une certaine mesure, celui de l'humanité. A l'aéroport de Tel-Aviv, dans les rues de Jérusalem, des dizaines de milliers de personnes, Juifs, chrétiens, musulmans mêlés, acclamaient d'un seul cœur ce héraut de paix.

Le voyage de Sadate coïncidait avec un symposium international sur la paix organisé par la revue *New Outlook*. Des militants de la réconciliation arabo-israélienne se trouvaient là, autour de Pierre Mendès France, de lord Caradon et de Georges Ball : ils étaient venus de la plupart des pays d'Europe, d'Afrique, d'Amérique et d'Asie. « Là où sera le corps, là seront les aigles », est-il écrit dans l'Évangile. Les aigles étaient ces hommes de bonne volonté qui, de manière inattendue, se trouvaient là en témoins de cet événement perçu comme un miracle. Si les lettres d'invitation lancées par *New Outlook* avaient mentionné que nos congressistes seraient invités à rencontrer Sadate au King David à Jérusalem, qui n'aurait vu là autre chose qu'une plaisanterie de mauvais goût ? C'est cependant ce qui eut lieu. Tout Israël, toute l'Égypte et (grâce à un exploit technique réalisé sur un préavis de quarante-huit heures par les télévisions de la plupart des pays du monde) des centaines de millions de personnes étaient les témoins éberlués d'un événement « impossible ». Sadate accueilli à l'aérodrome Ben-Gourion par l'hymne égyptien et par l'*Hatikva,* sous les drapeaux entremêlés des deux pays ; Sadate priant dans la mosquée d'El-Aksa et visitant, en compagnie de Teddy Kollek, la Vieille Ville de Jérusalem, acclamé par des foules innombrables ; Sadate accueilli par les chrétiens de Jérusalem au Saint-Sépulcre et par les Juifs au Mémorial du mont Herzl ; Sadate reçu en grande pompe par le président de l'État d'Israël, où il arriva amicalement enlacé avec Begin ; Sadate entrant au Parlement d'Israël sous les acclamations de milliers d'enfants juifs brandissant les drapeaux d'Égypte et d'Israël...

Ce jour dont nous rêvions depuis trente ans arrivait enfin. Dans le discours historique qu'il prononce au Parlement, Sadate exprime ce que nous pensons tous. Il est venu chez nous le cœur et l'esprit ouverts pour bâtir une paix permanente et juste. Sa ligne est droite, orientée vers un objectif clair. Il demandait à Israël de reconnaître et de respecter les droits du peuple palestinien, y compris celui d'avoir un État. Il venait à nous pour nous transmettre un message au nom d'Allah, message qu'il résumait par deux versets, l'un de la Bible : « Amour, Droit et Paix », qu'annonçait le prophète Zacharie : l'autre du Coran : « Nous croyons en Allah, en ce qui a été révélé à Abraham, à Ismaël, à Isaac, à Jacob et aux Livres donnés à Moïse, à Jésus, au Prophète par Allah. Nous ne faisons aucune discrimination : nous nous soumettons à la volonté d'Allah. » Rarement tant de grandeur avait habité notre ville.

Sadate tenta de faire approuver son initiative de paix par d'autres gouvernements arabes : seul le roi du Maroc le soutint publiquement. Tous les autres dirigeants du monde arabe, y compris les plus modérés, furent réticents, sinon hostiles. La Syrie et la Libye rompirent leurs relations diplomatiques avec l'Égypte, imitées quelques jours plus tard par tous les pays de la Ligue arabe. L'isolement de l'Égypte faillit compromettre l'accord réalisé par Begin et Sadate à Jérusalem. Il fut sauvé par l'intervention des États-Unis et des pays européens qui vinrent au secours de la paix.

Le geste prophétique d'Anouar el-Sadate fut suivi de laborieuses négociations qui aboutirent aux accords de Camp David. Auprès de Sadate, de Begin et de Carter, Moshé Dayan et Boutros Ghali avaient joué un rôle décisif dans ces accords. J'avais connu Boutros Ghali lors d'un colloque de l'Académie mondiale de la paix à Menton en janvier 1977, peu de temps avant qu'il ne devienne le ministre des Affaires étrangères de Sadate.

Le 26 mars 1979 fut un grand jour dans l'histoire du Proche-Orient. Menahem Begin, au nom d'Israël, Mohammed Anouar el-Sadate, pour la république d'Égypte, et Jimmy Carter, président des États-Unis, signent sur la pelouse de la Maison-Blanche le traité de paix entre Israël et l'Égypte. Un âge nouveau commençait-il dans l'histoire du Proche-Orient ? Quarante et un millions d'Égyptiens et quatre millions d'Israéliens s'étaient accordés pour mettre fin à trente ans de guerre, de haine et de souffrances.

Ce résultat acquis, Moshé Dayan décida de quitter le gouvernement avec son ex-beau-frère, Eizer Weizmann : un désaccord profond s'était aggravé entre eux et Menahem Begin, à nouveau livré aux vieux démons de son nationalisme intégral. Dayan mourra le 16 octobre 1981, dix jours après l'assassinat du président Sadate. Du moins avait-il eu le mérite, en sa qualité de ministre des Affaires étrangères, d'avoir été l'un des principaux ouvriers de la paix entre Israël et le plus puissant de ses voisins arabes, l'Égypte. Il rachetait ainsi son remords des carences que le peuple lui reprochait lors de la guerre de 1972 et cette injure qu'une jeune veuve lui avait alors lancée à la figure : « *'Ata rotséah.* » (« Tu n'es qu'un assassin. »)

On épilogua longtemps sur le coup de théâtre de Sadate, sauveur de la paix. Sa raison essentielle se trouvait dans l'évidence de l'horrible catastrophe que serait une nouvelle guerre pour les Arabes, pour les Juifs comme pour le reste du monde. Elle provoquerait une crise économique au risque d'un conflit mondial. D'un coup d'ailes, Sadate avait abattu le mur de haine ou d'incompréhension qui séparait nos deux mondes. La paix avec l'Égypte redonnait espoir aux mendiants de l'impossible. Ils se reprirent à espérer la réconciliation de tous les fils d'Abraham, Juifs, chrétiens, musulmans réunis pour donner corps aux idéaux de la Bible, des Évangiles, du Coran. L'Égypte et Israël avaient ouvert la voie : il ne serait plus que de suivre leur exemple.

Mais là mon angoisse resurgissait : la paix au Proche-Orient signifierait pour les marchands de canons la perte d'un marché qui leur rapporte chaque année des centaines de milliards de dollars, autour desquels grouillent tous les pêcheurs en eaux troubles de la planète. Y compris les États qui sont, de nos jours, les principaux fournisseurs de la mort.

J'écrivais alors : « Comment imaginer que ces intérêts colossaux laisseront échapper une telle proie sans essayer – par personnes interposées – de tuer dans son œuf la colombe de la paix ? » Un prodige d'intelligence et de courage permit l'arrivée de Sadate à Jérusalem et la conclusion d'une paix qui bouleversait les grands intérêts stratégiques et économiques de la région. Mais, pour que l'espérance soit enfin rendue aux hommes de bonne volonté, il faudra davantage que cela, une conversion du regard de l'homme en sa transparence triomphante.

Le vent de folie qui soufflait sur le Proche-Orient faillit bien, une fois de plus, me happer dans ses remous. Lors de sa prise de pouvoir, Menahem Begin avait des projets grandioses qu'il avait mûris dans les longues années d'un désert qu'il ne cessait de traverser depuis la création de l'État d'Israël. D'élection en élection, il promettait que son arrivée au pouvoir entraînerait la restauration de la vraie grandeur d'Israël. Il rendrait son pays à toutes ses gloires passées, présentes, à venir ; il en ferait une puissance spirituelle, économique et militaire qui éblouirait le monde. Parmi ses grandes idées, la plus facile à réaliser concernait la présidence de l'État qui devenait vacante quelques mois après son accession au pouvoir. Begin s'était mis dans la tête qu'il fallait attribuer ce poste à un candidat d'origine sépharade. Tous les présidents de l'État, depuis Haïm Weizmann, étaient originaires d'Europe orientale. Il était temps qu'Israël soit représenté à ce poste par un homme issu des couches de la population qui avaient le plus contribué à porter Begin et son parti au pouvoir. C'était à la fois une dette à payer et une mesure qui assoirait l'autorité des nouveaux maîtres du pays. Elle mettrait en relief l'incurie de Ben Gourion et de ses successeurs, qui n'avaient jamais réussi à opérer cette merveille : un Sépharade au sommet du pouvoir. De son temps, Ben Gourion était plus modeste : sa plus haute ambition était de voir un jour un Juif yéménite devenir le chef de l'état-major de Tsahal, ce qui animait la verve des caricaturistes sans pour autant réaliser ce rêve. Begin, plus obstiné, tint bon dans sa résolution. L'aile libérale de son parti tournait en dérision cette idée avec d'autant plus de force que son chef, Rimelt, convoitait depuis longtemps cette présidence. Mais Begin ne voulait à aucun prix du candidat qui lui était proposé. Pour l'éliminer plus sûrement, il avait eu recours à l'argument oriental. Il faisait ainsi d'une pierre deux coups. Il montrait aux libéraux de son parti qu'il était le maître, tout en flattant sa clientèle électorale, composée en majorité d'Orientaux. Restait à trouver la perle rare pour l'installer sur le trône de David. Dès le mois de décembre 1977, l'entourage de Begin et Begin lui-même se mirent en chasse pour trouver le candidat idéal. Une enquête avait été faite dans tous les milieux du pays, chez les Orientaux et chez les Occidentaux, chez les universitaires et chez les analphabètes, chez les bourgeois et chez les prolétaires. Des rares noms qui revenaient dans les réponses, le mien fut retenu. Le 24 décembre 1977, un soir de Noël; la radio israélienne annonçait que je serais le prochain président de l'État d'Israël. Ce choix avait été fait à mon insu et je l'appris par ma fille Élisabeth, qui faisait alors son service militaire. Dès le 25 décembre, les félicitations affluaient vers moi de tous les coins du pays : je disais à chacun que je ne savais rien de ces bruits qui, en ce qui me concernait, étaient sans fondement.

L'affaire devint plus sérieuse fin janvier. La rumeur publique affirmait qu'un éminent homme d'affaires d'origine orientale, établi à Genève depuis 1954, Nissim Gaon, ayant été sollicité par Menahem Begin pour cette présidence, avait décliné l'honneur qui lui était fait et avait conseillé à Begin de s'adresser à moi ou à Navon. Dès lors, la presse et la radio d'Israël et de plusieurs pays du monde annonçaient que l'affaire était conclue : Chouraqui serait le successeur du président Ephraïm Katzir qui, après avoir passé quatre ans à la tête de l'État, préférait retourner à ses éprouvettes de l'Institut Weizmann plutôt que d'accepter le deuxième mandat qui lui était offert. Begin avait repoussé l'idée de confier la présidence de l'État à Navon, un ancien secrétaire de Ben Gourion. Navon, de son côté, annonçait qu'il ne serait pas candidat et qu'en aucun cas il ne se présenterait contre moi. Mais ces tractations se passaient en dehors de moi : je n'y voyais que ballons d'essai. J'étais bien conscient de l'honneur qui m'était fait par ceux qui pensaient à moi : ce poste avait été jadis proposé à Albert Einstein et celui-ci l'avait également décliné. Cela étant, je ne me sentais aucune vocation pour occuper un poste honorifique qui me prendrait tout mon temps et m'obligerait à un genre de vie que je n'aurais pas choisi, sans pour autant me donner un pouvoir qui, d'ailleurs, échappait à ceux-là mêmes qui auraient dû l'exercer. J'étais engagé dans mes travaux bibliques qui comblaient mes ambitions au-delà de ce que je pouvais espérer. La volonté de Menahem Begin d'avoir un président sépharade me paraissait assez saugrenue. J'aurais compris qu'il choisisse cet élu pour sa personnalité et pour ses œuvres, mais non pour le fait de ses origines familiales. Jamais je ne m'étais senti d'attrait pour quelque poste officiel que ce fût. J'étais sorti des rangs de la magistrature, où mon avenir était tout tracé. J'avais à plusieurs reprises décliné des offres qui m'étaient faites par des universités, des instituts ou des académies : les postes ou les titres qui m'étaient proposés me paraissaient moins précieux que ma liberté. J'étais plein de respect pour ces institutions et de gratitude envers ceux qui pensaient à moi, mais à coup sûr je ne me sentais pas fait pour ces postes officiels. Nomade, je l'étais dans l'âme, et quand j'acceptais de me sédentariser, ce n'était que pour écrire.

Par ailleurs, je n'avais aucune affinité avec la classe politique au pouvoir en Israël. En dehors de Ben Gourion, je ne m'étais lié d'amitié avec personne. Ceux qui s'intéressaient à moi le faisaient pour le profit qu'ils espéraient en tirer, et d'abord sur le plan électoral, comme en dernier lieu Begin, de la manière la plus évidente. Mais, comme on ne me disait rien, je n'avais rien à dire.

Au sein de ma famille, mes enfants étaient unanimes : ils refusaient de quitter notre maison et d'accepter les servitudes qui résulteraient pour eux de mon élection ; ils seraient eux aussi sous la protection constante des services de sécurité, devenant moins libres de leurs mouvements qu'ils ne l'étaient dans notre maison de la rue Aïn-Rogel. Élisabeth, qui avait été la première à m'alerter, fut aussi la plus véhémente pour inciter la famille et mes amis à me dissuader d'accepter une proposition dont tout le monde parlait, mais qui ne m'était pas faite : « Vous pourrez partir pour habiter la présidence, mais nous, nous resterons ici dans notre maison et rien ne nous en fera partir », décrétait Élisabeth. Notre plus jeune enfant, Mikhal, alors âgée de dix ans, écoutait pensivement les bruits que les uns et les autres rapportaient de l'extérieur, échos des émissions radiophoniques ou coupures de presse, sans exprimer ce qu'elle ressentait. Un beau jour, elle revint saisie d'une forte fièvre. Elle finit par nous dire qu'elle avait passé la matinée à observer la maison du président de l'État, d'où elle revint si secouée qu'elle en fit une jaunisse. Quant à Annette, elle n'intervint pas dans ce débat familial, trop respectueuse de ma liberté pour peser sur ma décision dans un sens ou dans l'autre, mais je savais bien ce qu'elle pensait.

Cependant, les jeux n'étaient pas encore faits : je n'avais aucune raison de prendre parti sur une proposition qu'il me serait aussi difficile d'accepter que de refuser, et qui de toute manière ne m'était pas encore faite. Mais je refusais d'affirmer ma candidature ou d'aider le groupe qui s'était spontanément organisé autour de mon nom.

Entre-temps, d'autres candidats d'origine sépharade se présentaient d'eux-mêmes : ils n'avaient aucune chance d'être élus, mais, saisis par la frénésie du moment, ils s'imaginaient indispensables. L'aile libérale du Likoud, avec son chef, était plus efficace pour essayer d'écarter tout autre candidat qui ne fût pas le leur. Les extrémistes religieux commençaient à s'agiter aussi, terrifiés à l'idée de voir mes idées ou celles qu'ils m'attribuaient être portées à la tête de l'État. La rumeur des uns et des autres s'enflait : n'étais-je pas un assimilationniste qui avait milité dans les rangs de l'Alliance israélite universelle dont les milieux conservateurs contestaient l'action ? N'étais-je pas le seul des fils d'Israël à avoir traduit et commenté avec sympathie le Nouveau Testament ? Ne disait-on pas, horreur des horreurs, que j'avais été l'hôte des monastères chrétiens ou bouddhistes ? Mes idées en matière de religion et de politique pourraient-elles cadrer avec celles de quelque gouvernement que ce fût ?

Mes partisans répliquaient à ces arguments vrais ou faux, si bien que Begin et son entourage cherchaient à gagner du temps en retardant la décision. En fait, ils cherchaient un candidat dont les idées seraient proches de celles du parti au pouvoir et qui eût le privilège d'être un Sépharade puisque tel était le bon plaisir du maître.

Du fait que j'étais politiquement moins marqué que Navon, Begin se serait-il résigné à me proposer la présidence ? Entre-temps, un ministre avait entendu parler d'un candidat qui pourrait sauver la situation. Le professeur Naveh, oriental, d'une famille égypto-syrienne, était un atomiste spécialisé dans les isotopes, un ferme partisan de Begin, irrédentiste, nationaliste intransigeant, qui avait payé de sa poche des annonces publiées par la presse contre les accords de Camp David. Il était opposé à toute concession envers les Arabes, il avait en outre l'avantage d'être un homme effacé, modeste, discret. Cela plut si bien à Begin qu'il convoqua aussitôt l'homme, décidé à mener rondement l'affaire. Elle fut conclue le lundi 6 mars au cours d'une brève conversation entre Begin et Naveh. Tout le monde soupirait, le candidat du gouvernement serait l'atomiste et non le traducteur de la Bible...

Pourtant l'affaire n'était pas finie : Naveh était loin de faire l'unanimité, même au sein du parti de Begin. « Une farce... », titrait, le 12 mars 1968, l'austère journal *Ha-Aretz*, tandis que le *Jerusalem Post* s'employait à déverser sur ce malheureux homme des ordures hâtivement ramassées chez ses adversaires et chez les partisans des candidats qui rêvaient de leur élection.

Mes amis étaient convaincus qu'avant le 5 avril, date de l'élection présidentielle, les candidats en présence auraient largement le temps de s'éliminer : j'avais encore toutes les chances d'être l'ultime recours du Parlement. Mais je déclarais alors à tous vents que cette élection ne me concernait pas et que mes sympathies se portaient sur Itzhak Navon. Afin d'être sûr d'échapper aux pressions qui s'exerçaient sur moi, je quittai Jérusalem pour Paris, non sans avoir averti Navon de mon départ : j'affirmais publiquement mes sympathies et les vœux que je faisais pour son élection à la présidence. Un moment partagé et hésitant, j'avais retrouvé ma paix. Mes amis, pour se consoler de mon départ, proclamaient que leur combat me plaçait en état de « réserve nationale ». J'étais surpris par les appuis, les vœux, les encouragements qui affluaient vers moi, depuis la mise en avant de mon nom, de tous les coins du pays, de toutes les couches de la population, de toutes les communautés de la Diaspora. C'était comme le retour du boomerang après quarante ans d'activités publiques. Mais, à mes yeux, le vrai problème n'était pas de savoir qui serait président, mais de prévoir comment Israël pourrait survivre aux dangers qui le menaçaient et dont très peu d'esprits avaient réellement conscience.

Quel que soit l'avenir, que l'on avançât dans la voie de la paix ou sur le sentier de la guerre, nous devions nous préparer, à l'intérieur comme à l'extérieur, pour affronter nos crises de croissance. C'est de cela dont je me préoccupais et c'est à cela que nous devions penser d'abord. Le 20 mars, j'arrivai à Paris avec Annette avant de partir pour Madrid assister à un congrès qui devait s'ouvrir le 8 avril suivant. C'est là que, le 5 avril, j'appris avec satisfaction l'élection de Navon à la présidence de l'État.

Aurais-je dû accepter les postes politiques qui m'étaient offerts depuis mon arrivée en Israël en 1958 et lutter pour le pouvoir, devenir député, ministre, président de l'État, que sais-je encore, comme j'aurais pu avoir l'ambition de l'être si j'avais dit oui et m'étais mis en position d'obtenir ces fonctions ? J'avais assez de lucidité pour me rendre compte que je n'étais pas fait pour les combats politiques, trop sensible et pas assez ambitieux pour m'y risquer. Les hommes politiques qui réussissent ne vivent que dans ce but. Toutes leurs pensées, tous leurs actes les poussent vers les postes qu'ils ambitionnent. Pour justifier à mes yeux ces refus, je pensais à la fin des plus grands politiques de notre temps, Churchill chassé par les siens, de Gaulle éliminé par Pompidou, Ben Gourion trahi par Golda Meir et Lévi Eshkol ; Golda Meir et Moshé Dayan s'éclipsant sous les huées d'un peuple dressé contre eux... Le sort d'un Sadate, abattu par des assassins à gages après avoir rendu le plus grand service à son peuple en lui donnant la paix, me paraissait plus enviable... Je pensais aussi à cette prière d'un homme qui s'adressait à Élohim : « Élohim, si tu me reprochais de ne pas être Abraham, Moshé, David, un prophète ou un saint, j'aurais mille raisons à te donner pour me disculper. Mais, si tu me reprochais de ne pas être moi-même, quel malheur ce serait pour moi ! »

J'étais moi-même en me refusant obstinément à la carrière politique, étant un homme d'ailleurs, où que je sois. Mais, même si j'avais été tout autre ou meilleur que tout autre, qu'aurais-je pu faire d'autre que de pleurer sur la folie d'un monde aveugle et sourd qui se rue vers son propre suicide ? Juifs et chrétiens reconnaissent au Messie le pouvoir de changer en charrues les armes de guerre. A supposer qu'il le fît, s'il ne changeait pas d'abord le cœur des hommes, ceux-ci continueraient de se battre aussitôt... à coups de charrue en attendant d'en refaire des armements plus meurtriers. Mais qui a pouvoir de changer les hommes, d'annuler ce facteur indissociable de leur humanité, leur liberté ? Se battre, c'est ce que faisaient les peuples du Proche-Orient jusqu'à s'enfoncer dans un chaos indescriptible. Quelques noms, quelques dates suffiraient à l'évoquer ici, puisque sa réalité est tissée depuis mon arrivée à Jérusalem, voici plus de trois décennies, dans la trame de mes jours. Rares étaient les matins qui ne nous annonçaient quelque catastrophe, nous maintenant dans un état d'éveil permanent.

Sadate et Begin recevaient le prix Nobel de la paix le 10 décembre 1978 et apposaient leur signature le 26 mars suivant sur un traité de paix qui marquait la fin d'un conflit, mais non la pacification du Proche-Orient.

Depuis la chute du shah d'Iran, l'ayatollah Khomeiny s'est emparé du pouvoir devenu vacant. Quelques mois après, le 22 septembre 1979, la guerre éclate entre l'Irak et l'Iran. Elle durera près d'une décennie et fera des centaines de milliers de victimes et des ruines sans nombre. L'O.L.P. accentue sa pression contre Israël, les attentats terroristes se multiplient contre des ambassades, des aéroports, des synagogues. Des avions, des bateaux sont détournés sous tous les cieux. Des Katiouchas sont lancées sur la Galilée, tenant en haleine l'armée d'Israël qui, le 6 juin 1982, envahit le Liban, détruit l'arsenal accumulé au Fatahland, neutralise les cinq mille combattants palestiniens, confisque ses armements, encercle Beyrouth le 14 juin et s'y enlise jusqu'au 5 juillet, date du cessez-le-feu. Le 4 août, les blindés israéliens pénètrent à Beyrouth-Ouest que les Palestiniens évacuent le 27 août.

Bechir Gemayel, élu président du Liban le 23 août, est assassiné trois semaines plus tard. Des phalangistes le vengent par les massacres de Sabra et Chatila, dont la responsabilité est imputée aux Juifs. En fait, au Liban, tout le monde tue tout le monde : on tire, le plus souvent sans bien savoir sur qui ni pourquoi. Le traité de paix, négocié entre Israël et le Liban à partir du 27 décembre 1982 et signé le 17 mai 1983, restera sans effet et sera dénoncé par le gouvernement libanais sous la pression de la Syrie quatre-vingt-treize jours après. Le 22 février 1987, l'armée syrienne revient à Beyrouth-Ouest qu'elle avait dû évacuer en août 1982. Les prises d'otages, les attentats de toute nature se succèdent presque quotidiennement dans une région qui investit le meilleur de ses ressources, en hommes et en argent, pour la guerre. Les Palestiniens se relevaient à peine de leur écrasement au Liban qu'une autre guerre d'usure commençait pour eux.

L'Intifada avait éclaté le 9 décembre 1987 à la suite d'un incident local à Gaza : des rumeurs répandues sur la mort de quatre Palestiniens prétendaient qu'ils avaient été tués par des soldats israéliens. En fait, ils étaient morts dans un accident de la route. Les violences qui suivirent ces rumeurs marquèrent le début de la « guerre des pierres ». Spontanée à ses débuts, elle fut rapidement utilisée à des fins politiques par la direction de l'O.L.P.

Depuis son déclenchement, le 9 décembre 1987, et jusqu'en 1990, l'Intifada a désorganisé l'économie de la Cisjordanie et entravé la symbiose qui commençait à s'y accomplir avec Israël. Des grèves incessantes ont considérablement gêné l'économie israélienne, obligeant le pays à un rapide recours à la robotisation ou à faire appel à de la main-d'œuvre étrangère. En un peu plus de deux ans, les Palestiniens eurent, jusqu'en 1990, 600 morts, 40 000 à 50 000 blessés, 21 000 arrêtés, 1 200 incarcérés. Soixante-quinze pour cent des « combattants » palestiniens de cette étrange guerre sont des enfants de douze à quatorze ans. Du côté israélien, pendant cette même période, il y eut 15 soldats et 16 civils tués et 325 blessés. Accompagné d'un renouveau du terrorisme, l'étrange conflit acheva de démoraliser une partie importante de l'opinion publique israélienne qui avait commencé à croire à la paix après l'arrivée de Sadate à Jérusalem.

Il est possible de vaincre une armée, et Tsahal excella à le faire. Mais il n'est pas d'exemple qu'une armée puisse venir à bout de la révolte de tout un peuple. S'il est impossible de définir des responsabilités dans un état de fait si complexe, il est permis de penser que l'erreur stratégique fondamentale commise par les différents gouvernements d'Israël fut de ne pas placer en tête des priorités nationales la paix avec les Palestiniens, tandis que ceux-ci s'enfonçaient dans une aventure tragique qu'ils payaient d'un prix écrasant. Encore faut-il souligner qu'Israël refusait d'utiliser les méthodes employées couramment presque partout ailleurs, notamment en Syrie, en Irak, en Chine, pour mater de tels soulèvements populaires. Avec elles, l'Intifada aurait été écrasée en peu de jours.

Le blocage de la situation né de l'affrontement de deux nationalismes, l'arabe et l'israélien, était renforcé par l'ignorance et l'incompréhension que les gouvernants arabes et israéliens avaient les uns des autres. Il n'y avait pas plus d'Arabes à Plonsk, en Pologne, que de Juifs polonais à Banimour, en Haute-Égypte. Ben Gourion apprenait le grec et faisait retraite dans des monastères birmans sans jamais avoir eu le goût d'apprendre l'arabe, pas plus que Nasser n'avait celui de connaître l'hébreu ou le yiddish. Le conflit entre l'Islam et le judaïsme avait commencé du vivant même de Muhammad. Il avait continué pendant les heures les plus sombres dans les pays musulmans qui avaient des Juifs, avec des éclaircies chaque fois que la situation politique et sociale de ces pays s'améliorait. Les Arabes s'étaient habitués à considérer le Juif comme un citoyen de seconde zone, un *dhimmi* qu'il fallait protéger. Le premier devoir de l'État d'Israël eût été de se faire accepter par ses voisins arabes. L'erreur, si erreur il y avait, fut de penser que le résultat essentiel pourrait s'acquérir par la force. Les États arabes qui attaquèrent les colonies sionistes dès les années 20 et lancèrent leurs forces armées contre Israël le convainquirent que sa seule chance de survie se trouvait dans sa force armée. Ce qui lança les gouvernements d'Israël dans une course aux armements qui engloutissait le meilleur des ressources nationales en hommes et en argent. Ce passé sanglant, cette situation actuelle dans la cinquième décennie d'un état de guerre endémique permettent de poser la question : « Était-il possible d'entreprendre et de réussir une autre politique pour se faire admettre au sein du monde arabe ? » Nombreux sont les Israéliens qui répondent non à cette question. Ils fondent leur opinion sur des arguments d'ordre religieux et politique, ces deux facteurs étant étroitement liés dans la réalité de l'Islam contemporain. La flambée de l'intégrisme musulman d'un Kadhafi ou d'un Khomeiny, les mouvements qu'ils ne cessent d'animer en Palestine et à travers le monde, y compris, non sans succès, en Occident réduisent d'autant, disent-ils, les chances d'un Etat juif de survivre dans un environnement musulman hostile.

L'expérience sioniste, depuis ses origines, tend à prouver que toutes les tentatives faites pour susciter parmi les Arabes un authentique mouvement d'amitié avec leurs voisins juifs finirent par échouer. Alors qu'en Israël il y a actuellement plus d'une centaine d'organisations qui mettent en tête de leurs préoccupations la création d'un état de paix avec les Arabes, dans toute l'étendue du pays et des États voisins, pas un seul mouvement de ce genre ne naquit jamais. Le roi Hussein, le président Sadate, Yasser Arafat, dans leurs différents univers politiques et mentaux, ne *parlèrent* de reconnaissance et de paix qu'après avoir épuisé toutes leurs chances de détruire Israël par la force.

La disparition de Khomeiny, loin de mettre un terme à son intégrisme, est marquée chez ses successeurs par un redoublement d'efforts pour diffuser l'idéal politico-religieux de leur prédécesseur. Ayant généralement échoué dans leur œuvre de séduction, ils portent leurs regards vers l'Allemagne et vers la Russie, qui comptent toutes deux d'importantes minorités musulmanes pour donner corps aux ambitions de l'intégrisme iranien : Khomeiny, sur son lit de mort, n'aurait-il pas transmis à Rafsandjani l'ultime révélation d'Allah : « Gorbatchev sera l'instrument d'Allah pour chasser Israël de Jérusalem, enfin rendue à la souveraineté islamique » ? Et le nouveau chef de l'Iran ne se serait-il pas rendu en Russie pour annoncer cette bonne nouvelle à ses adeptes ?

L'Intifada introduirait ainsi à la réalisation des fins dernières de l'humanité : la vision de Khomeiny et de ses successeurs prévoit la destruction de l'État sioniste et de l'Amérique satanique, la punition de l'Angleterre coupable d'avoir laissé publier les blasphématoires *Versets sataniques*. Dans ces mêmes perspectives, la chrétienté ne serait plus qu'une survivance destinée à être effacée par l'Islam triomphant. Pendant vingt ans, Israël n'avait su ni résoudre ni comprendre le problème palestinien. Toutes ses tentatives dans ce sens étaient vouées à l'échec par l'opposition de l'O.L.P., qui visait à un seul but inscrit dans sa charte, la disparition de l'État d'Israël et son remplacement par l'État palestinien. Les frustrations et les amertumes accumulées chez les Palestiniens, victimes depuis deux décennies d'une occupation militaire, confortaient l'emprise de l'O.L.P. sur l'ensemble des Palestiniens, des gouvernements arabes et d'une partie de l'opinion publique mondiale.

Cet état de fait rendait chimérique toute tentative de solution négociée du conflit. D'où la révolte populaire qui se poursuit depuis son explosion accidentelle. La « guerre des pierres » est aussi singulière que le conflit qui lui a donné naissance. Tout le monde a vu sur les écrans de télévision les images de jeunes gens lançant des pierres sur les soldats d'une armée puissante qui, pour se défendre, les poursuivaient à coups de bâton. Conflit paradoxal où, du côté palestinien, les adultes restaient à la maison, les femmes encourageant les enfants à lancer des blocs de pierre contre les Israéliens, civils et militaires, quitte à se plaindre des réactions suscitées par leur agression. De l'autre côté, la situation n'était pas moins humiliante pour des soldats qui renonçaient à l'emploi des armes : ceux-ci auraient pu régler le problème par quelques rafales de mitrailleuse ou quelques obus, comme l'exemple en était donné en Jordanie, en Syrie, en Irak, en Algérie ou ailleurs. L'image d'Israël était au plus bas dans le monde après son expulsion de l'Unesco, sa condamnation à l'O.N.U. qui qualifiait son sionisme de racisme, ou la déclaration de Venise qui le condamnait aussi – comme le bloc soviétique faisant chorus avec les États arabes. L'Intifada achevait de mettre notre pays au ban des nations. Les amis d'Israël, comme une large partie de ce peuple, ne reconnaissaient plus son visage et craignaient pour son avenir et pour son âme. Les jeunes Palestiniens avaient trouvé le défaut de la cuirasse de ce géant qui restait invaincu après tant de guerres : la fronde de David en des mains arabes faisait reculer celui qui, devant eux, tenait le rôle de Goliath.

Ma rue est frontalière du village d'Abu-Thor, habité par quelque quatre mille Palestiniens. De nos fenêtres, nous pouvions observer cette guerre étrange dont tout le monde était la victime : un bloc de pierre lancé sur une auto rapide est aussi dangereux qu'un obus. L'O.L.P. tentait de récupérer ce mouvement qu'elle n'avait pas inventé et qui l'inquiétait dans la mesure où il était difficilement contrôlable. Dans notre rue, un de nos voisins avait déposé une bombe dans le jardin du numéro 16. Un jardinier arabe la découvrit à temps, empêchant un nouveau drame. L'auteur de l'attentat fut arrêté, condamné, puis rapidement libéré à la faveur d'un échange de prisonniers. Tout près de nous, des « cocktails Molotov » renforcent l'action des pierres. Des autos sont incendiées et, de temps à autre, des passants sont poignardés. Ainsi va la vie, ainsi va la mort.

Le gouvernement d'Israël, pris au piège, essaie de se donner bonne conscience en limitant de son mieux la rigueur de la répression : il s'interdit autant que possible l'usage des armes à feu, ou ne les utilise qu'avec des balles de plastique, moins meurtrières... Mais le nombre des victimes de cette guerre croît chaque jour dans les deux camps ; les prisons trop petites se doublent de camps d'internement ; les maisons des combattants palestiniens surpris sur le fait sont détruites à la dynamite ; les écoles, qui servent de quartiers généraux de l'insurrection, sont sporadiquement fermées... L'économie de la Cisjordanie est désorganisée. Les Palestiniens reçoivent des ordres de grève qu'ils suivent souvent contre leur gré : ils ont besoin de travailler, mais n'osent le faire par peur des représailles. Des réfractaires aux ordres de l'Intifada ou d'hommes accusés de « collaborer » avec Israël sont tués. Un diplomate étranger qui suit ces événements me dit que leur nombre dépasse celui des victimes tombées sous les coups de Tsahal. La situation s'éternise parce que les blocages politiques sont hermétiques.

Sur le papier, les solutions sont simples. A supposer le problème politique résolu, on aurait au Proche-Orient une fédération de trois peuples, les Jordaniens, les Palestiniens et les Israéliens, qui vivraient dans le territoire de l'ancien mandat britannique, suffisant pour accueillir tous les Juifs et tous les Palestiniens de la planète. Ce territoire serait ouvert à tous, exauçant les vœux des nationalistes les plus acharnés : Shamir aurait enfin son Grand Israël et Arafat sa Grande Palestine, plus grands et plus beaux que dans leurs rêves les plus fous Jérusalem serait la capitale de la Fédération en restant celle d'Israël, comme Bruxelles et Strasbourg sont les capitales de la Belgique ou de l'Alsace en même temps que de l'Europe.

Deux parlements, l'un hébraïque, l'autre arabe (celui-ci pouvant avoir deux chambres, l'une palestinienne, l'autre jordanienne), donneraient leur expression politique aux trois peuples réconciliés et associés. Depuis que je définissais cette vision dans ma *Lettre à un ami arabe* voici vingt ans, nous avons préparé les plans les plus précis, envisageant toutes les solutions possibles, économique, culturelle, religieuse, pour les peuples de la région. De multiples possibilités leur sont ouvertes, et toutes sont d'autant plus praticables qu'elles peuvent s'articuler avec souplesse en tenant compte, selon le temps et les lieux, de la situation de fait. Les Suisses n'ont pas mis moins de huit cents ans pour mettre au point leur chef-d'œuvre politique qui associe trois peuples, l'allemand, le français et l'italien, pour la sauvegarde et le bien-être de tous.

Dans notre malheureux Proche-Orient, les solutions sont prêtes. Nos instituts politiques, économiques, culturels ont préparé dans leurs moindres détails les possibilités ouvertes aux négociateurs désignés par les gouvernements des trois peuples en guerre. Toutes les solutions possibles et imaginables sont prêtes pour organiser notre fédération. Celle-ci pourra être à ses débuts une association d'États, puis une confédération, avant de devenir enfin une fédération qui s'intégrera dans une Union méditerranéenne associée à l'Europe nouvelle. Cette union euro-méditerranéenne, forte de 550 millions d'habitants, reconstituera de nos jours l'*œcumène* romain et aidera ses participants à survivre à la concurrence des blocs occidentaux et orientaux qui les entourent, dominés par les États-Unis et par le Japon. Dans cet ensemble, les Arabes et les Juifs appuyés sur leurs diasporas retrouveront leur rôle médiateur et le sens de leur véritable grandeur.

Ce programme comporte une dizaine de solutions praticables sur le plan fédéral et pas moins d'une quarantaine de possibilités ouvertes pour l'organisation politique du district fédéral de Jérusalem. Le Mouvement pour la confédération proche-orientale, dont on m'a demandé d'assumer la présidence, a encouragé les études et la diffusion des idées fédérales, auxquelles adhèrent les principaux membres du gouvernement d'Israël : Shimon Peres avait préfacé ma *Lettre à un ami arabe* en 1969 et avait écrit par la suite un livre de même inspiration. Begin déjà, fidèle à l'opinion de son maître Jabotinski, et Shamir, comme la plupart des membres de la droite israélienne, sont acquis à ce plan. Il ne serait que de commencer à le mettre en pratique, à arrêter la guerre et à s'asseoir autour d'une table pour décider de ses modalités d'application.

L'Intifada, en donnant la parole aux Palestiniens des territoires disputés, a poussé la direction politique de l'O.L.P. à proclamer la création d'un État palestinien le 14 novembre 1988 à Alger. Arafat en est le président. Le 7 décembre, il affirme à Stockholm qu'il « accepte » l'existence d'Israël. Au Caire et à New York, il annonce que l'État palestinien pourra constituer avec la Jordanie et Israël une sorte de Benelux proche-oriental.

Sur le plan local, pour la première fois depuis quarante ans, nous pouvions avoir, dans le cadre du Mouvement pour la confédération, des réunions où des représentants de l'O.L.P. participent ouvertement à nos discussions, sans pour autant accepter encore de signer avec nous quelque manifeste politique que ce soit. Cela tient à la structure de l'O.L.P. composée par le Fatah qui, depuis 1964, mène la lutte armée ; par le Front populaire de libération de la Palestine (F.P.L.P.), créé en novembre 1967 par Georges Habache ; par le Front démocratique de libération de la Palestine (F.D.L.P.), créé par Nayef Hawatmeh en février 1969, à l'extrême gauche de l'organisation ; par le Front populaire de libération de la Palestine – Commandement général (F.P.L.P.C.G.), dirigé par Ahmed Jibril, lié à la Syrie et célèbre pour ses actions terroristes ; par la Saïka, créée après la guerre des Six Jours par décision du Baas syrien qui, de Syrie et du Liban, contrôle les activités terroristes des milices déployées dans la zone montagneuse du Liban ; par le Front arabe de libération (F.A.L.), créé par le Baas irakien et qui, depuis Badgad, anime l'action de ses forces déployées dans les régions de Tripoli et de Beyrouth ; et enfin par la Faction Abou Nidal, formée en 1973 par son chef Sabri-al-Bana, qui dirige ses coups depuis l'Irak, la Syrie ou le Liban.

Yasser Arafat, né à Gaza, assume la présidence et coordonne l'activité de cette organisation depuis le 3 février 1968. L'action politique de l'O.L.P., avec l'appui de ses activités terroristes, réussit à imposer ses vues non seulement parmi les Palestiniens – ceux des territoires comme ceux d Israël –, mais aussi à la plupart des nations et des gouvernements du monde, isolant si totalement Israël que celui-ci n'a presque plus que le soutien des Etats-Unis, son allié stratégique. Mais, pour aboutir à quelque règlement de paix que ce soit, les choses se compliquent. Tout projet de règlement du problème palestinien a eu et a encore ses principaux opposants dans le monde arabe. Ni la Syrie, ni la Jordanie, ni l'Égypte ne se sont jamais empressées de créer un État palestinien pendant les dix-neuf ans, de 1948 à 1967, où la décision ne dépendait que d'eux.

La Jordanie, en se retirant de Cisjordanie, laisse la responsabilité du problème à l'O.L.P. et à Israël, sachant bien que toute solution présentée par les uns sera inacceptable pour les autres. La situation actuelle est insupportable, inadmissible, tragique. Les solutions qui transformeraient cet enfer en paradis sont toutes prêtes, mais cependant elles sont considérées comme impraticables. Nous assistons dans la consternation à la dégradation de la situation locale, à la rupture de la plupart des canaux de communication qui existaient malgré l'état de guerre entre les deux populations, à la montée chez les extrémistes des deux bords d'une haine implacable qui compromet l'avenir de deux peuples condamnés à coexister ou à disparaître.

Depuis quarante ans, je meurs ici des coups que se donnent les uns et les autres, sans réussir à comprendre le pourquoi de tant d'absurdité, de tant de cruauté. Sur la terre de la Bible, les hommes – sans doute aidés par le diable – ont réussi à s'enfermer dans cette folle, dans cette mortelle tragédie. J'assistais à ces événements qui ruinaient nos rêves les plus chers dans un déchirement constant. Je pensais à la seule parole de Golda Meir qui m'eût jamais touché, quand elle dit à un Arabe : « Nous vous pardonnerons la mort de tant de nos fils tués par vous. Nous ne vous pardonnerons jamais de nous avoir obligés à tuer tant des vôtres simplement pour survivre. » Je mourrai d'avoir à me défendre, comme je mourrai de n'être plus défendu. Car il fallait bien se défendre pour empêcher la libanisation du pays, sa destruction semblable à celle qui provoque, au prix de quels drames, l'effondrement du Liban.

Ces guerres n'étaient pas sans conséquences sur notre vie familiale. Comme tous les Israéliens, nous étions suspendus, plusieurs fois par jour, aux radios et aux télévisions, l'israélienne comme la jordanienne pour nous tenir au courant d'une situation si mouvante qu'elle nous donnait le vertige. Tout cela se passait en des lieux qui se situaient à un tir de canon de nos fenêtres, et concernaient nos voisins, nos amis, dont il n'était pas rare, hélas, d'apprendre la disparition dans un combat ou dans un attentat.

A partir de 1977, nos enfants faisaient leur service militaire Emmanuel dans l'artillerie, Élisabeth et Mikhal dans l'armée des Pionnières combattantes, Yaël dans l'aviation, David dans les Golanis. De 1977 à

1989, nos enfants furent mobilisés dans une armée qui connaissait une des crises les plus graves de son histoire, surtout depuis l'affaire libanaise qui divisait le pays. Notre aîné Emmanuel, capitaine d'artillerie, avait passé avec ses compagnons quarante-cinq jours sous le feu des canons syriens pendant la campagne dont le pays attribuait la responsabilité à Ariel Sharon et à Begin. David était posté au Liban une année durant.

Pendant les treize ans de leur service et de leurs périodes militaires, ils étaient tous sur les frontières ou sur les routes du pays. Au moindre coup de feu, au moindre attentat terroriste, à chaque incident de frontière, je voyais le visage d'Annette se voiler de tristesse dans l'attente silencieuse des nouvelles, ce communiqué de l'armée qui annoncerait le nom des morts et des blessés, ou ce coup de téléphone qui la délivrerait de l'insupportable inquiétude. La peine était grande quand l'un ou l'autre d'entre eux revenait à la maison pour assister à l'enterrement d'un de ses camarades d'études ou d'armée, ou encore pour visiter dans les hôpitaux ceux d'entre eux qui étaient blessés. Ils sont les enfants d'un peuple confronté à la mort et vivant constamment sur la ligne de feu qui sépare la vie de la mort. Ils se savent cependant les frères de la jeunesse palestinienne et des Arabes qui subissent le même sort, dans des conditions sans doute plus difficiles, étant donné le dénuement dans lequel ils vivent et l'état de désorganisation où plus d'un demi-siècle de combats perdus les plonge.

A Genève, un journaliste me demanda un jour : « Vous acceptez les risques de cette situation pour vous, mais qu'en pensent vos enfants et que diraient-ils si vous décidiez de quitter ce pays ? – Ils penseraient sans doute que nous sommes des lâches », répondis-je spontanément. Emmanuel, ayant entendu cette interview, me la reprocha en ces termes : « Tu exagères, papa ! Nous ne penserons jamais que vous êtes des lâches. Nous vous accompagnerions à l'aéroport, mais nous resterions ici... »

Mes enfants et leurs amis m'impressionnent toujours.

Ils incarnent un commencement absolu, une race d'homme nouvelle, héritière directe des Hébreux de la Bible, les premiers à avoir pour langue maternelle l'hébreu, assassiné à l'âge du bronze et ressuscité au seuil de l'ère atomique. J'admire leur transparence, leur solidité, leur générosité, Emmanuel plus plein de rêves que je ne le fus jamais, Élisabeth et Moshé, son mari, appliqués à éduquer leurs enfants dans l'utopie de l'ère de la Grâce, qu'ils espèrent, Yaël et Didier construisant leur maison et élevant leurs deux premiers enfants non loin de la mer, près de Tel-Aviv, David et Mikhal, nos cadets, qui poursuivent leurs études, tous unis par les valeurs qui fondaient la vie de leurs pères. Nous n'avons jamais éprouvé le besoin de les leur inculquer parce que, dans le contexte de violence dans lequel ils grandissaient, ils les retrouvaient spontanément en eux, avec plus de vigueur et plus d'authenticité qu'elles ne vivaient en nous.

6.

Des bâtisseurs de ponts

Entre trois univers. Née dans le sang des maquis. Jules Isaac. Jacques Maritain. Paul Claudel. L'adieu de Cassin.

Né aux frontières de trois univers, je ne pouvais manquer d'être déchiré par leurs conflits et je le fus.

La plus profonde surprise de l'enfant que j'étais fut de constater combien la diversité entre chrétiens, musulmans et Juifs, féconde en son principe, nécessaire dans ses applications, dégénérait en une méconnaissance résignée sinon hostile, voire en ségrégation morale. Voués tous trois aux mêmes valeurs et à la même fin, le musulman, le chrétien et le Juif se trouvaient paradoxalement enfermés dans des mythes qui aggravaient les complexes d'une colonisation triomphante. Juifs, chrétiens et musulmans coexistaient à Aïn-Témouchent comme dans tous les villages et les campagnes d'Algérie, sans cependant se connaître. Pour tous, le prochain était non seulement le plus lointain, mais le plus inconnu et parfois le plus haï des hommes. Baba savait que notre éducation risquait de nous enfermer dans nos communautés respectives et que l'ignorance où nous étions les uns des autres n'était pas faite pour aplanir les voies de notre cohabitation. Je garde un souvenir reconnaissant envers sœur Ubaldine qui se contentait de nous accueillir sans rien faire pour estomper notre identité, avant tout soucieuse de nous éduquer. L'école française, avec ses traditions séculaires, ses prestiges et sa bouleversante efficacité, fut le point de départ de notre recherche, née de nos contacts traumatisants avec la culture française. Ce choc aboutissait à une prise de conscience : l'éveil des Juifs, des musulmans, aux réalités de la vie moderne désormais accessible, les progrès économiques faits par nos parents musulmans ou juifs bouleversaient nos vies et nos pensées. L'école primaire confirma en nos esprits l'empreinte d'une culture qui était étrangère aux traditions familiales des petits Juifs ou des petits musulmans que nous étions. La différence entre notre jardin d'enfants et l'école primaire était mince : d'un côté, le crucifix se trouvait partout, de l'autre, il était remplacé par l'effigie de Marianne ; ici Dieu existait, là il était nié par la plupart des maîtres et des maîtresses des écoles laïques. Nos parents s'en souciaient peu. L'essentiel pour eux était de nous donner la meilleure instruction, la plus solide possible, afin de faire de nous des hommes dotés d'un métier, d'un gagne-pain. Que nos éducatrices aillent à la messe ou soient d'acharnées laïques leur importait peu. L'essentiel était à leurs yeux qu'elles donnent une bonne éducation à leurs enfants. Baba, ses enfants, tous nos parents étaient si sûrs d'eux-mêmes et de la valeur de leur tradition culturelle et religieuse que je ne les entendis jamais exprimer la moindre inquiétude sur la possibilité pour nous d'être convertis. Et de fait, l'empreinte familiale, si puissante en nous, était indélébile : ceux qui auraient eu la tentation de fuir leur judaïsme y étaient très vite ramenés par les vertus de l'antisémitisme ambiant.

Préparée de longue date, puis organisée au lendemain de la guerre dans le calme des salons parisiens, l'Amitié judéo-chrétienne fut réellement fondée dans le sang des maquis. Les Juifs que nous étions n'avaient pas d'autre choix que d'être, à moins de trahir, dans le camp de la liberté. Nous n'avions pas le débat de conscience qui agitait tant de nos amis français, hésitant parfois entre la voix de Pétain et l'appel de De Gaulle. Pour nous, nous n'en avions aucun doute, l'Allemagne nazie signifiait la mort. Les maquis où nous nous trouvions nous donnaient du moins la possibilité de sauver, avec l'honneur de nos vies, les personnes que nous arrachions à la persécution.

Devant la folie nazie, nous n'étions pas seuls. La résistance s'organisait non seulement à Londres et à New York, mais dans le monde entier, y compris dans les pays occupés par l'Allemagne nazie. Au Danemark, le roi arborait son étoile jaune tandis que son peuple, en une nuit, improvisa une flottille qui transporta tous les Juifs danois en Suède. Cet exemple, parmi mille autres, contrastait avec ce que nous constations autour de nous.

La France de Pétain, de son côté, avait accepté de promulguer un statut des Juifs qui donnait une version à peine différente des lois raciales de Nuremberg, elle avait souscrit à la déportation des Juifs étrangers, réfugiés sur son territoire, et organisé la Milice dont les crimes et les exactions rivalisaient avec ceux de la Gestapo.

Mais c'est à une autre France, celle de la Résistance et celle des milieux chrétiens de mes refuges de Haute-Loire, que j'avais à faire, celle avec qui nous fonderons l'Amitié judéo-chrétienne, cimentée par le sang de tant de martyrs. Hitler nous avait sortis de nos ghettos et précipités tous, chrétiens, juifs, tziganes, hommes de toutes origines et de toutes religions, dans l'enfer de sa folie aryenne contre laquelle nous nous dressions, unanimement.

Jules Isaac avait failli disparaître dans l'enfer nazi qui avait déjà englouti sa femme et sa fille. Un jour de novembre 1942, un de mes compagnons de résistance me dit : « Va à Saint-Agrève, un homme a besoin de fausses cartes d'identité et de fausses cartes d'alimentation pour continuer à vivre dans la clandestinité : il s'appelle Jules Isaac. »

J'étais alors lié avec des faussaires héroïques qui

fabriquaient les faux papiers nécessaires à la vie clandestine. J'allai immédiatement voir Jules Isaac. J'avais appris l'histoire, sept années durant, au temps de mes études secondaires, dans ses manuels. Pour moi, il était davantage qu'un homme, une institution. L'homme était assis devant la table où il écrivait sur un mince cahier d'écolier, qu'il me tendit dès qu'il sut que j'avais été élève de l'École rabbinique de France, que je m'intéressais à la Bible et que j'étais un hébraïsant. Je revois ce mince cahier d'écolier dont les pages étaient couvertes de son écriture si bien dessinée, si claire, si ferme, si honnête. De sa plume, il s'était appliqué à écrire en beaux caractères le titre de la page de garde : « Chrétiens, n'oubliez pas. »

Du sang de tous les siens, de sa douleur, sortit un livre bouleversant qui anima à sa naissance le mouvement d'Amitié judéo-chrétienne, dont il prit la tête même si, à Paris, Henri Marrou et Jacques Madaule en assumèrent la présidence. Des comités semblables existaient aux États-Unis, en Angleterre, en Suisse. Sous la motion et l'émotion des tragédies de la guerre, le monde chrétien tout entier se couvrit de comités de chrétiens et de juifs résolus à lutter contre l'antisémitisme. Leur charte fut adoptée par le congrès international judéo-chrétien de Selisberg en 1947 : elle comprend dix points qui avaient tous pour objet de mettre fin a l'antisémitisme chrétien et d'y remédier d'abord par un redressement de l'enseignement chrétien sur Israël. Nous pensions que la chrétienté, par l'enseignement du mépris qu'elle diffusait depuis des siècles, avait une part de responsabilité dans le déchaînement de l'antisémitisme contemporain. Notre Amitié judéo-chrétienne édifia son action autour de Jules Isaac avec un petit nombre de militants au premier rang desquels se trouvaient, du côté chrétien, Henri Marrou, Jacques Madaule, les pères Riquet et Daniélou, et, du côté juif, Edmond Fleg, Maurice Vanikov, Léon Algazi, le grand rabbin Jacob Kaplan et tant d'autres, tandis que Jules Isaac, à Aix-en-Provence, se trouvait hors des limites territoriales de notre parisianisme, comme en dehors des frontières de toute confession religieuse, véritable inspirateur et premier combattant d'une cause dont il était le meilleur témoin.

Après la guerre, j'avais retrouvé Jules Isaac, par le plus grand des hasards, dès le premier jour de mon retour dans Paris libéré. Je déjeunais dans un restaurant de la rue des Écoles lorsque mon regard fut happé par un visage qui ne m'était pas inconnu : je cherchai à découvrir son identité sous sa barbe. Celui qui venait d'entrer s'assit à une table voisine de la mienne et se mit à parler avec la personne qui l'accompagnait. Dès que j'entendis sa voix, plus aucun doute n'était possible : c'était bien Jules Isaac. Nous nous levâmes ensemble et nous nous étreignîmes en silence. Il m'expliqua qu'il ne m'avait pas immédiatement reconnu parce que, de mon côté, j'étais devenu barbu. Ainsi le voulaient les jeux de la Résistance. Lorsque nous nous étions vus pour la dernière fois dans sa pension près de Saint-Agrève, Jules Isaac avait le visage barbu, tandis que le mien n'était pas encore orné de la barbe des maquisards. Le petit cahier qu'il m'avait montré dans son refuge était devenu un livre qui avait bouleversé la chrétienté aussi bien que les Juifs survivants de la Shoah. *Jésus* et *Israël* s'ouvrait sur une pathétique dédicace : « A ma femme, à ma fille, martyres tuées par les Allemands, tuées simplement parce qu'elles s'appelaient Isaac. »

Tout près de la rue des Écoles où je retrouvai Jules Isaac, Edmond Fleg habitait au 1 du Quai-aux-Fleurs. Lui aussi était de retour à Paris. C'est chez lui qu'eurent lieu, dans l'atmosphère particulière de l'hiver glacial de la Libération, les premières réunions de l'Amitié judéo-chrétienne. Nous n'étions que quelques-uns, mais Juifs ou chrétiens, nous étions résolus à tirer une fois pour toutes les leçons de l'immense catastrophe. Il s'agissait de porter témoignage des crimes dont nous étions les témoins. Notre sang judaïque, notre indignation, notre douleur étaient assumés par des chrétiens, unis à nous par une alliance de sang. Ils étaient résolus à se battre avec nous contre des préjugés criminels et contre l'indifférence ou la complaisance des clercs et des masses. Lorsque nous avons fondé le Mouvement de l'amitié judéo-chrétienne, des sourires sceptiques nous accueillirent ici et là. Bien des Juifs affirmèrent à l'époque que ce mouvement était condamné à l'échec, qu'il constituait un cheval de Troie que les « convertisseurs » utilisaient pour pénétrer dans les décombres de ce qui avait été pendant vingt siècles l'imprenable forteresse judaïque. Du côté chrétien, nombreux étaient ceux qui considéraient le mouvement nouveau comme un « truc » inventé par des Juifs pour lutter contre les malheurs qui les accablaient. Non pas un mouvement vivant, autonome, libre et fraternel fondé en vérité, mais une tactique utilisée par des Juifs en perdition pour échapper à la disparition, ou par des chrétiens désireux de les convertir.

Nos premières réunions eurent lieu dans le salon d'Edmond Fleg près de la façade sud de Notre-Dame. Je revois les visages de Fleg, de Vanikov, j'entends les intonations chantantes, souvent véhémentes, de Jacques Madaule, les rigoureuses analyses du père Daniélou ou d'Henri Marrou, la voix grave et cuivrée de Jules Isaac, les paroles passionnées du père Riquet, les plaidoiries de Léon Algazi, les informations toujours précises du père Démann. Notre mouvement était modeste : je doute qu'il y ait jamais eu dans sa caisse plus d'argent qu'il n'en fallait pour payer les timbres. Nous étions là cependant dans une situation où la foi et la conviction peuvent déplacer des montagnes : il s'agissait d'empêcher le renouvellement des crimes dont nous avions été les témoins. Le livre de Jules Isaac s'éleva comme un cri passionné qui ébranla la conscience honteuse de l'Europe. Congrès, colloques, conférences, livres et articles contribuèrent à alerter le monde.

Les publications du père Paul Démann, appuyées par l'archevêque d'Aix-en-Provence, Mgr de Provenchères, aidèrent à la révision en France des catéchismes. Sous cette pression, les portes du Vatican commencèrent à s'entrouvrir prudemment devant nos idées. Les premiers résultats obtenus furent modestes. Pie XII, sans pour autant échapper à la question de son silence au plus fort de la persécution nazie, donna une interprétation plus nuancée de ce que la prière romaine appelait la « perfidie juive ». Il rétablit l'agenouillement au moment de la prière pour les Juifs dans la liturgie du vendredi saint. Ces minces résultats étaient tragiquement insignifiants, peut-être même insultants, face à l'ampleur des questions qu'il s'agissait de résoudre. Jules Isaac en était conscient. Il comprit la chance que représentait pour tous l'élection de Jean XXIII au pontificat suprême. Il savait qu'il avait une mission à accomplir et, non sans hésitation, il accepta de l'assumer jusqu'au bout. Pie XII ne lui avait accordé qu'une brève audience à Castel Gandolfo, au cours de laquelle il n'avait pu soulever que le thème de la prière dite *pro-judeis,* ouvertement injurieuse à l'égard du peuple dont Jésus était issu.

Jules Isaac avait compris qu'il fallait saisir à la gorge « l'enseignement du mépris ». Pour attaquer la base théologique qui le fondait en chrétienté depuis dix-huit siècles, il avait préparé un programme positif, précis, éloquemment formulé, dans lequel il définissait un redressement pratique de l'enseignement chrétien concernant Israël. C'est dans un café, près de la gare Saint-Lazare, qu'un soir de printemps, en juin 1960, il s'ouvrit à moi de son projet de voyage au Vatican. Il savait que, depuis une dizaine d années, j'y avais noué quelques amitiés. Il souhaitait me mettre au courant de son projet avant d'en entreprendre la réalisation. L'élection de Jean XXIII ouvrait des perspectives nouvelles : son amour de la Bible et son intérêt devant les grands problèmes contemporains nourrissaient nos espoirs. Puisque le pape allait convoquer un grand concile œcuménique, pourquoi ne pas le saisir de l'ensemble de la question juive afin d'en finir une fois pour toutes avec l'hydre de l'antisémitisme chrétien ? Jules Isaac était de trois ans l'aîné du pape. Il prit conseil de quelques amis dévoués : il avait méthodiquement, activement, minutieusement préparé l'audience que le souverain pontife lui accorda le lundi 13 juin 1960.

En historien consommé, Isaac n'était pas parti à

l'aveuglette. Il avait étudié le terrain et pris le plus de renseignements possible sur l'organigramme vaticanais. En de multiples rencontres, il avait fait pénétrer l'essentiel de ses idées aux points stratégiques qu'il fallait se ménager pour avoir quelque espoir de réussite. Il mettait en doute le mythe théologique de la dispersion, châtiment providentiel de la crucifixion, qu'il dénonçait. Le catéchisme du concile de Trente condamnait déjà l'accusation de déicide comme contraire à la doctrine de l'Église. L'ambassadeur de France auprès du Saint-Siège, M. de La Tournelle, avait été alerté par une lettre du président Vincent Auriol, lui-même averti par Pierre Bloch et Cletta Mayer qui contribuèrent au succès de l'événement. De son côté, l'ambassadeur d'Israël, Élias Sasson, avait mis son expérience romaine au service de Jules Isaac. Rien n'avait été négligé dans la stratégie et la tactique de l'action entreprise. Au cours des huit jours qu'il passa à Rome, Jules Isaac avait personnellement saisi les plus importantes personnalités dont dépendait le sort de sa requête. Mais les deux entretiens les plus décisifs furent ceux qu'il eut avec le cardinal Ottaviani et le cardinal Béa, auxquels le pape devait confier l'étude du problème.

L'entretien de Jules Isaac avec Jean XXIII dura à peine une vingtaine de minutes, mais avait été empreint de cordialité. En se séparant du pape, Jules Isaac lui avait demandé s'il pouvait partir en emportant quelques parcelles d'espoir. Jean XXIII se récria alors : « Vous avez droit à davantage que de l'espoir ! » Puis il avait ajouté en souriant : « Je suis le chef, mais il me faut aussi consulter, faire étudier par les bureaux les questions soulevées, ce n'est pas ici la monarchie absolue... »

Et, en l'occurrence, la démarche que Jules Isaac venait de faire auprès du pape Jean XXIII devait subir bien des avatars avant d'atteindre le but espéré, cinq ans plus tard : la déclaration *Nostra Aetate* retenait pour l'essentiel les thèses de Jules Isaac, ouvrant un âge nouveau aux relations judéo-chrétiennes.

La publication de mon premier livre, *L'Introduction aux devoirs des cœurs,* de Bahya ibn Paqûda, marqua le début de mon amitié avec Jacques Maritain. J'avais souhaité que ce livre soit lui-même un acte d'amitié judéo-chrétienne, Bahya étant, de tous les penseurs juifs du Moyen Âge, celui qui eut la plus large et la plus durable influence sur les Juifs, tout en étant cependant le mystique le plus ouvert aux réalités d'Élohim et de l'homme.

Jacques était l'un des penseurs chrétiens les plus en vue de notre temps. Au cœur de sa philosophie, il y avait l'intuition de l'Être. Je n'étais pas thomiste, mais je savais que l'Élohim de Moshé, IHVH [adonaï], était l'Être ineffable, tel était son nom propre, source de toute réalité, de toute puissance, de toute vie. Nous communions ainsi dans l'essentiel, cet Être source de toute réalité, Lui qui fut, est et sera. Le parrain de Jacques, Léon Bloy, avait écrit *Le Salut par les Juifs,* en 1892, alors que Jacques était âgé de dix ans. Israël était présent en sa pensée par son parrain, par sa femme Raïssa, une Juive russe, et mieux encore par la Bible. Qui s'étonnerait qu'en 1940 il ait analysé les événements avec une lucidité peu commune et qu'il ait pris sa part dans l'action politique avec le souci de faire triompher les valeurs que Juifs et chrétiens avaient en commun ? Pour lui, le péril était de ne chercher Élohim qu'au désert, comme il était aussi d'oublier la nécessité du désert pour rencontrer Élohim : contemplation et action, pour être fécondes, doivent se marier. C'est ce que je faisais aussi en divisant mon temps entre les deux pôles de mon existence, la contemplation studieuse et l'action.

Jacques Maritain savait que le mystère d'Israël était inséparable de celui de l'Église. Pour lui « le peuple juif, et c'est sa gloire, sera toujours suspect aux yeux des nations de la terre : parce qu'il est le peuple élu, tendu à travers toutes les douleurs de l'histoire par Celui dont il s'est détourné et auquel il est toujours cher et de qui les dons sont sans repentance... et d'où vient le salut, *salus ex Judaeis est...* ». Il voyait dans notre distinction la source de la jalousie des humains de quelque bord qu'ils soient, fussent-ils même athées. Son analyse du conflit judéo-chrétien est sans doute la plus lucide jamais faite par un chrétien.

Mais il me paraissait trop optimiste lorsqu'il croyait le document *Nostra Aetate* suffisant pour effacer dans l'âme des chrétiens les séquelles de l'accusation de déicide et les libérer tous de leur mépris, parfois de leur haine du peuple juif. Il s'illusionnait en pensant que l'antisémitisme religieux, qui avait longtemps souillé la chrétienté, disparaîtrait comme par enchantement. Même si, à la tête de l'Église, on avait enfin admis qu'il était temps de mettre fin au scandale de l'antijudaïsme médiéval, le corps de l'Église continuait trop souvent à être souillé par un autre antisémitisme non plus religieux, mais racial : celui-là était loin d'avoir disparu. Il avait fallu la tragédie des camps de la mort hitlériens et la liquidation de six millions de Juifs, disait Jacques Maritain, pour que l'histoire permette le retour d'Israël sur la terre de la Bible dont pendant de longs siècles il nourrissait l'espérance. « Le sang du peuple juif en a payé le prix, qu'on n'oublie jamais cela », s'écriait Jacques Maritain.

Il était, avec Paul Claudel, le penseur chrétien qui comprenait le mieux la signification théologique de la renaissance d'Israël, son retour sur la terre promise. Il écrivait, dans son *Mystère d'Israël* : « C'est un étrange paradoxe de voir contester aux Israéliens le seul territoire auquel, à considérer le spectacle entier de l'histoire humaine, il soit absolument certain qu'un peuple ait incontestablement droit : car le peuple d'Israël est l'unique peuple au monde auquel une terre, la terre de Canaan, ait été donnée par le vrai Dieu, le Dieu unique et transcendant créateur de l'univers et du genre humain. Et ce que Dieu a donné une fois est donné pour toujours. »

Pour Jacques Maritain, comme pour Paul Claudel, l'antisionisme ne valait pas mieux que l'antisémitisme. En cela, ils s'inscrivaient tous deux en faux contre la pensée de Louis Massignon.

Au lendemain de la guerre, Jacques Maritain avait été nommé – probablement sur l'intervention personnelle du général de Gaulle – ambassadeur de France auprès du Saint-Siège. Il avait bien connu Pie XII, par la suite Jean XXIII et mieux encore Paul VI, qui était familier avec sa pensée politico-théologique. Son rayonnement aidait à la promotion de l'amitié judéo-chrétienne en chrétienté. Je m'adressais à lui, toujours ouvert et efficace, quand nous avions des problèmes à résoudre au Vatican. Je pensais à lui en écrivant ma *Lettre à un ami chrétien.* Dans une lettre inédite qu'il m'écrivit de Kolbsheim, le 5 octobre 1971, il analysait les points de rencontres ou de divergences qu'il pouvait retrouver dans nos pensées. Pour lui, le témoignage devait se signer par le sang. Il restait aussi fidèle aux souvenirs d'Abshalom Femberg, ce jeune Juif qu'il avait connu avant la guerre de 1914, alors qu'il faisait des études en France. Abshalom était l'un des fondateurs d'un réseau clandestin qui facilita la fin de la domination ottomane et l'implantation des Anglais en Palestine. En 1917, Abshalom, âgé de vingt-huit ans, traversant le Néguev au cours d'une mission, fut fusillé par des Bédouins tout près du front anglais du Sinaï.

La dernière fois que je rencontrai Jacques en 1972, à Toulouse, dans la Fraternité des petits frères de Jésus où il finit sa vie, tandis qu'il évoquait une fois de plus le souvenir d'Abshalom, je lui racontai la fin de cette histoire, que mon ami ignorait encore. Les restes d'Abshalom n'avaient jamais été retrouvés, mais, lorsqu'en 1967 le Sinaï tomba sous le contrôle d'Israël, on apprit alors qu'un bosquet de palmiers était appelé par les Bédouins les Palmiers du Juif. On retrouva aux pieds de ces palmiers les restes d'Abshalom : les Bédouins qui l'avaient assassiné l'avaient enterré avec des dattes dans ses poches. De ces dattes et de son sang, de beaux palmiers avaient poussé. Rivka, la fiancée toujours fidèle d'Abshalom, avait identifié son corps et l'avait transféré au mont Herzl à Jérusalem. Elle m'avait demandé de transmettre ses pensées à son ami Jacques. Je le fis au cours du déjeuner que nous prîmes en tête à tête.

Jacques appela un petit frère de Jésus lui demandant une carte postale. Celui-ci revint avec une photo représentant le pilier du Couvent des Jacobins, l'unique de la statuaire médiévale à être traité sous forme de palmier. La coïncidence était frappante. Jacques s'éloigna plus pensif que Jamais. Je vis disparaître sa haute silhouette diaphane sur le chemin qui le ramenait chez lui, transparent dans le sang du soleil couchant : il semblait s'évanouir dans sa lumière, n'étant lui-même que lumière...

Paul Claudel nous avait fait l'amitié de présider, à la galerie Art, rue du faubourg Saint-Honoré, la présentation de ma première traduction du *Cantique des cantiques,* illustré par les gravures de Marianne Clouzot. C'était le 15 novembre 1951. Sortant à peine de mes déserts, je me trouvais plongé soudain dans ce que l'on appelle le Tout-Paris.

Cette première rencontre marqua le début d'une amitié que j'entretins avec le poète jusqu'à sa mort. Nous nous rencontrions chez lui boulevard Lannes où à Brangues, où je le rejoignais quand je me rendais sur la Côte d'Azur ou en Italie. Nous étions solidement unis par un même amour de la Bible et d'Israël. C'était l'époque de ses deux derniers livres : *Une voix sur Israël* et *L'Évangile d'Isaïe* qui soulevaient des polémiques passionnées. Le regard hébraïque que je jetais sur la Bible n'était pas sans déconcerter le poète gorgé d'un latinisme dont il essayait vainement de se dépêtrer, m'écrivait-il. Nous nous rencontrions dans notre recherche du sens actuel des Écritures. En cela, notre communion était parfaite : il m'appelait « son frère dans l'amour de la parole de Dieu ». Et souvent nous partagions la joie de lire ensemble les textes qui l'intriguaient et sur lesquels je m'efforçais de jeter les antiques lumières que j'avais reçues de mes maîtres.

L'œuvre exégétique du poète couvre à vrai dire un demi-siècle de réflexion sur la Bible. En face de ce torrent de mots, d'idées, d'images, d'intuitions, de suggestions, de comparaisons, d'oppositions, je m'étonne que les théologiens catholiques se détournent et gardent un silence gêné. Cependant, l'œuvre biblique de Claudel garde une saveur que les siècles n'épuiseront pas. Claudel retrouve d'instinct la plus ancienne tradition de l'exégèse rabbinique, celle du midrash, ce récit plein de vie qui s'efforce de communiquer la sève même de la pensée biblique. Connaissant très peu de choses de l'œuvre de ses prédécesseurs hébraïques qui vivaient à l'époque du Christ, il redécouvre leurs méthodes exégétiques et les voies qu'ils empruntaient pour expliquer les prophètes. La force de Claudel était d'être un poète qui voyait face à face, en poète, ses frères, les poètes de la Bible. C'était cela qui gênait les exégètes chrétiens, qui gardaient le silence sur son œuvre. A-t-on idée d'arracher la Bible aux mains des clercs, des prêtres, des rabbins, des pasteurs ou même des professeurs qui en vivent ? Claudel détonnait dans ce milieu dominé depuis le siècle dernier par l'exégèse allemande, tueuse implacable de ce qui nous paraît être l'essentiel de la Bible, sa poésie, son pouvoir d'inspiration créatrice. Alors que tant d'exégètes me paraissaient éteindre la Bible, en assourdir le message, Claudel en retenait l'essentiel en ne le disjoignant pas des réalités contemporaines.

J'aimais sa franche simplicité, rude et cordiale, sa manière de marteler les mots, regard et lèvres frémissantes, comme à l'évocation d'une vision intérieure dont il me faisait partager la lumière. Il rejoignait le cœur de mes préoccupations en me parlant d'Israël que je connaissais à peine et qu'il comprenait mieux que je ne le faisais alors, peuple unique dont le destin et l'importance lui paraissaient exceptionnels au regard de Dieu. Le jour de sa conversion, sortant de Notre-Dame, il avait ouvert sa Bible à deux endroits, le chapitre 8 des Proverbes et le récit des pèlerins d'Emmaüs au chapitre 24 de Luc. « J'ai alors compris que l'Ancien Testament était la clé du Nouveau et que cette clé avait été confiée aux mains d'Israël », me dit-il.

Pour lui, Israël est appelé à une vocation universelle,

œcuménique. Il est surpris de voir que les Juifs actuels n'ont pas tous la conscience de leur identité réelle. Ils sont un peuple à part, leur vocation n'est pas médiocre, puisque c'est grâce à eux que le monde a été appelé à la connaissance d'un Dieu transcendant et personnel. Cette idée, il n'était pas possible de l'avoir sans une grâce particulière de Dieu. Pendant des heures, Paul Claudel, entraîné par son évocation, m'introduit dans son univers proche du mien par tant d'aspects, tous deux reflétant la Bible.

Claudel s'étonnait de voir un conseiller culturel de l'ambassade d'Israël incapable de citer une seule page de la Bible, et qui ignorait même le texte central d'Isaïe sur la vocation du Serviteur souffrant. « Je vois trop de Juifs désireux de devenir semblables aux nations. Ils renient ainsi la vocation spéciale qui fait du peuple d'Israël un peuple à part. Rien ne serait plus triste que de le voir n'aspirer qu'à disparaître dans la médiocrité universelle », me disait-il.

Le destin d'Israël, son élection doivent l'appeler à constituer autre chose qu'une secte religieuse comme il en est mille, mormons, unitariens ou baptistes, autre chose qu'une petite nation semblable à toutes les nations, Bulgarie ou Albanie du Proche-Orient. Pour Claudel, Israël est le fils aîné de Dieu à qui des promesses toutes particulières ont été faites. Il me cite par cœur maints textes de la Bible qu'il dit en français, tandis que je les murmure en hébreu.

Pendant les persécutions, il avait pris parti ouvertement pour les Juifs, dressé auprès d'eux contre leurs ennemis allemands ou arabes. Le 8 août 1936, dans un message au Congrès juif mondial, il déclarait que l'étude continuelle qu'il faisait de la Bible l'avait pénétré de l'importance d'Israël au point de vue de Dieu et de l'humanité. Le 24 décembre 1941, du château de Brangues, il eut le courage d'écrire au grand rabbin de France une lettre qui eût pu lui valoir la déportation, surtout après que Charles Maurras l'eut dénoncé dans *L'Action française.* En voici les termes : « Je tiens à vous écrire pour vous dire le dégoût, l'horreur, l'indignation qu'éprouvent à l'égard des iniquités, des spoliations, des mauvais traitements de toutes sortes dont sont actuellement victimes nos compatriotes israélites, tous les bons Français et spécialement les catholiques. »

L'attitude de Claudel contrastait violemment avec la croisade que menait à l'époque Louis Massignon dressé contre Israël. Les tensions étaient vives entre ces deux hommes qui s'étaient connus au début du siècle, si différents qu'ils s'opposaient en tout.

Arabisant arabisé, Massignon, dès les années 20, avait rompu avec le mouvement sioniste dont il avait espéré un temps qu'il réconcilierait Israël et Ismaël. En 1948, la proclamation de l'État d'Israël et l'invasion arabe l'avaient mis hors de lui. Il était allé se jeter théâtralement aux pieds de Pie XII pour le supplier d'empêcher le sacrilège de laisser tomber Jérusalem et Nazareth sous la souveraineté juive. Claudel, lui, trouvait des raisons suffisantes dans la Bible et dans l'histoire pour justifier l'action sioniste.

Le 18 mars 1951, il me déclarait : « Je souhaite qu'Israël possède toute la Palestine. Elle lui revient de droit. Que ferons-nous de la parabole qui déclare que, lorsqu'un arbre ne donne pas de fruits, il faut l'abattre ? C'est Israël qui ressuscite la Terre sainte ; c'est lui qui la sort de la stérilité où l'avait réduite l'impéritie des Arabes ; c'est lui qui accomplit la promesse divine de transformer les rochers et les sables en palais et en jardins. Je m'irrite de voir les hypocrites et les sots ne pas rendre tous l'hommage qu'il convient à la magnifique jeune nation juive. Oui, certes, je désire qu'Israël ait toute la Palestine pour mieux remplir son rôle d'agent de l'humanité, de fils aîné de Dieu, de gardien et de défenseur des Lieux saints. Lui seul est en mesure de faire renaître ce pays aux carrefours des mondes. Et que l'on ne me parle pas de l'ignominie du pétrole ! Lui aussi joue son rôle dans l'économie providentielle. Je le disais à Louis Massignon, répétant la parole de Zacharie : " Le Ciel exaucera la terre et la terre exaucera le blé, le vin et l'huile, tout ce que Dieu a créé dans sa toute-puissance... " J'ai un profond dégoût pour ce qui n'est pas la vie et, lorsque je lis dans les ouvrages de Louis Massignon que l'Islam ne conçoit pas que Dieu est un Dieu personnel mais affirme qu'il est impossible d'entendre le Créateur, je vois là comme la peine du dam... »

Le débat entre Paul Claudel et Louis Massignon transposait sur la scène parisienne le conflit qui opposait Arabes et Juifs en Terre sainte. Je regrettais, pour ma part, le ton de passion qui animait Massignon et qu'au lieu de tenter, comme j'essayais de le faire avec quelques autres, de bâtir un pont entre Arabes et Juifs, son action n'aboutissait qu'à élargir le fossé qui séparait les belligérants, si bien qu'il finit par devenir un abîme difficilement franchissable.

Sur la vocation œcuménique d'Israël, Claudel partageait sans le savoir la vision de Ben Gourion et de tous ceux qui, comme lui, trouvaient leur inspiration dans la Bible. « Il faut être aveugle pour ne pas voir une intervention divine dans le retour d'Israël sur sa terre. » Ce retour avait pour but celui d'affirmer et d'accomplir la vocation œcuménique d'Israël liée au procès d'un salut universel : « Le caractère qui m'intéresse particulièrement chez les Juifs, c'est qu'ils sont les citoyens de l'univers et que pendant des siècles ils ont eu l'humanité pour patrie, au-delà du temps, au-delà des barrières nationales, tribales ou culturelles : le message d'Israël s'adresse à l'homme pour tel qu'il est sorti des mains de son Créateur. »

Le fait d'être un contemporain du retour d'Israël en Terre sainte le remplit de gratitude. Il voit bien que la terre d'Israël, entre l'Asie, l'Afrique et l'Europe, est un lieu de rencontre privilégié de la chrétienté et de l'islam.

« Aujourd'hui, Israël doit revenir au centre du monde pour être au service de l'humanité, comme il le fut à l'époque biblique. Il doit, avec ses immigrants venus de toutes les nations de la terre, réaliser une société des nations concrète dont la loi sera de mettre en pratique le devoir de se faire du bien les uns aux autres. »

Je lui demande si cette vocation universelle qu'il reconnaît à Israël implique, pour lui, l'obligation de se convertir au christianisme.

« Je ne cherche pas à savoir si Israël, pour accomplir sa mission, doit intégrer l'Église catholique. En tant que catholique, je le crois et je le souhaite. Ce serait faire injure à Israël que de ne pas vouloir au fond de mon cœur qu'il partage la vérité dans laquelle je crois et que je sers. Mais le chemin entre l'Église et la Synagogue ne passe pas par le bas. Ce n'est pas dans une commune tolérance seulement qu'il convient de se rencontrer, mais pour la réalisation des volontés de Dieu », me dit-il.

Au mot de « tolérance », je pense à la pensée tant de fois répétée que l'on attribuait à Paul Claudel à une époque où il n'avait pas découvert la Bible. La France était divisée par l'affaire Dreyfus, et il se trouvait alors du côté qui n'était pas favorable aux Juifs. Je ne sais lequel de ses amis lui ayant dit : « Mais Paul, que faites-vous de la tolérance ? – La tolérance ? Il y a des maisons pour cela », rétorqua-t-il.

Il valait mieux éviter de parler de tolérance là où le poète souhaitait une flambée d'amour dans cette Jérusalem du monde réel en flammes, où Juifs et chrétiens doivent se rencontrer pour la réalisation des fins dernières de l'humanité.

– Nous sommes au seuil d'une ère nouvelle et, dans tous les domaines, des faits sans précédent surgissent. Pour la première fois, l'Église demande un service à Israël. Pour la première fois, elle lui remet en Terre sainte sa maison, avec les clefs et la garde de sa maison. C'est pourquoi j'ai suggéré qu'Israël prît l'initiative de reconstruire le Saint-Sépulcre. Par un geste de cette nature, il doit prouver devant le monde entier qu'il accepte son rôle de gardien des Lieux saints. Il pourrait prendre l'initiative d'une souscription universelle pour reconstruire les Lieux saints détruits par la guerre. Il accomplirait ainsi son rôle et sa mission de fils aîné de Dieu, de gardien des lieux dont l'Église lui remet la garde et l'honneur.

J'interromps le poète pour lui dire :

– Vous savez sans doute que le Saint-Sépulcre se trouve dans la partie de Jérusalem occupée par la Jordanie et qu'Israël n'y a pas accès ?

– Aucune importance, cette situation changera, me dit-il, et créera pour Israël des titres nouveaux. Je ne veux pas faire ici de politique, mais, dans la dispute actuelle, j'ai déjà indiqué mon opinion. J'espère que les Arabes sauront voir tout ce qu'Israël peut apporter de vie et de vraie richesse dans ce Proche-Orient écrasé par la misère que l'on constate partout dans le monde arabe.

Je repensais souvent à cette conversation, seize ans plus tard, quand, en juin 1967, au lendemain de la guerre des Six Jours, Israël occupait toute la ville de Jérusalem et devenait le gardien effectif des Lieux saints. J'étais à l'époque le maire adjoint de notre capitale. En accord avec les églises, Israël présida à la reconstruction et à la sauvegarde des Lieux saints. Le regard du poète est souvent plus aigu que celui des politiques, professionnellement myopes. Claudel avait su prévoir ce qui ne manquerait pas de se produire un jour et qui se réaliserait sous mes yeux, sans pour autant guérir la myopie universelle. L'intuition poétique, chez le prophète et chez le poète, dépasse les limites de la pensée logique pour pénétrer l'avenir. L'exégèse claudélienne coule comme un fleuve, bien aveugle celui qui résisterait à sa fascination. Tandis que Hitler fait entendre sa voix démente qui ordonne l'extermination des Juifs, Paul Claudel écrit :

« Je ne suis pas quelque chose de sain, dit Israël, je suis malade ; il y a deux mille ans que je souffre d'une mauvaise conscience ; il y a deux mille ans que j'ai mal à cet univers qui ne me sert à rien ; il y a deux mille ans que je fais mal à cet univers en tant que sa mauvaise conscience... Il y a deux mille ans que je m'adresse à une farine insuffisante. C'est trois mesures qu'il me faut, afin que j'en fasse du pain. Il y a des siècles que je suis le pied central sourdement à la recherche d'une entente avec mes deux bras auxquels il communique la vie, la chrétienté et l'islam... C'est tout de même moi le premier qui ai vu Dieu, moi le premier, à la confusion de tous les siècles, qui ai implanté dans la terre l'inarrachable idée d'un Dieu unique, personnel et transcendant, et maintenant me voici appelé à assumer de nouveau ce lieu où j'ai à négocier avec mes deux branches le droit à ma propre racine. »

Cette vision, j'en partageai l'espérance. Par rapport aux idées généralement admises au sein de l'Église, Claudel était en avance de plusieurs décennies. Par rapport à Israël, il se trouvait en communion d'idée avec les Prophètes dont il s'inspirait, mais aussi avec les théologiens autorisés de l'Exil, Bahya ibn Paqûda, Juda Halévy ou Maimonide. Le nouvel Israël retrouvant ses racines ne saurait échapper à sa vocation prophétique sans trahir son identité. Pour lui, la gloire de la Jérusalem céleste est liée à l'histoire de la Jérusalem terrestre, dont il ne cesse d'évoquer la splendeur :

« Et maintenant, voici qu'on nous parle de la cité immarcescible, de la Ville par excellence dans le sein de qui est appelée à se reconnaître, à s'agrafer, à s'organiser l'humanité tout entière, une humanité enfin débarrassée de sa gangue. »

J'évoque ces souvenirs de Claudel devant Jérusalem que je contemple de mon regard, où Juifs, chrétiens et musulmans, loin de se réconcilier, continuent de s'affronter comme s'ils étaient fascinés par je ne sais quelle vision de mort. Dans la voix de Paul Claudel, j'entends les échos de celles des Prophètes, des Apôtres, mais aussi de Muhammad, le prophète de l'islam, ou même David Ben Gourion. Comme eux, Claudel vit dans l'impatience des fins dernières de l'humanité, celle de voir les promesses des Écritures se réaliser dans la Ville de la paix. Reconnaissant l'importance de Jérusalem aux sources de la pensée biblique et de l'histoire chrétienne, il s'adressait à moi, fils d'Israël, avec la tendresse qui exprimait l'essence même de son message poétique et prophétique.

Louis Dallière, Jules Monchanin, Jules Isaac, Jacques Maritain, Paul Claudel, d'autres encore comme Teilhard de Chardin ou Urs Von Balthasar regardaient avec moi dans une même direction, Jérusalem, où je me dirigeais. Voix inutile, je portais son message de paix, inlassablement, à tous les horizons de l'univers.

Publiant, en 1965, l'histoire de l'Alliance israélite universelle, j'eus le privilège d'être le premier biographe de René Cassin, le président de cette œuvre dont j'étais le délégué permanent. A ce titre, pendant trois décennies, j'eus le privilège de travailler dans le sillage de cet homme lumineux. Je ne reviendrai pas ici sur son rôle de résistant, de ministre de De Gaulle, de professeur de droit, puis de président du Conseil d'État, de membre du Conseil constitutionnel, de rédacteur principal de la Déclaration universelle des droits de l'homme. Couronnée par le prix Nobel de la paix, son œuvre a un rayonnement universel. Il consacre inlassablement sa vie à la défense et à la promotion des droits de l'homme, non seulement en étant le théoricien le plus écouté, mais très concrètement en aidant à vivre et à s'épanouir d'innombrables personnes de toutes origines. Tout appel à lui portait fruit. Sa générosité native était sans faille, inébranlablement fidèle à lui-même, qu'il fût en présence d'un roi, d'un pape ou d'un pauvre inconnu.

Ses intuitions avaient une intensité prophétique – le regard princier qu'il lançait sur les événements les éclairait toujours ; il semblait connaître d'avance les déroulements d'une situation ou d'une vie. Il fut, je l'ai dit, la providence de la mienne, mais mon cas se confond avec celui de légions de « poussins » redevables à son amitié du meilleur de leur vie, les pupilles de la nation, les anciens de l'Alliance israélite, et de nombreuses autres associations aux destinées desquelles il présida en France comme dans de nombreux autres pays, notamment en Afrique.

Il facilita mon enracinement israélien qu'il approuvait en son principe même. Dans les années 40, pendant la guerre, il avait découvert les colonies sionistes de Palestine : « Un peuple qui choisit de planter d'abord des forêts et de poser dans ses campagnes désertes des canalisations d'eau ne peut être vaincu », pensa-t-il alors. Et, sa vie durant, il participa aux combats de l'édification d'Israël dans les institutions internationales comme dans le monde juif où son autorité était sans égale. La bonté était le trait le plus saillant de sa personnalité : elle se manifestait en toute circonstance, quel que soit son interlocuteur. Nous avions conscience d'être devant un prince de l'esprit ou, comme je l'entendais dire souvent : un saint laïc – tout de lumière et de vérité.

Toute vie commence au seuil d'une tombe, ai-je dit. J'étais présent pendant la longue agonie, traversée de fulgurants éclairs de lucidité, de ce juste dont la mort fut aussi exemplaire que celle de Socrate, a-t-on pu dire justement.

Un choc inattendu abattit ce chêne. L'Unesco, dont le siège fut fixé à Paris grâce à Léon Blum et à lui, René Cassin, décida le 22 novembre 1974 l'expulsion de l'État d'Israël. Sur cette lancée, les Nations unies, le 17 octobre 1975, assimileront le sionisme à un racisme. L'expulsion de l'État d'Israël de l'organisme international voué à l'éducation, à la science et à la culture l'avait littéralement mis hors de lui. Cette mesure – prise à la grande majorité des États membres – était injuste. Si un pareil méfait pouvait se commettre au grand jour, que pouvait-on attendre de l'humanité ? J'ai été le témoin de l'état de fureur où il se trouvait le jour où cette décision scélérate fut publiée. Son univers intérieur semblait s'être écroulé avec tout ce à quoi il croyait, en l'homme, en la justice, en un progrès possible de l'humanité.

Ce même jour, il participa à un déjeuner au cours duquel une rescapée des camps de la mort dit ce qu'elle avait vécu après sa déportation. Ce regard ouvert sur l'enfer de l'univers concentrationnaire des chambres à gaz et des fours crématoires évoque en lui de lugubres souvenirs : n'a-t-il pas eu le ventre déchiqueté par des éclats d'obus et n'a-t-il pas failli mourir, le 12 octobre 1914, pendant la bataille de la Marne ? Trois décennies plus tard, une grande partie de sa famille périt dans les camps de concentration nazis – étant juifs. Ce qu'il entend ce jour-là de la bouche de cette femme lui fait prendre conscience d'un fait : la bête n'est pas morte, elle pourrait demain remettre en cause tout ce à quoi il croit et les fragiles résultats de son action, lui, « le fantassin des droits de l'homme », « le soldat idéal », « le porte-parole de la France éternelle », « l'avocat de la cause de l'homme », le rédacteur principal de la Déclaration universelle des droits de l'homme, ce décalogue du XXe siècle.

Un vertige le saisit et il s'effondre. Par bonheur, Ghislaine est présente. Depuis Londres, elle est sa plus proche collaboratrice. Sans perdre un instant, elle appelle ses médecins et le fait transporter à l'hôpital de la Salpêtrière. Pendant trois mois, il est plongé dans un coma profond. Ses médecins déploient toute leur vigilance pour le disputer à la mort. Et c'est le miracle : il revient à la vie.

Ses premiers mots seront pour Ghislaine : « Une voix mystérieuse, lui dit-il, m'a assuré que je vivrai assez longtemps pour mettre en place les hommes qu'il faut. »

Il me fait appeler aussi à son chevet. Je reviens en hâte de Jérusalem. Pendant les trois décennies où j'ai été son collaborateur – de 1947 à 1976 –, nos liens s'étaient approfondis, en amitié puis en affection. Il voyait en moi un héritier de son message de paix et de justice, moi en lui un père spirituel. Je m'étonnais de la profondeur mystique, pourrait-on dire, de ce laïc parfait. « Chaque religion peut penser détenir la vérité absolue, mais le fait objectif de leur coexistence les relativise nécessairement », disait-il. L'Élohim de la Bible, dont il me faisait parler chaque fois que nous nous retrouvions à Paris, en Israël ou parfois dans nos voyages en avion, répondait à sa faim spirituelle, étant par essence Être et Puissances de l'Être. Élohim satisfaisait aussi sa soif de justice, lui, le professeur de droit, qui ne voyait de réponse aux atrocités de l'Holocauste que par un dévouement sans limites à la défense des droits de l'homme. En cela, il ne se considérait pas comme un théoricien du droit, mais comme un enfanteur de nouvelles règles pratiques qui puissent permettre à l'humanité d'assumer ce qu'elle est dans l'infinie variété de ses races, de ses cultures, de ses religions.

Il avait pressenti ce que deviendrait mon œuvre

biblique bien avant que je ne l'entreprenne avec mes traductions et mes commentaires des Écritures. Au tout début de nos relations, il fit un jeu de mots dont je ne compris le sens que bien des années plus tard. On sait que Rachi, ce rabbi de Troyes en Champagne, qui vivait au XIe siècle, fut et demeure le plus important commentateur des Écritures : sans lui, la Bible serait à bien des égards un livre fermé. Lorsque Cassin m'eut mieux connu, il me dit, un jour de janvier 1948 : « Chouraqui, on pourrait tout aussi bien vous appeler Chou-Rachi. » Et quand ma traduction de la Bible parut, avec la même générosité, il proclamait qu'elle était d'une importance comparable à la découverte des manuscrits de la mer Morte.

J'arrive à son chevet : je le trouve dans son lit, ressuscité – et ayant très certainement conscience de l'être. Malgré la difficulté qu'il a à s'exprimer, sa pensée n'a jamais été plus alerte ni plus profonde.

Dès ses premiers mots, je devine la gravité pour lui de ce qu'il me dira. Il m'accueille par une vraie déclaration d'amour fraternel : « Chouraqui, vous êtes la plus Belle Fleur de mon jardin », me dit-il.

Si j'avais été moins ému, j'aurais répliqué qu'il était le jardinier de ce jardin et qu'il le demeurerait, à la vie à la mort, pour tous ceux qui bénéficièrent, directement ou indirectement, de ses soins.

Mais il enchaîne aussitôt en m'annonçant la nouvelle de son prochain mariage avec Ghislaine. Il souhaite que je sois témoin de ce mariage. « Vous pensez bien que ce n'est pas pour la " bagatelle " que je me marie, Chouraqui », me dit-il avec son inimitable accent niçois, plein de soleil dans sa bouche. Et il me donne les raisons de sa décision.

Ghislaine Bru, dès 1940, avait été la proche collaboratrice de René Cassin, spécialement chargée du dossier des droits de l'homme. Pendant toutes ces années, René Cassin était seul, son épouse Simone étant malade et quasi grabataire pendant près de quinze ans. Un an après son décès, René Cassin avait demandé à sa collaboratrice de l'épouser, mais celle-ci avait décliné cette offre. René Cassin, sur son lit de mort, revint sur sa proposition dans son désir de « mettre en place les hommes qu'il faut ». Ghislaine était la personne qui pouvait le mieux défendre après sa mort ce dossier des droits de l'homme. En portant le nom de René Cassin, son autorité serait plus grande pour en assurer la défense et l'illustration. Sur les instances des plus proches amis du président Cassin, elle accepta enfin : le mariage fut célébré le 5 novembre 1974 auprès du lit du président, plus rayonnant que jamais.

Cassin avait tenu à ce que son mariage civil soit suivi par une bénédiction religieuse. Il était né fils d'Israël et Ghislaine était une fille de l'Église catholique. Or les orthodoxies de ces deux religions rejettent la célébration de mariages mixtes. Une conversion de l'un à la religion de l'autre était hors de question. L'un et l'autre avaient lutté à longueur de vie pour un univers pluraliste fondé sur le respect de l'autre. Ils se seraient trahis en allant contre leur conscience – Ghislaine était une catholique convaincue qui aimait faire retraite dans des monastères amis.

La quête spirituelle de Cassin se fit plus urgente avec le temps. Il est né dans une famille profondément enracinée dans les traditions juives. Son père Azaria, sa mère née Gabrielle Dreyfus respectent le shabbat et les rites principaux de la religion ancestrale. Lors de sa circoncision René a reçu un prénom hébreu prophétique, Samuel étant un juge comme il le sera aussi. Toute la famille va chaque vendredi soir à la synagogue de Bayonne où Isaïe Schwartz, futur grand rabbin de France, officie. Sa mère Gabrielle et ses tantes sont si pratiquantes, l'une d'elles étant mariée au rabbin Honel Meiss, qu'elles refusent d'envoyer leurs enfants à l'école communale. Motif : on y travaille le samedi, jour de repos fixé par la Tora. Un précepteur, Albert Bloch est engagé pour instruire les deux fils d'Azaria, Fédia et René Samuel, et leur cousin Max. A l'âge de treize ans, René fait sa bar-mitsva. Elle est pour lui – comme trente ans plus tard pour moi – un seuil qui l'éloigne de ses sources ancestrales. Après la formation qu'il reçoit au lycée Masséna de Nice, puis à la faculté de droit d'Aix, ses pères, les Hébreux, disparaissent dans la nuit des temps. René devient lui aussi – durablement – un authentique descendant de Vercingétorix. Mais il n'est pas de ceux qui oublient. L'affaire Dreyfus l'a marqué plus profondément que tant d'autres, sa mère portant ce nom. Et, pendant la Deuxième Guerre mondiale, la plupart de ses parents et collatéraux disparaissent dans l'horreur de l'Allemagne nazie.

Ghislaine et René viennent de se marier civilement ; ils seront donc bénis par un rabbin réformé, Daniel Farhi, en présence du maire de Noisy-sur-École, de Gérard Boissin, également témoin des mariés, de l'abbé Tédé qui joindra ses prières aux nôtres, de Mme Hélène Berthoz, la sœur du marié, et de J. Braunschwig qui lui succédera à la présidence de l'Alliance israélite. Le mariage a lieu à l'hôpital autour de son lit. Le corps médical qui le soigne est aussi représenté par les infirmières noires qui connaissent les options politiques et humanitaires de leur grand malade. Les quelques mots que je dois prononcer après le discours et les bénédictions du rabbin Farhi traduiront l'émotion qui nous étreint tous depuis le début de cette cérémonie empreinte d'une sereine grandeur.

Le printemps arrive : Ghislaine peut partir avec son époux pour leur appartement du 36, quai de Béthune, puis pour la Bretagne, dans la presqu'île de Quiberon. Pendant cette dernière période de sa vie, l'obsédant souci de Cassin est de « mettre en place les hommes qu'il faut ». Il écrit de nombreuses lettres et circulaires dans ce sens aux membres des académies dont il est membre. Il pense à sa succession dans les organismes qu'il préside. L'Institut des droits de l'homme qu'il a fondé à Strasbourg avec l'argent de son prix Nobel le préoccupe particulièrement. Il souhaiterait qu'un juriste lui succède : son choix s'est porté sur Robert Lecourt, juge depuis 1962,puis président depuis 1964 de la Cour de justice européenne. Il connaît et apprécie depuis de nombreuses années ce juriste qui fut un ministre de la Justice efficace dans plusieurs gouvernements de 1948 à 1958. Mais il apprend qu'au juriste Lecourt le comité qu'il avait mis en place préfère un politicien, Edgar Faure. Il se sent une fois de plus trahi. Il se bat pour faire entendre sa voix – mais ceux qui s'en servaient du temps de sa vaillance ne suivent plus que leur propre vision des choses, parfois leurs intérêts égoïstes.

En ce qui me concerne, René Cassin me conseillait, une fois mon œuvre achevée, de me lancer dans l'action publique – non politicienne – pour contribuer à la parturition du monde nouveau dont il ne désespéra jamais. Il lança plusieurs appels écrits et verbaux pour me mettre en place, auprès de ceux qui y étaient déjà, à la tête de l'Alliance israélite que j'avais servie durant trois décennies.

Dans quelques autres cas aussi, sa voix ne fut pas entendue. Sortant de son coma, une année auparavant, il avait dit à Ghislaine : « Je savais que les hommes étaient capables de vilenie. Depuis la persécution hitlérienne, ils m'ont convaincu qu'ils pouvaient l'être aussi d'ignominie. » Sur son lit de mort, il découvrit chez les humains des sentiments encore plus étrangers à sa nature, ceux de l'ingratitude, née de leur myopie intellectuelle, de leur égoïsme et parfois de leur lâcheté.

Mais déjà son regard se détachait de ce monde. Il était revenu de son long coma, parlant à Ghislaine de « cette voix mystérieuse » qu'il avait appris a entendre dans les souffrances de son agonie. A moi, il ne me parla pas de voix, mais de lumière. « Dites-leur, me demanda-t-il, que René Cassin est revenu des limbes où il séjourna trois mois durant, ébloui d'une ineffable lumière. » J'entendis alors des paroles qui jaillissaient du fond inépuisable de sa bonté et de son amour. Jusqu'à la fin de sa vie, Cassin garda la maîtrise de sa pensée et de son langage. Les limbes dont il me parla sont les franges célestes lumineuses où les patriarches, les justes et les enfants séjournent avant leur rédemption finale. Un éblouissement dont tant de mourants firent aussi l'expérience nourrissait sa sérénité et la force de conviction de ses dernières pensées, de ses derniers actes. Dois-je ici rapporter ce qui peut être publié de ses ultimes moments ?

Revenu à la Salpêtrière après son retour de Quiberon, il rechute dans un semi-coma de trois semaines. Une fenêtre ayant été laissée ouverte par un grand froid sur son dos nu, il eut un œdème pulmonaire dont il devait mourir. Ses dernières paroles furent pour évoquer le pathétique souvenir de cette journée du 12 octobre 1914 où il gisait dans le sang de ses blessures. Sur le champ de bataille à Saint-Mihiel dans la Meuse, alors âgé de vingt-sept ans, il avait été gravement atteint par une grenade qui éclata sur son flanc droit. Seuls ses amis les plus proches savaient qu'il porta un corset de fer toute sa vie. Dans la boue du champ de bataille, il entendait agoniser ses camarades d'infortune lorsqu'il vit se dresser devant lui la haute silhouette du curé de Domcevrin, commune voisine de Saint-Mihiel ; il se penchait sur les morts pour leur fermer les yeux, sur les blessés pour leur apporter les secours de la religion. Cassin, rassemblant ses forces, lui dit alors : « Monsieur le curé, je ne suis pas de votre confession et n'ai pas votre conviction. » Le curé lui répliqua : « Mon enfant, cela n'a aucune importance. Mais, si ce soir vous devez passer devant le tribunal suprême, souvenez-vous que ce sera devant un juge plein d'amour. »

Après avoir dicté ce message à Ghislaine, Cassin ferma les yeux et ne les rouvrit plus. Il s'éteint quelques heures plus tard sans un mot, sans un gémissement.

Un juge plein d'amour, tel fut à longueur de vie Samuel René Cassin.

J'assistai à ses obsèques solennelles aux Invalides. Il fut alors enseveli dans un caveau provisoire dans l'attente de l'ultime consécration que ses amis innombrables demandaient pour lui.

Dix ans plus tard, la nation unanime se dressait aux côtés du président François Mitterrand lorsqu'il présida au transfert des cendres de René Cassin au Panthéon, le 5 octobre 1987. Les cérémonies commencèrent la veille dans la cour des Invalides où le capitaine Dreyfus avait été dégradé neuf décennies auparavant, victime d'une évidente violation des droits de l'homme, désormais incarnés par Cassin. L'Unesco et le Conseil d'État s'étaient associés à l'hommage du gouvernement. Puis ce fut l'émouvante montée vers ce haut lieu de la République, le Panthéon, où, avec Ghislaine Cassin à ses côtés, le président Mitterrand exalta les mérites de ce prophète aux mains nues.

Cassin parti, je m'en retournai à Jérusalem. Peu de temps après, je me retirai de l'Alliance israélite comme je l'avais fait de la présidence du Conseil israélien à la suite du départ de Ben Gourion, le prophète armé. Dans des contextes fort différents, ces deux maîtres que j'eus le privilège de servir étaient tous deux au service d'un même idéal de justice et de paix.

7.

Sur le trône de saint Pierre

Pie XII. Jean XXIII et le concile de Vatican II. Paul VI. Après le Concile. Jean-Paul II.

A cette époque, j'allais souvent à Rome, où j'entretenais des liens amicaux avec plusieurs membres de la Curie, notamment avec le cardinal Tisserant qui fut le premier à m'en ouvrir les portes en 1950. Les livres que je publiais, notamment mes premières traductions de la Bible, n'étaient pas sans avoir des échos dans ces milieux. Les idées auxquelles j'étais acquis, partagées par tant d'amis, finissaient par faire leur chemin, même dans les milieux romains peu familiers avec les réalités d'Israël. Mon ami William Frary von Blomberg, fort bien introduit dans l'entourage de Pie XII, regrettait avec moi l'état d'ignorance réciproque qui existait entre l'État d'Israël et le Vatican. Je constatais à Rome une grande méconnaissance des problèmes auxquels le jeune État était confronté. L'idée dominante, répandue depuis 1948 par les minorités chrétiennes du Proche-Orient, était que l'État d'Israël n'arriverait jamais à s'intégrer au Proche-Orient. De ce fait, il était condamné à disparaître. Il n'était donc pas réaliste que le pape abandonne l'idée du *Corpus Separatum* pour Jérusalem et reconnaisse Israël.

Avant d'être reçu par Pie XII, j'avais eu plusieurs entretiens avec le cardinal Tardini, sans l'appui duquel rien d'important ne se faisait à Rome. Je le rencontrais soit à la secrétairerie d'État, soit, de préférence, dans les locaux d'une œuvre qui lui était chère, l'Orphelinat de Nazareth. C'était un homme puissant et réfléchi, il portait un vif intérêt aux problèmes dont je m'occupais. De rencontre en rencontre, je le voyais évoluer vers plus d'ouverture. Mais, tant que Pie XII régnerait, il ne pouvait que s'en tenir aux positions définies par le pape dès 1948, et qui demeurèrent à peu près inchangées jusqu'à sa mort, à Castel Gandolfo, en 1958. L'action de l'Amitié judéo-chrétienne avait pu faire céder le pape sur des points de détail, comme la suppression de la mention de la « perfidie juive » ou le rétablissement de l'agenouillement pendant la prière de Pâques pour les Juifs, mais, pour le reste, il demeurait intraitable ou, plus exactement, il continuait d'ignorer les perspectives nouvelles dans lesquelles Israël se mouvait au lendemain de la Shoah et au sein du jeune État d'Israël où, pour la première fois, les Lieux saints, après 1967, passeront sous le contrôle des Juifs.

Mgr Tardini me fixa une rencontre avec Pie XII au Vatican, en la fête de la Visitation, le lundi 2 juillet 1956 à dix heures trente. Le baron William Frary von Blomberg était présent à cette audience. Avant de voir le pape, je m'étais recueilli dans la basilique Saint-Pierre. J'espérais trouver les mots qui ouvriraient le cœur du pape à des problèmes qui lui étaient étrangers. Je lui parlai des réalités de la persécution qui fit tant de martyrs et de la triple résurrection actuelle de la terre, du peuple et de la langue de la Bible. Je lui fis part des efforts que nous faisions pour fonder en vérité et resserrer des liens entre chrétiens et Juifs, cet effort de rapprochement devant permettre la reconnaissance et la fécondation réciproque de Rome et de Jérusalem. Le pape me remercia et pour les livres que je lui remis et pour notre action qu'il connaissait par Maritain. Il me dit que c'est de grand cœur qu'il avait accordé son appui aux Juifs persécutés pendant la guerre. Il me parla de ce dont il se souciait le plus, du déchaînement dans le monde des puissances antireligieuses : c'était l'époque où la peur du communisme le hantait. Rien n'était plus important à ses yeux que de se tourner vers Dieu pour qu'il réunisse tous ceux qui croient en sa lumière. Il bénit les ouvriers du rapprochement judéo-chrétien et, par mon entremise, il accordait sa bénédiction toute particulière à Israël avant de nous bénir nous-mêmes et de nous remettre la médaille commémorative de son règne. La réponse du pape faisait écho à mes paroles, qu'il répétait parfois au mot à mot. Mais je le sentais absent de son discours, parfaitement ignorant des réalités de la Shoah en laquelle il ne voyait qu'un des multiples drames de la guerre, comme la création de l'État d'Israël représentait à ses yeux un incident de parcours dans les réalités d'un Proche-Orient dont la complexité lui échappait.

Je le sentais étranger aux réalités dont j'étais venu l'entretenir. Il vivait de tout son être dans un ailleurs qui l'habitait avec tant de puissance qu'il semblait échapper aux pesanteurs de ce monde. Jamais personne ne fit sur moi une plus profonde impression que ce vieillard ascétique alors âgé de quatre-vingts ans, qui allait mourir deux ans plus tard. En sortant de cet entretien, j'avais besoin de me retrouver seul. Je me réfugiais dans la basilique Saint-Pierre, non loin de la statue de l'apôtre. Je n'avais rien obtenu du pape, pas même qu'il pût prendre en considération les problèmes qui nous préoccupaient, qui étaient pour nous question de vie ou de mort. Je n'avais entre les doigts qu'une médaille à son effigie et quelques bonnes paroles dont l'aménité cachait le vide. J'avais pénétré cependant le regard d'aigle d'un mystique qui vivait dans l'univers surnaturel dont il ne sortirait jamais, fût-ce pour entendre un peuple avec lequel il avait nécessairement partie liée, puisqu'il représentait sur terre Jésus-Christ, l'Hébreu. Il me semblait avoir été happé moi-même dans cet état d'apesanteur que j'avais reconnu en lui : je flottais entre ciel et terre sous les voûtes de la basilique... Loin de nous, Pie XII contemplait de ses yeux de feu le haut de ses ciels, trop haut peut-être pour entendre le cri des hommes.

Élias Sasson, l'ambassadeur d'Israël au Quirinal, m'assurait que, pour déçu que je sois, c'était le premier contact établi à ce niveau par Israël avec le pape ou avec son secrétaire d'État. Après notre audience, le pape, qui recevait le président Adenauer, devait partir pour Castel Gandolfo. Mgr Tardini me retint pour prendre le thé avec lui dans l'après-midi, pour parler à nouveau de Bible... et d'Israël.

Les contacts que j'avais noués à Rome étaient probablement utiles pour Israël. Depuis 1948, des essais répétés avaient été faits pour établir une relation directe avec le Vatican par l'intermédiaire des nonciatures ou, indirectement, par l'intervention d'ambassades amies, mais sans aucun résultat : les portes de Mgr Tardini ne s'étaient jamais ouvertes encore devant une personnalité juive. Les conversations que j'eus cette année m'avaient permis de jeter un pont, d'ouvrir une brèche, de créer un précédent. J'avais vu et revu le prosecrétaire d'État trois fois en quatre jours et c'est lui qui m'avait introduit auprès de Pie XII.

Ces entretiens étaient nécessaires : je constatais partout une ignorance totale d'Israël et du judaïsme, entretenue par des préjugés qu'alimentait une propagande hostile. Par exemple, on pensait qu'Israël était un pays athée. Lorsque je disais qu'il y avait à l'époque trois mille synagogues en Israël, soit une synagogue pour cinq cents habitants, et six mille étudiants dans les séminaires rabbiniques, soit un pour deux cent cinquante habitants, cela ne manquait pas de susciter une certaine envie chez mes éminents interlocuteurs. Mon but n'était alors que d'informer ces derniers par ma présence ou par mes écrits afin d'aboutir à une meilleure compréhension entre ces deux parties du même peuple de la Bible, Israël et l'Église.

Après la mort de Pie XII, on s'attendait généralement à Rome à l'élection d'un pape intégriste. La surprise fut grande quand on apprit que l'élu était le cardinal Angelo Giuseppe Roncalli, âgé de soixante-dix-sept ans : Jean XXIII. Le deux cent cinquante-neuvième pape devait, durant les cinq ans de son règne, inaugurer l'*aggiornamento* de l'Église pour l'adapter au monde actuel. Ce pape de compromis et de transition devait marquer l'Église de sa plus profonde empreinte. A peine élu, Jean XXIII annonça, le 25 janvier 1959, la grande idée de son règne, celle de convoquer non pas un concile catholique, mais un concile œcuménique, pour favoriser un rapprochement de toutes les Églises chrétiennes. Cette idée faisait éclater les dimensions habituelles de l'Église. Pie XII, avant de mourir, avait déjà augmenté le nombre des cardinaux où les non-Italiens, pour la première fois, étaient les plus nombreux. Un concile œcuménique risquait d'enlever à la direction collégiale du Vatican une homogénéité qu'elle gardait jalousement, en dépit des rivalités de personnes et de chapelles. La crise qui couvait dans les dernières années du règne de Pie XII éclatait au grand jour et, pour la gérer, le pape garda pour secrétaire d'État le cardinal Tardini, dont il accrut les pouvoirs en lui confiant le contrôle de l'Opus Dei. Jadis farouchement intégriste, Mgr Tardini avait profondément évolué. Il tentait de définir à la tête de l'Église une stratégie qui tienne compte du dynamisme soviéto-chinois. Le secrétaire d'État imaginait que, pour lutter énergiquement contre le communisme, particulièrement dans les régions sous-développées, il fallait que le catholicisme se sépare des anticommunistes matérialistes dont les appétits faisaient plus de tort au christianisme que le marxisme et les propagandes de Moscou et de Pékin.

Malgré les pressions qui s'exercèrent sur lui, le pape refusa de se séparer de Tardini, l'un des rares collaborateurs à la fois réaliste et fiable. Il était trop conscient de sa solitude au cœur de la Curie, lui qui avait été choisi pour pape parce que ses électeurs n'avaient pu se décider sur un autre nom que le sien. Ils espéraient le voir rester aussi docile qu'il l'avait été durant toute sa carrière de nonce ou d'archevêque de Venise, lieu où lui-même espérait s'éteindre.

Jean XXIII inaugura le deuxième concile du Vatican

le 11 octobre 1962. Depuis l'élection de Jean XXIII, le Vatican avait confié au cardinal Béa l'étude des dossiers remis au pape par Jules Isaac. Nul choix ne pouvait être plus judicieux que celui de ce prêtre d'origine allemande, qui avait à cœur de réparer le tort fait aux Juifs par son pays. Les portes de bronze qui avaient été alors si hermétiquement fermées aux problèmes d'Israël s'entrouvrirent. Les grandes organisations juives, l'American Jewish Committee, le Congrès juif mondial, les Bnei Brith, les différents organismes juifs d'Europe, ainsi que les chrétiens amis d'Israël, d'Europe ou d'Amérique, purent enfin correspondre librement avec le secrétariat pour l'unité des chrétiens récemment créé où, paradoxalement, se trouvait le bureau spécialisé dans les problèmes juifs. Ce détail marquait à lui seul une révolution dans les habitudes du Vatican.

Le Saint-Esprit, qui décide de tout, manifestait un certain humour en choisissant pour succéder à Pie XII le cardinal Roncalli. Autant le premier était grand, maigre, anguleux, ascétique, sévère derrière un regard de feu, délivré, semble-t-il, de toute attache et de toute pesanteur terrestre, autant l'autre était un bonhomme rond, gros, jovial, avec un visage aux traits forts et rustiques, un gros nez accentuant son sourire ou son rire qui éclairaient son regard lumineux, volontiers malicieux : Jean XXIII était bien de ce monde, mais sa lourdeur apparente était toute faite d'une évidente bonté qui inspirait confiance.

Les paroles de Pie XII, lors de l'audience qu'il m'avait accordée en 1956, pouvaient le déculpabiliser à ses propres yeux dans son attitude en face d'un Holocauste, d'une Shoah dont il n'avait pas compris l'énormité : un « détail » dans l'horreur universelle de la guerre. Le bon Jean XXIII n'avait pas eu besoin de discours éloquents pour prendre le problème en main et administrer les remèdes qu'il était immédiatement possible d'apporter à la situation.

Les échos qui me parvenaient de Rome prouvaient bien que nous avions en la personne du nouveau pape mieux qu'un ami, un frère décidé à ouvrir une nouvelle page dans l'histoire des relations entre l'Église et Israël. Alors qu'il était archevêque de Venise, il avait été invité à inaugurer une ligne maritime entre Venise et Haïfa, établie par une compagnie de navigation israélienne. Il avait alors soupiré : « Entre Venise et Haïfa, ce n'est pas mal, mais ce serait tellement mieux si elle existait entre Rome et Jérusalem ! »

Je rencontrais alors le successeur de Mgr Tardini, Mgr Antonio Samoré. Il avait la réputation d'être réservé, pour ne pas dire fermé à tout ce qui touchait à nos problèmes. Il s'en ouvrit à moi, le samedi 11 mai 1963, de midi à treize heures vingt, au cours d'un entretien que nous eûmes dans les bureaux où j'avais rencontré Mgr Tardini. Notre entretien porta sur l'enseignement de l'Église concernant les Juifs et sur les décisions que le concile s'apprêtait à prendre à ce sujet. Nous devions aussi évoquer la situation au Proche-Orient et les relations entre Israël et le Vatican.

L'un des collègues de Mgr Samoré m'avait prévenu : « Il est exagéré de dire que Mgr Samoré est de glace : la glace ne craint que la chaleur, tandis que lui a peur de tout », me dit-il. Samoré n'avait eu aucun contact avec quelque Israélien ou quelque Juif que ce fût depuis l'année 1959, où il avait brièvement rencontré l'ambassadeur d'Israël, Maurice Fisher, en poste à Rome. Je sentais bien que le prélat ne pourrait aider à la reprise des contacts s'il ignorait lui-même tout ce qui se passait du côté de Jérusalem. Il me déclara que ces problèmes n'étaient pas de sa compétence. Hélas, du temps de Mgr Tardini, il savait à qui s'adresser pour prendre des décisions ! Mais les temps avaient bien changé ! De toute manière, il n'était pas la personne compétente pour prendre quelque décision que ce fût : de ce fait, il n'y avait aucune nécessité pour lui de rencontrer les représentants de l'État d'Israël. De plus, cela ne manquerait pas d'exciter la colère du monde arabe sans offrir d'intérêt pour personne. Par ailleurs, la secrétairerie d'État était bien informée de ce qui se passait en Israël par ses représentants naturels : aucun contact supplémentaire n'était nécessaire. A la fin de notre entretien, il me pria de croire que sa réserve n'était en aucune manière de l'hostilité : en me raccompagnant jusqu'à ma voiture, il m'assura de ses prières en faveur de la paix, afin qu'elle triomphe dans le monde entier et plus particulièrement dans ce Proche-Orient dont il savait qu'il était le berceau du christianisme.

L'avant-veille, le vendredi 10 mai 1963, j'avais rencontré pour la dernière fois Jean XXIII, vieilli et, malgré l'âge et la fatigue, pathétiquement émouvant, par sa simplicité et son courage, dans son isolement au sein de la Curie. L'un des plus proches collaborateurs du pape m'avait invité à la basilique vaticane pour que j'assiste à la dernière apparition publique du pape. Ce jour-là, il recevait solennellement le prix de la Paix que ses admirateurs lui avaient décerné. Son discours, prononcé en français, fut une exhortation à la paix, inoubliable pour ceux qui eurent le privilège de l'entendre et d'approcher, en ce jour, le souverain pontife déjà visiblement atteint par les stigmates de la mort. Peu de temps après, je rapportai à son successeur Paul VI le texte de son discours *Pacem in terris* qu'à Jérusalem nous avions fait traduire en hébreu et publié en plaquette. C'était la première fois que des Hébreux traduisaient et publiaient dans leur langue le texte d'un discours pontifical.

Le jeudi 20 juin 1963, à l'université de Jérusalem, Israël rendit hommage à ce grand pape qui, après avoir été choisi par l'Église, mourait en tant qu'élu de l'humanité entière. Les représentants du gouvernement d'Israël, ceux du Rabbinat et de l'Université, aux côtés des voix les plus autorisées du catholicisme, du protestantisme, de l'orthodoxie et du judaïsme, à l'appel de notre Comité pour l'entente religieuse, en Israël et dans le monde, apportaient leur hommage à la personne et à l'œuvre de Jean XXIII. En clôturant cette rencontre, je soulignais que nous avions assisté pendant les cinq ans de son règne à un miracle de l'amour jailli dans nos cœurs unanimes.

Nous savions alors que Paul VI s'était engagé à poursuivre l'œuvre de Jean XXIII : nous espérions que Rome éternelle et Jérusalem renaissante pourraient un jour se reconnaître et se rencontrer pour œuvrer ensemble au sauvetage des valeurs dont elles étaient les annonciatrices.

L'humble action entreprise par un petit nombre de chrétiens et de Juifs, soucieux de réparer les conséquences du schisme judéo-chrétien, aboutissait à des résultats qu'aucun de nous n'eût osé prévoir. A partir du 11 octobre 1962, le concile œcuménique de Vatican II, inauguré par Jean XXIII et poursuivi sous Paul VI, pendant ses quatre sessions jusqu'à sa clôture, le 8 décembre 1965, débattait des problèmes qui nous tenaient à cœur. Le pape et plus de deux mille pères conciliaires, assistés d'experts, d'observateurs non catholiques et d'auditeurs laïques, tenaient sur des questions vitales des propos aussitôt répercutés par la presse et les médias dans le monde entier.

Un esprit nouveau souffle sur le monde. Dès son élection, Paul VI vient en pèlerinage à Jérusalem qui, depuis vingt siècles, avait attendu la visite d'un pape, elle qui avait donné à l'Église son Dieu, Jésus, et son premier pontife, saint Pierre. Il visite les Lieux saints, il rencontre, autre démarche révolutionnaire, le patriarche de Constantinople, Athênagoras Ier. Ces rencontres devaient aboutir à la levée des anathèmes réciproques entre les Églises catholique et orthodoxe, ainsi qu'à la promulgation d'un document laborieusement acquis sur les Juifs.

Les débats concernant les Juifs avaient donné lieu à des réactions passionnées, en majorité favorables à la purification du regard que l'Église portait depuis plus de seize siècles sur le peuple auquel elle devait sa foi et sa loi. Mais les oppositions venaient de traditionalistes impénitents, qui appuyaient l'action de prélats orientaux et de politiciens soucieux des intérêts du monde arabe en guerre contre Israël. L'intention première était de réparer les erreurs de l'enseignement chrétien sur les Juifs, mais cela finit par aboutir à l'élaboration d'un document plus général sur les religions non chrétiennes.

Il était difficile de parler seulement des Juifs, sans mentionner les musulmans en guerre contre eux, mais, si on parlait des Juifs et des musulmans, comment ne pas évoquer les religions non chrétiennes d'Extrême-Orient et d'Afrique ? La commission de coordination avait profité du renvoi par le concile d'un premier document pour atténuer sa première version, dont elle réduisait la signification pour tout ce qui concernait les Juifs et Israël. Le cardinal Béa infligea un sévère échec à la commission de coordination en ne cédant pas sur l'essentiel. Le patriarche d'Antioche des Syriens, parlant au nom des six patriarches orientaux et de leurs vicaires, demanda avec insistance que la déclaration sur les Juifs, inopportune et dangereuse, soit abandonnée. Il formulait cette demande non pas par haine des Juifs, mais dans l'espoir d'esquiver des difficultés pastorales dans les pays arabes : là, il fallait éviter de dire que le concile était projuif, ce qui risquait de faire beaucoup de tort. Le concile déballait ainsi des problèmes séculaires dont personne n'osait parler en chrétienté depuis des siècles. On entendit sous les voûtes de Saint-Pierre le meilleur et le pire, les discours de l'amour et de l'intelligence et ceux du ressentiment, de l'intelligence et de la sottise. En séance plénière et plus encore dans les commissions où participaient aussi des chrétiens venus d'Israël, le père Marcel Dubois et le père Bruno Hussar notamment, chaque mot, chaque phrase, chaque idée de ce document fut épluché pour aboutir à un texte qui, s'il ne satisfaisait pas tout le monde, sauvegardait l'essentiel en ouvrant les esprits et les cœurs aux réalités des temps nouveaux.

En 1960, tandis qu'il préparait son voyage à Rome, Jules Isaac m'avait demandé de l'accompagner lors de sa rencontre avec Jean XXIII. Je dus décliner cette offre, me trouvant, à l'époque où elle avait lieu, engagé dans quelque action aux antipodes. J'eus par contre le privilège d'être à Rome le jeudi 30 septembre 1965. J'avais reçu une invitation personnelle de Mgr Felicci, secrétaire général du concile œcuménique, qui me conviait à assister à la séance plénière au cours de laquelle le document sur les religions non chrétiennes devait être promulgué. C'était le jour où l'Église fêtait saint Jérôme, traducteur de la Bible et combattant au service de ce qu'il appelait la *Veritas hebraïca.* Je couvais déjà ma traduction de la Bible et j'étais particulièrement sensible aux intentions de nos amis. J'avais été reçu en audience par plusieurs cardinaux, et à nouveau par Mgr Samoré, devenu le chef de la secrétairerie d'État : je voyais bien que, depuis notre première rencontre, son regard se posait sur moi avec plus d'amitié. Il ne me cachait pas sa joie de voir aboutir nos efforts pour une clarification des relations judéo-chrétiennes. Plutôt que de nous en féliciter, j'avais à cœur de m'entretenir avec les chefs arabes de l'Église du Proche-Orient, l'archevêque Néophite Edelby, d'origine syrienne et bras droit du patriarche Maximos ; je déjeunai avec Mgr de Provenchères qui, dès le départ, avait soutenu l'action de Jules Isaac et celle des Amitiés judéo-chrétiennes, en compagnie de Mgr Ziadé, bras droit et héritier probable du patriarche maronite, Mgr Méouchi. Je rencontrai à deux reprises et déjeunai avec le père Anawati, dominicain du Caire, spécialiste des questions islamiques et l'un des sept consultants de la commission de l'unité. Je vis aussi Mgr Georges Hakim, archevêque arabe de Galilée, futur patriarche qui, de Haïfa, devait s'établir à Damas sans rompre pour autant d'anciennes amitiés israéliennes. Ces contacts avec les chefs de l'Église d'Égypte, de Syrie et du Liban me permirent de faire un large tour d'horizon et de prendre la mesure des vrais problèmes posés par les relations entre musulmans, chrétiens et Juifs au Proche-Orient. La veille de cette journée du 30 septembre 1965, j'avais dîné et passé la soirée avec Giorgio La Pira : nous nous étions liés d'amitié depuis le temps où, maire de Florence, il avait été l'un des initiateurs du mouvement d'amitié judéo-arabe, auprès de Nahum Goldmann et de Jo Gouldin-Golan.

La journée du jeudi devait être féconde en rencontres. Après la messe solennelle, le document *Nostra Aetate* fut distribué. Je me plongeai dans la lecture de ce texte historique en observant, dans la basilique Saint-Pierre, les premières réactions des pères conciliaires qui prenaient en même temps que moi connaissance du document définitif soumis à leur vote. Leur satisfaction était visible, heureux de ce que ce document sur les Juifs, tellement débattu, soit enfin distribué. D'un premier regard, il apparaissait à chacun que les concessions faites aux démarches intempestives des porte-parole arabes étaient minimes et ne compromettaient pas, pour l'essentiel, le contenu du texte. La dernière démarche faite par les Arabes datait d'une semaine : une délégation de l'Organisation pour la libération de la Palestine (O.L.P.), conduite par Antonin Kanaan, avait été reçue par le pape, soulevant des inquiétudes. Si l'on tenait compte des efforts faits par les adversaires d'Israël et des Juifs pour éliminer ce texte, et si l'on considérait d'autre part les erreurs commises par certains de nos amis dans l'appréciation des faits, on pouvait considérer que la rédaction définitive était suffisamment forte pour supporter une action qui puisse normaliser et approfondir les relations judéo-chrétiennes. Je l'avais dit et publié dans *Le Monde* dans une interview d'Henri Fesquet. L'amiral Kahn, alors président délégué de l'Alliance israélite universelle, tandis que j'en étais le délégué permanent, critiquait vertement de son côté le document conciliaire, auquel il déniait toute valeur. L'important était que l'Église prenne conscience de ce que ce document resterait lettre morte, sans une action énergique qui en fasse pénétrer l'esprit en chrétienté. On pouvait discuter sur tel ou tel terme qui avait été choisi ou éliminé, l'essentiel était que la direction fût tracée. Mes éminents interlocuteurs me paraissaient tous soucieux d'agir efficacement en vue de liquider les séquelles de l'antisémitisme chrétien, d'ouvrir enfin un libre dialogue avec Israël et le judaïsme.

Le même jour, je déjeunai via de la Conciliazione avec le père Daniélou, inlassablement actif en faveur des Amitiés judéo-chrétiennes. Le document sur les religions non chrétiennes fit naître en nous le projet de fonder une « Fraternité d'Abraham » qui réunirait chrétiens, musulmans et Juifs au service d'un même idéal d'amitié. L'aval du Vatican acquis ce même jour, nous fondîmes à Paris cette Fraternité avec le concours du recteur de la mosquée de Paris, Si Hamza Boubakeur, du père Michel Riquet, de Jacques Nantet et de quelques autres.

L'Église, à la suite de la promulgation du document sur les religions non chrétiennes, acceptait l'idée d'une rencontre entre le judaïsme, le christianisme et l'islam mis au service de la paix. A mes yeux, cela pouvait faciliter un règlement de paix au Proche-Orient entre Israël et ses voisins arabes. Il était entendu qu'au lendemain du concile j'aurais l'occasion de revoir le pape et de revenir sur ces questions dont il était désormais saisi.

Partie des dix points de Selisberg définis principalement par Jules Isaac en 1947, l'action judéo-chrétienne avait abouti, moins de deux décennies plus tard, à un texte conciliaire, *Nostra Aetate,* qui marquait un tournant décisif dans les relations entre l'Église catholique et le peuple juif. Il s'agissait dès lors pour les uns et les autres, chez les uns et chez les autres, de faire pénétrer l'essentiel d'une pensée dans la vie quotidienne des centaines de millions d'individus concernés par elle. A cette fin, des instances de dialogue furent créées comme, par exemple, le Comité juif international pour les consultations interreligieuses ou, dès 1971, le Comité international de liaison entre catholiques et juifs. Des groupes et des comités de liaison similaires voyaient le jour dans la plupart des pays chrétiens sous l'égide du Conseil œcuménique des Églises, de la Fédération luthérienne mondiale, de l'Église d'Angleterre ou même des Églises orthodoxes avec lesquelles nous tînmes un miniconcile pan-orthodoxe à Bucarest, en 1980. Les pressions politiques issues des tensions qui existaient entre l'État d'Israël et ses voisins arabes freinèrent ce mouvement sans cependant en entraver le cours. Dès 1966, mon dialogue avec le père Daniélou sur les Juifs, traduit en plusieurs langues, nous amena à faire plusieurs conférences de Paris à Gênes et de Gênes à Rome et à Bari sur ces sujets, devant de larges auditoires surpris de voir un futur cardinal et un édile de Jérusalem disserter publiquement sur un problème qui se situait aux racines de la foi chrétienne.

Le concile était à peine terminé que plusieurs initiatives importantes surgirent dans le même sens afin de traduire dans la vie quotidienne de la chrétienté ce qui avait été promulgué officiellement dans *Nostra Aetate* puis dans *Lumen Gentium.* Dans le monde entier, des documents d'application furent rédigés, des décisions prises et réalisées, dont il était impossible d'établir une liste complète, chacune se trouvant être toujours en retard d'un ou plusieurs documents. Des livres comme celui du père Bernard Dupuy, *Les Églises devant le judaïsme,* donnaient un élan renouvelé à nos idées. Les orientations et les suggestions pour l'application de la déclaration conciliaire *Nostra Aetate* furent publiées par le président de la Commission pour les relations religieuses avec le judaïsme, le cardinal Willebrands, à Rome, le 1er décembre 1974. Ce texte soulignait que le problème des rapports entre Juifs et chrétiens concernait l'Église en tant que telle, puisque c'est en scrutant son propre mystère qu'elle est confrontée au mystère d'Israël. Dans l'audience qu'il m'avait accordée le 8 mars 1977, le roi Hassan II m'avait chargé de solliciter en son nom et au mien l'assistance pontificale pour aider à l'établissement de cette paix. Paul VI était de toute évidence acquis à cette idée, mais il hésitait à prendre ouvertement parti, se demandant si c'était le temps de le faire. Dans l'entretien que nous eûmes en tête à tête, le 19 octobre 1977, je lui répliquai par une citation d'un adage talmudique : « Sinon maintenant, quand ? » Le pape, à ma grande déception, hésitait encore quand, un mois plus tard, le 19 novembre, Anouar el-Sadate atterrissait à Jérusalem en annonciateur de la paix entre l'Égypte et Israël. Le pape Paul VI se souvint sans doute de notre dialogue lorsqu'il envoya son message de félicitations, le premier que nous reçûmes à Jérusalem, bientôt submergée par les milliers de réactions semblables venues de tous les horizons du monde.

Son successeur Jean-Paul II suivit la tradition définie par ses trois prédécesseurs dont il adoptait les prénoms. Le contraste était presque aussi parfait entre Paul VI et Jean-Paul II qu'il l'était entre Pie XII et Jean XXIII. Giovanni Battista Montini, originaire de Concesio près de Brescia, sur les contreforts des Alpes, en Lombardie, avait fait presque toute sa carrière à la secrétairerie d'État, dont il était pro-secrétaire pour les affaires ordinaires, quand Pie XII, en 1954, le nomma archevêque de Milan sans le créer cardinal, ce qui fut interprété à Rome comme une disgrâce. Pie XII ne l'avait-il pas surnommé Hamlet, tant les angoisses et les intérêts philosophiques de son pro-secrétaire lui étaient étrangers ? Fait de nuances, frémissant d'une sensibilité et d'une culture qui avaient fait de lui un proche ami de Jacques Maritain, Montini retrouva le fil de sa carrière, quand, en 1958, il fut élevé à la pourpre par Jean XXIII. La mise à l'écart de Montini par Pie XII avait en fait permis l'élection de Jean XXIII et la révolution que celui-ci fit et qu'un autre aurait hésité à provoquer. Karol Wojtyla, de vingt-trois ans son cadet, né à Wadowice en Pologne, était le premier pape non italien depuis le pontificat d'Adrien VI (1522-1523) et le premier souverain pontife polonais de l'histoire de l'Église.

La première fois qu'il me fut donné de le rencontrer, le 12 mars 1979, il prononçait devant une délégation représentative du judaïsme mondial une déclaration sur les rapports de l'Église avec le judaïsme, qu'il déclara liés au niveau même de leur propre identité. L'importance de cette déclaration sans précédent ne m'arracha pas, au premier rang de ses auditeurs, à la fascination qu'exerçaient sur moi ses pieds immenses dont les longs orteils ne cessaient de s'agiter pendant qu'il prononçait son discours. De fait, il donnait l'impression d'être un géant bâti à chaux et à sable, aussi bien fait d'écrasantes certitudes que son prédécesseur était pétri d'angoisses et de doutes. Je le revis le 6 mars 1982, profondément éprouvé physiquement et moralement par l'attentat dont il avait été victime à Rome en mai 1981. Ce jour encore, dans le français impeccable qui était le sien, il prononça en présence de notre délégation un nouveau discours où il regrettait les malentendus, les erreurs et mêmes les offenses émis par la chrétienté à l'égard des Juifs : il s'agissait désormais de dépasser nos conflits dans la compréhension, la paix et l'estime réciproques. Sous l'impulsion du secrétariat préposé aux relations avec les Juifs, le pape gardait la barre dans la même direction que Jean XXII, puis Paul VI avaient prise. Mais, pour mon impatience, le navire de l'Église avançait trop lentement : notre but ultime n'était-il pas la réalisation des fins dernières de l'Histoire ? On pouvait se féliciter de la reconsidération par la papauté de ses relations avec la Synagogue, laissée dans les oubliettes depuis près de deux millénaires. Il ne fallut, hélas, pas moins que les millions de victimes de la Shoah pour décider Rome à regarder en face le problème. Elle reconnaissait enfin la part de responsabilité qui était la sienne dans le génocide culturel, qui tenta d'éliminer la langue, la culture et la religion des Hébreux pour les intégrer dans l'Église. Dans la foulée, la fanatique folie de Hitler n'avait qu'à faire disparaître les corps d'un peuple dont l'âme était déjà condamnée.

« Le bilan total de l'attitude chrétienne envers les Juifs à travers l'histoire est malheureusement accablant..., il y a un devoir grave et urgent pour l'Église catholique d'exprimer officiellement son profond regret pour tout ce mal dont l'enseignement chrétien a été la cause principale... », déclaraient d'éminents prélats. Ceux-ci réclamaient un pas de plus en vue de la réparation du mal passé. Ils encourageaient la démarche de repentance à laquelle appelait le cardinal Etchegaray au synode des évêques de 1983. Paul Claudel souhaitait, dès 1945, que l'Église demande pardon de son attitude envers Israël. Etchegaray souhaitait aussi que les chrétiens aient une plus vive conscience des significations spirituelles du destin historique des Juifs, jadis réduits au rang de parias au sein de la cité chrétienne, bien avant la tentative d'élimination totale de leur peuple par Hitler à partir de 1933. J'applaudissais à la générosité et au courage de telles espérances, mais je trouvais qu'elles restaient encore à la surface du problème, qui se situait à une tout autre profondeur, aux racines mêmes de notre foi commune, dans la Bible elle-même. Ma traduction de la Bible étant achevée, c'était l'occasion, comme mes éditeurs le souhaitaient, d'aller présenter l'ensemble de mes travaux à Rome. J'avais déjà eu l'occasion de parler de cette traduction avec le pape au cours de l'audience qu'il m'avait accordée le 12 mars 1978. Sept ans après, les dix tomes de *L'Univers de la Bible* avaient été publiés par Brépols, tandis que Desclée de Brouwer avait sorti ma traduction en un volume, qui suscitait de profonds échos. Je retrouvais à Rome les lieux que je fréquentais depuis quatre décennies et que j'avais vu évoluer, à tout prendre, avec une rapidité que nul n'aurait imaginé à l'époque où franchir les portes de bronze et être accueilli au sommet de la hiérarchie catholique était considéré à soi seul comme un exploit. L'accueil était parfait non seulement chez nos amis de la Curie, mais encore dans la société romaine que les ambassadeurs de France et d'Israël avaient eu l'amitié de réunir autour de nous. La conférence que je prononçai à Saint-Louis-des-Français, que j'avais bien connu du temps où Mgr André Baron en était le recteur, m'avait permis de présenter mon œuvre aux biblistes romains.

Le jeudi 12 décembre 1985, au cours de l'audience que Jean-Paul II m'avait fixée en fin de matinée, une audience privée où j'étais accompagné par ma femme, il me reçut avec l'amitié qu'il prodiguait envers tous ceux qui l'approchaient. Lorsque nous fûmes seuls dans sa bibliothèque, assis l'un près de l'autre au coin de son bureau, je pus lui dire ce que j'avais à cœur, et qui était écrit dans la note verbale que je lui remis à la fin de notre audience. Je soulignais l'importance du chemin parcouru depuis la publication de *Nostra Aetate*. Ce texte témoignait de la profondeur et de la constance de l'effort accompli par le Vatican. Pour nous aussi, les rapports entre l'Église et Israël étaient primordiaux sur le plan théologique : ce serait les dénaturer que de les réduire à leur seule dimension sociale et politique. Mais exclure cette dimension serait aussi amoindrir la nature de nos liens. Désormais, nos relations avaient atteint une telle maturité que les étapes suivantes, pour peu qu'on le veuille, pourraient être franchies dans un proche avenir : encourager la réhabilitation des études hébraïques, déjà entreprise dans l'ensemble de la chrétienté. La connaissance de l'hébreu, nul ne le contestait, était un facteur nécessaire pour l'approfondissement des connaissances bibliques, Ancien et Nouveau Testament compris.

Compte tenu de l'évolution globale des cultures de l'Église, il paraissait indispensable de ressourcer la chrétienté en son Orient originel. L'intérêt de tous exigeait la reconnaissance de la personnalité propre à la chrétienté de langue hébraïque établie en Israël. Dès 1950, le cardinal Tisserant proclamait cette nécessité que le père Paul Philippe, son successeur, prônait aussi. Le fait d'avoir repoussé cette mesure, constamment réclamée par les chrétiens de culture hébraïque d'Israël, risquait de les marginaliser par rapport à l'État, mais aussi par rapport aux représentants de l'Église de culture arabe ou occidentale. Pour atteindre ce but, différentes solutions étaient envisagées depuis 1950. Nomination éventuelle d'un évêque hébréophone pour les chrétiens d'Israël ou/et d'un cardinal de culture hébraïque. Je soulignais que, peu nombreuse, cette chrétienté était cependant gardienne des racines de l'Église. Elle était par surcroît responsable de l'accueil de centaines de milliers de pèlerins qui déferlent chaque année en Israël pour découvrir le pays de la Bible et les Lieux saints de la chrétienté. Déléguée de l'Église auprès du peuple d'Israël et préposée naturelle à l'accueil des pèlerins aux Lieux saints, elle aspirait légitimement à voir reconnue sa personnalité. Pourquoi refuser d'entendre les justes appels de ses représentants, un petit frère de Jésus, Iohanan Elihaï, ou des dominicains courageux, les pères Marcel Dubois et Bruno Hussar, de la Maison d'Isaïe ?

J'abordai enfin le point le plus important de notre entretien : la reconnaissance *de jure* de l'État d'Israël et la normalisation de ses rapports avec la Cité du Vatican. Je soulignai que l'État est la structure politique actuellement nécessaire pour assurer la sauvegarde et l'épanouissement du peuple hébreu, de sa langue, de sa terre, la terre de la Bible. Cet État entretenait des relations normales avec la plupart des nations de la terre, y compris avec des États arabes, musulmans ou communistes. Nous regrettions de voir certaines instances du Vatican minimiser l'importance d'une reconnaissance *de jure,* alors que, pour Israël, cette mesure représentait une démarche essentielle pour le peuple juif comme pour l'Église elle-même, mise en demeure de reconnaître ou de renier ses racines et sa propre identité. Les déclarations positives, publiées à Rome depuis vingt ans, n'auront pas les échos qu'elles devraient avoir, tant que le Vatican ne traduira pas en actes ses déclarations : aux yeux de nombreux Juifs, il apparaissait solidaire du camp des pays hostiles. La reconnaissance du « frère aîné » impliquait nécessairement, au regard de toute logique, celle de sa patrie renaissante. Il serait fâcheux que l'O.L.P. ait reconnu Israël avant que le Vatican ne l'ait fait lui-même. J'analysai les différents aspects des questions que je venais de soulever : la reconnaissance *de jure* de l'État d'Israël confirmerait l'action heureusement entreprise depuis la déclaration *Nostra Aetate.* Elle exalterait l'amour au détriment de la haine, le sentiment fraternel au détriment de l'inimitié, la vie au détriment de la mort.

Cette reconnaissance serait exemplaire pour encourager Arabes et Juifs à se reconnaître aussi pour frères unis par l'amour d'un même père. Retarder encore les décisions qui devront inévitablement intervenir un jour ne ferait que rendre plus difficile ou plus suspecte leur application. Je terminai mon appel sur une image paulinienne : Israël constitue les racines et l'Église le tronc de l'arbre d'Élohim. Actuellement, les racines sont disjointes du tronc et le tronc de ses racines : d'où peut-être leur relative stérilité en face des tragiques problèmes qui se posent à l'humanité contemporaine, problèmes qu'elle doit résoudre si elle veut seulement survivre. Chrétiens et Juifs avons ensemble l'urgent devoir de remettre le tronc sur ses racines, les racines sous le tronc, fût-ce au prix d'une évolution de nos théologies, si nous voulons que notre arbre donne de meilleurs fruits. Des fruits dont nous devons accepter par avance, les uns et les autres, qu'ils ne ressemblent ni aux racines ni au tronc, dans l'espoir qu'ils puissent assouvir la faim et la soif de l'homme nouveau, qui naîtra demain sous des ciels neufs et une terre nouvelle.

Avant de me retirer, au nom du gouvernement d'Israël et de sa capitale Jérusalem, j'invitai le souverain pontife à venir en Terre sainte comme l'avait déjà fait Paul VI, vingt années auparavant. Le pape me remercia de l'invitation et me dit qu'il souhaitait faire ce voyage, mais qu'il attendait une occasion favorable. Je lui répliquai qu'il ne pourrait trouver de meilleure occasion que celle de venir lui-même et que telle serait pour nous la meilleure des raisons de le recevoir. Ma dernière phrase fut pour souligner qu'un acte de courage était toujours nécessaire pour briser les fatalités de la haine et de la mort. L'heure était venue des congratulations et de l'échange de cadeaux : la Bible contre la médaille commémorative de son règne pour moi et un chapelet de nacre... pour Annette. Il fallait alors se plier au cérémonial des photos, qui avait bien évolué depuis le temps où Pie XII nous recevait : les photos étaient alors en noir et blanc. Désormais, elles sont en couleur et aussi nombreuses que l'on pouvait rêver : tout le monde y trouvait son compte, le photographe qui les vendait, le visiteur qui les achetait et le pape qui diffusait ainsi à travers le monde son image génératrice de bienfaits... Dès le lendemain, 13 décembre, les visites que je fis à la secrétairerie d'État coupèrent les ailes au peu d'espoir que m'avait donné Jean-Paul II. Le voyage du pape à Jérusalem ? La reconnaissance d'Israël ? Il ne pouvait en être question. Pourquoi ? Le plus ouvert et le plus sincère des prélats que je rencontrai m'en donna tout bonnement la raison : personne ne prendrait sur lui le risque de voir commettre un attentat terroriste à Saint-Pierre de Rome en représailles éventuelles de cette reconnaissance de l'État d'Israël. La peur du terrorisme était le motif le plus évident de ce refus d'une pleine reconnaissance que rien ne devrait empêcher en droit.

En trente ans, j'avais eu le privilège de rencontrer quatre des cinq pontifes qui régnèrent de notre temps. Ces quatre papes furent confrontés au problème sans précédent dans l'histoire de l'Église, qui se proclamait le nouvel Israël, de la résurrection de l'Israël ancestral. Aucun n'avait cru possible de soulever les problèmes posés par cette résurrection. Le cardinal Willebrands soulignait dans une conférence qu'il prononça à Westminster que, si nous n'étions pas unis, comme le pape Jean-Paul II l'avait affirmé, au niveau de notre identité religieuse, il serait pratiquement impossible d'établir entre nous une authentique relation religieuse, compte tenu des différences qui nous séparent. Mais nous sommes liés dans un monde qui ressemble à un désert. Nous devions donc mettre à profit ce lien qui nous vient de Dieu, quelles que soient nos différences et nos divergences. Dieu nous le demande et je crains, disait le cardinal, que, si nous ne répondons pas à cet appel, nous n'encourions, lorsque nous paraîtrons devant le Dieu de l'histoire, son jugement sévère. La réalisation d'une véritable amitié judéo-chrétienne impliquait pour beaucoup de catholiques et de juifs, sinon pour tous, une réelle et profonde conversion ou plutôt un changement du cœur, comme le prophétisait Ézéchiel au VIe siècle avant J.-C. Ce retour vers Elohim se manifestera par une repentance universelle, une *soulha,* comme disent les Arabes, où nous nous pardonnerons réellement, les uns les autres, nos crimes et nos offenses.

Pour ma part, je voyais bien qu'en ce qui concernait Israël, une même métamorphose du regard serait nécessaire pour être purifié des inévitables séquelles que l'histoire avait laissées dans nos esprits et dans nos cœurs devant le christianisme ou en face de l'islam. Je voyais bien que, si nous avions quelque chance de nous réconcilier un jour, cela devait être en nos sources scripturaires, auprès des racines de la Bible, avant leurs divisions en trois monothéismes rivaux. Il m'importait peu que l'Église soit représentée à Jérusalem par un délégué apostolique plutôt que par un nonce et que, de son côté, Israël ne puisse encore nommer un ambassadeur régulier auprès du Vatican comme il en avait un auprès de la plupart des États. L'important me paraissait être plutôt de lire d'un même cœur les Écrits sacrés qui fondaient notre vie spirituelle et dont nous étions éloignés, les uns et les autres, poussés par nos rivalités religieuses et nationales. Déçu par les hommes, je ne le serai jamais par la Bible, source de notre amour et de notre espérance : elle, du moins, ne décevra jamais ses amants.

A la fin de notre entretien du 12 décembre 1985, Jean-Paul II m'avait promis de réfléchir à ce que je lui avais dit et écrit, avec la volonté d'agir du mieux possible.

« *Natura non fecit saltus* », enseignaient les Latins (la Nature ne fait pas de sauts). Le Vatican se décida enfin à en faire un tout petit. J'avais invité le pape à venir à Jérusalem célébrer la reconnaissance et la réconciliation. Mais, au lieu de prendre l'avion comme Sadate avait eu le courage de le faire et d'atterrir à Jérusalem, en annonçant au monde la bonne nouvelle que nous attendions tous, il se contenta de monter dans son auto, de traverser le Tibre et, à quelques centaines de mètres de Saint-Pierre, de débarquer dans la synagogue devant laquelle les papes passaient depuis deux siècles sans jamais s'arrêter et sans y jeter un regard. Cela se passait un dimanche 13 avril 1986 à dix-sept heures. Malgré le mauvais temps, la foule des grands jours était présente : pensez-vous, un pape dans une synagogue, cela ne s'était jamais vu depuis la crucifixion de saint Pierre dans cette bonne ville de Rome !

Ce petit voyage était le fruit d'un long cheminement, d'un mûrissement des esprits et des cœurs : des dates précises, des gestes en avaient marqué les étapes. Et le grand jour était arrivé : le pape, à la tête d'un cortège, entre dans la synagogue archicomble sous les applaudissements de la foule en liesse aux chants d'Alléluia. Des psaumes furent chantés et des discours prononcés par le président de la communauté juive de Rome, puis par le grand rabbin auquel le Saint-Père répondit par une allocution, hachée de vigoureux applaudissements. Il récita le psaume 133, tandis que le grand rabbin Toaff récitait le 134. La cérémonie prit fin sur le psaume 106. Le pape et le rabbin se donnèrent l'accolade. La presse mondiale, l'*Osservatore Romano* en tête, suivi par la presse juive d'Israël et du monde entier, croulait d'enthousiasme. Les images du pape dans la synagogue passèrent sur les télévisions du monde entier. Le discours pontifical constituait une sorte de chef-d'œuvre : il reprenait des idées qui nous étaient chères, minutieusement exprimées par le pape. Je partageais moi-même l'enthousiasme général en déclarant que Jean-Paul II avait ajouté une page aux chapitres 9, 10 et 11 de l'Épître aux Romains, de Paul.

Mais l'émoi ainsi suscité fut de courte durée. On se rendit très vite compte que ce n'était qu'un tout petit pas fait dans le bon sens, mais en vérité un prétexte pour éviter de prendre les risques, faute de courage, du plus grand voyage à Jérusalem qui eût donné au discours pontifical sa véritable signification. S'il avait été prononcé non pas sur les rives du Tibre, mais sur les collines de Judée, à Jérusalem, il aurait eu un tout autre sens.

En octobre 1977, Paul VI avait manqué l'occasion de lancer un appel invitant à la réconciliation des Juifs et des Arabes, comme le roi Hassan II le souhaitait et comme je l'en avais prié exactement un mois avant l'arrivée de Sadate en Israël. Jean-Paul II, probablement freiné par sa secrétairerie, venait aussi de manquer le grand geste que l'histoire attendait de lui : il ajoutait un discours aux millions de mots qui étaient prononcés dans le monde entier sur les thèmes que *Nostra Aetate* avait définis vingt ans plus tôt. Ces mots ne remplaçaient pas l'acte nécessaire d'une pleine et entière reconnaissance, ils n'étaient qu'un ersatz du sacrement du frère que nous attendions de lui, se présentant devant nous comme l'avait fait Jean XXIII en déclarant tout simplement : « Je suis Joseph, votre frère. »

J'étais à Tokyo peu après les déclarations de Yasser Arafat annonçant qu'il reconnaissait l'État d'Israël, et qu'il était disposé à signer la paix avec lui. Par l'intermédiaire du nonce apostolique au Japon, Mgr Carew, que je connaissais depuis qu'il avait passé plusieurs années en poste à Jérusalem, je lançai un appel à Jean-Paul II pour lui demander de profiter de l'occasion en annonçant de son côté la reconnaissance *de jure* de l'État d'Israël et la normalisation des relations diplomatiques entre les deux États, sous réserve que, de son côté, l'État d'Israël reconnaisse la personnalité palestinienne, comme l'y obligeaient les recommandations des Nations unies du 29 novembre 1948. Mais des temps sont passés depuis sans qu'aucune initiative efficace, sans qu'aucune parole créatrice de paix et d'espérance ne sorte de la bouche des frères séparés ou ennemis pour mettre un terme à leur dispute.

Dieu n'était-il pas déchiré par la turbulence de ses enfants ? Et le Christ, qu'on nous reprochait de ne pas reconnaître, se reconnaissait-il et reconnaissait-il ceux de ses adeptes qui refusaient encore la pleine reconnaissance de son peuple, quand ils n'étaient pas enclins à pactiser avec ses assassins, les Barbie, les Touvier et d'autres... ? Ces affaires, comme le conflit né à propos du monastère bâti à Auschwitz, montrent la fragilité des résultats obtenus en quarante ans d'efforts pour établir une réelle amitié entre chrétiens et Juifs. Un cardinal nous en avertissait voici quarante ans : « Au moindre déclic, tout reprendra comme avant ! » nous disait-il. Le déclic se serait-il fait entendre ?

8.

L’impatience des limites

Élohim unique et pluriel. Chez les Juifs. Chez les chrétiens. En Islam.

Depuis ma naissance, j’étais enfermé dans les limites d’une civilisation façonnée par les religions dominantes, dites monothéistes. A mesure que je les approfondissais, cette appellation me paraissait manquer de précision : Abraham savait que son Élohim était unique, mais pluriel. Mais à voir les fils qui, à cor et à cri, se réclament de lui, ne serait-il pas tenté d’entamer une action en déni de paternité ?

J’avais passé ma vie à traduire et commenter les Écrits fondateurs de notre civilisation, la Bible, les Évangiles, le Coran, à étudier les religions et les théologies issues de ces textes. J’avais fréquenté les écoles, les yeshivot, les monastères, et m’étais lié d’amitié avec les meilleurs esprits, eux aussi formés par le judaïsme, le christianisme ou l’islam. Je ne m’étais pas contenté d’une connaissance livresque : appuyé sur ma canne de pèlerin, j’avais arpenté notre planète sous toutes ses latitudes et toutes ses longitudes. J’avais tout subordonné à une unique ambition, atteindre le fond des choses, ne pas plier genoux devant les idoles, connaître la réalité de l’Être qui fondait mon existence, voir face à face le visage de IHVH [adonaï] Élohim et pénétrer son vrai Nom. Mais ma quête d'amour me rejetait déchiré et sanglant sur les chardons de ma route.

Un irrésistible dégoût me prenait à voir ce que font de notre planète les hommes et plus particulièrement ceux dont j'étais, les Juifs, les chrétiens, les musulmans qui se croient porteurs du plus haut idéal, annonciateurs du seul et unique vrai Dieu. Un livre serait nécessaire pour dire, à tous et à chacun, leur fait.

Par lesquels commencer ? Par les Juifs, bien sûr, puisque j'en suis et puisque mon cœur me pousse à comprendre et excuser leurs faiblesses par les circonstances de leur histoire qui les a pris au piège. Mais, à coup sûr, pas un seul de mes frères ne dira que nous vivons, en Israël et dans la Diaspora, dans le paradis dont nous rêvions, que nous incarnons dans nos vies, dans notre peuple, dans nos communautés, les valeurs dont nous sommes les porteurs et dont nous devrions être les témoins et les annonciateurs.

Pour démontrer ce que j'avance, je n'ai guère besoin de le prouver : je vous renvoie à vos sources d'information quotidienne, le journal, la radio, la télévision. Mon front blêmit chaque jour à les lire, les entendre, les voir. Dans nos diasporas, nous pouvions nous gorger d'une illusion qui nous aidait à vivre, celle de nous croire un peuple élu, une nation à part. Nous le deviendrons peut-être – et je l'espère –, mais certainement pas si nous ne prenons pas conscience de notre état de délabrement politique et moral, moins d'un demi-siècle après la création de l'État. Un livre serait aussi nécessaire pour faire le bilan de nos échecs qui voilent, hélas, nos multiples – et parfois miraculeuses – réussites. Pour nous en tenir au Nom d'Élohim, il est davantage profané par ceux qui l'emploient le plus, quand ils masquent de ce nom leurs idoles et exaltent leur ego et celui de leur peuple, la force, l'argent, l'instinct de domination, l'idolâtrie de la terre et cette pire trahison de servir non pas $\overset{\text{adonaï}}{\text{IHVH}}$ Élohim, mais l'idée que nous nous faisons de Lui. Interposer entre Lui, le prochain et nous une théologie ou une idéologie, de quelque nature qu'elle soit, nous condamne. Nous nous donnons droit à des circonstances atténuantes pour excuser et parfois masquer nos carences, nos fautes et nos crimes, mais nous en mourrions si nous ne les dénoncions et ne les réparions pas. Le seul fait d'entendre parfois dans nos rues les cris de : « Mort aux Arabes » – aux Arabes et non aux terroristes –, d'avoir des camps d'internement où dépérissent des milliers de prisonniers politiques, de tenir un rang peu enviable au tableau de la drogue et de la délinquance, de la prostitution, de la corruption politique ou financière, de l'intolérance religieuse ou de l'intransigeance nationaliste, devrait nous alerter et nous mobiliser pour un véritable réarmement moral, une véritable *teshouva,* notre retour vers nous-mêmes et vers Élohim – source de tout amour et de toute unité – pour un redressement général. Il doit survenir d'urgence, avant qu'il ne soit trop tard – non pas en paroles mais en actes. Une importante partie de notre peuple en est consciente et s'est organisée en plus d'une centaine de comités pour œuvrer dans ce sens. Il est nécessaire de féconder leurs activités pour qu'elles deviennent efficaces. Ben Gourion avait raison : l'État d'Israël n'existe encore que dans nos rêves. Il ne pourra naître qu'aux lendemains de la paix avec nos voisins. Sans cette paix, il n'y aurait pas d'avenir au Proche-Orient, ni pour nous ni pour eux.

L'état des Juifs de la Diaspora, qui n'ont pas à souffrir de nos problèmes, est différent mais néanmoins dramatique. Ils sont dévorés par l'assimilation née de l'ignorance de leurs sources, de l'effacement de leur identité hébraïque à laquelle ils se rattachent soit par la religion, soit par le sionisme. Mais l'une et l'autre leur imposent le devoir de venir s'établir en Israël : qui parmi eux le fait ? Le refus d'Israël par la majorité des Juifs de la Diaspora a des causes évidentes : leur attachement à leur patrie d'origine et les difficultés que leur offre notre pays en guerre, ce qui les condamne soit à déserter leur judaïsme, soit à vivre en conflit avec eux-mêmes. Ben Gourion parlait de leur schizophrénie : ils vivent dans leurs exils en aspirant, dans leurs prières ou leur sionisme, à gagner une patrie qui les espère, les attend et où ils ne viennent pas. Les problèmes d'Israël seraient plus aisés à résoudre si, au lieu d'être ici quatre millions, nous étions six, huit, dix, douze millions de citoyens à œuvrer pour notre renaissance. Mais les absents ne s'empresseront de voler au secours de la victoire que lorsque celle-ci sera acquise...

Que dire de l'état actuel de la chrétienté et de l'islam ? Si le Christ ressuscitait, reconnaîtrait-il ces chrétiens qui nous reprochent de ne pas le reconnaître ? Accepterait-il les divisions, les infidélités, les carences, les fautes et les crimes de l'Église, des Églises ? Elles fécondent l'Occident chrétien depuis des millénaires, elles l'ont illustré par leur religion, leur mystique, leur art, leur musique, elles ont contribué à le bâtir directement grâce à leurs abbayes et leurs monastères, indirectement par l'influence qu'elles exercent depuis des siècles sur les gouvernements et les institutions des pays où elles sont en situation dominante. Peuvent-elles faire comme si elles n'avaient aucune responsabilité dans l'état actuel d'un monde en perdition ?

Dans cette situation, Jésus, s'il ressuscitait, ne reprocherait-il pas à l'Église et à la chrétienté le sort qu'elle a fait à ses Juifs ? Que le lecteur se rapporte donc aux multiples ouvrages publiés sur ce sujet dans le dernier demi-siècle, et plus particulièrement depuis la création de l'État d'Israël. Qui n'aurait pas le front couvert de honte à l'évocation de ce passé ? Qui ne regretterait pas les séquelles qui en subsistent ? L'antisémitisme chrétien est-il mort ? L'Église n'a-t-elle pas rêvé la mort d'Israël en se parant jadis du titre de Nouvel Israël ? Cette captation d'héritage explique largement le sort fait en chrétienté au peuple juif. Le concile de Vatican II est revenu sur ces errements meurtriers, mais la déclaration sur les Juifs et les religions non chrétiennes a-t-elle pénétré la conscience chrétienne ? Est-elle sans retour ? Un pape demain n'ignorera-t-il pas ce document, ou ne le laissera-t-il pas tomber en désuétude ? L'aile intégriste de l'Église, appuyée par le néonazisme qui ressuscite en Europe, ne l'exigera-t-elle pas ? Des couvents fort respectables qui ont fait chaîne pour cacher Paul Touvier et d'autres miliciens ou nazis criminels ne s'ornent-ils pas déjà de la croix celtique, qui remplace depuis des décennies la croix gammée pour symbole de ces mouvements ?

L'Église, depuis sa naissance, met au centre de sa spiritualité la crucifixion du Christ, ses plaies et ses douleurs. Mais a-t-elle jamais évoqué dans ses liturgies les six cent mille autres Hébreux crucifiés par les Romains en Judée et en Galilée à l'époque du Christ ? Ce chiffre est avancé par Tacite, Flavius Josèphe, et les sources hébraïques donnent des totaux plus importants encore. Les douleurs du Christ sont mises au centre du monde, mais pourquoi avoir éliminé celles innombrables de son peuple ? Pourquoi avoir organisé contre lui, pendant des siècles, un véritable génocide culturel ? Pourquoi se mettre un bandeau sur les yeux devant la monstruosité de la Shoah ? Pourquoi évacuer ce crime de la conscience chrétienne, l'oublier, faire comme si cela n'existait pas ? Pourquoi, de bien des manières conscientes et inconscientes, laisser se perpétuer ces erreurs dans la pensée et la pratique de l'Église contemporaine ? Pourquoi, depuis la création de l'État d'Israël, le Vatican s'est-il compté parmi ses adversaires plutôt que parmi ses amis ? Et pourquoi enfin, dans la cinquième décennie de la création de l'État juif, l'Église ne l'a-t-elle pas encore reconnu *de jure* et n'a-t-elle pas normalisé ses relations avec lui, comme l'ont fait presque tous les États du monde, y compris des États arabes, musulmans, communistes, se rangeant ainsi délibérément dans le camp de ses plus irréductibles ennemis ? Je reviens sur ces problèmes que j'ai déjà évoqués en raison de leur importance, moins pour Israël que pour l'Église blessée en cela, le concile et le pape l'ont dit, dans son identité même.

L'Islam enfin. Là encore, les faits connus de tous, dont les musulmans sont les premières victimes, rendent tout réquisitoire superflu. Les divisions internes de la Cité musulmane, ses guerres, ses révolutions lui font plus de tort que ses ennemis réunis ne sauraient le rêver. Muhammad se reconnaîtrait-il dans l'image que donnent de lui et du Coran Kadhafi, Khomeiny et tant d'autres chefs religieux ou politiques, qui poussent comme des champignons vénéneux sur la misère de leurs peuples ? Le roi du Maroc n'a-t-il pas condamné, en accord avec les hautes consciences de l'Islam contemporain, l'intégrisme islamique qui trahit l'essentiel du message coranique ? Est-il nécessaire d'évoquer l'immense misère de la plupart des peuples musulmans pour rendre plus urgente l'aspiration à la paix des masses entraînées dans un abîme par l'aveuglement de leurs chefs ?

Les mêmes tragédies humaines se renouvellent dans tous les âges, sous tous les cieux, comme si l'homme était à jamais imperméable à l'expérience. En Islam, elles surgissent de nos jours, à une époque où l'humanité entière éprouve un vital besoin d'un renouvellement qui puisse écarter d'elle de mortelles menaces. Devant ses fils juifs, chrétiens ou musulmans, Abraham – l'Ibrahim du Coran –, Moshé, Jésus et Muhammad auraient-ils un mot de compassion envers nous, nous donneraient-ils des circonstances atténuantes dans ce procès où nous engageons l'avenir de l'humanité, risquant du même coup de détruire toute trace de vie sur la planète et peut-être même de la pulvériser dans l'espace ?

Nos querelles entre Juifs, chrétiens et musulmans ont empli de nos cris notre histoire, dérisoires sur le plan politique, misérables en matière de religion, fondées toutes sur un égoïsme aveugle ou sur une criante ignorance de nos sources, la Bible, les Évangiles, le Coran, au nom desquels nous nous affrontons en d'impitoyables combats. Dérisoires hier, nos disputes deviennent monstrueuses aujourd'hui. Hier, nous risquions la mort des hommes qui se battaient sur leurs champs de bataille, qui brûlaient sur leurs bûchers ou moisissaient dans leurs prisons. Aujourd'hui, l'enjeu des mêmes conflits devient prodigieusement autre et concerne la vie ou la mort de millions de personnes. Les hommes sont les mêmes, mais ils ont entre leurs mains des engins de mort chaque jour plus puissants et plus efficaces. Jusqu'à quand ? Resterons-nous fermés à nous-mêmes et aveugles à la situation réelle de la planète terre ? Nos disputes, si elles continuaient, seront les détonateurs d'une explosion pire que celle décrite dans nos apocalypses.

Dois-je évoquer ici des faits connus de tous, évoqués quotidiennement par les autorités les plus incontestables et qui nous laissent de marbre, comme s'ils ne nous concernaient pas ? En voici quelques-uns : cent mille bombes nucléaires sont entreposées dans les arsenaux des nations. *Chaque année*, les États investissent des sommes fabuleuses d'environ mille huit cents milliards de dollars pour accroître cet arsenal déjà suffisant pour détruire plusieurs fois la planète. Les déchets nucléaires, les pesticides, les pluies acides, la pollution de l'eau potable et des océans, la hausse du niveau des mers, la désertification des continents, où les forêts tropicales et des milliers d'espèces végétales sont en voie de disparition, confortent la menace nucléaire. Au rythme où ces plaies se développent, la terre risque de devenir un enfer : la bombe atomique n'aura plus qu'à en déblayer les déchets. Déjà, la couche d'ozone qui filtre les rayons ultraviolets dans la haute atmosphère se déchire, risquant de les élever à une intensité mortelle.

Toutes les ressources de l'humanité ne seraient pas de trop pour apporter des solutions à ces problèmes. Unis, nous pourrions les résoudre, débarrasser nations et Etats des menaces de guerre, de la faim qui étreint des continents entiers, de la sécheresse qui fait, chaque jour, mourir de soif des milliers d'êtres vivants. Nous pourrions ouvrir à l'humanité une ère nouvelle où l'homme atteindra un savoir et des pouvoirs aussi inconcevables pour nous que ceux dont nous disposons déjà l'étaient pour nos pères. Le choix ouvert devant chacun de nous, Moshé le définissait déjà au Sinaï :

« J'ai mis devant toi la vie et la mort, la bénédiction et la malédiction... Choisis la vie afin que tu vives... »

Oui, la paix mondiale commence avec vous. Ou l'hiver nucléaire.

9.

Hors des limites du monothéisme

Découverte de l'Asie.
De Thaïlande en Chine : avec les réfugiés khmers.
A New Delhi : un concile asiatique.
A Mont Abu : avec les Brahma Kumaris.
Au Japon : avec les Makuyas.

Le monde que je viens d'évoquer, celui qu'avaient contribué à façonner les religions nées de la Bible, m'horrifiait, et davantage encore la cécité de ses dirigeants politiques et religieux, aveugles conduisant des aveugles.

J'avais parfois besoin de le fuir, d'autant plus que j'y vivais constamment et que je le connaissais mieux, me pesant autant que s'il reposait sur mes épaules. L'éblouissement de la lecture de la Bible, des Évangiles, du Coran rendait plus blessantes les réalités qui en étaient nées et les risques dont elles étaient grosses.

Ce que nous pouvions faire pour manifester nos bonnes intentions était dérisoire par rapport aux vrais besoins que nous connaissions, mais, du moins, certaines de nos activités sociales visaient-elles à établir une meilleure communication entre les humains. Nous fondions, avec l'appui de la Fondation Paul et Betty Winkler, une Alliance française à Jérusalem ou bien un Institut israélien du film grâce à une chrétienne dont l'intervention permit de sauver de la disparition le patrimoine filmique d'Israël naissant. Germaine Ford Demaria, piémontaise d'origine, avait été dans sa jeunesse l'épouse du maharadjah de Karputtallah. Reine, elle avait découvert les splendeurs de l'Orient avant de se remarier avec Reginald Ford, un Juif anglais, pionnier de l'industrie cinématographique européenne, fondateur des Cinéac, ces cinémas d'actualités où nous nous réfugiions parfois dans les villes de France et d'ailleurs. La venue de Sadate inspira à Germaine de donner à l'Égypte les moyens de restaurer un site archéologique dans la vallée des Reines, non loin de Louqsor, et, en Israël, de sauver la mémoire filmée de sa renaissance.

Mes incessants voyages à travers le monde m'arrachaient à mes déceptions monothéistes. Ceux-là, étaient-ils donc les descendants d'Abraham, les héritiers de Moshé et des Prophètes, les adeptes de Jésus ou de Muhammad, tous étriqués, mesquins, haineux souvent, de plus en plus ignares à mesure de leur enrichissement au sein de leurs paradis médiatiques destructeurs de toute culture, prompts à faire de I[adonaï]HVH Élohim, de Jésus et de Muhammad des idoles génératrices de mort – non des maîtres de vie ?

A partir de 1969, je partis à la découverte de l'Asie. C'était mon premier tour du monde : je le fis dans le sens inverse de la rotation de la Terre. Je venais d'achever une tournée de conférences en Italie en compagnie du cardinal Daniélou, à la suite de la traduction en italien de notre dialogue sur les Juifs. Un détail m'avait frappé : mon compagnon, pendant les deux semaines de notre tournée, pour tout bagage, n'eut rien d'autre qu'un cartable. A son exemple, je fis le tour du monde avec sept kilos de bagage, valise comprise, et, pendant les trois mois qu'il dura, je ne manquai jamais de rien. Les voyageurs le savent, rien n'est plus contraignant en déplacement que d'avoir à faire et défaire chaque jour ou presque sa valise...

L'Extrême-Orient m'avait fasciné. Dès mes premiers contacts, je m'y sentais davantage chez moi que partout ailleurs. Je n'étais pas seulement d'Orient, comme mon nom le disait, mais d'Extrême-Orient, comme mes interlocuteurs le voyaient à mon apparence physique et, comme je l'éprouvais, à découvrir les peuples, les civilisations et les religions de l'Inde, de Thaïlande, du

Népal, de Chine ou du Japon. Je reconnaissais mieux l'univers de la Bible dans les temples polythéistes ou bouddhistes d'Asie que dans les synagogues, les églises, les temples ou les universités d'Occident.

J'avais été élu au comité directeur du Congrès mondial des religions pour la paix (W.C.R.P.), une organisation internationale qui réunissait des personnes concernées comme je l'étais par les problèmes de la paix et de l'avenir du monde. Nous pensions que les religions avaient aggravé les tensions internationales plutôt qu'elles ne les avaient réduites : notre but était de les mobiliser pour un dialogue nécessaire sur le désarmement, les droits de l'homme et le développement du tiers monde. Notre conférence avait défini son programme à Kyoto en 1970, à Louvain en 1974, à Princeton en 1979, à Bangkok en 1980. Nous venions de tous les coins du monde, de l'Allemagne, du Ghana, de l'Inde, de tous les blocs politiques, du Japon, du Pakistan, de Singapour, du Cambodge, de Thaïlande, des Etats-Unis. Nous avions aussi pour collègues des représentants de la Russie soviétique et de la Chine alors hermétiquement repliées sur elles-mêmes, comme du monde arabe et d'Israël. Nous rassemblions les délégués de huit grandes religions, le shintoïsme, le bouddhisme, le jaïnisme, le sikhisme, le christianisme, l'hindouisme, le judaïsme, l'islam, avec toutes les nuances possibles de chacune de ces religions. C'était un forum privilégié pour observer un monde en pleine évolution : Khomeiny venait de prendre le pouvoir et la Chine commençait à s'ouvrir à l'Occident, la présence de Zhao Puchu, le président de l'Association bouddhiste de Chine, en était un témoin.

Nos comités régionaux et locaux nous apportaient des renseignements directs sur la situation des pays en crise. Cette année-là, nous nous occupions plus particulièrement du peuple khmer. Avec l'appui des Nations unies, des États-Unis et du Japon, nous avions apporté une aide substantielle aux réfugiés khmers que nous allâmes visiter dans leurs camps à la frontière de la Thaïlande et du Cambodge.

Le mercredi 4 juin 1980 fut une journée inoubliable pour nous. Partis avant l'aube, nous allâmes visiter les camps de réfugiés de Sa-Kaes et de Khao-I-Dang. Ils groupaient respectivement vingt-cinq mille et cent vingt-cinq mille réfugiés khmers. À Khao-I-Dang, j'avais pu découvrir la situation tragique du Cambodge, où un génocide se perpétrait dans l'indifférence universelle. Nous allâmes ensuite à Nong-Chan, centre de distribution de riz et plants de riz. Une part était réservée aux réfugiés rescapés de l'enfer viet. Par suite d'une erreur, le bus nous amena vers des camps abandonnés peu de temps auparavant sur la frontière : ils s'étaient repeuplés de vingt-six mille réfugiés, qui survivaient dans un dénuement inimaginable. À notre arrivée, je vis ces milliers de personnes se mettre à genoux d'un seul geste pour remercier les donateurs qui les sauvaient d'une mort certaine. Cette vision était à peine supportable.

Peu de temps après notre passage, nous apprîmes que de nouveaux massacres étaient en cours, dont la presse occidentale ne disait rien. Notre comité les dénonça. Le représentant de la Chine populaire souhaitait que l'on condamne aussi la racine du mal qu'il voyait dans l'invasion et dans une occupation militaire qui avait l'appui des grandes puissances. Les rapports qui nous parvenaient de la Corée du Sud, de l'Afghanistan, de l'Iran, d'Afrique du Sud, de Somalie, ou celui que je fis sur le Proche-Orient, n'étaient guère plus réjouissants.

Je trouvai la détente dont j'avais besoin dans le monastère bouddhiste de Wat Boworn, à Bangkok, auprès de Phra Maha Ghosananda. Ce moine khmer vivait dans son monastère depuis l'âge de dix ans. Il rayonnait de transparence lumineuse. Partageant sa vie dans sa cellule, j'appris auprès de lui davantage que dans bien des livres sur les réalités de la vie contemplative.

De Bangkok, j'allai en Chine, où j'étais invité par un

vieil ami chinois avec qui j'avais fait mes études de droit à Paris. Tsi-Chou-Chang était devenu depuis le recteur de l'Université des langues à Shanghai, tandis qu'une autre de nos condisciples était avec son mari Claude Chayet, ambassadeur de France à Pékin. Grâce à eux, mon séjour me permit de pénétrer les réalités d'une Chine qui se relevait mal des tragédies de sa révolution culturelle. En 1986, mon fraternel ami Tsi-Chou-Chang mourut écrasé par un train, près de Paris, alors qu'il venait me rejoindre pour déjeuner, un beau samedi de printemps.

L'année suivante, du 7 au 11 novembre 1981, notre conférence mondiale des Religions pour la paix se réunissait à nouveau. Notre congrès de New Delhi réunissait six cents délégués venus de tous les horizons spirituels, politiques et géographiques de l'Asie : ils représentaient onze religions et seize Etats. Zhao Puchu, le poète calligraphe, était venu de Chine, et cette fois avec une délégation de sept représentants des religions chinoises. Il nous offrit un poème somptueusement calligraphié par lui : « Antique sagesse, splendeur de l'Asie... ».

Elle était toute présente dans le vaste amphithéâtre où nous étions réunis, la sagesse asiatique. Avec Annette à mes côtés, j'admirais ses représentants, brahmanes, bonzes, prêtres shintoïstes, parsis, zoroastriens, orthodoxes, catholiques et protestants asiatiques, jaïns, sikhs, Juifs indiens, musulmans, ils étaient tous là, sous leurs habits hauts en couleur, les héritiers de l'antique sagesse asiatique, jeunes, fervents, généreux, le regard ouvert au-delà de leurs chapelles sur l'univers, tourné vers l'avenir et non vers le passé. Juif, je les voyais sans qu'il y ait entre nous le contentieux de notre exil et de nos persécutions, de nos disputes et de nos rivalités. Tout était net, pur : des hommes confrontés aux rigueurs de leur destin et décidés à le bâtir en hommes libres.

Les séances étaient consacrées à l'étude des problèmes posés par les risques de guerre. Au plus haut niveau de conscience et de compétence l'Asie nouvelle prenait en charge les angoisses et les problèmes dont l'Occident, vieilli et souvent désespéré, semble ne plus vouloir parler. Les grandes questions contemporaines étaient évoquées à l'échelle planétaire, l'éducation des masses et des élites, les relations internationales et interconfessionnelles, les déséquilibres Nord-Sud, les principaux lieux de tension et de conflit. Chacun proclamait l'urgence d'un réveil de l'humanité, d'un sursaut qui lui fasse prendre conscience de sa situation objective et lui donne l'énergie d'une régénération. Seule une révolution globale des tendances actuelles de la politique mondiale pourrait permettre le désarmement et garantir la sécurité et la paix

Tandis que l'Occident détournait son regard de l'abîme où il risquait de disparaître, pour cet Orient réuni là, il était clair que nous vivions sous la menace d'une imminente apocalypse nucléaire. Un bonze nous le dit :

« Tout est prêt pour cela, et même le détonateur qui la déclenchera, la misère du tiers monde. »

Pour faire entendre cette sagesse, très actuelle, nous avions organisé un défilé dans les avenues de New Delhi. Un million de personnes se pressaient auprès des pittoresques représentants des mille religions asiatiques. La veille, à Sarnath, près de Bénarès, je m'étais fait voler mes chaussures orthopédiques tandis que je visitais le temple édifié sur le lieu où Bouddha eut sa première illumination. Pour la première fois, j'achetai une paire de chaussures normales et c'est avec elles que je fis les six kilomètres de notre marche de la paix, dont l'Occident, enferme dans son ghetto, n'entendit pas l'appel – surdité et cécité qui donnaient plus de gravité aux avertissements répétés de l'Asie.

Le poème de Zhao Puchu faisait cependant entendre la voix de l'espérance, représentée par la surprenante et fragile colombe de sa calligraphie :

Antique sagesse, splendeur de l'Asie,
Hommes consacrés rassemblés maintenant, ici,

Vous êtes
Comme cet oiseau de bon augure
Prêt à s'envoler
Pour apporter
A l'humanité entière
L'annonce de la paix.

Pour rejoindre la célèbre région du Rajasthan, proche des frontières du Pakistan, j'avais pris, faute de place dans un avion, un train de nuit entre Delhi et Ahmedabad : jamais de ma vie je ne fus aussi secoué que pendant les dix-huit heures de ce voyage qui me conduisait à Mont Abu, sur les rives du lac Nakki. A douze cents mètres d'altitude, dans les monts Aravalli, j'admirais les vestiges de l'ancienne splendeur du Rajasthan. Princes et rois bâtissaient là leurs palais d'été, loin du tumulte de Jaipur et Ahmedabad. Des bonzes solitaires ont établi leur retraite dans des grottes non loin du lac qu'un dieu, me dit-on, creusa de ses ongles. Mont Abu ne compte pas plus de douze mille habitants, un village dans les immensités de l'Inde, peuplé d'une population vêtue, les femmes surtout, de vêtements multicolores, ornés de bijoux de cuivre et d'argent.

Sous les rochers de Baba ou sur la « Lune de miel » s'étendait un paysage admirable d'harmonie. L'un des joyaux de l'art indien se trouve là, le temple Dilwara bâti au XIe siècle par les jaïns : dans un entrelacs de dieux et de déesses dansant leur joie dans le marbre blanc sculpté des colonnes, cent huit statues de yogis contemplent l'infini du lumineux silence. Qui a vu leurs yeux ouverts ne saurait les oublier. J'allais assister là, en mars 1983, au congrès organisé par l'Université spirituelle mondiale des Brahma Kumaris.

L'Asie moderne est capable d'animer des mouvements spirituels d'une ampleur difficilement concevable en Occident. Tout commença en 1936 quand Dada Lekraj, un riche marchand de diamants âgé de soixante ans, eut une illumination. Il se retire des affaires et fonde en 1937 une Université de la paix sous le patronage de la Vierge asiatique, la Grande Kumari.

Je découvrais ce que cette fondation était devenue depuis : l'Inde et plusieurs pays du monde connaissent ces bonzes modernes qui s'imposent une discipline de vie dont les ascètes de nos monothéismes n'imaginent même pas les rigueurs. Notre congrès réunissait quatre mille délégués venus du monde entier. C'était un mélange de tous les types possibles d'humanité, depuis les ascètes décharnés qui nous honoraient de leur présence jusqu'aux universitaires et aux politiques, professeurs, députés, prix Nobel et présidents venus à l'invitation des mille cinq cents communautés de Brahma qui ont germé sur tous les coins de la planète. Le village de Mont Abu est habituellement plongé dans le silence abyssal du Rajasthan. L'unique ligne de téléphone de l'humble poste ne souffrait pas de notre invasion : elle ne fonctionnait plus depuis plusieurs mois.

Nulle part au monde, je n'avais constaté un tel effort pour diffuser les idéaux de la paix universelle, et de la coopération globale considérée dans ses multiples problèmes politiques, économiques, nationaux, internationaux, religieux, chacun étant étudié par des experts accourus de toutes les régions du monde. Cette montagne jadis désertique grouillait d'une vie intense.

Le plus extraordinaire fut cependant d'assister aux prières conduites par les Dadis qui dirigent l'ordre des Brahma Kumaris. Les catholiques honorent aussi la Vierge en la personne de Marie représentée par des statues dans des églises. Au Népal, à Katmandou, le temple, dédié à la Grande Kumari, abrite une vierge vivante qui la représente : cette adolescente, choisie dans des familles sacerdotales, reçoit le culte qui est dédié à la Vierge. Au bout de plusieurs années, elle entre dans un monastère ou se marie, tandis qu'une autre prend sa place dans les liturgies du temple.

A Mont Abu, à deux heures du matin, les Dadis dirigeaient la médiation des quatre mille orants réunis dans la salle de la Paix universelle, ce Madhuban dont le nom signifie la « Forêt de miel ». Le silence total était d'une qualité très particulière, peuplé d'une présence palpable. Il fut soudain déchiré par une voix. Ce n'était plus la Dadi qui parlait, mais Baba, le dieu qui avait pris possession de son être et qui s'exprimait par sa bouche. A l'écoute de cette voix, nous étions suspendus comme hors du temps et de l'espace, à la source où le silence se fait parole et signe.

Inépuisables sagesses antiques de l'Extrême-Orient ! Lors de mon voyage au Japon, en mai 1969, j'avais été l'hôte du professeur Abraham Ikuro Teshima, le fondateur du mouvement des Makuyas, dont le nom désigne la « Tente du rendez-vous » – l'*Ohel Mo'ed* des Hébreux – celle où ils rencontraient I$\overset{\text{adonaï}}{\text{HV}}$H Élohim. Comme Dada Lekraj aux Indes, Teshima, en 1948, avait eu aussi une illumination. Élevé par sa famille dans les religions nationales du Japon, le shintoïsme et le bouddhisme, le Christ s'était révélé à lui et il était devenu chrétien. La Bible était désormais son livre, mais les traductions japonaises lui paraissant insuffisantes, il apprit l'hébreu et découvrit les traditions d'Israël, le martyre subi par le peuple juif, la création de l'État d'Israël, qui, au-delà de leurs significations humaines et politiques, lui parurent des signes. Élohim était en quête de son peuple élu, Abraham Teshima le savait : il répondrait à son appel.

Les Japonais ne font rien à moitié. Teshima, au cours des années, acquit la totalité du savoir hébraïque. Quand je lui téléphonai en 1969, m'adressant à lui en anglais, il me répondit dans un hébreu parfait. J'allais le voir : brillants dans son visage, porteur d'une grande barbe grisonnante, ses yeux noirs semblaient être de feu. Nous parlâmes d'Israël dont nous connaissions la puissance et les faiblesses. Aux lendemains de la guerre de 1967, le monde, qui n'admire que la force, était généralement rempli d'admiration pour ce David qui avait terrassé Goliath. Teshima, à la tête de groupes nombreux, était allé en Israël prier pour la paix.

Son engagement devint plus manifeste en 1973 quand, le vent ayant tourné, nous étions redevenus les parias des nations. Le gouvernement japonais, sensible à l'argument pétrolier, se déclarait solidaire des Arabes. Teshima mobilisa ses troupes et sortit dans les rues de Tokyo à la tête de manifestations d'amitié envers Israël. Drapeaux bleu et blanc mariés aux couleurs du Japon accompagnaient les banderoles qui dénonçaient une politique gouvernementale hostile à Israël. Le gouvernement enregistra le message et revint à plus d'équilibre dans son action au Proche-Orient. Dans son élan, Teshima visita à la tête de ses troupes pacifiques les grandes villes d'Amérique, avant d'aboutir à Jérusalem pour chanter et danser avec nous devant le Mur occidental.

J'avais rencontré pour la première fois le professeur Teshima à la mairie de Jérusalem. Quelques années plus tard, en 1969, assis devant lui dans son bureau de Tokyo, j'admirais la noblesse de cet être de feu, à la fois l'Abraham et le Moshé de son peuple. La mission chrétienne, depuis saint François-Xavier en 1550, avait été un échec au Japon comme dans les autres pays d'Asie. Les missionnaires chrétiens n'étaient pas en mesure de comprendre l'Asie. Captifs de l'univers gréco-latin, ils en exportaient la culture, si bien que de nos jours des Asiatiques croient encore que la Bible vient d'Athènes et de Rome, non de Jérusalem, qu'elle appartient à l'Europe, non à l'Orient. Pour moi, la Bible redevenait vivante dans les Wat de Thaïlande, les temples de Delhi, les monastères du Japon. Au Népal comme aux Indes, dans les temples où se pratiquent encore les sacrifices d'animaux, je reconnaissais les liturgies sacrificielles dans les cortèges où les fidèles avançaient en tenant dans leurs mains leurs offrandes, un mouton, un chevreau, une poule, un pigeon, qu'ils déposaient sur l'autel que le prêtre, comme jadis à Jérusalem, aspergeait de leur sang. J'observais les visages des fidèles et ceux des sacrificateurs, qui évoquaient pour moi non seulement les gestes, mais les expressions et les prières que je connaissais par la Bible et les Talmud. Je prenais d'ailleurs le parti des animaux sacrifiés, comme le faisait Maimonide qui se félicitait de la disparition des sacrifices chez les Hébreux. Si bien que je cessai depuis de manger de la viande.

Teshima le voyait clairement : il fallait rendre la Bible à l'Orient et l'Orient à la Bible. Lecteur de ce Livre en hébreu, il avait conscience de l'abîme qui sépare le texte de ses interprétations. Il rêvait d'une nouvelle traduction qui transmette les richesses de l'original aux lecteurs japonais. A cette même époque mûrissait en moi l'œuvre que j'entrepris quatre années plus tard.

Dès sa conversion, Teshima faisait école. Il envoyait par centaines des jeunes Japonais se former dans les kibboutz et les universités d'Israël. Je les recevais volontiers, conquis par la profondeur de leur foi et de leur amour, faisant parfois des conférences sur la Bible aux groupes qui visitaient notre pays. Je n'avais rarement rencontré tant de foi que parmi eux. Ils retrouvaient en Israël l'Élohim vivant de leurs lectures et de leurs prières. J'observais leurs visages extasiés devant la page de la Bible qu'ils chantaient auprès du Mur occidental ou dans leur maison de Jérusalem où ils avaient pris racine.

En mars 1989, je partis au Japon en compagnie d'Annette et de Mikhal, qui venait d'achever son service militaire. Notre fille, à trois ou quatre ans, ne cessait de me questionner sur le Japon dont il m'arrivait de parler avec admiration. Je lui dis un jour : « Quand tu seras grande, je t'amènerai au Japon. » Cette promesse, dans notre vie familiale, ouvrait des perspectives dont Mikhal ne pouvait prévoir la réalisation. Notre soldate termina son service le 19 mars et, le 22, à la faveur de l'invitation des Makuyas, elle prenait avec nous l'avion de Tokyo.

Vingt ans après mes rencontres avec le professeur Teshima, je découvrais non sans surprise l'ampleur de son mouvement. Des communautés de Makuyas avaient été fondées dans toute l'étendue du Japon et commençaient à essaimer, au Brésil, aux États-Unis, au Canada... S'y pressait une jeunesse ardente que je rencontrais à Tokyo, à Hiroshima, à Kumamoto, au mont Aso, à Osaka, à Kyoto, au mont Hiei, à Enkakuji et dans d'autres lieux. Jusqu'au 18 avril suivant, pendant un mois, je vécus un des temps les plus forts de mon existence, avec nos amis Makuyas et dans les monastères bouddhistes et shintoïstes qui nous accueillirent, notamment à Ise et à Ohmoto.

Sous l'égide de la Japan Bible Society et du Tokyo Bible Seminary, je donnai une conférence sur la Bible dans l'église de Guinza, au centre de Tokyo. Je demandai aux organisateurs dans quelle langue ils souhaitaient que je parle. « On ne parle de la Bible qu'en hébreu », me répondirent Jindo et Yoash, mes amis japonais formés en Israël, qui furent avec Hanokh mes principaux accompagnateurs et traducteurs pendant tout notre voyage. Parmi les centaines d'auditeurs japonais qui se pressaient à mes conférences, nombreux étaient ceux qui comprenaient l'hébreu, fait que je n'avais jamais constaté ailleurs qu'au Japon et, bien entendu, en Israël. Il ne m'était jamais arrivé de rencontrer des auditoires d'hébraïsants ni chez les Juifs de la Diaspora ni parmi les biblistes chrétiens dont la culture demeurait généralement livresque.

A mesure que je connaissais mieux mes hôtes, je discernais le caractère unique de leur mouvement sorti de l'inspiration du professeur Teshima. Chrétiens, ils étaient tributaires de la Bible, reçue pour la première fois en chrétienté en hébreu. Ils étaient, comme les fils d'Israël, à l'écoute hébraïque de la Tora, qu'ils comprenaient avec une rare profondeur. Mes interlocuteurs ne faisaient pas que saisir ce que je disais, ils dialoguaient avec moi, m'obligeant à approfondir ma pensée et parfois à jeter sur elle un regard neuf.

Ils avaient la Tora, arbre de vie et de lumière que manifestait le chandelier à sept branches qui était leur symbole – ni l'étoile de David ni la croix : le chandelier qui illuminait le Temple de Jérusalem.

Ils avaient aussi le Christ qu'ils connaissaient dans le Nouveau Testament dépouillé de ses excroissances gréco-latines, ecclésiales et théologiques.

A cet égard, la pensée de Teshima intégrait l'essentiel de la Tora et des Évangiles en les libérant de ce que le judaïsme post-biblique et les institutions chrétiennes avaient pu leur adjoindre pendant des millénaires. Davantage que sur les rabbins et les curés, ils s'appuyaient sur l'Esprit pour être conduits dans les chemins d'Élohim avec la liberté des enfants de $\text{I}\overset{\text{adonaï}}{\text{HV}}\text{H}$ connu sans intermédiaires, directement, face à face.

Par surcroît, ils avaient Israël, qui était pour eux une réalité acquise, indissociable de la Bible et du procès du salut universel, Israël connu en tant que peuple de $\text{I}\overset{\text{adonaï}}{\text{HV}}\text{H}$ légitime héritier de la Bible.

A notre arrivée à Tokyo et à chacune de nos étapes jusqu'à notre départ, nous étions accueillis dans les aéroports et les gares par des dizaines de Makuyas brandissant banderoles rédigées en hébreu et drapeaux. Nous représentions à leurs yeux les deux réalités auxquelles nous consacrions nos vies, Israël et la Bible.

Ils obéissaient à Jésus qui recommandait à ses disciples d'aller deux par deux dans les campagnes et les villes pour annoncer la Tora d'Élohim à travers le Japon, ne vivant que d'amour et d'aumônes. Mais ils célébraient aussi la bar-mitsva de leurs enfants. Nous avions été conduits au mont Aso, berceau du mouvement, pour assister à cette cérémonie d'accueil dans la communauté des jeunes gens âgés de douze ans – ce que les Juifs appellent la bar-mitsva et les chrétiens la confirmation. Encore une fois, nous étions saisis par le caractère sacré de la cérémonie, qui culmina le 28 mars vers minuit dans la clairière illuminée de feux de bois où nous étions réunis.

Cent cinquante-neuf jeunes gens et jeunes filles étaient les héros de cette cérémonie d'initiation à la Tora qui était chantée sur des mélodies israéliennes en hébreu et en japonais. Dans la profondeur de la nuit, nous assistâmes au rite de passage dont personne ne nous avait dit mot. Les braises des feux de camp sont étalées en un tapis de huit mètres de longueur sur deux mètres de largeur. Ces braises seront entretenues jusqu'à la fin de la cérémonie à la température de huit cents degrés. Les enfants attendent dans la gravité de la nuit, nu-pieds. Puis, un à un, ils avancent, lentement, pas à pas, sur ce chemin incandescent. De même, disent-ils, que les fils d'Israël ont marché parmi les nations dans le feu de leurs exils, ainsi les fils et les filles des Mayukas, dans le rendez-vous de leur tente, avancent dans le feu de leur engagement biblique.

Nous retenons notre souffle. Mikhal a les yeux brillants, fixés sur les pieds nus de ces enfants qui marchent sur le feu. Yoash s'approche d'elle. Elle croise nos regards qui acquiescent. Elle se déchausse et prend rang dans le cortège initiatique. Elle avance sur le tapis brûlant, le sourire aux lèvres.

La cérémonie approche de sa fin. La joie éclate chez ces enfants heureux d'avoir répondu à ce rite de passage sans une seule blessure, sans une seule égratignure, sans une seule cloque sous les pieds. Mikhal inspecte ses plantes : intactes, comme si elle avait marché sur un chemin de roses. Elle avait fait sa bar-mitsva à Jérusalem à l'âge de douze ans : c'était chez nous, comme généralement en chrétienté, une fête familiale où les enfants sont plus concernés par les cadeaux qu'ils reçoivent que par l'enseignement religieux qui leur est dispensé. Mikhal redécouvre le sens de son héritage spirituel auprès des Makuyas, dans la nuit du mont Aso, ce 28 mars 1989.

Annette et Mikhal avaient quitté le Japon le 10 avril. Je prolongeai mon séjour pour faire retraite dans un monastère bouddhiste d'Eiheiji, où je reçus en compagnie d'Elisha Shikada une efficace initiation au bouddhisme zen, puis au temple d'Enryakuji, au mont Hiei. Cette montagne sacrée est hantée par deux cent cinquante monastères épars dans la vaste forêt, lieu de paix ouvert sur un paysage couronné par la splendeur des cerisiers en fleur. J'étais accueilli au paradis de ce ciel par le révérend Koutaï Kitozawa, auprès duquel Etaï Yamada et le révérend Enami avaient eu la courtoisie de m'introduire.

Koutaï Kitozawa m'accueillit dans son temple du fond des bois, qui méritait bien son nom japonais de Paradis. Pour en devenir le bonze, il avait dû faire vœu de stabilité pendant douze années. Il ignorait presque tout de la Bible et du monde qui se dit monothéiste : vu d'Asie, celui-ci n'a-t-il pas l'apparence d'un ghetto turbulent et prétentieux qui se prend pour le centre du monde, s'arrogeant le monopole de Dieu et du divin ?

Koutaï Kitozawa était à vrai dire un Bouddha vivant. Il avait de Bouddha l'harmonie et la sereine alacrité. Il m'associa à sa vie comme si nous nous connaissions depuis toujours. Une fois de plus, les rites que je découvrais auprès de lui me replongeaient dans l'univers biblique : l'Asie avait le privilège d'avoir gardé ses temples intacts, tandis que le nôtre, le plus occidental des temples de l'Asie, à Jérusalem, avait été détruit par les Romains en l'an 70, mais nous conservions la description et la clé des rituels qui continuaient de se célébrer sous mes yeux. Chacun de ses chants, chacune de ses démarches éveillait en moi la mémoire millénaire des textes de la Bible ou du Talmud décrivant les cérémonies de la Maison de I[adonaï]HVH Élohim, sise en Asie, sur le mont Moryah.

Nous nous réveillions à trois heures du matin. Notre hôte, par une insigne faveur, nous présenta à quatre jeunes bonzes : ils s'astreignaient à poursuivre une tradition qui remontait à l'an 1100. Vêtus comme les bonzes de cette époque, ils s'engageaient à parcourir à pied un minimum de trente kilomètres par jour pendant mille jours, vivant des aumônes de leurs routes. Au six centième jour, ils avaient droit à un jeûne de neuf jours pendant lequel, tout en continuant leur course, ils ne devaient ni boire, ni manger, ni dormir. La joie se lisait sur les visages de ces ascètes. Je lui demandais s'il arrivait à ces bonzes de ne pas arriver au bout de leur engagement. L'un d'eux me montra la cordelette qu'il portait pour ceinture et le voile dont il ne se séparait pas, la corde avec laquelle il s'étranglerait et le voile qui recouvrirait alors son visage : il préférerait mourir plutôt que de manquer à son engagement. Le bonze girovague me demanda la permission de me faire un don : il voulait me bénir. J'acceptai de grand cœur. Il récita une prière accompagnée de gestes exorcistes rythmés par le claquement des boules en bois précieux de son chapelet.

Prière pour prière, je lui proposai à mon tour de lui

transmettre la bénédiction sacerdotale dont j'étais le dépositaire, l'ayant reçue des mains et de la bouche de mes pères et de mes ancêtres, en une longue chaîne qui remontait sans solution de continuité à Moshé et à Aaron. Il s'immobilisa en une contemplation extatique le temps que je le bénisse, mes mains rituellement posées sur sa tête, en prononçant ces antiques paroles hébraïques :

I$^{\text{adonaï}}_{\text{HV}}$H *te bénit et te garde*
I$^{\text{adonaï}}_{\text{HV}}$H *porte Ses faces vers toi et te gracie.*
I$^{\text{adonaï}}_{\text{HV}}$H *illumine Ses faces vers toi.*
Il te donne la paix.

« Notre course finit par se confondre avec celle du soleil, de la lune, des étoiles. Nous épousons leurs rythmes cosmiques. Certains d'entre nous meurent d'épuisement dès qu'ils s'arrêtent, jamais tandis qu'ils poursuivent leurs routes », me dit-il.

Il jette sur moi un dernier regard comme s'il voulait m'emporter dans sa mémoire, il ajuste son bicorne de paille sur sa tête, reprend son bâton et s'enfonce dans la nuit des forêts du mont Hiei.

J'ai connu d'autres mouvements religieux qui naquirent à partir d'une intuition, celle d'une vieille femme analphabète qui tout à coup reçoit une illumination si puissante qu'elle transmet à son entourage une révélation suffisamment forte pour mobiliser des foules d'adeptes. Reçu dans leurs quartiers généraux d'Ayabe, les chefs d'Ohmoto me disent qu'ils ont partie liée avec Jérusalem, où ils souhaitent bâtir un de leurs sanctuaires. En attendant, ils entreprennent la reconstruction de leur centre d'Ayabe, qui leur reviendra dix millions de dollars...

D'une tout autre nature est l'entreprise du révérend Niwano, l'un des inspirateurs de notre Congrès mondial des religions pour la paix. Lui aussi reçut son illumination dans les années 30. Il entreprit seul de bâtir un mouvement de bouddhisme laïque qui compte aujourd'hui plus de six millions d'adeptes au Japon, totalement dédiés à la défense de la paix. J'avais vu Niwano à Nairobi, à New Delhi et à Bangkok, dans les précédentes réunions de notre Congrès. Il me reçut cette fois dans la cité qu'il a édifiée au centre de Tokyo. Sa principale salle de réunion, non loin de ses bureaux, compte dix mille places assises auxquelles peuvent s'adjoindre les cinq mille autres places d'un édifice adjacent relié par tous les moyens de communication modernes. Nous parlons surtout de la paix au Proche-Orient. Sur mes routes, je demande à mes interlocuteurs de prier pour la paix de Jérusalem, qui ne se fera pas sans la mobilisation des forces spirituelles de notre planète.

J'avais ouvert le Congrès mondial des religions pour la paix le 23 août 1984, à Nairobi, en compagnie de l'archevêque de New Delhi, mon ami Angelo Fernandez, de l'évêque Tutu, qui venait de recevoir son prix Nobel, et de notre secrétaire général John Taylor. Devant une assistance où les religions polythéistes d'Afrique et d'Asie étaient largement représentées, je déclarai :

« Il n'est pas de réconciliation durable sans un véritable pardon. Les Sémites ont un concept pour cela, celui de la *Soulha* arabe, de la *Seliha* hébraïque. Cette *Soulha,* cette *Seliha* universelle, nous devons nous l'accorder les uns les autres, nous, juifs, chrétiens, musulmans, qui, malgré nos guerres, osons prétendre être les Fils d'Abraham, le Père matriciel de toute foi en l'Élohim de paix et de justice, l'Élohim de Moshé, de Jésus, de Muhammad.

Mais, ensemble, nous devons aussi nous tourner humblement et lucidement vers les religions polythéistes d'Afrique et d'Asie pour leur demander pardon pour les crimes, les injustices et les incompréhensions que nous avons commis contre elles au nom de notre foi en un Dieu unique... »

Toute quête de paix passe impérativement par ce pardon universel, par cette universelle *Soulha.* Devant ceux que nous appelions péjorativement des idolâtres, je disais à nos frères monothéistes que nous aurions dû voir dans les religions polythéistes non pas une matérialisation de la divinité, mais une divinisation de la nature. Et croyant en un unique Élohim, $\text{I}\overset{\text{adonaï}}{\text{HV}}\text{H}$ je souhaitais que nous retenions cette sublime leçon du Tao : « Le Nom qui peut se prononcer n'est pas le Nom qui fut toujours... » Elle est grosse du mystère de l'Etre qui se révéla à Moshé dans le feu du Buisson sous le Nom imprononçable de $\text{I}\overset{\text{adonaï}}{\text{HV}}\text{H}$.

10.

En guise d'épilogue

Écrire. Traduire les Écritures.
La Bible hébraïque. Le Nouveau Testament.
Le Coran. Le Nom de I$\overset{\text{adonaï}}{\text{HV}}$H *Élohim.*
Aimer.

Écrire n'était pour moi ni l'exercice d'un métier ni l'ambition d'une carrière, mais le besoin d'assouvir ma passion des mots.

Dès ma naissance, mes grands-parents me parlaient en arabe, langue que j'entendais aussi dans les rues d'Aïn-Témouchent ; mes sœurs et mes parents s'adressaient à moi en français, que je dus apprendre bientôt au jardin d'enfants de sœur Ubaldine, puis à l'école primaire de la rue Pasteur ; Anita, la jeune bonne qui s'occupait de moi enfant, ne connaissait qu'une seule langue, l'espagnol, qu'elle parlait à Alicante dont elle était originaire ; mes rabbins enfin m'inculquaient, dans les synagogues et les Talmud-Tora, l'hébreu de la Bible et de plus l'araméen des Talmud et de la Cabbale. Au carrefour de ces cinq langues, les mots devinrent très vite pour moi les étoiles dont je peuplais mes ciels. Chacun avait sa forme, sa couleur, sa musique. Cette passion innée s'aggrava en moi après que le virus de la poliomyélite m'eut terrassé. Pouvant difficilement me mouvoir sur terre, je me mis à bondir d'étoile en étoile dans mon ciel intérieur en me posant sur mes planètes, le temps de reprendre pied dans cette danse effrénée qui ne me donnera pas de répit tant que j'aurai souffle de vie.

Les mots hébreux de mes prières ou des veillées de lecture des Psaumes ou du Zohar étaient ceux qui me pénétraient le plus profondément : ils mettaient en moi leur ineffable musique, dansant devant mes yeux comme des oiseaux de feu. Ils contrastaient avec cette langue acquise par mes parents et qu'ils me léguèrent comme si elle était aussi ma langue maternelle : le français. Les mots français s'imposaient à mon esprit par leur transparence, leur malléabilité : au gré de mon humeur, ils revêtaient toutes les couleurs de l'arc-en-ciel ; dans la bouche de Baba, quand il s'aventurait à parler le français, ils avaient forme, couleur et musique de l'arabe ou de l'hébreu selon son humeur. J'étais sûr que les anges savaient se faire entendre dans toutes les langues avec les mêmes mots ou tout simplement en se taisant. Je faisais comme eux, en étant éperdument à l'écoute des mots que je ne cessais d'entendre autour de moi : par bonheur, j'étais né à trois kilomètres de la Méditerranée, dans un de ces pays où l'homme n'existe et ne vaut qu'en fonction de sa volubilité. Comme j'aimais les mots, de nuit et de jour, je m'enivrais de lectures. Je lisais tout ce qui me tombait sous la main, le meilleur et le pire. Des journaux comme les gros livres que mes frères et mes sœurs étudiaient : lorsqu'ils disparaissaient de leur table de travail, ils n'avaient pas besoin de chercher pour trouver l'auteur du larcin. Proses et poésies, romans et nouvelles, livres d'histoire ou essais, sans échapper aux ouvrages pornographiques que l'on se passait sous cape, je lisais de jour et de nuit, je lisais à en perdre haleine.

A Aïn-Témouchent, comme plus tard au lycée d'Oran, personne ne s'occupa jamais d'orienter le choix de mes lectures. J'étais ainsi livré à mon instinct, mais, pour être sûr de ne rien perdre d'essentiel, je lisais tout et même des ouvrages dont je ne compris le sens que des décennies plus tard. Je savais dès ma plus tendre enfance qu'Élohim avait créé les ciels et la terre par Sa Parole : je faisais comme Lui en laissant les mots peupler les ciels et les terres intérieurs qu'ils créaient en moi.

Il m'eût paru sacrilège de penser à utiliser ce don pour en retirer quelque profit que ce fût, sauf le plaisir d'obtenir un prix ou un accessit de français qui m'offrirait la volupté de recevoir encore de nouveaux livres. Je ne tenais pas de journal, même pour traduire mes premiers émois amoureux, et il ne me serait jamais venu à l'esprit de coucher sur le papier les poèmes qui enchantaient le silence de mes nuits. Par contre, un de mes passe-temps préférés était de rechercher les correspondances entre mots de la même famille dans les langues qui se parlaient autour de moi, l'hébreu et l'arabe, le français et l'espagnol. J'étais ravi quand je découvrais une même racine ou une même étymologie à des mots différents. Ainsi commença à s'accumuler dans ma mémoire, que j'avais bonne et bien organisée, un trésor de mots que je contemplais intérieurement, avec une certaine avarice puisqu'il ne me serait jamais venu à l'esprit d'en faire quelque usage que ce soit.

Mes études de droit avaient été fort précieuses pour m'inculquer le culte de la limpidité dans l'expression des idées, tandis que les langues sémitiques que m'enseignaient mes maîtres à la Sorbonne, à l'Ecole pratique des hautes études, et mieux encore à l'École rabbinique de France, ouvraient mon esprit aux cultures de l'Orient. Dans mon refuge à Chaumargeais, que pouvais-je bien faire ? Je m'enhardis à entreprendre la traduction de *L'Introduction aux devoirs du cœur,* de Bahya ibn Paqûda. Sans l'appui aussi solide que généreux du meilleur de mes maîtres, Georges Vajda, je n'eusse jamais osé m'aventurer dans ce texte de théologie ascétique et mystique du XIe siècle, écrit en arabe, traduit en hébreu, et qu'il me fallait réinterpréter en français. Dans les heures que mes activités de résistance me laissaient, je mis une telle passion à ce travail qu'au moment de retourner à Paris je l'avais mené à bien. Je m'étais si parfaitement identifié avec la pensée de Bahya, tout entière axée autour des pôles complémentaires de l'unité et de l'amour, que je gardais jalousement mes manuscrits dans mes tiroirs : je n'éprouvais aucun besoin de publier ce trésor que, de toute manière, personne ne pourrait aimer autant que je le faisais. C'est Georges Vajda qui me dénonça à Louis Massignon. J'étais encore juge de paix à Bou-Saada, lorsque je reçus une lettre de Massignon demandant des extraits de ma traduction pour la revue dont il était l'un des inspirateurs. C'est ainsi que le numéro 10 de *Dieu Vivant* publia au printemps 1948 le premier texte qui parut sous ma signature : vingt-six pages logées entre des articles de Daniélou, de Petterson, de Lovsky, d'Hugo Rahner et de Gabriel Marcel... Mon texte ne passa pas inaperçu : peu de temps après sa parution, Jacques Madaule me demanda l'ensemble de mon manuscrit que Desclée de Brouwer, dont il était le directeur littéraire, publia aussitôt. C'était mon premier livre.

J'appris ainsi le métier d'écrire en traduisant un chef-d'œuvre spirituel du Moyen Âge mystique. Gide le disait avec raison : nul écrivain ne devrait se dispenser de traduire une œuvre écrite dans une autre langue que la sienne. En me plongeant dans *Les Devoirs du coeur,* j'étais à la recherche de mon identité : quel homme vivait en moi et quelles étaient ses racines ? Bahya me le disait clairement en me donnant les clés de mon humanité avec celles de la Bible qui la fondait. Convaincu de ne pas survivre, je pensais que ma traduction de ce livre serait mon seul vestige. La guerre finie, je poursuivis sans répit ma quête d'identité. Je partis du plus proche de moi-même et au ras du sol en enquêtant sur ma famille, son nom, son passé en Afrique du Nord, en Espagne, en Israël. Je le faisais avec d'autant plus d'ardeur que ces sujets se trouvaient à peu près exclus des champs de la recherche littéraire ou scientifique de l'époque. Quand je publiai mes premiers livres sur le judaïsme nord-africain dans les années 50, je m'avançais sur une terre à peu près inconnue. Il me fallut définir la problématique et la méthodologie d'une science qui mobilise aujourd'hui des centaines de chercheurs en Israël, en France, en Amérique et dans d'autres pays.

Parti de mon entourage immédiat, je fus amené à

élargir ma recherche aux réalités dont nous vivions, la Bible, la pensée juive, Israël connu dans ses diasporas aussi bien que dans sa patrie renaissante. En voyageant sans cesse à travers le monde et les livres, je me familiarisais avec les différentes disciplines de l'esprit, l'histoire, la sociologie, la linguistique, l'exégèse la théologie, les langues sémitiques, que sais-je encore ? Loin de me disperser, je ne faisais que me concentrer sur l'unique objet de ma passion : connaître l'homme de tous les pays, de tous les climats, de tous les âges, l'homme nu, tel qu'il sort de ses matrices. Je partais du Juif que j'étais, mais je me rendis très vite compte que l'homme était le même partout, sous toutes les latitudes et les longitudes, de siècle en siècle, même squelette, même sang, même visage, même corps, même cerveau, même folie et même sagesse. Je recherchais le contact humain partout où je pouvais le trouver, sur les chantiers archéologiques comme dans les solitudes contemplatives de mes déserts, auprès des troglodytes comme des plus savants spécialistes. L'homme tout nu, mais la femme aussi, la mère et la vierge, l'épouse et la prostituée, la femme qui m'habitait puisque je sortais de son ventre, elle qui vivait en moi, puisque j'étais un homme.

Je n'ai jamais aspiré à devenir écrivain puisque j'étais né ainsi. Écrire m'était un besoin naturel, comme de respirer ou d'aimer. J'engrangeais la matière de mes livres, je couvais leur mystérieuse incubation ; quand le temps de la parturition survenait, je m'isolais et l'ouvrage naissait. Non sans efforts, mais toujours sans douleur. Pour plusieurs de mes amis écrivains, Camus par exemple, écrire était une vraie souffrance. Pour moi, ce fut toujours une joie identique à la joie d'aimer. Comme l'amour, l'acte d'écrire exige un mouvement intérieur suffisamment puissant pour arracher l'homme à la pesanteur et permettre en lui, dans la solitude, le miracle de la création. On me demande parfois : « Combien de temps avez-vous mis pour traduire la Bible, pour écrire tel ou tel de vos livres ? » Mais écrire n'est jamais une affaire de temps. Comme la femme, l'écrivain est ou n'est pas enceinte – et, comme chez la femme, quand le fruit arrive à maturité, il naît. Il faut seulement veiller à bien le nourrir et garder son germe pour éviter l'avortement. L'acte d'amour est par essence le même, qu'il s'agisse d'un livre de poèmes ou d'un traité d'histoire. Et, comme la femme, l'écrivain, pour mener à bien son œuvre, a besoin de concours extérieurs. Parmi eux, ceux de ses éditeurs : José Corti me le prouva aussi en s'emparant des poèmes qui dormaient dans mes tiroirs. Sans lui aurais-je publié mon *Cantique pour Nathanaël ?* Et sans Charles Ronsac, ce *Vécu* dont il prit l'initiative, aurait-il vu le jour ?

Quel que soit le genre choisi, l'écrit révèle l'homme. L'inconfort de ma triple insertion en des milieux aussi différents que l'Algérie musulmane, la France chrétienne et Israël ne manqua pas d'aggraver en moi le besoin d'une recherche, celle de mon identité – et, au-delà de ma personne, de l'identité de l'homme tout entier, de l'homme nu et de l'Être qui le fonde. La fluidité du milieu parisien accélérait mes maturations. Mais je me serais trahi si j'avais consenti plus que de raison aux jeux qui stérilisent tant de talents. Paris ne me fécondait que dans la mesure où je pouvais m'en abstraire pour mieux couver au loin l'œuvre qui m'habitait. Ce moi que je découvrais progressivement au fond de mon identité vivait ailleurs que dans les salons où se font et se défont, dans les intrigues, tant de carrières. Je n'étais pas fait pour ces jeux, pas plus qu'ils n'étaient faits pour moi.

Il ne m'était pas toujours facile d'assumer ma nature. Je n'étais pas insensible à la vie mondaine. Mais, je le voyais, je mourais à moi-même quand je m'enfermais dans ses jeux. Les moments que je préférais n'étaient pas ceux que je passais dans les conférences et les salons, mais dans les retraites où je me réfugiais. Loin du bruit des grandes cités où je risquais de m'engloutir, je me retrouvais dans mes solitudes pour écrire. J'admirais ceux de mes confrères qui pouvaient s'abstraire du tumulte parisien au sein duquel ils vivaient, sans être en mesure de les imiter : l'instinct me déportait ailleurs.

A mes débuts, en 1950, j'avais accepté l'invitation à

déjeuner, non loin de Paris, au château d'une comtesse de mes amies. Elle tenait à me faire rencontrer la douzaine d'hommes et femmes qui font et défont les réputations littéraires dans ce Paris où tout me souriait. L'ange se mit-il encore une fois devant l'âne que j'étais ? Je téléphonais à mon amie pour la prier d'excuser mon absence par suite d'un empêchement imprévu. Je passais cette journée plongé dans mes grimoires, libéré d'un fardeau dont j'éviterais, autant que possible, de me charger.

Ma rupture relative d'avec le monde s'aggrava lorsque avec Annette nous décidâmes de quitter Paris pour vivre nos amours sous le ciel de Jérusalem : nous allions en Israël comme d'autres entrent en religion. A la source de toute contemplation, nous partions pour édifier là notre maison prête à accueillir chacun de nos cinq enfants et nos nombreux petits-enfants, en même temps que les livres qu'il me serait donné d'écrire pour répondre à une nécessité intérieure.

Écrire a toujours été pour moi le sacrement du frère : j'éprouvais le besoin de partager avec mes frères le pain dont je me nourrissais, comme le résultat de mes recherches intellectuelles et spirituelles. L'écriture était le moyen de ce partage. La traduction élargissait l'échange aux langues et aux cultures dont j'étais l'interprète, arche dressée entre l'Orient et l'Occident de mes ciels. Je célébrais davantage encore le sacrement du frère quand je me mettais à nu devant lui dans mes poèmes, ivres d'une même recherche d'amour.

Traduire complique et parfait l'acte d'écrire. L'écrivain est libre de s'exprimer lui-même : il doit s'affirmer. Le traducteur, au contraire, pour bien remplir sa mission, doit s'effacer et disparaître devant l'œuvre qu'il présente dans une autre langue – la sienne – que celle où elle est écrite : le piège qu'il évitera rarement sera de s'interposer, lui et sa culture, entre l'œuvre originale et sa traduction. S'il le fait, il devient un miroir déformant et, sous des prétextes multiples, il trahit.

Écrire consiste à présenter au lecteur sa propre pensée. Traduire revient à arracher une œuvre à sa langue d'origine pour la faire passer dans un autre contexte linguistique et culturel. D'où les impossibilités qui cernent de toute part le traducteur : quoi qu'il fasse, il se sait vaincu d'avance, qu'il prenne le parti du mot à mot ou celui de la glose. Par surcroît, écrire n'engage qu'un homme confronté à sa feuille blanche et libre de la noircir à son gré. Traduire affecte non seulement une langue étrangère et son auteur, mais encore deux cultures en présence : l'acte de traduire les marie nécessairement. On a défini l'action du Messie comme visant à rapprocher les lointains. Si cette définition est exacte, la traduction est, en soi, une œuvre d'essence messianique et, comme telle, étrangère à la nature de l'homme.

Pendant des millénaires, les hommes ont été enfermés dans leurs langues et leurs cultures plus hermétiquement que dans les frontières de leurs tribus ou de leurs nations. L'idée contre nature de faire passer un texte d'une langue dans une autre est apparue tardivement dans l'histoire des civilisations. Les premières traductions sont faites à l'initiative d'empereurs soucieux de diffuser leurs édits parmi leurs peuples de langues différentes. L'hymne d'Assurbanipal à la déesse Lune Sin est ainsi publié en accadien et en sumérien. A Byzance, Darius perpétue les noms des peuples sur lesquels il règne en les gravant sur deux colonnes en lettres cunéiformes assyriennes et en grec. Au IIIe siècle avant notre ère, le Coutumier démotique d'Hermoupolis est traduit en grec. En 260 avant l'ère chrétienne, les édits de l'empereur indien Asoka (273-237) sont traduits en araméen et en grec. Ces textes ont tous une signification politique ou administrative.

Une date dans l'histoire du monde est franchie au IIIe siècle avant l'ère chrétienne quand, pour la première fois, la Bible est traduite en grec à Alexandrie.

Il s'agit bien de la première traduction de la Bible, mais c'est davantage encore. Cette traduction du Texte fondateur des religions dites monothéistes constitue aussi une grande « première » mondiale : c'est ainsi que des hommes imaginent de vaincre l'étanchéité des langues et des cultures en prenant l'initiative de faire passer un grand texte littéraire et religieux d'une langue, l'hébreu dans une autre, le grec. Cette œuvre naît de la rencontre d'une volonté politique, celle des Ptolémées, avec la science et les intérêts d'un peuple en exil, les Hébreux, désireux de mieux connaître et faire connaître leurs Écritures.

Les premiers traducteurs de la Bible n'avaient sans doute pas conscience de l'importance historique de leur entreprise ni de son audace pionnière. Celle-ci marque une date décisive dans l'histoire des civilisations : à partir du IIIe siècle avant J.-C., la pensée hellénistique est fécondée par l'inspiration des Prophètes hébreux.

Après les Septante, il faudra attendre sept siècles pour qu'une œuvre d'importance comparable voie le jour : Kumarajiva (350-410), au Cachemire et en Chine, traduit les Sutras sanscrits en chinois. Il fonde une école de traduction qui contribue à la diffusion du bouddhisme en Chine et, par la suite, au Japon.

La constitution des grands empires accélère les contacts entre les cultures et provoque de vastes mouvements de traductions. Au Moyen Âge, Arabes et Juifs sont les pionniers de la rencontre des cultures hébraïque, arabe et gréco-latine, tandis que les chrétiens s'ingénient à rendre la Bible accessible à l'humanité entière. De nos jours, ce Livre est le seul à être traduit en mille neuf cents langues et dialectes, et à être ainsi accessible à quatre-vingt-dix-huit pour cent des hommes. Les sociétés bibliques s'efforcent de parachever leur œuvre : pour cela, elles doivent publier la traduction de la Bible en un millier d'autres dialectes parlés par deux pour cent de l'humanité, de telle sorte que la Bible devienne la première œuvre à pouvoir s'adresser à chaque être humain dans sa langue maternelle.

De nos jours, l'acte de traduire est devenu une exigence quotidienne dans notre planète, réduite aux dimensions d'un village par les télécommunications modernes. Nul n'échappe à l'utilisation des traductions s'il veut vivre avec son temps. Mais la rencontre des cultures et des traditions rend plus aiguë notre conscience du fait que les ponts jetés entre les cultures par les traductions sont semés d'embûches : il est impossible de traduire sans trahir. La traduction exige l'emploi de connaissances de plus en plus vastes, mais elle n'est pas encore devenue une science exacte. Comme à l'époque de la Septante, les traducteurs demeurent de nos jours des artisans ou, dans le meilleur des cas, des artistes. La machine à traduire n'a pas été inventée, malgré les efforts et les investissements faits dans ce domaine par la plupart des nations industrielles.

On naît traducteur comme on naît poète. Je n'ai jamais décidé de le devenir : je l'étais depuis ma plus tendre enfance auprès de ceux qui me parlaient ou m'éduquaient dans les quatre ou cinq langues qu'ils pratiquaient. C'est ainsi que mon cerveau fut doté d'une « puce » – pour employer le langage des informaticiens – qui me servit à longueur de vie. J'entrepris la traduction des *Devoirs du cœur* parce qu'à cette époque, dans nos maquis, aucun autre travail intellectuel ne m'était possible. Cette œuvre contient de nombreux passages de la Bible. Je devais donc définir pour mon usage personnel une problématique et une technique de la traduction des textes bibliques. Je m'étais engagé sans le savoir sur la voie de la traduction de la Bible, du Nouveau Testament et du Coran : ma vie entière suffit à peine à cette œuvre.

La publication de l'œuvre de Bahya ibn Paqûda me valut dès les années 50 des propositions pour m'engager dans une traduction intégrale de la Bible. J'étais loin d'être en mesure d'affronter une telle œuvre et je les déclinai. Je publiais cependant une traduction du Cantique des cantiques et des Psaumes.

Mon œuvre biblique en serait restée là si je ne m'étais pas transplanté en Israël. Là, l'hébreu cessa d'être pour moi une langue morte et livresque. Redevenue vivante, je la parlais quotidiennement. Ma lecture de la Bible en fut renouvelée : je comprenais mieux des textes que j'avais traduits et que je connaissais par cœur comme si un voile opaque était tombé de mes yeux. J'accommodais mieux : mon regard devenait plus aigu, ma lecture plus nette.

Je vivais en milieu biblique, je parlais la langue de la Bible. L'hébreu moderne est certainement plus proche de l'hébreu biblique que le français de nos jours ne l'est de celui qui se parlait et s'écrivait voici un ou deux siècles. Le pays où je vivais désormais me parlait aussi. Jéricho devenait soudain un lieu concret situé à une demi-heure de chez nous. Jérusalem étalait ses sites sous mes yeux comme toute la Judée, la Galilée, la Samarie. La Bible sortait de la poussière des bibliothèques pour vivre sous mes yeux comme en moi. Au cercle biblique de Ben Gourion, je rencontrais, je l'ai dit, les meilleurs spécialistes des multiples disciplines nécessaires de nos jours pour une plus profonde compréhension des Écritures. Tout cela était unique, sans précédent dans notre histoire. Aussi, lorsqu'en automne 1972 Jacques Deschanel revint sur une proposition que m'avaient faite Jacques Madaule et Biemel vingt et un ans auparavant, je me sentis en mesure de l'accepter. Je pris conscience que tout depuis mon adolescence ou même mon enfance me préparait consciemment ou inconsciemment à cette œuvre. Ce fruit que je portais était parvenu à maturité : il fallait le cueillir.

Il se trouva un éditeur pour prendre le risque de cette aventure : Geoffroy de Halleux, le président de D.D.B., était un gentilhomme belge qui habitait les Ardennes. Il avait perdu l'ouïe à la suite d'une chute qu'il fit dans son enfance. Sa surdité était totale : il n'entendait strictement rien, vivant dans un silence qui rendait plus émouvante la rapidité avec laquelle il communiquait avec le monde. Il faisait mieux que d'entendre ses interlocuteurs : il les pénétrait grâce à un sixième sens qui, chez lui, compensait son ouïe défaillante. Il accompagna la publication des vingt-six volumes de l'édition princeps de ma traduction entre 1974 et 1977 avec un enthousiasme qui ne se démentit jamais jusqu'à sa mort, le 14 avril 1978. Ce texte, une fois publié, eut l'heur de soulever l'intérêt d'un autre éditeur belge, Brépols. Le baron Louis de Cartier de Marchienne et Michel Rolin éditèrent les dix volumes de *L'Univers de la Bible,* où le texte de ma traduction est accompagné d'un commentaire exhaustif et de trois mille cinq cents illustrations archéologiques. Ces volumes ont été publiés de 1982 à 1985. Plutôt que de m'en tenir au texte de l'édition princeps antérieurement publiée, je repris entièrement ma traduction pour l'enrichir de l'expérience acquise. Je resserrai la trame de mon texte pour le rapprocher davantage encore de l'hébreu ou du grec, veillant aussi à l'homogénéité de vocabulaire. Je menai à bien cette œuvre encyclopédique grâce au concours d'une équipe de biblistes, d'archéologues et de photographes juifs, chrétiens et musulmans, assistés par les conservateurs d'une quarantaine de grands musées du monde. Combien de temps ai-je mis à écrire cette œuvre ? Devant elle, j'étais un peu dans la situation du peintre chinois de la légende auquel un empereur demanda de peindre une fleur. Le peintre accepta et se retira dans une grotte pour préparer son œuvre dans la méditation. D'année en année, l'empereur lui demandait sa peinture, s'attirant la même réponse : « Je la prépare dans la méditation. » Au bout de quatorze ans, le peintre se présenta devant l'empereur : « Je suis prêt », lui dit-il. Et, d'un seul coup de pinceau, il peint sur sa toile vierge la plus sublime des fleurs.

Je m'étais ainsi préparé à cette œuvre pendant toute ma vie et elle était prête à naître : il ne me restait plus qu'à me mettre au travail et à lui donner naissance. J'ai auprès de moi les manuscrits de ma traduction écrite à Jérusalem et – partiellement – dans l'hôtellerie de l'abbaye cistercienne de Latroun : ils constituent six forts volumes reliés de cuir. Ma traduction est écrite de ma main à l'encre noire, celle que j'utilise sur papier blanc.

J'avais toujours regretté que l'on ne sache rien de précis sur la manière dont les principales traductions de la Bible avaient été rédigées : pour la Septante et la Vulgate, on est le plus souvent réduit à faire des hypothèses.

On n'est guère plus heureux pour ce qui est de la version anglaise, dite du Roi James.

A tout hasard, je pris l'habitude de noter la date et l'heure, chaque fois que je me mettais au travail. Je mis huit mois pour traduire le Pentateuque, du lundi 10 avril 1972, à quatorze heures, au dimanche 14 janvier 1973, à vingt-deux heures dix. J'entrepris la traduction des Premiers Prophètes le 15 janvier 1973, à six heures cinquante, et l'achevai le 15 mai 1973, à dix-neuf heures trente. La troisième partie de la Bible, les Hagiographes, me prit du lundi 17 septembre 1973 au lundi 11 mars 1974. Je commençai la traduction du Nouveau Testament le 12 mars 1974, à quatorze heures trente, et l'achevai le 14 août suivant, à huit heures trente. Si j'en crois les calculs de mes enfants, le premier jet de ma traduction m'aurait pris quelque deux mille sept cents heures de travail réparties du lundi 10 avril 1972 au 14 août 1974, pendant vingt-huit mois. A ne tenir compte que du travail effectif, à raison d'une moyenne de dix heures par jour, ces deux mille sept cents heures représentaient ainsi les neuf mois d'une gestation.

Mais il ne s'agissait que d'un premier jet. Il était entrecoupé de plusieurs absences que me valaient mes autres obligations à la mairie où je dus faire front, pendant la guerre du Kippur, ou d'inévitables voyages à travers le monde. Pendant ce temps, mon secrétariat dactylographiait mon premier jet que je distribuais aux meilleurs spécialistes connus des différents livres de la Bible. Ceux-ci révisaient chacun de mes textes, les annotaient, soulignant leurs désaccords et leurs critiques. Je remettais sur le métier ces textes ainsi annotés et je les renvoyais, pour plus de sécurité, à d'autres spécialistes qui révisaient l'ensemble auquel je ne mettais une dernière main que lorsque l'examen eut été poussé aussi loin que possible. Mes secrétaires se remettaient au travail et durent ainsi faire plusieurs dactylographies de l'ensemble du texte qui, je l'ai dit, ne comprenait pas moins de plusieurs millions de caractères : à cette époque, nous ne disposions pas encore d'ordinateurs.

Une fois prêt, le texte était envoyé à mes éditeurs à

Paris. Ceux-ci, spécialisés dans les éditions de la Bible, étaient animés de leur côté par un même souci de perfection. Leurs observations me faisaient remettre sur le métier un travail qu'il me fallait polir cent et cent fois, comme cela devrait toujours être le cas pour des travaux aussi complexes.

Ma vigilance devait être plus grande encore avec le Nouveau Testament. J'avais eu l'audace d'en entreprendre une nouvelle traduction en n'étant ni helléniste... ni chrétien. J'étais même le premier fils d'Israël de l'histoire à avoir entrepris d'en publier une traduction et, par la suite, des commentaires pour tout l'ensemble du Nouveau Testament auquel, pendant des siècles, les Juifs s'étaient interdit de toucher. Cette prohibition était sanctionnée par les codes rabbiniques, qui faisaient ainsi écho au « crime du judaïse » défini dans le code de Justinien. En Israël, cette ségrégation volontaire avait une finalité : il fallait préserver les survivants des grands massacres romains pour qu'ils gardent la mémoire de leur pays, de leur Bible, de leur langue, de leur culture, et préservent les germes de leur résurrection future quand sonnera l'heure de leur retour à Jérusalem. Les Juifs se défendaient ainsi contre le Nouveau Testament comme ils avaient refusé la culture d'Athènes et de Rome païennes, comme ils s'étaient barricadés dans leur mellah contre les séductions de l'Islam. Il fallait faire grande vigilance pour que les braises qu'ils gardaient ne s'éteignent pas et fournissent le feu nécessaire au grand brasier du retour.

A Jérusalem, je n'étais plus un minoritaire : pour la première fois dans l'histoire, les chrétiens et les musulmans constituaient des minorités vivant au sein d'une majorité de culture hébraïque. Dès lors, pourquoi conserver ces barrières et ces tabous, qui étaient d'une extrême importance dans le passé pour préserver la semence de notre résurrection future, mais qui, de nos jours, n'avaient plus, à mes yeux, la même nécessité ? J'avais au contraire conscience que, si les Juifs refusaient de sortir de leur ghetto, s'ils refusaient de s'ouvrir aux cultures du monde et particulièrement à celles de la chrétienté et de l'islam, ils risqueraient de disparaître. L'apologue s'appliquait à lui à la lettre : si le grain ne meurt, il ne saurait porter ses fruits.

Depuis mon enfance, j'admirais les plus beaux textes du Nouveau Testament et, particulièrement, les Évangiles. Je les lisais déjà dans un autre esprit que ne les entendaient ses interprètes traditionnels. Je savais instinctivement combien Iéshoua' ben Yosseph appartenait lui aussi à son peuple et se situait dans la grande lignée des prophètes d'Israël. J'étais persuadé qu'un jour Jésus se déclouerait lui-même de sa croix de bois pour faire, lui aussi, sa *alyah,* son « ascension », à Jérusalem, sortant de nos exils pour participer au retour de son peuple et, de Jérusalem, annoncer à nouveau aux nations son message d'unité, de justice et d'amour.

Traduire la Bible hébraïque n'avait pas été chez moi, je l'ai dit, une décision délibérée : le projet s'était imposé à moi et, quand l'heure en était venue, ma traduction avait jailli de ma plume pendant les vingt-huit mois où j'en écrivais le premier jet, comme en état d'extase.

En ce qui concerne le Nouveau Testament, l'état de vide où m'avait laissé l'achèvement de ma traduction hébraïque m'incitait à entreprendre quelque autre travail de même importance. Mes amis chrétiens me poussaient à porter mes regards sur le Nouveau Testament, sans croire cependant que j'aurais la témérité de m'y attaquer. Un jour, par manière de défi, je laissai tomber devant un de mes éditeurs sceptiques : « Je le traduirai, vous le verrez. .. » Le bon Geoffroy de Halleux, quoique hermétiquement sourd, sut m'entendre beaucoup mieux que certains de ses collaborateurs bien entendants. Il s'enthousiasma pour cette idée. Ce fut dit et ce fut fait. Dès le 12 mars 1974, j'entreprenais et menais à bien la traduction de l'ensemble du Nouveau Testament. Comme pour la Bible hébraïque, il naquit comme l'enfant qui se présente au méat et naît à la lumière du monde.

Il était le fruit d'une rigoureuse méthode qui s'était élaborée en moi à la lumière des travaux du père Jousse et d'autres spécialistes des études néo-testamentaires en Allemagne, en France, en Angleterre, aux États-Unis. Elle partait du fait incontesté que tous les auteurs du Nouveau Testament, à l'exception de Luc, étaient des Hébreux. Pour tous, le terme de référence suprême était la Bible hébraïque. Ils parlaient tous en hébreu et en un araméen si hébraïsé qu'il ne différait pas essentiellement de la langue des Prophètes ; Luc lui-même, s'il n'était pas un Hébreu, était sans doute, des quatre Évangélistes, celui qui était le plus proche de la Bible hébraïque ; et que même quand Paul s'exprimait directement en grec, il était loisible de déceler la pensée hébraïque qu'il exprimait dans la langue de Platon et d'Aristote.

J'étais familiarisé avec cette manière d'être et de dire depuis que j'entendais Baba exprimer en français des pensées qui ne révélaient tout leur sens qu'une fois retraduites en arabe ou en hébreu. En ce qui me concernait, je devais toujours faire un effort pour que ma tête sémitique ne perde pas le contrôle d'une grammaire et d'une syntaxe acquises. Posté au carrefour de langues et de cultures différentes, il me fallait constamment chasser le naturel pour qu'il ne revienne pas au galop.

Le naturel, pour les auteurs du Nouveau Testament comme pour moi, et davantage que pour moi, se trouvait dans la Bible hébraïque : la Tora était l'unique matrice dont nous étions nés. Dès lors, la bonne méthode devait consister à lire chaque mot grec du Nouveau Testament par référence aux significations du mot auquel il correspondait en hébreu. Pour obtenir ce résultat, en réduisant au maximum les risques d'erreur, j'avais établi une grille des correspondances hébraïques du vocabulaire grec des Évangiles. La méthode consistait à se référer à la *koiné* des rabbis d'Alexandrie. En traduisant en grec la Bible hébraïque – celle qui était lue par les Juifs hellénisés à l'époque du Christ –, ils avaient montré la voie et préparé notre travail. Pour nous en tenir à quelques exemples significatifs : *Theos* correspond à Élohim, *Kyrios* à I^{adonaï}HVH ; *Nomos* à Tora, *En Arke* à *Beréshit,* etc. Fort de cette grille de références, il était possible de comprendre le Nouveau Testament en ses racines mêmes.

Mais, si la méthode était sûre, sa réalisation comportait de multiples risques que je voulais réduire en me faisant aider par les meilleurs spécialistes du Nouveau Testament, s'ils voulaient bien prendre part à mon aventure scripturaire. Ce fut une grâce pour moi de bénéficier de leur collaboration : dès le départ, nous nous étions mis d'accord sur la méthode. Pendant le laborieux travail de correction et souvent de réécriture de mon premier jet, nul incident n'intervint entre ces biblistes et ces théologiens catholiques, orthodoxes, protestants ou juifs animés par un même amour des Écritures. Certains d'entre eux, pour me suivre, avaient fait une véritable conversion par rapport à leurs travaux et à leurs idées antérieurs. Pour ne prendre qu'un exemple parmi la soixantaine de collaborateurs qui m'aidèrent et dont les noms figurent dans les dix volumes de *L'Univers de la Bible,* je ne veux citer que soeur Jeanne d'Arc, l'auteur de la *Concordance du Nouveau Testament :* sollicitée par Jacques Deschanel, elle s'était courageusement mise au travail avec moi pour parfaire mes premiers textes. La rigueur de son jugement et sa science des Ecritures, accumulée pendant toute une vie, m'aidèrent à ne pas faillir dans la mise au point de mon travail. Le bénéfice de notre collaboration fut double puisque, après la publication de ma traduction du Nouveau Testament, sœur Jeanne d'Arc réalisa un projet qu'elle avait mûri toute sa vie, celui de traduire les Évangiles. Son œuvre, faite dans un esprit plus traditionnel et plus littéraire que le mien, naquit d'un même amour de ces grands textes.

Je ne peux penser à ces années d'ineffable joie, où je travaillais de nuit et de jour, sans ressentir le privilège que j'ai eu de faire ce travail et le bénéfice de le parfaire grâce à la collaboration de tant d'amis. A cette époque, il m'arrivait souvent de travailler plus de dix-huit heures par jour, et parfois de me lever en sursaut pendant la nuit, réveillant Annette, imperturbable, pour noter telle idée ou telle correction nécessaire : l'essentiel était pour moi d'aller tout au bout de cette parturition, comme celle d'une femme qui halète pour mettre au monde son enfant. Pour la première et seule fois de mon existence, je pensais à la mort dans la crainte qu'elle ne survienne avant que je n'aie achevé l'œuvre entreprise.

C'était un signe des temps que chrétiens et Juifs prennent ensemble une conscience nouvelle de l'unité de la Bible. En ce qui me concernait, il me paraissait essentiel de réinterpréter le Nouveau Testament en termes de son insertion dans la pensée hébraïque plutôt que de ses seules affinités hellénistiques. C'est dans ce sens qu'allaient les courants profonds de l'exégèse catholique, anglicane ou protestante et, bien entendu, juive. Cette rencontre soulignait le fait que les frontières avaient changé de place, permettant cette « greffe » dont Paul rêvait et qui pousse les Juifs à voir dans l'événement chrétien, à sa naissance, un chapitre de leur propre histoire, tandis que les chrétiens reconnaissent de plus en plus la nature hébraïque de leurs plus profondes racines. Il y avait là un événement unique, directement lié au procès du salut universel.

La traduction du Coran, autre grand texte fondateur d'une nouvelle religion monothéiste, pose, en les aggravant, des problèmes semblables à ceux que nous venons d'évoquer en ce qui concerne la Bible. J'entrepris de les aborder dès la fin de mes travaux bibliques. Pendant six ans, je traduisis et commentai le Coran en suivant les méthodes que j'avais mises en œuvre pour traduire la Bible. Actuellement, en 1990, je poursuis la mise au point de cette traduction commentée qui, je l'espère, parachèvera ma contribution à la connaissance des textes fondateurs des religions monothéistes.

L'Occident découvre les patriarches et les prophètes d'Israël de nombreux siècles après qu'ils ont vécu. Muhammad meurt en 632, et le Coran se répand à travers le monde à la vitesse que l'on connaît, fondant non seulement une religion annonciatrice du Dieu d'Abraham, de Moshé et de Jésus, mais l'un des plus vastes empires de l'histoire. La rencontre intellectuelle entre l'islam et la chrétienté ne survient cependant que cinq siècles plus tard quand Pierre le Vénérable (1092-1156) visite Tolède dans le deuxième quart du XIIe siècle. Il est fasciné par les splendeurs de l'Espagne musulmane et terrifié par sa découverte de ce rival géant de la chrétienté. Il souhaite connaître les sources de cette religion et demande à un Anglais, archidiacre de Pampelune, Robert de Ketton, alias Robertus Retenensis ou de Rétines, de traduire le Coran en latin. Cette œuvre est achevée en 1143, mais demeurera sans aucun écho, personne en chrétienté n'étant désireux d'en diffuser le texte.

Entre-temps, l'affrontement armé de l'islam et de la chrétienté tient lieu de dialogue : quand l'esprit se tait, les armes parlent. Et, pendant trois siècles, l'Occident chrétien ne produit sur l'islam que des œuvres polémiques souvent ordurières, où la pornographie se mêle parfois à la théologie pour mieux aider à l'écrasement de cette religion rivale dont les armées s'étaient avancées jusqu'à Poitiers. Le véhicule de cette guerre des propagandes était l'unique traduction du Coran, celle de Robert de Rétines.

Le Coran, pas plus que la Bible, n'échappe à la prise de possession qu'en fait l'Occident par le biais de traductions inévitablement déformantes. Mais celles de la Bible étaient faites dans un esprit positif, voire apologétique, pour convaincre le lecteur de ce que les Prophètes, et plus encore les Apôtres, révélaient au monde la parole du Dieu créateur du ciel et de la terre. Pour le Coran, c'est l'inverse : ses premières traductions sont fabriquées dans un esprit de dénigrement proclamé ouvertement. Il s'agit de prouver, texte en main, que « Mahomet » est un imposteur et le Coran une « coranerie », selon le mot d'un de ses traducteurs.

Comment s'étonner que Régis Blachère explique dans la dernière page de son introduction au Coran

(1977) le « désarroi du non-arabisant devant une traduction du Coran » ? En cela aussi, le Coran subit le même sort que la Bible : ses traductions modernes (celles de Savary [1782-1783], de Kasimirski [1840], de E. Montet [1929], de R. Blachère [1952], de Denise Masson [1967], ou même de Jean Grosjean [1979]) sont faites dans un tout autre esprit que celui qui animait jadis Robert de Rétines, mais l'empreinte des anciennes traductions se décèle au premier regard dans les interprétations même les plus récentes, comme c'était le cas pour la Bible : les traductions étaient faites à coups de dictionnaire, comme les dictionnaires sont établis sur la base des traductions existantes. De telle sorte que Blachère avait bien raison d'écrire que, malgré les progrès de trois siècles d'orientalisme, « chaque traducteur donne l'impression de se borner à retoucher, améliorer, compléter dans le détail le travail de ses prédécesseurs français... sans même faire état des contributions fournies par la philologie étrangère ».

Cela est également vrai pour les traductions du Coran publiées par des musulmans (celles de Laïmèche et Bendaoud [Oran, sans date], de Lesleet Tidjani [1936] ou de H. Boubakeur [Fayard, 2 vols, 1972]), qui remplacent l'arrière-pensée critique par un esprit ouvertement apologétique, sans pourtant se libérer du vocabulaire ni des structures de la phrase qui effacent ou mutilent le substrat sémitique, dont ils tuent, eux aussi, l'incomparable poésie. Les rabbins, qui, au siècle dernier ou de nos jours dans d'autres langues, s'étaient aventurés à traduire la Bible, s'étaient heurtés, sans la résoudre, à cette même difficulté : se libérer d'habitudes millénaires et du poids écrasant de commentaires qui impose au texte un sens acquis qu'il n'avait pas forcément à l'époque où il fut écrit.

Le traducteur moderne se doit de faire un effort sans précédent pour mettre fin à la guerre des cultures, des théologies et des idéologies. Il doit s'efforcer de coller autant que faire se peut au sens premier du texte qu'il interprète et, à cette fin, analyser chaque racine à la lumière de nos connaissances actuelles en linguistique et en philologie comparée, en sémantique analytique, structurale et générative, synchronique ou diachronique Les techniques actuelles de la sémasiologie et de l'onomasiologie – qui analysent les significations du mot pour en étudier le sens ou de l'idée afin d'en percevoir l'expression – permettent de renouveler notre connaissance du langage. En France, l'éclatement de la langue dans les dernières décennies, à la suite de Mallarmé, de Rimbaud ou des surréalistes, offre au traducteur moderne des possibilités nouvelles d'expression, inadmissibles, voire impensables, voici un siècle.

A cet égard, il est significatif que la traduction de la Bible en grec n'ait pas été écrite à Athènes par un Hellène, mais à Alexandrie par des Hébreux, dont certains venaient sans doute de Jérusalem. De même, la Vulgate n'a pas été rédigée à Rome par un Latin, mais par Jérôme, un Dalmatien établi à Bethléem, avec le concours d'Hébreux.

Par ailleurs, la résurrection hébraïque à Jérusalem, arabe au Caire et dans tes grands centres de la renaissance des études islamiques, dans les principales capitales du monde musulman, du Maroc au Pakistan, rend caduques les traductions de la Bible et du Coran, qui se contentent de remanier des traductions vénérables, certes, mais aujourd'hui périmées.

Il est désormais impossible d'enfermer ces grands textes dans des moules dont les empreintes éculées par trop d'emplois séculaires n'impressionnent plus personne. Tel traducteur de la Bible proclamait à l'encan : « Ézéchiel à la poubelle... », et tels autres qui sévissent sur le Coran lui dénient toute originalité, toute valeur. Si la grisaille de tant de traductions permet de tels jugements, la splendeur des originaux, en hébreu ou en arabe, les retourne en dérision contre leurs auteurs.

Une nouvelle génération de traducteurs doit naître pour annoncer dans toutes les langues l'antique parole dans un langage neuf, qui tienne compte non seulement des progrès de la linguistique, mais aussi de ceux de l'orientalisme général et plus particulièrement de l'assyriologie, de l'égyptologie et de l'archéologie : les milliers de champs de fouilles répartis dans les différents pays du Proche-Orient ouvrent devant nous la nécessité d'une lecture renouvelée des Écritures.

Il est nécessaire de « décoloniser » les traductions de la Bible et du Coran, afin de faire de ces livres de vrais ponts entre les peuples et les cultures, plutôt que des armes employées pour la diffusion d'orthodoxies de toute nature. Ces textes ont pu inspirer la naissance de trois grandes religions, de multiples confessions et de sectes sans nombre, mais ils n'appartiennent à personne. « Pourquoi la Tora a-t-elle été révélée dans un désert, le Sinaï ? » interrogeaient les rabbis. Et leur réponse était claire : « Afin que personne ne puisse dire : « Elle m'appartient puisqu'elle a été révélée chez moi. » »

Les traducteurs de la nouvelle génération devront largement puiser non seulement dans les trésors de la science contemporaine, mais aussi dans les prodigieux moyens nouveaux mis à leur disposition par l'informatique. Les moines de l'abbaye de Maredsous l'ont bien compris avec le père Poswick, en fondant une association exemplaire, Bible et Informatique. Les traductions nouvelles devront être ouvertes aux grands souffles de l'esprit qui ont inspiré les prophètes dans les déserts de cet Orient où ces écrits inspirés sont nés, plutôt que de renifler la poussière des bibliothèques et des chapelles où ils ont été rétrécis et comme laminés : ces Himalayas ont souvent été réduits en plaines monotones où le lecteur le mieux disposé, au lieu du grand air des sommets, ne peut respirer que l'ennui issu bien souvent d'habitudes médiévales que rien, dans la lecture des originaux ou les normes de l'expression contemporaine, ne saurait justifier.

Si traduire, c'est embrasser le corps d'une femme à travers un drap, Ben Gourion le disait, que celui-ci devienne donc un voile aussi transparent que possible. Si traduire, c'est contempler un texte à travers des lunettes, que celles-ci soient les moins déformantes possible.

Les siècles ont enveloppé de bandelettes la Bible et le

Coran, en quelque sorte momifiés par l'héritage des traditions et le poids des commentaires. L'âge nouveau permettra de les délivrer de ces poussières, et de les décaper pour qu'apparaissent les couleurs, les rythmes et le grain même de leur langage, désormais libéré de la prison d'un seul type de culture pour être rendu à l'ensemble des cultures de l'humanité.

La nouvelle lecture des Écritures ne détruira rien du glorieux passé de ces textes, mais en se rapprochant de la source, auprès de leurs racines, elle mettra en valeur leur véritable dimension œcuménique, antérieure à tous les schismes et à toutes les querelles. La pensée de la Bible et du Coran s'exprime toujours de façon concrète, tandis que le monde gréco-latin préfère généralement l'abstraction. Le retour au concret, désormais ressenti comme une nécessité par tant d'Occidentaux, vaudra à la Bible et au Coran de nouvelles couches de lecteurs, non seulement en Europe et en Amérique, mais plus particulièrement en Asie et en Afrique. Et cela ne manquera pas de favoriser le dialogue œcuménique puisque dia-loguer, c'est marcher ensemble vers plus de vérité, vers plus de lumière, vers plus de paix, vers plus d'amour.

Vers plus d'amour ? Oui, il est nécessaire de libérer la Parole et d'abord celle des livres inspirés, puisque libérer la Parole, c'est libérer l'homme.

Tout a été dit et écrit à propos de ma traduction de la Bible. Ses qualités ont été chantées parfois sur le ton du dithyrambe, ses défauts aussi ont été soulignés, parfois non sans vigueur. Maintenant que le temps a passé, je peux jeter sur elle le regard d'un père sur son enfant devenu adulte, un regard sans complaisance et qui voudrait s'efforcer d'être objectif. Si j'avais à définir ce en quoi ma traduction de la Bible diffère de toutes les autres, je dirais, sans que personne ne puisse me contredire, qu'elle est la première et actuellement la seule Bible au monde à être une Bible sans Dieu. Une Bible athée ? Très exactement. « Mais comment donc appelez-vous le Créateur des ciels et de la terre, l'interlocuteur d'Abraham, de Moshé, de Jésus ? – Je ne L'appelle pas : Il se nomme lui-même $\text{I}\overset{\text{adonaï}}{\text{HV}}\text{H}$ Élohim. » Mon respect du texte m'a conduit à simplement transcrire ce nom, sans essayer de le remplacer ou de le traduire par un autre. Tout homme sensé – et les biblistes le sont aussi – connaît l'importance du nom pour toute personne. Chez les Sémites, le nom identifie la personne ou l'objet qu'il désigne. De là naît un véritable culte du Nom. Les Hébreux désignent d'ailleurs $\text{I}\overset{\text{adonaï}}{\text{HV}}\text{H}$ Élohim sous le vocable *Ha Shem,* « le Nom ». Changer de nom serait changer d'identité et de destin. Nous sommes tous quelque peu vexés quand, verbalement ou par écrit, nous voyons écorcher notre nom : nous le ressentons comme une atteinte à notre personnalité. Or pas une seule des milliers de traductions de la Bible n'a jamais eu la courtoisie ou l'élémentaire respect de désigner $\text{I}\overset{\text{adonaï}}{\text{HV}}\text{H}$ Élohim par son seul vrai nom. Toutes s'ingénient à lui trouver des surnoms qui ne sont pas dénués parfois d'une certaine cocasserie.

Citons l'exemple du nom d'Élohim en japonais : saint François Xavier arriva au Japon en 1550 pour convertir les insulaires. Il lui fallait de toute urgence un nom japonais pour leur annoncer le vrai Dieu qu'ils devaient adorer. Son interprète, un Japonais récemment devenu chrétien, dès qu'il comprit son problème, lui suggéra une solution : *Daïnitchi.* Or, ce nom, dans le bouddhisme, désigne Bouddha identifié au Grand Soleil. Dans la prédication de saint François Xavier, « Bouddha Grand Soleil » créait les ciels et la terre, parlait à Adam, à Abraham, à Moshé, à Jésus... Les auditeurs de tels prêches avaient de quoi être surpris. Notre missionnaire s'aperçut de la confusion, élimina le nom de *Daïnitchi* de son discours et le remplaça... par quoi ? Pour ne plus se tromper, il choisit d'appeler Élohim du nom qui lui était donné à la fois en latin et en portugais : *Dominus Deus.* Mais ce nom, chaque fois qu'il le prononçait, soulevait l'hilarité de ses auditoires. Il finit par comprendre sa seconde erreur, plus grave que la première : *Dominus Deus* prononcé à la portugaise signifiait en sino-japonais *Gros Mensonge.* Cette fois, ce n'était plus Bouddha mais le Gros Mensonge qui se révélait à l'humanité, d'Adam à Jésus ! Après avoir hésité entre plusieurs noms, *Tenchu* par exemple, qui signifie Maître du Ciel, vers 1960, les chrétiens catholiques et protestants finirent par donner à Élohim le surnom de *Kami,* qui est le nom générique donné par les shintoïstes à leurs huit millions de divinités. *Kami* signifie « supérieur, suprême » et se retrouve dans le mot *Kamikaze* – un Vent suprême – qui désigne aujourd'hui un pilote-suicide. Ce Vent suprême, qui n'a rien à voir avec Élohim, désigna en 1274 une tempête providentielle qui empêcha les Mongols d'envahir le Japon.

Dans la dernière-née des Bibles traduites en japonais par catholiques et protestants, Élohim continue placidement de porter le surnom de Kami. En apprenant ces faits, la plupart de mes interlocuteurs occidentaux dissimulent mal un petit sourire de supériorité, qui se fige quand je leur explique que toutes les autres nations n'ont pas fait mieux.

Les Septante déjà ne s'embarrassèrent pas de nuances pour traduire le Nom sacré entre tous de I$^{\text{adonaï}}_{\text{HV}}$H Élohim. Au lieu de le transcrire en caractère grecs, ils le remplacent : I$^{\text{adonaï}}_{\text{HV}}$H *Élohim* devient *Kurios Théos.* Or que désigne *Kurios Théos* à l'époque des Septante ? Les innombrables dieux du Panthéon hellénistique et eux seuls. Cette traduction arbitraire faisait tout à coup de I$^{\text{adonaï}}_{\text{HV}}$H Élohim l'austère divinité du Sinaï, une personne déplacée sur l'Olympe, perdue, égarée parmi les idoles et les mythes contre lesquels ses Prophètes n'avaient jamais cessé de fulminer. Les Septante avaient commis l'erreur majeure que Jésus dénoncera bientôt, celle de mettre le vin nouveau de la révélation sinaïtique dans les vieilles outres des mythologies païennes. Le procédé réussit si bien que, pendant vingt siècles, les innombrables traducteurs de la Bible l'adoptèrent, et tout d'abord Jérôme quand il traduisit la Bible en latin. Que devient alors *Kurios Théos ? Dominus Deus.* Or qui est *Dominus Deus* chez les Latins ? Zeus en personne. Dès lors, dans toutes les langues, les cultures, les pays, $\text{I}\overset{\text{adonaï}}{\text{HV}}\text{H}$ Élohim est en principe adoré sur les autels de la chrétienté, mais toujours sous le nom des idoles que l'on disait déchues.

Un nouvelliste racontait l'histoire d'un lama tibétain qui acheta un ordinateur pour découvrir, parmi toutes les permutations et combinaisons possibles des lettres, les véritables noms de Dieu. D'après ses calculs, il en existe neuf milliards. Les traducteurs de la Bible n'allèrent pas aussi loin, mais le cœur y était. $\text{I}\overset{\text{adonaï}}{\text{HV}}\text{H}$ Élohim apparaît sous le nom de Zeus prononcé *Deus* en latin et dans les langues latines : *Dieu* en Français, *deou-dééu* en catalan et occitan, *Dio, Iddio* en italien et en corse, et, sous une forme voisine, *Iddiou, Diou,* en piémontais et en vaudois ; *Deus* en sarde, dans les diverses variétés de romanche, en portugais ; *Déos* en créole de Goa et de Sri Lanka ; *Dios* en espagnol comme dans les langues indiennes d'Amérique du Sud et d'Amérique centrale, ainsi que dans les langues des Philippines.

En breton, en gaélique, en gallois, en cornique, *Deus* se métamorphose en *Doué* (Madoué !), *Dia, Duw, Dhew ; ou* même *Gee.* Mais laissons là Zeus et ses multiples avatars. Il a des congénères qui survivent sur les autels de chrétienté par la grâce injustifiable des traductions. Nous reviendrons sur Zeus, mais quittons les mythes gréco-romains pour voir ce qui se passe au nord de l'Europe. Les Nordiques invoquent dans leurs prières *God, Gub, Gott, Gud, Guo, Gutib, Gutip* (ces deux-là au Groenland et au Labrador) et même en yiddish *! Gott.* Ce nom désignait dans les différentes tribus du nord de l'Europe des idoles de la même famille que Wotan, des sortes de personnes surhumaines qui étaient invoquées parce qu'elles avaient des pouvoirs sur la nature et sur le destin des hommes. Les philologues recherchent encore à définir exactement l'étymologie de ces noms. A partir du sanscrit, ils désigneraient des divinités invoquées dans les cultes sacrificiels ; ou encore tout simplement les idoles païennes, objets de culte ; ou enfin, dérivant de la racine *Gheu, God* et les noms dérivés désigneraient des idoles de fonte, objets d'un culte sacrificiel. « L'étymologie des surnoms d'Élohim *Bog* en russe, en ukrainien, en slovène, en bulgare, en polonais, en slovène de Hongrie, *Boh* en slovaque, *Buh* en tchèque, *Bogu* en serbo-croate ou *Bozymy* en ruthène, continue d'être discutée. Leur origine iranienne semble généralement admise : ils désignent d'anciennes idoles slaves porteuses de « bonne fortune, de prospérité ». Qu'ont-elles en commun avec I$\overset{\text{adonaï}}{\text{HV}}$H Élohim ?

Tandis que, dans tous leurs dialectes, les Grecs continuent à désigner I$\overset{\text{adonaï}}{\text{HV}}$H Élohim par le surnom de *Théos,* dans les langues baltiques, dravidiennes (tamoul, malayalam) parlés au Sud de l'Inde, on s'en tient à des noms directement ou indirectement dérivés de *Zeus, Dewa, Devam, Dever, Debata, Devuni, Devac, Devel, Devadu ou Devaru* sous leurs formes composées, *Devanu-Devaya* en tamoul et *Deviyanwahansay* en cinghalais.

Pour que notre inventaire soit moins incomplet, disons que les langues indo-iraniennes font appel pour désigner Élohim à deux racines, *Khuda* ou *Ishwar,* utilisées parfois dans des formes composées. Dans les langues fino-ougriennes du Nord, on surnomme Élohim *Jumala, Jomala, Jumj, Juma, Jumal...*

Dans les langues d'Afrique noire de type bantou ou soudanais, l'éventail des surnoms d'Élohim s'élargit sans fin : là encore, on trouve plus utile de prendre les noms des divinités les plus en vue des innombrables tribus soumises à l'action des missionnaires chrétiens. Dans le regard que nous pouvons jeter sur les traductions de la Bible dans les langues d'Océanie, dans les langues amérindiennes ou encore dans les milliers de dialectes où la Bible est en voie d'être traduite, nous constatons le même chaos : pour favoriser son implantation universelle, le christianisme, par un étonnant paradoxe, appelle l'Élohim d'Abraham, des Prophètes et des Apôtres du nom même des idoles dont la Bible nie la réalité. Sur les autels de la chrétienté, l'Élohim de la Bible continue d'être célébré, mais sous les noms et parfois le masque des principales divinités des panthéons païens. Autre paradoxe tout aussi surprenant : à l'échelle globale, l'Unique Élohim, que l'Église proclame, est désigné sous des centaines de noms, mais *jamais* sous le vrai : I$\overset{\text{adonaï}}{\text{HV}}$H Élohim.

Ce n'est pas une querelle de mots que je fais ici. Les mots, les noms, tous les mots, tous les noms peuvent être trahis, devenant menteurs dans la bouche des menteurs. Les faux prophètes, nombreux même dans la Bible, lorsqu'ils invoquent I$\overset{\text{adonaï}}{\text{HV}}$H Élohim, s'adressent en fait aux idoles auxquelles ils sont asservis. De même, il est des adorateurs d'idoles qui, dans leur pureté, pénètrent la transcendance de I$\overset{\text{adonaï}}{\text{HV}}$H Élohim. D'antiques apologues hébraïques l'enseignent.

Mais les mots portent sens et, puisqu'il faut parler, pourquoi ne pas choisir des mots et des noms exacts ? Pourquoi plaquer sur l'Élohim de la Bible le masque de Zeus ou de God ou des innombrables idoles, choisi par les nations pour maintenir en vie la mémoire et le culte de leurs idoles ? Ce faisant, les chrétiens suivent le mauvais exemple donné par Rachel qui voulait bien quitter sa famille et son pays idolâtres pour épouser Iaacob et son Élohim sur sa terre promise. Mais elle n'avait pas le courage de le faire sans emporter clandestinement avec elle les idoles de son père, ses Teraphim. Ainsi faisons-nous tous : nous voulons bien aller vers I$\overset{\text{adonaï}}{\text{HV}}$H Élohim, à condition de ne pas nous détacher des idoles auxquelles nous continuons d'être asservis.

Lorsque, à Saint-Pierre de Rome, le pape invoque *Dominus Deus,* il fait son culte au nom de la divinité adorée jadis par les Romains et par les Grecs sur les autels de Rome, d'Athènes ou d'Olympie. L'adresse-t-il à quelqu'un d'autre qu'à Zeus, par exemple à I$\overset{\text{adonaï}}{\text{HV}}$H Élohim ? Pense-t-il à lui comme le premier pape Simon-Pierre le faisait, qu'il le dise alors ! Si c'est bien à Zeus que s'adresse sa prière comme il le dit explicitement, je pourrais le comprendre, séduit que je suis parfois moi aussi par les vertus de ce dieu de la lumière. Son nom, Zeus, dérive d'une racine sanscrite *dyaus* qui désigne le jour, en latin *dies*. J'aime la lumière, le soleil, les nuages et la pluie qui féconde la terre et les mondes souterrains et sous-marins, j'aime la vie qu'il éclaire de ses rayons. Je comprends qu'à ce titre prières et libations soient adressées à Zeus afin de lui rendre grâce de ses bienfaits et de tenter aussi d'apaiser son ressentiment. N'est-il pas à la fois le Dieu du pardon et le Dieu de la vengeance ?

Je suivrais volontiers le pape dans les fastueuses liturgies de l'Église si, dans la mythologie comme dans l'histoire, Zeus n'avait déposé son père, Cronos, ne l'avait pas chassé du trône et, chargé de chaînes, précipité dans les abîmes souterrains. Comment le Dieu du jour et de la lumière a-t-il pu commettre un si sombre méfait ?

Or l'histoire a réalisé ce que le mythe annonçait. Dans la Bible, Élohim est le père de la lumière, la première de ses créatures, lorsqu'il crée les ciels et la terre. Zeus, en chrétienté, s'il n'a pas tué Élohim, l'a chassé et remplacé sur les autels jusqu'à en faire oublier le Nom.

La chrétienté a renversé les panthéons païens, mais, au lieu d'adresser ses prières à l'Élohim d'Abraham, d'Isaac, de Jacob et de Jésus $\text{I}\overset{\text{adonaï}}{\text{HV}}\text{H}$ dont elle reconnaît qu'il est l'unique Élohim, le créateur de l'univers, elle continue dans toutes les langues du monde à honorer les antiques idoles dont les noms ne se perpétuent que dans ses liturgies en principe adressées à l'ineffable $\text{I}\overset{\text{adonaï}}{\text{HV}}\text{H}$ Élohim. La différence entre l'Élohim de la Bible et toutes les idoles réside dans la transcendance de l'un et la mythique immanence des autres. Zeus est la lumière tandis que $\text{I}\overset{\text{adonaï}}{\text{HV}}\text{H}$ Élohim se définit – tous les théologiens chrétiens le savent – comme étant par excellence l'Être et ses Puissances qui créent et maintiennent les univers. La différence entre $\text{I}\overset{\text{adonaï}}{\text{HV}}\text{H}$ Élohim et Zeus est que le premier existe, par définition de son Être, tandis que le second n'a qu'une réalité mythique.

Les dimensions actuelles de l'univers donnent une acuité nouvelle aux problèmes du langage et de la communication entre langues et cultures différentes. Cela concerne non seulement la problématique et la méthodologie de la traduction, mais aussi la théorie et la critique littéraire aussi bien que l'histoire de la culture, notamment dans le domaine de la philosophie et de la religion. Des chercheurs devront envisager les problèmes de la traduction – non de l'interprétation – au sens essentiel de ce mot. Linguistes et philosophes devront résoudre de multiples problèmes techniques pour fonder une nouvelle théorie du langage, annonciatrice d'une communication humaine totale. L'exemple que nous avons donné à propos de I[adonaï]HVH Élohim, symbole clé de l'univers biblique, montre quel chaos peut régner en matière de langage : chaque traducteur, plutôt que d'être attentif au message qu'il traduit, se l'accapare pour l'intégrer dans le tissu de sa propre culture et de son idéologie, sans avoir le souci d'envisager les conséquences de cet égocentrisme linguistique sur une vraie communication humaine. Ce problème se pose en des termes parallèles pour la traduction d'autres grandes œuvres, celle de Freud, par exemple.

Pris entre les exigences contradictoires de la fidélité au texte et le désir d'être compris et apprécié de ses lecteurs, le traducteur est un être déchiré, souvent tenté de « faire mieux » que le texte qu'il enrobe dans une esthétique étrangère, ce qui a des conséquences incalculables quand il s'agit des textes fondateurs des grandes religions.

La problématique de la traduction, ainsi que les techniques d'application qui en résultent, se pose aujourd'hui à une échelle globale dans une tout autre lumière que dans le passé. Le monde recherche les conditions d'une survie qu'il devrait trouver d'abord dans la maîtrise d'un langage nouveau. L'art de traduire, au sens plein de ce terme, doit devenir une science destinée à rendre plus supportables les frontières qui séparent les langues et les cultures pour faciliter une communication inter et transdisciplinaire respectueuse des caractères propres à chaque culture. Pour cela, la traduction doit cesser d'être ce qu'elle est actuellement, un domaine encore réservé à l'art ou, plus souvent, à l'artisanat.

En ce qui concerne la Bible, il sera nécessaire de réorienter ses traductions pour la restituer à l'Asie où elle naquit, sans toutefois l'arracher à l'Occident qu'elle féconda en donnant naissance au christianisme. Ainsi la Bible a été et demeure l'ambassadrice auprès des nations occidentales de la sagesse orientale. Les ambassadeurs qui restent trop longtemps loin de leur patrie risquent, on le sait, d'en oublier le vrai visage. Ainsi en a-t-il été de la Bible. Il est possible de la redécouvrir dans les sanctuaires du Japon, du Népal, des Indes, de Thaïlande et d'autres pays d'Orient, aussi sûrement que dans bien des synagogues, des églises, des couvents, des mosquées, ou même des universités d'Occident.

Il serait illusoire et à certains égards néfaste d'imaginer qu'une langue universelle puisse s'imposer à tous, mais, dans toutes les langues, il serait nécessaire que des méthodes nouvelles de traduction puissent enrichir le langage de valeurs nouvelles, en harmonisant ses significations globales. A vrai dire, le silence seul peut forger l'unité du langage humain.

Seul le silence permet de forcer le mystère de la pluralité des voix intérieures de l'humanité. Une science nouvelle, fondée sur une analyse de la nature du langage, doit dépasser les problèmes posés par Babel et nous rapprocher du jour salvateur où les hommes auront réintégré dans leur vie réelle les transparences nées du silence. Une humanité nouvelle est en train de naître. Si quelque cataclysme, hélas trop prévisible, n'en anéantit pas les éclosions, elle cherchera à donner lieu à l'utopie aujourd'hui inconcevable où, aux sources du silence, toute traduction paraîtra inutile, de nouveaux types de communication s'étant établis entre les humains.

Les centaines de surnoms d'Élohim ont fini par se rebeller contre l'homme, dramatiquement dispersé hors de lui-même, ayant perdu jusqu'au désir de retrouver son unité originelle. Devant les ruines d'une civilisation qu'elle bâtit pour escalader les ciels comme à Babel, l'humanité caressera l'ambition d'échapper à la malédiction des confusions du langage. Car les mots, révoltés contre nous, semblent conspirer à notre anéantissement. Une nouvelle science du langage doit permettre à l'homme d'échapper à leurs jeux mortels pour accéder enfin aux réalités de l'indicible.

L'homme nouveau, au seuil d'un troisième millénaire, se libérera de l'asservissement aux mots, comme à la fascination de Babel, pour rebâtir la cité des hommes sur une terre enfin réconciliée et donner corps à l'utopie de l'amour.

Aussi loin que ma mémoire puisse remonter, j'avais pris le monde dans mes bras dans une quête éperdue d'amour, le monde tout entier, ses étoiles, ses continents, ses hommes et ses femmes, comme si j'en répondais. Je savais que nous étions d'une même essence et que notre être ne saurait s'épanouir qu'en ses puissances d'amour et de vie.

Une quête éperdue d'amour, c'est ainsi que j'ai vécu mes jours. De mon regard, je cherchais l'amour de ma mère, de mes sœurs, de tous ceux et toutes celles que j'approchais, dans leurs yeux, dans leurs bras, dans leurs paroles, dans leurs actes. Ce faisant, j'obéissais à une loi universelle, à un ordre cosmique : l'amour anime toute vie, celle du plus petit insecte comme celle de toute l'humanité. Tout être est éperdument en quête d'amour, le saint dans sa retraite, l'avare sur son tas d'or, l'amant exaucé ou déçu, l'enfant dans son berceau, la fleur qui devient fruit, le soleil qui fait mûrir les blés, l'oisillon qui attend sa becquée. L'amour est présent auprès de tous, même si tous ne le voient pas.

La grâce est de le savoir et, le sachant, d'aimer l'amour. C'est ce que, par amour, je fis avec ferveur, depuis que j'existe, et c'est ce que je ferai jusqu'à mon dernier soufffle – et je l'espère au-delà de ma mort si, comme je le pense et le sais, la mort n'est qu'un passage vers d'autres formes d'être et de vie. Ma quête d'amour m'inspira l'énergie nécessaire pour tenir sur mes jambes après qu'un virus m'eut abattu, pour traverser mes jours en m'offrant le luxe de vivre comme si mes deux jambes étaient d'égale longueur et d'égale force, les obligeant à me porter partout où l'amour m'appelait, jusqu'aux confins du monde.

J'imaginais le dialogue silencieux de mes jambes porteuses de ma vie sur deux tibias et deux péronés, l'une, la droite, assumant presque tout mon poids, l'autre, la gauche, plus courte et lamentablement faible, pendant à peu près inutile au bout de mon corps, qu'elle empêchait tout de même de tomber puisque, par quête d'amour, il fallait avancer. De mes deux jambes, j'optais pour la gauche qui avait succombé au virus, parce qu'elle était la plus faible, la plus souffrante et parce que, malgré sa faiblesse, elle ne m'a jamais trahi, me portant toujours où je devais être.

Ma quête d'amour m'a conduit dans mes choix, mes acquiescements ou mes refus. Une vie est le résultat de nos refus autant que de nos acquiescements.

Je refusais de voir tant qu'en moi-même je n'avais pas éprouvé la brûlure des lumières. Je refusais d'entendre tant que, toutes voix éteintes, je n'eusse souffert l'assouvissement du silence. Je refusais d'étreindre, que mon corps à mes yeux n'ait révélé sa fin. Je tentais d'éviter l'illusion, de fuir le partage. Mes refus de l'illusion et du partage m'ont conduit d'étape en étape vers cette Jérusalem du monde réel en flammes où j'espère mourir et renaître puisque tout être vit de mourir et meurt de vivre. Je suis mort au fœtus que j'étais pour devenir l'enfant, l'adolescent, l'adulte et le vieillard qui disparaîtra demain pour se résumer en un squelette dans lequel mon être se logera durablement.

J'ai refusé l'assoupissement en chacune de mes étapes, mû chaque fois par mon impatience des limites, par mon goût du risque et ma soif de découvertes. Refus des métiers, des situations ou des personnes de toutes sortes qui s'offraient à moi, refus qui étaient les conditions d'un plus durable acquiescement. Le oui et le non sont aussi indissolublement liés dans le dynamisme de l'être que la vie et la mort. Et leur maître est l'amour. Je m'efforçais de me faire si humble qu'un jour m'envahisse la présence dont l'ivresse ne déçoit jamais. Vestiges des parfums : au jaillissement des lumières j'espérais découvrir la Rose, la reconnaître dans la solitude. Sachant que toute puissance était en moi-même, à l'épuisement de moi, j'acceptais mon nom, mon visage, ma lumière, mais, de moi, gardais suffisamment la haine pour couper tout lien avec la rive, afin que mon voyage ne fût pas chimérique. D'étape en étape, j'optais pour le départ qui ne fût pas illusoire pour renaître dans la lumière.

Je n'ai cessé d'être fidèle à cette recherche mystique, non par vertu, mais par incapacité de faire autrement que d'aspirer au départ sans mensonge, celui pour lequel je ne cesse d'être prêt, ayant toujours une valise bouclée pour partir avec... ou sans elle.

Cette Rose, cette lumière, l'amour, dont j'étais éperdument en quête, me l'a offerte. Qu'est-ce que l'amour ? La définition la plus parfaite que je connaisse est celle que donnait au XIe siècle Bahya ibn Paqûda, mon rabbi. Il disait que l'amour est « un élan de l'être qui en son essence se détache vers I^{adonaï}HVH Élohim pour s'unir à sa très haute lumière. » Cette définition comporte quatre termes qui décrivent l'amour en ses états les plus universels et les plus variés. L'amour est un élan. Sans élan qui me porte vers l'Aimé, l'amour n'est pas ou n'est plus. Il est un non-amour, il est mort. Ainsi de ces couples qui ne savent plus que se dire, fatigués de leur face-à-face stérile ; ainsi de ces religieux et ces religieuses qui ne savent plus qui ni quoi contempler ; ainsi de ces hommes et de ces femmes éteints qui ne savent plus voir l'amour toujours présent, toujours vivant auprès de tout être qui ne le refuse pas. L'élan porte l'Amante vers l'Aimé et l'Aimé vers l'Amante, quels que soient leur nom et leur réalité : l'élan est le même, qu'il s'agisse du mystique dans sa solitude, du couple dans ses étreintes, de l'arbre vers sa fleur, de la fleur pour son fruit. L'élan manifeste l'essence de la vie d'amour : brisé l'élan, morte la vie.

Mais l'élan ne peut se déployer s'il n'est pas accompagné de détachement. Tout élan est brisé par mes attachements, par mes liens. S'il est retenu par ses amarres, comment le navire gagnerait-il la haute mer ?

Les amours sont tuées, faute de détachement. Et le détachement n'est jamais acquis. Il doit constamment être reconquis. Je me détache de mille liens pour m'apercevoir que des câbles m'empêchent encore de répondre à l'amour. Le détachement exige un dépouillement de tout ce qui recouvre ma nudité et m'empêche de répondre à l'élan de l'amour. Je sécrète des écorces qui recouvrent ma nudité et m'empêchent de céder à l'élan de l'amour. Sans détachement, l'Amante ne peut répondre à l'Aimé, l'arbre à son fruit, le soleil à la terre qu'il éclaire et réchauffe.

Détaché, l'élan, loin d'être brisé, s'exalte de me porter vers Celui, vers Celle que j'aime. La suavité de notre Étreinte, mystique ou charnelle, végétale ou animale, dépend de la force de l'élan, et de la perfection du détachement. La nudité doit être totale pour que l'union soit parfaite.

Qu'une écorce, que la croûte d'une blessure mal cicatrisée, qu'un voile la recouvrent, et l'étreinte devient imparfaite, illusoire ou mensongère, qu'une zone impénétrable de ma conscience soit en retrait de l'élan qui m'emporte, le voici brisé, tuant du même coup l'amour. L'élan de l'Aimé répond à celui de l'Aimée ou mieux il le sollicite, l'espère, l'attend, le prépare, le nourrit. Regardez l'univers et regardez-vous : tout n'est-il pas prêt pour le festin de l'amour ?

Celui-ci est élan, détachement, union et lumière, nous dit Bahya, dont le regard englobe la totalité du réel. En nous donnant sa définition de l'amour, il décrit précisément les rythmes les plus universels des règnes : le végétal, l'animal et l'humain vivent des rites de l'amour dont chaque créature ne cesse d'être en quête dans sa mort et dans sa vie, puisque je ne saurais vivre sans d'abord mourir. Celle qui disait : « Je me meurs de ne pas mourir », savait-elle, néanmoins, que nul vivant, de sa naissance à sa résurrection, ne peut s'empêcher de mourir, s'il vit ? L'élan, le détachement de l'amour permettent l'union et son fruit qui est vie et lumière, lumière de vie. Par essence, l'amour est créateur de vie et de lumière pour peu que l'être s'abandonne à lui.

La définition de Bahya, inclusive de l'universalité du réel, est vraie quel que soit l'Aimé, quelle que soit l'Amante. Dans la vie de l'amour, le couple est un, sans nom, sans sexe, sans haut et sans bas, sans droite et sans gauche, sans mâle et sans femelle – un comme la vie est une en sa cause créatrice. Que j'aime Zeus, God, Thor, Mars, Bacchus, Vénus, Mammon, Baal ou l'une des huit millions de divinités du panthéon shintoïste, que j'aime une femme, que mes amours soient normales ou non, qu'elles soient légitimes ou dévoyées, elles n'existent que si elles sont subjectivement faites d'élan, de détachement, d'union, créatrice de fruits, qu'ils soient de vie ou de mort.

Bahya cependant nous dit qui il aime : I$\overset{\text{adonaï}}{\text{HV}}$H Élohim. Lui, pas un autre. Rien n'est plus important que de connaître celui qu'on aime, de savoir son nom. Vous le savez tous : le nom de celui que nous aimons habite notre cœur, hante notre mémoire, toujours sur nos lèvres, dans notre bouche. Je suis Lui comme il est en moi. L'un des noms mystiques de I$\overset{\text{adonaï}}{\text{HV}}$H Élohim est, pour les cabalistes, *Ani-Va-Hou,* Moi et Lui.

Ce nom définit bien l'amour qui est aussi un jeu de miroir : dans l'amour je me vois en toi – et ce n'est qu'en toi que je peux me voir et me connaître. Le Créateur se reconnaît à son œuvre. Il la crée pour se contempler en elle. Je ne peux pas me connaître ni me voir si je suis seul. Un miroir, même du cristal le plus pur, ne me donne qu'une image inversée de moi. Je ne me retrouve qu'en toi. Mais qui es-tu ?

Je suis athée si Théos désigne les maîtres de l'Olympe, je ne crois pas en Dieu, si Dieu, comme son nom l'indique sans confusion, est Zeus. Non que j'aie quelque haine que ce soit contre les idoles. Je les porte en moi autant que quiconque, comme Rachel assise et cachant sous sa jupe les Teraphim de son père, ses pénates.

J'aime I$\overset{\text{adonaï}}{\text{HV}}$H Élohim parce qu'il est l'Être reçu en ses Puissances de vie. On doute de Zeus, ou de Théos, mais le pourrait-on de I$\overset{\text{adonaï}}{\text{HV}}$H qui, par définition, est l'Être qui a été, qui est et qui sera, celui qui me fait être et m'habite. Les Grecs connaissent par la réflexion philosophique l'Être dont les Hébreux ont eu la révélation depuis le Sinaï. C'est cet Être que j'aime universellement et c'est lui que je retrouve et glorifie en tout. C'est lui qui me fait comprendre et admettre, sous toutes ses formes, tous ses noms, toutes ses créatures et c'est lui que je reconnais en tout ce que voient mes yeux, entendent mes oreilles. C'est lui que je reconnais en toi.

C'est lui que je reconnais en celui que servent mes frères les hommes, même quand leur idolâtrie me blesse, même quand elle dessert l'amour, étant destructrice de vie. N'étais-je pas avec ceux de mes frères qui sur les bûchers de l'Inquisition ou dans les chambres à gaz des nazis mouraient en chantant I$\overset{\text{adonaï}}{\text{HV}}$H Élohim, père de toute vie, source de tout amour ? Comment pouvais-je sans souffrir subir le mensonge chrétien qui voit en moi un peuple déicide, moi qui ai révélé au monde le Nom de l'Élohim ? Et comment puis-je ne pas me défendre contre le refus de mon être et de mon existence par ceux qui s'acharnent encore à me perdre ?

J'essaie de me consoler par de vieilles maximes. Dans ma sagesse, j'espère que cela aussi servira le bien, un jour. Mais, en attendant, mon cœur saigne de toutes morts, de toute haine.

Tu es mon Roc et, dans toutes mes amours, c'est toi que j'aime. Je t'aime parce que tu es l'infini de l'Être et de l'Amour, toi, adorable nativité, ineffable amour.

C'est toi dont j'étais en quête inlassablement, pensant te voir et te reconnaître en chacune de mes rencontres, en chaque être et chaque visage, croisés sur mes routes ; mendiant de l'impossible, je t'attendais et tu es venu, tu es présent et vivant en moi à jamais incandescent en ce feu qui me brûle sans me consumer et dont je vis.

Je t'ai rencontré dans l'anfractuosité du Roc et te retrouve en sa fente matricielle, dans l'élan et le détachement chaque jour plus vrai, plus nu de l'amour.

Je te cherchais en chacune de mes routes, en chacune des lettres de ce Livre, aimé de toute ma passion, parce qu'il est le seul au monde à chanter ton vrai Nom – l'Être qui a été, qui est, qui sera de toute éternité.

Tu es venu à moi, non dans le fracas des villes ni le tumulte des mots, mais dans le silence de mes déserts. J'ai compris le sens de ton appel dans la bouche de Moshé, repris par Iéshoua', répété inlassablement dans nos cœurs : « Entends, Israël... » Nous demandes-tu d'entendre parce que tu sais que nous sommes sourds, sans jamais vouloir rien écouter ?

Écouter, entendre est devenu l'exercice le plus constant de ma vie. Silence des bruits et des mots, bien sûr, silence qui me permit de mieux percevoir les musiques ou les cris de l'univers, silence qui faisait mieux résonner en moi les Écrits qui parlent de toi, la Bible, les Évangiles, le Coran et d'autres textes encore, d'autres voix matricielles amoureuses de ton Être. J'entends ta parole dans l'extase : le silence est l'unique matrice de ton Nom, de ton Être.

Je ne suis Israël que dans le silence d'où jaillit ton Nom, I[adonaï]HVH Élohim, Être et Puissances d'être. Tu envahis mon être extasié qui accueille et reconnaît ton Nom – *Ehad* – Un.

Ton unité réelle est exclusive de tout partage et, la recevant, je reçois l'amour – de tout mon cœur, de tout mon être, de toute mon intensité. Dans le silence, je contemple l'ineffable visage de l'amour absolu, l'amour qui me dépouille de mes attaches, de mes écorces et me livre nu à l'absolu de ton amour. En lui, je retrouve la totalité de l'Être et des êtres, l'absolu de l'offrande d'amour, de l'éternité de vie, sans mensonge, sans partage, sans illusion – dans le silence qui m'habite.

I[adonaï]HVH est Élohim : l'Être est la source jaillissante de tous les êtres. Il fonde leur unité. Sache-le, pour reconnaître, dans le silence, l'amour aux racines de toute vie, l'amour fort comme la mort.

CHRONOLOGIE

1917-*11 août* 12 heures, naissance à Aïn-Témouchent en Algérie.
Son père, Isaac Chouraqui, viticulteur et négociant en céréales, président de la communauté israélite, chevalier de la Légion d'honneur, est le descendant d'une lignée de rabbis, dont le plus notoire, Saadia, fils d'Élie Chouraqui (1604-1704), a laissé une œuvre de mathématicien, d'exégète, de poète.
18 août Circoncision.

1921-1922 Commence à apprendre l'hébreu que le rabbin Ihya Malka lui enseigne dans l'école attenante à la synagogue d'Aïn-Témouchent, rue Pasteur. Dans la même rue, il apprendra le français au jardin d'enfants tenu par les sœurs salésiennes (sœur Ubaldine).

1923-*été* Attaque de paralysie infantile. Complètement paralysé pendant plusieurs mois, retrouve, à force de soins et de volonté, l'usage de ses membres. Séquelles importantes au membre inférieur gauche.

1924-1928 École communale d'Aïn-Témouchent.

1928-1934 Interne au lycée des garçons d'Oran.
1929-février Mort de son grand-père Abraham Meyer (Baba), originaire, comme les Chouraqui, d'Espagne.
1929-été Bar-mitsva célébrée à Aïn-Témouchent dans la grande synagogue du boulevard de la Révolution, à l'édification de laquelle son père avait présidé.
1934-été Titulaire du baccalauréat (philosophie).

1934-1935 Études à la faculté de droit de Paris (rue Soufflot) ; réside à la Cité universitaire (pavillon agronomique) (1935-1938).

1937 Licencié en droit, lauréat de la Ville de Paris (prix de Droit civil décerné par l'Université de Paris).

1937-1939 Mène de front l'achèvement de ses études de droit (diplômes d'études supérieures de droit public et d'économie politique) et ses études d'hébreu et d'araméen à l'École rabbinique de France, à la Sorbonne et à l'École des hautes études.

1939-15 août Grave accident de bicyclette dont il sort indemne.

1939-novembre Rencontre de Colette Boyer en compagnie de qui il est entraîné dans la débâcle. L'enfant qui naîtra de leur union mourra à Miliana à l'âge de trois mois.

1939-1940 Inscrit au barreau d'Oran, il en est chassé par les lois raciales de Vichy.

1941-1945 Il revient en France poursuivre ses études d'hébreu à l'École rabbinique de France repliée à Vichy puis à Clermont-Ferrand.

1942-été Les Juifs sont expulsés de Clermont-Ferrand.

1942-1945 André Chouraqui, en compagnie de Colette, trouve refuge dans les montagnes de la Haute-Loire, à Chaumargeais. Il participe à la vie des maquis en qualité de représentant de l'O.S.E. clandestine (œuvre de secours aux enfants) pour l'Ardèche et la Haute-Loire où Albert Camus était également réfugié.

Près de la demeure qu'il occupe dans le village, Jacob Gordin dirige « l'École des prophètes » où quelques intellectuels juifs pensent à ce que seront les lendemains de la guerre.

Georges Vajda trouve également refuge dans cette région : sous sa direction, André Chouraqui prépare alors ce qui deviendra son premier livre, l'*Introduction aux devoirs du cœur,* de Bahya ibn Paqûda. Après la Libération, de retour à Paris, épuisé par ces années terribles, il tombe malade pendant des mois. Rétabli, il rentre en Algérie et, en 1945, il devient juge de paix à compétence étendue à Michelet, puis à Bou-Saada.

1946-*novembre* Obtient, à l'université d'Alger, le diplôme de législation algérienne, de droit marocain, tunisien et de coutumes indigènes.

1947 Colette, gravement malade, doit regagner la France. En été 1947, André Chouraqui rencontre René Cassin, président du Conseil d'État et de l'Alliance israélite universelle, qui l'engage en qualité de secrétaire général adjoint de l'Alliance israélite universelle. Il entre en ses nouvelles fonctions le 2 novembre 1947 et, par surcroît, assume aussi le secrétariat général du Conseil pour l'éducation et la culture juives en France (C.E.C.J.F.) : il s'agit alors, sur les ruines de la guerre, de reconstruire l'édifice du judaïsme français et européen.

1948-*avril-mai* Tournée de conférences en Algérie et en Tunisie, à Aïn-Témouchent, Sidi-bel-Abbès, Tlemcen, Alger, Sétif, Constantine, Tunis, Sfax, Sousse, Gabès. Inspection des écoles de l'Alliance, là où elles existent, et fondation ou réorganisation des comités de l'Alliance ou d'Amis de l'Alliance qui renforcent l'œuvre et y contribuent.

16 au 23 juillet A Londres, représente l'Alliance à la conférence européenne de l'UJECO (United Jewish Éducational and Cultural Organization), chargée de prévoir la réorganisation de l'éducation et de la culture juives en Europe.

août-septembre Voyage en Italie. Contacts avec les communautés juives. A Rome, premiers contacts avec la hiérarchie catholique, notamment avec Mgr Tisserand et Mgr Tardini.

Dès cette année, participation à la fondation et à l'organisation des Amitiés judéo-chrétiennes avec Edmond Fleg, Jules Isaac, Daniélou, Riquet et d'autres.

15 novembre Soutenance d'une thèse de doctorat en droit, devant la faculté de droit de Paris sur la création de l'État d'Israël.

Fait partie de la délégation du C.C.J.O. (Conseil consultatif des organisations juives), à l'Assemblée générale des Nations unies (Déclaration des droits de l'homme).

Ses voyages en Afrique du Nord lui permettent de réunir une documentation qui inspire ses nombreux articles de l'époque et serviront à la rédaction de ses livres sur ce sujet.

1949-*2 au 5 juillet* Représentation de l'Alliance et du C.C.J.O. à la conférence mondiale de l'Unicef à Genève. Propose à l'exécutif de l'Unicef de s'engager dans une campagne de lutte contre le trachome au Maroc. Cette initiative sera suivie d'effet, et l'action de l'Unicef dans ce domaine s'étendra par la suite à d'autres pays.

août Voyage en Italie.
15 novembre au 21 décembre Entreprend, après une escale en Algérie, une tournée de trois mille kilomètres au Maroc.
Inspection des écoles de l'Alliance.
Prise de contacts avec les chefs de l'Administration française du Protectorat, avec les communautés juives, avec les milieux arabes et chrétiens.
Conférences dans les villes visitées. Son enquête sur le judaïsme en Afrique du Nord le conduit dans les communautés les plus reculées du Sud marocain. Participe à l'élaboration du statut du Conseil des communautés juives du Maroc.
Le 30 novembre, sur la route de Mogador à Casablanca, subit un grave accident d'auto. Ses compagnons de route, parmi lesquels le rabbin Rouche, sont gravement blessés. Rapporte de ce voyage une ample moisson de documents souvent inédits.
Rédaction de *La Condition juridique de l'Israélite marocain,* à Paris et à Saint-Maximin où Colette s'est retirée, dans la retraite où elle vivra jusqu'à la fin de son existence terrestre.

1950 En juin (22-29) et en décembre (22-31), représentation du C.C.J.O. à des conférences dans plusieurs villes de France, de Belgique, de Suisse et d'Italie.
31 janvier Participation à des colloques à Paris sur le droit et la liberté ; conférences dans plusieurs villes de France, de Belgique de Suisse et d'Italie.
du 11 juillet au 16 août Premier voyage en Israël, par voie maritime. Inspection des œuvres de l'Alliance et découverte des réalités d'Israël.
Au retour d'Israël, nouvelle mission en Tunisie.
Publication de nombreux articles et de deux premiers livres : *l'Introduction aux devoirs du cœur* et *La Condition juridique de l'Israélite marocain.* Ces ouvrages sont couronnés, le premier par le Cercle intellectuel, le second par l'Académie des sciences morales et politiques (prix Audifred). La « Condition juridique » sert de pièce ajoutée au grand débat de l'indépendance de l'Afrique du Nord. Ce livre est étudié et discuté dans les milieux gouvernementaux, aux Nations unies, et parmi les milieux nationalistes d'Afrique du Nord.

1951-*janvier* Troisième mission en Tunisie et en Libye qui accède à l'indépendance. Ici et là, avec les autorités fran-

çaises, arabes et celles des Nations unies pour la Libye, où l'immigration bat son plein, examen des graves problèmes qui se posent aux communautés.
Poursuite de l'enquête sur le judaïsme et réunion de la documentation qui servira à *l'Histoire des Juifs en Afrique du Nord.* Visite, ainsi, des communautés même les plus isolées qui sont en voie de disparition.
mars-avril. Recherches sur le passé sépharade en Espagne qu'il traverse de part en part en auto, en compagnie de son frère Albert ; il retourne au Maroc pour parachever l'enquête commencée en 1949.
Séances de travail avec le Conseil des communautés, avec les dirigeants des communautés, avec la Résidence générale (Clauzel, Guiramand, Marchat, Soulié), comme avec les milieux scientifiques français et marocains. Rencontre avec le général Juin.
Conférences dans différents milieux juifs, chrétiens, musulmans à Tanger, Tétouan, Elksar, Larache, Casablanca, Rabat, Salé, Meknès, Fès et Marrakech.
André Chouraqui publie la première édition de son *Cantique des cantiques* avec des gravures de Marianne Clouzot : le livre est présenté en présence de Paul Claudel et d'une élite parisienne à la galerie Arts, rue du faubourg Saint-Honoré, le 15 novembre 1951.
juillet-août Nouveau voyage en Italie. Conférences sur ses livres dans plusieurs villes italiennes et françaises ; interviews dans la presse et à la radio.
De Paris à Douala, traversée du Sahara dans son auto, à l'aller par le Hoggar, au retour par le Tanezrouft. Ses compagnons de route sont le père René Voillaume et des petites sœurs Magdeleine et Jeanne.
Contacts avec de très anciennes communautés juives dans le Sud algérien et marocain.

1952-*7 janvier* Arrivée à Douala, au Cameroun.
Poursuite du voyage en avion vers Brazzaville et le Congo belge. A Brazzaville, à Léopoldville, à Luluabourg, à Stanleyville, à Élisabethville, à Bukawou, à Lusaka, à Usumbura, accueil utile des communautés mises pour la première fois en contact avec l'Alliance et le judaïsme européen au lendemain de la tragédie hitlérienne.
Fondation des comités de l'Alliance. Les communautés visitées apportent un efficace concours aux œuvres de la renaissance juive en Europe et en Israël, jusqu'à l'indépendance du Congo belge et même au-delà.

Poursuite du voyage saharien jusqu'en Afrique du Sud. Fondation pour la première fois aussi d'un comité de l'Alliance à Johannesburg et en Rhodésie du Sud à Salisbury.
Après sa tournée africaine, en France, conférences données notamment en Alsace à Strasbourg, Belfort, Thionville, etc.
Publication d'un deuxième livre : *Marche vers l'Occident : les Juifs d'Afrique du Nord* (P.U.F., 1952), puis d'une traduction commentée de *La Couronne du Royaume* de Salomon ibn Gabirol *(Revue Thomiste,* 1952). Ils sont rédigés en grande partie à Saint-Maximin. Ces œuvres reçoivent le prix Zadoc Kahn, décerné par le Consistoire central des israélites de France.
En 1952, le comité central de l'Alliance israélite universelle nomme André Chouraqui délégué permanent de l'Alliance israélite universelle. Ses nouvelles fonctions lui permettent de mieux se consacrer à son œuvre scientifique et littéraire, ainsi qu'aux voyages et aux tournées de conférences à travers quelque quatre-vingts pays du monde.
3 juillet au 15 novembre Mission en Amérique. Visite de l'Argentine, de l'Uruguay, du Brésil (17 août), du Chili (16 septembre), du Pérou, de Panama et de différentes républiques de l'Amérique centrale, du Mexique (5 octobre), puis des États-Unis et du Canada. Dans tous ces pays, conférences dans les universités, les académies, les instituts et les Alliances françaises, les communautés juives. Échos et interviews dans la presse, à la radio-télévision.
Aux États-Unis, conférences à l'université de Brandeis où Claude Vigée le reçoit et dans différentes universités américaines et canadiennes.
Cette même année, à partir du 9 janvier, tournée de conférences en Alsace, à Strasbourg, Metz, Sélestat, Mulhouse, Colmar, Belfort puis, en Suisse, à Genève, Lausanne, La Chaux-de-Fonds et enfin en Belgique et en Italie. Ses liens s'approfondissent avec plusieurs membres éminents de la Curie romaine (octobre 1955). Nouveaux voyages en Angleterre et en Afrique du Nord.
1953-*30 janvier* Dès janvier, nouvelle mission en Tunisie, puis dans le sud de l'Algérie où les problèmes politiques revêtent une acuité nouvelle. Nouvelles conférences en Tunisie et en Algérie.

L'American Jewish Committee publie une version américaine de *La Condition juridique de l'Israélite marocain,* sous le titre : *The Social and Legal Status of the Jews of French Morocco,* préfacé par Jacob Blaustein.
juin-juillet Fait une longue tournée en auto à travers l'Autriche, l'Allemagne, la Finlande, la Suède, la Norvège, le Danemark, la Hollande et la Belgique en compagnie du père Voillaume et des petites sœurs Magdeleine et Jeanne.
Contacts avec la hiérarchie catholique et les Églises protestantes. Conférences avec les Juifs survivants dans ces pays.
Publication d'une nouvelle édition du *Cantique des cantiques* avec une préface du père Lucien Marie.
10 au 18 octobre, conférences à Athènes. En Israël, fondation du Comité des amis de l'Alliance sous la présidence de Moshé Sharett, alors ministre des Affaires étrangères et, peu après, président du Conseil. Ce comité comprend les plus hautes personnalités du pays. Sa fondation a des échos dans la presse mondiale, confirmant la réconciliation de l'Alliance israélite et du sionisme. Non seulement l'Alliance ne se retirera pas d'Israël, mais encore y investira-t-elle ses forces nouvelles sur le plan de l'enseignement secondaire et de la formation des maîtres. Au cours de ce voyage s'élabore pour la première fois le projet de construction du lycée de l'Alliance à Tel-Aviv ; l'ambassadeur de France, Pierre-Eugène Gilbert, et Edmond de Rothschild rendent possible la réalisation de ce projet.
Après Israël, sans revenir à Paris, poursuite du voyage vers l'Éthiopie et douze autres pays d'Afrique.

1954 En Érythrée et en Éthiopie, sur les traces de Joseph Halévy et de sa mission de 1870 pour l'Alliance, prise de contacts avec les Fallachas, à Asmara, à Condar. Soulève le problème des Fallachas auprès du gouvernement d'Israël. Le président de l'État, I. Ben-Tsevi, s'y intéresse personnellement.
1er janvier. Dans la matinée, audience de l'empereur Hailé Sélassié qui le reçoit en son palais d'Addis-Abeba. Le problème des Fallachas sert d'introduction à une conversation sur les relations entre l'Éthiopie et Israël dont les résultats ne tarderont pas à se faire sentir dans plusieurs domaines.
Nouveau voyage en Afrique du Sud, alors aveugle

devant les conséquences fatales de sa politique d'apartheid et sourde devant les avertissements qui lui sont donnés.

Au cours de ce voyage, André Chouraqui a fait une trentaine de conférences dans quatorze pays; articles et interviews (presse, radio, télévision). Son action est appuyée par les ambassadeurs de France et, lorsqu'il y en a, les représentants d'Israël.

Au retour d'Afrique, pour traduire les Psaumes, séjours en Provence, Saint-Maximin et à la Sainte-Baume, dans l'ermitage du père Ceslas Rzewuski.

1955 Publication aux Presses universitaires de France, où André Chouraqui est devenu le directeur de la collection « Sinaï », d'une dizaine de volumes de Baron, Buber, Luzzato, Halkine et Maimonide qui se situent à une hauteur rarement atteinte alors en France sur des thèmes juifs. Cette collection fait en ce domaine œuvre pionnière; elle servira d'exemple à plusieurs éditeurs français qui se mettront alors à publier quantité de livres traitant de Judaïca ou d'Israël.

Publie sa traduction commentée des *Psaumes* dans cette collection.

Publication, à partir de cette année, d'une série de trois livres : *L'État d'Israël, L'Histoire du Judaïsme* et *La Pensée juive* (collection « Que sais-je ? », Presses universitaires de France). Ces livres, traduits en plusieurs langues, atteindront une diffusion totale de plusieurs centaines de milliers d'exemplaires.

1956 L'année est aussi marquée pour lui par l'audience privée que lui accorde le pape Pie XII, le 2 juillet 1956, longuement préparée par des conversations de fond menées à la secrétairerie d'État, notamment avec Mgr Tardini et Mgr Veuillot, le futur cardinal archevêque de Paris. Les relations de l'Église avec le monde juif et Israël sont évoquées à fond. Des solutions sont esquissées, une voie se fraye, des jalons sont posés, une direction se dessine.

Le 19 juin 1956 (fête de saint Pierre et Paul) et le 30 juin, les entretiens qu'il a avec Mgr Tardini sont probablement décisifs pour confirmer les attitudes nouvelles qui se préparent alors.

Cette même année, André Chouraqui est invité par le gouvernement d'Israël, pour une mission en Israël.

d'août à novembre Il est présent au moment de la campagne de Suez. Il obtient le concours du gouvernement d'Israël pour la création du Comité pour l'entente religieuse en Israël et dans le monde. Ce comité sera effectivement organisé le 29 décembre 1958. Il groupe des juifs, des chrétiens, des musulmans et joue un rôle utile pour l'approfondissement des relations interreligieuses et interconfessionnelles. Il en est le secrétaire honoraire, puis le vice-président et enfin, jusqu'à ce jour, le président. Le vendredi qui précède la campagne de Suez, première rencontre avec David Ben Gourion.

Au cours de ce voyage, il resserre les liens entre les dirigeants d'Israël et l'Alliance. Le 28 octobre 1956, conférence chez le président de l'État, I. Ben Tsevi, en présence des principaux dirigeants du pays.

Conférences dans les principales villes. Pendant la campagne de Suez, il parle sur les ondes d'Israël et de France.

Au cours de ce séjour, André Chouraqui décide de s'établir en Israël.

1957 Le Maroc est devenu indépendant, et les relations avec Israël se compliquent et posent des problèmes qu'André Chouraqui évoque au cours des entretiens qu'il a à Rabat avec Si Bekkaï, Mohamed El-Fassi, Zegari, ministre de la Défense nationale, Si Larbi Alaoui, Ben Barka, Bou Abid, Ahardane.

Cette même année, fait un nouveau voyage en Israël. Il représente l'Alliance au Congrès des sciences hébraïques où il fait une communication sur les Juifs d'Afrique du Nord dont l'intégration pose des problèmes de plus en plus aigus à l'État. Il soulève ces problèmes auprès des instances responsables du gouvernement et de l'Agence juive. Représentation de l'Alliance lors de la pose de la première pierre du lycée de Ramat-Aviv, en fin juillet 1957.

Travaille en Galilée, avec Annette Lévy, sa future femme, à la récolte du coton, dans un kibboutz.

Dès cette époque, travaille à la préparation du livre d'histoire qui célébrera le centenaire de l'Alliance israélite.

La gentilhommière qu'il occupe alors à Coupvray, près de Paris, devient un lieu de rencontres intellectuelles entre juifs, chrétiens et musulmans. Il écrit son volume de poèmes *Cantique pour Nathanaël,* rédige un long rapport sur l'histoire de *la Jewish Colonization Society* (le seul de ses livres qui n'ait pas encore été publié) et enfin travaille à la rédaction de son livre sur Théodore Herzl.

Il participe, au nom de l'Alliance, à des rencontres internationales, collabore avec Edmond Fleg et Jules Isaac à la préparation de rencontres judéo-chrétiennes. Donne des conférences en Belgique, Suisse et Italie et fait de nouveaux séjours en Afrique du Nord qui continue à se vider de ses Juifs. Écrit des articles dans *Le Monde* et la presse mondiale, participe régulièrement en France et ailleurs à des émissions de radio et de télévision et à des congrès.

Mort de son père.

6 mai Fait une communication au congrès de Royaumont sur l'humanisme et le judaïsme.

1958 Ses séjours de plus en plus prolongés en Israël le convainquent de la nécessité pour lui de poursuivre son œuvre en Israël où, depuis 1950, il passe de longs mois chaque année.

Il épouse alors Annette Lévy dont il aura cinq enfants : Emmanuel (1959), Élisabeth (1960), Yaël (1961), David (1965) et Mikhal (1968).

Ils s'installent à Jérusalem, à Beth Haqerem, au Kikar Salemé, Rehov Hovevei Sion, puis rue Aïn-Rogel (mars 1964) où ils ont bâti leur demeure, non loin de ce qui était alors la frontière de la Jordanie.

1959-*janvier-février* Au cours d'une mission au Maroc, il a de nouveaux contacts avec Si Bekkaï qui est président du Conseil, Ben Barka, Bou Abib, Ahardane. Il donne plusieurs conférences publiques et, en privé, s'occupe aussi des graves problèmes que pose la poursuite de l'émigration juive.

1959-1960-*octobre* A la suite des événements de Wadi Salib, Ben Gourion a plusieurs entretiens avec André Chouraqui. Il lui propose de devenir son conseiller, puis membre du Parlement. Refus. A la veille de Kippur, ces conversations aboutissent, à Sde Boker, à sa nomination en qualité de conseiller du chef du gouvernement pour la fusion des communautés. Il a le salaire symbolique de une livre par an. A la présidence du Conseil, il fait adopter un programme de gouvernement qui modifie les tendances dominantes, notamment en matière d'intégration des immigrants et d'éducation. Le budget de l'Éducation est doublé. Est élu au comité central du parti travailliste, membre de plusieurs comités du gouvernement et de l'Agence juive, délégué et membre du tribunal arbitral

de l'Organisation sioniste mondialc. Il soulève les problèmes dont il a la responsabilité en des dizaines de réunions privées et publiques, en une action incessante sur les différents ministères intéressés. Il résout un grand nombre de cas d'espèce, imprimant une direction nouvelle dans la pratique administrative et l'opinion du pays, malgré de très lourdes résistances qu'il n'arrive pas toujours à briser.
4 au 11 janvier Fait un nouveau séjour au Maroc et a des contacts avec le gouvernement marocain sur l'immigration des Juifs. Établit un contact éphémère entre le Maroc et Israël.
Entre-temps, il publie son volume de poèmes, *Cantique pour Nathanaël* (1960) et sa biographie de *Théodore Herzl* (1960) qui sera aussitôt traduite en hébreu et en anglais.
juin Communication à l'Unesco lors de la célébration du centenaire de l'Alliance.

1961-1962-*du 6 janvier au 12 mars* Dernière tournée de conférences en Algérie où sa mère vit encore, à Oran, Alger, Constantine, Blida, Bône, Sidi-bel-Abbès, Tlemcen, etc. Donne dix-huit conférences publiques et, au cours de réunions privées, avertit ses amis des dangers dont la situation est visiblement grosse. Ces conférences seront évoquées dans les milieux gouvernementaux, tandis que l'exode des Juifs s'accélère.
du 5 octobre au 21 novembre Nouvelle mission aux États-Unis, à Chicago, Indianapolis, Lansing, Madison, Minneapolis, Champaign (Illinois), South Bend (Indiana), Detroit, Dallas, Washington, New York, San Francisco, Los Angeles (UCLA), Berkeley, San Antonio, Austin, etc.
Sa tournée américaine se termine à Toronto et à Montréal où l'accueillent les amis de l'Alliance. En six semaines, il a prononcé en anglais dans seize villes et dix-neuf universités soixante conférences et donné trente interviews à la presse, à la radio, à la télévision. L'université de Los Angeles lui offre une chaire qu'il refuse. Il parle là de « The Impact of Christianity and Islam on Israel » à la Graduate School of Religions.
Étant encore conseiller du président du Conseil, nouvelle mission en Afrique du Sud, au Sénégal et dans différents pays d'Afrique.
Au moment où il prend la nationalité israélienne, en

1961, il reçoit une lettre du ministère français des Affaires étrangères lui confirmant que cette option n'aura aucune conséquence sur sa nationalité française qu'il conserve.

1963 Conseiller de Ben Gourion, il fait une mission au Vatican, a des contacts avec plusieurs membres de la Curie romaine et remet une note verbale (11 mai 1963) à Mgr Samoré, pro-secrétaire d'État aux Affaires ecclésiastiques et extraordinaires sur les relations du Saint-Siège avec le monde juif et l'État d'Israël. Un jour avant, le vendredi 10 mai 1963, il assiste, à la basilique Saint-Pierre de Rome, à la remise solennelle au pape Jean XXIII, dont ce sera la dernière apparition publique, du prix de la Paix. Au cours de ce voyage, les documents en instance devant le Concile sont étudiés.

Voyage à Brazzaville, et une fois de plus au Congo, en Rhodésie du Sud, au Ruanda-Urundi où il visite les principales villes. Il est reçu par le gouvernement du Zaïre, et donne des conférences et des interviews radiodiffusées et télévisées.

Voyages et contacts en Iran, puis aux États-Unis où il est invité à prononcer une conférence à New York. L'assassinat du président Kennedy provoquera son ajournement à une date ultérieure.

En 1963, conférences en France, Belgique, Suisse et dernier voyage en Algérie, peu de temps après l'indépendance.

1964 Il donne sa démission de ses fonctions de conseiller du président du Conseil, quelques mois après le départ de Ben Gourion. Lévi Eshkol mettra plusieurs mois avant d'accepter sa démission.

Libéré de ses fonctions au gouvernement, il poursuit la rédaction de son ouvrage sur *Cent ans d'histoire : l'Alliance israélite universelle et la renaissance juive contemporaine.*

19 octobre André Chouraqui reçoit la Légion d'honneur pour son œuvre d'écrivain et son action de résistant : elle lui est décernée sur proposition d'André Malraux, de Gaulle étant le président de la République. Il sera par la suite promu au grade d'officier de la Légion d'honneur, et d'officier des Arts et des lettres. Peu après, il reçoit deux décorations israéliennes pour son action dans la Résistance et pour son œuvre en Israël.

Est fait officier de l'Ordre national de la Côte-d'Ivoire.

En Espagne, il fait partie de la première délégation israélienne officiellement invitée par le gouvernement espagnol ; tandis qu'il est reçu en Espagne d'où ses ancêtres avaient été expulsés en 1391, le dernier membre de sa famille, sa mère, est contraint d'émigrer de l'Algérie.
29 octobre Participation, à Paris, à un colloque « Hommes de religions, facteurs de paix », puis, du 18 novembre au 10 décembre, au Centre d'études œcuméniques de Genève (Bossey), fait une série de cours sur le judaïsme et Israël.
6 novembre Au Congrès universel des croyants, fait une communication sur Israël et l'unité de l'Église.
Novembre 1964, nouvelles conférences, en Grèce, Suisse (Genève, Lausanne, Neuchâtel, Fribourg).

1965 André Chouraqui passe plusieurs mois en France et met au point son livre *Cent ans d'histoire : l'Alliance israélite universelle et la renaissance juive contemporaine* qui paraît en automne, avec une préface du président René Cassin. Ce livre reçoit le prix Louis-Martin de l'Académie des sciences morales et politiques. Fait plusieurs conférences en France et à l'étranger, en Suisse, Belgique, Italie, Angleterre.
Dès 1960, est en rapport étroit avec Jules Isaac lorsque celui-ci prépare et organise sa mission au Vatican. Le document que Jules Isaac remet au pape Jean XXIII servira de point de départ à la longue et difficile action qui finira par aboutir, en septembre 1965, au document de Vatican II sur les religions non chrétiennes.
juillet Shimon Peres lui demande, au nom de Ben Gourion, d'être le numéro deux de la liste Rafi pour les élections parlementaires. Nouveau refus à la carrière parlementaire qui lui est ainsi proposée pour la troisième fois.
septembre-octobre Le 29 septembre 1965, à Rome, est l'invité du Concile pour la séance où est distribué le document sur les religions non chrétiennes. Échange de vues au Saint-Siège sur les résultats acquis. Fesquet l'interviewe sur ces problèmes (*Le Monde* du 6 octobre 1965). Ses positions, relativement optimistes, lui valent d'être contredit par des observateurs juifs et chrétiens, beaucoup plus réservés que lui sur le texte adopté par le Concile sur les religions non chrétiennes.
Ce même jour, le 29 septembre 1965, reçoit à Rome un appel de Jérusalem où Teddy Kollek insiste pour qu'il

accepte d'être le numéro deux sur sa liste pour les élections municipales. Il demande une réponse immédiate qui lui est donnée : positive.

8 au 10 octobre Il va en Angleterre où il s'était engagé à donner (à Londres et à Brighton) des conférences, puis se hâte d'aller faire campagne à Jérusalem. La liste de Teddy Kollek obtient un succès qui lui assure la fonction de maire et à André Chouraqui celle de maire adjoint de Jérusalem.

17 au 21 décembre Après son élection, revient en France, en Angleterre, puis retourne à Jérusalem où il prend ses nouvelles fonctions à la mairie de Jérusalem. Cette même année, il accompagne en Israël une personnalité arabe qui souhaite garder l'anonymat.

A la municipalité, il est spécialement chargé de la culture et des relations interconfessionnelles. Dans ce domaine, à une époque particulièrement difficile, imprime une direction nouvelle aux rapports entre juifs, musulmans et chrétiens de Jérusalem.

1966 André Chouraqui publie son *Dialogue sur les Juifs* avec Jean Daniélou qui est sur le point d'être fait cardinal par Paul VI.

8 février Rapport au congrès de l'Alliance mondiale des religions.

29 septembre Représente à Berlin la ville de Jérusalem et reçoit de Axel Springer une somme de 1 million de dollars pour la bibliothèque d'art du Musée de Jérusalem.

Nouvelle mission en Afrique. Après une escale à Madrid et à Las Palmas, revient à Johannesburg et au Zaïre devenu, entre-temps, indépendant. Visite la Zambie, l'Angola, le Kenya, l'Éthiopie et, après une escale imprévue à l'aérodrome du Caire, arrive, le 26 octobre, à Athènes où il est reçu par la municipalité en compagnie du maire de Rome.

1967-*janvier* A Athènes, nouvelles conférences. Il prend contact à Paris avec l'ambassadeur de Syrie, pour lui transmettre un message de paix du gouvernement d'Israël. L'ambassadeur Samy Joundi transmettra ce message à son gouvernement, mais sans autre effet que de se faire incarcérer. Le 14 février 1967, conférences à Athènes, en Suisse, en Hollande, en Belgique et à Paris. La guerre des Six Jours, qu'il passe en première ligne du front sur lequel se situent sa maison et sa famille, accroît

ses charges à la municipalité. C'est l'heure des grandes décisions.
Visite l'Allemagne avec la première délégation israélienne invitée dans ce pays. Réception officielle dans les grandes villes de Hambourg, Berlin, Bonn, Francfort, Cologne, etc.
Conférences à Amsterdam et en Suède, à Stockholm.

1968-*mars* Nouvelle tournée de conférences en Alsace (12 mars à Strasbourg), en Suisse, en France et en Belgique (24 mars à Bruxelles).
En Italie, en compagnie du père Daniélou, conférences, de Turin à Rome et Bari, sur leur livre traduit en italien comme en anglais et en espagnol.

1969 Maire adjoint de Jérusalem, André Chouraqui fait une mission autour du monde, du 14 mars au 16 mai. Il visite le Venezuela, Curaçao, Panama, le Pérou, l'Uruguay, le Brésil, l'Argentine, les États-Unis, le Japon, Hong Kong, la Thaïlande, l'Inde...
Au cours de ce voyage, il est reçu par les gouvernements et les municipalités dans toutes les villes où il passe. Donne dans quatorze pays et vingt villes des dizaines de conférences et d'interviews pour la presse, la radio, la télévision.
Cette même année paraît, à Paris, sa *Lettre à un ami arabe,* aux échos aussi profonds que durables. Reçoit, en 1970, le prix Sévigné pour cette œuvre.
octobre Est réélu pour quatre ans au conseil municipal de Jérusalem où il reste le président de la commission de la culture.
29 novembre Participe à un ouvrage collectif sur Jésus et publie un long article dans un volume sur les problèmes du tiers monde ; c'est sa note « Sur l'exercice du devoir de pauvreté dans le monde actuel », ainsi qu'un article sur « Le Dieu de l'absence » pour la revue *Axes.*

1970 Du 4 janvier au 13 février, nouvelle mission au Canada, aux États-Unis, et, du 20 janvier au 4 février, au Venezuela.
Au Canada comme au Venezuela, il donne dans les universités, les mairies, les instituts, les clubs, les communautés juives, la presse, la radio, la télévision, 75 conférences, discours et interviews. A son retour d'Amérique, fait plusieurs conférences en France, notamment à Montpellier, Marseille, Grenoble et, en Suisse, à Genève.

22 au 24 mai A Dijon, participe à un congrès international où il y a une forte participation d'Arabes chrétiens du Proche-Orient. Sa conférence est publiée dans la revue *Chrétiens en marche* (été 1970).

1971-*1er au 24 mars* Mission en Afrique. Visite une fois encore le Sénégal, la Côte-d'Ivoire, le Bénin (Togo), le Dahomey, le Nigeria, le Congo, le Zaïre et l'Afrique du Sud.

Son voyage permet des entretiens avec les gouvernements des pays où il passe, en liaison avec les ambassadeurs d'Israël. Il donne dans les universités des cours et des conférences.

Publie son livre *La Vie quotidienne des Hébreux au temps de la Bible* (Hachette). Il fait, à l'occasion de la sortie de ce livre, des conférences à Paris, Lille, Lyon, Marseille, Toulouse, Bordeaux. Au total, 26 conférences et 18 interviews à la radio et à la télévision.

juin Les relations entre Israël et le Vatican sont tendues. Le pape a écrit une lettre inquiète au président de l'État d'Israël, avant Pâques, lettre demeurée sans réponse pendant plusieurs mois. A le privilège d'annoncer au secrétariat d'État qu'Israël renonce aux droits qu'il s'était acquis sur Notre-Dame-de-France, restituée au Vatican et dénommée depuis Notre-Dame-de-Jérusalem. Dans ce contexte, les 3 et 4 juin à Rome, André Chouraqui a des audiences avec le secrétaire d'État, Mgr Villot, son substitut, Mgr Benelli, Mgr Gaspari, Mgr Maximilien de Fürstenberg et le président Véronèse.

Ses entretiens avec Mgr Benelli sont décisifs pour faciliter la solution de la crise.

25 au 30 août Participe à Charmes (Ardèche) à un congrès protestant où il parle d'Israël et de la Bible.

Cette même année, André Chouraqui publie chez Fayard (octobre), sa *Lettre à un ami chrétien.*

décembre Participation au débat télévisé « Les dossiers de l'écran » où sont confrontés Arabes et Juifs, l'un des premiers de ce genre. D'après l'O.R.T.F., 25 millions de téléspectateurs ont suivi cette confrontation en Europe et en Afrique du Nord où l'émission a été également diffusée.

1972-*fin février* Conférences à Milan puis en France, sur son livre *Vivre pour Jérusalem,* qui paraît le 2 février 1972.

mai et juin Conférences à Lyon, Bordeaux, Toulouse, Clermont-Ferrand.

26 août au 1er septembre représente Jérusalem avec

Teddy Kollek au colloque international de Rome : « Pour une charte spirituelle de Jérusalem ».
novembre Assiste au congrès séphardi et au congrès sioniste de Lima. Voyage au Pérou, au Venezuela, et, aux États-Unis, à Los Angeles, San Francisco, Seattle et New York. A son retour est invité à Douai par le maire et les mouvements d'amitiés judéo-chrétiennes. Conférences à Douai et à Strasbourg, à la Fédération des étudiants catholiques (23 et 24 novembre).
Son livre, *Bahya, Les Devoirs du cœur* est réédité avec une préface nouvelle.
Il travaille avec assiduité, souvent dans sa retraite à l'abbaye cistercienne de Latroun, à sa traduction de la Bible ; il contrôle la traduction de plusieurs de ses ouvrages.

1973 Conférences en mars à Paris (colloque sur Jérusalem avec le père Dabosville et Jacques Madaule), à La Chaux-de-Fonds, à Lausanne et à Genève.
3 mai Est l'invité d'honneur de la ville de Nice pour la Foire du livre. Plante l'olivier de la paix, apporté de Jérusalem, au parc de Cimiez à Nice, lors d'une réception de trois mille personnes. Conférences.

1974 En 1972, Jacques Deschanel lui offre de publier sa nouvelle traduction de la Bible. Le premier volume de cette œuvre paraît en janvier 1974 ; son premier tirage est épuisé en quelques semaines.
4 février Conférence au Centre français des intellectuels catholiques devant qui il présente son œuvre.
A Montréal, participe à un colloque sur « Le Judaïsme et les Droits de l'homme ». Conférences à Montréal et à Québec où il participe aussi, à l'université, à un colloque sur le Proche-Orient.
août Représente Israël à la Conférence mondiale des religions pour la paix à Louvain. Obtient de l'importante délégation arabe une déclaration pacificatrice qui sera adoptée par l'unanimité de la World Conference on Religion and Peace (W.C.R.P.).
novembre Est l'invité de la ville de Florence pour célébrer le dixième anniversaire de la mort de Jules Isaac. Conférences à Rome (SIDIC), Florence (Palazzo Vecchio et couvent San Marco) et Bologne.
16 décembre Conférences à Bruxelles.
Pendant l'année, publication de dix volumes de sa traduction de la Bible, tandis que plusieurs de ses ouvrages

sont désormais traduits en quinze langues, y compris en japonais, en catalan et en braille.

1975-*mars-avril* Participe à un séminaire européen à Wembach en Allemagne, puis en Espagne, à Madrid et Tolède ; parle des grands courants de l'exégèse biblique chez les juifs et chez les chrétiens.
Il consacre le meilleur de ses forces à parachever sa traduction de la Bible hébraïque et du Nouveau Testament. Les vingt-six volumes achèveront de paraître au tout début de 1977.

1976 *La Saga les Juifs en Afrique du Nord* est publiée en hébreu : elle est remise au président de l'État, le professeur Ephraïm Katzir, le 8 février. Avril, émission télévisée de la RAI (Radio-télévision italienne) avec Mgr Rassano sur la Pâque hébraïque.
En Israël, accueil de René Cassin.
Départ pour Istanbul, Genève, Paris, croisière méditerranéenne sur *l'Azur*.

1977-*janvier* Participe à Menton à un séminaire sur la paix au Proche-Orient organisé par l'Académie mondiale de la paix. Il représente le point de vue israélien, tandis que Boutros Ghali représente l'Égypte, Contacts féconds, en prélude aux événements qui aboutiront à la paix.
février Maurice Druon lui transmet l'invitation du roi Hassan II à se rendre au Maroc.
mars. Il s'y rend en compagnie de sa femme du 4 au 13 mars. Son entretien du 6 mars avec le roi amorce le processus de paix entre Israël et les Arabes qui aboutira, le 19 novembre, au voyage de Sadate à Jérusalem, puis au traité de paix de Camp David.
avril Le 29 avril, accident d'auto à Jérusalem : il en sort indemne.
mai Au colloque du C.N.R.S., à l'occasion du 300e anniversaire de Spinoza, parle de « Spinoza, pionnier de l'exégèse biblique moderne ».
Cette même année, il visite Rome, la Suisse, la Hollande, la Belgique, la France : ses conférences publiques s'accompagnent de contacts politiques avec des musulmans et des chrétiens. Le but : créer un état d'esprit favorable à l'établissement de la paix.
19 octobre Il remet au pape Paul VI les vingt-six volumes de sa traduction de la Bible : « Il fallait beaucoup d'amour pour réussir une œuvre pareille », lui dit le pape. Chouraqui le met au courant des efforts que les

diplomaties déploient en Égypte, au Maroc, aux États-Unis et en Israël en vue d'une paix. Il sollicite son appui : « L'heure de la paix a-t-elle sonné ? » lui demande le pape. Exactement un mois après cet entretien, Sadate atterrit à Jérusalem. Le pape sera l'un des premiers à souligner l'importance historique de l'événement.
9 au 13 octobre Au Colloque biblique de Nancy, du 9 au 13 octobre, présente sa traduction. Conférences à Aix, Genève, Paris.

1978 Est pressenti pour succéder au professeur Katzir à la présidence de l'État. A partir de décembre 1977, est considéré par la presse israélienne et mondiale comme le futur président de l'État d'Israël.
2 mars Présentation au président de l'État d'Israël des vingt-six volumes de la Bible ; discours des professeurs Haïm Rabin et Haran pour la traduction de la Bible hébraïque et du père Marcel Dubois pour la traduction du Nouveau Testament.
Publication de *La Vie quotidienne des hommes de la Bible.*
Pâques en Angleterre.
octobre-novembre Conférences en France, Belgique ; rédaction de *Ce que je crois.* Ultime voyage de René Cassin à Jérusalem.

1979-*5 janvier* Entreprend la construction du dernier étage de sa maison de Jérusalem.
Publication de *Ce que je crois,* conférences en France, Italie ; émissions de radio et de télévision ; colloque de Bayonne.
19 février Premiers contacts avec Brepols (Michel Rolin et Bols), ainsi qu'avec le Dr Aude Fonquernie et Tania Heidsieck pour la fondation d'une Cité des Communautés.
12 mars Rencontre avec le pape Jean-Paul II qui publie une première déclaration sur les relations de l'Église avec le monde juif.
Procès à Jérusalem est joué au Palais des arts et des lettres de Brest par Jean Davy et sa troupe sur la musique de Jean-Claude Descaves. Trois mille personnes saluent ce spectacle qui sera repris à Caen et à Metz malgré l'importance de la mise en scène (200 artistes, orchestre et chœurs compris, jouent sur le plateau).
21 septembre Départ de la réalisation de *L'Univers de la Bible.*

Les Devoirs du cœur sont réédités en 1975, 1977 et 1979.
26 octobre Visite Munich, Vienne, Bucarest où se tient une rencontre des Églises orthodoxes, presque toutes représentées pour accueillir pour la première fois les représentants d'Israël et du judaïsme mondial autour du patriarche Justin.

1980-*janvier* Nouveau voyage au Sinaï.
février Enregistrement à Jérusalem avec Deschanel de ce qui deviendra *Retour aux racines.*
22 avril Fin de la traduction des Deutérocanoniques.
septembre-octobre Congrès *de* la W.C.R.P. à Bangkok. *Voyage à* Hong Kong, Canton, Shanghai et Pékin. Retrouvailles avec Tsi-Chou-Chang grâce à l'entremise de Jean-Pierre Elkabach.

1981-*29 septembre* Colette gravement malade.
15 octobre Départ pour Paris. Décès de Colette.
2 novembre Voyage aux Indes en compagnie d'Annette. World Conference on Religions for Peace à New Delhi ; découverte de Bénarès.
De New Delhi à New York pour des conférences à la New York University. Publication de *Jérusalem, une métropole spirituelle.*

1982-*3 mars* Rencontres avec François Mitterrand à Jérusalem.
10 mai Conférence au Centre Rachi à Paris, publication de *Retour aux racines.*
octobre-novembre Sortie du tome I de *L'Univers de la Bible.*

1983 Conférences en France, Belgique ; une semaine d'émissions avec Jacques Chancel.
18 mars Remise à François Mitterrand du tome I de *L'Univers de la Bible* à l'Élysée.
18 avril Déjeuner à l'Élysée avec le président Mitterrand. *20 avril* Voyage en Algérie avec Emmanuel.
11 juin Le professeur Pierre Teinturier l'opère à Clermont-Ferrand (arthrodèse).
6 octobre Tournée de conférences au Canada, puis à Paris, Lyon, Marseille, Bruxelles.
25 décembre Mme Pompidou à Jérusalem.
29 décembre Réception des Giscard d'Estaing à Jérusalem.

1984-*janvier* Nouvelles conférences en France.
10 mars Dîner avec Laurent Fabius à Tel-Aviv.

12 au 15 mai Invité par le roi Hassan à Rabat pour la célébration du 850e anniversaire de Maimonide. Préside la journée d'études consacrée à l'illustre penseur.
11 juin Dîner avec Raymond Barre.
L'Alliance française lui demande de présider son comité de Jérusalem.
19 août Congrès de la W.C.R.P. à Nairobi.
Congrès à Bruxelles.
La traduction du Coran est entreprise.

1985 Paris, parution des tomes 8, 9 *et* 10 de *L'Univers de la Bible.*
mars Voyage en Égypte avec Annette et Mikhal. Mise au point de *L'histoire des Juifs en Afrique du Nord.*
11 juin Déjeuner à l'Élysée avec le président Mitterrand.
Rencontres avec le cardinal Lustiger.
Multiples apparitions à la télévision et sur les ondes radiophoniques.
La publication du 10e et dernier tome de *L'Univers de la Bible* est suivie en novembre par celle de sa traduction en un volume qui reçoit un accueil universellement positif : la première édition de 20 000 exemplaires est épuisée en quelques semaines.
septembre André Chouraqui présente son œuvre à Corfou, au cœur de la Méditerranée, devant le Congrès mondial des poètes.
Il multiplie ses voyages et ses conférences en France à Paris, Clermont, Lyon, Toulouse, Rennes, Strasbourg. Interviews télévisées et radiophoniques.
11 décembre Conférences de presse au Vatican.
12 décembre Il rencontre en audience privée le pape Jean-Paul II auquel il remet, avec la Bible, une note verbale qui ne demeurera pas sans écho.
16 au 24 décembre Réceptions aux ambassades de France (Villa Bonaparte et Palais Farnèse), et à l'ambassade d'Israël.
Audiences du cardinal Etchegaray, de Mgr Sylvertrini et d'autres éminents prélats. Conférences.
Nouvelle édition de *Ce que je crois.*

1986-*février* A Mont-Abu, près de la frontière de l'Inde et du Pakistan, il participe à un congrès sur les religions et la paix. Visite Ahmedabad, New Delhi, Bénarès, le Népal : conférences.
mars Interview télévisée d'une heure et quart avec Marcel Jullian : Projection privée.

avril Sortie de la deuxième édition de la Bible en un volume.
mai-septembre Exposition au Grand Palais à Paris : « La Bible et les Arts. »
juin A Florence, Congrès mondial des poètes.
Octobre Voyage au Maroc puis croisière méditerranéenne à bord de *l'Enrica Costa :* conférences.
Nouvelles éditions de *La Vie quotidienne des hommes de la Bible,* et de *l'Histoire des Juifs en Afrique du Nord.*

1987 Partageant son temps entre Israël, la France et les nombreux pays qui l'invitent, André Chouraqui participe :
février-mars au Congrès international de Brasilia sur Science et Conscience.
Conférences à Rio et Brasilia.
Visite à New York.
avril-mai Conférences en France, Danemark, Finlande, Suède, Norvège.
juin Colloque de la Sainte-Baume sur l'Alliance.
Sa traduction et le commentaire du Coran achevés sont révisés par une commission pluridisciplinaire et multiconfessionnelle.
août Révision du Coran à Alexandrie avec le Dr Azab, professeur de Coran et de langues sémitiques à l'université d'al-Azhar.

1988-*janvier* Édition en Suisse d'un livre : *Jésus et Paul, Fils d'Israël.*
11 janvier Colloque sur « La Symbiose des cultures juive et française » à la mairie de Paris.
19 avril Conférence au Palais des arts et des congrès d'Issy-les-Moulineaux sur le thème : « L'actualité des religions révélées, Islam-Christianisme-Judaïsme. »
21 avril Conférence au Musée social à Paris 7e pour l'Union des croyants sur le même thème.
novembre-5 décembre Théâtre Essaïon : Marc Norman joue *L'Évangile de Matthieu* (traduction Chouraqui).
Conférence au Palais des congrès de Bruxelles sur le même thème.
6 décembre Colloque israélo-palestinien au Conseil de l'Europe à Bruxelles et au Luxembourg.
8 *décembre* Conférence à la Bibliothèque nationale du Luxembourg sur le thème : « Le Message de la Bible aujourd'hui. »
décembre Édition d'un recueil de poèmes, *Mers et Terres.*

1989-*12 et 13 janvier* Colloque israélo-palestinien organisé au Palais du Luxembourg à Paris sur le thème : « Comment l'Europe peut-elle contribuer à un règlement politique au Proche-Orient ? ».

17 janvier Nouvelle réunion israélo-palestinienne à Strasbourg sous l'égide du Conseil de l'Europe.

22 mars au 24 avril Séjour au Japon où il donne de nombreuses conférences sur la Bible et sur la paix. Retraite dans les monastères bouddhistes de Heiji et Hiei.

3 au 10 mai Conférences à Oxford et Édimbourg sur la paix.

30 mai Conférence à l'université de Genève sur le thème : « La paix au Proche-Orient : une solution confédérale. »

26 août Colloque à Assise sur « Le Cantique des cantiques, utopie de l'amour humain et de l'amour cosmique. »

10 au 15 septembre Symposium de l'Unesco à Vancouver sur le thème « Science et culture au XXIe siècle ».

octobre Président du jury « Prix de poésie : un pont pour l'Europe » à Raguse en Sicile.

Est fait membre honoraire de l'Accademia Siculo-Normanna de Palerme-Monreale.

décembre Marc Normand reprend ses lectures bibliques de la Genèse, de l'Exode et de Saint-Matthieu dans la crypte Sainte-Agnès de l'église Saint-Eustache. La première a lieu le 2 décembre en présence du cardinal archevêque de Paris.

11 décembre – Participe à un colloque sur la Francophonie organisé par la Société des Gens de Lettres à Paris.

1990-*Février* – Parution de son autobiographie chez Robert Laffont : *L'Amour fort comme la Mort.*

23 février – Participe à l'émission télévisée « Apostrophes » de Bernard Pivot en compagnie de Umberto Eco et Théodore Monod.

27 mars – Conférence à Marseille sur *L'Amour fort comme la Mort*, qui donne lieu à de nombreuses interviews et émissions radiotélévisées.

26 mai – A Rome, au Parlement italien, prononce une conférence sur les cultures méditerranéennes.

27 mai – A Florence, conférence sur *L'Amour fort comme la Mort.*

Mai – Réédition des Psaumes chez Desclée de Brouwer.

5 juin – Au Palais du Luxembourg, à Paris, le Sénat lui décerne le « Prix du Courage quotidien ».
Juillet – Réédition de *l'État d'Israël* et de *l'Histoire du Judaïsme*.
– Réédition de la Bible économique, de *La Vie quotidienne des hommes de la Bible*, ainsi que de sa traduction en italien et en portugais.
Août – La ligue Braille enregistre sur cassettes *L'Amour fort comme la Mort* pour sa bibliothèque sonore réservée aux handicapés de la vue.
Octobre – Réédition du *Pacte Neuf* (Brépols).
24 novembre – Colloque sur Daniel Pons en Sorbonne.
1er et 2 décembre – Colloque sur « L'homme et le Sacré » à Bordeaux
Décembre – Parution de la traduction du « Coran » (texte et commentaires) chez Robert Laffont. A la suite de la sortie de cet ouvrage, il participe à de nombreuses conférences, rencontres, émissions radiotélévisées en France et en Europe.
13 et 14 décembre – Conférence sur « Religions et Guerre » à Nice, organisée par l'Institut du Droit de la Paix et du Développement.
25 décembre – Participe à l'émission « La Marche du siècle » de Jean-Marie Cavada.
30 décembre – Participe à l'émission « Les Guetteurs du Siècle » de Jacques Chancel.
– Rencontre le Dalaï-Lama à San Miniato à Florence.

1991-*Janvier* – Réédition des *Devoirs du Cœur* (D.D.B.).
18 janvier – Participe à l'émission sur la guerre du Golfe de Patrick Poivre d'Arvor.
23 janvier – A l'amphithéâtre Richelieu en Sorbonne, conférence sur le thème : « La Bible, les Évangiles, le Coran, aux racines de l'unité » avec la participation du Dr Mahmoud Azab, professeur de langue sémitique et de Coran à l'Université El-Azhar au Caire.
24 janvier – Participe à l'émission « Ex-Libris » de Patrick Poivre d'Arvor.
1er février – Rencontre avec le Roi Baudoin Ier, à Bruxelles, au Palais de Laeken.
– Émissions radiotélévisées en Belgique.
18 février – Conférence sur *L'Amour fort comme la Mort au Centre culturel de Woluwé-Saint-Pierre à Bruxelles*.

Avril – Réédition de son ouvrage sur *Herzl* aux éditions Robert Laffont.
24 juin – Le Recteur de l'Université de Paris lui décerne le *Prix Henri Hertz* pour son ouvrage *L'Amour fort comme la Mort.*
1er au 3 octobre – Xe Congrès de l'Organisation mondiale des Poètes à l'Ile de Crète et à Athènes.
17 au 24 octobre – Sous le haut patronage de Sa Majesté le Roi Hassan II, Roi du Maroc, conférence sur « La rencontre des grandes traditions du monde », à Fès et à Erfoud dans le désert marocain.

1992-*27 janvier* – A Mulhouse, conférence sur le thème : « La Bible, les Évangiles et le Coran, hier et demain ».
3 février – L'Université Catholique de Louvain lui confère le titre de Docteur honoris causa qu'il reçoit en même temps que Boutros-Boutros Ghali, secrétaire général des Nations unies, et Michel Serres de l'Académie Française.
Après la remise du diplôme de Docteur honoris causa, il participe à un forum sur le thème : « Dialogue sur Judaïsme, Christianisme et Islam » avec Mohammed Arkoun, Sœur Emmanuelle, Gilles Kepel, Amin Maalouf et Jacqueline Kelen, organisé par « L'entreprise de demain ».
4 février – Aux Grandes Conférences catholiques de Bruxelles, parle des rapports entre la Bible, les Évangiles et le Coran.
Mars – Parution de son livre *La Reconnaissance, le Saint-Siège, les Juifs et Israël* chez Robert Laffont.
16-17 et 18 mars – Donne une série de conférences en Italie : à Brescia, Bologne, et Florence.
29 mars – Au Palais des Congrès de Bruxelles, Commémoration du cinq centième anniversaire de la promulgation de l'Édit d'Expulsion des Juifs d'Espagne.
6 avril – Conférence sur le thème : « Aux racines de l'unité : *La Bible, les Évangiles et le Coran* », au Casino de Montbenon, sur invitation des Rencontres de la Rotonde à Lausanne.
10 et 11 avril – Manifestation « Carrefours des Écrivains et des Idées », à Rueil-Malmaison.
27 au 30 avril – Sur l'invitation du Roi Hasan II, colloque à Fès au Maroc, où il prend la parole sur le thème : « Éthique et Spiritualité de l'Environnement ».

10 au 17 mai – Voyage en Tchécoslovaquie où il donne une série de conférences à Prague et à Bratislava.

17 juin – A la Maison de France à Jérusalem, soirée commémorative dédiée à Edmond Fleg et à Robert Gamzon.

23 et 24 juillet – Voyage à Salamanque, Espagne, où il participe à un colloque sur le « Carrefour des intellectuels de la Science et de la Culture » sur invitation de Jacques Delors, Président de la Commission des Communautés Européennes.

25 au 27 juillet – Sur invitation du Roi du Maroc, Hassan II, séjourne à Fès, Ifrane où il prononce des conférences.

5 au 30 août – Voyage au Japon sur invitation de *Tokyo Bible Seminary*.

9 août – A Tokyo, devant un public de plus de 7 000 personnes, prononce une conférence en hébreu sur la Bible. Ce séjour est marqué par différents séminaires sur la Bible, dans la communauté des Makuyas.

23 août – Donne une conférence « Un pont pour réunir le monde ».

25 au 28 août – Séjour dans les Monastères bouddhistes du Mont Hiei.

21 septembre – Donne une conférence à l'Alliance Française de Jérusalem sur le thème « *Le Saint-Siège, les Juifs et Israël* ».

Octobre – Parution d'une nouvelle édition commentée de La Bible et du Nouveau Testament aux Éditions Jean-Claude Lattès.

21 octobre – A Bruxelles, assiste au Concert de Gala de l'International Menuhim Association en tant que membre du Comité d'honneur.

17 décembre – Débat à l'Institut du Monde Arabe sur le thème « Racismes et Communautés Culturelles ».

1993-*13 mai* – L'Université Évangélique de Tübingen (Allemagne) lui décerne le Grand Prix Leopold-Lucas pour son œuvre biblique. A cette occasion, il prononce un discours sur « Réflexions sur la problématique et la Méthodologie des Traductions de la Bible et du Coran », texte traduit et publié en allemand.

25 octobre – A Bruxelles, série d'interviews radiodiffusées sur les médias belges et dans la presse.

– Il participe à une conférence-débat sur « Le processus de paix au Proche-Orient ».

11 au 24 novembre – Au cours d'une croisière qui le

mène en Syrie, Jordanie et au Yémen, il prononce trois conférences sur le thème « La Bible, les Évangiles, le Coran : Trois Religions pour un même Dieu ».
21 décembre – Interview avec Jean-Marie Cavada.
22 décembre – Interview avec Philippe Lapousterle.

1994- Sortie, en italien, de son autobiographie, *L'Amour fort comme la Mort – Forte come la morte è l'amore*, édité par les éditions San Paolo de Milan.
2 février – Ouvre le Congrès sur le « Judaïsme Nord-Africain » à Nétivot, en Israël.
13 février – Dîner en l'honneur de M. Alain Juppé, ministre des Affaires étrangères français, offert par M. Shimon Peres, à Jérusalem.
27 février – Assiste à l'ouverture du premier congrès international d'homéopathie à l'hôtel Sheraton Plaza, à Jérusalem.
13 au 16 mars – A Budapest, en Hongrie, sur invitation de l'UNESCO et de la Fondation Konrad Adenauer, il prononcera une conférence sur « Les Religions et la paix du monde ».
Mars 1994 – Réédition de son livre *Lettre à un Ami Arabe* par les Éditions Jean-Claude Lattès. Il donne une série d'interviews radiophoniques et télévisées sur ce thème :
21 mars – Interview téléphonique par Bertrand Révillion pour *Ouest France*.
– France 3. « Le 19/20 » – invité sur le plateau en direct par Jacques Bayle.
22 mars – France Inter, « Inter Treize-Quatorze », présenté par Jean-Luc Hees.
– Interview par Bernard Broustet pour *Sud Ouest*.
– TV5, « Le Journal » – invité sur le plateau en direct, par Patricia Guinot, Maurice Albert.
23 mars – Interview par Gilles van Grasdorff pour *l'Echo Illustré*.
– Signature au Salon du Livre, Porte de Versailles, Parc des Expositions.
– France Inter, « A l'heure du Pop », présenté par José Artur en direct du Fouquet's.
24 mars – Interview par Maurice Padiou pour *Le Républicain Lorrain*.
– Interview par Paul Cambon pour *Le Quotidien de Paris*.
– Interview par Françoise Caries pour *La République du Centre*.

– France 2 « Matin Bonheur », présenté par Lionel Cassan, invité principal, émission diffusée le 4 avril 1994.
24 avril – à partir de cette date, série d'émissions à la télévision, sur France 2, sur « Islam, Christianisme, Judaïsme », avec Mohamed Arkoun.
8 mai – Journée de rencontre à Genève au Centre international de conférences où il prononcera une conférence : « Jérusalem revisitée : une capitale pour la paix du monde », sous la présidence du professeur Samuel Amsler.
12 et 13 septembre – Séjour au Brésil, participe au Symposium international de Brasilia, célébrant la Diplomatie silencieuse de la Paix, à l'occasion du premier anniversaire des accords d'Oslo, entre Israël et l'OLP.
7 au 15 octobre – Festival des musiques sacrées à Fez.
24 au 26 novembre – Colloque du Club de Marseille, fondé par M. Henry Roux-Alezais, pour favoriser l'éclosion d'une entité Euroméditerranéenne.
28 au 30 novembre – A l'Université de Alcala de Henarcs, Espagne prononce une conférence sur le thème « Fondements d'une éthique planétaire dans la Bible, le Nouveau Testament et le Coran ».
15 décembre – M. François Mitterrand, lui remet les insignes de Commandeur de la Légion d'Honneur au Palais de l'Elysée.

1995-*16 janvier* – Conférence et débat à l'Académie des Sciences Morales et Politiques : « L'Alliance dans les Écritures ».
3 mars – Parution du *Moïse* aux Éditions du Rocher.
27 mars – A Paris, au Cercle Interallié, remise du Prix Méditerranée par le ministre de la Culture, M. Jacques Toubon.
22 avril – Remise du Prix Méditerranée, signature de livres.
20 au 23 avril – Ce prix sera fêté à Perpignan.
– Prononce plusieurs conférences et émissions radiotélévisées.
16 au 18 mai – A Rome, accueilli à la Villa Bonaparte par l'Ambassadeur M. A. Pierret, conférence sur *Moïse*, à Saint-Louis des Français et débat sur le Proche-Orient devant les quinze ambassadeurs de l'Union européenne.
21 mai – A la Basilique San Miniato de Florence, conférence sur *Moïse*.

Fin mai – Publication en polonais de son livre *Les Hommes de la Bible*.
19 au 23 juin – A Rabat, réunion d'experts sur le projet de l'UNESCO, les Routes de la Foi et ses incidences sur l'avenir de Jérusalem.
7 au 10 septembre – Conférence sur « Pluralisme et Unité », au grand amphithéâtre de la Sorbonne, à l'occasion de la célébration de la naissance du philosophe iranien Ostal Elahi.
2 au 6 octobre – A Istanbul, symposium international clôturant l'année de la tolérance (1994-1995) de l'UNESCO avec l'appui du gouvernement turc.
16 au 20 novembre – Invité d'honneur au Salon du Livre de Montréal. Présentation de ses deux derniers livres : *Moïse* et *Jérusalem revisitée*, au Canada.
27 novembre – Bruxelles, déjeuner-débat sur Jésuralem, organisé par les Amis de l'Université hébraïque de Jérusalem.
12 décembre – A l'Institut de France, remise par M. Jean Leclant, secrétaire perpétuel de l'Académie des Inscriptions et Belles lettres, du Prix Louise Weiss.

TABLE DES MATIÈRES

TROISIÈME PARTIE :
UN CÈDRE À JÉRUSALEM

Cet ouvrage a été réalisé par la
SOCIÉTÉ NOUVELLE FIRMIN-DIDOT
Mesnil-sur-l'Estrée
pour le compte des Éditions Pocket
en octobre 1995

POCKET - 12, avenue d'Italie - 75027 Paris Cedex 13
Tél. : 44-16-05-09

Imprimé en France
Dépôt légal : novembre 1995
N° d'impression : 31186